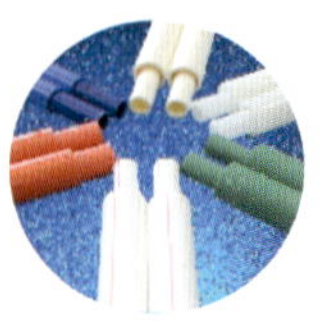

公司简介

成都川路塑胶集团创建于1986年，是一家专业生产新型化学建材的品牌企业，1988年，率先研发生产白色PVC排水管材管件，是国内研发生产管道及管件产品最早的企业之一。川路人以责任为己任，专注产品本身，始终坚持一个品牌，一个标准服务于市场。

公司秉承“有责任更信任”的企业理念，不断创新，追求卓越，坚持诚信为本，携手共赢，以质取胜，奉献社会。

川路塑胶集团在全国拥有分公司、总经销、特约经销800余家和112个产品配送中心，组成了较完善的营销与服务网络，并与万科、恒大、华润、保利、中信等著名地产公司形成战略合作。“川路管材”“川路型材”等系列产品广泛应用于国内（外）城市化建设的建筑给(排)水、建筑门窗、电器穿线、电网改造、市政建设、农网改造、石油化工、新农村建设等众多领域。主要工程包括：毛主席纪念堂改造、小平故里、钓鱼台国宾馆、西班牙、加拿大驻北京使馆改造、布达拉宫改造、四位机库、二滩水电站、北京2008奥运主体育馆、上海世博园、博鳌亚洲论坛会址、北京科技大学、万科中心（总部）、喀麦隆议会大厦、塞班国际五星级酒店、巴哈马国家体育馆、非洲索科马糖联甘蔗农场喷灌给水工程等。

川路塑胶集团以国家重大需求为导向，坚持以科学发展与自主创新为主要任务，投身于低碳、节能、环保的绿色建材行业，致力于为人们提供自然、健康的饮用水与温馨、舒适的生活空间。

参与制定，并严格执行国家标准

全面参与制定并起草

《建筑排水用硬聚氯乙烯（PVC-U)管材》GB/T 5836.1—2018　《建筑排水PVC-U管件》GB/T 5836.2—2018

《给水用硬聚氯乙烯（PVC-U）管材》GB/T 10002.1—2006　《冷热水用聚丙烯（PP）管道系统》GB/T18742.2—2017

自主创新,致力于技术研发

为用户提供自然、健康的饮用水

1988年，全国率先试行生产PVC-U排水产品,由于当时没有国家标准,采用BS英标

1989年，全国率先生产白色给水PVC-U管材管件产品

1996年，全国率先生产蓝色给水PVC-U管材管件产品

1999年，开发生产PP-R新型冷热水管系列

2007年，川路成为国家级博士后科研工作站

2012年，研发生产PB给水管道系列

2013年，研发生产PE-RT给水管道系列

2015年，研发生产AGR新型给水管道系列

2016年，研发生产HDPE双壁波纹管

四大原则　品质保障

坚持一个品牌

川路品牌

坚持统一原料

优质原料

坚持一个标准

国家标准

坚持统一生产

同一产地

广东省塑胶行业协会

2019年8月30日广东省塑胶行业协会“大爱乡情 思源回报”扶贫公益活动正式启动，此次大型公益活动受到了当地政府的重视。涟源市人民政府副市长李冰玉同志，涟源市人民政府副市长、市扶贫办主任易专同志全程陪同，涟源电视台、报社等媒体记者纷纷来现场采访报道。参与本次活动奉献爱心的会亲企业及个人共51家，帮扶慰问了由涟源市政府提供纳入了低保、五保政策的200户贫困家庭，为每户提供白面10斤，现金900元；前往金石镇双合村低保贫困户曾建新老人家赠送慰问金5000元，共价值人民币20万余元。此次活动以百姓喜闻乐见的方式将“精准扶贫”送到群众手中，进一步推进了精准扶贫工作，激发出老乡们决胜脱贫攻坚的决心和信心。活动取得了百姓受益，社会好评的良好效应。

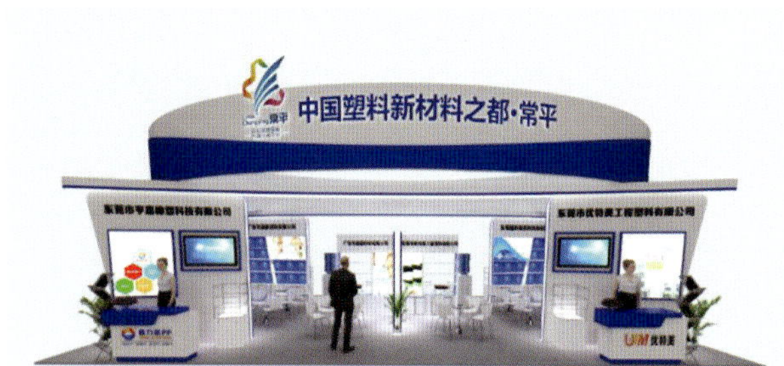

广东省塑胶行业协会以中国·常平塑料新材料之都的名义，带领协会高新企业代表：东莞市俊坤科技有限公司、东莞市亨嘉橡塑科技有限公司、东莞市国科新材料科技有限公司、广东龙道新材料有限公司综合组团参加CHINAPLAS 2019国际橡塑展。

塑料改性与加工高性能化技术研修班

2019创新改性塑料及色母粒技术研讨会

地址：广东省东莞市常平国际塑胶大厦4楼
电话：0769- 81083188

新甫塑机

以人为本 缔造精品

山东莱芜新甫（FU）冠龙塑料机械有限公司是一家集研发、设计、制造塑料机械于一体的国家级高新技术企业。新甫商标是山东省著名商标。中国首台五层共挤大棚膜机组就在新甫公司研制开发，并入围国家"十三五"计划。

公司享有自营进出口权，通过ISO9001：2000国际质量体系认证，先后与山东农业大学、上海化工研究院等院校建立了良好的合作关系，为企业今后的产品开发、更新换代进行了技术储备，为企业更快更好的发展打下了坚实的基础。公司汇集了一批锐意创新、经验丰富的优秀塑机机械专业的人才，推陈出新，引进新技术，不断开发新技术产品，完善产品设计，应用于生产、技术与服务。主要生产：塑料挤出机、农地膜设备（双色黑白地膜、双层、三层地膜）、大棚膜设备（单层、双层、三层、五层大棚膜、PO涂覆膜）、土工设备（单层、双层、三层、四层土工膜、淋膜、涂覆膜机等）、包装膜设备（单层、双层、三层、五层膜等）、热收缩膜、 EPE丁烷发泡、双层水带、滴灌带、气垫膜、塑料管材、型材、板材 、造粒、拉丝等系列机组，并可根据用户要求进行特殊产品的设计生产及设备改造。

公司下设研究所，塑料装备工业设计中心。拥有研发中心和多项专利技术，产品远销美国、伊拉克、巴基斯坦、印度、日本、韩国、非洲、俄罗斯、乌克兰、 马来西亚、土库曼斯坦、越南、澳大利亚、伊朗、巴西、等国家和中国台湾地区。

公司以"品质取信用户、服务赢得市场"为经营理念，严把制造工艺和质量管理关、将不断制造精品塑机，奉献给已经使用和即将使用我公司产品的每一位客户。

为了中国塑料的美好明天，我们一直在努力……

产品推荐

1、五层共挤大棚膜机组（中国首台研制开发并入围国家"十三五"计划）

2、PO涂覆膜机组（入围国家"十三五"计划并获国家专利）

3、智能机械手（获国家专利技术）

4、土工材料设备

5、超高管材设备

双层全自动机械手式地膜设备

五层共挤宽幅多功能PO涂覆膜机组

超高分子量管材机组

宽幅土工膜吹塑机组

地址：山东省济南市莱芜区汇源东大街2号邮编：271199

电话：0634-8802666 8808333 8807333 8809555

8817000 8817111 8817222 8817333 8816444

传真：0634-8802777 8808333

网址：www.xinfusuji.com　信箱：xinfusuji@126.com

中国塑料工业年鉴

CHINA PLASTICS INDUSTRY YEARBOOK

2020

中国塑料加工工业协会　主编

中国轻工业出版社

图书在版编目（CIP）数据

中国塑料工业年鉴. 2020/中国塑料加工工业协会主编. --北京：中国轻工业出版社，2020. 10
ISBN 978-7-5184-3136-6

Ⅰ. ①中… Ⅱ. ①中… Ⅲ. ①塑料工业—中国—2020—年鉴
Ⅳ. ①F426. 7-54

中国版本图书馆 CIP 数据核字（2020）第 149075 号

策划编辑：徐　琪　　责任终审：李建华　　整体设计：锋尚设计
责任编辑：王　淳　徐　琪　　责任监印：张　可

出版发行：中国轻工业出版社（北京东长安街 6 号，邮编：100740）
印　　刷：三河市万龙印装有限公司
经　　销：各地新华书店
版　　次：2020 年 10 月第 1 版第 1 次印刷
开　　本：787×1092　1/16　印张：29. 75
字　　数：600 千字
书　　号：ISBN 978-7-5184-3136-6　定价：480. 00 元
邮购电话：010-65241695
发行电话：010-85119835　传真：85113293
网　　址：http：//www. chlip. com. cn
Email：club@ chlip. com. cn
如发现图书残缺请与我社邮购联系调换
200661K4X101HBW

《中国塑料工业年鉴》（2020）编委会名单

刘路兴　山东省塑料协会　会长/研究员

马之清　山东清源集团有限公司　董事长

李振平　山东蓝帆塑胶股份有限公司　董事长/中国塑协塑料助剂专业委员会主任

刘方毅　山东英科环保再生资源股份有限公司　董事长

张先炳　武汉华丽环保科技有限公司　董事长

符　岸　广东省塑料工业协会　会长

李南京　金发科技股份有限公司　总经理

马镇鑫　广东金明精机股份有限公司　董事长

宋旭彬　广东海兴塑胶有限公司　总经理/中国塑协塑料家居用品专业委员会主任

吴劲松　中国塑协塑木制品专业委员会　主任

段同生　河南省塑料协会会长

王新良　宁波力劲机械有限公司　总经理

左满伦　广东联塑科技实业有限公司　总裁

柯　明　佛山佛塑科技集团股份有限公司　总裁

林云青　康泰塑胶科技集团有限公司　总裁

李忠烈　四川省犍为罗城忠烈塑料有限责任公司　董事长

宋晓玲　新疆天业（集团）有限公司　董事长

陈　宇　北京华腾新材料股份有限公司　董事长兼总经理

徐志强　上海靓敏薄膜科技发展有限公司　董事长

丁良玉　浙江中财管道科技股份有限公司　总经理

佘桂锡　汕头海湾物资有限公司　董事长/汕头市塑胶商会　会长

林丰钦　南亚塑胶工业股份有限公司　资深副总经理

于　建　清华大学化工系高分子研究所 教授/中国塑协改性塑料专业委员会主任

杨卫民　长江学者/中国塑协专家委员会　主任

孔德海　新疆维吾尔自治区塑料加工工业协会　会长

王小红　湖南省塑料行业协会　理事长

傅　强　四川大学高分子材料系　教授

委　　员　孙冬泉　中国塑料加工工业协会　副秘书长兼会展部主任

孟庆君　中国塑料加工工业协会　副秘书长

田　岩　中国塑料加工工业协会　副秘书长兼综合业务部主任

刘　姝　中国塑料加工工业协会　副秘书长兼会员部主任

韩娇琳　中国塑协中空制品专业委员会　主任

王美瑞　中国塑协人造革合成革专业委员会　代理主任

冯庶君　中国塑协人造革合成革专业委员会　常务副主任

曹　玲　中国塑协异型材及门窗制品专业委员会　主任

徐建新　中国塑协注塑制品专业委员会　主任

夏嘉良　中国塑协复合膜制品专业委员会　主任
朱山宝　中国塑协板片材专业委员会　主任
姜集康　中国塑协塑料编织制品专业委员会　主任
罗维满　中国塑协双向拉伸聚丙烯薄膜专业委员会　主任
易志龙　中国塑协双向拉伸聚酯薄膜专业委员会　主任
袁国清　中国塑协泡沫塑料 EPS 专业委员会　主任
孙　锋　中国塑协硬质 PVC 发泡制品专业委员会　主任
罗宏宇　中国塑协滚塑专业委员会　主任
陈　林　中国塑协塑料节水器材专业委员会　主任
宁红涛　中国塑协塑料再生利用专业委员会　主任
黄志刚　中国塑协降解塑料专业委员会　主任
李向东　中国塑协氟塑料加工专业委员会　主任
季德虎　中国塑协多功能母料专业委员会　主任
朱　锦　中国塑协工程塑料专业委员会　主任
王焕清　中国塑协流延薄膜专业委员会　主任
洪晓冬　中国塑协镀铝膜专业委员会　主任
郭鑫齐　中国塑协聚苯乙烯挤出发泡板材专委会　主任
周赞斌　中国塑协热塑性弹性体专委会　主任
张丹凤　中国塑协线缆材料专委会　主任
黄伟兵　中国塑协塑料鞋专委会　主任
蔡朝辉　中国塑协电池隔膜专业委员会　主任

主　　编　马占峰
副 主 编　姜宛君
编　　者（以姓氏笔画为序）

于　建　马宏伟　王　晶　王占杰　王春芳　王展伟
王慧凯　毛维琴　田　岩　田　辉　冯庶君　吕　方
朱文玮　刘　敏　刘汉龙　刘均科　岑叙生　沈友良
汪建萍　陈　生　陈清清　张仲婉　张培超　张崇和
武兵书　林佳丽　杨松伟　杨桂兰　范艳菊　苗　丹
和菊秀　周家华　周鸿勋　周肇枢　郑天禄　赵　艳
赵克武　赵国伟　侯培民　侯树亭　段同生　施珣若
郭书丽　唐　维　郭　晶　韩简吉　谢鹏程　窦俊岭
解立帅　谭　固　潘庆功

中国塑料加工工业协会
中国塑协异型材及门窗制品专业委员会
中国塑协复合膜制品专业委员会
中国塑协聚氨酯制品专业委员会
中国塑协 BOPP 专业委员会
中国塑协 BOPET 专委会

中国塑协硬质PVC发泡制品专业委员会
中国塑协滚塑专业委员会
中国塑协塑料再生利用专业委员会
中国塑协降解塑料专业委员会
中国塑协多功能母料专业委员会
中国塑协工程塑料专业委员会
中国塑协塑木制品专业委员会
中国塑协塑料助剂专委会秘书处
中国塑协镀铝膜专业委员会
中国塑协塑料家居用品专业委员会秘书处
中国塑协热塑性弹性体专业委员会
中国塑协线缆材料专业委员会
中国塑协电池薄膜专委会
中国塑协阻燃材料及应用专委会
中国塑料机械工业协会

2020版出版说明

《中国塑料工业年鉴》自2001年创刊，至今已出版了18卷。因其内容翔实、资料完整、数据权威等特点，已成为塑料行业从业者了解行业、研究行业的权威工具书，同时也是国家各级领导机构、企事业单位、研究所、高等院校查阅资料、了解信息、指导工作的重要参考书，具有很高的保存和收藏价值。

《2020中国塑料工业年鉴》为第19卷，与前18卷在时间和内容上保持连续性，设有“专论”“政策法规”“综述”“各地区塑料工业情况”“主要制品行业情况”“塑料标准”等栏目，全面客观地记录了2019年中国塑料工业坚持新发展理念，积极应对风险挑战，以供给侧结构性改革为主线，以科技创新为动力，实现持续稳步增长的重大事件和丰硕成果。

《2020中国塑料工业年鉴》由中国塑料加工工业协会主编，中国轻工出版社出版发行。中国塑料加工工业协会各分支机构、中国石油和化学工业联合会、中国塑料机械工业协会、中国氯碱工业协会、山西省化工研究所（有限公司）和各省、市、自治区塑料行业协会等单位领导与专家给予大力支持。

《中国塑料工业年鉴》编委会向所有关心、支持和参与撰稿、组织、筹划及宣传工作的领导、专家、作者和朋友们表示衷心的感谢！诚请广大读者对《2020中国塑料工业年鉴》编写、出版中的不足之处给予批评、指正！

《中国塑料工业年鉴》编辑委员会

2020年7月

目　录

专　论

政策与法规

综　述

各地区塑料工业

主要制品行业

塑料标准化

国际交流

专　论

在中国塑料产业链高峰论坛暨中国塑协成立30周年庆典上的讲话

中国轻工业联合会会长　张崇和

（2019年9月17日于沧州）

各位代表，各位来宾：

大家上午好！

金风送爽，秋色怡人。非常高兴参加今天的会议。首先，我代表中国轻工业联合会，对中国塑料产业链高峰论坛的召开，以及中国塑料加工工业协会成立30周年，表示热烈的祝贺！向为协会、行业发展做出卓越贡献的专家、企业家，致以诚挚的问候！向一直以来关心、支持塑料行业发展的政府部门和社会各界人士，表示衷心的感谢！

中国塑料加工工业协会成立于1989年，是轻工45个行业协会中成立较早的协会。

30年来，中国塑料加工工业协会，从小到大，由弱变强，拼搏奋进，自强不息，为发展塑料加工业、满足人民美好生活需要做出了积极而重要的贡献。

30年来，中国塑料加工工业协会，以繁荣行业为初心，以服务会员为宗旨，发挥了积极的桥梁纽带作用。会员单位由数百家增加到5000余家，涵盖了塑料加工行业全部领域。走出了一条服务行业企业、服务社会政府的中国特色社会主义行业组织的成功道路。

30年来，中国塑料加工工业勇于改革，开拓创新，硕果累累。产业结构不断优化，技术创新步伐加快，绿色制造成效显著，国际交流持续深化。年产量超过6000万吨，增长近20倍；主营业务收入1.8万亿元，增长120倍；出口超过2100万吨，增长70倍。在铸就世界塑料生产大国和消费大国的进程中取得了历史性成就。

同志们！

栉风沐雨三十载，砥砺奋进铸辉煌！30年风雨兼程，30年峥嵘岁月，塑料协会和行业，成就鼓舞人心，发展令人振奋。在此，我代表中国轻工业联合会，向多年来为中国塑料行业发展做出积极贡献的同志们，致以崇高的敬意和衷心的感谢！

发展进入新时代，行业步入新阶段。面对新形势、新情况，需要塑料加工行业准确把握趋势，积极主动作为，努力实现持续健康发展。在此，我就塑料加工行业和协会发展提四点建议：

一要不忘初心。服务人民美好生活，繁荣发展塑料行业，是中国塑料行业企业的初心使命。协会和行业要不忘初心，牢记使命，以服务民生为宗旨，以服务经济社会发展为己任，以瞄准前沿领先国际为目标，共同为建设世界塑料强国、满足人民美好生活需要谱写伟大贡献的新篇章。

二要与时偕行。协同创新、与时俱进，已经成为时代潮流。塑料协会和行业要紧跟时代步伐，与时偕行，与时同兴，努力创建创新、活力、联动、包容的塑料加工工业体系，努力开创适应时代发展、体现全新趋势、彰显国际水平的中国塑料加工工业的新局面。

三要高质量发展。高质量发展实体经济是党中央提出的时代要求。9月9日，中央全面深化改革委员会会议提出，要牢固树立新发展理念，有序禁止、限制部分塑料制品的生产、销售和使用，积极推广可循环易回收可降解替代产品，增加绿色产品供给，规范塑料废弃物回收利用，建立健全各环节管理制度，有力有序有效治理塑料污染。中央的这一决策，为我国塑料工业发展指明了方向，明确了高质量发展的要求。塑料协会和行业要认真贯彻，积极落实。对禁限产品，要努力克服困难，主动自觉遵守，积极转化不利因素，大力研发和推广可循环、易回收、可降解技术，下功夫发展替代产品，大力生产绿色产品，在产品储运、使用、回收的全过中，努力实现低耗、环保、绿色和安全，努力推动中国塑料工业走进高质量发展的新时代。

四要续写新辉煌。新时代的号角已经吹响，新征程的巨轮已经起航。塑料协会和行业要以更高的标准，更严的要求，更宏伟的目标，努力建设一个凝心聚力、自强不息、政府信赖、行业依托、企业满意、不可或缺的职业化优秀协会，努力建成一个品种极大丰富、品质优良高端、功能多元便捷、繁荣兴旺昌盛、屹立世界前列的中国塑料加工工业。以奋进新时代的磅礴力量，铸就中国塑料加工工业的新辉煌。

同志们！

三十年砥砺奋进史，篇篇辉煌；三十载风雨同舟路，步步铿锵。新时代航程开启，再扬帆不忘初心。衷心地希望塑料行业的同志们，以习近平新时代中国特色社会主义思想为指导，坚守初心，凝心聚力，务实笃行，矢志奋斗，为推动中国塑料加工工业高质量发展、为庆祝新中国成立70周年做出新的更大的贡献！

最后，预祝本次庆典活动圆满成功！

谢谢大家！

三十载砥砺奋进，齐心协力促发展
新时代使命践行，传承创新谱新篇

——在中国塑料产业链高峰论坛暨中国塑协成立三十周年庆典上的讲话

中国塑料加工工业协会理事长　朱文玮

（2019年9月17日于沧州）

尊敬的各位领导和院士专家、各位来宾、同志们、朋友们：

大家上午好！今天我们共聚美丽的沧州，举办中国塑料产业链高峰论坛，欢庆祖国70周年华诞及中国塑料加工工业协会成立30周年。在此，我谨代表中国塑料加工工业协会，向大家的到来表示热烈欢迎！向国家有关部委、中国轻工业联合会和沧州市政府，以及为协会及塑料行业发展给予支持做出贡献的老领导、老专家和老同志，向相关行业协会、各省市地方塑料行业协会领导、专家院士、企业家和所有朋友们，表示崇高的敬意和由衷的感谢！

沧桑砥砺经风雨，春华秋实见彩虹。我们聚首沧州，回顾塑协30年发展历程，共商塑料产业链发展大计，描绘塑料行业美好蓝图。

30年来，中国塑协秉承服务会员、服务行业、服务政府、服务社会的宗旨，紧紧围绕党和国家的工作大局，在有关部门的指导下，在会员单位、行业同仁、相关机构的大力支持下，加快推动协会向规范化、市场化、平台化、协同化和国际化的转变，充分发挥协会的职能作用，锐意进取，真抓实干，引导行业不断进步。会员单位由成立之初的数百家，增加到目前的5000余家，设立分支机构40个，涵盖了塑料产业链的所有领域。

30年来，中国塑协坚持以科技创新、协同创新为引导，不断培育发展新动能。特别是党的十八大以来，坚持以提高创新能力为引领，以加快转型升级为主线，以新材料、新技术、新装备和新产品为重点，以功能化、轻量化、生态化、微成型+智能化为方向，全面实施《塑料加工业“十三五”发展规划指导意见》和《塑料加工业技术进步“十三五”发展指导意见》等规划，通过打造现代产业、创新驱动和市场对接三个体系，以及在科技创新年、专家院士行、一带一路沿线国家合作、行业诚信自律、标准化建设、推进“三品”战略、培育精品意识、弘扬工匠精神等方面持续发力，引领产业全面升级、行业健康发展。

30年来，中国塑协坚持推动政、产、学、研、金、用集成创新，创造需求，引领消费，塑料加工业稳定发展，取得了举世瞩目的成绩。据对规上企业统计，塑料制品产量从1989年的352.5万吨，增长到2018年的6042.21万吨，增长了16.14倍；利润总额从1999年的51.87亿元，增长到2018年的950.4亿元，增长了17倍；塑料制品出口额从1989年的5.91亿美元，增长到2018年的694.21亿美元，增长了116倍。为国家经济发展、社会进步和人民生活幸福贡献了力量。

党的十九大做出了中国特色社会主义进入新时代的重大判断，具有划时代的里程碑意义。塑料加工业要以习近平新时代中国特色社会主义思想为指导，以全面实施制造强国战略和健康发展为己任，努力提升创新发展能力、两化融合水平、工业基础能力和质量品牌水平，推动绿色制造和产业结构优化、服务模式及国际化转型，助力经济高质量发展。

第一，要校准方向、定位发展坐标。实现中华民族伟大复兴，是一场接力跑。建成社会主义现代化强国，中国塑料加工业有决心跑出好成绩。要让家国情怀成为行业发展永远的主旋律，以人民日益增长美好生活需要为目标，树牢新发展理念，树牢新时代发展理想、把稳信仰之舵，只争朝夕、担当有为，不断创新优势，为实现人民日益增长的美好生活需要，为实现中华民族伟大复兴努力奋斗。

第二，要不负初心、不辱历史使命。“一代人有一代人的长征，一代人有一代人的担当”。始终牢记“初心”和“使命”，才能赢得时代、引领时代。中国塑协将牢固树立新发展理念，牢记服务宗旨，履行自身职能，牵挂企业发展，关心行业健康，不断增强行业发展信心和能力；塑料加工业要积极拥抱新时代、奋进新时代，勇做走在时代前列的开拓者、创造者，在攻坚克难中开辟新天地，创造新业绩。在为祖国、为民族、为人类的奉献中焕发出更加绚丽的光彩。

第三，要坚持创新，培育发展动力。世界经济已经进入新旧动能转换期。中国塑协将继续实施《塑料加工业技术进步“十三五”发展指导意见》，坚持保护鼓励创新，建立资源共享机制，努力营造有利环境，拉紧互联互通纽带，推动供给侧与需求侧精准对接，高效创新，促进行业科技进步。用实实在在的行动引领行业发展，为社会经济增长添加持久动力；塑料加工业要找准切入点，抓住新技术、新产业、新业态不断涌现的历史机遇，不断加大科研投入，鼓励要素参与分配，完善科技创新体系，深化供给侧结构性改革，不断突破发展瓶颈，建设适应未来发展的产业结构、政策框架、管理体系，提升经济运行效率和韧性，释放增长动力，强化市场对接，努力实现高质量发展。

第四，要紧跟时代，加快转型升级。科技发展是制造业发展的根基，提升行业科技资源总量，是推动行业进步的必然之路。中国塑料加工业要积极整合行业优势资源，鼓励重点企业加大研发力度，重点建设中国轻工业重点实验室、中国轻工业工程技术研究中心；塑料加工业要努力争建国家重点实验室、国家工程技术研究中心，国家级企业技术中心，全力发展中型及“专特精尖”小型企业省市级企业中心。要瞄准产业链前沿，价值链高端，大力实施“进口替代”战略，提升行业重点关键技术和装备自主化率，加快产品结构调整，不断在塑料制品及原料、助剂、塑料加工设备、塑料加工模具等领域取得全新的突破，要在提品质、增品种、创品牌和精品制造上发力，确保高档产品比例及产品质量与配套水平有显著提升，争取部分产品达到国际先进水平，主要产品及配件满足国民经济和社会发展尤其是高端领域的需求，部分产品和技术达到世界领先水平。努力在国际化发展中增强主动权和话语权。

第五，要实现节能减排，绿色发展。生态化、绿色发展已成为制造业发展的新趋势。塑料加工业强调“生态化建设”就是要推进节能减排及清洁生产技术应用，推进新能源利用，采用环保新材料、新工艺及新技术降低能耗。规模以上企业综合能耗符合国家指标；复合软包装、合成革行业溶剂型传统生产工艺产生的有机废气全面治理、达标排放，减少粉尘污染；进一步推动塑料在建筑保温、节能改造及给排水等领域的应用；完善废旧塑料回收加工体系，实现废旧塑料改性、高质和高值可资源化利用、无污染排放。在积极应对塑料污染，牢固树立新发展理念，有序禁止、限制部分塑料制品的生产、销售和使用，大力创新研发推广可循环易回收可降解替代产品，增加绿色产品供给等工作中，主动参与，有所作为。从而进一步提升塑料加工业生态化建设的综合能力，实现经济和环境、企业效益和社会效益协调发展。

今年是中华人民共和国成立70周年，也是中国塑料加工工业协会成立30周年。我们以“砥砺奋进三十载，使命践行新征程”为主题，在这里举办“中国塑料产业链高峰论坛暨中国塑协成立三十周年庆典等系列活动”，回顾中国塑料加工业30年发展历程，总结30年行业取得的成绩，表彰为行业发展做出贡献的单位和代表人物；感恩社会各界、各级领导、院士专家对塑料行业和协会发展的支持帮助，交流塑料产业发展经验，针对面临的新挑战、新问题，研究行业发展新方略。传承历史辉煌，践行使命担当，推进塑料加工业科技创新引领产业链协同高质量发展。

九万里风鹏正举，新征程砥砺初心。让我们更加紧密地团结在以习近平同志为核心的党中央周围，以信仰坚守初心，用行动诠释使命，在一代代塑料行业人铸就的光辉业绩基础上，携手前行，奋发有为，努力续写塑料加工业发展新篇章。

最后，再次感谢各位领导、朋友一直以来的支持！

祝大家身体健康，工作顺利，事业有成！

谢谢大家！

中国塑料加工工业协会七届四次理事会工作报告

中国塑料加工工业协会理事长　朱文玮

（2019 年 5 月 20 日于广州）

各位理事：

按照会议安排，我作中国塑料加工工业协会七届四次理事会工作报告，请各位理事审议。

一、2018 年工作回顾

2018 年是全面贯彻党的十九大精神开局之年，是协会实施《塑料加工业“十三五”发展规划指导意见》《塑料加工业技术进步“十三五”发展指导意见》的关键一年。

一年来，我们以习近平新时代中国特色社会主义思想为指导，认真贯彻党的十九大精神，坚持“传承、创新”方针，突出服务理念，凝心聚力，攻坚克难，行业发展取得了新的成效。

（一）坚持以创新驱动、品质提升为主线，行业实现平稳发展

我们坚持四个服务宗旨，关注行业存在问题，积极发挥桥梁作用，引导企业创新发展，提升行业运行质量。

一是行业发展，稳中有进。2018 年，在需求增速趋缓、环境压力增大、市场竞争加剧的情况下，全国塑料制品行业汇统累计完成产量 6042 万吨，同比增长 1.1%；15571 家规上企业完成主营业务收入 18062 亿元，同比增长 5.04%；规上企业实现利润 950 亿元，同比增长 3.28%，其中，利润总额最高的是塑料零件及其他塑料制品制造业。利润增长最高的是日用塑料制品制造业，同比增长 9.09%；全年累计完成出口总额 694.21 亿美元，同比增长 10.67%。

二是产业集聚步伐加快。广东、浙江、江苏、福建、湖北等地区塑料制品行业继续发挥主导行业发展全局的作用。从产量看，广东省产量最高，达到 1002.13 万吨，占全国总产量的 16.59%；其次是浙江省，达到 803 万吨，占 13.3%，比上年增加 1.14%。从增速看，增长率最高的是福建省，比上年增长 16.1%；其次是安徽省，比上年增长 12.76%。

三是产品结构不断优化。从行业产量看，产量最高的子行业为塑料薄膜业，年产 1180 万吨，占全国总产量的 19.54%。从产量增速看，增长率最高的是泡沫塑料业，同比增长 9.99%。从行业收入看，塑料零件及其他塑料制品制造业主营业务收入最高，为 5051 亿元，占行业总收入的 27.97%；其次是塑料板、管、型材制造业，为 3728 亿元，占 20.64%。从收入增速看，增长率最高的是塑料包装箱及容器制造业，同比增长 8.09%。

（二）坚持以强化服务、创新工作为基础，协会自身建设再上台阶

我们从强化自身建设入手，在认真梳理年度工作的基础上，将其中 6 项作为 2018 年度重点工作并细化为 36 项具体工作，通过明确要求、严格标准、落实责任，在引领行业高质量发展上下功夫。

第一，加强自身建设，推进协会规范发展

一是在加强组织建设上下功夫。从支部建设做起，完成了协会党支部换届选举，将年轻党员同志选进了支部，制定并实施了党支部工作与活动计划及党员积极分子培养计划。从党员自我做起，通过理论学习、召开民主生活会、民主评议党员，以及开展参观中共一大会址纪念馆、西柏坡七届二中全会会址等“不忘初心，牢记使命”主题党日活动，树牢“四个意识”，坚定“四个自信”，做到“两个维护”，不断强化党员的党性修养和政治定力。

二是在提升履职能力上下功夫。协会创造学习机会，协会秘书处以及分支机构工作人员的执行力和工作水平普遍提升。团队讲大局整体、讲担当奉献、讲合作联动，积极向上蔚然成风。协会领导坚持带队深入行业与企业调研，通过常态化的调研，全面掌握第一手情况，协会秘书处以及分支机构工作人员的决策能力和服务质量显著增强。

三是在强化团队建设上下功夫。协会严格招聘流程和人员聘用制度，结合高分子加工、财务、会展等岗位专业人员工作需要的实际，秘书处招聘工

作人员7名，并很快在不同的岗位担起重任。目前，协会驻会人员平均年龄已由47岁降至42岁，团队的知识结构和年龄结构得到进一步优化，年轻化、专业化步伐加快。

四是在依法依规办会上下功夫。严格执行理事长办公会议、重大事项集体决策、档案管理、人事管理、财务管理等制度，制定并实施了“协会秘书处重点工作目标绩效考核办法”，并进行了年中和年末两轮考核，起到了鼓励先进、查找差距的作用，提高了秘书处服务意识和履职能力；完成了理事长和秘书长调整、法人代表调整，以及农膜、家居用品、改性塑料、板片材等分支机构换届工作。加强会员建设。截至2018年末，共有会员3159个，全年新发展会员175个，取消会员资格31个。

第二，加强服务工作，推进行业加快发展

一是坚持服务会员。协会与各专委会把服务会员作为协会工作的重中之重。努力帮助企业排忧解难。坚持深入会员企业和召开座谈会，了解实际情况，分析困难，并向有关部门积极反映企业在科技创新、环保治理、发展环境、经济政策、标准化、融资难等方面的诉求。针对中美贸易摩擦、国家出口退税、地方环保一刀切等问题，及时向有关部门提出意见和建议，目前有关问题已经全部和部分解决，维护企业合法权益。

聚氨酯专委会走访企业，针对在ODS淘汰工作的新问题，与相关单位配合，找出解决问题的办法。

热塑性弹性体专委会针对企业在项目申报、人才引进等问题，给予指导，并组织应用等研讨活动。

多功能母料专委会向有关部门反映塑料母粒的税号归类问题。

塑料鞋、板片材等分支机构针对中美贸易摩擦问题，积极反映诉求、建言献策。

协会以及专委会组织企业做好各类奖项的申报、推荐工作，以及重点实验室、工程（技术）研究中心、企业技术中心、检测中心等建设。并根据不同领域的需求，组建专家智库，有针对性地开展了技术、标准、市场和管理等多方面的培训，帮助企业解惑答疑和解决生产技术问题。

滚塑专委会进行专项调研，帮助企业开发军用装备，促进军民融合。

塑料家居专委会利用线上线下资源和平台，协助企业完成招标投标、采购对接。

氟塑料专委会成立了“兴氟沙龙”，搭建企业沟通平台。

节水器材专委会积极参加行业内外技术交流活动，与会员分享行业发展动向。

塑料管道专委会多次举办骨干企业主题沙龙活动和产业链新技术、新产品应用研讨会，拓宽应用领域。

再生塑料专委会多次召开再生颗粒通关业务协调会，开展企业自查自纠，提高通关效率，降低生产运营风险。

医用塑料专委会举办研讨会，将最新市场趋势、创新设计理念和先进加工技术提供给行业。

BOPET专委会成立专业小组，有针对性地开发高档次产品，提高产品质量。

注塑专委会推动行业智能化生产，开展汽车注塑配件专项培训，提出制品缺陷解决方法。

硬质PVC发泡制品专委会组织企业开发一带一路市场，转移国内产能，减小美国关税造成的负面影响。

异型材及门窗制品专委会举办主题沙龙，达成多项行业发展共识，对发展起到积极作用。

流延薄膜、BOPP、电池薄膜、镀铝膜等专委会，组织了十余场相关薄膜产业链市场与技术发展研讨会。

“塑编产业链技术交流与市场对接会”“中空制品行业市场与技术交流会”，引导企业技术创新、产品研发、节能降耗和国产化，推动行业企业重组，控制产能扩张。

线缆材料和工程塑料专委会组织并参加相关行业论坛及会议，开展技术培训，引领行业健康发展。

二是坚持服务行业。秘书处加强行业运行态势分析，深入研判行业运行态势，提出应对建议，为行业发展和企业决策提供依据。完成《中国塑协通讯》杂志改版工作。继续开展行业自律工作。协会及分支机构引导行业加强品质提升，开展行业自律及信用等评价工作。

塑料管道专委会对“3·15”晚会报道非会员单位的塑料管道生产造假问题，主动及时发布声明，号召行业企业诚信经营，保证产品品质。该信息被“信用中国”采用。

“中国塑料家居用品行业诚信联盟”，严格审核准入门槛，为消费者推荐诚实守信塑料家居用品企业和优质产品。

农膜专委会开展“提升产品品质，严守诚信底线”活动，会员企业签订“自律责任承诺书”。

复合膜专委会在食品包装材料溯源体系建立的溯源平台发布会员单位的执行情况。

三是坚持服务社会。关注“一带一路”建设，为塑料行业带来的机会与挑战，召开座谈会，邀请专家介绍情况，引导会员融入建设。会议就“建立塑料产业链范围内的国际合作体系、加强塑料领域的科技交流与合作、务实推动国际商务合作、培育和建立互利共赢多边合作机制”初步达成了共识。协会继续加强特色区域、产业集群共建服务工作，积极规范管理，加强服务，提升水平。改性塑料专委会等分支机构重视与地方科技主管部门的沟通和联络，积极为区域特色产业簇群经济。

四是坚持服务政府。全方位承接政府购买服务项目，继续做好 HCFCs 淘汰等项目。完成国家质检总局 2018 年食品相关产品“塑料管道、传送带的风险监控现场检查”任务，以及 HBCD 应用调查与评估咨询服务项目工作。

（三）加强引导示范，推进企业创新发展

一是注重强化战略导向，引领行业破解科技难题。去年 10 月 28 日，我们在南京成功举办了“2018 中国塑料加工业科技大会”，会议以“发动科技创新强大引擎，促进塑料加工业高质量发展”为主题，1000 余名代表参加了大会。隆重表彰了科技创新型优秀会员单位，科技创新之星、杰出工程师、行业工匠等科技创新先进工作者。工信部消费品司高延敏司长，国家知识产权局知识产权运用促进司雷筱云司长，中国工程院院士、四川大学王琪教授，以及加拿大工程院士、多伦多大学教授 MOHINISAIN 做了专题报告。中国轻工业联合会会长张崇和做了主旨报告，强调指出：本次科技大会围绕科技创新主题展开交流，彰显了全行业加强科技创新和技术进步的信心和决心。

二是注重加强科技供给，深入开展科技创新工作。在科技创新年工作基础上，围绕三品提升战略等重点，持续深入推进科技创新、品质提升、专家院士行工作。

BOPET 专委会建立了行业创新联盟，整合行业创新资源，推动产业链上下游协同创新。

热塑性弹性体专委会以技术服务为抓手，积极搭建公共检测平台。

尤其是协会技术咨询委员会和专家委员会，充分发挥专家、学者的学识才智和参谋作用，为塑料加工业科技创新和技术进步献计献策，为行业的科技规划、技术发展把关定向。一些院士、专家积极参加协会组织的科技创新年、专家院士行等重大活动，为行业高质量发展做出了积极贡献。

三是夯实科技基础，积极参与标准制修工作。作为全国塑料制品标准化技术委员会（TC48）主任单位，积极协调服务，与承担单位共同做好行业的标准化工作。协会以及各分支机构积极参与多项国家标准、行业标准制修订工作，为塑料制品的品质提升和更好应用创造条件。中国塑料加工工业协会团体标准化技术委员会 2018 年 4 月 23 日成立，短短 8 个月的时间，就陆续发布 3 批团体标准立项公告，共有 8 项团体标准通过立项公示。截至目前，《再生塑料颗粒通则》已经审查发布，该《通则》受到海关、环保部和相关专家的好评，为再生塑料粒子的进口检验以及生产、验收提供了依据。

四是坚持生态化建设，走行业可持续发展之路。我们把“生态化发展理念”全面融入《塑料加工业“十三五”发展规划指导意见》《塑料加工业技术进步“十三五”发展指导意见》，积极践行绿色生态发展。在管材管件、异型材等 PVC 制品中积极推进助剂环保无铅化进程。针对海洋塑料治理现状，我们于 2018 年 11 月 27 日组织专家在京召开了“塑料加工行业应对海洋塑料治理专题座谈会”，提出要组织成立有相关机构、行业专家、骨干企业参与的塑料生态化工作组，专题研究海洋塑料治理的现状和影响及塑料生态化发展问题。协会专家委员会以及人造革合成革专委会、EPS 专委会、XPS 专委会通、复合膜专委会、降解塑料专委会、农膜专委会、塑料配线器材专委会等分支机构立足本行业积极倡导绿色生产，推进技术革新，加强节能环保工作。通过联动，推行清洁生产，打造节能高效产品，提高可持续发展能力。

（四）加强平台建设，推进合作共赢发展

一是搭建了行业交流展示平台。“2018 中国国际塑料展”于 10 月 28—30 日在南京成功举办。展会面积达 3 万平方米，展位超过 1300 个。有包括国内外著名设备企业和塑料制品龙头企业在内的 640 家展商参展，3.9 万余人次进场参观。很多展商表示，展会效果好于预期，要继续参加下届展会。展会聚焦“科技成果发布、创新技术展示。”同期举办了科技大会、新产品发布会等 40 多场技术创新与市场对接会议。除“四新”展示外，还增设了中国塑料加工业科技创新展示区、“四新”成果发布区、人才交流和招聘专区。通过搭建创新成果展示平台、优秀品牌推广平台、信息沟通交流平台和市场对接经贸平台，基本满足了会员企业的需求。通过展会，协会锻炼了队伍，提升了能力，扩大了影响力和公信力。展会得到业内同仁、上下游产业链朋友积极响应。各分支机构全力承办，积极组织，完成了预定的招展、举办活动、召集专业观众与买家的“三有三落实”工作，为展会的顺利举办做出了极大的贡献。其中，塑料家居用品、塑料管道、农膜、BOPET、镀铝膜、流延薄膜、BOPP、塑编制品、电池薄膜、塑料鞋、人造革合成革、XPS、异型材及塑料门窗、硬质 PVC 发泡制品、技术协作、专家、培训等 17 个分支机构完成了展位计划，为展会的成功举办做出了主要贡献。中国国际塑料展得到相关地方政府、协会、科研机构、大专院校、媒体、国内、国际著名相关展会以及业界同仁的大力支持和广泛认同。

二是加强了国际交流合作工作。去年 5 月，协会组团参观考察了“2018 美国塑料和模具展览会”，并与美国塑料工业协会就塑料行业的可持续发展、协会间的合作等方面进行了深入交流。代表团还赴加拿大与相关企业及多伦多大学进行了塑料科技交流活动。12 月，由 BOPET 专委会周密安排承办，协会率团参观了日本“第 9 届高功能薄膜技术博览会与技术研讨会”，并与日本塑料工业联盟以及相关单位进行交流。2018 年 5 月，协会组团参观了意大利米兰塑胶展，了解了意大利塑料机械总体概况和先进技术、塑料再生料贸易等情况。9 月，协会派员赴曼谷出席了第 28 届亚洲塑料论坛。

塑料管道专委会组团参加第十九届国际塑料管道会议，代表团的《中国塑料管道行业——技术进步及品质提升》主题报告，受到国际同行高度关注。

BOPET 专委会举办的“第五届中国聚酯薄膜产业技术与市场研讨会”，邀请德国、法国、美国、英国、日本等国家的同行进行交流。

板片材专委会组织会员企业赴印度调研考察，与客户进行交流，了解市场要求，开拓塑料板材市场，有些企业直接拿到了订单。

氟塑料专委会举办了“2018 中国氟塑料加工国际培训班”，邀请德国氟塑料协会前来授课训，参加者收获颇丰。

滚塑专委会组织会员单位参加了“德国国际滚塑展及研讨会”，并形成报告与会员单位资源共享，协调促进世界滚塑联盟的刊物出版中文版，使国内企业及时掌握国际同行业的信息。

降解塑料专委会联合日本、韩国、美国、澳洲、欧洲等相关机构共同举办“第八届生物基和生物分解材料技术与应用国际研讨会”，对一次性塑料制品废弃物治理及生物降解塑料应用与发展现状、行业技术和应用、政策法规等方面进行探讨。

塑木专委会组织会员单位出访加拿大，参加“国际塑木论坛”，举办座谈会，参观研究院，提高了中国塑木行业的国际声誉。

再生塑料专委会加强与“一带一路”沿线国家在资源循环节能环保领域的合作与交流，组织骨干企业对日本塑料及再生行业进行考察，推动产业“走出去”。

注塑制品专委会组织企业参加 2018 年越南国际橡塑展，与越南塑料协会就市场的发展和机遇进行交流。

一年来，协会和理事会的工作有序开展，取得新的进步，专委会的同志们在不同的子行业以及领域都取得了新的成绩。但仍存在许多差距和不足。

一是从工作上看，主要表现在：视野和格局仍需提升，大国协会的自觉和自信需要进一步树立；准确判断和把握形势，引领发展的能力尚需提高；自身建设有待进一步加强，统筹协调、执行落实能力还需强化。

二是从指标上看，受原料成本占比长期偏高、环保整治、中美贸易摩擦等不利因素的影响，主要指标增长率比上年略有下降。主要表现在：行业主营业务收入增长率比上年下降了 1.7 个百分点；规上企业利润增长率比上年下降了 1.53 个百分点，利润率下降了 0.68 百分点，低于全国工业及轻工业的平均水平；行业产量增长率比上年同期降低了 2.34%。需要在今后的工作中进一步提高和完善。

二、2019 年工作安排

2019 年是新中国成立 70 周年，是全面建成小康社会、实现第一个百年奋斗目标的关键之年。中央经济工作会议指出：经济运行稳中有变，变中有忧，外部环境复杂严峻，经济面临下行压力。我国发展仍处于并将长期处于战略机遇期，世界面临百年未有之大变局，变局中危机同生并存。

对于塑料加工业来说，发展中既有机遇也有挑战。要坚持以习近平新时代中国特色社会主义思想为指导，全面贯彻党的十九大和十九届二中、三中全会精神，以供给侧结构性改革为主线，以科技创新为动力，正确把握宏观政策取向，增强内生发展动力，加快推动行业高质量发展，准确把握行业发展脉搏，顶住经济下行压力，加快推动产业链协同发展，以优异成绩庆祝中华人民共和国成立70周年。

（一）强化创新引领，推动行业高质量发展

一要抓重点。在巩固深化科技创新年的基础上，组织行业继续落实《塑料加工业“十三五”发展规划指导意见》和《塑料加工业技术进步“十三五”发展指导意见》，更加注重政产学研金用集成创新；更加注重分类推进创新的供给侧与需求侧精准对接实现高效创新；更加注重产业链各环节协同创新；更加注重搭建公共创新平台；更加注重引领行业在深化市场、需求规律研究，创造需求引领消费。进一步将科技创新向产业高质量发展聚焦，为行业由大向强注入动力。

二要补短板。自主创新能力不强，缺少关键核心技术是我们最大的短板。要加强行业科技前沿、共性关键技术、国家重点项目等专题专项研究和攻关，加强绿色、节能、环保等技术和项目研究。组织行业企业进行各类奖项申报、推荐、评选等工作。在对十三五发展规划进行中期评估的基础上，着手“十四五”发展规划的准备工作，谋划行业的进一步发展。强化功能化、轻量化、生态化、微成型和智能化技术发展工作，设立项目课题组，深入开展研发与攻关。

三要强整体。加强产业研究，推进行业及产品研发在“三化一微”和智能化上发力，共创、共建、共享产学研用深度融合。组织好、发挥好中国塑协科技咨询委员和专家委员会及行业院士、专家的宝贵作用；做好TC48标委会换届以及TC48和TC397/SC6标委会日常工作的协调和服务；召开中国塑协团体标准化委员会2019年年会，做好团体标准的规划、管理、制修订、宣贯和应用等工作。

四要重环保。坚持开展行业生态化建设。针对一次性塑料餐饮具、塑料包装物和农膜等污染防治，一方面通过媒体等渠道主动发声，全面、客观科学说明真实情况，积极有效应对一些媒体对塑料制品误导性报道以及社会不了解情况的传导。另一方面，要全面梳理总结塑料由于其优异特性对人类生活做出的贡献，提出生产、应用及回收再利用全生命周期管控的建议，鼓励支持生物降解塑料的研发与应用。

（二）搭好合作平台，推动产业上下游协同发展

一要加快平台建设。上下游良好合作才能共赢，产业链共同提升才能产出好的产品。为更好推动塑料产业链上下游的合作与协同，打造交流和展示平台，协会及分支机构要在搭建平台，构架引领合作创新机制上下功夫。要做好塑料展会的筹备工作。各分支机构要充分理解举办展会的目的，正确理解扩大展会规模的意义，坚定支持、参与办好展会的决心和信心。要全面启动《2020中国国际塑料展工作方案》确定工作，重点谋划工作细节，细化各分支机构的招展工作计划、活动方案、展商的宣传和服务，专业观众及买家的落实。要搞好展会宣传平台建设，在国内、国际相关平台以及协会、分支机构平台加强宣传，扩大展会的影响力。利用在国外展会举办交流等机会宣传好行业，宣传好展会。要采取有效措施服务好老展商，积极开发新市场。通过参观和交流，梳理国内、国际展览会时间、特点，研究展商类型，招展渠道方式，学其所长，创新我们的展会工作。要向制品的应用领域观众拓展，采取有效办法吸引下游观众与买家组织参观和举办活动，落实好专业观众和买家的服务等事项。

二要推进合资合作。针对今年“国内经济下行压力加大，消费增速减慢，有效投资增长乏力，实体经济困难较多”的实际，协会及各分支机构要积极搭建产业链市场交流对接平台，为全产业链协调发展做好服务。组织更多的会员参观、参与国内、国际相关塑料展，做好组团出访泰国等东盟国家参展、参观、交流的各项准备工作。通过与国内外相关行业协会、单位、企业的交流与合作，开阔视野，启发思路，打造精品塑料。要组织会员在“一带一路”沿线国家布局，引领行业优质企业和优质产品走出去，融入“一带一路”建设，利用国际国内两个市场，两个资源，不断拓展新的目标市场。

（三）加强自律建设，实现行业可持续健康发

一要加强自律建设。加强行业自律，既是对内的自觉约束，更是对外的庄严承诺，始终坚持自律，才能永续发展，要不断加强建立健全行业自律机制，健全行业自律规约，制定行业职业道德准则，规范行业发展秩序的工作。

二要加强诚信建设。 逐步建立健全会员企业信用档案，研究制定会员企业信用信息收集标准，建立健全会员企业信用档案。继续与有资质的第三方信用服务机构合作，依法开展行业信用评价工作。要优化评价指标体系，完善评价操作流程，提升行业信用评价效率，积极宣传评价结果，提高诚信会员企业在政府、市场与社会中的接受度和知名度营造良好市场环境。

三要加强品牌建设。 大力实施“三品”提升战略，落实“三品”提升战略重点工作实施方案，以增品种、提品质、创品牌为抓手，在行业中大力实施“三品”战略。引领行业领军企业制定实施“三品”战略的行动计划，扩大影响力。在行业中大力弘扬工匠精神，倡导精品制造意识，全力推动塑料加工业高质量发展。

各位理事，成熟的市场条件下的产业发展，离不开协会组织。中国塑协要在新形势下的塑料加工业发展中积极作为，发挥大国协会的引领作用，发挥服务会员、服务行业、服务社会、服务政府的作用，关注行业反映的问题，企业生产中的困难，发挥渠道优势，加大反映力度，为行业发展鼓与呼。做好特色区域和产业集群与特色企业的培育共建工作，开展两化融合贯标试点工作。承接政府相关部门的购买服务，为国家经济建设添砖加瓦。

一要切实增强党员意识。 加强协会党支部组织建设和党员队伍建设，保证党对协会工作的领导，不断加强党员的思想、政治和道德修养，坚定“四个自信”，增强“四个意识”做到“两个维护”坚定不移强化正风肃纪，始终保持共产党员的先进性。

二要全面提高服务意识。 持续强化整体合力，各方联动，业务协同，合力促落实，抓调研，在强服务上见实效，持续强化执行能力。要学会弹钢琴的巧劲儿，钉钉子的韧劲儿和言出必行的干劲，确保制定方案和工作落实。持续提升履职本领，增强团队战斗力。规范协会管理与秘书处和分支机构团队建设、制度建设、环境建设、能力建设、实力建设。

三要牢固树立学习意识。 创建学习型秘书处和分支机构，大兴调查研究之风，大兴比学赶、帮、超的工作作风。努力创建政治过硬、业务过硬、作风过硬，讲大局、讲状态、讲纪律、讲能力、讲担当、讲奉献、传递正能量的工作团队。

各位理事，在做好上述工作的同时，协会还要做好以下几方面具体工作：一是分支机构发展工作；二是信息化建设工作；三是专题活动组织工作；四是运行数据分析工作；五是审计认证评估工作；六是《中国塑料发展史》编写工作；七是协会网站优化工作；八是2019年度专项会议筹备工作，主要包括：秘书处工作会议、分支机构工作会议、七届四次理事会议、七届五次和六次常务理事会议、协会30周年庆典、塑料产业链发展高峰论坛等专题活动的准备工作。

以上报告，请审议。

中国塑料加工业2019年度发展报告

中国塑料加工工业协会

2019年，我国塑料加工行业坚持新发展理念，积极应对风险挑战，以供给侧结构性改革为主线，以科技创新为动力，加速结构调整，促进行业持续稳步增长，经济运行呈现稳中有进的态势。

一、总体运行平稳

（一）产量平稳增长

2019年，全国塑料制品行业汇总统计企业累计完成产量8184.17万吨，同比增长3.91%，比上年同期提高2.8个百分点。

1. 从塑料制品分类情况看

产量及增长率最高的塑料制品是塑料薄膜，产量为1594.62万吨，占总量19.48%，同比增长16.35%；同比下降最大的是泡沫塑料制品，产量为258.19万吨，增长率为-16.16%；其次是农用薄膜，产量为85.21万吨，同比增长-10.59%；此外，日用塑料、人造革合成革也为负增长，详见表1、图1、图2。

表 1　　**2019 年塑料制品行业产量与增长率**

塑料制品类别	产量/万吨	占比/%	同比增长率/%
塑料制品总量	8184.17	100.00	3.91
塑料薄膜	1594.62	19.48	16.35
其中：农用薄膜	85.21	1.04	-10.59
泡沫塑料制品	258.19	3.15	-16.16
人造革合成革	328.28	4.01	-5.49
日用塑料	648.64	7.93	-3.90
其他塑料制品	5354.44	65.42	3.46

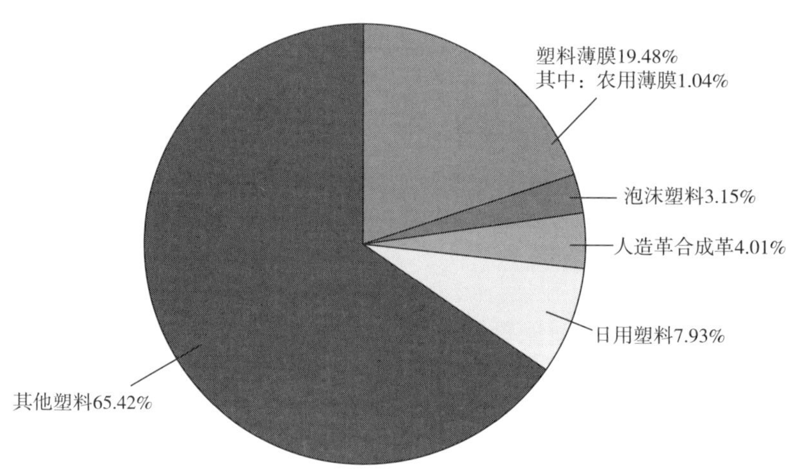

图 1　2019 年全国塑料制品分品种产量比重

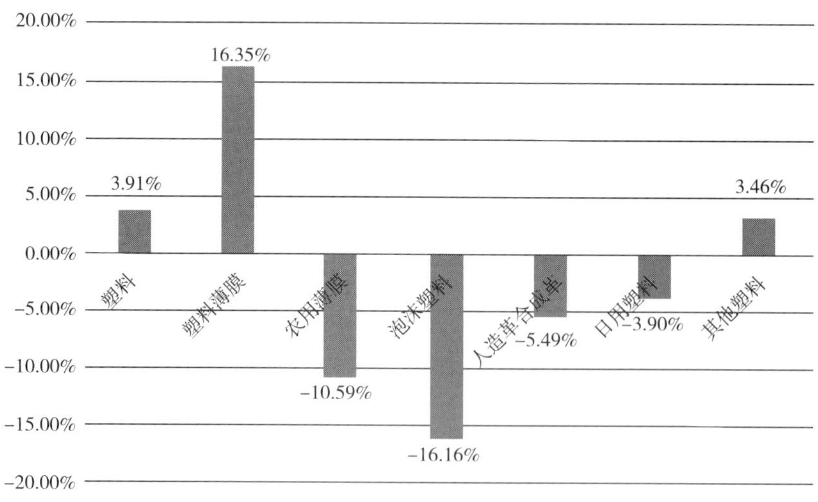

图 2　2019 年塑料制品分品种产量增长率情况

2. 从塑料制品分布情况看

塑料制品生产主要集中在广东省、浙江省、安徽省、江苏省等地区。其中：广东省产量最高，为1339.11万吨，占16.36%，其次是浙江省，为1307.59万吨，占15.98%；增长率最高的是河南省，产量为424.42万吨，同比增长33.98%，其次是湖南省，产量为405.83万吨，同比增长15.61%；同比增长率最低的是山东省，产量为336.44万吨，同比下降13.58%。

以上全国十大省份塑料制品总产量为6674.18万吨，占全国比例为81.55%，比上年提高了4.53%，可见塑料制品行业生产区域进一步集中趋势，详见表2、图3、图4。

表2　2019年主要地区产量增速及占比情况

地区	累计产量/万吨	同比增长率/%	占比/%
全　国	8184.17	3.91	100.00
广　东	1339.11	9.58	16.36
浙　江	1307.59	-0.33	15.98
安　徽	682.55	8.36	8.34
江　苏	669.55	-0.21	8.18
福　建	533.61	8.00	6.52
湖　北	526.23	-1.59	6.43
四　川	448.85	2.19	5.48
河　南	424.42	33.98	5.19
湖　南	405.83	15.61	4.96
山　东	336.44	-13.58	4.11

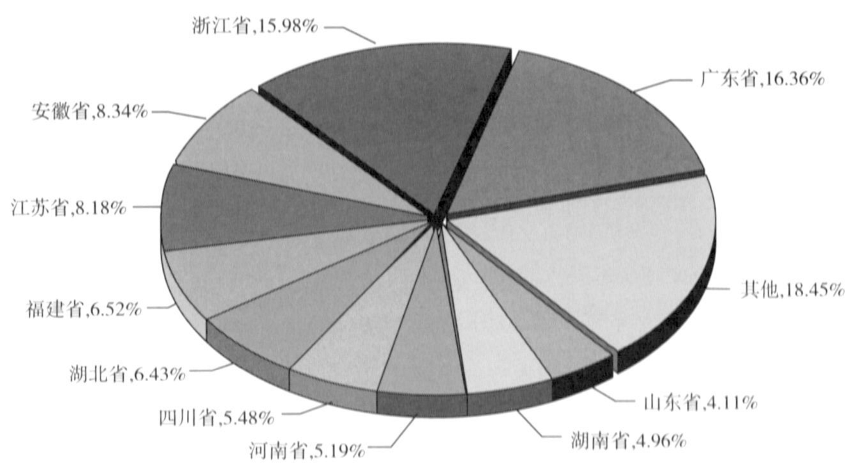

图3　2019年产量地区占比情况

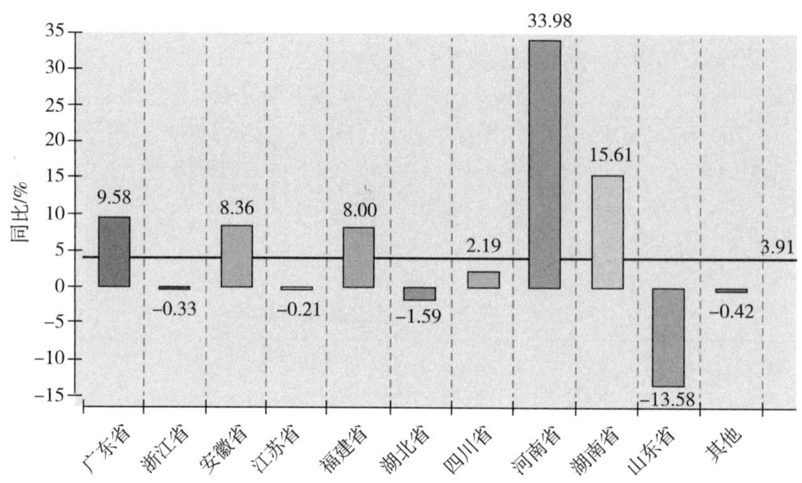

图 4　2019 年产量主要地区同比增长情况

3. 从塑料制品区域布局情况看

2019 年，东部 10 省市塑料制品产量 4712.50 万吨，占比 57.58%，同比增长 1.45%。中部六省发展迅速，塑料制品产量 2204.18 万吨，占比 26.93%，同比增长 11.31%，特别是河南省、湖南省、江西省的产量增长率较高，分别为 33.98%、15.61%、12.33%。西部十二省区塑料制品产量 1117.7 万吨，占比 13.66%，同比增长 1.52%，发展势头放缓。详见表 3~表 6。

表 3　东部地区产量和占比情况

地区	累计产量/吨	同比增长/%	占比/%
北　京	236515.76	−14.62	0.29
天　津	1053641.04	0.75	1.29
河　北	1858295.13	−6.17	2.27
上　海	2089449.38	−6.81	2.55
江　苏	6695459.25	−0.21	8.18
浙　江	13075910.21	−0.33	15.98
福　建	5336144.6	8.00	6.52
山　东	3364440.02	−13.58	4.11
广　东	13391106.64	9.58	16.36
海　南	24002.97	−1.48	0.03
合计	47124965		57.58

表 4　中部地区产量和占比情况

地区	累计产量/吨	同比增长/%	占比/%
山　西	173247.96	7.61	0.21
安　徽	6825481.95	8.36	8.34
江　西	1478262.33	12.33	1.81
河　南	4244213.12	33.98	5.19
湖　北	5262324.64	−1.59	6.43
湖　南	4058296.17	15.61	4.96
内蒙古	44301.24	−16.59	0.05
广　西	740837.75	−17.76	0.91
合计	22041826.17		26.94

表 5　西部地区产量和占比情况

地区	累计产量/吨	同比增长/%	占比/%
重　庆	2325371.41	22.84	2.84
四　川	4488473.2	2.19	5.48
贵　州	909265.97	−12.11	1.11
云　南	543788.38	−1.90	0.66
西　藏	16184.73	210.97	0.02
陕　西	1061154.03	−4.25	1.30
甘　肃	168155.8	11.77	0.21
青　海	14889.68	2.46	0.02
宁　夏	119520.91	3.95	0.15
新　疆	745037.05	−5.47	0.91
合计	11176980.15		13.66

表 6　东北地区产量和占比情况

地区	累计产量/吨	同比增长/%	占比/%
辽　宁	1029847.7	6.52	1.26
吉　林	317278.36	-19.08	0.39
黑龙江	150794.2	7.42	0.18
合计	1497920.26		1.83

我国塑料薄膜主要产区在东部省份，东部 6 省占总量的 65.84%，其中中部塑料薄膜产量同比增长 188.52%，占比从 2018 年的 5.44%提高到 2019 年的 13.76%。山东省、云南省是我国农用薄膜的主要产区，广东省农用薄膜产量有较大增长，浙江省农用薄膜产量却大幅下降。广东省是我国泡沫塑料制品产量最大省份，陕西省、四川省、安徽省、河南省的泡沫塑料制品产量增长较快，湖北省泡沫塑料制品产量降幅较大。人造革合成革生产较为集中，福建、安徽、浙江是生产大省，合计占比为 65.69%，安徽省增长较快，已超过浙江省位居第二，此外，湖南省、江西省也增长较快。其他塑料制品的最大产区是浙江省、广东省，重庆、湖南等中西部省份增长也较快。详见表 7~表 12。

表 7　2019 年塑料薄膜十大生产省区市

地区	2019 年产量/吨	同比/%	占比/%	2018 年占比/%
全　国	15946219.25	16.35	100.00	100
浙　江	2998343.5	6.00	18.80	22.08
广　东	2328300.76	0.29	14.60	17.03
河　南	2193747.79	188.52	13.76	5.44
江　苏	2072037.54	11.13	12.99	11.09
福　建	1559199.38	7.08	9.78	12.00
山　东	902983.68	14.3	5.66	5.22
上　海	638268	0.05	4.00	3.44
四　川	551132.79	5.86	3.46	4.59
安　徽	481291.15	7.49	3.02	3.24
湖　北	467987.11	95.76	2.93	1.47

表 8　2019 年农用薄膜十大生产省区市

地区	2019 年产量/吨	同比/%	占比/%	2018 年占比/%
全　国	852125.6	-10.59	100.00	100
山　东	125238	-37.87	14.70	19.92
云　南	95538.1	-17.19	11.21	9.62
甘　肃	80525.3	14.44	9.45	5.43
广　东	72822.79	65.55	8.55	3.02
四　川	70401.42	-7.90	8.26	6.37
河　南	56991.62	-0.43	6.69	19.80
新　疆	51058.5	-18.52	5.99	4.95
陕　西	46560.22	-33.37	5.46	5.16
吉　林	44223.65	1.01	5.19	3.69
湖　北	36447	8.15	4.28	1.78

表 9　2019 年泡沫塑料制品十大生产省区市

地区	2019 年产量/吨	同比/%	占比/%	2018 年占比/%
全国	2581920.86	-16.16	100.00	100
广　东	597521.94	1.80	23.14	23.83
河　南	363736.19	8.09	14.09	5.14
浙　江	305396.53	0.42	11.83	9.14
江　苏	173785.43	4.70	6.73	7.00
陕　西	161558.42	32.13	6.26	4.52
四　川	138723.67	12.75	5.37	4.12
安　徽	117231.68	11.8	4.54	2.11
湖　北	114703.08	-74.51	4.44	17.42
福建	102421.5	1.19	3.97	2.31
天　津	92585.95	-3.79	3.59	0.37

表 10　2019 年人造革合成革十大生产省区市

地区	2019 年产量/吨	同比/%	占比/%	2018 年占比/%
全　国	3282815.46	-5.49	100.00	100
福　建	875635.74	-5.94	26.67	29.01
安　徽	641130.22	7.56	19.53	16.07
浙　江	639932.78	-2.25	19.49	22.32
江苏	404587.81	2.68	12.32	10.40
广　东	299633.39	-39.14	9.13	9.72
河　北	162779.28	2.69	4.96	4.66
湖　南	81961	21.52	2.50	2.25
上　海	59772.1	7.72	1.82	1.85
江　西	30380.13	18.51	0.93	0.65
河　南	19989.88	-32.59	0.61	0.99

表 11　2019 年日用塑料十大生产省区市

地区	2019 年产量/吨	同比/%	占比/%	2018 年占比/%
全　国	6486368.07	-3.9	100.00	100
广　东	2178180.26	2.48	33.58	30.96
浙　江	1037706.85	1.30	16.00	15.34
湖　北	672803.93	-4.12	10.37	12.65
福　建	424590.4	18.41	6.55	5.40
江　苏	408438.22	9.82	6.30	4.84
四　川	331337.48	9.35	5.11	8.81
山　东	236962.82	-25.63	3.65	4.68
河　南	161936.25	-16.08	2.50	1.66
安　徽	155284.58	-44.06	2.39	4.13
上　海	138074.77	-21.87	2.13	1.4

表 12　2019 年其他塑料制品十大生产省区市

地区	2019 年产量/吨	同比/%	占比/%	2018 年占比/%
全　国	53544367.94	3.46	100.00	100
浙　江	8094530.55	-2.56	15.12	9.79
广　东	7987470.29	19.33	14.92	14.39
安　徽	5430544.32	11.45	10.14	7.72
湖　北	3994530.87	1.24	7.46	7.54
湖　南	3783699.01	22.04	7.07	4.04
江　苏	3636610.25	-7.07	6.79	7.00
四　川	3462252.26	0.58	6.47	7.58
福　建	2374297.58	13.39	4.43	4.93
山　东	2164213.78	-16.03	4.04	4.32
重　庆	1809148.97	29.99	3.38	2.37

（二）效益显著增长

1. 营业收入持续增长

2019 年，全国塑料制品行业营业收入 19077.48 亿元，同比增长 2.77%，略低于全国轻工全行业同比增长 2.83%的平均水平，也低于全国工业同比增长 3.8%的平均水平，在轻工 25 个行业中居第 13 位。营业收入占轻工行业总量的 9.64%，占全国规模以上工业企业营业收入的 1.8%；

其中，营业收入最高的是塑料零件及其他塑料制品，为 5750.9 亿元，占 30.14%；其次是塑料板、管、型材，为 3926.59 亿元，占 20.58%。增长率最高的是塑料板、管、型材，为 6.60%，其次是人造草坪，营业收入 109.27 亿元，同比增长 4.78%，增长率最低的是塑料人造革、合成革，营业收入 872.11 亿元，同比增长 -5.49%。详见表 13、图 5 及图 6。

2. 利润总额大幅增长

2019 年，全国塑料行业完成累计利润总额 1，054.52 亿元，同比增长 12.68%，高于轻工行业 7.14%和全国工业 -3.3%的平均水平。利润总额占全国规模以上工业企业 1.7%，占轻工行业 8.14%，

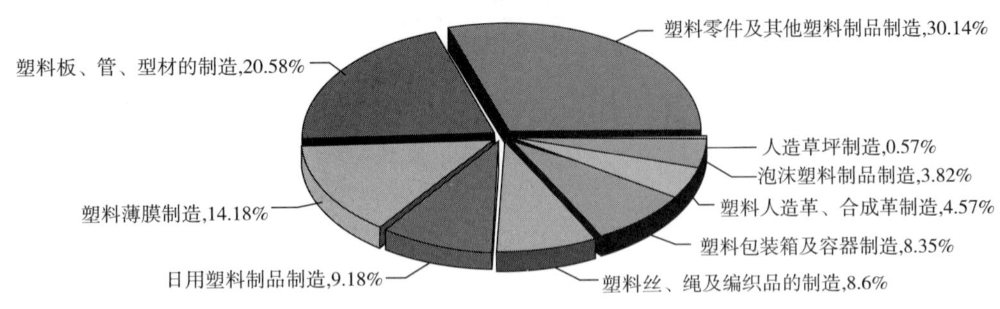

图 5 2019 年营业收入子行业占比情况

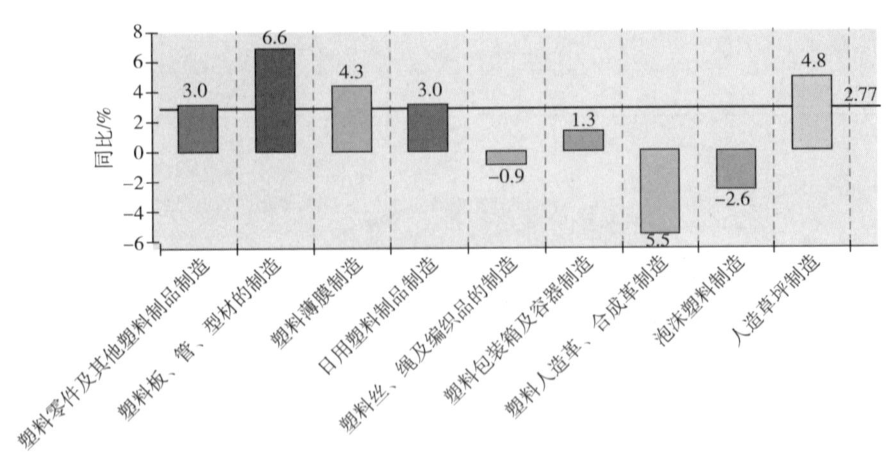

图 6 2019 年营业收入子行业同比增长情况

在轻工 25 个行业中居第 8 位。

表 13 2019 年塑料制品营业收入增长及占比情况

塑料制品类别	主营业务收入/亿元	同比增长率/%	占比/%
塑料总量	19077.48	2.77	100.00
塑料零件及其他塑料制品	5750.90	3.04	30.14
塑料板、管、型材	3926.59	6.60	20.58
塑料薄膜	2704.93	4.26	14.18
日用塑料制品	1751.83	2.99	9.18
塑料丝、绳及编织品	1640.08	-0.86	8.60
塑料包装箱及容器	1592.39	1.29	8.35
塑料人造革、合成革	872.11	-5.49	4.57

续表

塑料制品类别	主营业务收入/亿元	同比增长率/%	占比/%
泡沫塑料制品	729.38	-2.61	3.82
人造草坪	109.27	4.78	0.57

其中，利润总额最高的是塑料零件及其他塑料制品，为 322.55 亿元，占 30.59%，其次是塑料板、管、型材，为 244.5 亿元，占 23.19%；增长率最高的是塑料薄膜，利润总额为 132.38 亿元，同比增长 22.25%，其次是泡沫塑料制品，利润总额为 40.94 亿元，同比增长 18.43%；增长率最低的是人造草坪，利润总额为 4.36 亿元，同比增长-19.43%，其次是塑料人造革、合成革，利润总额为 28.86 亿元，同比增长-14.49%，详见表 14、图 7、图 8。

表 14　2019 年塑料制品行业利润总额增长及占比情况

塑料制品类别	利润总额/亿元	同比/%	占比/%
塑料制品业	1054. 52	12. 68	100. 00
塑料零件及其他塑料制品	322. 55	17. 57	30. 59
塑料板、管、型材	244. 50	9. 07	23. 19
塑料薄膜	132. 38	22. 25	12. 55
日用塑料制品	98. 86	15. 29	9. 37
塑料包装箱及容器	95. 60	14. 40	9. 07
塑料丝、绳及编织品	86. 48	0. 50	8. 20
泡沫塑料制品	40. 94	18. 43	3. 88
塑料人造革、合成革	28. 86	-14. 49	2. 74
人造草坪	4. 36	-19. 43	0. 41

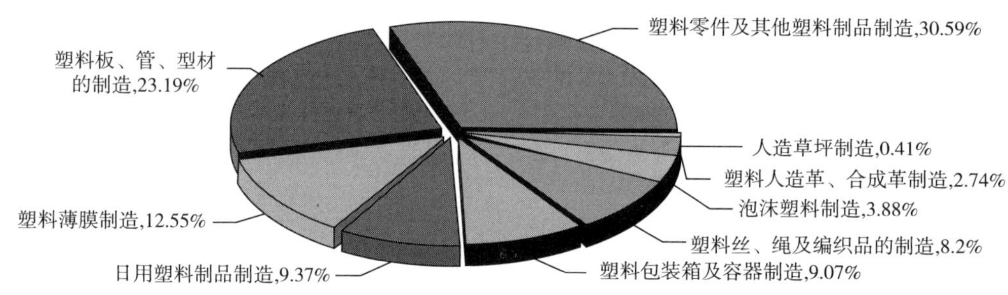

图 7　2019 年利润总额中子行业占比情况

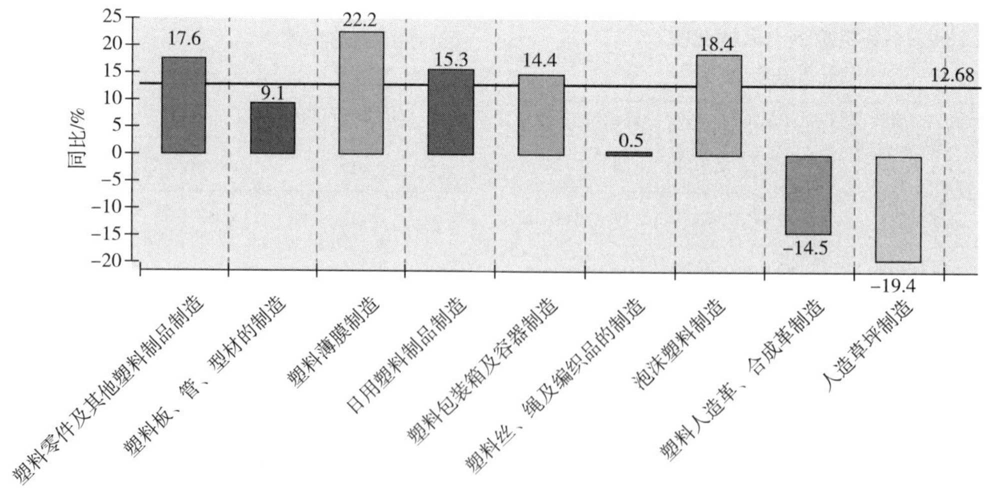

图 8　2019 年子行业利润同比增长情况

3. 营业收入利润率有所提高

2019年，全国塑料制品行业营业收入利润率为5.53%，比上年提高了0.27%，略低于全国工业5.86%的平均水平，也低于全国轻工行业6.54%的平均水平。其中利润率最高的是塑料板、管、型材，为6.23%，其次是塑料包装箱及容器，利润率为6.00%；营业收入利润率最低的是塑料人造革、合成革，仅为3.31%，详见表15。

4. 亏损面和亏损额有所收窄

2019年，全国塑料制品行业规模以上企业15835家，比2018年末的15571个增加了264家，增加1.7%。全国塑料制品行业亏损企业数为2168家，亏损企业亏损额为102.53亿元，详见表16。

表15　2019年营业收入利润率情况

塑料制品类别	营收利润率/%	营收利润率/%
塑料制品业	5.53	5.26
塑料薄膜	4.89	4.5
塑料板、管、型材	6.23	6.2
塑料丝、绳及编织品	5.27	5.5
泡沫塑料制品	5.61	4.8
塑料人造革、合成革	3.31	3.6
塑料包装箱及容器	6.00	5.7
日用塑料制品	5.64	5.0
人造草坪	3.99	5.8
塑料零件及其他塑料制品	5.61	5.2

表16　2019年塑料制品行业亏损企业数和亏损额

塑料制品类别	规上企业数/家	亏损企业数		亏损企业亏损额	
		家	同比/%	亏损额/千元	同比/%
塑料制品业	15835	2168	4.63	10253234	-4.45
塑料薄膜	1940	325	11.68	2099310	0.92
塑料板、管、型材	2836	375	1.35	1551839	-10.41
塑料丝、绳及编织品	1602	206	-6.79	620106	76.41
泡沫塑料制品	877	88	-7.37	346248	-5.37
塑料人造革、合成革	455	88	2.33	457329	-10.50
塑料包装箱及容器	1581	179	-8.67	624352	-14.43
日用塑料制品	1731	201	4.15	600945	-16.63
人造草坪	95	19	35.71	57240	148.52
塑料零件及其他塑料制品	4718	687	13.37	3895865	-7.60

（三）出口持续增长

1. 出口额持续增长

2019年，塑料制品累计出口额749.33亿美元，同比增长7.94%。累计进口额195.91亿美元，同比增长-1.37%。进出口贸易总额945.24亿美元，贸易顺差553.42亿美元，贸易顺差占我国对外贸易顺差的13.18%。

从子行业看，出口额最高的是其他塑料制品，完成累计出口额195.12亿美元，占26.04%；其次是日用塑料制品，完成累计出口额182.29亿美元，占24.33%；增长率最高的是其他塑料制品，同比增长10.26%；其次是建筑用塑料制品，完成累计出口额81.23亿美元，同比增长8.8%，塑料板．片．膜．箔．带及扁条完成累计出口额127.47亿美元，同比增长8.72%，也高于平均水平。增长率最低的是塑料管及其附件和塑料人造革、合成革，同比增长分别为1.42%和1.91%。详见表17、图9及图10。

表 17　　全国塑料制品行业出口情况

塑料制品类别	2019 年出口额/亿美元	2018 年出口额/亿美元	同比增长/%	占比/%
塑料制品总量	749.33	694.17	7.94	100.00
其他塑料制品	195.12	176.97	10.26	26.04
日用塑料制品	182.29	169.93	7.27	24.33
塑料板、片、膜、箔、带及扁条	127.47	117.24	8.72	17.01
塑料包装箱及容器及其附件	98.39	91.93	7.03	13.13
建筑用塑料制品	81.23	74.67	8.80	10.84
塑料管及其附件	27.57	27.19	1.42	3.68
塑料人造革、合成革	23.94	23.49	1.91	3.19
塑料零件	7.77	7.40	4.94	1.04
塑料单丝、条、杆、型材	5.55	5.35	3.78	0.74

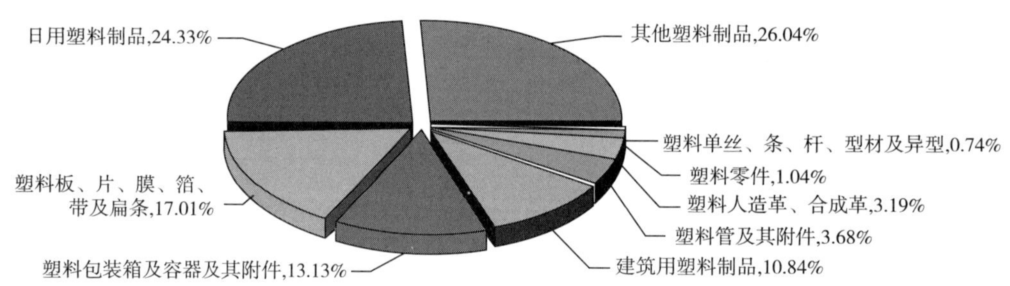

图 9　2019 年塑料制品行业出口额子行业占比情况

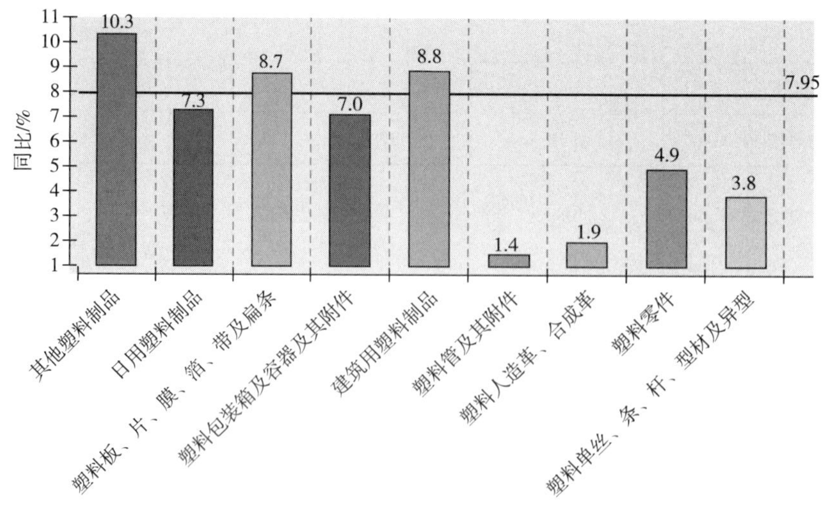

图 10　2019 年塑料制品行业出口额子行业同比增长情况

二、行业发展稳中向好

1. 结构调整取得新成效

2019 年，塑料加工行业淘汰落后产能、加快产品转型升级工作取得了明显成效。行业大力实施三品战略等措施，逐渐向高端化、品牌化、绿色化转型。如：电池隔膜行业扩大高端产品产能；塑料配线器材行业加快五大通用塑料高端专用料的开发利用，加快改性复合塑料、特种工程塑料、合金材料的产业化；塑料助剂行业企业进行产品结构调整；滚塑行业企业首次推出尼龙滚塑材料，取代进口，在工程机械油箱等领域得到应用；高端聚酯薄膜国内部分产品已可替代进口，进口数量进一步减少；人造革合成革加速淘汰落后产能，以水性聚氨酯等环保材料生产生态型合成革产量增加；科技型创新产品比重持续加大，进一步推进了塑料工业结构调整与转型升级。

2. 行业集中度进一步提升

塑料加工行业规模以上企业数量稳步增长，2019 年末规上企业达 15835 家，比上年末增加了 264 家，增长率为 1.7%。塑料加工行业内规模较大、总体质量较好的行业龙头企业发展步伐加快，数量增加，其相应的市场综合竞争能力也逐步提升；规模小、技术水平低的企业发展则出现了困难，有部分停产或转产。订单越来越向实力雄厚、管理规范、质量优异的大企业转移，行业继续呈现出强者越强，弱者越弱的趋势。资源配置也向优势企业倾斜，进一步推进产业结构优化。

3. 行业整体创新意识增强

行业整体创新意识增强，高端产品市场需求增长。科技创新、工艺水平提升、消费升级在行业中持续进行。企业注重创新转型，设备升级，机器换人推进，人工减少，成本降低，管理效率提高，为高质量发展助力。

三、多措并举攻坚克难

2019 年，我国塑料加工业行业克服中美贸易摩擦、部分产品结构性过剩、严格的环保治理、塑料垃圾的负面舆论等不利因素的影响，多措并举，攻坚克难，促进行业不断进步。

1. 积极应对中美贸易摩擦，实现出口稳步增长

2019 年 5 月 10 日起，美国对中国原征收 10% 关税的 2000 亿美元的进口商品加征关税至 25%，按中国版税号统计，涉及塑料制品共 36 个税号，占 2017 年对美出口额的 60.45%。美国是我国塑料制品第一大出口国，加征关税对行业出口影响较大。行业企业积极应对，采取各种措施稳出口。在行业共同努力下，2019 年对美出口额虽小幅下降，但整体出口额实现较大增长。

2. 大力推进生态化建设，促进绿色发展

2019 年初，海南省委办公厅、省政府办公厅联合发文，宣布海南省一定时间内全面禁止生产、销售和使用一次性不可降解塑料制品。年底，海南省第六届人民代表大会常务委员会第十六次会议通过《海南经济特区禁止一次性不可降解塑料制品规定》。世界多个国家和地区也提出将禁止使用塑料袋等一次性塑料用品。塑料污染问题受到了前所未有的关注，媒体上屡有负面报道。行业在呼吁人们正确使用塑料，科学进行一次性塑料制品回收、处理的基础上，在开发和利用生物降解材料、减少一次性塑料制品减量化、降低碳排放、推动废塑料回收等方面开展了大量积极有效的工作。

中国塑料加工工业协会承办中国工程科技论坛“高分子可持续发展工程科技论坛”之“塑料生态化建设分论坛”，举办“塑料生态化与绿色技术创新体系建设”系列活动，举办“中日海洋塑料污染应对座谈会”，通过类似的相关活动，积极引领和推动废塑料防治和塑料生态化建设，倡导社会各界要从生产、应用和回收利用等环节减少废塑料的产生，号召社会正确认识、媒体科学报道废塑料污染问题。

3. 积极拓展应用新领域，创造新需求

2019 年，行业积极拓展新的应用领域，创造新的需求和新的经济增长点。在房地产行业低迷背景下，塑料管道等行业在相关国家政策的推动和影响下，布局“一带一路”、海绵城市建设、智慧城市地下管网及综合管廊建设、清洁能源利用、装配式建筑、黑臭水体治理、农村水利建设、农村人居环境整治等，获得新的市场空间。EPS 墙体保温板材应用市场清淡，积极开拓一体板、地暖、隔声板等创新应用市场效，取得较好效果。2019 年汽车产销量下降，车用（不含冷藏车）聚氨酯硬泡和软泡整体用量同比随之下滑，但聚氨酯积极开拓新市场，在其他应用领域获得增长。人造革合成革行业在市场需求不足的情况下，仍积极拓展新用途，促进生态型、时尚型合成革等高端合成革逐渐成市场主流。

4. 积极推进智能进程，降成本提品质

塑料加工成本尤其是人工成本持续增长，技术工缺乏及招工困难问题进一步凸显。为减少用工成

本，提升产品品质，营造更大的利润空间，塑料加工行业积极推行机器换人，由劳动密集型向技术创新型方向转变。如：塑料配线器材行业逐步实现生产、粉料、供料等设备自动化，人造革合成革行业自觉采纳和实践智能制造呈现新增长，塑料家居用品企业学习“接近无人的智能化注塑车间”样板，提高智能制造水平。

四、行业发展建议

1. 继续坚持创新引领

行业要密切关注国家科技领域的新进展和产业发展新变化，瞄准产品的高端化、差异化和专用化，加强以企业为主体的创新体系建设，集中攻克一批“卡脖子”技术短板，建设一批高质量、高水平的创新工作组，创新方法、路线，开展科技创新年、专家院士行等系列活动，强调创新的供给侧与需求侧精准对接、高效创新和政产学研金用集成创新，打造创新的产业链，促进产业链协同创新，实现高质量发展。

2. 深入实施“三品”战略

行业企业要加强产业链协同创新，研发新材料，提高产品性能。通过提品质、增品种、创品牌，弘扬工匠精神，倡导精品制造，提高产品附加值，提升利润水平，促进行业转型升级，实现由大向强转变。

3. 大力推动智能制造

要继续开展“两化”深度融合，创新行业发展模式，推进转型升级，落实“中国制造 2025”，推动智能制造，建设产业智能系统，引进数字化、智能化技术，加快塑料行业智慧发展。

4. 加速推进绿色发展

要提高行业自律，坚持绿色环保生产，从塑料制品的生产、运输、销售等环节，减少塑料颗粒与产成品的无序丢弃。加强一次性塑料制品的可循环、易回收、可降解替代产品的研发，推动塑料制品的功能化多次利用和的塑料废弃物高值化回收应用研究工作。建议应积极、科学推动垃圾分类制度，加强废塑料回收、利用的科学、有序、系统化管理。

5. 主动拓展国际市场

受美国对中国商品加征关税的影响，我国塑料制品对美出口额下降。行业要瞄准国际新兴市场，开展广泛的国际合作，多元化发展，从产品出口到产能输出，促进塑料相关产业扩展国际市场空间。

政策与法规

国务院办公厅关于印发“无废城市”建设试点工作方案的通知

国办发〔2018〕128号

各省、自治区、直辖市人民政府，国务院各部委、各直属机构：

《“无废城市”建设试点工作方案》已经国务院同意，现印发给你们，请认真贯彻执行。

国务院办公厅

2018年12月29日

“无废城市”建设试点工作方案

“无废城市”是以创新、协调、绿色、开放、共享的新发展理念为引领，通过推动形成绿色发展方式和生活方式，持续推进固体废物源头减量和资源化利用，最大限度减少填埋量，将固体废物环境影响降至最低的城市发展模式。“无废城市”并不是没有固体废物产生，也不意味着固体废物能完全资源化利用，而是一种先进的城市管理理念，旨在最终实现整个城市固体废物产生量最小、资源化利用充分、处置安全的目标，需要长期探索与实践。现阶段，要通过“无废城市”建设试点，统筹经济社会发展中的固体废物管理，大力推进源头减量、资源化利用和无害化处置，坚决遏制非法转移倾倒，探索建立量化指标体系，系统总结试点经验，形成可复制、可推广的建设模式。为指导地方开展“无废城市”建设试点工作，制定本方案。

一、总体要求

（一）重大意义

党的十八大以来，党中央、国务院深入实施大气、水、土壤污染防治行动计划，把禁止洋垃圾入境作为生态文明建设标志性举措，持续推进固体废物进口管理制度改革，加快垃圾处理设施建设，实施生活垃圾分类制度，固体废物管理工作迈出坚实步伐。同时，我国固体废物产生强度高、利用不充分，非法转移倾倒事件仍呈高发频发态势，既污染环境，又浪费资源，与人民日益增长的优美生态环境需要还有较大差距。开展“无废城市”建设试点是深入落实党中央、国务院决策部署的具体行动，是从城市整体层面深化固体废物综合管理改革和推动“无废社会”建设的有力抓手，是提升生态文明、建设美丽中国的重要举措。

（二）指导思想

以习近平新时代中国特色社会主义思想为指导，全面贯彻党的十九大和十九届二中、三中全会精神，紧紧围绕统筹推进“五位一体”总体布局和协调推进“四个全面”战略布局，深入贯彻习近平生态文明思想和全国生态环境保护大会精神，认真落实党中央、国务院决策部署，坚持绿色低碳循环发展，以大宗工业固体废物、主要农业废弃物、生活垃圾和建筑垃圾、危险废物为重点，实现源头大幅减量、充分资源化利用和安全处置，选择典型城市先行先试，稳步推进“无废城市”建设，为全面加强生态环境保护、建设美丽中国作出贡献。

（三）基本原则

坚持问题导向，注重创新驱动。着力解决当前固体废物产生量大、利用不畅、非法转移倾倒、处置设施选址难等突出问题，统筹解决本地实际问题与共性难题，加快制度、机制和模式创新，推动实现重点突破与整体创新，促进形成“无废城市”建设长效机制。

坚持因地制宜，注重分类施策。试点城市根据区域产业结构、发展阶段，重点识别主要固体废物在产生、收集、转移、利用、处置等过程中的薄弱点和关键环节，紧密结合本地实际，明确目标，细化任务，完善措施，精准发力，持续提升城市固体废物减量化、资源化、无害化水平。

坚持系统集成，注重协同联动。围绕“无废城市”建设目标，系统集成固体废物领域相关试点示范经验做法。坚持政府引导和市场主导相结合，提升固体废物综合管理水平与推进供给侧结构性改革相衔接，推动实现生产、流通、消费各环节绿色化、循环化。

坚持理念先行，倡导全民参与。全面增强生态文明意识，将绿色低碳循环发展作为“无废城市”建设重要理念，推动形成简约适度、绿色低碳、文明健康的生活方式和消费模式。强化企业自我约束，杜绝资源浪费，提高资源利用效率。充分发挥社会组织和公众监督作用，形成全社会共同参与的良好氛围。

（四）试点目标

到2020年，系统构建“无废城市”建设指标体系，探索建立“无废城市”建设综合管理制度和技术体系，试点城市在固体废物重点领域和关键环节取得明显进展，大宗工业固体废物贮存处置总量趋零增长、主要农业废弃物全量利用、生活垃圾减量化资源化水平全面提升、危险废物全面安全管控，非法转移倾倒固体废物事件零发生，培育一批固体废物资源化利用骨干企业。通过在试点城市深化固体废物综合管理改革，总结试点经验做法，形成一批可复制、可推广的“无废城市”建设示范模式，为推动建设“无废社会”奠定良好基础。

（五）试点范围

在全国范围内选择10个左右有条件、有基础、规模适当的城市，在全市域范围内开展“无废城市”建设试点。综合考虑不同地域、不同发展水平及产业特点、地方政府积极性等因素，优先选取国家生态文明试验区省份具备条件的城市、循环经济示范城市、工业资源综合利用示范基地、已开展或正在开展各类固体废物回收利用无害化处置试点并取得积极成效的城市。

二、主要任务

（一）强化顶层设计引领，发挥政府宏观指导作用

建立“无废城市”建设指标体系，发挥导向引领作用。2019年6月底前，研究建立以固体废物减量化和循环利用率为核心指标的“无废城市”建设指标体系，并与绿色发展指标体系、生态文明建设考核目标体系衔接融合。健全固体废物统计制度，统一工业固体废物数据统计范围、口径和方法，完善农业废弃物、建筑垃圾统计方法。（生态环境部牵头，国家发展改革委、工业和信息化部、住房城乡建设部、农业农村部、国家统计局参与）

优化固体废物管理体制机制，强化部门分工协作。根据城市经济社会发展实际，以深化地方机构改革为契机，建立部门责任清单，进一步明确各类固体废物产生、收集、转移、利用、处置等环节的部门职责边界，提升监管能力，形成分工明确、权责明晰、协同增效的综合管理体制机制。（生态环境部指导，试点城市政府负责落实。以下均需试点城市政府落实，不再列出）

加强制度政策集成创新，增强试点方案系统性。落实《生态文明体制改革总体方案》相关改革举措，围绕“无废城市”建设目标，集成目前已开展的有关循环经济、清洁生产、资源化利用、乡村振兴等方面改革和试点示范政策、制度与措施。在继承与创新基础上，试点城市制定“无废城市”建设试点实施方案，和城市建设与管理有机融合，明确改革试点的任务措施，增强相关领域改革系统性、协同性和配套性。（生态环境部、国家发展改革委、工业和信息化部、财政部、自然资源部、住房城乡建设部、农业农村部、商务部、国家卫生健康委、国家统计局指导）

统筹城市发展与固体废物管理，优化产业结构布局。组织开展区域内固体废物利用处置能力调查评估，严格控制新建、扩建固体废物产生量大、区域难以实现有效综合利用和无害化处置的项目。构建工业、农业、生活等领域间资源和能源梯级利用、循环利用体系。以物质流分析为基础，推动构建产业园区企业内、企业间和区域内的循环经济产业链运行机制。明确规划期内城市基础设施保障能力需求，将生活垃圾、城镇污水污泥、建筑垃圾、废旧轮胎、危险废物、农业废弃物、报废汽车等固体废物分类收集及无害化处置设施纳入城市基础设施和公共设施范围，保障设施用地。（国家发展改革委、工业和信息化部、自然资源部、生态环境部、住房城乡建设部、农业农村部、商务部指导）

（二）实施工业绿色生产，推动大宗工业固体废物贮存处置总量趋零增长

全面实施绿色开采，减少矿业固体废物产生和贮存处置量。以煤炭、有色金属、黄金、冶金、化工、非金属矿等行业为重点，按照绿色矿山建设要求，因矿制宜采用充填采矿技术，推动利用矿业固体废物生产建筑材料或治理采空区和塌陷区等。到2020年，试点城市的大中型矿山达到绿色矿山建设要求和标准，其中煤矸石、煤泥等固体废物实现全部利用。（自然资源部、工业和信息化部指导）

开展绿色设计和绿色供应链建设，促进固体废物减量和循环利用。大力推行绿色设计，提高产品可拆解性、可回收性，减少有毒有害原辅料使用，培育一批绿色设计示范企业；大力推行绿色供应链管理，发挥大企业及大型零售商带动作用，培育一批固体废物产生量小、循环利用率高的示范企业。（工业和信息化部、商务部、生态环境部指导）以铅酸蓄电池、动力电池、电器电子产品、汽车为重点，落实生产者责任延伸制，到2020年，基本建成废弃产品逆向回收体系。（国家发展改革委、工

业和信息化部、生态环境部、商务部、市场监管总局指导）

健全标准体系，推动大宗工业固体废物资源化利用。以尾矿、煤矸石、粉煤灰、冶炼渣、工业副产石膏等大宗工业固体废物为重点，完善综合利用标准体系，分类别制定工业副产品、资源综合利用产品等产品技术标准。（市场监管总局、工业和信息化部负责）推广一批先进适用技术装备，推动大宗工业固体废物综合利用产业规模化、高值化、集约化发展。（工业和信息化部指导）

严格控制增量，逐步解决工业固体废物历史遗留问题。以磷石膏等为重点，探索实施“以用定产”政策，实现固体废物产销平衡。全面摸底调查和整治工业固体废物堆存场所，逐步减少历史遗留固体废物贮存处置总量。（生态环境部、工业和信息化部指导）

（三）推行农业绿色生产，促进主要农业废弃物全量利用

以规模养殖场为重点，以建立种养循环发展机制为核心，逐步实现畜禽粪污就近就地综合利用。在肉牛、羊和家禽等养殖场鼓励采用固体粪便堆肥或建立集中处置中心生产有机肥，在生猪和奶牛等养殖场推广快速低排放的固体粪便堆肥技术、粪便垫料回用和水肥一体化施用技术，加强二次污染管控。推广“果沼畜”、“菜沼畜”、“茶沼畜”等畜禽粪污综合利用、种养循环的多种生态农业技术模式。到2020年，规模养殖场粪污处理设施装备配套率达到95%以上，畜禽粪污综合利用率达到75%以上。（农业农村部指导）

以收集、利用等环节为重点，坚持因地制宜、农用优先、就地就近原则，推动区域农作物秸秆全量利用。以秸秆就地还田，生产秸秆有机肥、优质粗饲料产品、固化成型燃料、沼气或生物天然气、食用菌基料和育秧、育苗基料，生产秸秆板材和墙体材料为主要技术路线，建立肥料化、饲料化、燃料化、基料化、原料化等多途径利用模式。到2020年，秸秆综合利用率达到85%以上。（国家发展改革委、农业农村部指导）

以回收、处理等环节为重点，提升废旧农膜及农药包装废弃物再利用水平。建立政府引导、企业主体、农户参与的回收利用体系。推广一膜多用、行间覆盖等技术，减少地膜使用。推广应用标准地膜，禁止生产和使用厚度低于0.01毫米的地膜。有条件的城市，将地膜回收作为生产全程机械化的必要环节，全面推进机械化回收。到2020年，重点用膜区当季地膜回收率达到80%以上。（农业农村部、市场监管总局指导）按照“谁购买谁交回、谁销售谁收集”原则，探索建立农药包装废弃物回收奖励或使用者押金返还等制度，对农药包装废弃物实施无害化处理。（生态环境部、农业农村部、财政部指导）

（四）践行绿色生活方式，推动生活垃圾源头减量和资源化利用

以绿色生活方式为引领，促进生活垃圾减量。通过发布绿色生活方式指南等，引导公众在衣食住行等方面践行简约适度、绿色低碳的生活方式。（生态环境部、住房城乡建设部指导）支持发展共享经济，减少资源浪费。限制生产、销售和使用一次性不可降解塑料袋、塑料餐具，扩大可降解塑料产品应用范围。加快推进快递业绿色包装应用，到2020年，基本实现同城快递环境友好型包装材料全面应用。（国家发展改革委、商务部、国家邮政局、市场监管总局指导）推动公共机构无纸化办公。在宾馆、餐饮等服务性行业，推广使用可循环利用物品，限制使用一次性用品。创建绿色商场，培育一批应用节能技术、销售绿色产品、提供绿色服务的绿色流通主体。（商务部、文化和旅游部、国管局指导）

多措并举，加强生活垃圾资源化利用。全面落实生活垃圾收费制度，推行垃圾计量收费。建设资源循环利用基地，加强生活垃圾分类，推广可回收物利用、焚烧发电、生物处理等资源化利用方式。（国家发展改革委、住房城乡建设部指导）垃圾焚烧发电企业实施“装、树、联”（垃圾焚烧企业依法依规安装污染物排放自动监测设备、在厂区门口树立电子显示屏实时公布污染物排放和焚烧炉运行数据、自动监测设备与生态环境部门联网），强化信息公开，提升运营水平，确保达标排放。（生态环境部指导）以餐饮企业、酒店、机关事业单位和学校食堂等为重点，创建绿色餐厅、绿色餐饮企业，倡导“光盘行动”。促进餐厨垃圾资源化利用，拓宽产品出路。（国家发展改革委、商务部、国管局指导）

开展建筑垃圾治理，提高源头减量及资源化利用水平。摸清建筑垃圾产生现状和发展趋势，加强建筑垃圾全过程管理。强化规划引导，合理布局建筑垃圾转运调配、消纳处置和资源化利用设施。加快设施建设，形成与城市发展需求相匹配的建筑垃

圾处理体系。开展存量治理，对堆放量比较大、比较集中的堆放点，经评估达到安全稳定要求后，开展生态修复。在有条件的地区，推进资源化利用，提高建筑垃圾资源化再生产品质量。（住房城乡建设部、国家发展改革委、工业和信息化部指导）

（五）提升风险防控能力，强化危险废物全面安全管控

筑牢危险废物源头防线。新建涉危险废物建设项目，严格落实建设项目危险废物环境影响评价指南等管理要求，明确管理对象和源头，预防二次污染，防控环境风险。以有色金属冶炼、石油开采、石油加工、化工、焦化、电镀等行业为重点，实施强制性清洁生产审核。（生态环境部指导）

夯实危险废物过程严控基础。开展排污许可"一证式"管理，探索将固体废物纳入排污许可证管理范围，掌握危险废物产生、利用、转移、贮存、处置情况。严格落实危险废物规范化管理考核要求，强化事中事后监管。（生态环境部指导）全面实施危险废物电子转移联单制度，依法加强道路运输安全管理，及时掌握流向，大幅提升危险废物风险防控水平。（生态环境部、交通运输部指导）开展废铅酸蓄电池等危险废物收集经营许可证制度试点。（生态环境部指导）落实《医疗废物管理条例》，强化地方政府医疗废物集中处置设施建设责任，推动医疗废物集中处置体系覆盖各级各类医疗机构。加强医疗废物分类管理，做好源头分类，促进规范处置。（生态环境部、国家卫生健康委指导）

完善危险废物相关标准规范。以全过程环境风险防控为基本原则，明确危险废物处置过程二次污染控制要求及资源化利用过程环境保护要求，规定资源化利用产品中有毒有害物质含量限值，促进危险废物安全利用。（生态环境部、市场监管总局指导）建立多部门联合监管执法机制，将危险废物检查纳入环境执法"双随机"监管，严厉打击非法转移、非法利用、非法处置危险废物。（生态环境部指导）

（六）激发市场主体活力，培育产业发展新模式

提高政策有效性。将固体废物产生、利用处置企业纳入企业环境信用评价范围，根据评价结果实施跨部门联合惩戒。（生态环境部、国家发展改革委、人民银行、银保监会指导）落实好现有资源综合利用增值税等税收优惠政策，促进固体废物综合利用。（财政部、税务总局指导）构建工业固体废物资源综合利用评价机制，制定国家工业固体废物资源综合利用产品目录，对依法综合利用固体废物、符合国家和地方环境保护标准的，免征环境保护税。（工业和信息化部、财政部、税务总局指导）按照市场化和商业可持续原则，探索开展绿色金融支持畜禽养殖业废弃物处置和无害化处理试点，支持固体废物利用处置产业发展。到2020年，在试点城市危险废物经营单位全面推行环境污染责任保险。（人民银行、财政部、国家发展改革委、生态环境部、农业农村部、银保监会指导）在农业支持保护补贴中，加大对畜禽粪污、秸秆综合利用生产有机肥的补贴力度，同步减少化肥补贴。（农业农村部、财政部指导）增加政府绿色采购中循环利用产品种类，加大采购力度。（财政部、国家发展改革委、生态环境部指导）加快建立有利于促进固体废物减量化、资源化、无害化处理的激励约束机制。在政府投资公共工程中，优先使用以大宗工业固体废物等为原料的综合利用产品，推广新型墙材等绿色建材应用；探索实施建筑垃圾资源化利用产品强制使用制度，明确产品质量要求、使用范围和比例。（国家发展改革委、工业和信息化部、住房城乡建设部、市场监管总局、国管局指导）

发展"互联网+"固体废物处理产业。推广回收新技术新模式，鼓励生产企业与销售商合作，优化逆向物流体系建设，支持再生资源回收企业建立在线交易平台，完善线下回收网点，实现线上交废与线下回收有机结合。（商务部指导，供销合作总社参与）建立政府固体废物环境管理平台与市场化固体废物公共交易平台信息交换机制，充分运用物联网、全球定位系统等信息技术，实现固体废物收集、转移、处置环节信息化、可视化，提高监督管理效率和水平。（生态环境部指导）

积极培育第三方市场。鼓励专业化第三方机构从事固体废物资源化利用、环境污染治理与咨询服务，打造一批固体废物资源化利用骨干企业。（工业和信息化部指导）以政府为责任主体，推动固体废物收集、利用与处置工程项目和设施建设运行，在不增加地方政府债务前提下，依法合规探索采用第三方治理或政府和社会资本合作（PPP）等模式，实现与社会资本风险共担、收益共享。（财政部、国家发展改革委、生态环境部指导）

三、实施步骤

（一）确定试点城市

试点城市由省级有关部门推荐，生态环境部会

同国家发展改革委、工业和信息化部、财政部、自然资源部、住房城乡建设部、农业农村部、商务部、文化和旅游部、国家卫生健康委、国家统计局、国家邮政局等部门筛选确定。

（二）制定实施方案

试点城市负责编制"无废城市"建设试点实施方案，明确试点目标，确定任务清单和分工，做好年度任务分解，明确每项任务的目标成果、进度安排、保障措施等。实施方案按程序报送生态环境部，经生态环境部会同有关部门组织专家评审通过后实施。2019年上半年，试点城市政府印发实施方案。

（三）组织开展试点

试点城市政府是"无废城市"建设试点责任主体，要围绕试点内容，有力有序开展试点，确保实施方案规定任务落地见效。生态环境部会同有关部门对试点工作进行指导和成效评估，发现问题及时调整和改进，适时组织开展"无废城市"建设试点经验交流。

（四）开展评估总结

2021年3月底前，试点城市政府对本地区试点总体情况、主要做法和成效、存在的问题及建议等进行评估总结，形成试点工作总结报告报送生态环境部。生态环境部会同有关部门组织开展"无废城市"建设试点工作成效评估，对成效突出的城市给予通报表扬，把试点城市行之有效的改革创新举措制度化。

四、保障措施

（一）加强组织领导

生态环境部会同有关部门组建协调小组和专家委员会，建立工作协调机制，共同指导推进"无废城市"建设试点工作，统筹研究重大问题，协调重大政策，指导各地试点实践，确保试点工作取得实效。各试点城市政府要高度重视，把试点工作列为政府年度重点工作任务，作为深化城市管理体制改革的重要内容，成立领导小组，健全工作机制，明确部门职责，强化激励措施。正在开展固体废物相关领域试点工作的，要做好与"无废城市"建设试点工作的统筹衔接，加强系统集成，发挥综合效益。

（二）加大资金支持

鼓励地方政府统筹运用相关政策，支持建设固体废物处置等公共设施。试点城市政府要加大各级财政资金统筹整合力度，明确"无废城市"建设试点资金范围和规模。加大科技投入，加快固体废物减量化、高质化利用关键技术、工艺和设备研发制造。鼓励金融机构在风险可控前提下，加大对"无废城市"建设试点的金融支持力度。

（三）严格监管执法

强化对试点城市绿色矿山建设、建筑垃圾处置、固体废物资源化利用工作的督导检查。鼓励试点城市制定相关地方性法规和规章。依法严厉打击各类固体废物非法转移、倾倒行为，以及无证从事危险废物收集、利用与处置经营活动。持续打击非法收集和拆解废铅酸蓄电池、报废汽车、废弃电器电子产品行为。加大对生产和销售超薄塑料购物袋、农膜的查处力度。加强固体废物集散地综合整治。对固体废物监管责任落实不到位、工作任务未完成的，依纪依法严肃追究责任。

（四）强化宣传引导

面向学校、社区、家庭、企业开展生态文明教育，凝聚民心、汇集民智，推动生产生活方式绿色化。加大固体废物环境管理宣传教育，有效化解"邻避效应"，引导形成"邻利效应"。将绿色生产生活方式等内容纳入有关教育培训体系。依法加强固体废物产生、利用与处置信息公开，充分发挥社会组织和公众监督作用。

发展改革委修订发布《产业结构调整指导目录（2019年本）》

中华人民共和国国家发展和改革委员会令　第29号

《产业结构调整指导目录（2019年本）》已经2019年8月27日第2次委务会议审议通过，现予公布，自2020年1月1日起施行。《产业结构调整指导目录（2011年本）（修正）》同时废止。

附件：产业结构调整指导目录（2019年本）

主任：何立峰

2019年10月30日

产业结构调整指导目录（2019年本）——节选

第一类　鼓励类

一、农林业

1. 农田建设与保护工程（含高标准农田建设、农田水利建设、高效节水灌溉、农田整治等），土地综合整治

9. 全生物降解地膜农田示范与应用及受污染耕地风险管控与修复

二、水利

13. 水利工程用土工合成材料及新型材料开发制造

三、煤炭

7. 管道输煤

十一、石化化工

10. 乙烯-乙烯醇共聚树脂、聚偏氯乙烯等高性能阻隔树脂，聚异丁烯、乙烯-辛烯共聚物、茂金属聚乙烯等特种聚烯烃，高碳α烯烃等关键原料的开发与生产，液晶聚合物、聚苯硫醚、聚苯醚、芳族酮聚合物、聚芳醚醚腈等工程塑料生产以及共混改性、合金化技术开发和应用，高吸水性树脂、导电性树脂和可降解聚合物的开发与生产，长碳链尼龙、耐高温尼龙等新型聚酰胺开发与生产

十二、建材

3. 适用于装配式建筑的部品化建材产品；低成本相变储能墙体材料及墙体部件；光伏建筑一体化部品部件；岩棉复合材料制品/部品；气凝胶节能材料；A级阻燃保温材料制品，建筑用复合真空绝热保温材料，保温、装饰等功能一体化复合板材，桥梁隧道、地下管廊、岛礁设施、海工设施等领域用长寿命防水防腐阻燃复合材料，改性沥青防水卷材、高分子防水卷材、水性或高固含量防水涂料等新型建筑防水材料；功能型装饰装修材料及制品，绿色无醛人造板以及路面砖（板）、路面透水砖（板）、广场透水砖（板）、装饰砖（砌块）、仿古砖、护坡生态砖（砌块）、水工生态砖（砌块）等绿色建材产品技术开发与生产应用

6. 8万吨/年及以上无碱玻璃纤维粗纱（单丝直径>9微米）池窑拉丝技术，5万吨/年及以上无碱玻璃纤维细纱（单丝直径≤9微米）池窑拉丝技术，超细、高强高模、耐碱、低介电、高硅氧、可降解、异形截面等高性能玻璃纤维及玻纤制品技术开发与生产；玄20武岩纤维池窑拉丝技术；碳化硅纤维、复合纤维；航空航天、环保、海工、电工电子、交通、能源、建筑、物联网、畜牧养殖等领域用热塑性、热固性复合材料产品及其高效成型制备工艺和装备；树脂基复合材料废弃物回收利用技术与装备；20万吨/年及以上矿物原料粉体加工生产线

十三、医药

3. 新型药用包装材料与技术的开发和生产（中性硼硅药用玻璃，化学稳定性好、可降解、具有高阻隔性的功能性材料，气雾剂、粉雾剂、自我给药、预灌封、自动混药等新型包装给药系统及给药装置）

5. 新型医用诊断设备和试剂、数字化医学影像设备，人工智能辅助医疗设备，高端放射治疗设备，电子内窥镜、手术机器人等高端外科设备，新型支架、假体等高端植入介入设备与材料及增材制造技术开发与应用，危重病用生命支持设备，移动与远程诊疗设备，新型基因、蛋白和细胞诊断设备

十八、航空航天

5. 航空航天用新型材料开发生产

15、无人机总体、材料、通信、控制系统等开发制造

十九、轻工

3. 生物可降解塑料及其系列产品开发、生产与应用，农用塑料节水器材和长寿命（三年及以上）功能性农用薄膜的开发、生产

4. 新型塑料建材（高气密性节能塑料窗、大口径排水排污管道、抗冲击改性聚氯乙烯管、地源热泵系统用聚乙烯管、非开挖用塑料管材、复合塑料管材、塑料检查井）；防渗土工膜；塑木复合材料和分子量≥200万的超高分子量聚乙烯管材及板材生产

5. 动态塑化和塑料拉伸流变塑化的技术应用及装备制造；应用电磁感应加热和伺服驱动系统的塑料加工装备

二十一、建筑

4. 高强、高性能结构材料与体系的应用

二十二、城镇基础设施

8. 城镇地下管道共同沟建设，地下管网地理信息系统

9. 城镇供排水管网工程、管网排查、检测及修

复与改造工程、非开挖施工与修复技术，供水管网听漏检漏设备、相关技术开发和设备生产

第二类　限制类

四、石化化工

3. 新建7万吨/年以下聚丙烯、20万吨/年以下聚乙烯、乙炔法聚氯乙烯、起始规模小于30万吨/年的乙烯氧氯化法聚氯乙烯、10万吨/年以下聚苯乙烯、20万吨/年以下丙烯腈-丁二烯-苯乙烯共聚物（ABS）、3万吨/年以下普通合成胶乳-羧基丁苯胶（含丁苯胶乳）生产装置，新建、改扩建氯丁橡胶类、丁苯热塑性橡胶类、聚氨酯类和聚丙烯酸酯类中溶剂型通用胶粘剂生产装置

8. 新建高毒、高残留以及对环境影响大的农药原药〔包括氧乐果、水胺硫磷、甲基异柳磷、甲拌磷、特丁磷、杀扑磷、溴甲烷、灭多威、涕灭威、克百威、敌鼠钠、敌鼠酮、杀鼠灵、杀鼠醚、溴敌隆、溴鼠灵、肉毒素、杀虫双、灭线磷、磷化铝，有机氯类、有机锡类杀虫剂，福美类杀菌剂，复硝酚钠（钾）、氯磺隆、胺苯磺隆、甲磺隆等〕生产装置

十、医药

4. 新建、改扩建药用丁基橡胶塞、二步法生产输液用塑料瓶生产装置

十二、轻工

1. 聚氯乙烯普通人造革生产线

4. 聚氯乙烯（PVC）食品保鲜包装膜

十六、其他

8. 不符合《大气污染防治法》《水污染防治法》《固体废物污染环境防治法》《节约能源法》《安全生产法》《产品质量法》《土地管理法》《职业病防治法》等国家法律法规，不符合国家安全、环保、能耗、质量方面强制性标准，不符合国际环境公约等要求的工艺、技术、产品、装备

第三类　淘汰类

注：条目后括号内年份为淘汰期限，淘汰期限为2020年12月31日是指应于2020年12月31日前淘汰，其余类推；有淘汰计划的条目，根据计划进行淘汰；未标淘汰期限或淘汰计划的条目为国家产业政策已明令淘汰或立即淘汰。

一、落后生产工艺装备

（十二）轻工

4. 超薄型（厚度低于0.025毫米）塑料购物袋生产

15. 以氯氟烃（CFCs）为发泡剂的聚氨酯、聚乙烯、聚苯乙烯泡沫塑料生产

二、落后产品

（一）石化化工

1. 改性淀粉、改性纤维、多彩内墙（树脂以硝化纤维素为主，溶剂以二甲苯为主的O/W型涂料）、氯乙烯-偏氯乙烯共聚乳液外墙、焦油型聚氨酯防水、水性聚氯乙烯焦油防水、聚乙烯醇及其缩醛类内外墙（106、107涂料等）、聚醋酸乙烯乳液类（含乙烯/醋酸乙烯酯共聚物乳液）外墙涂料

4. 含苯类、苯酚、苯甲醛和二（三）氯甲烷的脱漆剂，立德粉，聚氯乙烯建筑防水接缝材料（焦油型），107胶，瘦肉精，多氯联苯（变压器油）

（五）建材

8. 采用二次加热复合成型工艺生产的聚乙烯丙纶类复合防水卷材、聚乙烯丙纶复合防水卷材（聚乙烯芯材厚度在0.5毫米以下）；棉涤玻纤（高碱）网格复合胎基材料、聚氯乙烯防水卷材（S型）

（六）医药

1. 铅锡软膏管、单层聚烯烃软膏管（肛肠、腔道给药除外）

5. 输液用聚氯乙烯（PVC）软袋（不包括腹膜透析液、冲洗液用）

（十）消防

17. PVC衬里消防水带

国家发展改革委生态环境部
关于进一步加强塑料污染治理的意见

发改环资〔2020〕80 号

各省、自治区、直辖市人民政府，国务院各部委、各直属机构：

塑料在生产生活中应用广泛，是重要的基础材料。不规范生产、使用塑料制品和回收处置塑料废弃物，会造成能源资源浪费和环境污染，加大资源环境压力。积极应对塑料污染，事关人民群众健康，事关我国生态文明建设和高质量发展。为贯彻落实党中央、国务院决策部署，进一步加强塑料污染治理，建立健全塑料制品长效管理机制，经国务院同意，现提出如下意见。

一、总体要求

（一）指导思想

以习近平新时代中国特色社会主义思想为指导，全面贯彻党的十九大和十九届二中、三中、四中全会精神，坚持以人民为中心，牢固树立新发展理念，有序禁止、限制部分塑料制品的生产、销售和使用，积极推广替代产品，规范塑料废弃物回收利用，建立健全塑料制品生产、流通、使用、回收处置等环节的管理制度，有力有序有效治理塑料污染，努力建设美丽中国。

（二）基本原则

突出重点，有序推进。强化源头治理，抓住塑料制品生产使用的重点领域和重要环节，针对社会反映强烈的突出问题，分类提出管理要求；综合考虑各地区、各领域实际情况，合理确定实施路径，积极稳妥推进塑料污染治理工作。

创新引领，科技支撑。以可循环、易回收、可降解为导向，研发推广性能达标、绿色环保、经济适用的塑料制品及替代产品，培育有利于规范回收和循环利用、减少塑料污染的新业态新模式。

多元参与，社会共治。发挥企业主体责任，强化政府监督管理，加强政策引导，凝聚社会共识，形成政府、企业、行业组织、社会公众共同参与的多元共治体系。

（三）主要目标

到 2020 年，率先在部分地区、部分领域禁止、限制部分塑料制品的生产、销售和使用。到 2022 年，一次性塑料制品消费量明显减少，替代产品得到推广，塑料废弃物资源化能源化利用比例大幅提升；在塑料污染问题突出领域和电商、快递、外卖等新兴领域，形成一批可复制、可推广的塑料减量和绿色物流模式。到 2025 年，塑料制品生产、流通、消费和回收处置等环节的管理制度基本建立，多元共治体系基本形成，替代产品开发应用水平进一步提升，重点城市塑料垃圾填埋量大幅降低，塑料污染得到有效控制。

二、禁止、限制部分塑料制品的生产、销售和使用

（四）禁止生产、销售的塑料制品

禁止生产和销售厚度小于 0.025 毫米的超薄塑料购物袋、厚度小于 0.01 毫米的聚乙烯农用地膜。禁止以医疗废物为原料制造塑料制品。全面禁止废塑料进口。到 2020 年底，禁止生产和销售一次性发泡塑料餐具、一次性塑料棉签；禁止生产含塑料微珠的日化产品。到 2022 年底，禁止销售含塑料微珠的日化产品。

（五）禁止、限制使用的塑料制品

1. 不可降解塑料袋

到 2020 年底，直辖市、省会城市、计划单列市城市建成区的商场、超市、药店、书店等场所以及餐饮打包外卖服务和各类展会活动，禁止使用不可降解塑料袋，集贸市场规范和限制使用不可降解塑料袋；到 2022 年底，实施范围扩大至全部地级以上城市建成区和沿海地区县城建成区。到 2025 年底，上述区域的集贸市场禁止使用不可降解塑料袋。鼓励有条件的地方，在城乡接合部、乡镇和农村地区集市等场所停止使用不可降解塑料袋。

2. 一次性塑料餐具

到 2020 年底，全国范围餐饮行业禁止使用不可降解一次性塑料吸管；地级以上城市建成区、景区景点的餐饮堂食服务，禁止使用不可降解一次性塑料餐具。到 2022 年底，县城建成区、景区景点餐饮堂食服务，禁止使用不可降解一次性塑料餐具。到 2025 年，地级以上城市餐饮外卖领域不可降解一次性塑料餐具消耗强度下降 30%。

3. 宾馆、酒店一次性塑料用品

到2022年底，全国范围星级宾馆、酒店等场所不再主动提供一次性塑料用品，可通过设置自助购买机、提供续充型洗洁剂等方式提供相关服务；到2025年底，实施范围扩大至所有宾馆、酒店、民宿。

4. 快递塑料包装

到2022年底，北京、上海、江苏、浙江、福建、广东等省市的邮政快递网点，先行禁止使用不可降解的塑料包装袋、一次性塑料编织袋等，降低不可降解的塑料胶带使用量。到2025年底，全国范围邮政快递网点禁止使用不可降解的塑料包装袋、塑料胶带、一次性塑料编织袋等。

三、推广应用替代产品和模式

（六）推广应用替代产品

在商场、超市、药店、书店等场所，推广使用环保布袋、纸袋等非塑制品和可降解购物袋，鼓励设置自助式、智慧化投放装置，方便群众生活。推广使用生鲜产品可降解包装膜（袋）。建立集贸市场购物袋集中购销制。在餐饮外卖领域推广使用符合性能和食品安全要求的秸秆覆膜餐盒等生物基产品、可降解塑料袋等替代产品。在重点覆膜区域，结合农艺措施规模化推广可降解地膜。

（七）培育优化新业态新模式

强化企业绿色管理责任，推行绿色供应链。电商、外卖等平台企业要加强入驻商户管理，制定一次性塑料制品减量替代实施方案，并向社会发布执行情况。以连锁商超、大型集贸市场、物流仓储、电商快递等为重点，推动企业通过设备租赁、融资租赁等方式，积极推广可循环、可折叠包装产品和物流配送器具。鼓励企业采用股权合作、共同注资等方式，建设可循环包装跨平台运营体系。鼓励企业使用商品和物流一体化包装，建立可循环物流配送器具回收体系。

（八）增加绿色产品供给

塑料制品生产企业要严格执行有关法律法规，生产符合相关标准的塑料制品，不得违规添加对人体、环境有害的化学添加剂。推行绿色设计，提升塑料制品的安全性和回收利用性能。积极采用新型绿色环保功能材料，增加使用符合质量控制标准和用途管制要求的再生塑料，加强可循环、易回收、可降解替代材料和产品研发，降低应用成本，有效增加绿色产品供给。

四、规范塑料废弃物回收利用和处置

（九）加强塑料废弃物回收和清运

结合实施垃圾分类，加大塑料废弃物等可回收物分类收集和处理力度，禁止随意堆放、倾倒造成塑料垃圾污染。在写字楼、机场、车站、港口码头等塑料废弃物产生量大的场所，要增加投放设施，提高清运频次。推动电商外卖平台、环卫部门、回收企业等开展多方合作，在重点区域投放快递包装、外卖餐盒等回收设施。建立健全废旧农膜回收体系；规范废旧渔网渔具回收处置。

（十）推进资源化能源化利用

推动塑料废弃物资源化利用的规范化、集中化和产业化，相关项目要向资源循环利用基地等园区集聚，提高塑料废弃物资源化利用水平。分拣成本高、不宜资源化利用的塑料废弃物要推进能源化利用，加强垃圾焚烧发电等企业的运行管理，确保各类污染物稳定达标排放，并最大限度降低塑料垃圾直接填埋量。

（十一）开展塑料垃圾专项清理

加快生活垃圾非正规堆放点、倾倒点排查整治工作，重点解决城乡接合部、环境敏感区、道路和江河沿线、坑塘沟渠等处生活垃圾随意倾倒堆放导致的塑料污染问题。开展江河湖泊、港湾塑料垃圾清理和清洁海滩行动。推进农田残留地膜、农药化肥塑料包装等清理整治工作，逐步降低农田残留地膜量。

五、完善支撑保障体系

（十二）建立健全法规制度和标准

推进相关法律法规修订，将塑料污染防治纳入相关法律法规要求。适时更新发布塑料制品禁限目录。制定塑料制品绿色设计导则。完善再生塑料质量控制标准，规范再生塑料用途。制修订可降解材料与产品的标准标识。建立健全电商、快递、外卖等新兴领域企业绿色管理和评价标准。研究对包装问题突出的商品开展包装适宜度分级评价，提出差别化管理措施。将一次性塑料制品管控要求纳入旅游景区和星级宾馆、酒店评定评级标准。完善塑料废弃物资源化能源化利用的环境保护相关标准。探索建立塑料原材料与制成品的生产、销售信息披露制度。探索实施企业法人守信承诺和失信惩戒，将违规生产、销售、使用塑料制品等行为列入失信记录。

（十三）完善相关支持政策

加大对绿色包装研发生产、绿色物流和配送体系建设、专业化智能化回收设施投放运营等重点项目的支持力度。落实好相关财税政策，加大对符合标准绿色产品的政府采购力度。开展新型绿色供应链建设、新产品新模式推广和废旧农膜回收利用等试点示范。各地要支持专业化回收设施投放，消除设施进居民社区、地铁站、车站和写字楼等公共场所的管理障碍。鼓励各地采取经济手段，促进一次性塑料制品减量、替代。公共机构要带头停止使用不可降解一次性塑料制品。

（十四）强化科技支撑

开展不同类型塑料制品全生命周期环境风险研究评价。加强江河湖海塑料垃圾及微塑料污染机理、监测、防治技术和政策等研究，开展生态环境影响与人体健康风险评估。加大可循环、可降解材料关键核心技术攻关和成果转化，提升替代材料和产品性能。以降解安全可控性、规模化应用经济性等为重点，开展可降解地膜等技术验证和产品遴选。

（十五）严格执法监督

加强日常管理和监督检查，严格落实禁止、限制生产、销售和使用部分塑料制品的政策措施。严厉打击违规生产销售国家明令禁止的塑料制品，严格查处虚标、伪标等行为。推行生态环境保护综合执法，加强塑料废弃物回收、利用、处置等环节的环境监管，依法查处违法排污等行为，持续推进废塑料加工利用行业整治。行业管理部门日常监管中发现有关塑料环境污染和生态破坏行为的，应当及时将相关线索移交生态环境保护综合执法队伍，由其依法立案查处。对实施不力的责任主体，依法依规予以查处，并通过公开曝光、约谈等方式督促整改。

六、强化组织实施

（十六）加强组织领导

各地区、各有关部门要高度重视塑料污染治理工作，精心组织安排，切实抓好落实。国家发展改革委、生态环境部会同有关部门建立专项工作机制，统筹指导协调相关工作，及时总结分析工作进展，重大情况和问题向党中央、国务院报告。生态环境部会同有关部门开展联合专项行动，加强对塑料污染治理落实情况的督促检查，重点问题纳入中央生态环境保护督察，强化考核和问责。各级地方人民政府要结合本地实际，制定具体实施办法，实化细化政策措施。

（十七）强化宣传引导

加大对塑料污染治理的宣传力度，引导公众减少使用一次性塑料制品，参与垃圾分类，抵制过度包装。利用报纸、广播电视、新媒体等渠道深入宣传塑料污染治理的工作成效和典型做法。引导行业协会、商业团体、公益组织有序开展专业研讨、志愿活动等，广泛凝聚共识，营造全社会共同参与的良好氛围。

国家发展改革委
生态环境部
2020年1月16日

国家发展改革委科技部
关于构建市场导向的绿色技术创新体系的指导意见

发改环资〔2019〕689号

教育部、工业和信息化部、财政部、人力资源社会保障部、自然资源部、生态环境部、住房城乡建设部、水利部、农业农村部、商务部、中国人民银行、国务院国资委、税务总局、市场监管总局、中国银保监会、中国证监会、国家能源局、国家林草局、国家知识产权局，各省、自治区、直辖市发展改革委、科技厅（委、局）：

绿色技术是指降低消耗、减少污染、改善生态，促进生态文明建设、实现人与自然和谐共生的新兴技术，包括节能环保、清洁生产、清洁能源、生态保护与修复、城乡绿色基础设施、生态农业等领域，涵盖产品设计、生产、消费、回收利用等环节的技术。绿色技术创新正成为全球新一轮工业革命和科技竞争的重要新兴领域。伴随我国绿色低碳循环发展经济体系的建立健全，绿色技术创新日益成为绿色发展的重要动力，成为打好污染防治攻坚战、推进生态文明建设、推动高质量发展的重要支撑。为强化科技创新引领，加快推进生态文明建设，推动高质量发展，现对构建市场导向的绿色技术创新体系提出以下意见。

一、总体要求

（一）总体思路

以习近平新时代中国特色社会主义思想为指导，全面贯彻党的十九大和十九届二中、三中全会精神，认真落实党中央、国务院决策部署，坚持节约资源和保护环境的基本国策，围绕生态文明建设，以解决资源环境生态突出问题为目标，以激发绿色技术市场需求为突破口，以壮大创新主体、增强创新活力为核心，以优化创新环境为着力点，强化产品全生命周期绿色管理，加快构建企业为主体、产学研深度融合、基础设施和服务体系完备、资源配置高效、成果转化顺畅的绿色技术创新体系，形成研究开发、应用推广、产业发展贯通融合的绿色技术创新新局面。

（二）基本原则

坚持绿色理念。贯彻人与自然和谐共生的理念，通过建立绿色技术标准体系、产品全生命周期管理、绿色金融等措施，塑造绿色技术创新环境，汇聚社会各方力量，着力于降低消耗、减少污染和改善生态技术供给和产业化，为经济社会向绿色发展方式和生活方式转变提供基本动力。

坚持市场导向。尊重和把握绿色技术创新的市场规律，充分发挥市场在绿色技术创新领域、技术路线选择及创新资源配置中的决定性作用。充分发挥企业在绿色技术研发、成果转化、示范应用和产业化中主体作用，培育发展一批绿色技术创新龙头企业。发挥企业的带动作用，推进“产学研金介”深度融合、协同创新。

坚持完善机制。加快生态文明体制改革，推动环境治理从末端应对向全生命周期管理转变。加快科技体制改革，创新政府对绿色技术创新的管理方式，通过进一步强化服务、完善体制机制，提高绿色技术创新的回报率，激发创新活力，促进成果转化应用。

坚持开放合作。以国际视野谋划绿色技术创新，积极参与全球环境治理，加强绿色技术创新国际交流合作。加大绿色技术创新对外开放，积极引进、消化、吸收国际先进绿色技术，促进国内企业“走出去”，全面提升我国绿色技术创新对外开放格局和地位。

（三）主要目标

到2022年，基本建成市场导向的绿色技术创新体系。企业绿色技术创新主体地位得到强化，出现一批龙头骨干企业，“产学研金介”深度融合、协同高效；绿色技术创新引导机制更加完善，绿色技术市场繁荣，人才、资金、知识等各类要素资源向绿色技术创新领域有效集聚，高效利用，要素价值得到充分体现；绿色技术创新综合示范区、绿色技术工程研究中心、创新中心等形成系统布局，高效运行，创新成果不断涌现并充分转化应用；绿色技术创新的法治、政策、融资环境充分优化，国际合作务实深入，创新基础能力显著增强。

二、培育壮大绿色技术创新主体

（四）强化企业的绿色技术创新主体地位

研究制定绿色技术创新企业认定标准规范，开展绿色技术创新企业认定。开展绿色技术创新“十百千”行动，培育10个年产值超过500亿元的绿色技术创新龙头企业，支持100家企业创建国家绿色企业技术中心，认定1000家绿色技术创新企业。积极支持“十百千”企业承担国家和地方部署的重点绿色技术创新项目。研究制定支持经认定的绿色技术创新企业的政策措施。

加大对企业绿色技术创新的支持力度，财政资金支持的非基础性绿色技术研发项目、市场导向明确的绿色技术创新项目都必须要有企业参与，国家重大科技专项、国家重点研发计划支持的绿色技术研发项目由企业牵头承担的比例不少于55%。（科技部、国家发展改革委按职责分工负责）

（五）激发高校、科研院所绿色技术创新活力

健全科研人员评价激励机制，增加绿色技术创新科技成果转化数量、质量、经济效益在绩效考核评优、科研考核加分和职称评定晋级中的比重。允许绿色技术发明人或研发团队以持有股权、分红等形式获得技术转移转化收益，科研人员离岗后仍保持持有股权的权利。以技术转让、许可或作价投资方式转化职务绿色技术创新成果的，发明人或研发团队获净收入的比例不低于50%。科技人员从转化绿色技术创新成果所获现金收入，符合现行税收政策规定条件的，可享受减按50%计入科技人员当月“工资、薪金所得”计征个人所得税优惠政策。高校、科研院所科研人员依法取得的绿色技术创新成果转化奖励收入，不受本单位绩效工资总量限制，不纳入绩效工资总量核定基数。

加强绿色技术创新人才培养，在高校设立一批绿色技术创新人才培养基地，加强绿色技术相关学科专业建设，持续深化绿色领域新工科建设，主动

布局绿色技术人才培养。选好用好绿色技术创新领军人物、拔尖人才，选择部分职业教育机构开展绿色技术专业教育试点，引导技术技能劳动者在绿色技术领域就业、服务绿色技术创新。（科技部、教育部、财政部、人力资源社会保障部、税务总局按职责分工负责）

（六）推进“产学研金介”深度融合

支持龙头企业整合高校、科研院所、产业园区等力量建立具有独立法人地位、市场化运行的绿色技术创新联合体，科研人员可以技术入股、优先控股，推动科研人员、企业、高校、科研院所、金融机构等“捆绑”，实现人力资本、技术资本和金融资本相互催化、相互渗透、相互激励。

鼓励和规范绿色技术创新人才流动，高校、科研院所科技人员按国家有关政策到绿色技术创新企业任职兼职、离岗创业、转化科技成果期间，保留人员编制，三年内可在原单位正常申报职称，创新成果作为职称评定依据；高校、科研院所按国家有关政策通过设置流动性岗位，引进企业人员兼职从事科研，不受兼职取酬限制，可以担任绿色技术创新课题或项目牵头人，组建科研团队。

发挥龙头企业、骨干企业带动作用，企业牵头，联合高校、科研院所、中介机构、金融资本等共同参与，依法依规建立一批分领域、分类别的专业绿色技术创新联盟。更大力度实施绿色技术领域产学合作协同育人项目，支持联盟整合产业链上下游资源，联合开展绿色技术创新技术攻关研究。（科技部、教育部、农业农村部、人力资源社会保障部、国家发展改革委、国家能源局按职责分工负责）

（七）加强绿色技术创新基地平台建设

在绿色技术领域培育建设一批国家工程研究中心、国家技术创新中心、国家科技资源共享服务平台等创新基地平台，优先在京津冀、长江经济带、珠三角等地区布局。在全国建设基础性长期性野外生态观测研究站等科研监测观测网络和一批科学数据中心，并按规定向社会开放数据。高等院校、科研院所、国有企业以及政府支持建设的各类绿色技术创新基地平台均应向社会开放共享，向全社会主动发布绿色技术研发成果并持续动态更新。建立各类创新基地平台的评估考核激励机制，淘汰不达标的创新基地平台，建立动态调整机制。国家科技计划项目向绿色技术创新基地平台倾斜。（科技部、国家发展改革委牵头，自然资源部、水利部、农业农村部、国家林草局等参与）

三、强化绿色技术创新的导向机制

（八）加强绿色技术创新方向引导

制定发布绿色产业指导目录、绿色技术推广目录、绿色技术与装备淘汰目录，引导绿色技术创新方向，推动各行业技术装备升级，鼓励和引导社会资本投向绿色产业。

强化对重点领域绿色技术创新的支持，围绕节能环保、清洁生产、清洁能源、生态保护与修复、城乡绿色基础设施、城市绿色发展、生态农业等领域关键共性技术、前沿引领技术、现代工程技术、颠覆性技术创新，对标国际先进水平，通过国家科技计划，前瞻性、系统性、战略性布局一批研发项目，突破关键材料、仪器设备、核心工艺、工业控制装置的技术瓶颈，推动研制一批具有自主知识产权、达到国际先进水平的关键核心绿色技术，切实提升原始创新能力。

健全政府支持的绿色技术科研项目立项、验收、评价机制。树立“项目从需求中来，成果到应用中去”的理念，建立常态化绿色技术需求征集机制，紧紧围绕重大关键绿色技术需求部署科研项目。改革科研绩效评价机制，建立科学分类、合理多元的评价体系，强化目标任务考核和现场验收，重点考核技术的实际效果、成熟度与示范推广价值。（国家发展改革委、科技部、住房城乡建设部、生态环境部、工业和信息化部、自然资源部、水利部、农业农村部、国家能源局、国家林草局按职责分工负责）

（九）强化绿色技术标准引领

实施绿色技术标准制修订专项计划，明确重点领域标准制修订任务。强化绿色技术通用标准研究，在生态环境污染防治、资源节约和循环利用、城市绿色发展、新能源、能耗和污染物协同控制技术等重点领域制定一批绿色技术标准，明确绿色技术关键性能和技术指标，开展绿色技术效果评估和验证。

依法完善产品能效、水效、能耗限额、碳排放、污染物排放等强制性标准，定期对强制性标准进行评估，及时更新修订。强化标准贯彻实施，倒逼企业进行绿色技术创新、采用绿色技术进行升级改造。（市场监管总局、科技部、国家发展改革委、生态环境部、住房城乡建设部牵头，工业和信息化部、自然资源部、水利部、农业农村部、国家能源局等参与）

（十）建立健全政府绿色采购制度

扩大政府绿色采购范围，在现有节能环保产品的基础上增加循环、低碳、再生、有机等产品政府采购。鼓励国有企业、其他企业自主开展绿色采购。

遴选市场急需、具有实用价值、开发基础较好的共性关键绿色技术，政府以招标采购等方式购买技术，通过发布公告等形式向社会免费推广应用。（财政部、国家发展改革委、科技部、生态环境部牵头，国务院国资委等参与）

（十一）推进绿色技术创新评价和认证

推行产品绿色（生态）设计，发布绿色（生态）设计产品名单，编制相关评价技术规范。大力推动绿色生产，健全绿色工厂评价体系，开展绿色工厂建设示范。推动企业运用互联网信息化技术，建立覆盖原材料采购、生产、物流、销售、回收等环节的绿色供应链管理体系。

继续推进建立统一的绿色产品认证制度，对家用电器、汽车、建材等主要产品，基于绿色技术标准，从设计、材料、制造、消费、物流和回收、再利用环节开展产品全生命周期和全产业链绿色认证。积极开展第三方认证，加强认证结果采信，推动认证机构对认证结果承担连带责任。（工业和信息化部、市场监管总局、国家发展改革委、住房城乡建设部按职责分工负责）

四、推进绿色技术创新成果转化示范应用

（十二）建立健全绿色技术转移转化市场交易体系

建立综合性国家级绿色技术交易市场，通过市场手段促进绿色技术创新成果转化。鼓励各地区、有关单位依托或整合现有交易场所，建设区域性、专业性特色鲜明的绿色技术交易市场。建立健全市场管理制度，规范市场秩序。对通过绿色技术交易市场对接成交的技术，国家和项目所在地地方政府应积极支持项目落地。推广科技成果转移转化与金融资本结合的综合性服务平台与服务模式，提高绿色技术转移转化效率。

加强绿色技术交易中介机构能力建设，制定绿色技术创新中介机构评价规范和管理制度，培育一批绿色技术创新第三方检测、评价、认证等中介服务机构，培育一批专业化的绿色技术创新“经纪人”。（科技部、国家发展改革委牵头，财政部、中国银保监会、中国证监会等参与）

（十三）完善绿色技术创新成果转化机制

落实首台（套）重大技术装备保险补偿政策措施，支持首台（套）绿色技术创新装备示范应用。继续实施重点新材料首批次应用保险补偿机制，运用市场化手段促进重点新材料推广应用。

支持企业、高校、科研机构等建立绿色技术创新项目孵化器、创新创业基地。建设绿色技术中试公共设施，研究制定相关制度，为绿色技术中试设施建设创造宽松条件。采取政府购买服务等方式，健全绿色技术创新公共服务体系，扶持初创企业和成果转化。

积极发挥国家科技成果转化引导基金的作用，每年遴选一批重点绿色技术创新成果支持转化应用。引导各类天使投资、创业投资基金、地方创投基金等支持绿色技术创新成果转化。（科技部、国家发展改革委、工业和信息化部、住房城乡建设部牵头，生态环境部、中国银保监会、中国证监会等参与）

（十四）强化绿色技术创新转移转化综合示范

选择绿色技术创新基础较好的城市，建设绿色技术创新综合示范区。鼓励绿色技术创新综合示范区创新“科学+技术+工程”的组织实施模式，组织优势创新力量，实施城市黑臭水体治理、渤海综合治理、长江保护修复、农业农村污染治理、煤炭清洁高效利用、固体废弃物综合利用、工业节能节水、绿色建筑、建筑节能、清洁取暖、海绵城市、高效节能电器、清洁能源替代、海洋生物资源开发利用、海水淡化与综合利用等技术研发重大项目和示范工程，探索绿色技术创新与政策管理创新协同发力，实现绿色科技进步和技术创新驱动绿色发展。建立绿色技术创新示范区考核评价机制，淘汰不达标的示范区。

采用“园中园”模式，在国家级高新技术开发区、经济技术开发区等开展绿色技术创新转移转化示范，推动有条件的产业集聚区向绿色技术创新集聚区转变。推进绿色生态城市建设，鼓励绿色生态城市建设过程中积极采用绿色新技术。（科技部、国家发展改革委、住房城乡建设部牵头，工业和信息化部、自然资源部、生态环境部、商务部、水利部、农业农村部、国家林草局、国家能源局等参与）

五、优化绿色技术创新环境

（十五）强化绿色技术知识产权保护与服务

健全绿色技术知识产权保护制度，强化绿色技术研发、示范、推广、应用、产业化各环节知识产权保护。知识产权部门会同有关方面共同建立绿色技术知识产权保护联系机制、公益服务机制、工作联动机制，开展打击侵犯绿色技术知识产权行为的专项行动。建立绿色技术侵权行为信息记录，将有关信息纳入全国公共信用共享平台。强化绿色技术创新知识产权服务，推进建立绿色技术知识产权审查“快速通道”，为绿色技术知识产权提供快速审查、快速确权、快速维权一体化的综合服务，完善绿色技术知识产权统计监测。（国家知识产权局牵头，科技部、国家发展改革委等参与）

（十六）加强绿色技术创新金融支持

引导银行业金融机构合理确定绿色技术贷款的融资门槛，积极开展金融创新，支持绿色技术创新企业和项目融资。研究制定公募和私募基金绿色投资标准和行为指引，把绿色技术创新作为优先支持领域。发展多层次资本市场和并购市场，健全绿色技术创新企业投资者退出机制。鼓励绿色技术创新企业充分利用国内外市场上市融资。鼓励保险公司开发支持绿色技术创新和绿色产品应用的保险产品。鼓励地方政府通过担保基金或委托专业担保公司等方式，对绿色技术创新成果转化和示范应用提供担保或其他类型的风险补偿。涉及绿色金融对绿色技术创新的相关试点，在国务院批复的绿色金融改革创新试验区先行先试。（中国人民银行、国家发展改革委、中国银保监会、中国证监会按职责分工负责）

（十七）推进全社会绿色技术创新

组织开展绿色技术创新创业大赛，对大赛获奖企业、机构和个人予以奖励。鼓励相关单位开展绿色技术创新比赛、投资大会、创业路演、创新论坛和创新成果推介会、拍卖会、交易会等服务活动，推动绿色技术创新创业者与投融资机构对接。国家按照科学技术奖励的有关规定对攻克绿色重大关键技术、创造显著经济社会效益或生态环境效益的个人或组织给予奖励。

推进绿色技术众创，在创新资源集中的科技园区、创业基地建立绿色技术众创空间，引导高校科研人员创办绿色技术创新企业。鼓励企业、科研机构开展绿色技术创新活动、建立激励机制，提高员工的绿色创新意识。

通过全国“双创”周、全国节能宣传周、六五环境日、全国低碳日等平台加强绿色技术创新宣传，引导各类媒体加大宣传力度，发掘典型案例，推广成功经验。在全社会营造绿色技术创新文化氛围，促进绿色技术创新信息和知识传播，积极引导绿色发展方式和生活方式。（科技部、国家发展改革委、生态环境部、住房城乡建设部牵头，中国银保监会、中国证监会等参与）

六、加强绿色技术创新对外开放与国际合作

（十八）深化绿色技术创新国际合作

深度参与全球环境治理，促进绿色技术创新领域的国际交流合作。以二十国集团（G20）、一带一路、金砖国家等合作机制为依托，推进建立“一带一路”绿色技术创新联盟等合作机构，强化绿色技术创新国际交流。

通过举办博览会、论坛等形式积极传播绿色技术创新理念和成果，促进绿色技术国际交易和转移转化，推动龙头企业在部分国际绿色技术研发领域发挥引领作用。开展国际十大最佳节能技术和十大最佳节能实践（“双十佳”）评选和推广，促进优秀绿色技术成果推广应用。（科技部、国家发展改革委、生态环境部按职责分工负责）

（十九）加大绿色技术创新对外开放

积极引进国际先进绿色技术，鼓励国际绿色技术持有方通过技术入股、合作设立企业等方式，推动绿色技术创新成果在国内转化落地，强化对国际绿色技术的产权保护。支持国家级经济技术开发区等建设国际合作生态园区，国外绿色技术创新企业独资或合资在国内设立绿色技术创新园区或建设“园中园”，按规定享有与国内企业同等优惠的政策。

积极创造便利条件，鼓励有条件的企业、本科高校、职业院校和科研院所“走出去”，按照国际规则开展互利合作，促进成熟绿色技术在其他国家转化和应用。（科技部、国家发展改革委、教育部、商务部、工业和信息化部、生态环境部、住房城乡建设部按职责分工负责）

七、组织实施

（二十）加强统筹协调

国家发展改革委、科技部牵头建立绿色技术创新部际协调机制。各地区、各部门要结合各自实际，加强政策衔接，制定落实方案或强化对相关领域的创新支持，加强组织领导，明确责任，加大投入力度，切实落实各项任务措施。（国家发展改革委、科技部牵头）

（二十一）强化评价考核

加强绿色技术创新政策评估与绩效评价，建立

绿色技术创新评价体系，将绿色技术创新成果、推广应用情况等纳入创新驱动发展、高质量发展、生态文明建设评价考核内容。（科技部、国家发展改革委牵头）

（二十二）加强示范引领

发挥绿色技术创新综合示范区、绿色技术工程研究中心、绿色技术创新中心、绿色企业技术中心等作用，探索绿色技术创新与绿色管理制度协同发力的有效模式，及时总结可复制推广的做法和成功经验，发挥示范带动作用。（科技部、国家发展改革委牵头）

附件：构建市场导向的绿色技术创新体系路线图、时间表

国家发展改革委科技部

2019 年 4 月 15 日

附件

构建市场导向的绿色技术创新体系路线图、时间表

任务		牵头部门	主要成果形式和完成时间
一、培育壮大绿色技术创新主体	1. 强化企业的绿色技术创新主体地位	科技部、国家发展改革委	1. 实施绿色技术创新“十百千”行动（2019－2022 年） 2. 开展绿色技术创新企业认定（2019-2022 年）
	2. 激发高校、科研院所绿色技术创新活力	科技部、教育部、财政部、人力资源社会保障部	3. 完善促进高校、科研院所绿色技术创新和成果转化的政策措施（2020 年） 4. 设立一批绿色技术创新人才培养基地（2019－2022 年） 5. 开展职业教育机构绿色技术专业教育试点（2019-2022 年）
	3. 推进“产学研金介”深度融合	科技部、教育部、农业农村部、人力资源社会保障部、国家发展改革委、国家能源局	6. 推动龙头企业整合高校、科研院所、产业园区、金融机构、中介机构等力量建立联合体（2019-2022 年） 7. 完善促进和规范绿色技术创新人才流动的相关政策（2020 年） 8. 推动组建一批绿色技术创新联盟（2019-2022 年）
	4. 加强绿色技术创新基地平台建设	科技部、国家发展改革委	9. 在绿色技术领域培育建设一批国家工程研究中心、国家技术创新中心、国家科技资源共享服务平台等创新基地（2019-2022 年） 10. 在全国建设基础性长期性野外生态观测研究站等科研监测观测网络和一批科学数据中心（2019－2022 年）
二、加强绿色技术创新的导向机制	5. 加强绿色技术创新方向引导	国家发展改革委、科技部、住房城乡建设部、生态环境部、工业和信息化部、自然资源部、水利部、农业农村部、国家能源局、国家林草	11. 发布绿色技术产业指导目录、绿色技术推广目录、绿色技术与装备淘汰目录（2020 年） 12. 实施一批绿色技术创新重大工程和项目（2019-2022 年） 13. 健全绿色技术创新科研管理机制（2019-2022 年）

续表

<table>
<tr><th colspan="2">任　　务</th><th>牵头部门</th><th>主要成果形式和完成时间</th></tr>
<tr><td rowspan="3">二、加强绿色技术创新的导向机制</td><td>6. 强化绿色技术标准引领</td><td>市场监管总局、科技部、国家发展改革委、生态环境部、住房城乡建设部</td><td>14. 征集并下达重点领域绿色技术标准制修订专项计划（2019 年）
15. 制修订一批节能节水、污染物排放等强制性标准并不断更新（2018-2022 年）
16. 开展绿色技术评估和效果验证（2019 年）</td></tr>
<tr><td>7. 建立健全政府绿色采购制度</td><td>财政部、国家发展改革委、科技部、生态环境部</td><td>17. 扩大政府绿色采购范围（2020 年）
18. 政府购买绿色技术向社会免费推广（2019-2022 年）</td></tr>
<tr><td>8. 推进绿色技术创新评价和认证</td><td>工业和信息化部、市场监管总局、国家发展改革委、住房城乡建设部</td><td>19. 组织制定绿色（生态）设计产品评价技术规范（2019-2020 年）
20. 建立家电、汽车、建材等产品全生命周期和全产业链绿色认证管理制度（2020 年）
21. 开展绿色工厂建设示范（2019-2022 年）</td></tr>
<tr><td rowspan="3">三、推进绿色技术创新成果转化示范应用</td><td>9. 建立健全绿色技术转移转化市场交易体系</td><td>科技部、国家发展改革委、中国证监会</td><td>22. 建立国家绿色技术交易市场（2020 年）
23. 健全规范绿色技术交易市场的相关制度（2020 年）
24. 培育绿色技术交易中介机构（2019-2022 年）</td></tr>
<tr><td>10. 完善绿色技术创新成果转化机制</td><td>科技部、国家发展改革委、工业和信息化部、住房城乡建设部</td><td>25. 落实首台（套）重大技术装备示范应用政策措施（2020 年）
26. 实施一批国家科技成果转化引导基金支持绿色技术创新成果转化应用项目（2019-2022 年）</td></tr>
<tr><td>11. 强化绿色技术创新转移转化综合示范</td><td>科技部、国家发展改革委、住房城乡建设部</td><td>27. 建立一批绿色技术创新综合示范区、“园中园”、绿色生态城市（2019-2022 年）
28. 制定绿色技术创新示范区考核评价办法（2020 年）</td></tr>
<tr><td rowspan="2">四、优化绿色技术创新环境</td><td>12. 强化绿色技术知识产权保护与服务</td><td>国家知识产权局</td><td>29. 组织开展打击侵犯绿色技术知识产权专项行动（2019-2022 年）
30. 建立绿色技术知识产权侵权行为信用管理制度（2020 年）
31. 推进建立绿色技术知识产权审查“快速通道”（2020 年）
32. 完善绿色技术知识产权统计监测（2019-2022 年）</td></tr>
<tr><td>13. 加强绿色技术创新金融支持</td><td>中国人民银行、国家发展改革委、中国银保监会、中国证监会</td><td>33. 制定公募和私募基金绿色投资标准和行为指引（2020 年）
34. 加大对绿色技术创新的金融支持力度（2019-2022 年）</td></tr>
</table>

续表

任　　务		牵头部门	主要成果形式和完成时间
四、优化绿色技术创新环境	14. 推进全社会绿色技术创新	科技部、国家发展改革委、生态环境部、住房城乡建设部	35. 组织绿色技术创新创业大赛（2019-2022年） 36. 建立一批绿色技术众创空间（2019-2022年） 37. 推广绿色技术创新典型案例（2019-2022年）
五、加强绿色技术创新对外开放与国际合作	15. 深化绿色技术创新国际合作	科技部、国家发展改革委、生态环境部	38. 建立"一带一路"绿色技术创新联盟（2020年） 39. 通过博览会、论坛等形式促进绿色技术国际传播（2019-2022年） 40. 开展国际十大最佳绿色技术和十大最佳绿色技术应用实践（"双十佳"）评选（2019-2022年）
	16. 加大绿色技术创新对外开放	科技部、国家发展改革委、商务部、工业和信息化部、生态环境部、住房城乡建设部	41. 健全鼓励国外绿色技术成果在国内转化落地的政策（2020年） 42. 采用"园中园"模式在国家级经济技术开发区等建设国际合作生态园区（2020年）
六、加强组织实施	17. 加强统筹协调和考核评价	科技部、国家发展改革委	43. 建立绿色技术创新部际协调机制（2019年） 44. 开展绿色技术创新政策绩效评估，将绿色技术创新有关内容纳入创新驱动、生态文明等考核体系（2020年）

注：牵头部门根据职责分工负责，参加部门由牵头部门确定。

工业和信息化部关于印发《重点新材料首批次应用示范指导目录（2019年版）》的通告

工信部原〔2019〕254号

为进一步做好重点新材料首批次应用保险补偿试点工作，现发布《重点新材料首批次应用示范指导目录（2019年版）》，自2020年1月1日起施行。《重点新材料首批次应用示范指导目录（2018年版）》（工信部原〔2018〕262号）同时废止。

特此通告。

附件：《重点新材料首批次应用示范指导目录（2019年版）》

工业和信息化部

2019年11月25日

重点新材料首批次应用示范指导目录（2019年版）（节选）

序号	材料名称	性能要求	应用领域
先进基础材料			
三	先进化工材料		
（一）	特种橡胶及其他高分子材料		
87	无卤阻燃热塑性弹性体（TPV）	硬度65~75A，强度>10MPa，密度1.1kg/cm^3，阻燃V_0或者符合ISO6722标准	电动汽车、航空航天

续表

序号	材料名称	性能要求	应用领域
88	烯烃增韧聚苯乙烯（EPO）树脂	发泡20倍时，10%的压缩强度≥0.341MPa，弯曲强度≥558MPa；发泡30倍时，10%的压缩强度≥0.157MPa，弯曲强度≥202MPa	船舶、航空航天、电子产品包装
89	新型无氯氟聚氨酯化学发泡剂	外观为无色至浅黄色透明液体，无机械杂质，密度1.1±0.1，pH8~11，黏度（25℃下，MPa·s）≤500，凝点≤-15℃，闪点：无，沸点：沸点前分解，水溶性：与水混溶	汽车、船舶、先进轨道交通、航空航天、节能环保
90	卤代丁基橡胶	标准配方下：透气量≤50cm³/m²·d·0.1MPa，扯断强度≥5.5MPa，扯断伸长率≥400%，硫化时间T90：8.3±3.3min	轨道交通、核电
91	星型支化卤代丁基橡胶	标准配方下：透气量≤40cm³/m²·d·0.1MPa，扯断强度≥5.5MPa，扯断伸长率≥400%，硫化时间T90：8.3±3.3min	汽车、轨道交通、核电、轻工
92	聚烯烃弹性体材料	与聚烯烃树脂有良好的相容性，耐候性优良，密度：0.86~0.91g/cm³；熔指：0.5~35g/10min	汽车、电子
93	生物基杜仲胶	纯度94%~99%，门尼黏度77~120（ML（1+4）125℃），拉伸强度30MPa，伸长率410%，撕裂强度80kN/m，重均分子量70~80万以上	航空、航天、航海、医疗、体育、交通
94	蓖麻油基环氧树脂	环氧值0.2~0.4eq/100g，黏度（25℃下，MPa·s）≤2000	电子、化工、基建、风电
95	生物基聚酰胺树脂	全乙醇（或酯类）溶解性：≤170min	塑料油墨制造业
96	新能源动力电池外壳用无卤阻燃热塑性PPLFT-D复合材料	拉伸强度≥80MPa，动力电池箱体防火性能满足《GB31467》防火要求	动力电池、新能源汽车
97	SLA3D打印材料用脂环族环氧树脂	环氧值1.2~1.3eq/100g，黏度≤450（25℃下，MPa·s），总氯<100ppm	3D打印
98	有机硅无溶剂浸渍树脂	固化厚层耐高低温（-20℃/30min~155℃/30min）冲击性能：不开裂，牵引电机组用线棒耐高低温（-45℃/30min~155℃/30min）冲击性能：不开裂，浸渍树脂绝缘性能：电气强度（常态）≥22MV/m，体积电阻率（常态）≥1.0×1014Ω·cm，介质损耗因数（常态）≤1.0，浸渍树脂贮存稳定性：24h（闭口法，100±2℃，黏度增长倍数）<1倍，浸渍树脂粘接强度（裸铝线）≥50N	轨道交通
99	聚乳酸	玻璃化转变温度≥55℃，熔点≥125℃，拉伸强度≥45MPa，缺口冲击强度≥1kJ/m²	医疗、3D打印、纺织、轻工、农业

续表

序号	材料名称	性能要求	应用领域
100	非金属内胆纤维储运瓶用聚氨酯树脂	粘度370cps，拉伸强度36MPa，硬度HD74-75，弯曲模量，2800~3200MPa，拉伸模量2600~3000MPa，冲击强度60~75kJ/m² 玻璃化转变温度 T_g ℃ DSC法：80~90	机械装备
101	防雾车灯用有机硅密封胶	防雾车灯不起雾，可凝物含量≤500μg/g，挥发分≤2.5%，挤出性≥150mL/min，表干时间≤60min，23℃拉伸强度≥1.8MPa，拉断伸长率≥150%，23℃拉伸剪切强度≥0.8MPa，高温、高低温交变、湿冻交变≥0.6MPa，低温柔性无裂缝、分层级粘接破坏	汽车、交通装备
（二）	工程塑料		
102	高流动性尼龙	拉伸强度>55MPa，弯曲强度>60MPa，简支梁缺口冲击强度>8kJ/m²，熔融指数（235℃，0.325kg）10~30，熔点220~225℃	汽车、电子电器、纺织工业
103	聚苯硫醚类（PPS）系列特种新材料产品	低氯级：氯含量≤1200ppm，拉伸强度≥70MPa，弯曲强度≥130MPa，弯曲模量≥3.2GPa；注塑级：拉伸强度≥70MPa，弯曲强度≥130MPa，弯曲模量≥3.2GPa	汽车、电子电器
104	PEEK工程塑料	250℃高温可长期工作，绝缘强度：190kV/cm，热膨胀系数2.6~6.0，耐辐射、耐腐蚀、耐有机溶剂、自熄	节能与新能源汽车
105	EPS蜗轮用尼龙材料	拉伸强度80~95MPa，拉伸模量3400~4600MPa，断裂伸长率≥20%，悬臂梁缺口冲击强度≥4kJ/m²	汽车
106	LCP工程塑料	熔融温度300~425℃，自熄性，限氧指数达到35%，满足UL94V-0水平，其介电强度比一般工程塑料高，耐电弧性良好，在连续使用温度200~300℃，其电性能不受影响，间断使用温度可达316℃左右，拉伸强度≥160MPa	节能与新能源汽车
107	聚芳醚砜（PSF）	PSF：熔融流动速率3~50g/10min（PPSU10~50g/10min、PES5~45g/10min、PSU3~20g/10min）弯曲强度100~110MPa，弯曲模量2300~3500MPa，拉伸强度65~75MPa；阻燃PPSU、PES1.5mmV-0，PSU5.2mmV-0	医疗卫生、建材、汽车、航空航天、电子、石油化工、环保
108	热塑性树脂（PESEKK）	拉伸强度>90MPa，拉伸模量>3.5MPa，弯曲强度>130MPa，氧指数38.0，热分解温度≥580℃，热氧化稳定性号，耐腐蚀，耐溶剂，耐水，耐航空燃油	航空航天、汽车、节能、医疗
109	聚芳醚腈	玻璃化转变温度≥180℃，拉伸强度≥80MPa，弯曲模量≥3GPa，冲击强度≥7kJ/m²，加工温度≤360℃	航空航天、电子电器、汽车

续表

序号	材料名称	性能要求	应用领域
（三）	膜材料		
110	VOCs 回收膜	膜元件（8040 标准型），膜两侧二氧化碳浓度差≥9%，渗透通量≥4.6Nm^3/h，膜元件静电防爆耐腐蚀，测试标准（测试气体为 CO_2/N_2 混合气体，进气 CO_2 含量 8%±0.5%，进气量为 18Nm^3/h，进气温度 25℃，操作压力为常压，真空度 9000Pa）	化工、医药
111	高强度 PTFE 中空膜	孔径≤0.1μm，物理拉伸强度>1000N，耐酸碱性能 pH1~14，膜丝直径 1.3mm，壁厚 0.3mm	工业废水治理、海水淡化
112	高性能水汽阻隔膜	透过率>90%，WVTR<10^{-3}g/（m^2·d），翘曲度≤2mm/m，高温高湿测试（65℃/90%RH）储存 1000~2000h	薄膜光伏封装、OLED 显示、量子点封装
113	锂离子电池无纺布陶瓷隔膜	定量 14~35g/m^2，厚度 18~25μm，纵向抗拉强度≥40MPa，吸液率≥150%，热收缩率≤0.5%（180℃，1h），孔隙率 55%~85%，透气率<100S/100cc	锂离子电池
114	高选择性纳滤复合膜材料	氯化钠截留率≤5%，硫酸钠截留率≥98.5%，水通量≥60L/m^2·h；膜元件（8040 标准型）产水量≥30m^3/d	水处理
115	双极膜电渗析膜	膜尺寸≥（400×800）mm^2，跨膜电压≤1.4V（电流密度为 600A/m^2），电流效率≥75%，酸碱转化率≥90%，寿命超过 1 年	化工
116	高频高速电磁屏蔽膜材料	电磁波屏蔽值>85DB，接地电阻<1Ω	新型显示、汽车
117	高效能石墨烯散热复合膜	xy 轴热传导系数≥1950W（m·K），z 轴热传导系数≥22W（m·K），辐射系数≥92%	电子信息、新型显示、汽车
118	汽车级 PVB 膜片	透过率≥85%，雾度≤0.6%，黄色指数≤8，粗糙度 Rz（正面、反面）15~50μm，尺寸变化率≤12%，拉伸强度≥20MPa，断裂拉伸应变≥200%，敲击值 4~7，耐辐照性≥95%，挥发物质量分数 0.35%~0.55%；耐热性：允许试样有裂口存在，但超出边部 15mm 或超出裂口 10mm 的部分不能产生气泡及变色等其他缺陷；耐湿性：允许试样有裂口存在，但超出边部 15mm 或超出裂口 10mm 的部分不能产生气泡及变色等其他缺陷	汽车

续表

序号	材料名称	性能要求	应用领域
119	启停电池用 AGM 隔膜	定量（150±7.5）g/m² · mm/10kPa，最大孔径≤20μm，孔率≥93.5%，抗刺穿力≥4.0dN，加压吸酸量≥5.5（g/g）50kPa，湿态回弹性能≥93%，铁含量≤0.003%，氯含量≤0.003%，还原高锰酸钾物质≤3.0mL/g 毛细吸酸高度≥90mm/5min	新能源
120	燃料电池全氟质子膜	质子传导率≥0.08S/cm（GB/T 20042.3—2009），尺寸稳定性（溶胀率，各向）≤7%（GB/T 20042.3—2009），电化学稳定性（1000h）渗氢电流≤10mA/cm²（GB/T 20042.3—2009），复合膜厚度偏差≤±2μm（GB/T 20042）	燃料电池
121	全氟离子膜交换膜	磺酸树脂质量交换容量 0.99mmol/g~1.04mmol/g，厚度及厚度标准偏差，在 GB/T 6672—2001 下，厚度约 200μm，横向拉伸强度>14MPa，纵向拉伸强度>16MPa，耐撕裂>20N	化工
122	高强度聚乙烯膜材料（BOPE）	纵向拉伸强度≥70MPa，横向拉伸强度≥115MPa，横向模量≥500MPa，横向断裂标称应变<100%（GB/T 1040.3—2006）；抗穿刺强度≥70N（ASTMD4833—07，膜厚30μm）；雾度<6.0（GB/T 2410—2008，膜厚 30μm）；表面光泽度>60（45°，GB/T 8807—1988）；摆锤法冲击强度>2.0J（GB/T 8809—2015，B 法，膜厚 30μm）；落镖法冲击强度>500g（GB/T 9639.1—2008，B 法，膜厚 35μm）	化工
123	液晶聚合物薄膜	薄膜介电常数≤3.0@ 40GHz，介电损耗≤0.002@ 40GHz，吸水率<0.5%，薄膜 CTE≤18ppm/℃，薄膜厚度≤25μm	5G
（五）	其他先进化工材料		
137	半芳香族尼龙（PPA）	玻璃化转变温度≥88℃，熔点≥300℃，拉伸强度（25℃）≥60MPa，弯曲强度（25℃）≥120MPa，吸水率（23℃/50%RH）≤0.7%，特性黏度 0.75~0.95dL/g	汽车、电力电子
138	聚丁烯-1（PB）	拉伸弹性模量≥445MPa，断裂拉伸强度≥20MPa，弯曲模量≥500MPa，简支梁缺口冲击强度≥15kJ/m²，熔点120~125℃	化工、纺织、轻工
139	聚硼硅氧烷改性聚氨酯材料	密度 0.45~0.5kg/m³，撕裂强度 0.9~1.5N/mm，拉伸强度>1.4MPa，断裂伸长率，180%~300%，压缩强度 140~300kPa，抗冲击防护性能 level2	工业减震

续表

序号	材料名称	性能要求	应用领域
140	聚酰胺 56	颗粒度 45～65N/g，带黑点颗粒≤0.8%，干燥失重≤0.6%～1.5%，粘数 120～180mL/g 均可实现，按要求可调，熔点 250～260℃，相对密度 1.11～1.15g/cm^3，拉伸强度（屈服）＞75MPa，弯曲强度＞105MPa，冲击强度（缺口）＞3.2kJ/m^2	汽车、电子领域
141	聚四氟乙烯零件和原型材	Ⅰ型——纯聚四氟乙烯（PTFE），Ⅱ型——含 15%石墨的聚四氟乙烯（PTFE），Ⅲ型——含 15%玻璃纤维和 5%二硫化钼的聚四氟乙烯（PTFE），Ⅳ型——含 25%玻璃纤维的聚四氟乙烯（PTFE）； 1 类——压缩模塑料和模塑板材，2 类——柱状挤压型材（仅适用于Ⅰ型），3 类——切削板材（仅适用于Ⅰ型）； Ⅰ型 1 类的极限拉伸强度≥31MPa，伸长率≥300%；Ⅰ型 2 类的极限拉伸强度≥21MPa，伸长率≥200%；Ⅰ型 3 类的极限拉伸强度≥28MPa，伸长率≥250%；介电强度≥1000v/mil； Ⅱ型 1 类的极限拉伸强度≥12MPa，伸长率≥125%；Ⅲ型 1 类的极限拉伸强度≥21MPa，伸长率≥250%；Ⅳ型 1 类极限拉伸强度≥17MPa，伸长率≥225%； 测试方法：极限拉伸强度和伸长率试验方法，ASTMD4894；介电强度试验方法，ASTMD149	航空航天装备
142	聚双环戊二烯（PDCPD）	密度<1.05g/cm^3，断裂伸长率>5%，热变形温度>90℃，悬臂梁缺口冲击强度（23℃）＞24kJ/m^2，拉伸强度＞40MPa，弯曲强度>60MPa，弯曲弹性模量>1850MPa	轨道交通、工程机械、医疗设备、航天
143	硼-10 酸	丰度≥95%，纯度≥99.9%	核工业、医疗
144	热力管道内壁防腐涂料	附着力≥7MPa，耐水煮（95℃，1000 小时），耐油浴（150℃，1000h，导热油），耐高温高压釜（150℃，10MPa，介质：去离子水，168h），涂层不起泡、不脱落、不开裂	节能环保
145	生物基增塑剂	100%替代邻苯类增塑剂，抗老化性能＞1200h（ASTMG-154），环保指标通过欧盟 REACH 法规认证，绿色安全无毒	纺织、轻工、医疗耗材
146	高性能医用干式胶片	灰雾密度 D_0≤0.08，最大密度 D_{max}≥2.90，表观无不润湿点、条道、拉丝、划伤、杂质点	医疗
147	环保水处理型偏铝酸钠	氧化铝≥37%，氧化钠≥26.5%，苛性比＝1.20±0.05，白色固体粉末	环保

续表

序号	材料名称	性能要求	应用领域
148	高性能纳米刚性粒子改性 PP 基复合材料及超高强度纳米 PP 丝	复合材料的缺口冲击强度达到最大值 66.5kJ/m², 拉伸强度达到 38.3MPa。纳米粒子对弹性体的分散剪切细化均化使 PP 基复合材料韧性大幅提高，纳米粒子改性 PP 基复合材料可吸收 90%紫外线，抗老化能力大幅提高，超高强度纳米 PP 丝拉伸强度达到 8.2g/D，延伸率在 15%～20%之间	汽车
149	高频高速覆铜板用功能化低分子聚苯醚	特性粘度（IV）0.075～0.090dl/g，玻璃化转变温度（T_g）140～150℃，挥发份<0.50%，铜含量<8ppm，酚羟基当量 800～1000g/mol，数均分子量 2100～2700g/mol	5G 通讯、无人驾驶汽车、大型服务器、超高清视频传输、智能穿戴
150	橡胶密封件制品表面用水性涂料	摩擦系数指标定为 $\mu \leq 0.40$，拉伸试验指标定为定伸 100%，涂层无龟裂、无脱落，耐介质擦拭性（50%乙醇溶液、2.5g/L 正十二烷基苯磺酸钠水溶液）指标定为“50 次未露底”，挥发性有机化合物（VOC）含量≤200g/L	化工
151	重金属脱除用高分子复合凝胶吸附剂	重金属去除浓度范围 0～10000ppm，去除率>99%	电子
152	高分子永久型抗静电剂	表面电阻≤$1\times10^8\Omega$，断裂伸长率≥200%，熔点≥120℃	电子、化工
153	密封材料	(1) 高性能耐温耐压密封材料：抗老化：1000 小时保持螺栓拧紧力，抗高温：350～400℃，抗压：抵抗法兰压力>400MPa（无压溃），抗内压 20MPa 不冲出； (2) 膨润型高密封材料：密度 1.4～1.6gm/cc，拉伸强度 8～25MPa，压缩率 8%～22%，回弹率≥35%。	汽车
154	耐温抗压材料	密度 1.3～1.45gm/cc，拉伸强度 8～20MPa，抗温 200～300℃，抗压≥300MPa	汽车、机械、船舶
155	无石棉原位复合密封材料	密度≥1.3gm/cc，拉伸强度≥15MPa，压缩率 10%～20%，回弹率≥55%，应力松弛≤25%	高铁、航天航空、船舶、石油化工
关键战略材料			
一	高性能纤维及复合材料		
229	高性能碳纤维	高强型：拉伸强度≥4500MPa，CV≤5%，拉伸模量 230～250GPa，CV≤2%； 高强中模型：拉伸强度≥5500MPa，CV≤5%，拉伸模量 285～305GPa，CV≤2%； 高模型：拉伸强度≥4200MPa，CV≤5%，拉伸模量 377GPa，CV≤2%	航空、航天、轨道交通、海工、风电装备、压力容器，不包括体育休闲产品制造

续表

序号	材料名称	性能要求	应用领域
230	中间相沥青基碳纤维	拉伸强度≥2000MPa，弹性模量≥600GPa，导热系数≥500W/m·K。	航空航天、通讯设备、集成电路、汽车及轨道交通、压力容器
231	高性能碳纤维预浸料	0°拉伸强度≥2500MPa，0°拉伸模量≥155GPa，CAI≥285MPa	航空航天
232	汽车用碳纤维复合材料	树脂基体冲击韧性≥90kJ/m²，在32J的冲击能量下，复合材料CAI和原压缩强度相比保留90%以上，复合材料层间剪切强度≥60MPa，复合材料热变形温度≥90℃	汽车
233	耐高温连续碳化硅纤维	拉伸强度≥2.8GPa，杨氏模量≥200GPa，伸长率1.2%~1.8%，纤度180±10tex，氧含量≤12%，1100℃，空气10小时，强度保留率≥85%	航空航天
234	芳纶及制品	（1）芳纶纸：灰分<0.5%，芳纶纸击穿电压>15kV/mm，抗张强度>2.5kN/m，芳纶层压板击穿电压>40kV/mm，耐热等级达到210℃，阻燃达到VTM-0或V-0级，水萃取液电导率<5ms/m，180℃长期对硅油无污损； （2）芳纶1313沉析纤维：干度≤20%，白度≥80%，机械打浆度65±5°SR，DMAC含量≤500ppm； （3）芳纶1414（芳纶II）纤维：纤维纤度分为800D、1000D、1500D，其中高强型产品性能要求：断裂强度≥22cN/dtex；拉伸模量≥445cN/dtex，断裂伸长率3.0%~4.5%，高模型产品性能要求：断裂强度≥18.5cN/dtex，拉伸模量≥710cN/dtex，断裂伸长率2.2%~3.2%； （4）芳纶III长纤维及织物：纤维：密度1.44±0.01g/cm³，纤度6~300tex，拉伸强度≥28.5cN/dtex，弹性模量≥750cN/dtex，伸长率=2.5%~4.2%；平纹机织物：面密度150\170\200\300\340g/cm²，典型织物200g/cm²经纬向强力≥10KN，典型织物340g/cm²，经纬向强力≥17KN；UD布：硬质UD面密度140±10g/cm²，软质UD面密度235±10g/cm²	轨道交通、电子信息、新能源、航空航天、电力装备、光通讯
235	聚酰亚胺纤维	（1）高强高模型：拉伸强度2.4~4.5GPa，拉伸模量100~170GPa，断裂伸长率2%~5%； （2）耐热型：阻燃：本体不燃（LOI极限氧指数>32%）；耐高低温：-260~300℃可长年使用，瞬时耐受温度500℃（5%初始分解温度510℃）；尺寸稳定性好：-260℃至280℃温度变化时其理化及机械性能、尺寸几无变化；纤度0.8-6dtex；密度1.41g/cm³；断裂强度>4cN/dtex；模量25~43cN/dtex；断裂伸长10~30%	航空航天、核工业、电子电器、交通

续表

序号	材料名称	性能要求	应用领域
236	高硅氧玻璃纤维制品	SiO_2 含量≥96%，使用耐温 1000℃，瞬间耐温 1600℃	航空航天、冶金、节能环保等
237	无硼高性能玻璃纤维	R_2O≤0.8%，抗拉强度≥2500MPa，弹性模量≥80GPa	风力发电叶片、航空航天、石油化工、汽车、船舶
238	连续玄武岩纤维	耐温温度－269～650℃，弹性模量≥85GPa，抗拉强度≥3000MPa	消防、环保、航空航天、汽车、船舶、海洋海事、新型建材
239	电子级超细玻璃纤维纱	密度 2.63±0.1g/cm^3，软化温度 860±20℃，纤维直径 3.5～5μm，纤维号数 1.7～11.2TEX，弹性模量 70～75GPa	航空航天、5G 通讯
240	航空制动用碳/碳复合材料	密度≥1.80g/cm^3，抗压强度≥140MPa，抗弯强度≥120MPa，层间剪切强度≥12MPa，高能刹车（能流密度≥3000kW/m^2，面积能载≥60MJ/m^2），摩擦系数≥0.15	航空
241	高温炉用碳/碳复合材料	密度≥1.5g/cm^3，抗压强度≥150MPa，抗弯强度≥100MPa，导热系数≤0.16W/m·K	粉末冶金、太阳能单晶、多晶铸锭
242	HS6 高强玻璃纤维	纤维新生态强度≥4600MPa，浸胶纱拉伸强度≥3800MPa，浸胶纱拉伸模量≥93GPa，软化点≥980℃	航空航天、轨道交通、核电、海洋工程、电子信息
243	超高分子量聚乙烯纤维	（1）超高强型：断裂强度≥36cN/dtex，初始模量 1300～1800cN/dtex，断裂伸长率 2%～3%； （2）耐热型：瞬间耐热温度≥180℃，强度≥30cN/dtex，初始模量≥1100cN/dtex，断裂伸长率≤3%，CV 值≤3%； （3）抗蠕变型：在 70℃、300MPa 应力条件下蠕变断裂时间≥900 小时，蠕变伸长率≤8%，强度≥30cN/dtex，初始模量≥1100cN/dtex，断裂伸长率≤3%，CV 值≤3%	航空航天、海洋工程
244	聚苯硫醚细旦纤维	纤度 0.9～1.2dtex，断裂伸长率 20%～40%，干热收缩率<4%	环保
245	聚四氟乙烯纤维及滤料	（1）长丝：线密度 200～550den，拉伸强力 8.5～20N，抗拉强度 3.0g/den，工作温度－180～250℃，收缩率<5%，耐酸碱； （2）短纤：线密度 1.5～5den，抗拉强度>2.2g/den，收缩率<5%，耐酸碱；聚四氟乙烯覆膜滤料：除尘效率（Pm^2.5）99.99%，透气度≥20L/m^2·s，阻力≥250Pa	能源装备

续表

序号	材料名称	性能要求	应用领域
246	PBO 高性能纤维	拉伸强度 28~35cN/dt，拉伸模量 160~240GPa，断裂伸长率 2.0%~4.0%	航空航天、汽车工业，光通讯
247	低风速风电叶片	适用于 131~175 机组平台，叶片长度 60~90m，匹配主机功率为 2.5~8MW，气动设计 Cpmax 值≥0.48	风力发电
248	液化天然气（LNG）储运用增强阻燃绝热保温材料	（1）存储用：密度 70~90kg/m³，常温下（23±2℃），压缩强度>0.4MPa，X/Y 方向拉伸强度>1.2MPa；低温下（-170±5℃），X/Y 方向拉伸强度>1.3MPa；闭孔率>94%；导热系数（20±2℃）<24mW/m·K； （2）运输用：密度 130±10kg/m³，导热系数≤17.5，闭孔率≥95%，阻燃等级≥B2 级，常温下（23±2℃）：压缩强度≥1.3MPa，拉伸强度≥3.0MPa；低温下（-170±2℃）：压缩强度≥2.7MPa，拉伸强度≥3.2MPa	船舶
249	热塑性 PESEKK 树脂基复合材料	密度 1.50±0.05g/cm³，阻燃性：V-0 级，吸湿率≤0.5%，透波率>85%，尺寸稳定性（mm）：0.1±0.05，耐盐水、航空煤油强度保持率≥95%	航空航天，汽车，节能，医疗
250	风电叶片用碳纤维复合材料	层间剪切强度≥52MPa，0°弯曲模量≥126GPa，90°拉伸强度≥30MPa	风电叶片
251	海藻纤维及应用	纤维断裂强度≥2.5CN/dtex、断裂伸长率≥15%； 水刺医用敷料：克重：18~24g/m²、干燥失重≤20%、吸液性≥12g/100cm²、重金属总量≤20μg/g；细胞毒性反应≤Ⅰ级；无皮肤致敏反应；皮肤刺激指数≤0.4； 针刺医用敷料：克重：60~120g/m²、干燥失重≤20%、吸液性≥12g/100cm²、重金属总量≤20ug/g；细胞毒性反应≤Ⅰ级；无皮肤致敏反应；皮肤刺激指数≤0.4	医用装备
252	超高温碳/陶复合材料及制品	密度≥1.85g/cm³，拉伸模量≥80GPa，断裂韧性≥15MPa·m$^{1/2}$，1300℃拉伸强度≥200MPa，1300℃抗弯强度≥300MPa，1300℃面内剪切强度≥100MPa，导热系数≥15W/m·K，热膨胀系数（25~1300℃）：1.0×10^{-6}~4.5×10^{-6}/℃	航天
253	高性能碳纤维增强陶瓷基摩擦材料	密度≤2.4g/cm³，使用温度-50~1650℃，抗压强度≥160MPa，抗弯强度≥120MPa，摩擦系数 0.2~0.45，摩擦系数热衰退率≤15%	轨道交通、车辆、工程机械

续表

序号	材料名称	性能要求	应用领域
254	微创介入医疗中空纤维管	细胞增值率≥70%；尺寸公差±0.01mm；耐爆破压强度≥20atm；以下根据材料的不同用途分别说明： 用于微创介入医疗中空纤维管囊主要性能指标：尺寸公差±0.01mm，断裂伸长率可控制，球囊双壁厚=1.15~1.25mm，耐爆破压高达30~32atm；用于微创介入医疗左右冠共用造影导管主要性能指标：正向扭控260°，反向扭控140°；用于微创介入医疗编织增强复合中空纤维管主要性能指标：弯曲载荷5.63N，扭控性能377.5；用于微创介入医疗三维编织增强复合中空纤维管主要性能指标：支架载入阻力50~70N； 用于微创介入医疗Coil增强复合中空纤维管主要性能指标：外管释放阻力≤80N，覆膜套管释放阻力≤40N，轴向拉伸强度170~200N	医疗器械
三	先进半导体材料和新型显示材料		
271	复合膜	附着力等级（GB/T 9286—1998）0级，硬度≥HB，各层剥离力≥60g/25mm	新型显示
272	扩散膜	附着力等级0级（GB/T 9286—1998），硬度≥H，透光率（上扩散≥90%，下扩散≤90%），雾度（上扩散≤90%，下扩散≥80%），抗静电面表面电阻<1.0×10^{12}Ohm	新型显示
273	偏光片	光学性能：单体透过率全光谱≥42.5%，单体透过率440nm≥36.5%，单体透过率550nm≥40.5%，单体透过率610nm≥40.5%，偏振度≧99.9%，表面硬度>3H，尺寸收缩率<0.8%	新型显示
274	量子点膜	色域≥100%NTSC，色域≥100%NTSC，透光率≥40%，雾度≥80%，硬度≥HB	新型显示
275	银反射膜	附着力等级0级（GB/T 9286—1998），硬度≥HB，反射率≥95%	新型显示
276	光学级PET基膜	拉伸强度≥150MPa，断裂伸长率≥100%，150℃ 30min纵向收缩率≤0.5%	新型显示
277	增亮膜	辉度增益≥160%，附着力等级0级（GB/T 9286—1998），表面铅笔硬度：棱镜面≥HB、背涂面≥HB	新型显示

续表

序号	材料名称	性能要求	应用领域
278	滤光片	（1）蓝玻璃红外截止滤光片：透过率 AR（420～670nm，R_{max}<0.9%），UVIR（350～390nm，T_{avg}≤3%），图案的外围和内径部分四角直线度（毛刺）5μm 以内，偏心 50μm 以内，最外围中心和印刷内径中心的差异在 50μm 以内、偏心 50μm 以内；图形胶层厚度 10μm 以下，透过率 Tmax <0.2%（400～650nm），反射率 Rmax<4%（400～650nm）组立件支架的粘着力>3kg/cm； （2）五代彩色滤光片：BM 厚度 1.2±0.3μm，BMOD≥4.0，RGB 厚度 2.28±0.3μm，导电膜组抗值≤30Ω/□，导电膜厚度 1500±200Å，角段差<0.5μm，PS 高度 3.15±0.15μm	新型显示
297	柔性显示盖板用透明聚酰亚胺	透光率>89%，可弯折次数≥20 万次	新型显示
299	I-线光敏型聚酰亚胺绝缘材料	OLED 用正型绝缘材料：固化温度≤230℃，显影留膜率≥70%，锥度角 20°～40°，PCT 试验≥500hr（SiO_2、Glass）；晶圆级封装用负型绝缘材料：固化温度≤200℃，与铜附着力≥60MPa	集成电路、新型显示
300	柔性显示盖板用透明聚酰亚胺	透光率大于 89%，可折叠次数≥20 万次	新型显示
301	液晶显示用聚酰亚胺取向剂	摩擦取向型聚酰亚胺液晶取向剂：VHR≥97%；预倾角（Pre-tiltangle）：1.5°～2.8°；RDC（mV）100；光取向型聚酰亚胺液晶取向剂：波长：254nm；预倾角（Pre-tiltangle）：0°～1°；RDC（mV）<300	新型显示
302	黑鳞	黑磷单晶：纯度大于 99.9%，单晶尺寸大于 1cm； 黑磷微粉：纯度大于 99.9%，粒径 1～10μm 可控； 黑磷烯：纯度大于 99.9%，厚度在 1～20nm 范围内可控，大小在 2nm～20μm 范围内可控	化工、能源催化、电子信息、半导体领域、生物医疗
313	石墨烯改性润滑材料	（1）润滑脂：滴点不低于 200℃，水淋流失量不大于 5%，氧化安定性压力降不大于 40kPa，极压抗磨性能等级不小于 B3（极压抗磨性能根据团体标准 T/CGIA031-2019《石墨烯增强极压锂基润滑脂》判定）； （2）润滑油：石墨烯液力传动油和石墨烯液压油 FZG 台架测试通过 9 级，石墨烯液力传动油和液压油摩擦系数<0.11，氧化安定性>3000h	工程机械、汽车、机电

续表

序号	材料名称	性能要求	应用领域
314	石墨烯散热材料	石墨烯散热材料：水平方向导热系数大于 1500W/mK，膜厚 25μm～500μm。氧化石墨烯膏体：氧化石墨烯固含量>40%，灰分<1%，成膜后热扩散系数>1000mm²/s	机械、电子、航空航天、医疗
315	石墨烯发热膜	（1）浆料法制备石墨烯膜：低工作电压（≤36V）：功率≤200W/m²，发热温度≤70℃，表面温度不均匀度≤5℃，电热辐射转换效率>65%，低频磁场辐射<0.3%；高工作电压（>36V）：功率密度≤250W/m²，表面温度不均匀度≤5℃，电热辐射转换效率≥70%，功率偏差≤±5%，297V 持续通电 15 天老化后功率变化率≤±5%，TVOC 含量应不大于 1.2mg/（m²·h）； （2）CVD 法制备石墨烯膜：透光率：总透光率≥85%（含两层石墨烯加基材）；雾度≤4%；耐弯折次数：四方向弯折≥500 次，电阻变化≤1.2 倍初始值；面电阻：双层石墨烯面电阻≤150Ω；功率密度：常规散热下≥1200W/m²	智能穿戴产品，医疗器械，电子信息、汽车、电采暖
316	石墨烯导热复合材料	导热系数 2～10W/m·K，拉伸强度：50～100MPa	机电、电工、工程
317	石墨烯改性无纺布	远红外发射率≥0.88，远红外辐照温升/℃≥1.9，大肠杆菌抑菌率/（%）≥80，金黄色葡萄球菌抑菌率/（%）≥80，白色念珠菌抑菌率/（%）≥75	医疗、环保
318	石墨烯改性电池	（1）海水电池：重量 400±10g，体积 201.0mm×39.5mm×63mm，电压 3.7±0.2V，电流 8.4±1.5A，水溶胶膜浸水后脱落时间<2min，激活时间≤1min，有效供电时长≥6h，储能时长：5 年内无须维护保养； （2）低温工作电池：在-40℃温度下 4C 放电 85%； （3）高倍率充放电电池：磷酸铁锂电芯 10C 充放电达到 95%以上，4c 循环 5000 次，电量保持 90%；三元锂电芯实现 4C 充放电 95%以上，2c 循环 2400 次，电量保持 90%； （4）三元锂离子电池：圆柱 18650：容量≥1800mAh；内阻≤17mΩ；常温常湿条件 3C 充 10C 放电循环寿命≥500 周，3C 恒流率≥80%；低温-20℃，1C 放电容量保持率≥60%；高温 55℃老化 7 天容量保持率≥90%	海工、汽车、能源、军工
319	石墨烯改性发泡材料	（1）电磁波防护应用：密度<65kg/m³，电磁波防护>10dB； （2）抗菌应用：远红外发射率≥0.88，远红外辐照温升/℃≥1.9，大肠杆菌抑菌率/（%）≥80，金黄色葡萄球菌抑菌率/（%）≥80，白色念珠菌抑菌率/（%）≥75	医疗器械

续表

序号	材料名称	性能要求	应用领域
328	气凝胶系列材料	（1）气凝胶：导热系数（25℃）0.013±0.002W/（m^2·K），密度30~70kg/m^3，孔隙率90%~98%，憎水性90%~98%，比表面积600~100m^2/g； （2）二氧化硅气凝胶：导热系数≤0.016w/mk（常温25℃），适用温度范围0~1000℃；密度230~280kg/m^3，疏水性：整体疏水； （3）常压改性二氧化硅气凝胶新材料：透明、淡蓝色，粒度颗粒1~5mm，密度50~150kg/m^3，孔隙>90%，比表面积600~800m^2/g，总孔2.5~4.5cc/g，平均孔径15~30nm，导热系数（常温25℃）0.013~0.016W/（m·K）； （4）气凝胶保温毡：导热系数（常温25℃）≤0.023W/（m·K）、A2级防火； （5）气凝胶改性复合纤维：热阻≥0.05，导热系数（常温25℃）0.020~0.080W/（m·K）； （6）二氧化硅气凝胶保温隔热涂料：导热系数（常温25℃）≤0.040W/（m·K）； （7）二氧化硅气凝胶浆料：导热系数（常温25℃）≤0.025W/（m·K），固含量5%~30%	微电子、石油化工、航空航天、节能环保、新能源
329	3D打印有机硅材料	硬度20~80ShoreA，拉伸强度≥4MPa，撕裂强度≥7N/mm，断裂伸长率≥70%	3D打印（医疗，电子，智能制造）
330	形状记忆合金及智能结构材料	在500℃下具有双程记忆效应	航空航天
331	非晶合金	满足以下性能指标之一： （1）薄壁成型：最薄壁厚0.2mm，区域5×5mm以内；高强度：抗弯强度>1500MPa，抗拉强度>1200MPa；表面硬度HV480~520；相对磁导率1，电阻率1.9×10^{-6}；无塑性变形，小件平面度<0.05mm大件平面度<0.1mm；材料缩水率2.5‰，模具加工精度±0.015mm，尺寸精度高，一般线性尺寸±0.05mm，精密线性尺寸±0.03mm； （2）高强度（降伏强度1.4GPa），高硬度（维氏硬度>500），耐腐蚀（中性盐雾测试>72小时），弹性限（>2%），低热膨胀系数（-7.85×10^{-6}/℃，20℃）	通讯电子、汽车、医疗健康、航空航天

工业和信息化部等十三部门关于印发制造业设计能力提升专项行动计划（2019-2022年）的通知

工信部联产业〔2019〕218号

各省、自治区、直辖市及计划单列市、新疆生产建设兵团工业和信息化、发展改革、教育、财政、人力资源社会保障、商务、市场监管、统计、银保监、证监、知识产权主管部门，国家税务总局各省、自治区、直辖市、计划单列市税务局，各有关单位：

现将《制造业设计能力提升专项行动计划（2019-2022年）》印发给你们，请结合实际认真贯彻落实。

工业和信息化部　国家发展和改革委员会
教育部　财政部
人力资源和社会保障部　商务部
国家税务总局　国家市场监督管理总局
国家统计局　中国工程院
中国银行保险监督管理委员会
中国证券监督管理委员会
国家知识产权局
2019年10月11日

制造业设计能力提升专项行动计划（2019-2022年）

制造业设计能力是制造业创新能力的重要组成部分。提升制造业设计能力，能够为产品植入更高品质、更加绿色、更可持续的设计理念；能够综合应用新材料、新技术、新工艺、新模式，促进科技成果转化应用；能够推动集成创新和原始创新，助力解决制造业短板领域设计问题。近年来，设计创新有力促进了制造业转型升级，也带动了设计自身从理念到方法，以及实现方式等方面的持续进步，但设计能力不足仍是影响制造业转型升级的瓶颈问题，在设计基础研究与数据积累、设计工具与方法、设计人才培养、试验验证以及公共服务能力等方面仍亟待加强。为提升设计能力，推动制造业高质量发展，制定本行动计划。

一、总体要求

（一）指导思想

坚持以习近平新时代中国特色社会主义思想为指导，全面贯彻党的十九大和十九届二中、三中全会精神，坚持新发展理念，按照建设现代化经济体系要求，坚持以供给侧结构性改革，围绕制造业短板领域精准发力，不断健全产业体系，改善公共服务，提升设计水平和能力，推动中国制造向中国创造转变、中国速度向中国质量转变、制造大国向制造强国转变，为制造业高质量发展提供支撑保障。

（二）基本原则

坚持市场主导。发挥市场在资源配置中的决定性作用，强化企业主体地位，坚持竞争中性原则，鼓励公平竞争，激发市场主体创新活力。更好发挥政府作用，强化公共服务，营造有利于工业设计发展的良好市场环境。

坚持创新驱动。加强理论、方法和实践的创新，构建服务设计能力提升的创新体系。强化对企业设计创新的引导，以设计创新推动质量变革、效率变革和动力变革。

坚持统筹协调。加强各部门政策协同，形成目标一致、分工负责的工作机制。强化对地方工作的指导，积极总结推广相关经验成果，凝聚创新发展新动能。

坚持以点带面。依托战略性新兴产业和新一代信息通信技术发展，以相关领域的设计发展带动新理念和新方法推广普及，以重点突破和试点示范带动制造业设计能力全面提升。

（三）总体目标

争取用4年左右的时间，推动制造业短板领域设计问题有效改善，工业设计基础研究体系逐步完备，公共服务能力大幅提升，人才培养模式创新发展。在高档数控机床、工业机器人、汽车、电力装备、石化装备、重型机械等行业，以及节能环保、人工智能等领域实现原创设计突破。在系统设计、人工智能设计、生态设计等方面形成一批行业、国家标准，开发出一批好用、专业的设计工具。高水平建设国家工业设计研究院，提高工业设计基础研究能力和公共服务水平。创建10个左右以设计服务为特色的服务型制造示范城市，发展壮大200家以上国家级工业设计中心，打造设计创新骨干力量，引领工业设计发展趋势。推广工业设计“新工科”教育模式，创新设计人才培养方式，创建100个左右制造业设计培训基地。

二、夯实制造业设计基础

（一）加大基础研究力度。强化制造业设计理论、设计基础数据积累、设计规范、设计标准、设计管理、设计验证等基础工作。加大对设计创新项目和工业设计软件基础研究的支持力度。强化产品安全性、功能性、可靠性、环保性等标准要求，规范信息交互、用户体验、运行维护等设计标准，形成高水平设计标准体系。鼓励社会团体、产业联盟、高校院所和企业基于设计创新和专利制定团体标准、企业标准，积极参与制定国家标准和国际标准。组织第三方机构开展计量性设计研究，鼓励构建支撑制造业产品设计的计量测试技术服务平台，推动计量与产品设计过程融合，逐步实现设计过程量值控制，提升制造业产品设计效率。

（二）开发先进适用的设计软件。顺应网络协同设计趋势，积极推进工业技术软件化。在相关重大项目建设中加大对关键设计软件的支持力度。推进三维几何建模引擎等研发设计软件关键核心技术攻关。布局基本求解算法库、标准零部件库、行业基础数据库和知识库，促进源代码资源开发共享，降低企业研发成本。支持第三方机构开展设计数据、模型和接口标准制修订工作，推广工业APP应用。

专栏1　关键设计软件迭代工程

（1）加强工业软件基础研究。推动工业软件建模引擎发展，促进特殊行业和领域的专用设计及仿真软件应用。支持高校和科研院所广泛参与各类标准建设，鼓励相关企业组建联盟，推动软件产品相互兼容，嵌入调用，构建协同创新的产业生态。

（2）支持工业技术的转化与应用。引导企业广泛汇集设计类经验、知识、算法等，形成工业技术，封装设计组件，研发工业APP。围绕复杂设计等领域开展攻关，在相关行业领域开展基于模型的系统工程实施应用。鼓励将工业软件相关知识产权与论文、专利等同等纳入人才评定标准。

（3）推动基础资源库共享。引导设计软件企业结合具体应用，丰富基础零部件代码库、通用组件库及知识模型库，带动知识库跨行业复用。

（4）推动设计软件进校园。引导校企深化合作，建设设计类实验室，鼓励开展企业实践并计算学分。开展设计软件应用竞赛等活动，培养使用习惯和用户基础。

三、推动重点领域设计突破

（三）补齐装备制造设计短板。聚焦装备制造业开放设计平台建设，特种用途或特殊环境装备设计，高端装备关键零部件设计等重点，拟订并发布制造业短板领域设计问题清单，探索利用“揭榜挂帅”机制，引导相关地区和机构联合攻关，加快突破关键核心技术，促进设计成果创新示范应用。

（四）提升传统优势行业设计水平。运用新材料、新技术、新工艺，在轻工纺织、汽车、工程动力机械、电力装备、石化装备、重型机械和电子信息等具有一定比较优势的产业，实现设计优化和提升，推动传统产业转型升级。

专栏2　重点设计突破工程

（1）强化高端装备制造业的关键设计。在高档数控机床和机器人领域，重点突破系统开发平台和伺服机构设计，多功能工业机器人、服务机器人、特种机器人设计等。在轨道交通领域，重点突破列车转向架、高速列车车轴设计，列车车体材料、结构和内部布局及辅助设备设施优化设计，先进城市有轨电车、中低速磁悬浮、跨座式单轨、市郊通勤动车组等新型轨道交通工具设计。在航空航天领域，重点突破飞机气动及结构、航空发动机、机载设备及系统、无人系统、火箭发动机等系统关键设计。在船舶海工领域，重点突破智能船、邮轮等高技术船舶，深远海油气资源开发装备等海洋工程装备，以及核心配套系统及设备的关键设计。在电力装备领域，重点突破燃气轮机整体设计，核心热端部件设计和现役装备热端部件的修复及优化升级设计，特高压交直流关键装备设计等。在节能与新能源汽车领域，重点提升关键装备、核心装置、新工艺技术、系统集成平台（软件）等设计能力，形成指导汽车工装设计的标准化规范或导则。

续表

(2) 实现传统优势产业设计升级。在消费品领域，支持智能生态服装、家用纺织品、产业用纺织品、鞋类产品、玩具家电、家具等设计创新。鼓励建设国民体型数据库和标准色彩库，发展人体工学设计。加强流行趋势研究，提升产业竞争力。在汽车领域，推动关键零部件、新能源汽车动力电池和充电系统设计，动力电池回收利用系统设计，乘用车及冷链物流车、消防车等专用汽车设计。在石化装备领域，重点突破高精度旋转导向钻井系统设计，7000 马力及以上大型压裂撬装成套装备设计，12~15 万 Nm^3/h 等级超大型空分成套装备设计等。在传统机械领域，发展汽油发动机、大马力柴油机、工业燃气轮机等动力机械设计。在重型机械领域，重点突破智能码头成套装备设计，智能搬运与输送系统成套设备设计，宽幅高品质铝、镁合金板带智能生产成套装备设计，大型铸锻件制造成套装备设计等。在电子信息领域，大力发展集成电路设计，大型计算设备设计，个人计算机及智能终端设计，人工智能时尚创意设计，虚拟现实/增强现实（VR/AR）设备、仿真模拟系统设计等。

（五）大力推进系统设计和生态设计。积极推进系统设计与系统仿真技术研发，有效带动原始创新。支持清洁高效节约能源产品设备的设计，提升发电装备、余热回收装备、终端用能设备、太阳能利用装置的设计水平。发展循环经济，鼓励开展废弃物回收利用，通过设计创新提升废弃物加工转化设备的效能。推进绿色包装材料、包装回收利用体系设计。

四、培育高端制造业设计人才

（六）改革制造业设计人才培养模式。研发体现中国特色、融汇国际标准、对接市场需求、横跨学科门类的设计类专业课程，构建多学科交叉融合的设计高等教育体系。结合“新工科”建设，推广 CDIO（构思—设计—实现—运作）工程教育模式。聚焦制造业培养交叉型、复合型设计人才，大力培育精益求精的工匠精神。鼓励社会团体、高等院校、科研机构和制造业企业协作办学，探索开放式、网络化的设计教学模式，引导更多社会资源投向设计教育领域。鼓励开展中小学设计思维和创新意识启蒙教育。

专栏 3　制造业设计人才培育工程
(1) 鼓励工业设计领域人才培养模式创新。引导各类相关院校（系）共享优质课程，联合培养高素质复合型设计人才。建设以工业设计为主题的产教融合机构，全面培养学生的策划能力、设计能力和团队协作能力。 (2) 实施工业设计领军人才计划。持续开展工业设计领军人才培训，围绕制造业短板领域优化课程体系，改善学员结构，鼓励领军人才与制造业企业开展多层次合作。 (3) 建设一批工业设计人才培训基地。鼓励国家级工业设计中心、各级工业设计研究院、各类创意设计园区（平台）建设制造业设计实训基地，创新培训内容和模式，提供优质培训服务。支持相关企业和行业组织在产业集群内建立面向中小企业的工业设计培训基地。 (4) 培养工业设计领域国际化人才。积极支持国内知名工业设计师参与重要国际设计活动，在工业设计领域国际组织中担任职务。鼓励国际知名机构参与我国工业设计教育培训，参与设计赛事和展会的评审运营。大力吸引国外设计师来华创业，设立大师工作室，并与有关机构企业开展深度合作。

（七）畅通设计师人才发展通道。加大工业设计人才培养培育力度，探索纳入人才积分落户制度。鼓励行业组织等机构面向不同领域，开展设计人才能力素质评价，完善人才职业发展通道。充分利用设计院所等资源，释放设计智力和要素活力。鼓励具有大型项目经验的设计师设立个人或联合工作室，担任社会兼职，在市场中发挥作用价值。

五、培育壮大设计主体

（八）加快培育工业设计骨干力量。支持制造业企业设立独立的工业设计中心，鼓励工业设计企业专业化发展。继续认定国家级工业设计中心，定期组织交流学习，为中心提供融资、培训、国际交流合作等公共服务。支持制造业企业开放设计中心业务，提升服务能力。鼓励专业设计企业无缝嵌入制造业链条，形成长期稳定合作关系。强化专业领域设计能力和协同创新，与园区平台、产业集群、专业市场等实现融通发展。发展设计服务外包。

（九）促进设计类中小企业专业化发展。鼓励有条件的地区加大财政投入，建立健全设计类中小企业公共服务平台，打造产研对接的产业创新模式，奖励各类重大设计创新成果，在资源共享、融资和人才服务等方面，支持设计类中小企业与相关企业开展对接合作。

专栏 4　中小企业设计创新工程
（1）提升设计类中小企业专业能力。建设一批设计领域公共服务平台，衔接产业链上下游资源，提升公共服务能力和水平。加强创新创业特色载体建设对设计类产业园区和中小企业的支持，促进大中小企业共享研发设计资源。 （2）开展为中小企业送设计活动。开展面向中小企业的设计规范和设计管理培训，提升企业设计开发能力。

（十）健全工业六、构建工业设计公共服务网络。设计研究服务体系。以国家和省级工业设计研究院为主要依托，建设研究服务体系。围绕行业特点和发展趋势开展基础研究，拟订重大战略与规划，建立开放共享的行业数据资源库、材料数据库以及通用模型库等，提供设计工具、设计标准、计量测试、检验检测、成果转化、知识产权保护等方面的服务。多渠道多方式支持工业设计研究院建设，鼓励研究院按照市场规律自主运营、持续发展。

（十一）搭建共创共享的设计协同平台。借鉴国际经验，发挥各类设计机构的人力、技术和资本优势，创新“设计券”等支持方式，建立分布式设计资源共享网络。支持相关高等院校和科研院所，建立完善仪器设施使用和共享机制，面向社会开放科研设施和测试平台，加强设计产业成果转化。搭建设计创新智库咨询服务体系，鼓励开展组织体系建设等咨询服务以及行业前瞻性研究。支持各类设计机构创新组织形式，对接设计需求，开展众创、众包、众设，构建协同发展的设计生态。

专栏 5　工业设计公共服务体系建设工程
（1）推动省级工业设计研究院建设。鼓励各地围绕产业优势建设省级工业设计研究院，加大初期发展的财政扶持力度，通过政府购买服务等方式，推动研究院更好行使公共服务职能。鼓励省级研究院围绕优势产业加强与行业组织、科研院所的深度合作，聚集优质资源，提升研究能力水平。 （2）培育创建国家工业设计研究院。在省级工业设计研究院持续平稳运行的基础上，择优培育若干覆盖制造业重点领域的国家工业设计研究院。积极探索国家工业设计研究院运营方式和管理模式，推动研究成果转化应用。 （3）建设共创共享的众包设计平台。支持建设跨行业跨领域的众包设计平台，并提供复杂产品设计体系咨询，工程设计咨询，产品设计 APP 开发，设计需求对接，专利保护，文献与技术资料检索，在线培训，检验检测，交易与应用，设计成果转化等公共服务。

（十二）强化设计知识产权保护。发挥国家知识产权运营公共服务平台作用，鼓励有条件的地区和园区探索建立知识产权快速维权机制和知识产权成果转化平台。加大惩戒力度，严厉打击外观设计专利侵权等违法行为，维护行业竞争秩序。加强设计类评奖、大赛、展览的知识产权保护。顺应设计产业发展实际，探索新业态、新领域的外观设计保护，适当扩大外观设计专利权保护客体的范围。

专栏 6　工业设计知识产权保护维权工程
（1）健全知识产权保护运用体系。支持专业机构面向行业共性需求，开展知识产权布局服务。鼓励各类设计园区委托优质机构实施企业知识产权托管。加强外观设计专利领域知识产权行政保护，建立外观设计领域知识产权信用监督机制，加大对侵权行为的惩戒力度。 （2）畅通知识产权快速维权通道。支持工业设计知识产权优先审查。在有条件的工业设计知识产权密集地区建立知识产权快速维权机制。

（十三）营造有利于设计发展的社会氛围。支持举办工业设计类展会，鼓励企业积极参与相关展览展示活动。积极促进设计交易，鼓励各地因地制宜举办设计周、设计节或设计集市。支持行业组织和社会机构健全标准制定、规范推广、统计分析等方面的职能，在政企对接、企业合作、业务交流、活动组织、氛围营造等方面更好发挥作用。鼓励行业组织研究提出行业发展的重大设计问题和解决对策，组织开展国际交流，建设中外设计合作基地。

七、保障措施

（一）加强组织协调。建立相关部门统筹协调、合力推动的工作机制。各地相关部门要结合实际，部署落实工作任务。相关行业组织和社会机构要广泛参与，共同落实各项任务安排。

（二）加大政策引导。修订推动工业设计发展的政策，拓展设计内涵外延，针对制造业转型升级提出有力举措。利用相关部门现有渠道和重大项目，支持制造业设计能力提升，重点支持设计基础研究、基础软件开发、设计教育、重点行业领域“母机”设计方法研发等。企业提供技术转让、技术开发和与之相关的技术咨询、技术服务收入，可按国家税法规定享受相关税收优惠政策。加强行业统计监测。

（三）拓宽投融资渠道。鼓励社会资本设立设计类产业基金，完善多元化投融资机制。引导天使投资人和创业投资基金支持制造业设计能力提升项目，为设计企业提供覆盖全生命周期的投融资服务。鼓励符合条件的设计企业上市融资。鼓励银行等金融机构为设计企业提供个性化服务，拓宽抵质押品范围。鼓励担保机构设立专项担保品种，加大对设计企业和设计创新项目的信用担保支持力度。

（四）加强政策宣传。准确解读相关政策，大力宣传设计领域优秀成果、赛事活动、重点企业和领军人才，突出设计创新元素，体现设计对制造业转型升级的支撑作用。加强设计类知识产权保护的宣传，提升诚信经营意识。不断扩大设计创新的社会影响，营造全社会重视设计、推动设计发展的良好氛围。

工业和信息化部办公厅国家开发银行办公厅关于加快推进工业节能与绿色发展的通知

工信厅联节〔2019〕16号

各省、自治区、直辖市及计划单列市、新疆生产建设兵团工业和信息化主管部门，国家开发银行各省（区、市）分行：

为服务国家生态文明建设战略，推动工业高质量发展，工业和信息化部、国家开发银行将进一步发挥部行合作优势，充分借助绿色金融措施，大力支持工业节能降耗、降本增效，实现绿色发展。现将有关事项通知如下：

一、充分认识金融支持工业节能与绿色发展的重要意义

推动工业节能与绿色发展，是贯彻落实党中央、国务院关于加快生态文明建设、构建高质量现代化经济体系的必然要求，是深入推进供给侧结构性改革、实现工业转型升级的重要举措。各级工业和信息化主管部门、国家开发银行各分行要充分认识此项工作的重要意义，不断深化合作，发挥政策导向和综合金融优势，按照源头减排、末端治理、技术优化、全程监控的系统性思维，进一步完善政策配套，共同探索机制创新，调结构、优布局、促发展，加快形成新时期工业绿色发展的推进机制，培育经济发展新动能。

二、突出重点领域，发挥绿色金融手段对工业节能与绿色发展的支撑作用

按照《工业绿色发展规划（2016-2020年）》（工信部规〔2016〕225号）、《关于加强长江经济带工业绿色发展的指导意见》（工信部联节〔2017〕178号）、《坚决打好工业和通信业污染防治攻坚战三年行动计划》（工信部节〔2018〕136号）等工作部署，以长江经济带、京津冀及周边地区、长三角地区、汾渭平原等地区为重点，强化工业节能和绿色发展工作。重点支持以下领域：

（一）工业能效提升。支持重点高耗能行业应用高效节能技术工艺，推广高效节能锅炉、电机系统等通用设备，实施系统节能改造。促进产城融合，推动利用低品位工业余热向城镇居民供热。支持推广高效节水技术和装备，实施水效提升改造。支持工业企业实施传统能源改造，推动能源消费结构绿色低碳转型，鼓励开发利用可再生能源。支持建设重点用能企业能源管控中心，提升能源管理信息化水平，加快绿色数据中心建设。

（二）清洁生产改造。推动焦化、建材、有色金属、化工、印染等重点行业企业实施清洁生产改造，在钢铁等行业实施超低排放改造，从源头削减废气、废水及固体废物产生。

（三）资源综合利用。支持实施大宗工业固废综合利用项目。重点推动长江经济带磷石膏、冶炼渣、尾矿等工业固体废物综合利用。在有条件的城镇推动水泥窑协同处置生活垃圾，推动废钢铁、废塑料等再生资源综合利用。重点支持开展退役新能源汽车动力蓄电池梯级利用和再利用。重点支持再制造关键工艺技术装备研发应用与产业化推广，推进高端智能再制造。

（四）绿色制造体系建设。支持企业参与绿色制造体系建设，创建绿色工厂，发展绿色园区，开发绿色产品，建设绿色供应链。重点支持国家级绿色制造体系相关的企业和园区。

三、加大政策支持力度

（一）加强开发性金融支持

国家开发银行切实发挥国内绿色信贷主力银行作用，根据国家重大规划、重点战略以及地方政府工业发展整体规划和安排，按照“项目战略必要、整体风险可控、业务方式合规”的原则，以合法合规的市场化方式支持工业节能与绿色发展重点项目，推动工业补齐绿色发展短板。拓展中国人民银行抵押补充贷款资金（以下简称 PSL 资金）运用范围至生态环保领域，对已取得国家开发银行贷款承诺，且符合生态环保领域 PSL 资金运用标准的工业污染防治重点工程，给予低成本资金支持，主要包括节能环保技术改造升级、工业废气、废水和固体废物治理、资源再生及综合利用、工业企业环保搬迁改造及环境整治等。

（二）完善配套支持政策

工业和信息化部会同国家开发银行统筹用好各项支持引导政策和绿色金融手段，对已获得绿色信贷支持的企业、园区、项目，优先列入技术改造、绿色制造等财政专项支持范围，实现综合应用财税、金融等多种手段，共同推进工业节能与绿色发展。同时，鼓励地方出台加强绿色信贷项目支持的配套优惠政策，包括但不限于在项目审批、专项奖励、税收优惠等方面给予支持。

四、有关要求

（一）各省级工业和信息化主管部门要加强与当地国家开发银行分行的对接，掌握开发性金融信贷要求和 PSL 资金支持政策，选取有融资需求且符合条件的项目，在政策允许的范围内协助企业落实有关贷款条件，用好各项开发性金融支持政策。

（二）国家开发银行各分行要将工业节能与绿色发展作为推动工业高质量发展的重点领域，进一步做好开发性金融信贷政策宣介和项目开发评审工作。对符合绿色信贷、生态环保领域 PSL 资金支持政策的项目，要按照总行有关要求，及时完成项目识别、申报入库、贷款资金统计报送等工作，落实好贷款资金的发放和支付，并督促企业建立相关管理制度，保证合规。

（三）各省级工业和信息化主管部门、国家开发银行各分行要建立协调工作机制，加强沟通、密切合作，及时共享工业绿色信贷项目信息及调度情况，协调解决项目融资、建设中存在的问题和困难。要及时将相关开发性金融政策运用及工作中遇到的问题和建议，报送工业和信息化部（节能与综合利用司）和国家开发银行（评审二局）。

联系人及电话：

工业和信息化部：莫虹频 010-68205369

国家开发银行：韩　毅 010-68306806

工业和信息化部办公厅

国家开发银行办公厅

2019 年 3 月 19 日

固定污染源排污许可分类管理名录

（2019 年版）

第一条　为实施排污许可分类管理，根据《中华人民共和国环境保护法》等有关法律法规和《国务院办公厅关于印发控制污染物排放许可制实施方案的通知》的相关规定，制定本名录。

第二条　国家根据排放污染物的企业事业单位和其他生产经营者（以下简称排污单位）污染物产生量、排放量、对环境的影响程度等因素，实行排污许可重点管理、简化管理和登记管理。

对污染物产生量、排放量或者对环境的影响程度较大的排污单位，实行排污许可重点管理；对污染物产生量、排放量和对环境的影响程度较小的排污单位，实行排污许可简化管理。对污染物产生量、排放量和对环境的影响程度很小的排污单位，实行排污登记管理。

实行登记管理的排污单位，不需要申请取得排污许可证，应当在全国排污许可证管理信息平台填报排污登记表，登记基本信息、污染物排放去向、执行的污染物排放标准以及采取的污染防治措施等信息。

第三条　本名录依据《国民经济行业分类》（GB/T 4754—2017）划分行业类别。

第四条　现有排污单位应当在生态环境部规定的实施时限内申请取得排污许可证或者填报排污登记表。新建排污单位应当在启动生产设施或者发生实际排污之前申请取得排污许可证或者填报排污登记表。

第五条　同一排污单位在同一场所从事本名录中两个以上行业生产经营的，申请一张排污许可证。

第六条　属于本名录第 1 至 107 类行业的排污单位，按照本名录第 109 至 112 类规定的锅炉、工业炉窑、表面处理、水处理等通用工序实施重点管理或者简化管理的，只需对其涉及的通用工序申请取得排污许可证，不需要对其他生产设施和相应的排放口等申请取得排污许可证。

第七条　属于本名录第 108 类行业的排污单位，涉及本名录规定的通用工序重点管理、简化管理或者登记管理的，应当对其涉及的本名录第 109 至 112 类规定的锅炉、工业炉窑、表面处理、水处理等通用工序申请领取排污许可证或者填报排污登记表；有下列情形之一的，还应当对其生产设施和相应的排放口等申请取得重点管理排污许可证：

（一）被列入重点排污单位名录的；

（二）二氧化硫或者氮氧化物年排放量大于 250 吨的；

（三）烟粉尘年排放量大于 500 吨的；

（四）化学需氧量年排放量大于 30 吨，或者总氮年排放量大于 10 吨，或者总磷年排放量大于 0.5 吨的；

（五）氨氮、石油类和挥发酚合计年排放量大于 30 吨的；

（六）其他单项有毒有害大气、水污染物污染当量数大于 3000 的。污染当量数按照《中华人民共和国环境保护税法》的规定计算。

第八条　本名录未作规定的排污单位，确需纳入排污许可管理的，其排污许可管理类别由省级生态环境主管部门提出建议，报生态环境部确定。

第九条　本名录由生态环境部负责解释，并适时修订。

第十条　本名录自发布之日起施行。《固定污染源排污许可分类管理名录（2017 年版）》同时废止。

固定污染源排污许可分类管理名录

序号	行业类别	重点管理	简化管理	登记管理
一、畜牧业 03				
1	牲畜饲养 031，家禽饲养 032	设有污水排放口的规模化畜禽养殖场、养殖小区（具体规模化标准按《畜禽规模养殖污染防治条例》执行）	—	无污水排放口的规模化畜禽养殖场、养殖小区，设有污水排放口的规模以下畜禽养殖场、养殖小区

续表

序号	行业类别	重点管理	简化管理	登记管理
2	其他畜牧业 039	—	—	设有污水排放口的养殖场、养殖小区
二、煤炭开采和洗选业 06				
3	烟煤和无烟煤开采洗选 061，褐煤开采洗选 062，其他煤炭洗选 069	涉及通用工序重点管理的	涉及通用工序简化管理的	其他
三、石油和天然气开采业 07				
4	石油开采 071，天然气开采 072	涉及通用工序重点管理的	涉及通用工序简化管理的	其他
四、黑色金属矿采选业 08				
5	铁矿采选 081，锰矿、铬矿采选 082，其他黑色金属矿采选 089	涉及通用工序重点管理的	涉及通用工序简化管理的	其他
五、有色金属矿采选业 09				
6	常用有色金属矿采选 091，贵金属矿采选 092，稀有稀土金属矿采选 093	涉及通用工序重点管理的	涉及通用工序简化管理的	其他
六、非金属矿采选业 10				
7	土砂石开采 101，化学矿开采 102，采盐 103，石棉及其他非金属矿采选 109	涉及通用工序重点管理的	涉及通用工序简化管理的	其他
七、其他采矿业 12				
8	其他采矿业 120	涉及通用工序重点管理的	涉及通用工序简化管理的	其他
八、农副食品加工业 13				
9	谷物磨制 131	—	—	谷物磨制 131 *
10	饲料加工 132	—	饲料加工 132（有发酵工艺的）*	饲料加工 132（无发酵工艺的）*
11	植物油加工 133	—	除单纯混合或者分装以外的 *	单纯混合或者分装的 *
12	制糖业 134	日加工糖料能力 1000 吨及以上的原糖、成品糖或者精制糖生产	其他 *	—

续表

序号	行业类别	重点管理	简化管理	登记管理
13	屠宰及肉类加工 135	年屠宰生猪 10 万头及以上的，年屠宰肉牛 1 万头及以上的，年屠宰肉羊 15 万头及以上的，年屠宰禽类 1000 万只及以上的	年屠宰生猪 2 万头及以上 10 万头以下的，年屠宰肉牛 0.2 万头及以上 1 万头以下的，年屠宰肉羊 2.5 万头及以上 15 万头以下的，年屠宰禽类 100 万只及以上 1000 万只以下的，年加工肉禽类 2 万吨及以上的	其他*
14	水产品加工 136	—	年加工 10 万吨及以上的水产品冷冻加工 1361、鱼糜制品及水产品干腌制加工 1362、鱼油提取及制品制造 1363、其他水产品加工 1369	其他*
15	蔬菜、菌类、水果和坚果加工 137	涉及通用工序重点管理的	涉及通用工序简化管理的	其他*
16	其他农副食品加工 139	年加工能力 15 万吨玉米或者 1.5 万吨薯类及以上的淀粉生产或者年产 1 万吨及以上的淀粉制品生产，有发酵工艺的淀粉制品	除重点管理以外的年加工能力 1.5 万吨及以上玉米、0.1 万吨及以上薯类或豆类、4.5 万吨及以上小麦的淀粉生产、年产 0.1 万吨及以上的淀粉制品生产（不含有发酵工艺的淀粉制品）	其他*
九、食品制造业 14				
17	方便食品制造 143，其他食品制造 149	—	米、面制品制造 1431*，速冻食品制造 1432*，方便面制造 1433*，其他方便食品制造 1439*，食品及饲料添加剂制造 1495*，以上均不含手工制作、单纯混合或者分装的	其他*

续表

序号	行业类别	重点管理	简化管理	登记管理
18	焙烤食品制造 141，糖果、巧克力及蜜饯制造 142，罐头食品制造 145	涉及通用工序重点管理的	涉及通用工序简化管理的	其他*
19	乳制品制造 144	年加工 20 万吨及以上的（不含单纯混合或者分装的）	年加工 20 万吨以下的（不含单纯混合或者分装的）*	单纯混合或者分装的*
20	调味品、发酵制品制造 146	有发酵工艺的味精、柠檬酸、赖氨酸、酵母制造，年产 2 万吨及以上且有发酵工艺的酱油、食醋制造	除重点管理以外的调味品、发酵制品制造（不含单纯混合或者分装的）*	单纯混合或者分装的*
十、酒、饮料和精制茶制造业 15				
21	酒的制造 151	酒精制造 1511，有发酵工艺的年生产能力 5000 千升及以上的白酒、啤酒、黄酒、葡萄酒、其他酒制造	有发酵工艺的年生产能力 5000 千升以下的白酒、啤酒、黄酒、葡萄酒、其他酒制造*	其他*
22	饮料制造 152	—	有发酵工艺或者原汁生产的*	其他*
23	精制茶加工 153	涉及通用工序重点管理的	涉及通用工序简化管理的	其他*
十一、烟草制品业 16				
24	烟叶复烤 161，卷烟制造 162，其他烟草制品制造 169	涉及通用工序重点管理的	涉及通用工序简化管理的	其他*
十二、纺织业 17				
25	棉纺织及印染精加工 171，毛纺织及染整精加工 172，麻纺织及染整精加工 173，丝绢纺织及印染精加工 174，化纤织造及印染精加工 175	有前处理、染色、印花、洗毛、麻脱胶、缫丝或者喷水织造工序的	仅含整理工序的	其他*
26	针织或钩针编织物及其制品制造 176，家用纺织制成品制造 177，产业用纺织制成品制造 178	涉及通用工序重点管理的	涉及通用工序简化管理的	其他*

续表

序号	行业类别	重点管理	简化管理	登记管理
十三、纺织服装、服饰业 18				
27	机织服装制造 181，服饰制造 183	有水洗工序、湿法印花、染色工艺的	—	其他*
28	针织或钩针编织服装制造 182	涉及通用工序重点管理的	涉及通用工序简化管理的	其他*
十四、皮革、毛皮、羽毛及其制品和制鞋业 19				
29	皮革鞣制加工 191，毛皮鞣制及制品加工 193	有鞣制工序的	皮革鞣制加工 191（无鞣制工序的）	毛皮鞣制及制品加工 193（无鞣制工序的）
30	皮革制品制造 192	涉及通用工序重点管理的	涉及通用工序简化管理的	其他*
31	羽毛（绒）加工及制品制造 194	羽毛（绒）加工 1941（有水洗工序的）	—	羽毛（绒）加工 1941（无水洗工序的）*，羽毛（绒）制品制造 1942*
32	制鞋业 195	纳入重点排污单位名录的	除重点管理以外的年使用 10 吨及以上溶剂型胶粘剂或者 3 吨及以上溶剂型处理剂的	其他*
十五、木材加工和木、竹、藤、棕、草制品业 20				
33	人造板制造 202	纳入重点排污单位名录的	除重点管理以外的胶合板制造 2021（年产 10 万立方米及以上的）、纤维板制造 2022、刨花板制造 2023、其他人造板制造 2029（年产 10 万立方米及以上的）	其他*
34	木材加工 201，木质制品制造 203，竹、藤、棕、草等制品制造 204	涉及通用工序重点管理的	涉及通用工序简化管理的	其他*
十六、家具制造业 21				
35	木质家具制造 211，竹、藤家具制造 212，金属家具制造 213，塑料家具制造 214，其他家具制造 219	纳入重点排污单位名录的	除重点管理以外的年使用 10 吨及以上溶剂型涂料或者胶粘剂（含稀释剂、固化剂）的、年使用 20 吨及以上水性涂料或者胶粘剂的、有磷化表面处理工艺的	其他*

续表

序号	行业类别	重点管理	简化管理	登记管理
十七、造纸和纸制品业 22				
36	纸浆制造 221	全部	—	—
37	造纸 222	机制纸及纸板制造 2221、手工纸制造 2222	有工业废水和废气排放的加工纸制造 2223	除简化管理外的加工纸制造 2223*
38	纸制品制造 223	—	有工业废水或者废气排放的	其他*
十八、印刷和记录媒介复制业 23				
39	印刷 231	纳入重点排污单位名录的	除重点管理以外的年使用 80 吨及以上溶剂型油墨、涂料或者 10 吨及以上溶剂型稀释剂的包装装潢印刷	其他*
40	装订及印刷相关服务 232，记录媒介复制 233	涉及通用工序重点管理的	涉及通用工序简化管理的	其他*
十九、文教、工美、体育和娱乐用品制造业 24				
41	文教办公用品制造 241，乐器制造 242，工艺美术及礼仪用品制造 243，体育用品制造 244，玩具制造 245，游艺器材及娱乐用品制造 246	涉及通用工序重点管理的	涉及通用工序简化管理的	其他*
二十、石油、煤炭及其他燃料加工业 25				
42	精炼石油产品制造 251	原油加工及石油制品制造 2511，其他原油制造 2519，以上均不含单纯混合或者分装的	—	单纯混合或者分装的
43	煤炭加工 252	炼焦 2521，煤制合成气生产 2522，煤制液体燃料生产 2523	—	煤制品制造 2524，其他煤炭加工 2529

续表

序号	行业类别	重点管理	简化管理	登记管理
44	生物质燃料加工 254	涉及通用工序重点管理的	涉及通用工序简化管理的	其他
二十一、化学原料和化学制品制造业 26				
45	基础化学原料制造 261	无机酸制造 2611，无机碱制造 2612，无机盐制造 2613，有机化学原料制造 2614，其他基础化学原料制造 2619（非金属无机氧化物、金属氧化物、金属过氧化物、金属超氧化物、硫黄、磷、硅、精硅、硒、砷、硼、碲），以上均不含单纯混合或者分装的	单纯混合或者分装的无机酸制造 2611、无机碱制造 2612、无机盐制造 2613、有机化学原料制造 2614、其他基础化学原料制造 2619（非金属无机氧化物、金属氧化物、金属过氧化物、金属超氧化物、硫磺、磷、硅、精硅、硒、砷、硼、碲）	其他基础化学原料制造 2619（除重点管理、简化管理以外的）
46	肥料制造 262	氮肥制造 2621，磷肥制造 2622，复混肥料制造 2624，以上均不含单纯混合或者分装的	钾肥制造 2623，有机肥料及微生物肥料制造 2625，其他肥料制造 2629，以上均不含单纯混合或者分装的；氮肥制造 2621（单纯混合或者分装的）	其他
47	农药制造 263	化学农药制造 2631（包含农药中间体，不含单纯混合或者分装的），生物化学农药及微生物农药制造 2632（有发酵工艺的）	化学农药制造 2631（单纯混合或者分装的），生物化学农药及微生物农药制造 2632（无发酵工艺的）	—
48	涂料、油墨、颜料及类似产品制造 264	涂料制造 2641，油墨及类似产品制造 2642，工业颜料制造 2643，工艺美术颜料制造 2644，染料制造 2645，以上均不含单纯混合或者分装的	单纯混合或者分装的涂料制造 2641、油墨及类似产品制造 2642，密封用填料及类似品制造 2646（不含单纯混合或者分装的）	其他

续表

序号	行业类别	重点管理	简化管理	登记管理
49	合成材料制造 265	初级形态塑料及合成树脂制造 2651，合成橡胶制造 2652，合成纤维单（聚合）体制造 2653，其他合成材料制造 2659（陶瓷纤维等特种纤维及其增强的复合材料的制造）	—	其他合成材料制造 2659（除陶瓷纤维等特种纤维及其增强的复合材料的制造以外的）
50	专用化学产品制造 266	化学试剂和助剂制造 2661，专项化学用品制造 2662，林产化学产品制造 2663（有热解或者水解工艺的），以上均不含单纯混合或者分装的	林产化学产品制造 2663（无热解或者水解工艺的），文化用信息化学品制造 2664，医学生产用信息化学品制造 2665，环境污染处理专用药剂材料制造 2666，动物胶制造 2667，其他专用化学产品制造 2669，以上均不含单纯混合或者分装的	单纯混合或者分装的
51	炸药、火工及焰火产品制造 267	涉及通用工序重点管理的	涉及通用工序简化管理的	其他
52	日用化学产品制造 268	肥皂及洗涤剂制造 2681（以油脂为原料的肥皂或者皂粒制造），香料、香精制造 2684（香料制造），以上均不含单纯混合或者分装的	肥皂及洗涤剂制造 2681（采用高塔喷粉工艺的合成洗衣粉制造），香料、香精制造 2684（采用热反应工艺的香精制造）	肥皂及洗涤剂制造 2681（除重点管理简化管理以外的），化妆品制造 2682 口腔清洁用品制造 2683，香料、香精制造 2684（除重点管理、简化管理以外的），其他日用化学产品制造 2689
二十二、医药制造业 27				
53	化学药品原料药制造 271	全部	—	—
54	化学药品制剂制造 272	化学药品制剂制造 2720（不含单纯混合或者分装的）	—	单纯混合或者分装的

续表

序号	行业类别	重点管理	简化管理	登记管理
55	中药饮片加工 273，药用辅料及包装材料制造 278	涉及通用工序重点管理的	涉及通用工序简化管理的	其他*
56	中成药生产 274	—	有提炼工艺的	其他*
57	兽用药品制造 275	兽用药品制造 2750（不含单纯混合或者分装的）	—	单纯混合或者分装的
58	生物药品制品制造 276	生物药品制造 2761，基因工程药物和疫苗制造 2762，以上均不含单纯混合或者分装的	—	单纯混合或者分装的
59	卫生材料及医药用品制造 277	—	—	卫生材料及医药用品制造 2770
二十三、化学纤维制造业 28				
60	纤维素纤维原料及纤维制造 281，合成纤维制造 282，生物基材料制造 283	化纤浆粕制造 2811，人造纤维（纤维素纤维）制造 2812，锦纶纤维制造 2821，涤纶纤维制造 2822，腈纶纤维制造 2823，维纶纤维制造 2824，氨纶纤维制造 2826，其他合成纤维制造 2829，生物基化学纤维制造 2831（莱赛尔纤维制造）	—	丙纶纤维制造 2825，生物基化学纤维制造 2831（除莱赛尔纤维制造以外的），生物基、淀粉基新材料制造 2832
二十四、橡胶和塑料制品业 29				
61	橡胶制品业 291	纳入重点排污单位名录的	除重点管理以外的轮胎制造 2911、年耗胶量 2000 吨及以上的橡胶板、管、带制造 2912、橡胶零件制造 2913、再生橡胶制造 2914、日用及医用橡胶制品制造 2915、运动场地用塑胶制造 2916、其他橡胶制品制造 2919	其他

续表

序号	行业类别	重点管理	简化管理	登记管理
62	塑料制品业 292	塑料人造革、合成革制造 2925	年产 1 万吨及以上的泡沫塑料制造 2924，年产 1 万吨及以上涉及改性的塑料薄膜制造 2921、塑料板、管、型材制造 2922、塑料丝、绳和编织品制造 2923、塑料包装箱及容器制造 2926、日用塑料品制造 2927、人造草坪制造 2928、塑料零件及其他塑料制品制造 2929	其他
二十五、非金属矿物制品业 30				
63	水泥、石灰和石膏制造 301，石膏、水泥制品及类似制品制造 302	水泥（熟料）制造	水泥粉磨站、石灰和石膏制造 3012	水泥制品制造 3021，砼结构构件制造 3022，石棉水泥制品制造 3023，轻质建筑材料制造 3024，其他水泥类似制品制造 3029
64	砖瓦、石材等建筑材料制造 303	黏土砖瓦及建筑砌块制造 3031（以煤或者煤矸石为燃料的烧结砖瓦）	黏土砖瓦及建筑砌块制造 3031（除以煤或者煤矸石为燃料的烧结砖瓦以外的），建筑用石加工 3032，防水建筑材料制造 3033，隔热和隔音材料制造 3034，其他建筑材料制造 3039，以上均不含仅切割加工的	仅切割加工的
65	玻璃制造 304	平板玻璃制造 3041	特种玻璃制造 3042	其他玻璃制造 3049
66	玻璃制品制造 305	以煤、石油焦、油和发生炉煤气为燃料的	以天然气为燃料的	其他

续表

序号	行业类别	重点管理	简化管理	登记管理
67	玻璃纤维和玻璃纤维增强塑料制品制造 306	以煤、石油焦、油和发生炉煤气为燃料的	以天然气为燃料的	其他
68	陶瓷制品制造 307	建筑陶瓷制品制造 3071（以煤、石油焦、油和发生炉煤气为燃料的），卫生陶瓷制品制造 3072（年产 150 万件及以上的），日用陶瓷制品制造 3074（年产 250 万件及以上的）	建筑陶瓷制品制造 3071（以天然气为燃料的）	建筑陶瓷制品制造 3071（除重点管理简化管理以外的），卫生陶瓷制品制造 3072（年产 150 万件以下的），日用陶瓷制品制造 3074（年产 250 万件以下的），特种陶瓷制品制造 3073，陈设艺术陶瓷制造 3075，园艺陶瓷制造 3076，其他陶瓷制品制造 3079
69	耐火材料制品制造 308	石棉制品制造 3081	以煤、石油焦、油和发生炉煤气为燃料的云母制品制造 3082、耐火陶瓷制品及其他耐火材料制造 3089	除简化管理以外的云母制品制造 3082、耐火陶瓷制品及其他耐火材料制造 3089
70	石墨及其他非金属矿物制品制造 309	石墨及碳素制品制造 3091（石墨制品、碳制品、碳素新材料），其他非金属矿物制品制造 3099（多晶硅棒）	石墨及碳素制品制造 3091（除石墨制品、碳制品、碳素新材料以外的），其他非金属矿物制品制造 3099（单晶硅棒，沥青混合物）	其他非金属矿物制品制造 3099（除重点管理、简化管理以外的）
二十六、黑色金属冶炼和压延加工业 31				
71	炼铁 311	含炼铁、烧结、球团等工序的生产	—	—
72	炼钢 312	全部	—	—
73	钢压延加工 313	年产 50 万吨及以上的冷轧	热轧及年产 50 万吨以下的冷轧	其他
74	铁合金冶炼 314	铁合金冶炼 3140	—	—

续表

序号	行业类别	重点管理	简化管理	登记管理
二十七、有色金属冶炼和压延加工业 32				
75	常用有色金属冶炼 321	铜、铅锌、镍钴、锡、锑、铝、镁、汞、钛等常用有色金属冶炼（含再生铜、再生铝和再生铅冶炼）	—	其他
76	贵金属冶炼 322	金冶炼 3221，银冶炼 3222，其他贵金属冶炼 3229	—	—
77	稀有稀土金属冶炼 323	钨钼冶炼 3231，稀土金属冶炼 3232，其他稀有金属冶炼 3239	—	—
78	有色金属合金制造 324	铅基合金制造，年产 2 万吨及以上的其他有色金属合金制造	其他	—
79	有色金属压延加工 325	—	有轧制或者退火工序的	其他
二十八、金属制品业 33				
80	结构性金属制品制造 331，金属工具制造 332，集装箱及金属包装容器制造 333，金属丝绳及其制品制造 334，建筑、安全用金属制品制造 335，搪瓷制品制造 337，金属制日用品制造 338，铸造及其他金属制品制造 339（除黑色金属铸造 3391、有色金属铸造 3392）	涉及通用工序重点管理的	涉及通用工序简化管理的	其他*
81	金属表面处理及热处理加工 336	纳入重点排污单位名录的，专业电镀企业（含电镀园区中电镀企业），专门处理电镀废水的集中处理设施，有电镀工序的，有含铬钝化工序的	除重点管理以外的有酸洗、抛光（电解抛光和化学抛光）、热浸镀（溶剂法）、淬火或者无铬钝化等工序的、年使用 10 吨及以上有机溶剂的	其他
82	铸造及其他金属制品制造 339	黑色金属铸造 3391（使用冲天炉的），有色金属铸造 3392（生产铅基及铅青铜铸件的）	除重点管理以外的黑色金属铸造 3391、有色金属铸造 3392	—

续表

序号	行业类别	重点管理	简化管理	登记管理
二十九、通用设备制造业 34				
83	锅炉及原动设备制造 341，金属加工机械制造 342，物料搬运设备制造 343，泵、阀门、压缩机及类似机械制造 344，轴承、齿轮和传动部件制造 345，烘炉、风机、包装等设备制造 346，文化、办公用机械制造 347，通用零部件制造 348，其他通用设备制造业 349	涉及通用工序重点管理的	涉及通用工序简化管理的	其他
三十、专用设备制造业 35				
84	采矿、冶金、建筑专用设备制造 351，化工、木材、非金属加工专用设备制造 352，食品、饮料、烟草及饲料生产专用设备制造 353，印刷、制药、日化及日用品生产专用设备制造 354，纺织、服装和皮革加工专用设备制造 355，电子和电工机械专用设备制造 356，农、林、牧、渔专用机械制造 357，医疗仪器设备及器械制造 358，环保、邮政、社会公共服务及其他专用设备制造 359	涉及通用工序重点管理的	涉及通用工序简化管理的	其他
三十一、汽车制造业 36				
85	汽车整车制造 361，汽车用发动机制造 362，改装汽车制造 363，低速汽车制造 364，电车制造 365，汽车车身、挂车制造 366，汽车零部件及配件制造 367	纳入重点排污单位名录的	除重点管理以外的汽车整车制造 361，除重点管理以外的年使用 10 吨及以上溶剂型涂料或者胶粘剂（含稀释剂、固化剂、清洗溶剂）的汽车用发动机制造 362、改装汽车制造 363、低速汽车制造 364、电车制造 365、汽车车身、挂车制造 366、汽车零部件及配件制造 367	其他

续表

序号	行业类别	重点管理	简化管理	登记管理
三十二、铁路、船舶、航空航天和其他运输设备制造 37				
86	铁路运输设备制造 371，城市轨道交通设备制造 372，船舶及相关装置制造 373，航空、航天器及设备制造 374，摩托车制造 375，自行车和残疾人座车制造 376，助动车制造 377，非公路休闲车及零配件制造 378，潜水救捞及其他未列明运输设备制造 379	纳入重点排污单位名录的	除重点管理以外的年使用 10 吨及以上溶剂型涂料或者胶粘剂（含稀释剂、固化剂、清洗溶剂）的	其他
三十三、电气机械和器材制造业 38				
87	电机制造 381，输配电及控制设备制造 382，电线、电缆、光缆及电工器材制造 383，家用电力器具制造 385，非电力家用器具制造 386，照明器具制造 387，其他电气机械及器材制造 389	涉及通用工序重点管理的	涉及通用工序简化管理的	其他
88	电池制造 384	铅酸蓄电池制造 3843	锂离子电池制造 3841，镍氢电池制造 3842，锌锰电池制造 3844，其他电池制造 3849	—
三十四、计算机、通信和其他电子设备制造业 39				
89	计算机制造 391，电子器件制造 397，电子元件及电子专用材料制造 398，其他电子设备制造 399	纳入重点排污单位名录的	除重点管理以外的年使用 10 吨及以上溶剂型涂料（含稀释剂）的	其他
90	通信设备制造 392，广播电视设备制造 393，雷达及配套设备制造 394，非专业视听设备制造 395，智能消费设备制造 396	涉及通用工序重点管理的	涉及通用工序简化管理的	其他
三十五、仪器仪表制造业 40				
91	通用仪器仪表制造 401，专用仪器仪表制造 402，钟表与计时仪器制造 403，光学仪器制造 404，衡器制造 405，其他仪器仪表制造业 409	涉及通用工序重点管理的	涉及通用工序简化管理的	其他

续表

序号	行业类别	重点管理	简化管理	登记管理
三十六、其他制造业 41				
92	日用杂品制造 411，其他未列明制造业 419	涉及通用工序重点管理的	涉及通用工序简化管理的	其他*
三十七、废弃资源综合利用业 42				
93	金属废料和碎屑加工处理 421，非金属废料和碎屑加工处理 422	废电池、废油、废轮胎加工处理	废弃电器电子产品、废机动车、废电机、废电线电缆、废塑料、废船、含水洗工艺的其他废料和碎屑加工处理	其他
三十八、金属制品、机械和设备修理业 43				
94	金属制品修理 431，通用设备修理 432，专用设备修理 433，铁路、船舶、航空航天等运输设备修理 434，电气设备修理 435，仪器仪表修理 436，其他机械和设备修理业 439	涉及通用工序重点管理的	涉及通用工序简化管理的	其他*
三十九、电力、热力生产和供应业 44				
95	电力生产 441	火力发电 4411，热电联产 4412，生物质能发电 4417（生活垃圾、污泥发电）	生物质能发电 4417（利用农林生物质、沼气发电、垃圾填埋气发电）	—
96	热力生产和供应 443	单台或者合计出力 20 吨/小时（14 兆瓦）及以上的锅炉（不含电热锅炉）	单台且合计出力 20 吨/小时（14 兆瓦）以下的锅炉（不含电热锅炉和单台且合计出力 1 吨/小时（0.7 兆瓦）及以下的天然气锅炉）	单台且合计出力 1 吨/小时（0.7 兆瓦及以下的天然气锅炉）
四十、燃气生产和供应业 45				
97	燃气生产和供应业 451，生物质燃气生产和供应业 452	涉及通用工序重点管理的	涉及通用工序简化管理的	其他
四十一、水的生产和供应业 46				
98	自来水生产和供应 461，海水淡化处理 463，其他水的处理、利用与分配 469	涉及通用工序重点管理的	涉及通用工序简化管理的	其他

续表

序号	行业类别	重点管理	简化管理	登记管理
99	污水处理及其再生利用 462	工业废水集中处理场所，日处理能力 2 万吨及以上的城乡污水集中处理场所	日处理能力 500 吨及以上 2 万吨以下的城乡污水集中处理场所	日处理能力 500 吨以下的城乡污水集中处理场所
四十二、零售业 52				
100	汽车、摩托车、零配件和燃料及其他动力销售 526	—	位于城市建成区的加油站	其他加油站
四十三、水上运输业 55				
101	水上运输辅助活动 553	—	单个泊位 1000 吨级及以上的内河、单个泊位 1 万吨级及以上的沿海专业化干散货码头（煤炭、矿石）、通用散货码头	其他货运码头 5532
四十四、装卸搬运和仓储业 59				
102	危险品仓储 594	总容量 10 万立方米及以上的油库（含油品码头后方配套油库，不含储备油库）	总容量 1 万立方米及以上 10 万立方米以下的油库（含油品码头后方配套油库，不含储备油库）	其他危险品仓储（含油品码头后方配套油库，不含储备油库）
四十五、生态保护和环境治理业 77				
103	环境治理业 772	专业从事危险废物贮存、利用、处理、处置（含焚烧发电）的，专业从事一般工业固体废物贮存、处置（含焚烧发电）的	—	—
四十六、公共设施管理业 78				
104	环境卫生管理 782	生活垃圾（含餐厨废弃物）、生活污水处理污泥集中焚烧、填埋	生活垃圾（含餐厨废弃物）、生活污水处理污泥集中处理（除焚烧、填埋以外的），日处理能力 50 吨及以上的城镇粪便集中处理，日转运能力 150 吨及以上的垃圾转运站	日处理能力 50 吨以下的城镇粪便集中处理，日转运能力 150 吨以下的垃圾转运站

续表

序号	行业类别	重点管理	简化管理	登记管理
四十七、居民服务业 80				
105	殡葬服务 808	—	火葬场	—
四十八、机动车、电子产品和日用品修理业 81				
106	汽车、摩托车等修理与维护 811	—	营业面积 5000 平方米及以上且有涂装工序的	—
四十九、卫生 84				
107	医院 841，专业公共卫生服务 843	床位 500 张及以上的（不含专科医院 8415 中的精神病、康复和运动康复医院以及疗养院 8416）	床位 100 张及以上的专科医院 8415（精神病、康复和运动康复医院）以及疗养院 8416，床位 100 张及以上 500 张以下的综合医院 8411、中医医院 8412、中西医结合医院 8413、民族医院 8414、专科医院 8415（不含精神病、康复和运动康复医院）	疾病预防控制中心 8431，床位 100 张以下的综合医院 8411、中医医院 8412、中西医结合医院 8413、民族医院 8414、专科医院 8415、疗养院 8416
五十、其他行业				
108	除 1-107 外的其他行业	涉及通用工序重点管理的，存在本名录第七条规定情形之一的	涉及通用工序简化管理的	涉及通用工序登记管理的
五十一、通用工序				
109	锅炉	纳入重点排污单位名录的	除纳入重点排污单位名录的，单台或者合计出力 20 吨/小时（14 兆瓦）及以上的锅炉（不含电热锅炉）	除纳入重点排污单位名录的，单台且合计出力 20 吨/小时（14 兆瓦）以下的锅炉（不含电热锅炉）
110	工业炉窑	纳入重点排污单位名录的	除纳入重点排污单位名录的，除以天然气或者电为能源的加热炉、热处理炉、干燥炉（窑）以外的其他工业炉窑	除纳入重点排污单位名录的，以天然气或者电为能源的加热炉、热处理炉或者干燥炉（窑）

续表

序号	行业类别	重点管理	简化管理	登记管理
111	表面处理	纳入重点排污单位名录的	除纳入重点排污单位名录的，有电镀工序、酸洗、抛光（电解抛光和化学抛光）、热浸镀（溶剂法）、淬火或者钝化等工序的、年使用10吨及以上有机溶剂的	其他
112	水处理	纳入重点排污单位名录的	除纳入重点排污单位名录的，日处理能力2万吨及以上的水处理设施	除纳入重点排污单位名录的，日处理能力500吨及以上2万吨以下的水处理设施

注 1. 表格中标“＊”号者，是指在工业建筑中生产的排污单位。工业建筑的定义参见《工程结构设计基本术语标准》（GB/T 50083—2014），是指提供生产用的各种建筑物，如车间、厂前区建筑、生活间、动力站、库房和运输设施等

2. 表格中涉及溶剂、涂料、油墨、胶粘剂等使用量的排污单位，其投运满三年的，使用量按照近三年年最大量确定；其投运满一年但不满三年的，使用量按投运期间年最大量确定；其未投运或者投运不满一年的，按照环境影响报告书（表）批准文件确定。投运日期为排污单位发生实际排污行为的日期

3. 根据《中华人民共和国环境保护税法实施条例》，城乡污水集中处理场所，是指为社会公众提供生活污水处理服务的场所，不包括为工业园区、开发区等工业聚集区域内的排污单位提供污水处理服务的场所，以及排污单位自建自用的污水处理场所

4. 本名录中的电镀工序，是指电镀、化学镀、阳极氧化等生产工序

5. 本名录不包括位于生态环境法律法规禁止建设区域内的，或生产设施或产品属于产业政策立即淘汰类的排污单位

生态环境部关于《消耗臭氧层物质管理条例》第三十二条有关法律适用问题的意见

各省、自治区、直辖市生态环境厅（局），新疆生产建设兵团生态环境局，计划单列市生态环境局：

《消耗臭氧层物质管理条例》（以下简称《条例》）第三十二条规定：“依照本条例规定应当申请领取使用配额许可证的单位无使用配额许可证使用消耗臭氧层物质的，由所在地县级以上地方人民政府环境保护主管部门责令停止违法行为，没收违法使用的消耗臭氧层物质、违法使用消耗臭氧层物质生产的产品和违法所得，并处20万元的罚款；情节严重的，并处50万元的罚款，拆除、销毁用于违法使用消耗臭氧层物质的设备、设施。”

为落实《蒙特利尔议定书》和《中国逐步淘汰消耗臭氧层物质国家方案》有关要求，加大对涉及消耗臭氧层物质有关违法行为的执法力度，结合有关行业协会意见，现就《条例》第三十二条有关法律适用问题，提出以下意见。

一、关于组合聚醚中检测出 CFC-11 的有关认定

实践中，利用 CFC-11 生产组合聚醚的行为，属于《条例》第三十二条约束的使用行为。

经检测，生产出的组合聚醚中 CFC-11 含量在0.1%（质量分数，下同）及以上的，可以认为组合聚醚生产单位已经构成利用 CFC-11 生产组合聚醚的行为。

生产出的组合聚醚中含有 CFC-11，但含量在 0.1%以下的，对组合聚醚生产单位是否构成利用 CFC-11 生产组合聚醚的行为，立案调查的生态环境主管部门可以结合其他调查情况作出判断。其他调查情况可以包括：组合聚醚生产单位能否说明及证明组合聚醚中含有 CFC-11 的合理原因，以及能否提供确未使用 CFC-11 的有关证据等。同时，生态环境主管部门可以对该组合聚醚生产单位生产的其他批次组合聚醚产品进行检查。

二、关于聚氨酯泡沫制品中检测出 CFC-11 的有关认定

实践中，直接利用 CFC-11 生产聚氨酯泡沫，或者利用含有 CFC-11 的组合聚醚生产聚氨酯泡沫的行为，属于《条例》第三十二条约束的使用行为。

生产出的聚氨酯泡沫制品检测出含有 CFC-11 的，可以认为聚氨酯泡沫生产单位已经构成直接利用 CFC-11 生产聚氨酯泡沫，或者利用含有 CFC-11 的组合聚醚生产聚氨酯泡沫的行为。聚氨酯泡沫生产单位利用含有 CFC-11 的组合聚醚进行生产的，可以追查该组合聚醚的来源，另案依法查处。

生态环境部

2019 年 11 月 26 日

（此件社会公开）

生态环境部关于印发《重点行业挥发性有机物综合治理方案》的通知

各省、自治区、直辖市生态环境厅（局），新疆生产建设兵团生态环境局：

现将《重点行业挥发性有机物综合治理方案》印发给你们，请遵照执行。

附件：1. 重点区域范围

2. 重点控制的 VOCs 物质

3. VOCs 治理台账记录要求

4. 工业企业 VOCs 治理检查要点

5. 油品储运销 VOCs 治理检查要点

生态环境部

2019 年 6 月 26 日

重点行业挥发性有机物综合治理方案

为贯彻落实《中共中央国务院关于全面加强生态环境保护坚决打好污染防治攻坚战的意见》《国务院关于印发打赢蓝天保卫战三年行动计划的通知》有关要求，深入实施《“十三五”挥发性有机物污染防治工作方案》，加强对各地工作指导，提高挥发性有机物（VOCs）治理的科学性、针对性和有效性，协同控制温室气体排放，制定本方案。

一、形势与问题

（一）VOCs 污染排放对大气环境影响突出。VOCs 是形成细颗粒物（$PM_{2.5}$）和臭氧（O_3）的重要前体物，对气候变化也有影响。近年来，我国 $PM_{2.5}$污染控制取得积极进展，尤其是京津冀及周边地区、长三角地区等改善明显，但 $PM_{2.5}$浓度仍处于高位，超标现象依然普遍，是打赢蓝天保卫战改善环境空气质量的重点因子。京津冀及周边地区源解析结果表明，当前阶段有机物（OM）是 $PM_{2.5}$ 的最主要组分，占比达 20%～40%，其中，二次有机物占 OM 比例为 30%～50%，主要来自 VOCs 转化生成。

同时，我国 O_3污染问题日益显现，京津冀及周边地区、长三角地区、汾渭平原等区域（以下简称重点区域，范围见附件 1）O_3浓度呈上升趋势，尤其是在夏秋季节已成为部分城市的首要污染物。研究表明，VOCs 是现阶段重点区域 O_3生成的主控因子。

相对于颗粒物、二氧化硫、氮氧化物污染控制，VOCs 管理基础薄弱，已成为大气环境管理短板。石化、化工、工业涂装、包装印刷、油品储运销等行业（以下简称重点行业）是我国 VOCs 重点排放源。为打赢蓝天保卫战、进一步改善环境空气质量，迫切需要全面加强重点行业 VOCs 综合治理。

（二）存在的主要问题。《大气污染防治行动计划》实施以来，我国不断加强 VOCs 污染防治工作，印发 VOCs 污染防治工作方案，出台炼油、石化等行业排放标准，一些地区制定地方排放标准，加强 VOCs 监测、监控、报告、统计等基础能力建设，取得一些进展。但 VOCs 治理工作依然薄弱，主要表现为：

一是源头控制力度不足。有机溶剂等含 VOCs 原辅材料的使用是 VOCs 重要排放来源，由于思想认识不到位、政策激励不足、投入成本高等原因，目前低 VOCs 含量原辅材料源头替代措施明显不足。据统计，我国工业涂料中水性、粉末等低 VOCs 含量涂料的使用比例不足 20%，低于欧美等发达国家 40%-60%的水平。

二是无组织排放问题突出。VOCs 挥发性强，涉及行业广，产排污环节多，无组织排放特征明显。虽然大气污染防治法等对 VOCs 无组织排放提出密闭封闭等要求，但目前量大面广的企业未采取有效管控措施，尤其是中小企业管理水平差，收集效率低，逸散问题突出。研究表明，我国工业 VOCs 排放中无组织排放占比达 60%以上。

三是治污设施简易低效。VOCs 废气组分复杂，治理技术多样，适用性差异大，技术选择和系统匹配性要求高。我国 VOCs 治理市场起步较晚，准入门槛低，加之监管能力不足等，治污设施建设质量良莠不齐，应付治理、无效治理等现象突出。在一些地区，低温等离子、光催化、光氧化等低效技术应用甚至达 80%以上，治污效果差。一些企业由于设计不规范、系统不匹配等原因，即使选择了高效治理技术，也未取得预期治污效果。

四是运行管理不规范。VOCs 治理需要全面加强过程管控，实施精细化管理，但目前企业普遍存在管理制度不健全、操作规程未建立、人员技术能力不足等问题。一些企业采用活性炭吸附工艺，但长期不更换吸附材料；一些企业采用燃烧、冷凝治理技术，但运行温度等达不到设计要求；一些企业开展了泄漏检测与修复（LDAR）工作，但未按规程操作等。

五是监测监控不到位。我国 VOCs 监测工作尚处于起步阶段，企业自行监测质量普遍不高，点位设置不合理、采样方式不规范、监测时段代表性不强等问题突出。部分重点企业未按要求配备自动监控设施。涉 VOCs 排放工业园区和产业集群缺乏有效的监测溯源与预警措施。从监管方面来看，缺乏现场快速检测等有效手段，走航监测、网格化监测等应用不足。

二、主要目标

到 2020 年，建立健全 VOCs 污染防治管理体系，重点区域、重点行业 VOCs 治理取得明显成效，完成“十三五”规划确定的 VOCs 排放量下降 10%的目标任务，协同控制温室气体排放，推动环境空气质量持续改善。

三、控制思路与要求

（一）大力推进源头替代。通过使用水性、粉末、高固体分、无溶剂、辐射固化等低 VOCs 含量的涂料，水性、辐射固化、植物基等低 VOCs 含量的油墨，水基、热熔、无溶剂、辐射固化、改性、生物降解等低 VOCs 含量的胶粘剂，以及低 VOCs 含量、低反应活性的清洗剂等，替代溶剂型涂料、油墨、胶粘剂、清洗剂等，从源头减少 VOCs 产生。工业涂装、包装印刷等行业要加大源头替代力度；化工行业要推广使用低（无）VOCs 含量、低反应活性的原辅材料，加快对芳香烃、含卤素有机化合物的绿色替代。企业应大力推广使用低 VOCs 含量木器涂料、车辆涂料、机械设备涂料、集装箱涂料以及建筑物和构筑物防护涂料等，在技术成熟的行业，推广使用低 VOCs 含量油墨和胶粘剂，重点区域到 2020 年年底前基本完成。鼓励加快低 VOCs 含量涂料、油墨、胶粘剂等研发和生产。

加强政策引导。企业采用符合国家有关低 VOCs 含量产品规定的涂料、油墨、胶粘剂等，排放浓度稳定达标且排放速率、排放绩效等满足相关规定的，相应生产工序可不要求建设末端治理设施。使用的原辅材料 VOCs 含量（质量比）低于 10%的工序，可不要求采取无组织排放收集措施。

（二）全面加强无组织排放控制。重点对含 VOCs 物料（包括含 VOCs 原辅材料、含 VOCs 产品、含 VOCs 废料以及有机聚合物材料等）储存、转移和输送、设备与管线组件泄漏、敞开液面逸散以及工艺过程等五类排放源实施管控，通过采取设备与场所密闭、工艺改进、废气有效收集等措施，削减 VOCs 无组织排放。

加强设备与场所密闭管理。含 VOCs 物料应储存于密闭容器、包装袋，高效密封储罐，封闭式储库、料仓等。含 VOCs 物料转移和输送，应采用密闭管道或密闭容器、罐车等。高 VOCs 含量废水（废水液面上方 100 毫米处 VOCs 检测浓度超过 200 豪克/升，其中，重点区域超过 100 豪克/升，以碳计）的集输、储存和处理过程，应加盖密闭。含 VOCs 物料生产和使用过程，应采取有效收集措施或在密闭空间中操作。

推进使用先进生产工艺。通过采用全密闭、连续化、自动化等生产技术，以及高效工艺与设备等，减少工艺过程无组织排放。挥发性有机液体装载优先采用底部装载方式。石化、化工行业重点推进使用低（无）泄漏的泵、压缩机、过滤机、离心机、干燥设备等，推广采用油品在线调和技术、密闭式循环水冷却系统等。工业涂装行业重点推进使用紧凑式涂装工艺，推广采用辊涂、静电喷涂、高压无气喷涂、空气辅助无气喷涂、热喷涂等涂装技术，鼓励企业采用自动化、智能化喷涂设备替代人工喷涂，减少使用空气喷涂技术。包装印刷行业大力推广使用无溶剂复合、挤出复合、共挤出复合技术，鼓励采用水性凹印、醇水凹印、辐射固化凹印、柔版印刷、无水胶印等印刷工艺。

提高废气收集率。遵循“应收尽收、分质收集”的原则，科学设计废气收集系统，将无组织排放转变为有组织排放进行控制。采用全密闭集气罩或密闭空间的，除行业有特殊要求外，应保持微负压状态，并根据相关规范合理设置通风量。采用局部集气罩的，距集气罩开口面最远处的 VOCs 无组织排放位置，控制风速应不低于 0.3 米/秒，有行业要求的按相关规定执行。

加强设备与管线组件泄漏控制。企业中载有气态、液态 VOCs 物料的设备与管线组件，密封点数量大于等于 2000 个的，应按要求开展 LDAR 工作。石化企业按行业排放标准规定执行。

（三）推进建设适宜高效的治污设施。企业新建治污设施或对现有治污设施实施改造，应依据排放废气的浓度、组分、风量，温度、湿度、压力，以及生产工况等，合理选择治理技术。鼓励企业采用多种技术的组合工艺，提高 VOCs 治理效率。低浓度、大风量废气，宜采用沸石转轮吸附、活性炭吸附、减风增浓等浓缩技术，提高 VOCs 浓度后净化处理；高浓度废气，优先进行溶剂回收，难以回收的，宜采用高温焚烧、催化燃烧等技术。油气（溶剂）回收宜采用冷凝+吸附、吸附+吸收、膜分离+吸附等技术。低温等离子、光催化、光氧化技术主要适用于恶臭异味等治理；生物法主要适用于低浓度 VOCs 废气治理和恶臭异味治理。非水溶性的 VOCs 废气禁止采用水或水溶液喷淋吸收处理。采用一次性活性炭吸附技术的，应定期更换活性炭，废旧活性炭应再生或处理处置。有条件的工业园区和产业集群等，推广集中喷涂、溶剂集中回收、活性炭集中再生等，加强资源共享，提高 VOCs 治理效率。

规范工程设计。采用吸附处理工艺的，应满足《吸附法工业有机废气治理工程技术规范》要求。采用催化燃烧工艺的，应满足《催化燃烧法工业有机废气治理工程技术规范》要求。采用蓄热燃烧等其他处理工艺的，应按相关技术规范要求设计。

实行重点排放源排放浓度与去除效率双重控制。车间或生产设施收集排放的废气，VOCs 初始排放速率大于等于 3 千克/小时、重点区域大于等于 2 千克/小时的，应加大控制力度，除确保排放浓度稳定达标外，还应实行去除效率控制，去除效率不低于 80%；采用的原辅材料符合国家有关低 VOCs 含量产品规定的除外，有行业排放标准的按其相关规定执行。

（四）深入实施精细化管控。各地应围绕当地环境空气质量改善需求，根据 O_3、$PM_{2.5}$来源解析，结合行业污染排放特征和 VOCs 物质光化学反应活性等，确定本地区 VOCs 控制的重点行业和重点污染物，兼顾恶臭污染物和有毒有害物质控制等，提出有效管控方案，提高 VOCs 治理的精准性、针对性和有效性。全国重点控制的 VOCs 物质见附件 2。

推行“一厂一策”制度。各地应加强对企业帮扶指导，对本地污染物排放量较大的企业，组织专家提供专业化技术支持，严格把关，指导企业编制切实可行的污染治理方案，明确原辅材料替代、工艺改进、无组织排放管控、废气收集、治污设施建设等全过程减排要求，测算投资成本和减排效益，为企业有效开展 VOCs 综合治理提供技术服务。重点区域应组织本地 VOCs 排放量较大的企业开展“一厂一策”方案编制工作，2020 年 6 月底前基本完成；适时开展治理效果后评估工作，各地出台的补贴政策要与减排效果紧密挂钩。鼓励地方对重点行业推行强制性清洁生产审核。

加强企业运行管理。企业应系统梳理 VOCs 排放主要环节和工序，包括启停机、检维修作业等，制定具体操作规程，落实到具体责任人。健全内部考核制度。加强人员能力培训和技术交流。建立管理台账，记录企业生产和治污设施运行的关键参数（见附件 3），在线监控参数要确保能够实时调取，相关台账记录至少保存三年。

四、重点行业治理任务

（一）石化行业 VOCs 综合治理。全面加大石油炼制及有机化学品、合成树脂、合成纤维、合成橡胶等行业 VOCs 治理力度。重点加强密封点泄漏、废水和循环水系统、储罐、有机液体装卸、工艺废气等源项 VOCs 治理工作，确保稳定达标排放。重点区域要进一步加大其他源项治理力度，禁止熄灭火炬系统长明灯，设置视频监控装置；推进煤油、柴油等在线调和工作；非正常工况排放的VOCs，应吹扫至火炬系统或密闭收集处理；含VOCs废液废渣应密闭储存；防腐防水防锈涂装采用低VOCs含量涂料。

深化LDAR工作。严格按照《石化企业泄漏检测与修复工作指南》规定，建立台账，开展泄漏检测、修复、质量控制、记录管理等工作。加强备用泵、在用泵、调节阀、搅拌器、开口管线等检测工作，强化质量控制；要将VOCs治理设施和储罐的密封点纳入检测计划中。参照《挥发性有机物无组织排放控制标准》有关设备与管线组件VOCs泄漏控制监督要求，对石化企业密封点泄漏加强监管。鼓励重点区域对泄漏量大的密封点实施包袋法检测，对不可达密封点采用红外法检测。

加强废水、循环水系统VOCs收集与处理。加大废水集输系统改造力度，重点区域现有企业通过采取密闭管道等措施逐步替代地漏、沟、渠、井等敞开式集输方式。全面加强废水系统高浓度VOCs废气收集与治理，集水井（池）、调节池、隔油池、气浮池、浓缩池等应采用密闭化工艺或密闭收集措施，配套建设燃烧等高效治污设施。生化池、曝气池等低浓度VOCs废气应密闭收集，实施脱臭等处理，确保达标排放。加强循环水监测，重点区域内石化企业每六个月至少开展一次循环水塔和含VOCs物料换热设备进出口总有机碳（TOC）或可吹扫有机碳（POC）监测工作，出口浓度大于进口浓度10%的，要溯源泄漏点并及时修复。

强化储罐与有机液体装卸VOCs治理。加大中间储罐等治理力度，真实蒸气压大于等于5.2千帕（kPa）的，要严格按照有关规定采取有效控制措施。鼓励重点区域对真实蒸气压大于等于2.8kPa的有机液体采取控制措施。进一步加大挥发性有机液体装卸VOCs治理力度，重点区域推广油罐车底部装载方式，推进船舶装卸采用油气回收系统，试点开展火车运输底部装载工作。储罐和有机液体装卸采取末端治理措施的，要确保稳定运行。

深化工艺废气VOCs治理。有效实施催化剂再生废气、氧化尾气VOCs治理，加强酸性水罐、延迟焦化、合成橡胶、合成树脂、合成纤维等工艺过程尾气VOCs治理。推行全密闭生产工艺，加大无组织排放收集。鼓励企业将含VOCs废气送工艺加热炉、锅炉等直接燃烧处理，污染物排放满足石化行业相关排放标准要求。酸性水罐尾气应收集处理。推进重点区域延迟焦化装置实施密闭除焦（含冷焦水和切焦水密闭）改造。合成橡胶、合成树脂、合成纤维等推广使用密闭脱水、脱气、掺混等工艺和设备，配套建设高效治污设施。

（二）化工行业VOCs综合治理。加强制药、农药、涂料、油墨、胶粘剂、橡胶和塑料制品等行业VOCs治理力度。重点提高涉VOCs排放主要工序密闭化水平，加强无组织排放收集，加大含VOCs物料储存和装卸治理力度。废水储存、曝气池及其之前废水处理设施应按要求加盖封闭，实施废气收集与处理。密封点大于等于2000个的，要开展LDAR工作。

积极推广使用低VOCs含量或低反应活性的原辅材料，加快工艺改进和产品升级。制药、农药行业推广使用非卤代烃和非芳香烃类溶剂，鼓励生产水基化类农药制剂。橡胶制品行业推广使用新型偶联剂、粘合剂，使用石蜡油等替代普通芳烃油、煤焦油等助剂。优化生产工艺，农药行业推广水相法、生物酶法合成等技术；制药行业推广生物酶法合成技术；橡胶制品行业推广采用串联法混炼、常压连续脱硫工艺。

加快生产设备密闭化改造。对进出料、物料输送、搅拌、固液分离、干燥、灌装等过程，采取密闭化措施，提升工艺装备水平。加快淘汰敞口式、明流式设施。重点区域含VOCs物料输送原则上采用重力流或泵送方式，逐步淘汰真空方式；有机液体进料鼓励采用底部、浸入管给料方式，淘汰喷溅式给料；固体物料投加逐步推进采用密闭式投料装置。

严格控制储存和装卸过程VOCs排放。鼓励采用压力罐、浮顶罐等替代固定顶罐。真实蒸气压大于等于27.6kPa（重点区域大于等于5.2kPa）的有机液体，利用固定顶罐储存的，应按有关规定采用气相平衡系统或收集净化处理。

实施废气分类收集处理。优先选用冷凝、吸附再生等回收技术；难以回收的，宜选用燃烧、吸附浓缩+燃烧等高效治理技术。水溶性、酸碱VOCs废气宜选用多级化学吸收等处理技术。恶臭类废气还应进一步加强除臭处理。

加强非正常工况废气排放控制。退料、吹扫、清洗等过程应加强含VOCs物料回收工作，产生的VOCs废气要加大收集处理力度。开车阶段产生的易挥发性不合格产品应收集至中间储罐等装置。重点区域化工企业应制定开停车、检维修等非正常工况VOCs治理操作规程。

（三）工业涂装 VOCs 综合治理。加大汽车、家具、集装箱、电子产品、工程机械等行业 VOCs 治理力度，重点区域应结合本地产业特征，加快实施其他行业涂装 VOCs 综合治理。

强化源头控制，加快使用粉末、水性、高固体分、辐射固化等低 VOCs 含量的涂料替代溶剂型涂料。重点区域汽车制造底漆大力推广使用水性涂料，乘用车中涂、色漆大力推广使用高固体分或水性涂料，加快客车、货车等中涂、色漆改造。钢制集装箱制造在箱内、箱外、木地板涂装等工序大力推广使用水性涂料，在确保防腐蚀功能的前提下，加快推进特种集装箱采用水性涂料。木质家具制造大力推广使用水性、辐射固化、粉末等涂料和水性胶粘剂；金属家具制造大力推广使用粉末涂料；软体家具制造大力推广使用水性胶粘剂。工程机械制造大力推广使用水性、粉末和高固体分涂料。电子产品制造推广使用粉末、水性、辐射固化等涂料。

加快推广紧凑式涂装工艺、先进涂装技术和设备。汽车制造整车生产推广使用“三涂一烘”“两涂一烘”或免中涂等紧凑型工艺、静电喷涂技术、自动化喷涂设备。汽车金属零配件企业鼓励采用粉末静电喷涂技术。集装箱制造一次打砂工序钢板处理采用辊涂工艺。木质家具推广使用高效的往复式喷涂箱、机械手和静电喷涂技术。板式家具采用喷涂工艺的，推广使用粉末静电喷涂技术；采用溶剂型、辐射固化涂料的，推广使用辊涂、淋涂等工艺。工程机械制造要提高室内涂装比例，鼓励采用自动喷涂、静电喷涂等技术。电子产品制造推广使用静电喷涂等技术。

有效控制无组织排放。涂料、稀释剂、清洗剂等原辅材料应密闭存储，调配、使用、回收等过程应采用密闭设备或在密闭空间内操作，采用密闭管道或密闭容器等输送。除大型工件外，禁止敞开式喷涂、晾（风）干作业。除工艺限制外，原则上实行集中调配。调配、喷涂和干燥等 VOCs 排放工序应配备有效的废气收集系统。

推进建设适宜高效的治污设施。喷涂废气应设置高效漆雾处理装置。喷涂、晾（风）干废气宜采用吸附浓缩+燃烧处理方式，小风量的可采用一次性活性炭吸附等工艺。调配、流平等废气可与喷涂、晾（风）干废气一并处理。使用溶剂型涂料的生产线，烘干废气宜采用燃烧方式单独处理，具备条件的可采用回收式热力燃烧装置。

（四）包装印刷行业 VOCs 综合治理。重点推进塑料软包装印刷、印铁制罐等 VOCs 治理，积极推进使用低（无）VOCs 含量原辅材料和环境友好型技术替代，全面加强无组织排放控制，建设高效末端净化设施。重点区域逐步开展出版物印刷 VOCs 治理工作，推广使用植物油基油墨、辐射固化油墨、低（无）醇润版液等低（无）VOCs 含量原辅材料和无水印刷、橡皮布自动清洗等技术，实现污染减排。

强化源头控制。塑料软包装印刷企业推广使用水醇性油墨、单一组分溶剂油墨，无溶剂复合技术、共挤出复合技术等，鼓励使用水性油墨、辐射固化油墨、紫外光固化光油、低（无）挥发和高沸点的清洁剂等。印铁企业加快推广使用辐射固化涂料、辐射固化油墨、紫外光固化光油。制罐企业推广使用水性油墨、水性涂料。鼓励包装印刷企业实施胶印、柔印等技术改造。

加强无组织排放控制。加强油墨、稀释剂、胶粘剂、涂布液、清洗剂等含 VOCs 物料储存、调配、输送、使用等工艺环节 VOCs 无组织逸散控制。含 VOCs 物料储存和输送过程应保持密闭。调配应在密闭装置或空间内进行并有效收集，非即用状态应加盖密封。涂布、印刷、覆膜、复合、上光、清洗等含 VOCs 物料使用过程应采用密闭设备或在密闭空间内操作；无法密闭的，应采取局部气体收集措施，废气排至 VOCs 废气收集系统。凹版、柔版印刷机宜采用封闭刮刀，或通过安装盖板、改变墨槽开口形状等措施减少墨槽无组织逸散。鼓励重点区域印刷企业对涉 VOCs 排放车间进行负压改造或局部围风改造。

提升末端治理水平。包装印刷企业印刷、干式复合等 VOCs 排放工序，宜采用吸附浓缩+冷凝回收、吸附浓缩+燃烧、减风增浓+燃烧等高效处理技术。

（五）油品储运销 VOCs 综合治理。加大汽油（含乙醇汽油）、石脑油、煤油（含航空煤油）以及原油等 VOCs 排放控制，重点推进加油站、油罐车、储油库油气回收治理。重点区域还应推进油船油气回收治理工作。

深化加油站油气回收工作。O_3 污染较重的地区，行政区域内大力推进加油站储油、加油油气回收治理工作，重点区域 2019 年年底前基本完成。埋地油罐全面采用电子液位仪进行汽油密闭测量。规范油气回收设施运行，自行或聘请第三方加强加油枪气液比、系统密闭性及管线液阻等检查，提高检测频次，重点区域原则上每半年开展一次，确保油气回收系统正常运行。重点区域加快推进年销售汽油量大于5000吨的加油站安装油气回收自动监控设备，并与生态环境部门联网，2020年年底前基本完成。

推进储油库油气回收治理。汽油、航空煤油、原油以及真实蒸气压小于76.6kPa的石脑油应采用浮顶罐储存，其中，油品容积小于等于100立方米的，可采用卧式储罐。真实蒸气压大于等于76.6kPa的石脑油应采用低压罐、压力罐或其他等效措施储存。加快推进油品收发过程排放的油气收集处理。加强储油库发油油气回收系统接口泄漏检测，提高检测频次，减少油气泄漏，确保油品装卸过程油气回收处理装置正常运行。加强油罐车油气回收系统密闭性和油气回收气动阀门密闭性检测，每年至少开展一次。推动储油库安装油气回收自动监控设施。

（六）工业园区和产业集群VOCs综合治理。各地应加大涉VOCs排放工业园区和产业集群综合整治力度，加强资源共享，实施集中治理，开展园区监测评估，建立环境信息共享平台。

对涂装类企业集中的工业园区和产业集群，如家具、机械制造、电子产品、汽车维修等，鼓励建设集中涂装中心，配备高效废气治理设施，代替分散的涂装工序。对石化、化工类工业园区和产业集群，推行泄漏检测统一监管，鼓励建立园区LDAR信息管理平台。对有机溶剂使用量大的工业园区和产业集群，如包装印刷、织物整理、合成橡胶及其制品等，推进建设有机溶剂集中回收处置中心，提高有机溶剂回收利用率。对活性炭使用量大的工业园区和产业集群，鼓励地方统筹规划，建设区域性活性炭集中再生基地，建立活性炭分散使用、统一回收、集中再生的管理模式，有效解决活性炭不及时更换、不脱附再生、监管难度大的问题，对脱附的VOCs等污染物应进行妥善处置。

强化工业园区和产业集群统一管理。树立行业标杆，制定综合整治方案，引导工业园区和产业集群整体升级。石化、化工类工业园区和产业集群，要建立健全档案管理制度，明确企业VOCs源谱，识别特征污染物，载明企业废气收集与治理设施建设情况、重污染天气应急预案、企业违法处罚等环保信息。鼓励对园区和产业集群开展监测、排查、环保设施建设运营等一体化服务。

提升工业园区和产业集群监测监控能力。加快推进重点工业园区和产业集群环境空气质量VOCs监测工作，重点区域2020年年底前基本完成。石化、化工类工业园区应建设监测预警监控体系，具备条件的，开展走航监测、网格化监测以及溯源分析等工作。涉恶臭污染的工业园区和产业集群，推广实施恶臭电子鼻监控预警。

五、实施与保障

（一）加强组织领导。各地要按照打赢蓝天保卫战总体部署，深入推进重点行业VOCs综合治理。各级生态环境部门要加强与相关部门、行业协会等协调，形成工作合力；结合第二次全国污染源普查、污染源排放清单编制等工作，确立本地VOCs治理重点行业，建立重点污染源管理台账；组织监测、执法、科研等力量，加强监督和帮扶，开展专项治理行动。加强服务指导，重点区域强化监督定点帮扶工作要把重点行业VOCs综合治理作为帮扶的重点。京津冀及周边地区、汾渭平原等“一市一策”驻点跟踪研究工作组要加大VOCs治理科研支撑力度。对推进不力、工作滞后、治理不到位的，要强化监督问责。

（二）完善标准体系。加快含VOCs产品质量标准制修订工作，2019年年底前，出台低VOCs含量涂料产品技术要求，制修订建筑用墙面涂料、木器涂料、车辆涂料、工业防护涂料中有害物质限量标准，制订油墨、胶粘剂、清洗剂挥发性有机化合物限量强制性标准。加快涉VOCs行业排放标准制修订工作，2020年6月底前，力争完成农药、汽车涂装、集装箱制造、包装印刷、家具制造、电子工业等行业大气污染物排放标准制订。建立与排放标准相适应的VOCs监测分析方法标准、监测仪器技术要求，加快出台固定污染源VOCs排放连续监测技术规范、VOCs便携式监测技术规范。鼓励地方制定更加严格的地方排放标准。

（三）加强监测监控。加快制定家具、人造板、电子工业、包装印刷、涂料油墨颜料及类似产品、橡胶制品、塑料制品等行业自行监测指南和工业园区监测指南。排污许可管理已有规定的石化、炼焦、原料药、农药、汽车制造、制革、纺织印染等行业，要严格按照相关规定开展自行监测工作。

石化、化工、包装印刷、工业涂装等VOCs排放重点源，纳入重点排污单位名录，主要排污口安装自动监控设施，并与生态环境部门联网，重点区域2019年年底前基本完成，全国2020年年底前基本完成。鼓励重点区域对无组织排放突出的企业，在主要排放工序安装视频监控设施。鼓励企业配备便携式 VOCs 监测仪器，及时了解掌握排污状况。具备条件的企业，应通过分布式控制系统（DCS）等，自动连续记录环保设施运行及相关生产过程主要参数。自动监控、DCS 监控等数据至少要保存一年，视频监控数据至少保存三个月。

强化监测数据质量控制。企业自行监测应在正常生产工况下开展，对于间歇性排放或排放波动较大的污染源，监测工作应涵盖排放强度大的时段。加强自动监控设施运营维护，数据传输有效率达到 90%。企业在正常生产以及限产、停产、检修等非正常工况下，均应保证自动监控设施正常运行并联网传输数据。各地对出现数据缺失、长时间掉线等异常情况，要及时进行核实和调查处理。加强生态环境监测机构监督管理，对严重失信的监测机构和人员，将违法违规信息通过“信用中国”等网站向社会公布。

（四）强化监督执法。各地要加大 VOCs 排放监管执法力度，严厉打击违法排污行为，形成有效震慑作用。对无证排污、未按证排污、不能稳定达标排放、不满足措施性控制要求的企业，综合运用按日连续计罚、查封扣押、限产停产等手段，依法依规严格处罚，并定期向社会公开。严肃查处弄虚作假、擅自停运环保设施等严重违法行为，依法查处并追究相关人员责任。整顿和规范环保服务市场秩序，严厉打击 VOCs 治理设施建设运维不规范行为。

多措并举治理低价中标乱象。加大联合惩戒力度，将建设工程质量低劣的环保公司和环保设施运营管理水平低、存在弄虚作假行为的运维机构列入失信联合惩戒对象名单，纳入全国信用信息共享平台，并通过“信用中国”“国家企业信用信息公示系统”等网站向社会公布。

开展重点行业专项执法行动，重点对 VOCs 无组织排放、废气收集以及污染治理设施运行等情况进行检查，检查要点参见附件 4、附件 5。鼓励各地出台相关文件开展无组织排放监测执法，按照《挥发性有机物无组织排放控制标准》附录 A 要求，通过监测厂区内无组织排放浓度等，监控企业综合控制效果。

加强技术培训和执法能力建设。制定执法人员培训计划，围绕 VOCs 管理的法规标准体系、污染防治政策、综合治理任务，重点行业主要排放环节、排放特征、无组织排放措施性控制要求、废气收集与治理技术，监测监控技术规范、现场执法检查要点等，系统开展培训工作。在环境执法大练兵中，将 VOCs 执法检查作为大比武的重要内容，有效带动提升 VOCs 执法实战能力。提高执法装备水平，配备便携式 VOCs 快速检测仪、VOCs 泄漏检测仪、微风风速仪、油气回收三项检测仪等。

（五）全面实施排污许可。按照固定污染源排污许可分类管理名录要求，加快家具等行业排污许可证核发工作。对已核发的涉 VOCs 行业，强化排污许可执法监管，确保排污单位落实持证排污、按证排污的环境管理主体责任。定期公布未按证排污单位名单。

（六）实施差异化管理。综合考虑企业生产工艺、原辅材料使用情况、无组织排放管控水平、污染治理设施运行效果等，树立行业标杆，引导产业转型升级。在重污染天气应对、环境执法检查、政府绿色采购、企业信贷融资等方面，对标杆企业给予政策支持。对治污设施简易、无组织排放管控不力的企业，加大联合惩戒力度。

强化重污染天气应对。各地应将涉 VOCs 排放企业全面纳入重污染天气应急减排清单，做到全覆盖。针对 VOCs 排放主要工序，采取切实有效的应急减排措施，落实到具体生产线和设备。根据污染排放绩效水平，实行差异化应急减排管理。对使用有机溶剂等原辅材料，末端治理仅采用低温等离子、光催化、光氧化、一次性活性炭吸附等技术或存在敞开式作业的企业，加大停产限产力度。鼓励各地实施季节性差异化 VOCs 管控措施，在 O_3 污染较重的季节，对芳香烃、烯烃、醛类等排放量较大的企业，提出进一步管控要求。

生态环境部办公厅 2019 年 6 月 26 日印发

附件 1：

重点区域范围

区域名称	范　围
京津冀及周边地区	北京市，天津市，河北省石家庄、唐山、邯郸、邢台、保定、沧州、廊坊、衡水市以及雄安新区，山西省太原、阳泉、长治、晋城市，山东省济南、淄博、济宁、德州、聊城、滨州、菏泽市，河南省郑州、开封、安阳、鹤壁、新乡、焦作、濮阳市（含河北省定州、辛集市，河南省济源市）
长三角地区	上海市、江苏省、浙江省、安徽省
汾渭平原	山西省晋中、运城、临汾、吕梁市，河南省洛阳、三门峡市，陕西省西安、铜川、宝鸡、咸阳、渭南市以及杨凌示范区（含陕西省西咸新区、韩城市）

附件 2：

重点控制的 VOCs 物质

类　别	重点控制的 VOCs 物质
O_3前体物	间/对二甲苯、乙烯、丙烯、甲醛、甲苯、乙醛、1，3-丁二烯、三甲苯、邻二甲苯、苯乙烯等
$PM_{2.5}$前体物	甲苯、正十二烷、间/对二甲苯、苯乙烯、正十一烷、正癸烷、乙苯、邻二甲苯、1，3-丁二烯、甲基环已烷、正壬烷等
恶臭物质	甲胺类、甲硫醇、甲硫醚、二甲二硫、二硫化碳、苯乙烯、异丙苯、苯酚、丙烯酸酯类等
高毒害物质	苯、甲醛、氯乙烯、三氯乙烯、丙烯腈、丙烯酰胺、环氧乙烷、1，2-二氯乙烷、异氰酸酯类等

附件 3：

VOCs 治理台账记录要求

重点行业	重点环节	台账记录要求
石化/化工	含 VOCs 原辅材料	含 VOCs 原辅材料名称及其 VOCs 含量，采购量、使用量、库存量，含 VOCs 原辅材料回收方式及回收量等
	密封点	检测时间、泄漏检测浓度、修复时间、采取的修复措施、修复后泄漏检测浓度等
	有机液体储存	有机液体物料名称、储罐类型及密封方式、储存温度、周转量、油气回收量等
	有机液体装载	有机液体物料名称、装载方式、装载量、油气回收量等
	废水集输、储存与处理	废水量、废水集输方式（密闭管道、沟渠）、废水处理设施密闭情况、敞开液面上方 VOCs 检测浓度等
	循环水系统	检测时间、循环水塔进出口 TOC 或 POC 浓度、含 VOCs 物料换热设备进出口 TOC 或 POC 浓度、修复时间、修复措施、修复后进出口 TOC 或 POC 浓度等

续表

重点行业	重点环节	台账记录要求
石化/化工	非正常工况（含开停工及维修）排放	开停工、检维修时间，退料、吹扫、清洗等过程含VOCs物料回收情况，VOCs废气收集处理情况，开车阶段产生的易挥发性不合格产品产量和收集情况等
	火炬排放	火炬运行时间、燃料消耗量、火炬气流量等
	事故排放	事故类别、时间、处置情况等
	废气收集处理设施	废气处理设施进出口的监测数据（废气量、浓度、温度、含氧量等）
		废气收集与处理设施关键参数（见附件4）
		废气处理设施相关耗材（吸收剂、吸附剂、催化剂、蓄热体等）购买处置记录
工业涂装	生产信息	主要产品产量及涂装总面积等生产基本信息
	含VOCs原辅材料	含VOCs原辅材料（涂料、固化剂、稀释剂、胶粘剂、清洗剂等）名称及其VOCs含量，采购量、使用量、库存量，含VOCs原辅材料回收方式及回收量等
	废气收集处理设施	废气处理设施进出口的监测数据（废气量、浓度、温度、含氧量等）
		废气收集与处理设施关键参数（见附件4）
		废气处理设施相关耗材（吸收剂、吸附剂、催化剂、蓄热体等）购买处置记录
包装印刷	生产信息	主要产品印刷量等生产基本信息
	含VOCs原辅材料	含VOCs原辅材料（油墨、稀释剂、清洗剂、润版液、胶粘剂、复合胶、光油、涂料等）名称及其VOCs含量，采购量、使用量、库存量，含VOCs原辅材料回收方式及回收量等
	废气收集处理设施	废气处理设施进出口的监测数据（废气量、浓度、温度、含氧量等）
		废气收集与处理设施关键参数（见附件4）
		废气处理设施相关耗材（吸收剂、吸附剂、催化剂、蓄热体等）购买处置记录
储油库	基本信息	油品种类、周转量等
	收发油	收发油时间、油品种类、数量，油品来源；气液比检测时间与结果，修复时间、采取的修复措施等；油气收集系统压力检测时间与结果，修复时间、采取的修复措施等
	油气处理装置	进口压力、温度、流量，出口浓度、压力、温度、流量，修复时间、采取的修复措施等；一次性吸附剂更换时间和更换量，再生型吸附剂再生周期、更换情况，废吸附剂储存、处置情况等
	泄漏点	检测方法、检测结果、修复时间、采取的修复措施、修复后检测结果等
加油站	基本信息	油品种类、销售量等
	加油过程	气液比检测时间与结果，修复时间、采取的修复措施等；油气回收系统管线液阻检测时间与结果，修复时间、采取的修复措施等；油气回收系统密闭性检测时间与结果，修复时间、采取的修复措施等
	卸油过程	卸油时间、油品种类、油品来源、卸油量、卸油方式等
	油气处理装置	一次性吸附剂更换时间和更换量，再生型吸附剂再生周期、更换情况，废吸附剂储存、处置情况等

附件4：

工业企业VOCs治理检查要点

源项	检查环节	检查要点
VOCs物料储存	容器、包装袋	1. 容器或包装袋在非取用状态时是否加盖、封口，保持密闭；盛装过VOCs物料的废包装容器是否加盖密闭。 2. 容器或包装袋是否存放于室内，或存放于设置有雨棚、遮阳和防渗设施的专用场地
	挥发性有机液体储罐	3. 储罐类型与储存物料真实蒸气压、容积等是否匹配，是否存在破损、孔洞、缝隙等问题。 4. 内浮顶罐的边缘密封是否采用浸液式、机械式鞋形等高效密封方式。 5. 外浮顶罐是否采用双重密封，且一次密封为浸液式、机械式鞋形等高效密封方式。 6. 浮顶罐浮盘附件开口（孔）是否密闭（采样、计量、例行检查、维护和其他正常活动除外）
		7. 固定顶罐是否配有VOCs处理设施或气相平衡系统。 8. 呼吸阀的定压是否符合设定要求。 9. 固定顶罐的附件开口（孔）是否密闭（采样、计量、例行检查、维护和其他正常活动除外）
	储库、料仓	10. 围护结构是否完整，与周围空间完全阻隔。 11. 门窗及其他开口（孔）部位是否关闭（人员、车辆、设备、物料进出时，以及依法设立的排气筒、通风口除外）
VOCs物料转移和输送	液态VOCs物料	1. 是否采用管道密闭输送，或者采用密闭容器或罐车
	粉状、粒状VOCs物料	2. 是否采用气力输送设备、管状带式输送机、螺旋输送机等密闭输送方式，或者采用密闭的包装袋、容器或罐车
	挥发性有机液体装载	3. 汽车、火车运输是否采用底部装载或顶部浸没式装载方式。 4. 是否根据年装载量和装载物料真实蒸气压，对VOCs废气采取密闭收集处理措施，或连通至气相平衡系统；有油气回收装置的，检查油气回收量
工艺过程VOCs无组织排放	VOCs物料投加和卸放	1. 液态、粉粒状VOCs物料的投加过程是否密闭，或采取局部气体收集措施；废气是否排至VOCs废气收集处理系统。 2. VOCs物料的卸（出、放）料过程是否密闭，或采取局部气体收集措施；废气是否排至VOCs废气收集处理系统
	化学反应单元	3. 反应设备进料置换废气、挥发排气、反应尾气等是否排至VOCs废气收集处理系统。 4. 反应设备的进料口、出料口、检修口、搅拌口、观察孔等开口（孔）在不操作时是否密闭

续表

源项	检查环节	检查要点
工艺过程VOCs无组织排放	分离精制单元	5. 离心、过滤、干燥过程是否采用密闭设备，或在密闭空间内操作，或采取局部气体收集措施；废气是否排至VOCs废气收集处理系统。 6. 其他分离精制过程排放的废气是否排至VOCs废气收集处理系统。 7. 分离精制后的母液是否密闭收集；母液储槽（罐）产生的废气是否排至VOCs废气收集处理系统
	真空系统	8. 采用干式真空泵的，真空排气是否排至VOCs废气收集处理系统。 9. 采用液环（水环）真空泵、水（水蒸气）喷射真空泵的，工作介质的循环槽（罐）是否密闭，真空排气、循环槽（罐）排气是否排至VOCs废气收集处理系统
	配料加工与产品包装过程	10. 混合、搅拌、研磨、造粒、切片、压块等配料加工过程，以及含VOCs产品的包装（灌装、分装）过程是否采用密闭设备，或在密闭空间内操作，或采取局部气体收集措施；废气是否排至VOCs废气收集处理系统
	含VOCs产品的使用过程	11. 调配、涂装、印刷、粘结、印染、干燥、清洗等过程中使用VOCs含量大于等于10%的产品，是否采用密闭设备，或在密闭空间内操作，或采取局部气体收集措施；废气是否排至VOCs废气收集处理系统。 12. 有机聚合物（合成树脂、合成橡胶、合成纤维等）的混合/混炼、塑炼/塑化/熔化、加工成型（挤出、注射、压制、压延、发泡、纺丝等）等制品生产过程，是否采用密闭设备，或在密闭空间内操作，或采取局部气体收集措施；废气是否排至VOCs废气收集处理系统
	其他过程	13. 载有VOCs物料的设备及其管道在开停工（车）、检维修和清洗时，是否在退料阶段将残存物料退净，并用密闭容器盛装；退料过程废气、清洗及吹扫过程排气是否排至VOCs废气收集处理系统
	VOCs无组织废气收集处理系统	14. 是否与生产工艺设备同步运行。 15. 采用外部集气罩的，距排气罩开口面最远处的VOCs无组织排放位置，控制风速是否大于等于0.3米/秒（有行业具体要求的按相应规定执行）。 16. 废气收集系统是否负压运行；处于正压状态的，是否有泄漏。 17. 废气收集系统的输送管道是否密闭、无破损
设备与管线组件泄漏	LDAR工作	1. 企业密封点数量大于等于2000个的，是否开展LDAR工作。 2. 泵、压缩机、搅拌器、阀门、法兰等是否按照规定的频次进行泄漏检测。 3. 发现可见泄漏现象或超过泄漏认定浓度的，是否按照规定的时间进行泄漏源修复。 4. 现场随机抽查，在检测不超过100个密封点的情况下，发现有2个以上（不含）不在修复期内的密封点出现可见泄漏现象或超过泄漏认定浓度的，属于违法行为

续表

源项	检查环节	检查要点
敞开液面VOCs逸散	废水集输系统	1. 是否采用密闭管道输送；采用沟渠输送未加盖密闭的，废水液面上方VOCs检测浓度是否超过标准要求。 2. 接入口和排出口是否采取与环境空气隔离的措施
	废水储存、处理设施	3. 废水储存和处理设施敞开的，液面上方VOCs检测浓度是否超过标准要求。 4. 采用固定顶盖的，废气是否收集至VOCs废气收集处理系统
	开式循环冷却水系统	5. 是否每6个月对流经换热器进口和出口的循环冷却水中的TOC或POC浓度进行检测；发现泄漏是否及时修复并记录
有组织VOCs排放	排气筒	1. VOCs排放浓度是否稳定达标。 2. 车间或生产设施收集排放的废气，VOCs初始排放速率大于等于3千克/小时、重点区域大于等于2千克/小时的，VOCs治理效率是否符合要求；采用的原辅材料符合国家有关低VOCs含量产品规定的除外。 3. 是否安装自动监控设施，自动监控设施是否正常运行，是否与生态环境部门联网
废气治理设施	冷却器/冷凝器	1. 出口温度是否符合设计要求。 2. 是否存在出口温度高于冷却介质进口温度的现象。 3. 冷凝器溶剂回收量
	吸附装置	4. 吸附剂种类及填装情况。 5. 一次性吸附剂更换时间和更换量。 6. 再生型吸附剂再生周期、更换情况。 7. 废吸附剂储存、处置情况
	催化氧化器	8. 催化（床）温度。 9. 电或天然气消耗量。 10. 催化剂更换周期、更换情况
	热氧化炉	11. 燃烧温度是否符合设计要求
	洗涤器/吸收塔	12. 酸碱性控制类吸收塔，检查洗涤/吸收液pH值。 13. 药剂添加周期和添加量。 14. 洗涤/吸收液更换周期和更换量。 15. 氧化反应类吸收塔，检查氧化还原电位（ORP）值
台账		企业是否按要求记录台账

附件 5：

油品储运销 VOCs 治理检查要点

类别	检查环节	检查要点
储油库	发油阶段	1. 油罐车或铁路罐车是否采用底部装载或顶部浸没式装载方式。 2. 气液比、油气收集系统压力等
	油气处理装置	3. 是否有油气处置装置。 4. 检测频次、油气排放浓度、油气处理效率，进出口压力。 5. 一次性吸附剂更换时间和更换量，再生型吸附剂再生周期、更换情况，废吸附剂储存、处置情况等
	油气收集系统	6. 泄漏检测频次及浓度
加油站	加油阶段	1. 是否采用油气回收型加油枪，加油枪集气罩是否有破损，加油站人员加油时是否将集气罩紧密贴在汽油油箱加油口（现场加油查看或查看加油区视频）。 2. 有无油气回收真空泵，真空泵是否运行（打开加油机盖查看加油时设备是否运行）；油气回收铜管是否正常连接。 3. 加油枪气液比、油气回收系统管线液阻、油气收集系统压力的检测频次、检测结果等
	卸油阶段	4. 查看卸油油气回收管线连接情况（查看卸油过程录像）。 5. 卸油区有无单独的油气回收管口，有无快速密封接头或球形阀
	储油阶段	6. 是否有电子液位仪。 7. 卸油口、油气回收口、量油口、P/V 阀及相关管路是否有漏气现象，人井内是否有明显异味
	在线监控系统	8. 气液比、气体流量、压力、报警记录等
	油气处理装置	9. 一次性吸附剂更换时间和更换量，再生型吸附剂再生周期、更换情况，废吸附剂储存、处置情况等

产品质量监督抽查管理暂行办法

（2019 年 11 月 21 日国家市场监督管理总局令第 18 号公布）

第一章　总则

第一条　为了加强产品质量监督管理，规范产品质量监督抽查工作，保护消费者的合法权益，根据《中华人民共和国产品质量法》和《中华人民共和国消费者权益保护法》等法律、行政法规，制定本办法。

第二条　市场监督管理部门对本行政区域内生产、销售的产品实施监督抽查，适用本办法。

法律、行政法规、部门规章对产品质量监督抽查另有规定的，依照其规定。

第三条　本办法所称监督抽查，是指市场监督管理部门为监督产品质量，依法组织对在中华人民共和国境内生产、销售的产品进行抽样、检验，并进行处理的活动。

第四条　监督抽查分为由国家市场监督管理总局组织的国家监督抽查和县级以上地方市场监督管

理部门组织的地方监督抽查。

第五条　国家市场监督管理总局负责统筹管理、指导协调全国监督抽查工作，组织实施国家监督抽查，汇总、分析全国监督抽查信息。

省级市场监督管理部门负责统一管理本行政区域内地方监督抽查工作，组织实施本级监督抽查，汇总、分析本行政区域监督抽查信息。

市级、县级市场监督管理部门负责组织实施本级监督抽查，汇总、分析本行政区域监督抽查信息，配合上级市场监督管理部门在本行政区域内开展抽样工作，承担监督抽查结果处理工作。

第六条　监督抽查所需样品的抽取、购买、运输、检验、处置以及复查等工作费用，按照国家有关规定列入同级政府财政预算。

第七条　生产者、销售者应当配合监督抽查，如实提供监督抽查所需材料和信息，不得以任何方式阻碍、拒绝监督抽查。

第八条　同一市场监督管理部门不得在六个月内对同一生产者按照同一标准生产的同一商标、同一规格型号的产品（以下简称同一产品）进行两次以上监督抽查。

被抽样生产者、销售者在抽样时能够证明同一产品在六个月内经上级市场监督管理部门监督抽查的，下级市场监督管理部门不得重复抽查。

对监督抽查发现的不合格产品的跟踪抽查和为应对突发事件开展的监督抽查，不适用前两款规定。

第九条　监督抽查实行抽检分离制度。除现场检验外，抽样人员不得承担其抽样产品的检验工作。

第十条　组织监督抽查的市场监督管理部门应当按照法律、行政法规有关规定公开监督抽查结果。

未经组织监督抽查的市场监督管理部门同意，任何单位和个人不得擅自公开监督抽查结果。

第二章　监督抽查的组织

第十一条　国家市场监督管理总局负责制定国家监督抽查年度计划，并通报省级市场监督管理部门。

县级以上地方市场监督管理部门负责制定本级监督抽查年度计划，并报送上一级市场监督管理部门备案。

第十二条　组织监督抽查的市场监督管理部门应当根据本级监督抽查年度计划，制定监督抽查方案和监督抽查实施细则。

监督抽查方案应当包括抽查产品范围、工作分工、进度要求等内容。监督抽查实施细则应当包括抽样方法、检验项目、检验方法、判定规则等内容。

监督抽查实施细则应当在抽样前向社会公开。

第十三条　组织监督抽查的市场监督管理部门应当按照政府采购等有关要求，确定承担监督抽查抽样、检验工作的抽样机构、检验机构，并签订委托协议，明确权利、义务、违约责任等内容。

法律、行政法规对抽样机构、检验机构的资质有规定的，应当委托具备法定资质的机构。

第十四条　抽样机构、检验机构应当在委托范围内开展抽样、检验工作，保证抽样、检验工作及其结果的客观、公正、真实。

抽样机构、检验机构不得有下列行为：

（一）在实施抽样前以任何方式将监督抽查方案有关内容告知被抽样生产者、销售者；

（二）转包检验任务或者未经组织监督抽查的市场监督管理部门同意分包检验任务；

（三）出具虚假检验报告；

（四）在承担监督抽查相关工作期间，与被抽样生产者、销售者签订监督抽查同类产品的有偿服务协议或者接受被抽样生产者、销售者对同一产品的委托检验；

（五）利用监督抽查结果开展产品推荐、评比，出具监督抽查产品合格证书、牌匾等；

（六）利用承担监督抽查相关工作的便利，牟取非法或者不当利益；

（七）违反规定向被抽样生产者、销售者收取抽样、检验等与监督抽查有关的费用。

第三章　抽样

第一节　现场抽样

第十五条　市场监督管理部门应当自行抽样或者委托抽样机构抽样，并按照有关规定随机抽取被抽样生产者、销售者，随机选派抽样人员。

抽样人员应当熟悉相关法律、行政法规、部门规章以及标准等规定。

第十六条　抽样人员不得少于两人，并向被抽样生产者、销售者出示组织监督抽查的市场监督管理部门出具的监督抽查通知书、抽样人员身份证明。抽样机构执行抽样任务的，还应当出示组织监督抽查的市场监督管理部门出具的授权委托书复印件。

抽样人员应当告知被抽样生产者、销售者抽查产品范围、抽样方法等。

第十七条　样品应当由抽样人员在被抽样生产者、销售者的待销产品中随机抽取，不得由被抽样生产者、销售者自行抽样。

抽样人员发现被抽样生产者、销售者涉嫌存在无证无照等无须检验即可判定违法的情形的，应当终止抽样，立即报告组织监督抽查的市场监督管理部门，并同时报告涉嫌违法的被抽样生产者、销售者所在地县级市场监督管理部门。

第十八条　有下列情形之一的，抽样人员不得抽样：

（一）待销产品数量不符合监督抽查实施细则要求的；

（二）有充分证据表明拟抽样产品不用于销售，或者只用于出口并且出口合同对产品质量另有约定的；

（三）产品或者其包装上标注“试制”“处理”“样品”等字样的。

第十九条　抽样人员应当按照监督抽查实施细则所规定的抽样方法进行抽样。

抽样人员应当使用规定的抽样文书记录抽样信息，并对抽样场所、贮存环境、被抽样产品的标识、库存数量、抽样过程等通过拍照或者录像的方式留存证据。

抽样文书应当经抽样人员和被抽样生产者、销售者签字。被抽样生产者、销售者拒绝签字的，抽样人员应当在抽样文书上注明情况，必要时可以邀请有关人员作为见证人。

抽样文书确需更正或者补充的，应当由被抽样生产者、销售者在更正或者补充处以签名、盖章等方式予以确认。

第二十条　因被抽样生产者、销售者转产、停业等原因致使无法抽样的，抽样人员应当如实记录，报送组织监督抽查的市场监督管理部门。

第二十一条　被抽样生产者、销售者以明显不合理的样品价格等方式阻碍、拒绝或者不配合抽样的，抽样人员应当如实记录，立即报告组织监督抽查的市场监督管理部门，并同时报告被抽样生产者、销售者所在地县级市场监督管理部门。

第二十二条　样品分为检验样品和备用样品。

除不以破坏性试验方式进行检验，并且不会对样品质量造成实质性影响的外，抽样人员应当购买检验样品。购买检验样品的价格以生产、销售产品的标价为准；没有标价的，以同类产品的市场价格为准。

备用样品由被抽样生产者、销售者先行无偿提供。

法律、行政法规、部门规章对样品获取方式另有规定的，依照其规定。

第二十三条　抽样人员应当采取有效的防拆封措施，对检验样品和备用样品分别封样，并由抽样人员和被抽样生产者、销售者签字确认。

第二十四条　样品应当由抽样人员携带或者寄递至检验机构进行检验。对于易碎品、危险化学品等对运输、贮存过程有特殊要求的样品，应当采取有效措施，保证样品的运输、贮存过程符合国家有关规定，不发生影响检验结论的变化。

样品需要先行存放在被抽样生产者、销售者处的，应当予以封存，并加施封存标识。被抽样生产者、销售者应当妥善保管封存的样品，不得隐匿、转移、变卖、损毁。

第二节　网络抽样

第二十五条　市场监督管理部门对电子商务经营者销售的本行政区域内的生产者生产的产品和本行政区域内的电子商务经营者销售的产品进行抽样时，可以以消费者的名义买样。

第二十六条　市场监督管理部门进行网络抽样的，应当记录抽样人员以及付款账户、注册账号、收货地址、联系方式等信息。抽样人员应当通过截图、拍照或者录像的方式记录被抽样销售者信息、样品网页展示信息，以及订单信息、支付记录等。

第二十七条　抽样人员购买的样品应当包括检验样品和备用样品。

第二十八条　抽样人员收到样品后，应当通过拍照或者录像的方式记录拆封过程，对寄递包装、样品包装、样品标识、样品寄递情形等进行查验，对检验样品和备用样品分别封样，并将检验样品和备用样品携带或者寄递至检验机构进行检验。

抽样人员应当根据样品情况填写抽样文书。抽样文书经抽样人员签字并加盖抽样单位公章后，与监督抽查通知书一并寄送被抽样销售者。抽样机构执行买样任务的，还应当寄送组织监督抽查的市场监督管理部门出具的授权委托书复印件。

第四章　检验

第二十九条　检验人员收到样品后，应当通过拍照或者录像的方式检查记录样品的外观、状态、封条有无破损以及其他可能对检验结论产生影响的情形，并核对样品与抽样文书的记录是否相符。

对于抽样不规范的样品，检验人员应当拒绝接收并书面说明理由，同时向组织监督抽查的市场监督管理部门报告。

对于网络抽样的检验样品和备用样品，应当分别加贴相应标识后，按照有关要求予以存放。

第三十条　被抽样产品实行生产许可、强制性产品认证等管理的，检验人员应当在检验前核实样品的生产者是否符合相应要求。

检验人员发现样品的生产者涉嫌存在无证无照等无须检验即可判定违法的情形的，应当终止检验，立即报告组织监督抽查的市场监督管理部门，并同时报告涉嫌违法的样品的生产者所在地县级市场监督管理部门。

第三十一条　检验人员应当按照监督抽查实施细则所规定的检验项目、检验方法、判定规则等进行检验。

检验中发现因样品失效或者其他原因致使检验无法进行的，检验人员应当如实记录，并提供相关证明材料，报送组织监督抽查的市场监督管理部门。

第三十二条　检验机构出具检验报告，应当内容真实齐全、数据准确、结论明确，并按照有关规定签字、盖章。

检验机构和检验人员应当对其出具的检验报告负责。

第三十三条　检验机构应当在规定时间内将检验报告及有关材料报送组织监督抽查的市场监督管理部门。

第三十四条　检验结论为合格并且属于无偿提供的样品，组织监督抽查的市场监督管理部门应当在提出异议处理申请期限届满后及时退还。

前款规定以外的其他样品，组织监督抽查的市场监督管理部门应当在提出异议处理申请期限届满后按照有关规定处理。

第五章　异议处理

第三十五条　组织监督抽查的市场监督管理部门应当及时将检验结论书面告知被抽样生产者、销售者，并同时告知其依法享有的权利。

样品属于在销售者处现场抽取的，组织监督抽查的市场监督管理部门还应当同时书面告知样品标称的生产者。

样品属于通过网络抽样方式购买的，还应当同时书面告知电子商务平台经营者和样品标称的生产者。

第三十六条　被抽样生产者、销售者有异议的，应当自收到检验结论书面告知之日起十五日内向组织监督抽查的市场监督管理部门提出书面异议处理申请，并提交相关材料。

第三十七条　被抽样生产者、销售者对抽样过程、样品真实性等有异议的，收到异议处理申请的市场监督管理部门应当组织异议处理，并将处理结论书面告知申请人。

被抽样生产者、销售者对检验结论有异议，提出书面复检申请并阐明理由的，收到异议处理申请的市场监督管理部门应当组织研究。对需要复检并具备检验条件的，应当组织复检。

除不以破坏性试验方式进行检验，并且不会对样品质量造成实质性影响的外，组织复检的市场监督管理部门应当向被抽样生产者、销售者支付备用样品费用。

第三十八条　申请人应当自收到市场监督管理部门复检通知之日起七日内办理复检手续。逾期未办理的，视为放弃复检。

第三十九条　市场监督管理部门应当自申请人办理复检手续之日起十日内确定具备相应资质的检验机构进行复检。

复检机构与初检机构不得为同一机构，但组织监督抽查的省级以上市场监督管理部门行政区域内或者组织监督抽查的市级、县级市场监督管理部门所在省辖区内仅有一个检验机构具备相应资质的除外。

第四十条　被抽样生产者、销售者隐匿、转移、变卖、损毁备用样品的，应当终止复检，并以初检结论为最终结论。

第四十一条　复检机构应当通过拍照或者录像的方式检查记录备用样品的外观、状态、封条有无破损以及其他可能对检验结论产生影响的情形，并核对备用样品与抽样文书的记录是否相符。

第四十二条　复检机构应当在规定时间内按照监督抽查实施细则所规定的检验方法、判定规则等对与异议相关的检验项目进行复检，并将复检结论及时报送组织复检的市场监督管理部门，由组织复检的市场监督管理部门书面告知复检申请人。复检结论为最终结论。

第四十三条　复检费用由申请人向复检机构先行支付。复检结论与初检结论一致的，复检费用由申请人承担；与初检结论不一致的，复检费用由组织监督抽查的市场监督管理部门承担。

第六章　结果处理

第四十四条　组织监督抽查的市场监督管理部门应当汇总分析、依法公开监督抽查结果，并向地方人民政府、上一级市场监督管理部门和同级有关部门通报监督抽查情况。

组织地方监督抽查的市场监督管理部门发现不合格产品为本行政区域以外的生产者生产的，应当及时通报生产者所在地同级市场监督管理部门。

第四十五条　对检验结论为不合格的产品，被抽样生产者、销售者应当立即停止生产、销售同一产品。

第四十六条　负责结果处理的市场监督管理部门应当责令不合格产品的被抽样生产者、销售者自责令之日起六十日内予以改正。

第四十七条　负责结果处理的市场监督管理部门应当自责令之日起七十五日内按照监督抽查实施细则组织复查。

被抽样生产者、销售者经复查不合格的，负责结果处理的市场监督管理部门应当逐级上报至省级市场监督管理部门，由其向社会公告。

第四十八条　负责结果处理的市场监督管理部门应当在公告之日起六十日后九十日前对被抽样生产者、销售者组织复查，经复查仍不合格的，按照《中华人民共和国产品质量法》第十七条规定，责令停业，限期整顿；整顿期满后经复查仍不合格的，吊销营业执照。

第四十九条　复查所需样品由被抽样生产者、销售者无偿提供。

除为提供复查所需样品外，被抽样生产者、销售者在经负责结果处理的市场监督管理部门认定复查合格前，不得恢复生产、销售同一产品。

第五十条　监督抽查发现产品存在区域性、行业性质量问题，市场监督管理部门可以会同其他有关部门、行业组织召开质量分析会，指导相关产品生产者、销售者加强质量管理。

第七章　法律责任

第五十一条　被抽样生产者、销售者有下列情形之一的，由县级市场监督管理部门按照有关法律、行政法规规定处理；法律、行政法规未作规定的，处三万元以下罚款；涉嫌构成犯罪，依法需要追究刑事责任的，按照有关规定移送公安机关：

（一）被抽样产品存在严重质量问题的；

（二）阻碍、拒绝或者不配合依法进行的监督抽查的；

（三）未经负责结果处理的市场监督管理部门认定复查合格而恢复生产、销售同一产品的；

（四）隐匿、转移、变卖、损毁样品的。

第五十二条　抽样机构、检验机构及其工作人员违反本办法第九条、第十四条第二款规定的，由县级市场监督管理部门按照有关法律、行政法规规定处理；法律、行政法规未作规定的，处三万元以下罚款；涉嫌构成犯罪，依法需要追究刑事责任的，按照有关规定移送公安机关。

第五十三条　市场监督管理部门工作人员滥用职权、玩忽职守、徇私舞弊的，对直接负责的主管人员和其他直接责任人员依法给予行政处分。

第八章　附则

第五十四条　市场监督管理部门应当妥善保存抽样文书等有关材料、证据，保存期限不得少于两年。

第五十五条　本办法中所称“日”为公历日。期间届满的最后一日为法定节假日的，以法定节假日后的第一日为期间届满的日期。

第五十六条　本办法自2020年1月1日起施行。2010年12月29日原国家质量监督检验检疫总局令第133号公布的《产品质量监督抽查管理办法》、2014年2月14日原国家工商行政管理总局令第61号公布的《流通领域商品质量抽查检验办法》、2016年3月17日原国家工商行政管理总局令第85号公布的《流通领域商品质量监督管理办法》同时废止。

消费品召回管理暂行规定

（2019年11月21日国家市场监督管理总局令第19号公布）

第一条　为了规范缺陷消费品召回工作，保障人体健康和人身、财产安全，根据《中华人民共和国消费者权益保护法》等法律、行政法规，制定本规定。

第二条　中华人民共和国境内缺陷消费品的召回及其监督管理，适用本规定。

法律、行政法规、部门规章对消费品的监督管理部门或者召回程序等另有规定的，依照其规定。

第三条　本规定所称消费品，是指消费者为生活消费需要购买、使用的产品。

本规定所称缺陷，是指因设计、制造、警示等原因，致使同一批次、型号或者类别的消费品中普遍存在的危及人身、财产安全的不合理危险。

本规定所称召回，是指生产者对存在缺陷的消费品，通过补充或者修正警示标识、修理、更换、退货等补救措施，消除缺陷或者降低安全风险的活动。

第四条　生产者应当对其生产的消费品的安全负责。消费品存在缺陷的，生产者应当实施召回。

第五条　国家市场监督管理总局负责指导协调、监督管理全国缺陷消费品召回工作。

省级市场监督管理部门负责监督管理本行政区域内缺陷消费品召回工作。

省级以上市场监督管理部门可以委托相关技术机构承担缺陷消费品召回的具体技术工作。

第六条　任何单位或者个人有权向市场监督管理部门反映消费品可能存在缺陷的信息。

市场监督管理部门应当畅通信息反映渠道，收集汇总、分析处理消费品可能存在缺陷的信息。

第七条　生产者和从事消费品销售、租赁、修理等活动的其他经营者（以下简称其他经营者）应当建立消费品缺陷信息的收集核实和分析处理制度。

鼓励生产者和其他经营者建立消费品可追溯制度。

第八条　生产者和其他经营者发现其生产经营的消费品存在以下情形之一的，应当自发现之日起二个工作日内向所在地省级市场监督管理部门报告：

（一）已经造成或者可能造成死亡、严重人身伤害、重大财产损失的；

（二）在中华人民共和国境外实施召回的。

省级市场监督管理部门接到前款规定事项报告，发现消费品生产者不在本行政区域内的，应当自发现之日起二个工作日内通报生产者所在地省级市场监督管理部门。

第九条　生产者发现消费品可能存在缺陷的，应当立即组织调查分析。

省级市场监督管理部门发现本行政区域内生产者生产的消费品可能存在缺陷的，应当自发现之日起三个工作日内通知生产者开展调查分析。生产者应当按照通知要求开展调查分析，并将调查分析结果报告省级市场监督管理部门。

经调查分析认为消费品存在缺陷的，生产者应当立即实施召回，不得隐瞒缺陷。

第十条　生产者未按照通知要求开展调查分析，或者省级市场监督管理部门认为调查分析结果不足以证明消费品不存在缺陷的，省级市场监督管理部门应当组织缺陷调查。

省级以上市场监督管理部门认为消费品可能存在足以造成严重后果或者影响范围较大的缺陷的，可以直接组织缺陷调查。

第十一条　市场监督管理部门组织缺陷调查，可以进入生产者和其他经营者的生产经营场所进行现场调查，查阅、复制相关资料和记录，向相关单位和个人了解消费品可能存在缺陷的情况，组织相关技术机构和专家进行技术分析和风险评估，必要时可以约谈生产者。

生产者和其他经营者应当配合市场监督管理部门开展的缺陷调查，提供调查需要的资料、消费品和专用设备等。

第十二条　经缺陷调查认为消费品存在缺陷的，组织缺陷调查的市场监督管理部门应当通知生产者实施召回。

生产者接到召回通知，认为消费品存在缺陷的，应当立即实施召回。

第十三条　生产者认为消费品不存在缺陷的，可以自收到通知之日起十个工作日内向通知其召回的市场监督管理部门提出异议，并提供相关材料。

接到异议的市场监督管理部门应当审查相关材料，必要时组织相关技术机构或者专家采用检验、检测、鉴定或者论证等方式进行缺陷认定，并将认定结果通知生产者。认定消费品存在缺陷的，生产者应当立即实施召回。

第十四条　生产者既不按照市场监督管理部门通知要求实施召回又未在规定期限内提出异议，或者经缺陷认定确认消费品存在缺陷但仍未实施召回的，由国家市场监督管理总局责令其实施召回。生产者应当立即实施召回。

第十五条　生产者认为消费品存在缺陷或者被责令实施召回的，应当立即停止生产、销售、进口缺陷消费品，通知其他经营者停止经营。

生产者应当承担消费者因消费品被召回支出的必要费用。

第十六条　其他经营者接到生产者通知的，应当立即停止经营存在缺陷的消费品，并协助生产者实施召回。

第十七条　生产者主动实施召回的，应当自调查分析认为消费品存在缺陷之日起十个工作日内向所在地省级市场监督管理部门报告召回计划。

生产者按照市场监督管理部门通知实施召回的，应当自接到通知之日起十个工作日内向通知其召回的市场监督管理部门报告召回计划。

生产者被责令实施召回的，应当自被责令召回之日起十个工作日内向国家市场监督管理总局报告召回计划。

第十八条　召回计划应当包括以下内容：

（一）需要召回的消费品范围、存在的缺陷以及避免损害发生的应急处置方式；

（二）具体的召回措施；

（三）召回的负责机构、联系方式、进度安排；

（四）其他需要报告的内容。

第十九条　接到召回计划报告的市场监督管理部门应当通过消费品召回管理信息系统向社会公示生产者报告的召回计划。

生产者应当自召回计划报告之日起三个工作日内以便于公众知晓的方式发布召回信息，并接受公众咨询。其他经营者应当在其门店、网站等经营场所公开生产者发布的召回信息。

第二十条　生产者应当按照召回计划实施召回。对采取更换、退货方式召回的缺陷消费品，生产者应当按照有关规定进行处理。未消除缺陷或者降低安全风险的，不得再次销售或者交付使用。

第二十一条　生产者应当自召回实施之日起每三个月向报告召回计划的市场监督管理部门提交召回阶段性总结，并在完成召回计划后十五个工作日内提交召回总结。

生产者应当制作并保存召回记录。召回记录的保存期不得少于五年。

第二十二条　生产者发现召回的消费品范围不准确、召回措施未能消除缺陷或者降低安全风险的，应当重新实施召回。

接到召回计划报告的市场监督管理部门应当对生产者召回实施情况进行监督。发现生产者召回的消费品范围不准确、召回措施未能消除缺陷或者降低安全风险的，应当通知生产者重新实施召回。

第二十三条　参与缺陷消费品召回监督管理相关工作的单位及其人员对工作中获悉的商业秘密、个人隐私，应当依法保密。

第二十四条　生产者经责令召回仍拒绝或者拖延实施召回的，按照《中华人民共和国消费者权益保护法》第五十六条规定处理。

第二十五条　生产者和其他经营者违反本规定第八条第一款、第十一条第二款、第十五条至第十七条、第十九条第二款、第二十条、第二十一条规定，由省级市场监督管理部门责令限期改正；逾期未改正的，处一万元以上三万元以下罚款；涉嫌构成犯罪，依法需要追究刑事责任的，按照有关规定移送公安机关。

第二十六条　从事缺陷消费品召回监督管理工作的人员滥用职权、玩忽职守、徇私舞弊的，对直接负责的主管人员和其他直接责任人员依法给予行政处分。

第二十七条　市场监督管理部门应当将责令召回情况及行政处罚信息记入信用档案，依法向社会公布。

第二十八条　生产者按照本规定召回缺陷消费品，不免除其依法应当承担的其他法律责任。

第二十九条　进口消费品的境外生产者指定的在中华人民共和国境内实施召回的机构，视为本规定所称生产者；境外生产者未指定的，进口商视为本规定所称生产者。

第三十条　根据需要，市级、县级市场监督管理部门可以负责省级市场监督管理部门缺陷消费品召回监督管理部分工作，具体职责分工由省级市场监督管理部门确定。

第三十一条　除消费品以外，法律、行政法规规定由市场监督管理部门负责监督管理召回活动的其他产品，可以参照本规定执行。

第三十二条　本规定自 2020 年 1 月 1 日起施行。2007 年 8 月 27 日原国家质量监督检验检疫总局令第 101 号公布的《儿童玩具召回管理规定》同时废止。

市场监督管理执法监督暂行规定

（2019年12月31日国家市场监督管理总局令第22号公布）

第一条　为了督促市场监督管理部门依法履行职责，规范行政执法行为，保护自然人、法人和其他组织的合法权益，根据有关法律、行政法规，制定本规定。

第二条　本规定所称执法监督，是指上级市场监督管理部门对下级市场监督管理部门，各级市场监督管理部门对本部门所属机构、派出机构和执法人员的行政执法及其相关行为进行的检查、审核、评议、纠正等活动。

市场监督管理部门开展执法监督，适用本规定；法律、法规、规章另有规定的，依照其规定。

第三条　执法监督应当坚持监督执法与促进执法相结合、纠正错误与改进工作相结合的原则，保证法律、法规、规章的正确实施。

第四条　各级市场监督管理部门应当加强对执法监督工作的领导，建立健全执法监督工作机制，统筹解决执法监督工作中的重大问题。

第五条　各级市场监督管理部门内设的各业务机构根据职责分工和相关规定，负责实施本业务领域的执法监督工作。

各级市场监督管理部门法制机构在本级市场监督管理部门领导下，具体负责组织、协调、指导和实施执法监督工作。

第六条　执法监督主要包括下列内容：

（一）依法履行市场监督管理执法职责情况；

（二）行政规范性文件的合法性；

（三）公平竞争审查情况；

（四）行政处罚、行政许可、行政强制等具体行政行为的合法性和适当性；

（五）行政处罚裁量基准制度实施情况；

（六）行政执法公示、执法全过程记录、重大执法决定法制审核制度实施情况；

（七）行政复议、行政诉讼、行政执法与刑事司法衔接等制度落实情况；

（八）行政执法责任制的落实情况；

（九）其他需要监督的内容。

第七条　执法监督主要采取下列方式：

（一）行政规范性文件合法性审核；

（二）公平竞争审查；

（三）行政处罚案件审核、听证；

（四）重大执法决定法制审核；

（五）行政复议；

（六）专项执法检查；

（七）执法评议考核；

（八）执法案卷评查；

（九）法治建设评价；

（十）依法可以采取的其他监督方式。

第八条　本规定第七条第（一）项至第（五）项所规定的执法监督方式，依照法律、法规、规章和有关规定执行。

本规定第七条第（六）项至第（八）项所规定的执法监督方式，由市场监督管理部门内设的各业务机构和法制机构单独或者共同实施。

本规定第七条第（九）项所规定的执法监督方式，由市场监督管理部门法制机构实施。

第九条　市场监督管理部门主要针对下列事项开展专项执法检查：

（一）法律、法规、规章、行政规范性文件的执行情况；

（二）重要执法制度的实施情况；

（三）行政执法中具有普遍性的热点、难点、重点问题；

（四）上级机关和有关部门交办、转办、移送的执法事项；

（五）社会公众反映强烈的执法事项；

（六）其他需要开展专项执法检查的事项。

市场监督管理部门应当加强对专项执法检查的统筹安排，统一制定专项执法检查计划，合理确定专项执法检查事项。

第十条　市场监督管理部门主要针对下列事项开展执法评议考核：

（一）执法主体是否合法；

（二）执法行为是否规范；

（三）执法制度是否健全；

（四）执法效果是否良好；

（五）其他需要评议的事项。

市场监督管理部门开展执法评议考核，应当确定执法评议考核的范围和重点，加强评议考核结果运用，落实评议考核奖惩措施。

第十一条　市场监督管理部门主要针对下列事

项开展行政处罚案卷评查：

（一）实施行政处罚的主体是否合法；

（二）认定的事实是否清楚，证据是否确凿；

（三）适用法律依据是否准确；

（四）程序是否合法；

（五）自由裁量权运用是否适当；

（六）涉嫌犯罪的案件是否移送司法机关；

（七）案卷的制作、管理是否规范；

（八）需要评查的其他事项。

市场监督管理部门主要针对下列事项开展行政许可案卷评查：

（一）实施行政许可的主体是否合法；

（二）行政许可项目是否有法律、法规、规章依据；

（三）申请材料是否齐全、是否符合法定形式；

（四）实质审查是否符合法定要求；

（五）适用法律依据是否准确；

（六）程序是否合法；

（七）案卷的制作、管理是否规范；

（八）需要评查的其他事项。

市场监督管理部门对其他行政执法案卷的评查事项，参照前款规定执行。

第十二条　市场监督管理部门应当根据法治政府建设的部署和要求，对本级和下级市场监督管理部门法治建设情况进行评价。

法治市场监督管理建设评价办法、指标体系和评分标准由国家市场监督管理总局另行制定。

第十三条　市场监督管理部门在开展执法监督时，可以采取下列措施：

（一）查阅、复制、调取行政执法案卷和其他有关材料；

（二）询问行政执法人员、行政相对人和其他相关人员；

（三）召开座谈会、论证会，开展问卷调查，组织第三方评估；

（四）现场检查、网上检查、查看执法业务管理系统；

（五）走访、回访、暗访；

（六）依法可以采取的其他措施。

第十四条　下级市场监督管理部门应当及时向上级市场监督管理部门报送开展执法监督工作的情况及相关数据。

上级市场监督管理部门可以根据工作需要，要求下级市场监督管理部门报送开展执法监督工作的情况及相关数据。

各级市场监督管理部门应当加强执法监督的信息化建设，实现执法监督信息的互通和共享。

第十五条　市场监督管理部门应当对开展执法监督的情况及时进行汇总、分析。相关执法监督情况经本级市场监督管理部门负责人批准后，可以在适当范围内通报。

第十六条　上级市场监督管理部门在执法监督工作中发现下级市场监督管理部门在履行法定执法职责中存在突出问题的，经本级市场监督管理部门负责人批准，可以约谈下级市场监督管理部门负责人。

第十七条　市场监督管理部门发现本部门所属机构、派出机构和执法人员存在不履行、违法履行或者不当履行法定职责情形的，应当及时予以纠正。

第十八条　上级市场监督管理部门发现下级市场监督管理部门及其执法人员可能存在不履行、违法履行或者不当履行法定职责情形的，经本级市场监督管理部门负责人批准，可以发出执法监督通知书，要求提供相关材料或者情况说明。

下级市场监督管理部门收到执法监督通知书后，应当于十个工作日内提供相关材料或者情况说明。

第十九条　上级市场监督管理部门发出执法监督通知书后，经过调查核实，认为下级市场监督管理部门及其执法人员存在不履行、违法履行或者不当履行法定职责情形的，经本级市场监督管理部门负责人批准，可以发出执法监督决定书，要求下级市场监督管理部门限期纠正；必要时可以直接纠正。

下级市场监督管理部门应当在执法监督决定书规定的期限内纠正相关行为，并于纠正后十个工作日内向上级市场监督管理部门报告纠正情况。

第二十条　下级市场监督管理部门对执法监督决定有异议的，可以在五个工作日内申请复查，上级市场监督管理部门应当自收到申请之日起十个工作日内予以复查并答复。

第二十一条　上级市场监督管理部门发现下级市场监督管理部门行政执法工作中存在普遍性问题或者区域性风险，经本级市场监督管理部门负责人批准，可以向下级市场监督管理部门发出执法监督意见书，提出完善制度或者改进工作的要求。

下级市场监督管理部门应当在规定期限内将有

关情况报告上级市场监督管理部门。

第二十二条　下级市场监督管理部门不执行执法监督通知书、决定书或者意见书的，上级市场监督管理部门可以责令改正、通报批评，并可以建议有权机关对负有责任的主管人员和相关责任人员予以批评教育、调离执法岗位或者处分。

第二十三条　市场监督管理部门在执法监督中，发现存在不履行、违法履行或者不当履行法定职责情形需要追责问责的，应当根据有关规定处理。

第二十四条　市场监督管理部门应当建立执法容错机制，明确履职标准，完善尽职免责办法。

第二十五条　药品监督管理部门和知识产权行政部门实施执法监督，适用本规定。

第二十六条　本规定自 2020 年 4 月 1 日起施行。2004 年 1 月 18 日原国家质量监督检验检疫总局令第 59 号公布的《质量监督检验检疫行政执法监督与行政执法过错责任追究办法》和 2015 年 9 月 15 日原国家工商行政管理总局令第 78 号公布的《工商行政管理机关执法监督规定》同时废止。

科学技术部关于开展财政支持深化民营和小微企业金融服务综合改革试点城市工作的通知

财金〔2019〕62 号

各省（自治区、直辖市、计划单列市）财政厅（局）、科技厅（委、局）、中小企业主管部门、银保监局，中国人民银行上海总部、各分行、营业管理部、省会（首府）城市中心支行、各副省级城市中心支行，财政部各地监管局：

民营和小微企业是我国经济社会发展不可或缺的重要力量。为贯彻落实党中央、国务院关于支持民营和小微企业发展的决策部署，更好发挥财政资金引导作用，探索改善民营和小微企业金融服务的有效模式，从 2019 年起，财政部联合科技部、工业和信息化部、人民银行、银保监会开展财政支持深化民营和小微企业金融服务综合改革试点城市工作，中央财政给予奖励资金支持。现通知如下：

一、指导思想

全面贯彻党的十九大和十九届二中、三中全会精神，以习近平新时代中国特色社会主义思想为指引，认真贯彻落实党中央、国务院关于支持民营和小微企业发展的决策部署，以推进民营和小微企业金融服务高质量发展为目标，着力发挥财政资金引导撬动作用，支持地方因地制宜打造各具特色的金融服务综合改革试点城市。要落实好中央减税降费政策，着力改善小微和民营企业融资；也要防范好民营、小微企业信贷风险，健全融资担保体系和风险补偿机制，切实打好防范重大风险攻坚战。

二、基本原则

（一）地方为主，中央引导

以城市为单位支持深化民营和小微企业金融服务，充分发挥地方熟悉情况、整合资源的优势，突出地方主体地位，落实好中央减税降费政策，中央财政给予资金支持。

（二）完善机制，市场运行

立足于完善机制，弥补市场失灵，有效引导金融资源在尊重市场规律的前提下“支小助微”，更好地利用市场化手段创造良好环境，激发内生动力。

（三）鼓励创新，探索经验

鼓励试点城市先行先试，探索深化民营和小微企业金融服务的有效模式，建立健全融资担保体系和风险补偿机制，形成可复制、可推广的经验，树立标杆，打造样本，放大政策效果。

（四）跟踪问效，奖优罚劣

实施全过程预算绩效管理，相关部门对试点城市加强指导，强化绩效目标管理，做好绩效运行监控，开展绩效评价和结果应用，跟踪其工作进展情况和实施成效，中央财政奖励资金与试点城市工作绩效挂钩，突出引导效应。

三、试点内容

（一）中央财政奖励政策

从 2019 年起，中央财政通过普惠金融发展专项资金每年安排约 20 亿元资金，支持一定数量的试点城市。试点期限暂定为 3 年，东、中、西部地区每个试点城市的奖励标准分别为 3000 万元、4000 万元、5000 万元。

奖励资金可用于试点城市金融机构的民营和小

微企业信贷风险补偿或代偿，或用于试点城市政府性融资担保机构资本补充。试点城市应注重加强部门统筹协调和政策联动，特别是与中央财政已出台的小微企业融资担保降费奖补、中小企业信用担保代偿补偿等政策形成互补和合力，不得对同一主体重复安排资金支持。

鼓励有条件的省份适当安排资金比照开展省内深化民营和小微企业金融服务综合改革试点城市工作。

（二）试点城市选择

各省、自治区、直辖市及计划单列市择优确定辖区内试点城市。为更好发挥统筹资源、优化平台、创新服务的作用，试点城市一般应为地级市（含直辖市、计划单列市所辖县区）、省会（首府）城市所属区县、国家级新区。地市级行政区少于10个的省、自治区（包括吉林、福建、海南、贵州、西藏、青海、宁夏，共7个省区）及5个计划单列市，每年确定1个试点城市；其他省、自治区及4个直辖市，每年确定2个试点城市。试点城市可重复申报。

1. 每年1月31日前，省级（含省、自治区、直辖市、计划单列市，下同）财政部门联合金融监管、科技、工信、人民银行、银保监等部门，围绕考核要求，制定本辖区内试点城市评审方案，以试点城市绩效评价指标为依据，逐项确定绩效考核目标，加强政策指导。

2. 有意向的城市财政部门会同相关部门做好试点方案编制工作，确定绩效考核目标，细化工作任务，每年2月27日前以书面形式向省级财政部门申报。

3. 省级财政部门联合金融监管、科技、工信、人民银行、银保监等部门，采取公开竞争性方式进行评审，每年3月31日前将试点城市名单、实施方案、绩效目标及评价指标表等材料提交财政部。

（三）绩效评价指标

试点工作坚持促发展和防风险并重，既要立足落实好中央减税降费政策，加大民营和小微企业融资规模，降低融资成本；又要健全政府主导的融资担保和风险补偿机制，妥善处理好支持民营、小微企业发展与防范潜在风险之间的关系。对试点城市绩效情况重点评价四个方面内容：一是金融服务民营和小微企业总体状况（占比40%）。二是完善融资担保和风险补偿机制情况（占比30%）。三是金融综合服务和创新情况（占比20%）。四是金融带动地方发展情况（占比10%）。具体绩效评价指标和口径见附件。

（四）绩效评价实施及结果运用

省级财政部门联合金融监管局、科技、工信、人民银行、银保监等部门对试点城市工作开展情况和资金使用情况进行日常监督管理，建立相关绩效指标动态监测体系。

每年3月31日前，省级财政部门联合金融监管局、科技、工信、人民银行、银保监等部门及财政部当地监管局对上年工作开展绩效评价，绩效评价结果向社会公开，并将绩效评价结果等材料提交财政部，抄送财政部当地监管局。

财政部根据工作需要组织当地监管局对绩效评价结果进行抽评，并根据绩效评价和抽评结果进行资金结算。对绩效评价或抽评结果分值低于70分的试点城市，取消试点资格，追回全部奖励资金。

（五）职责分工

各地财政、科技、工信、人民银行分支机构、银保监部门、财政部各地监管局、地方金融监管部门各司其责。试点城市绩效目标设定和评价工作由各部门分工负责：人民银行分支机构、银保监部门负责金融服务民营和小微企业总体状况、金融综合服务和创新相关指标，具体口径和得分由双方协商确定；财政部门、地方金融监管部门负责融资担保和风险补偿机制相关指标；科技、工信部门负责金融带动地方发展相关指标；财政部各地监管局负责中央财政奖励资金规范使用情况。各部门定期不定期召开联席会议，加强沟通与信息共享，构建有效高效的工作机制。

地方相关部门应高度重视，抓紧组织做好2019年度试点城市申报和评审工作，通过以点带面、上下联动，进一步稳定市场预期，汇聚各方合力营造良好发展环境，推动实现增加民营和小微企业贷款规模、降低实体经济融资成本的目标。各省、自治区、直辖市、计划单列市财政部门应于2019年8月31日前，将本年度试点城市名单、实施方案、绩效评价指标表等材料报送财政部，并抄送财政部当地监管局。以后年度试点城市申报和评审工作时间遵照本通知执行。

财政部

科技部

工业和信息化部

人民银行

银保监会

2019年7月16日

科学技术部关于印发《国家新一代人工智能开放创新平台建设工作指引》的通知

国科发高〔2019〕265号

各省、自治区、直辖市及计划单列市科技厅（委、局），新疆生产建设兵团科技局：

为深入贯彻落实《国务院关于印发新一代人工智能发展规划的通知》（国发〔2017〕35号），充分发挥人工智能行业领军企业、研究机构的引领示范作用，促进人工智能与实体经济的深度融合，进一步推进国家新一代人工智能开放创新平台建设，推动我国人工智能技术创新和产业发展，科技部制定了《国家新一代人工智能开放创新平台建设工作指引》。现印发给你们，请结合本地区实际做好落实工作。

科技部

2019年8月1日

（此件主动公开）

国家新一代人工智能开放创新平台建设工作指引

根据《国务院关于印发新一代人工智能发展规划的通知》（国发〔2017〕35号）统筹布局人工智能创新平台的总体要求，以及科技创新2030—“新一代人工智能”重大项目确定的总体目标和阶段性目标，为进一步明确国家新一代人工智能开放创新平台的目的意义、建设原则、基本条件和主要任务，指导和推动国家新一代人工智能开放创新平台有序发展，特制定本工作指引。

一、目的意义

新一代人工智能开放创新平台（以下简称“开放创新平台”）是聚焦人工智能重点细分领域，充分发挥行业领军企业、研究机构的引领示范作用，有效整合技术资源、产业链资源和金融资源，持续输出人工智能核心研发能力和服务能力的重要创新载体。“开放、共享”是推动我国人工智能技术创新和产业发展的重要理念，通过建设开放创新平台，着力提升技术创新研发实力和基础软硬件开放共享服务能力，鼓励各类通用软件和技术的开源开放，支撑全社会创新创业人员、团队和中小微企业投身人工智能技术研发，促进人工智能技术成果的扩散与转化应用，使人工智能成为驱动实体经济建设和社会事业发展的新引擎。

二、建设原则

（一）应用为牵引。以人工智能重大应用需求方向为牵引，依托开放创新平台推动人工智能相关基础理论、关键核心技术、软硬件支撑体系及产品应用开发，形成具有国际影响力和广泛覆盖面的人工智能创新成果。

（二）企业为主体鼓励人工智能细分领域领军企业搭建开源、开放平台，面向公众开放人工智能技术研发资源，向社会输出人工智能技术服务能力，推动人工智能技术的行业应用，培育行业领军企业，助力中小微企业成长。

（三）市场化机制。鼓励采用市场化的组织管理机制，依托单位应作为开放创新平台的资金投入主体，并通过技术成果转让授权、技术有偿使用等方式，为开放创新平台发展提供持续支持。

（四）协同式创新。鼓励地方政府、产业界、科研院所、高校等共同参与推进开放创新平台建设，通过人才、技术、数据、产业链等资源整合，构建开放生态，推动核心技术成果产业化。

三、基本条件

开放创新平台重点由人工智能行业技术领军企业牵头建设，鼓励联合科研院所、高校参与建设并提供智力和技术支撑。开放创新平台应围绕《新一代人工智能发展规划》重点任务中涉及的具有重大应用需求的细分领域组织建设，原则上每个具体细分领域建设一家国家新一代人工智能开放创新平台，不同开放创新平台所属细分领域应有明确区分和侧重。

提出建设申请的开放创新平台应具备以下基本条件。

（一）开放创新平台应具备突出的技术实力和产业创新影响力，能够发挥人工智能行业的引领示范作用。

（二）具有向社会提供开放共享服务的技术基础和服务能力，能够有效整合技术资源、产业链资源和金融资源，具备快速形成对外服务的技术能力，能够大幅降低行业技术研发和使用门槛，带动中小微企业协同创新发展。

（三）依托单位承诺对开放创新平台建设给予持续的资金、人才、基础设施等投入，提供开放创新平台发展的保障条件。

（四）具备明确可考核的开放服务运行机制，建立较为完善的组织架构和支撑开放创新平台可持续发展的运营模式。

四、重点任务

（一）开展细分领域的技术创新

结合开放创新平台细分领域已有技术基础与产业资源，汇聚优势企业、科研院所、高校等创新力量，协同推动人工智能基础理论、模型方法、基础软硬件研究，服务和支撑人工智能前沿基础理论和关键技术创新。

（二）促进成果扩散与转化应用

积极探索开放创新平台成果转化与应用机制，以创新成果为牵引，有效整合相关技术、产业链和金融资源，汇聚上下游创新力量，构筑完整的技术和产业生态，推动经济社会高质量发展和民生改善。

（三）提供开放共享服务

开放创新平台面向细分领域建设标准测试数据集，促进数据开放和共享，形成标准化、模块化的模型、中间件及应用软件，以开放接口、模型库、算法包等方式向社会提供软硬件开放共享服务。

（四）引导中小微企业和行业开发者创新创业

在细分领域打造知识共享和经验交流社区，引导科技型中小微企业和创新创业人员基于开放创新平台开展产品研发、应用测试，降低技术与资源使用门槛，营造全行业协同创新创业的良好氛围。

五、组织管理

（一）推荐申请

符合上述申请条件、有意愿提供公共创新服务的建设主体结合自身技术基础和发展定位，选定一个明确的具体细分领域，撰写《国家新一代人工智能开放创新平台建设申请书》，通过依托单位自荐或所属省级科技主管部门推荐，择优向科技部申请。

（二）综合论证

科技部组织专家进行综合论证，论证专家由综合专家和领域专家组成。其中，综合专家从科技创新2030—“新一代人工智能”重大项目咨询专家组成员、已建开放创新平台负责人中遴选产生，领域专家主要从重大项目指南编制专家中遴选产生。综合论证主要采取会议论证方式开展，论证专家通过审阅开放创新平台建设申请书，听取申请单位汇报，从申请方向的合理性、依托单位的基础和能力、建设计划的可行性、开放服务的预期效果等方面进行综合质询和判定，形成综合论证意见。

（三）认定公布

科技部结合论证意见，综合考虑新一代人工智能技术发展需求、建设方向的整体布局，择优确定开放创新平台及其依托单位，按程序予以认定并向社会公布。

（四）运行管理

依托单位是国家新一代人工智能开放创新平台的建设主体和责任主体，鼓励依托单位根据国家战略和领域实际，积极探索适合自身发展特点的高效组织管理模式，建立有效的资源整合、协同创新、开放服务和利益分配机制，鼓励各开放创新平台间建立技术协作、经验交流和资源共享机制。

建立年度报告和重大事项报告制度，开放创新平台应定期总结工作情况，编写年度总结报告，经所属省级科技主管部门审核后报送科技部。科技部积极支持开放创新平台建设，并推动与国家新一代人工智能创新发展试验区建设的协同发展。省级科技主管部门应结合地区发展特点，积极推进开放创新平台建设，助力技术推广应用，并给予有利于其发展的相关政策支持。

建立开放创新平台退出机制。开放创新平台的依托单位应遵循《新一代人工智能治理原则》，发展负责任的人工智能，积极稳妥推进人工智能技术创新和产业发展，不断探索开放创新平台的绩效管理与评估机制。省级科技主管部门应及时向科技部反馈开放创新平台建设过程中存在的问题；科技部将对无法继续履行依托单位职责或产生严重社会不良影响的开放创新平台予以撤销。

附件：国家新一代人工智能开放创新平台建设申请材料提纲

附件

国家新一代人工智能开放创新平台建设申请材料提纲

一、平台建设的背景与意义
（一）产业现状及其发展趋势
（二）技术创新资源状况分析
（三）平台建设的必要性分析
二、平台建设的目标与内容
（一）平台建设目标
（二）平台建设内容
（三）平台建设进度
（四）平台考核指标
（五）依托单位情况
（六）资源整合情况
三、开放服务的机制与内容
（一）组织机构和运行机制
（二）开放服务内容与方式
（三）考核指标和预期成效
四、条件保障
（一）资金投入情况
（二）人员投入情况
（三）其他配套保障

科学技术部印发《关于新时期支持科技型中小企业加快创新发展的若干政策措施》的通知

国科发区〔2019〕268号

各省、自治区、直辖市及计划单列市科技厅（委、局），新疆生产建设兵团科技局：

为深入贯彻落实党中央、国务院支持民营企业发展的重大决策部署，加快推动民营企业特别是各类中小企业走创新驱动发展道路，强化对科技型中小企业的政策引导与精准支持，科技部制订了《关于新时期支持科技型中小企业加快创新发展的若干政策措施》。现印发给你们，请结合实际，认真贯彻执行。

科技部

2019年8月5日

（此件主动公开）

关于新时期支持科技型中小企业加快创新发展的若干政策措施

科技型中小企业是培育发展新动能、推动高质量发展的重要力量，科技创新能力是企业打不垮的竞争力。为深入贯彻习近平总书记在民营企业座谈会上的重要讲话精神，切实落实中央办公厅、国务院办公厅《关于促进中小企业健康发展的指导意见》，加快推动民营企业特别是各类中小企业走创新驱动发展道路，增强技术创新能力与核心竞争力，现就支持科技型中小企业创新发展提出以下政策措施。

一、总体思路

以习近平新时代中国特色社会主义思想为指导，全面贯彻党的十九大和十九届二中、三中全会精神，以培育壮大科技型中小企业主体规模、提升科技型中小企业创新能力为主要着力点，完善科技创新政策，加强创新服务供给，激发创新创业活力，引导科技型中小企业加大研发投入，完善技术创新体系，增强以科技创新为核心的企业竞争力，为推动高质量发展、支撑现代化经济体系建设发挥更加重要的作用。

二、主要措施

（一）培育壮大科技型中小企业主体规模

1. 完善创新创业孵化体系建设。加强专业化众创空间在重点地区和细分领域的梯次布局，推动专业化众创空间提升服务能力，在若干行业领域推动建立专业孵化器联盟，支撑科技型中小企业培育孵化。

2. 鼓励科研人员创新创业。推动出台支持科研人员离岗创业的实施细则，完善科研人员校企、院企共建双聘机制。支持持有外国人永久居留证的外籍高层次人才创办科技型企业，给予与中国籍公民同等待遇。

3. 强化考核评估导向。将科技型中小企业培育孵化情况列入国家高新区、国家自主创新示范区以及创新型省份、创新型城市、创新型县（市）等相关评价指标体系。完善科技型中小企业评价办法，扩大全国科技型中小企业数据库入库规模。

（二）强化科技创新政策完善与落实

4. 加大政策激励力度。推动研究制订提高科技型中小企业研发费用加计扣除比例、科技型初创企业普惠性税收减免等新的政策措施。

5. 加强政策落实与宣讲。进一步落实高新技术企业所得税减免、技术开发及技术转让增值税和所得税减免、小型微利企业免增值税和所得税减免等支持政策，推动降低执行门槛。加强现有政策宣传推广，在科技园区、众创空间、孵化器中开展面向科技型初创企业的重点政策解读。

（三）加大对科技型中小企业研发活动的财政支持

6. 加大财政资金支持力度。通过国家科技计划加大对中小企业科技创新的支持力度，调整完善科技计划立项、任务部署和组织管理方式，对中小企业研发活动给予直接支持。鼓励各级地方政府设立支持科技型中小企业技术研发的专项资金。

7. 支持承担国家科技计划项目。在国家重点研发计划、科技创新2030—重大项目等国家科技计划组织实施中，支持科技型中小企业广泛参与龙头骨干企业、高校、科研院所等牵头的项目，组建创新联合体“揭榜攻关”。对于任务体量和条件要求适宜的，鼓励科技型中小企业牵头申报。

（四）引导创新资源向科技型中小企业集聚

8. 推动完善企业研发体系。鼓励科技型中小企业制定企业科技创新战略，完善内部研发管理制度，推广应用创新方法。支持有条件的科技型中小企业建立内部研发平台、技术中心等，引进培育骨干创新团队，申请认定高新技术企业。支持有条件的科技型中小企业参与建设国家技术创新中心、企业国家重点实验室等。

9. 鼓励开展产学研协同创新。研究出台新时期强化产学研一体化创新的政策措施，引导科技型中小企业通过组建产业技术创新战略联盟、共设研发基金、共建实验室、研发众包等方式，共享创新资源、开展协同创新。

10. 加大科技资源集聚共享。支持国家高新区打造科技资源支撑型、高端人才引领型等特色载体，引导科技型中小企业集聚和开展专业化分工协作。推动科研机构、高等学校、大型企业搭建科技资源开放共享网络管理平台，促进科研仪器、实验设施等向科技型中小企业开放共享。

（五）扩大面向科技型中小企业的创新服务供给

11. 推广科技创新券。支持地方设立科技创新券专项资金，以政府购买公共服务方式对各类服务科技型中小企业的服务载体进行奖励或后补助。

12. 加强科技服务机构培育建设。制订出台促进新型研发机构发展的政策举措，开展新型研发机构培育建设试点，引导面向科技型中小企业创新需求开展成果转化与创新服务。在高等学校、科研院所培育建设一批专业化技术转移机构，为科技型中小企业吸纳科技成果提供专业化服务。

13. 搭建特色服务载体。建设全国科技型中小企业信息服务平台，举办科技型中小企业创新产品博览会，开展科技成果直通车，提供政策咨询、融资对接、技术转移、政府采购等综合服务。

（六）加强金融资本市场对科技型中小企业的支持

14. 加强创业投资引导。拓展国家科技成果转化引导基金功能，引导地方政府、社会资本成立专门投资科技型中小企业的“双创”基金，培育发展专注投资初创期科技型中小企业的天使投资。

15. 拓展企业融资渠道。开展贷款风险补偿试点，引导银行信贷支持转化科技成果的科技型中小企业。加强科技金融结合试点工作，加快推进投贷联动、知识产权质押、融资租赁等。实施“科技型中小企业成长路线图计划2.0”，为优质企业进入“新三板”、科创板上市融资提供便捷通道。

（七）鼓励科技型中小企业开展国际科技合作

16. 强化“一带一路”合作交流。探索开展“一带一路”产权交易与技术转移相关工作，为更多科技型中小企业与“一带一路”沿线国家开展科技合作营造良好的环境。

17. 加强国际人才交流对接。优先支持科技型中小企业参与“国际杰青计划”，帮助科技型中小企业与相关领域外国青年人才进行对接。支持科技型中小企业选派专业技术人才参加中长期出国（境）培训。

三、组织实施

（一）加强组织领导

科技部成立推进科技型中小企业创新发展工作小组，统筹推进有关工作。各级科技管理部门要牢固树立“创新不问出身、不分大小”理念，切实把营造良好创新创业环境作为转变政府职能、提升服务意识的根本要求，因地制宜制定出台相关支持政策，加大力度推动科技型中小企业创新发展。

（二）强化任务落实

加强对各项任务的细化分解，明确责任分工和时间节点，以抓铁有痕的决心和久久为功的毅力，持续推动各项任务落实。适时开展政策落实情况评估，定期报告工作进展，确保各项任务落实到位。

（三）开展总结宣传

结合国家创新调查工作，监测科技型中小企业发展情况，及时调整完善政策措施。总结科技型中小企业创新经验，加强对企业家精神和重大创新成果的宣传推广，引领和带动更多科技型中小企业实现创新发展。

科学技术部印发《关于促进新型研发机构发展的指导意见》的通知

国科发政〔2019〕313号

各省、自治区、直辖市及计划单列市、副省级城市科技厅（委、局），新疆生产建设兵团科技局：

为深入实施创新驱动发展战略，推动新型研发机构健康有序发展，提升国家创新体系整体效能，科技部制定了《关于促进新型研发机构发展的指导意见》，现印发给你们，请认真贯彻执行。

科技部

2019年9月12日

（此件主动公开）

关于促进新型研发机构发展的指导意见

为深入实施创新驱动发展战略，推动新型研发机构健康有序发展，提升国家创新体系整体效能，提出如下意见。

一、新型研发机构是聚焦科技创新需求，主要从事科学研究、技术创新和研发服务，投资主体多元化、管理制度现代化、运行机制市场化、用人机制灵活的独立法人机构，可依法注册为科技类民办非企业单位（社会服务机构）、事业单位和企业。

二、促进新型研发机构发展，要突出体制机制创新，强化政策引导保障，注重激励约束并举，调动社会各方参与。通过发展新型研发机构，进一步优化科研力量布局，强化产业技术供给，促进科技成果转移转化，推动科技创新和经济社会发展深度融合。

三、发展新型研发机构，坚持“谁举办、谁负责，谁设立、谁撤销”。举办单位（业务主管单位、出资人）应当为新型研发机构管理运行、研发创新提供保障，引导新型研发机构聚焦科学研究、技术创新和研发服务，避免功能定位泛化，防止向其他领域扩张。

四、新型研发机构一般应符合以下条件：

（一）具有独立法人资格，内控制度健全完善。

（二）主要开展基础研究、应用基础研究，产业共性关键技术研发、科技成果转移转化，以及研发服务等。

（三）拥有开展研发、试验、服务等所必需的条件和设施。

（四）具有结构相对合理稳定、研发能力较强的人才团队。

（五）具有相对稳定的收入来源，主要包括出资方投入，技术开发、技术转让、技术服务、技术咨询收入，政府购买服务收入以及承接科研项目获得的经费等。

五、多元投资设立的新型研发机构，原则上应实行理事会、董事会（以下简称“理事会”）决策制和院长、所长、总经理（以下简称“院所长”）负责制，根据法律法规和出资方协议制定章程，依照章程管理运行。

（一）章程应明确理事会的职责、组成、产生机制，理事长和理事的产生、任职资格，主要经费来源和业务范围，主营业务收益管理以及政府支持的资源类收益分配机制等。

（二）理事会成员原则上应包括出资方、产业界、行业领域专家以及本机构代表等。理事会负责选定院所长，制定修改章程、审定发展规划、年度工作计划、财务预决算、薪酬分配等重大事项。

（三）法定代表人一般由院所长担任。院所长全面负责科研业务和日常管理工作，推动内控管理和监督，执行理事会决议，对理事会负责。

（四）建立咨询委员会，就机构发展战略、重大科学技术问题、科研诚信和科研伦理等开展咨询。

六、新型研发机构应全面加强党的建设。根据《中国共产党章程》规定，设立党的组织，充分发挥党组织在新型研发机构中的战斗堡垒作用，强化政治引领，切实保证党的领导贯彻落实到位。

七、推动新型研发机构建立科学化的研发组织体系和内控制度，加强科研诚信和科研伦理建设。新型研发机构根据科学研究、技术创新和研发服务实际需求，自主确定研发选题，动态设立调整研发单元，灵活配置科研人员、组织研发团队、调配科研设备。

八、新型研发机构应采用市场化用人机制、薪酬制度，充分发挥市场机制在配置创新资源中的决定性作用，自主面向社会公开招聘人员，对标市场化薪酬合理确定职工工资水平，建立与创新能力和创新绩效相匹配的收入分配机制。以项目合作等方式在新型研发机构兼职开展技术研发和服务的高校、科研机构人员按照双方签订的合同进行管理。

九、新型研发机构应建立分类评价体系。围绕科学研究、技术创新和研发服务等，科学合理设置评价指标，突出创新质量和贡献，注重发挥用户评价作用。

十、鼓励新型研发机构实行信息披露制度，通过公开渠道面向社会公开重大事项、年度报告等。

十一、符合条件的新型研发机构，可适用以下政策措施。

（一）按照要求申报国家科技重大专项、国家重点研发计划、国家自然科学基金等各类政府科技项目、科技创新基地和人才计划。

（二）按照规定组织或参与职称评审工作。

（三）按照《中华人民共和国促进科技成果转化法》等规定，通过股权出售、股权奖励、股票期权、项目收益分红、岗位分红等方式，激励科技人员开展科技成果转化。

（四）结合产业发展实际需求，构建产业技术创新战略联盟，探索长效稳定的产学研结合机制，组织开展产业技术研发创新、制订行业技术标准。

（五）积极参与国际科技和人才交流合作。建设国家国际科技合作基地和国家引才引智示范基地；开发国外人才资源，吸纳、集聚、培养国际一流的高层次创新人才；联合境外知名大学、科研机构、跨国公司等开展研发，设立研发、科技服务等机构。

十二、鼓励设立科技类民办非企业单位（社会服务机构）性质的新型研发机构。科技类民办非企业单位应依法进行登记管理，运营所得利润主要用于机构管理运行、建设发展和研发创新等，出资方不得分红。符合条件的科技类民办非企业单位，按照《中华人民共和国企业所得税法》《中华人民共和国企业所得税法实施条例》以及非营利组织企业所得税、职务科技成果转化个人所得税、科技创新进口税收等规定，享受税收优惠。

十三、企业类新型研发机构应按照《中华人民共和国公司登记管理条例》进行登记管理。鼓励企业类新型研发机构运营所得利润不进行分红，主要用于机构管理运行、建设发展和研发创新等。依照《财政部国家税务总局科技部关于完善研究开发费用税前加计扣除政策的通知》（财税〔2015〕119号），企业类新型研发机构享受税前加计扣除政策。依照《高新技术企业认定管理办法》（国科发火〔2016〕32号），企业类新型研发机构可申请高新技术企业认定，享受相应税收优惠。

十四、地方政府可根据区域创新发展需要，综合采取以下政策措施，支持新型研发机构建设发展。

（一）在基础条件建设、科研设备购置、人才住房配套服务以及运行经费等方面给予支持，推动新型研发机构有序建设运行。

（二）采用创新券等支持方式，推动企业向新型研发机构购买研发创新服务。

（三）组织开展绩效评价，根据评价结果给予新型研发机构相应支持。

十五、鼓励地方通过中央引导地方科技发展专项资金，支持新型研发机构建设运行。鼓励国家科技成果转化引导基金，支持新型研发机构转移转化利用财政资金等形成的科技成果。

十六、科技部组织开展新型研发机构跟踪评价，建设新型研发机构数据库，发布新型研发机构年度报告。将新型研发机构纳入创新调查和统计调查制度实施范围，逐步推动规模以下企业类新型研发机构纳入国家统计范围。地方科技行政管理部门负责协调推动本地区新型研发机构建设发展、开展监测评价、进行动态调整等工作。

十七、建立新型研发机构监督问责机制。对发生违反科技计划、资金等管理规定，违背科研伦理、学风作风、科研诚信等行为的新型研发机构，依法依规予以问责处理。

十八、地方可参照本意见，立足实际、突出特色，研究制定促进新型研发机构发展的政策措施开展先行先试。

海南省全面禁止生产、销售和使用一次性不可降解塑料制品实施方案

为深入贯彻落实《中共中央、国务院关于支持海南全面深化改革开放的指导意见》精神，积极推进国家生态文明试验区建设，加强塑料废弃物污染防治工作，制定本方案。

一、指导思想

以习近平新时代中国特色社会主义思想为指导，全面贯彻落实党的十九大和十九届二中、三中全会精神，贯彻落实习近平生态文明思想，牢固树立和全面践行绿水青山就是金山银山的理念，按照绿色、循环、低碳发展要求，实行最严格的生态环境保护制度，在全省范围内全面禁止生产、销售和使用一次性不可降解塑料制品，为巩固和改善我省一流的生态环境质量提供保障，为全国生态文明建设做出表率。

二、工作目标

2019年底前，建立健全全省禁止生产、销售和使用一次性不可降解塑料制品的地方性法规及标准体系，完善监管和执法体系，形成替代产品供给能力。2020年底前，全省全面禁止生产、销售和使用一次性不可降解塑料袋、塑料餐具。2025年底前，全省全面禁止生产、销售和使用列入《海南省禁止生产销售使用一次性不可降解塑料制品名录（试行）》的塑料制品。

三、工作任务

（一）建立协同推进的禁塑工作机制

1. 建立工作机制。建立健全全省各级禁止生产、销售和使用一次性不可降解塑料制品工作（以下简称“禁塑工作”）协调机制，统筹协调全省禁塑工作。充分协调社会组织参与，调动相关机构技术资源，提高禁塑工作效率，发挥科研院所、高校、环保咨询机构等社会组织作用，发动公众广泛参与禁塑工作。（牵头单位：省生态环境厅，完成时间：2020年12月）

2. 搭建工作平台。利用大数据、互联网等信息化技术，建立全省禁塑工作管理大数据平台，应用手机客户端等媒介发动社会各界参与禁塑，实现技术研发、企业信息、产品检测认证、标准规范、全流程追溯、监管执法、监督举报等信息统一在平台进行管理和调度使用。（牵头单位：省生态环境厅，责任单位：省工业和信息化厅、省市场监督管理局、省发展改革委、省商务厅；完成时间：2020年12月）

（二）完善政策法规体系

1. 修订完善地方性法规。做好禁止生产、销售和使用一次性不可降解塑料制品顶层设计，修改《海南经济特区限制生产运输销售贮存使用一次性塑料制品规定》。（牵头单位：省生态环境厅，责任单位：省人大常委会法工委、省司法厅、省发展改革委、省农业农村厅、省住房城乡建设厅、省交通运输厅、省工业和信息化厅、省商务厅、省市场监督管理局；完成时间：2019年12月）

2. 制定并动态更新禁塑制品名录。制定颁布并动态更新《海南省禁止生产销售使用一次性不可降解塑料制品名录（试行）》，结合省情和发展需求，动态更新省内禁止生产、销售和使用的一次性不可降解塑料制品种类。（牵头单位：省生态环境厅，责任单位：省发展改革委、省商务厅、省工业和信息化厅、省市场监督管理局；第一批名录发布时间：2019年12月）

3. 落实国家相关鼓励政策。积极落实国家鼓励循环利用资源、绿色制造、绿色金融、绿色消费、绿色采购等优惠政策，对从事一次性全生物降解塑料制品生产、使用以及再生资源回收的企业给予政策倾斜。（牵头单位：省发展改革委，责任单位：省财政厅、省工业和信息化厅、省生态环境厅、省商务厅、省地方金融监督管理局；完成时间：长期）

4. 制定差异化产业政策。研究制定针对一次性

全生物降解塑料制品差异化产业政策，采用补贴、产业引导基金等经济手段，引导资金投资方向，扶持生物降解行业中小型创新企业，推动一次性全生物降解塑料制品研发生产、销售和使用。（牵头单位：省发展改革委，责任单位：省工业和信息化厅、省财政厅、省生态环境厅；完成时间：2019 年 12 月）

（三）稳步推进禁塑工作

1. 实施重点行业禁塑工作。在全省党政机关、事业单位、学校、大型国有企业等单位食堂，主要旅游景区、大型超市、大型商场、医院等行业和场所及政府相关单位主办的大型会议、会展等活动禁止提供、销售和使用列入名录的一次性不可降解塑料袋、塑料餐具等制品。〔牵头单位：省机关事务管理局、省教育厅、省旅游和文化广电体育厅、省市场监督管理局、省卫生健康委、省国资委按职责分工落实，责任单位：各市县人民政府（含洋浦经济开发区管委会，下同）；完成时间：2020 年 6 月〕

2. 分种类逐步推进全面禁塑。分种类分阶段逐步禁止塑料袋、塑料餐具、农用地膜、快递包装等领域的一次性不可降解塑料制品生产、销售和使用。2020 年底前全省范围内全面禁止生产、销售和使用一次性不可降解塑料袋、塑料餐具。（牵头单位：省生态环境厅，配合单位：省发展改革委、省市场监督管理局，责任单位：各市县人民政府；完成时间：2020 年 12 月）

2025 年底前建立并完善回收治理体系和优惠政策，引导农民使用一次性全生物降解塑料农用地膜，快递企业使用全生物降解塑料快递包装物，在全省范围内全面禁止生产、使用和销售所有列入《海南省禁止生产销售使用一次性不可降解塑料制品名录（试行）》的塑料制品。（牵头单位：省农业农村厅、省邮政管理局按职责分工落实，配合单位：省生态环境厅、省财政厅、省市场监督管理局，责任单位：各市县人民政府；完成时间：2025 年 12 月）

（四）促进全生物降解塑料替代产品的研发和推广

1. 开展标准体系建设。研究制定全生物降解塑料制品相关标准。建立和完善全生物降解塑料袋、塑料餐具等系列产品的技术标准体系，严格执行国家相关标准和规范。按照标准要求，推广全生物降解技术，根据需要制定地方标准，鼓励企业制定高标准的全生物降解塑料制品等相关产品标准，促进全生物降解塑料技术水平的提升，推进全生物降解塑料的研发和推广。（牵头单位：省生态环境厅，责任单位：省市场监督管理局、省工业和信息化厅；完成时间：长期）

2. 推动实施全生物降解塑料制品检测认证。会同国家检测认证管理部门建立健全全生物降解塑料制品检测认证制度，加强与国内权威的全生物降解制品质量检测认证机构对接，推动我省全生物降解塑料制品质量检测认证工作。（牵头单位：省市场监督管理局，责任单位：省生态环境厅；完成时间：2019 年 12 月）

3. 鼓励全生物降解塑料材料研发和推广。鼓励聚乳酸（PLA）、聚己二酸/对苯二甲酸丁二酯（PBAT）及其他全生物降解塑料产品的研发和生产。建立全生物降解塑料产业示范基地，组织制定产业发展规划，引进先进企业与本地企业合作，提高岛内一次性全生物降解塑料制品生产能力，培育良好的产业和市场环境，保证一次性全生物降解塑料制品替代生产和禁塑工作顺利实施。（牵头单位：省工业和信息化厅，责任单位：省生态环境厅、省发展改革委、省商务厅、省科技厅；完成时间：2020 年 12 月）

（五）建立完善塑料制品回收利用体系

1. 推进生活垃圾分类。扎实推进全省城镇生活垃圾分类工作，逐步实现生活垃圾中塑料制品分类收集，鼓励对分类收集的塑料制品进行资源综合利用，采用综合利用方式处理生活垃圾中的一次性不可降解塑料制品。（牵头单位：省住房城乡建设厅，配合单位：省生态环境厅、省商务厅，责任单位：各市县人民政府；完成时间：长期）

2. 合理规划建设塑料制品再生资源回收功能网点。统筹布局规划全省再生资源回收网点，积极推进再生资源利用相关网点和项目建设，引导和扶持再生资源回收利用产业发展，推动废弃塑料制品回收再利用。（牵头单位：省商务厅，配合单位：省自然资源与规划厅、省生态环境厅、省住房城乡建设厅、省工业和信息化厅，责任单位：各市县人民政府；完成时间：长期）

3. 推行生产者责任延伸制度。探索在一次性不可降解塑料制品回收领域推行生产者责任延伸制度，督促生产和销售企业，利用其销售网络回收废弃的一次性不可降解塑料制品，并对回收的塑料制品进行资源化利用，提高回收利用效率。

探索在饮料瓶等一次性塑料标准包装物领域推

行押金回收制度，通过押金回退的方式，引导驱动一次性塑料标准包装物回收，着力解决回收体系“最后一公里”的难题。（牵头单位：省发展改革委，配合单位：省工业和信息化厅、省商务厅、省生态环境厅，责任单位：各市县人民政府；完成时间：2020 年 12 月）

（六）强化市场监督执法闭环管理

1. 严格一次性不可降解塑料制品生产准入和监管。自本方案发布之日起停止新建和改扩建一次性不可降解塑料制品生产项目，凡属于禁塑范围的一次性不可降解塑料制品生产项目，全省各级政府和相关部门不得办理供地、备案、环评、施工许可等手续，严厉打击非法生产和加工一次性不可降解塑料制品行为，对存在不符合产业政策、产品不符合质量标准、环保手续不全、污染物超标排放、加工利用洋垃圾等违法行为的单位和个人，严格按照法律法规要求从严从重进行查处。到 2020 年底全面淘汰关停我省列入禁塑名录的一次性不可降解塑料制品生产企业。（牵头单位：省发展改革委、省工业和信息化厅、省生态环境厅按职责分工落实，配合单位：省市场监督管理局，责任单位：各市县人民政府；完成时间：2020 年 12 月）

2. 建立全生物降解塑料制品可追溯体系。利用禁塑工作管理大数据平台，将省内全生物降解塑料制品生产企业信息和产品信息纳入平台管理，实现省内销售的全生物降解塑料制品在数据平台上的质量认证、产品流转登记等信息管理和共享，保障全流程可追溯，推动市场监管执法信息化。（牵头单位：省生态环境厅，责任单位：省市场监督管理局、省发展改革委、省工业和信息化厅、省商务厅；完成时间：2020 年 12 月）

3. 禁止省外一次性不可降解塑料制品进入。加强部门联动，建立定期和不定期联合抽查执法制度，强化全省口岸及非设关地管理，依法禁止不符合我省禁塑工作要求的一次性不可降解塑料制品进入省内销售，严厉打击非法倒卖一次性不可降解塑料制品等行为。（牵头单位：省交通运输厅、省市场监督管理局，配合单位：省邮政管理局、省商务厅，责任单位：各市县人民政府；完成时间：长期）

4. 加强省内一次性塑料制品生产销售使用监管。加强省内塑料制品生产销售使用监管，针对一次性塑料制品生产及流通环境的企业和商户开展执法巡查，将违规生产、销售和使用一次性不可降解塑料制品的企业、个人相关违法行为纳入社会信用体系。对列入黑名单的，及时上报国家平台，在全国范围内实行联合惩戒。（牵头单位：省市场监督管理局、省商务厅、省工业和信息化厅、省生态环境厅、省发展改革委按职责分工落实，责任单位：各市县人民政府；完成时间：长期）

（七）大力推行绿色生活方式

1. 加强舆论宣传教育。充分利用报刊、广播、电视、网络等各种媒体，深入宣传禁塑工作的重要意义和有关要求，广泛动员社会力量积极参与、支持禁止使用一次性不可降解塑料制品，为禁塑工作实施创造良好的舆论氛围。（牵头单位：省委宣传部，配合单位：省生态环境厅、省发展改革委，责任单位：各市县人民政府；完成时间：长期）

2. 加强青少年绿色生活方式教育。将生态文明教育列入全省义务教育学校课程，通过课堂教学、主题讲座、研学旅行、课外实践等多种方式，推进青少年形成绿色生活方式的健康理念。（牵头单位：省教育厅，责任单位：各市县人民政府；完成时间：长期）

3. 推动绿色低碳生活方式。开展绿色低碳生活方式公众教育，通过对公众开展志愿服务、主题活动、公开讲座、公益广告等多种形式的绿色低碳生活宣传教育，倡导“拎起菜篮子、提起布袋子”，鼓励实行垃圾分类，减少一次性不可降解塑料制品使用，引导全社会自觉践行绿色低碳生活方式。（牵头单位：省妇女儿童工委，配合单位：省委宣传部、省生态环境厅、省发展改革委，责任单位：各市县人民政府；完成时间：长期）

四、保障措施

（一）加强组织领导。在省委和省政府统一领导下，成立禁塑工作专项协调机构，统筹组织、调度、协调全省禁塑工作。各市县和有关部门要高度重视禁塑工作，将禁塑列入重点工作任务，成立工作机构，制定具体实施方案，明确任务目标，层层分解落实责任，确保按时推进和实施全省禁塑。

（二）强化督查考核。建立禁塑工作定期调度制度，对各市县及部门工作落实情况进行督查考核。按照党政领导干部生态环境损害责任追究相关规定对工作不力、进度缓慢的市县政府和相关部门负责人进行约谈和问责。

（三）开展成效评估。引入第三方调查评估机构，按各项工作时间节点，对禁塑工作开展推进情况和成效进行评估，评估结果作为对各市县和相关部门督查考核的依据。

（四）保障工作经费。按分级保障原则，由省、市县（含洋浦经济开发区管委会）财政分别予以保障。省财政负担的部分，省级有关部门编制经费使用方案，报省财政部门审核后，纳入各部门预算。市县（含洋浦经济开发区管委会）财政负担部分，由同级财政部门根据工作需要统筹安排。

2020 年塑料及其制品海关进出口税率

商品编码	附加编号	商品名称	进口税率		出口税率	增值税	消费税	计量单位	监管条件
			优惠	普通					
39011000	01	初级形状相对密度<0.94 的聚乙烯	6.5	45.0	0.0	13.0	0.0	千克	A
39011000	90	初级形状相对密度<0.94 的聚乙烯	6.5	45.0	0.0	13.0	0.0	千克	A
39012000	01	初级形状相对密度≥0.94 的聚乙烯	6.5	45.0	0.0	13.0	0.0	千克	A
39012000	90	初级形状相对密度≥0.94 的聚乙烯	6.5	45.0	0.0	13.0	0.0	千克	A
39013000		初级形状乙烯-乙酸乙烯酯共聚物	6.5	45.0	0.0	13.0	0.0	千克	A
39019010		乙烯-丙烯共聚物（乙丙橡胶）	6.5	45.0	0.0	13.0	0.0	千克	A
39019020		线型低密度聚乙烯	6.5	45.0	0.0	13.0	0.0	千克	A
39019090		其他初级形状的乙烯聚合物	6.5	45.0	0.0	13.0	0.0	千克	A
39021000	10	电工级初级形状聚丙烯树脂	6.5	45.0	0.0	13.0	0.0	千克	A
39021000	90	其他初级形状的聚丙烯	6.5	45.0	0.0	13.0	0.0	千克	A
39022000		初级形状的聚异丁烯	6.5	45.0	0.0	13.0	0.0	千克	AB
39023010		乙烯-丙烯共聚物（乙丙橡胶）	6.5	45.0	0.0	13.0	0.0	千克	
39023090		其他初级形状的丙烯共聚物	6.5	45.0	0.0	13.0	0.0	千克	
39029000	10	端羧基聚丁二烯，CTPB	6.5	45.0	0.0	13.0	0.0	千克	3
39029000	20	端羟基聚丁二烯，HTPB	6.5	45.0	0.0	13.0	0.0	千克	3
39029000	90	其他初级形状的烯烃聚合物	6.5	45.0	0.0	13.0	0.0	千克	
39031100		初级形状的可发性聚苯乙烯	6.5	45.0	0.0	13.0	0.0	千克	A
39031900		初级形状的其他聚苯乙烯	6.5	45.0	0.0	13.0	0.0	千克	A

续表

商品编码	附加编号	商品名称	进口税率		出口税率	增值税	消费税	计量单位	监管条件
			优惠	普通					
39032000		初级形状苯乙烯-丙烯腈共聚物	12.0	45.0	0.0	13.0	0.0	千克	
39033000		丙烯腈-丁二烯-苯乙烯共聚物	6.5	45.0	0.0	13.0	0.0	千克	A
39039000		初级形状的其他苯乙烯聚合物	6.5	45.0	0.0	13.0	0.0	千克	
39041010		聚氯乙烯糊树脂	6.5	45.0	0.0	13.0	0.0	千克	A
39041090	01	聚氯乙烯纯粉	6.5	45.0	0.0	13.0	0.0	千克	A
39041090	90	其他初级形状的纯聚氯乙烯	6.5	45.0	0.0	13.0	0.0	千克	A
39042100		初级形状未塑化的聚氯乙烯	6.5	45.0	0.0	13.0	0.0	千克	
39042200		初级形状已塑化的聚氯乙烯	6.5	45.0	0.0	13.0	0.0	千克	
39043000		氯乙烯-乙酸乙烯酯共聚物	9.0	45.0	0.0	13.0	0.0	千克	
39044000		初级形状的其他氯乙烯共聚物	12.0	45.0	0.0	13.0	0.0	千克	
39045000		初级形状的偏二氯乙烯聚合物	6.5	45.0	0.0	13.0	0.0	千克	
39046100		初级形状的聚四氟乙烯	10.0	45.0	0.0	13.0	0.0	千克	
39046900		初级形状的其他氟聚合物	6.5	45.0	0.0	13.0	0.0	千克	
39049000		初级形状的其他卤化烯烃聚合物	10.0	45.0	0.0	13.0	0.0	千克	
39051200		聚乙酸乙烯酯的水分散体	10.0	45.0	0.0	13.0	0.0	千克	
39051900		其他初级形状聚乙酸乙烯酯	10.0	45.0	0.0	13.0	0.0	千克	
39052100		乙酸乙烯酯共聚物的水分散体	10.0	45.0	0.0	13.0	0.0	千克	
39052900		其他初级形状的乙酸乙烯酯共聚物	10.0	45.0	0.0	13.0	0.0	千克	
39053000		初级形状的聚乙烯醇	14.0	45.0	0.0	13.0	0.0	千克	AB
39059100		其他乙烯酯或乙烯基的共聚物	10.0	45.0	0.0	13.0	0.0	千克	
39059900		其他乙烯酯或乙烯基的聚合物	10.0	45.0	0.0	13.0	0.0	千克	
39061000		初级形状的聚甲基丙烯酸甲酯	6.5	45.0	0.0	13.0	0.0	千克	

续表

商品编码	附加编号	商品名称	进口税率		出口税率	增值税	消费税	计量单位	监管条件
			优惠	普通					
39069010		聚丙烯酰胺	6.5	45.0	0.0	13.0	0.0	千克	AB
39069090	01	聚丙烯酸钠	6.5	45.0	0.0	13.0	0.0	千克	
39069090	90	其他初级形状的丙烯酸聚合物	6.5	45.0	0.0	13.0	0.0	千克	
39071010		初级形状的聚甲醛	6.5	45.0	0.0	13.0	0.0	千克	
39071090		其他初级形状的聚缩醛	6.5	45.0	0.0	13.0	0.0	千克	
39072010		聚四亚甲基醚二醇	6.5	45.0	0.0	13.0	0.0	千克	
39072090		初级形状的其他聚醚	6.5	45.0	0.0	13.0	0.0	千克	
39073000	01	初级形状溴质量分数≥18%或进口 CIF 价	6.5	45.0	0.0	13.0	0.0	千克	
39073000	90	初级形状的环氧树脂	6.5	45.0	0.0	13.0	0.0	千克	
39074000		初级形状的聚碳酸酯	6.5	45.0	0.0	13.0	0.0	千克	
39075000		初级形状的醇酸树脂	10.0	45.0	0.0	13.0	0.0	千克	
39076011		高粘度聚对苯二甲酸乙二酯切片	6.5	45.0	0.0	13.0	0.0	千克	A
39076019		其他聚对苯二甲酸乙二酯切片	6.5	45.0	0.0	13.0	0.0	千克	A
39076090		其他初级形状聚对苯二甲酸乙二酯	6.5	45.0	0.0	13.0	0.0	千克	A
39077000		初级形状的聚乳酸	6.5	45.0	0.0	13.0	0.0	千克	
39079100		初级形状的不饱和聚酯	6.5	45.0	0.0	13.0	0.0	千克	
39079910	01	未经增强或改性的初级形状 PBT 树	6.5	45.0	0.0	13.0	0.0	千克	
39079910	90	其他聚对苯二甲酸丁二酯	6.5	45.0	0.0	13.0	0.0	千克	
39079990		初级形状的其他聚酯	6.5	45.0	0.0	13.0	0.0	千克	AB
39081011		聚酰胺-6，6 切片	6.5	45.0	0.0	13.0	0.0	千克	
39081019	10	尼龙 11、尼龙 12 切片	6.5	45.0	0.0	13.0	0.0	千克	
39081019	90	聚酰胺-6 切片等	6.5	45.0	0.0	13.0	0.0	千克	
39081090		其他初级形状的聚酰胺-6，6 等	6.5	45.0	0.0	13.0	0.0	千克	
39089000		初级形状的其他聚酰胺	10.0	45.0	0.0	13.0	0.0	千克	
39091000		初级形状的尿素树脂及硫尿树脂	6.5	45.0	0.0	13.0	0.0	千克	

续表

商品编码	附加编号	商品名称	进口税率		出口税率	增值税	消费税	计量单位	监管条件
			优惠	普通					
39092000		初级形状的蜜胺树脂	6.5	45.0	0.0	13.0	0.0	千克	
39093010		聚亚甲基苯基异氰酸酯（聚合 MDI）	6.5	35.0	0.0	13.0	0.0	千克	
39093090		其他初级形状的氨基树脂	6.5	45.0	0.0	13.0	0.0	千克	
39094000		初级形状的酚醛树脂	6.5	45.0	0.0	13.0	0.0	千克	
39095000		初级形状的聚氨基甲酸酯	6.5	45.0	0.0	13.0	0.0	千克	
39100000		初级形状的聚硅氧烷	6.5	45.0	0.0	13.0	0.0	千克	
39111000		初级形状的石油树脂等	6.5	45.0	0.0	13.0	0.0	千克	
39119000	01	芳基酸与芳基胺预缩聚物	6.5	45.0	0.0	13.0	0.0	千克	
39119000	03	改性三羟乙基脲酸酯类预缩聚物	6.5	45.0	0.0	13.0	0.0	千克	
39119000	04	聚苯硫醚	6.5	45.0	0.0	13.0	0.0	千克	
39119000	05	偏苯三酸酐和异氰酸预缩聚物	6.5	45.0	0.0	13.0	0.0	千克	
39119000	90	其他初级形状的多硫化物、聚砜等	6.5	45.0	0.0	13.0	0.0	千克	
39121100	01	未塑化二醋酸纤维素等	6.5	40.0	0.0	13.0	0.0	千克	
39121100	90	初级形状的未塑化醋酸纤维素	6.5	40.0	0.0	13.0	0.0	千克	
39121200		初级形状的已塑化醋酸纤维素	6.5	40.0	0.0	13.0	0.0	千克	
39122000		初级形状的硝酸纤维素	6.5	45.0	0.0	13.0	0.0	千克	
39123100		初级形状的羧甲基纤维素及其盐	6.5	45.0	0.0	13.0	0.0	千克	
39123900		初级形状的其他纤维素醚	6.5	45.0	0.0	13.0	0.0	千克	
39129000		初级形状的其他未列名的纤维素	6.5	45.0	0.0	13.0	0.0	千克	
39131000		初级形状的藻酸及盐和酯	10.0	45.0	0.0	13.0	0.0	千克	AB
39139000		初级形状的其他未列名天然聚合物	6.5	50.0	0.0	13.0	0.0	千克	
39140000		初级形状的离子交换剂	6.5	45.0	0.0	13.0	0.0	千克	

续表

商品编码	附加编号	商品名称	进口税率		出口税率	增值税	消费税	计量单位	监管条件
			优惠	普通					
39151000		乙烯聚合物的废碎料及下脚料	6.5	50.0	0.0	13.0	0.0	千克	AP
39152000		苯乙烯聚合物的废碎料及下脚料	6.5	50.0	0.0	13.0	0.0	千克	AP
39153000		氯乙烯聚合物的废碎料及下脚料	6.5	50.0	0.0	13.0	0.0	千克	AP
39159010		聚对苯二甲酸乙二酯废碎料及下脚	6.5	50.0	0.0	13.0	0.0	千克	AP
39159090		其他塑料的废碎料及下脚料	6.5	50.0	0.0	13.0	0.0	千克	AP
39161000		乙烯聚合物制单丝，条，杆及型材	10.0	45.0	0.0	13.0	0.0	千克	
39162000		氯乙烯聚合物制单丝，条，杆及型材	10.0	45.0	0.0	13.0	0.0	千克	
39169010		聚酰胺制的单丝，条，杆及型材	10.0	45.0	0.0	13.0	0.0	千克	
39169090		其他塑料制单丝，条，杆及型材	10.0	45.0	0.0	13.0	0.0	千克	
39171000		硬化蛋白或纤维素材料制人造肠衣	10.0	50.0	0.0	13.0	0.0	千克	A
39172100		乙烯聚合物制的硬管	10.0	45.0	0.0	13.0	0.0	千克	
39172200		丙烯聚合物制的硬管	10.0	45.0	0.0	13.0	0.0	千克	
39172300		氯乙烯聚合物制的硬管	10.0	45.0	0.0	13.0	0.0	千克	
39172900		其他塑料制的硬管	10.0	45.0	0.0	13.0	0.0	千克	
39173100		塑料制的软管	10.0	45.0	0.0	13.0	0.0	千克	
39173200		其他未装有附件的塑料制管子	6.5	45.0	0.0	13.0	0.0	千克	
39173300		其他装有附件的塑料管子	6.5	45.0	0.0	13.0	0.0	千克	
39173900		塑料制的其他管子	6.5	45.0	0.0	13.0	0.0	千克	
39174000		塑料制的管子附件	10.0	45.0	0.0	13.0	0.0	千克	
39181010		氯乙烯聚合物制糊墙品	10.0	45.0	0.0	13.0	0.0	千克	
39181090		氯乙烯聚合物制的铺地制品	10.0	45.0	0.0	13.0	0.0	千克	

续表

商品编码	附加编号	商品名称	进口税率		出口税率	增值税	消费税	计量单位	监管条件
			优惠	普通					
39189010		其他塑料制的糊墙品	10.0	45.0	0.0	13.0	0.0	千克	
39189090		其他塑料制的铺地制品	10.0	45.0	0.0	13.0	0.0	千克	
39191010		丙烯酸树脂类为主的自粘塑料板等	6.5	45.0	0.0	13.0	0.0	千克	
39191091		宽度≤20厘米的胶囊型反光膜	6.5	45.0	0.0	13.0	0.0	千克	
39191099		其他宽度≤20厘米的自粘塑料板片等	6.5	45.0	0.0	13.0	0.0	千克	
39199010		其他胶囊型反光膜	6.5	45.0	0.0	13.0	0.0	千克	
39199090		其他自粘塑料板，片，膜等材料	6.5	45.0	0.0	13.0	0.0	千克	
39201010		乙烯聚合物制电池隔膜	6.5	45.0	0.0	10.0	0.0	千克	
39201090	01	乙烯-四氟乙烯膜（四氟乙烯单体）	6.5	45.0	0.0	13.0	0.0	千克	
39201090	10	农用非泡沫聚乙烯薄膜	6.5	45.0	0.0	10.0	0.0	千克	
39201090	90	其他非泡沫乙烯聚合物板，片，膜，箔及扁条	6.5	45.0	0.0	13.0	0.0	千克	
39202010		丙烯聚合物制电池隔膜	6.5	45.0	0.0	13.0	0.0	千克	
39202090	10	农用非泡沫聚丙烯薄膜	6.5	45.0	0.0	10.0	0.0	千克	
39202090	90	非泡沫丙烯聚合物板，片，膜，箔及扁条	6.5	45.0	0.0	13.0	0.0	千克	
39203000		非泡沫苯乙烯聚合物板，片，膜，箔及扁条	6.5	45.0	0.0	13.0	0.0	千克	
39204300	10	农用软质聚氯乙烯薄膜	6.5	45.0	0.0	13.0	0.0	千克	
39204300	90	氯乙烯聚合物板，片，膜，箔及扁条	6.5	45.0	0.0	13.0	0.0	千克	
39204900	10	其他农用软质聚氯乙烯薄膜	6.5	45.0	0.0	13.0	0.0	千克	
39204900	90	其他氯乙烯聚合物板，片，膜，箔及扁条	6.5	45.0	0.0	13.0	0.0	千克	
39205100		聚甲基丙烯酸甲酯板片膜箔及扁条	6.5	45.0	0.0	13.0	0.0	千克	
39205900		其他丙烯酸聚合物板片膜箔及扁条	6.5	45.0	0.0	13.0	0.0	千克	

续表

商品编码	附加编号	商品名称	进口税率		出口税率	增值税	消费税	计量单位	监管条件
			优惠	普通					
39206100		聚碳酸酯制板，片，膜，箔，扁条	6.5	45.0	0.0	13.0	0.0	千克	
39206200	01	9微米≤厚≤15.9微米聚酯薄膜	6.5	45.0	0.0	13.0	0.0	千克	
39206200	02	5微米≤厚≤8.9微米聚酯薄膜	6.5	45.0	0.0	13.0	0.0	千克	
39206200	03	16微米≤厚≤29.9微米聚酯薄膜	6.5	45.0	0.0	13.0	0.0	千克	
39206200	04	50微米≤厚≤99.9微米聚酯薄膜	6.5	45.0	0.0	13.0	0.0	千克	
39206200	09	其他聚对苯二甲酸乙二酯板片膜等	6.5	45.0	0.0	13.0	0.0	千克	
39206300		不饱和聚酯板，片，膜，箔及扁条	10.0	45.0	0.0	13.0	0.0	千克	
39206900		其他聚酯板，片，膜，箔及扁条	10.0	45.0	0.0	13.0	0.0	千克	
39207100		再生纤维素制板，片，膜，箔及扁条	6.5	45.0	0.0	13.0	0.0	千克	
39207300		醋酸纤维素制板，片，膜，箔及扁条	6.5	45.0	0.0	13.0	0.0	千克	
39207900		其他纤维素衍生物制板，片，膜箔及扁条	10.0	45.0	0.0	13.0	0.0	千克	
39209100	01	聚乙烯醇缩丁醛膜	6.5	45.0	0.0	13.0	0.0	千克	
39209100	90	聚乙烯醇缩丁醛板，片，箔，扁条	6.5	45.0	0.0	13.0	0.0	千克	
39209200		聚酰胺板，片，膜，箔，扁条	10.0	45.0	0.0	13.0	0.0	千克	
39209300		氨基树脂板，片，膜，箔，扁条	6.5	45.0	0.0	13.0	0.0	千克	
39209400		酚醛树脂板，片，膜，箔，扁条	10.0	45.0	0.0	13.0	0.0	千克	
39209910		聚四氟乙烯制非泡沫塑料板，片，箔	6.5	45.0	0.0	13.0	0.0	千克	
39209990		其他非泡沫塑料板，片，膜，箔，扁条	6.5	45.0	0.0	13.0	0.0	千克	

续表

商品编码	附加编号	商品名称	进口税率		出口税率	增值税	消费税	计量单位	监管条件
			优惠	普通					
39211100		泡沫聚苯乙烯板，片，带，箔，扁条	10.0	45.0	0.0	13.0	0.0	千克	
39211210		泡沫聚氯乙烯人造革及合成革	9.0	70.0	0.0	13.0	0.0	千克	5
39211290		泡沫聚氯乙烯板，片，带，箔，扁条	6.5	45.0	0.0	13.0	0.0	千克	5
39211310		泡沫聚氨酯制人造革及合成革	9.0	70.0	0.0	13.0	0.0	千克	5
39211390		泡沫聚氨酯板，片，带，箔，扁条	6.5	45.0	0.0	13.0	0.0	千克	5
39211400		泡沫再生纤维素板，片，膜，箔，扁条	10.0	45.0	0.0	13.0	0.0	千克	
39211910		其他泡沫塑料制人造革及合成革	9.0	45.0	0.0	13.0	0.0	千克	
39211990		其他泡沫塑料板，片，膜，箔，扁条	6.5	45.0	0.0	13.0	0.0	千克	
39219020		以聚乙烯为基本成分的板片	6.5	45.0	0.0	13.0	0.0	千克	
39219030		聚异丁烯为基本成分的板片卷材	6.5	45.0	0.0	13.0	0.0	千克	
39219090	01	离子交换膜	6.5	45.0	0.0	13.0	0.0	千克	5
39219090	10	敏感物项管制结构复合材料的层压	6.5	45.0	0.0	13.0	0.0	千克	35
39219090	90	未列名塑料板，片，膜，箔，扁条	6.5	45.0	0.0	13.0	0.0	千克	5
39221000		塑料浴缸，淋浴盘，洗涤槽及盥洗盆	10.0	80.0	0.0	13.0	0.0	千克	
39222000	10	含濒危动物成分的塑料马桶座圈及盖	10.0	80.0	0.0	13.0	0.0	千克	EF
39222000	90	其他塑料马桶座圈及盖	10.0	80.0	0.0	13.0	0.0	千克	
39229000		塑料便盆，抽水箱等类似卫生洁具	10.0	80.0	0.0	13.0	0.0	千克	
39231000		塑料制盒，箱及类似品	10.0	80.0	0.0	13.0	0.0	千克	

续表

商品编码	附加编号	商品名称	进口税率		出口税率	增值税	消费税	计量单位	监管条件
			优惠	普通					
39232100		乙烯聚合物制袋及包	10.0	80.0	0.0	13.0	0.0	千克	
39232900		其他塑料制的袋及包	10.0	80.0	0.0	13.0	0.0	千克	
39233000		塑料制坛，瓶及类似品	6.5	80.0	0.0	13.0	0.0	千克	
39234000		塑料制卷轴，纡子，筒管及类似品	10.0	35.0	0.0	13.0	0.0	千克	
39235000		塑料制塞子，盖子及类似品	10.0	80.0	0.0	13.0	0.0	千克	
39239000		供运输或包装货物用其他塑料制品	10.0	80.0	0.0	13.0	0.0	千克	
39241000		塑料制餐具及厨房用具	10.0	80.0	0.0	13.0	0.0	千克	AB
39249000		塑料制其他家庭用具及卫生或盥洗	10.0	80.0	0.0	13.0	0.0	千克	B
39251000		塑料制囤，柜，罐，桶及类似容器	10.0	80.0	0.0	13.0	0.0	千克	
39252000		塑料制门，窗及其框架，门槛	10.0	80.0	0.0	13.0	0.0	千克	
39253000		塑料制窗板，百叶窗及类似制品	10.0	80.0	0.0	13.0	0.0	千克	
39259000		其他未列名的建筑用塑料制品	10.0	80.0	0.0	13.0	0.0	千克	
39261000		办公室或学校用塑料制品	10.0	80.0	0.0	13.0	0.0	千克	
39262011		聚氯乙烯制手套（包括分指手套）	10.0	90.0	0.0	13.0	0.0	双	
39262019		其他塑料制手套（包括分指手套）	10.0	90.0	0.0	13.0	0.0	双	
39262090		其他塑料制衣服及衣着附件	10.0	90.0	0.0	13.0	0.0	千克	
39263000		塑料制家具，车厢及类似品的附件	10.0	80.0	0.0	13.0	0.0	千克	
39264000		塑料制小雕塑品及其他装饰品	10.0	100.0	0.0	13.0	0.0	千克	
39269010		塑料制机器及仪器用零件	10.0	35.0	0.0	13.0	0.0	千克	
39269090	10	敏感物项管制结构复合材料的预成	10.0	80.0	0.0	13.0	0.0	千克	3
39269090	90	其他塑料制品	10.0	80.0	0.0	13.0	0.0	千克	

本类注释说明：

一、本目录所称“塑料”，是指品目 39.01 至 39.14 的材料，这些材料能够在聚合时或聚合后在外力（一般是热力和压力，必要时加入溶剂或增塑剂）作用下通过模制、浇铸挤压、滚轧或其他工序制成一定的形状，成形后除去外力，其形状仍保持不变。本目录所称“塑料”，还应包括钢纸，但不包括第十一类的纺织材料。

二、本章不包括：（一）品目 27.12 或 34.04 的蜡；（二）单独的已有化学定义的有机化合物（第二十九章）；（三）肝素及其盐（品目 30.01）；（四）品目 39.01 至 39.13 所列的任何产品溶于挥发性有机溶剂的溶液（胶棉除外），但溶剂的质量必须超过溶液质量的 50%（品目 32.08）；品目 32.12 的压印箔；（五）有机表面活性剂或品目 34.02 的制剂；（六）再熔胶及酯胶（品目 38.06）；（七）附于塑料衬背上的诊断或实验用试剂（品目 38.22）；（八）第四十章规定的合成橡胶及其制品；（九）鞍具及挽具（品目 42.01）；品目 42.02 的衣箱、提箱、手提包及其他容器；（十）第四十六章的缏条、编结品及其他制品；（十一）品目 48.14 的壁纸；（十二）第十一类的货品（纺织原料及纺织制品）；（十三）第十二类的物品（例如，鞋靴、帽类、雨伞、阳伞、手杖、鞭子、马鞭及其零件）；（十四）品目 71.17 的仿首饰；（十五）第十六类的物品（机器、机械器具或电气器具）；（十六）第十七类的航空器零件及车辆零件；（十七）第九十章的物品（例如，光学元件、眼镜架及绘图仪器）；（十八）第九十一章的物品（例如，钟壳及表壳）；（十九）第九十二章的物品（例如，乐器及其零件）；（二十）第九十四章的物品（例如，家具、灯具、照明装置、灯箱及活动房屋）；（二十一）第九十五章的物品（例如，玩具、游戏品及运动用品）；（二十二）第九十六章的物品（例如，刷子、纽扣、拉链、梳子、烟斗的嘴及柄、香烟嘴及类似品、保温瓶的零件及类似品、钢笔、活动铅笔）。

三、品目 39.01 至 39.11 仅适用于化学合成的下列货品：（一）温度在 300℃时，压力转为 1013 毫巴后减压蒸馏出的液体合成聚烯烃以体积计小于 60%的货品（品目 39.01 及 39.02）；（二）非高度聚合的苯并呋喃——茚式树脂（品目 39.11）；（三）平均至少有五个单体单元的其他合成聚合物；（四）聚硅氧烷（品目 39.10）；（五）甲阶酚醛树指（品目 39.09）及其他预聚物。

四、所称“共聚物”，包括在整个聚合物中按质量计没有一种单体单元的含量在 95%及以上的各种聚合物。在本章中，除条文另有规定的以外，共聚物（包括共缩聚物、共加聚物、嵌段共聚物及接枝共聚物）及聚合物混合体应按聚合物中重量最大的那种共聚单体单元所构成的聚合物归入相应品目。在本注释中，归入同一品目的聚合物的共聚单体单元应作为一种单体单元对待。如果没有任何一种共聚单体单元重量为最大，共聚物或聚合物混合体应按号列顺序归入其可归入的最末一个品目。

五、化学改性聚合物，即聚合物主链上的支链通过化学反应发生了变化的聚合物，应按未改性的聚合物的相应品目归类。本规定不适用于接枝共聚物。

六、品目 39.01 至 39.14 所称“初级形状”，只限于下列各种形状：（一）液状及糊状，包括分散体（乳浊液及悬浮液）及溶液；（二）不规则形状的块，团、粉（包括压型粉）、颗粒、粉片及类似的散装形状。

七、品目 39.15 不适用于已制成初级形状的单一热塑材料废碎料及下脚料（品目 39.01 至 39.14）。

八、品目 39.17 所称“管子”，是指通常用于输送或供给气体或液体的空心制品或半制品（例如，肋纹浇花软管、多孔管），还包括香肠用肠衣及其他扁平管。除肠衣及扁平管外，内截面如果不呈圆形、椭圆形、矩形（其长度不超过宽度的 1.5 倍）或正几何形，则不能视为管子，而应作为异型材。

九、品目 39.18 所称“塑料糊墙品”，适用于墙壁或天花板装饰用的宽度不小于 45 厘米的成卷产品，这类产品是将塑料牢固地附着在除纸张以外任何材料的衬背上，并且在塑料面起纹、压花、着色、印制图案或用其他方法装饰。

十、品目 39.20 及 39.21 所称“板、片、膜、箔、扁条”，只适用于未切割或仅切割成矩形（包括正方形）（含切割后即可供使用的），但未经进一步加工的板、片、膜、箔、扁条（第五十四章的物品除外）及正几何形块，不论是否经过印制或其他表面加工。

十一、品目 39.25 只适用于第二分章以前各品目未包括的下列物品：（一）容积超过 300 升的囤、柜（包括化粪池）、罐、桶及类似容器；（二）用于地板、墙壁、隔墙、天花板或屋顶等方面的结构件；（三）槽管及其附件；（四）门、窗及其框架和门槛；（五）阳台、栏杆、栅栏、栅门及类似品；（六）窗板、百叶窗（包括威尼斯式百叶窗）或类似品及其零件、附件；（七）商店、工棚、仓库等用的拼装式固定大型货架；（八）建筑用的特色（例如，凹槽、圆顶及鸽棚式）装饰件；（九）固定装于门窗、楼梯、墙壁或建筑物其他部位的附件及架座，例如，球形把手、拉手、挂钩、托架、毛巾架、开关板及其他护板。

子目注释：一、属于本章任一品目项下的聚合物（包括共聚物）及化学改性聚合物应按下列规则归类：（一）在同级子目中有一个“其他”子目的：1. 子目所列聚合物名称冠有“聚（多）”的（例如，聚乙烯及聚酰胺—6，6），是指列名的该种聚合物单体单元含量在整个聚合物中按重量计必须占 95% 及以上。2. 子目号 3901. 30、3903. 20、3903. 30 及 3904. 30 所列的共聚物，如果该种共聚单体单元含量在整个聚合物中按重量计占 95%及以上，即应归入上述子目。3. 化学改性聚合物如未在其他子目具体列名，应归入列明为“其他”的子目内。4. 不符合上述（一）、（二）、（三）款规定的聚合物，应按聚合物中重量最大的那种单体单元（与其他各种单一的共聚单体单元相比）所构成的聚合物归入该级其他相应子目。为此，归入同一子目的聚合物单体单元应作为一种单体单元对待。只有在同级子目中的聚合物共聚单体单元才可以进行比较。（二）在同级子目中没有“其他”子目的：1. 聚合物应按聚合物中重量最大的那种单体单元（与其他各种单一的共聚单体单元相比）所构成的聚合物归入该级相应子目。为此，归入同一子目的聚合物单体单元应作为一种单体单元对待。只有在同级子目中的聚合物共聚单体单元才可以进行比较。2. 化学改性聚合物应按相应的未改性聚合物的子目归类。聚合物混合体应按单体单元比例相等、种类相同的聚合物归入相应子目。二、子目 3920. 43 所称增塑剂，包括次级增塑剂。

（刘均科）

综　述

2019年合成树脂行业运行情况及发展态势

随着国内大炼油、大烯烃项目和西北煤炭深加工产业的不断规划建成投产，国内合成树脂产能快速增长，行业保持较快发展。下游新型材料和新技术等领域快速发展，行业需求整体保持旺盛态势。2019年合成树脂全行业产量稳定增长，开工率小幅提升，主营收入较快增长，受价格波动影响，盈利有所下降。随着消费结构的升级，对于合成树脂高端化需求增长明显，而我国树脂行业整体偏中低端、结构不合理、创新薄弱等问题依然存在，结构调整和产业升级的任务依然艰巨。

一、合成树脂生产

“十三五”期间，我国石油化工行业快速发展，规模和质量都得到提升。在合成树脂领域，以大连恒力、浙江石化等大型炼化一体化项目陆续建成投产，以煤制烯烃为主的煤化工迅速崛起，我国合成树脂产能规模继续扩大。2019年我国合成树脂总产能达到8558.7万吨/年，同比增长6.8%。

（一）生产运行良好

2019年，我国合成树脂行业生产运行态势良好，整体效益相对平稳。但同时，合成树脂行业结构性矛盾仍然突出，中低端市场竞争加剧；成本仍在高位运行，企业盈利有所下滑。

一是效益稳步增长。据国家统计局数据，2019年全国合成树脂行业规模以上企业1676家（主营业务收入2000万元以上），比上年减少19家；实现主营业务收入9742.6亿元，同比下降1.6%；利润为589.6亿元，同比下降14.3%；资产总计11222.4亿元，同比增长3.4%（见表1）。

表1　2015—2019年我国合成树脂行业主要经济指标完成情况

项目	2015年	2016年	2017年	2018年	2019年
主营收入/亿元	8311.7	7818.3	8025.5	9898.3	9742.6
同比/%	-2.8	-5.9	2.7	23.3	-1.6
利润总额/亿元	349.1	453.3	650.6	687.9	589.6
同比/%	33.1	29.9	43.5	5.7	-14.3
资产总计/亿元	8520.2	9118.8	9851.7	10854.0	11222.4
同比/%	6.7	7.0	8.0	10.2	3.4

（数据来源：国家统计局、中国石油和化学工业联合会，2018年数据有所调整，下同）

二是盈利能力下滑。2019年，合成树脂行业利润总额589.6亿元，同比下降14.3%；主营业务成本8334.6亿元，比上年下降0.6%；每100元主营收入成本为85.5元，与上一年持平；主营收入利润率为6.1%，比上年下降1.0个百分点。2019年合成树脂行业亏损面为16.9%，比上年缩小0.8个百分点。

（二）产量平稳增长

据统计，2019年我国合成树脂产量继续保持增长，达到9574.1万吨，同比增长9.3%。其中，聚乙烯（PE）1744.9万吨，增长10.7%；聚丙烯（PP）2348.5万吨，增长13.8%；聚氯乙烯（PVC）2010.7万吨，增长2.2%；聚苯乙烯（PS）298.3万吨，增长17.7%；ABS树脂产量393.0万吨，增幅12.6%。上述五大通用树脂总产量合计6795.4万吨，同比增长9.5%，占比71.0%，比上年提高3个百分点（见表2）。

分地区看，合成树脂生产主要集中在浙江省、江苏省、山东省、内蒙古自治区等地区。其中：浙江省产量最高，为1134.7万吨，占11.9%，其次是江苏省，为1130.2万吨，占11.8%；增长率最高的是宁夏，产量为383.8万吨，同比增长37.8%，其次是安徽省，产量为199.4万吨，同比增长26.2%。

产量排名前十位的省份合成树脂总产量为6832.5万吨，占全国比例为71.4%（见表3）。

表 2　　2015—2019 年我国合成树脂产量

产品产量	2015 年	2016 年	2017 年	2018 年	2019 年
合成树脂合计/万吨	7718. 2	8018. 2	8213. 6	8558. 0	9574. 1
年增长率/%	10. 9	3. 9	2. 4	4. 2	9. 3
五大通用树脂小计/万吨	5305. 1	5441. 6	5541. 2	5819. 3	6795. 4
聚乙烯（PE）/万吨	1385. 5	1435. 5	1336. 3	1402. 0	1744. 9
聚丙烯（PP）/万吨	1686. 4	1810. 6	1903. 5	2041. 9	2348. 5
聚氯乙烯（PVC）/万吨	1619. 0	1689. 9	1774. 5	1873. 9	2010. 7
聚苯乙烯（PS）/万吨	305. 3	195. 8	202. 5	175. 7	298. 3
ABS 树脂/万吨	308. 9	309. 8	324. 4	325. 8	393. 0

注：PE 主要包括 LDPE、HDPE、LLDPE 等，PS 包括 EPS、HIPS 和 GPPS，下同。

表 3　　2019 年合成树脂产量分地区情况

分地区	产量/万吨	同比/%	占比/%
全　国	9574. 1	9. 3	100. 0
浙江省	1134. 7	18. 1	11. 9
江苏省	1130. 2	7. 7	11. 8
山东省	834. 4	11. 9	8. 7
内蒙古自治区	763. 4	5. 4	8. 0
广东省	654. 1	4. 0	6. 8
新疆维吾尔自治区	635. 7	-1. 9	6. 6
陕西省	511. 9	5. 7	5. 3
辽宁省	401. 3	6. 9	4. 2
宁夏回族自治区	383. 8	37. 8	4. 0
福建省	383. 0	15. 0	4. 0

二、合成树脂消费

（一）消费稳步增长

2019 年，我国合成树脂表观消费量大幅增长。全年表观消费量为 1.23 亿吨，比上年大幅增长 10. 3%。其中，五大通用树脂表观消费量达到 9065. 8 万吨，同比增长 10. 8%，占合成树脂表观消费总量的 73. 8%，较上年提高 2. 5 个百分点（见表 4）。

表 4　　2015—2019 年我国合成树脂表观消费量变化

表观消费量＼年份	2015 年	2016 年	2017 年	2018 年	2019 年
合成树脂合计/万吨	10407. 3	10626. 5	10791. 5	10934. 4	12286. 6
年增长率%	7. 7	2. 1	1. 6	1. 3	10. 3
五大通用树脂小计/万吨	6799. 4	6941. 8	7190. 7	7791. 7	9065. 8

续表

表观消费量 \ 年份	2015 年	2016 年	2017 年	2018 年	2019 年
年增长率%	9.6	2.1	3.6	8.4	10.8
聚乙烯/万吨	2345.2	2399.9	2491.0	2781.6	3383.3
聚丙烯/万吨	2009.5	2088.4	2191.7	2338.7	2663.3
聚氯乙烯/万吨	1624.1	1659.3	1764.5	1890.2	2026.7
聚苯乙烯/万吨	350.1	301.3	243.7	258.9	399.1
ABS 树脂/万吨	470.5	492.9	499.8	522.3	593.5

自“禁废令”实施以来，我国废塑料进口量快速下滑。由 2012 年最高时 889.7 万吨一路下滑到 2019 年不足 0.1 万吨，相当于砍掉了废塑料回收利用行业近 1/3 的原料供给，为原生料腾出了空间。

生活节奏的加快及生产技术的提升，催生新兴产业发展，餐饮外卖和滴水灌溉等兴起，为聚烯烃打开新的应用领域，并为其需求增长奠定了很好的基础。如外卖用容器就很好地促进了 PP 需求增长，也使得 PP 快速注塑料一度受到市场的青睐。此外，快递包装也是推动近几年聚烯烃需求大增的原因之一。

总的看，我国合成树脂市场消费潜力依然很大，特别是高端产品供需存在较大缺口（见表 5）。根据目前消费增长趋势判断，未来我国合成树脂市场消费仍将保持平稳增长态势。

表 5　2015—2019 年我国五大通用树脂供需缺口变化　单位：万吨

供需缺口 \ 年份	2015 年	2016 年	2017 年	2018 年	2019 年
五大通用树脂小计	-1494.3	-1500.2	-1649.5	-1972.4	-2270.4
聚乙烯（PE）	-959.7	-964.4	-1154.7	-1379.6	-1638.3
聚丙烯（PP）	-323.1	-277.8	-288.2	-296.8	-314.7
聚氯乙烯（PVC）	-5.1	30.6	10.0	-16.3	-16.0
聚苯乙烯（PS）	-44.8	-105.5	-41.2	-83.2	-100.8
ABS 树脂	-161.6	-183.1	-175.4	-196.5	-200.6

（二）消费领域广泛

合成树脂被广泛应用于包装、建筑、农业、家电及汽车等领域。2019 年，聚乙烯消费量仍保持最大，占到合成树脂表观消费总量的 27.5%，较上年提高 2.1 个百分点；聚丙烯继续居第二位，占比 21.7%，比上年提高 0.3 个百分点；聚氯乙烯居第三位，占比 16.5%，比上年下降 0.8 个百分点。这三大通用树脂消费量占整个合成树脂消费总量的 65.7%

1. 聚乙烯

随着电子商务的快速发展、聚乙烯原生料对废旧塑料的替代及聚丙烯应用领域的不断拓宽，2019 年聚乙烯表观消费量达到 3432.4 万吨，比上年增长 14.2%。在聚乙烯产品的消费中，高密度聚乙烯（HDPE）表观消费量为 1528 万吨，占比 44.5%，比上年增长 5 个百分点；低密度聚乙烯（LDPE）消费约 637.8 万吨，占比 18.6%，比上年下降 5.5 个百分点；线性低密度聚乙烯（LLDPE）消费 1266.8 万吨，占比 36.9%，比上年提高 0.5 个百分点。

HDPE 消费结构：HDP 相对于 LLDPE 与 LDPE 来说下游应用领域更为广泛，主要在吹塑、板片板材、薄膜、注塑、单丝和编制、电线电缆等领域。其中薄膜、注塑、管材、中空吹塑、拉丝是最主要的五大应用领域，分别占 HDPE 消费总量的 29.1%、22.4%、14.4%、19.1% 和 11.3%（见表 6）。

表 6　2019 年我国 HDPE 消费结构表

产品	需求量/万吨	占比/%
薄膜	444.6	29.1
注塑	342.3	22.4
管材	220.0	14.4
中空吹塑	291.8	19.1
拉丝	172.7	11.3
其他	56.5	3.7

HDPE 适用于生产各类中空容器，如食品、药品、化妆品容器以及中空托盘、周转箱、IBC 包装桶等大型中空产品。HDPE 薄膜制品中，以高强度薄膜为主，主要包括各种塑料袋、多层衬里膜、耐候膜等。HDPE 注塑制品可大量替代钢材和木材，广泛应用于各个领域，如铁路、港口、远洋运输、包装生产线等。HDPE 管材具有优良的机械性能、韧性好和耐腐蚀等优点，被广泛应用于供水系统及电线电缆等的套管领域。此外，随着人们生活水平的不断提高和消费升级，HDPE 在中空包装领域的应用也越来越广泛。

LDPE 消费结构：2019 年 LDPE 下游结构较 2018 年小幅调整，近年来由于国内对于棚膜行业的厚度、透光性及耐老化程度的标准提升使得 LDPE 的需求量有所增加。另外，包装膜、重包膜行业随着社会的发展需求量也在逐年提高。多重因素导致薄膜行业属于 LDPE 下游最主要制品，占比达到 2/3。其次下游需求为注塑、涂覆行业的制品，分别占到 10% 和 9.6%（见表 7）。

LLDPE 消费结构：LLDPE 因其具有更高的拉伸强度、抗穿透性、抗撕裂性和断裂伸长率，使其更适用于生产薄膜，需求达到 1050 万吨，占比为 82.9%。其次是注塑、滚塑，分别占到 5.6% 和 3.1%。另外，在生产注塑、电缆等产品的过程中会参和 LLDPE 的使用（见表 8）。滚塑则主要用来生产儿童爬梯。

表 7　2019 年我国 LDPE 消费结构表

产品	需求量/万吨	占比/%
薄膜	427.3	67.0
注塑	63.8	10.0
涂覆	61.2	9.6
电线电缆	38.9	6.1
其他	46.6	7.3

表 8　2019 年我国 LLDPE 消费结构表

产品	需求量/万吨	占比/%
薄膜	1050.2	82.9
注塑	70.9	5.6
涂覆	39.3	3.1
其他	106.4	8.4

2. 聚丙烯

聚丙烯消费在城市化持续推进、外卖包装和家电等行业稳步发展等带动下持续扩大，再加上抢出口订单和新料替代旧料刺激，2019 年我国聚丙烯表观消费量增加至 2663.3 万吨，同比增长 12.8%。聚丙烯下游消费主要是编织、薄膜、注塑类日用生活品、汽车、家电、管材等产业。2019 年消费领域的占比来看，占据首位的依旧是拉丝，占比为 30.4%；共聚注塑排在第二位，占比为 23.5%；均聚注塑、纤维、双向拉伸聚丙烯薄膜（BOPP）、管材、CPP 分别占比 16.7%、9.6%、6.6%、5.5% 和 2.6%（见表 9）。

表 9　2019 年我国聚丙烯消费结构表

产品	需求量/万吨	占比/%
拉丝	809.1	30.4
均聚注塑	444.2	16.7
共聚注塑	625.9	23.5
纤维	256.7	9.6
BOPP	176.6	6.6
CPP	67.9	2.55
管材	146.2152	5.49
透明料	136.6273	5.13

塑编制品主要用于粮食、化肥、水泥及合成材料等大宗产品的包装。近年来，塑编制品企业受产业结构调整影响，由东部沿海地区向中西部地区逐步转移。注塑制品主要应用于汽车、家电、玩具、日用品、工业容器等领域。随着制造业的不断发展，近年来对嵌段共聚聚丙烯的需求快速增加。BOPP 薄膜具有质轻、机械强度高、尺寸稳定性好等优点，广泛应用于包装特别是食品的小包装及精包装领域。聚丙烯纤维（即丙纶）是以聚丙烯为原料通过熔融纺丝制成的一种纤维制品，具有质轻、疏水及强度高等诸多优良性能，因而在装饰、服装等领域广泛应用，是合成纤维主要品种之一。

3. 聚氯乙烯

2019 年，国内聚氯乙烯消费稳中有升，表观消费量达到 2026.7 万吨，比上年增长 2.2%。下游消费结构来看，主要集中在管材管件、建材（型材、板材、壁纸、地板等）、薄膜包装、线缆制品，以及其他医疗制品、鞋材等产品领域。其中，管材管件、建材和薄膜包装是最主要的消费领域，分别占到 44.1%、13.0%和 12.0%。

随着聚氯乙烯消费市场的发展，近年来高性能 PVC 专用树脂供不应求。一些生产厂家推出了一系列高性能的 PVC 合金专用粒料和粉料，如耐冲击 PVC 瓶料、耐热电子电器专用料，鞋用 PVC 合金、医用 PVC 合金，耐辐射、抗静电 PVC 合金，纤维增强 PVC 合金，以及阻燃抑烟无铅-钙 PVC 电线电缆复合料等专用料。此外，具有特殊性能的特种 PVC 树脂在市场上也逐渐得到应用。如 PVC 糊用及掺混树脂、特种糊用 PVC 树脂，氯乙烯-醋酸乙烯共聚树脂，粉末涂料用 PVC 专用树脂，超高分子量 PVC 专用树脂、超高吸收 PVC 专用树脂，消光专用树脂，溶液聚合型共聚树脂，弹性体专用树脂等（见表 10）。

表 10　2019 年我国 PVC 消费结构表

产品	需求量/万吨	占比/%
管材管件	894.6	44.1
建材	264.3	13.0
薄膜包装	244.0	12.0
线缆	162.5	8.0
其他	461.3	22.8

4. 聚苯乙烯

2019 年，国内聚苯乙烯表观消费量为 399.1 万吨，比上年增长 18.5%。下游消费结构主要集中在电子电器、日用品、包装容器、建筑装饰材料及其他方面组成。其中，电子电器占比为 47%，主要包括冰箱、空调、电视机、电脑、小家电等上面的注塑件、挤出件及其他电器元件。日用品占比 20%，主要包括餐具、衣架、牙刷、文具、饮料杯等日用品。包装容器占比 17%，包括食品包装、医疗品、实验室、化妆品、礼品、电子产品包装等方面。建筑装饰材料占 7%，包括外墙保温板、灯具、广告板等材料（见表 11）。

表 11　2019 年我国聚苯乙烯消费结构表

产品	需求量/万吨	占比/%
电子电器	187.6	47.0
日用品	79.8	20.0
包装容器	67.8	17.0
建筑装饰材料	27.9	7.0
其他	35.9	9.0

5. ABS 树脂

近年来，我国 ABS 树脂消费总体呈现稳步增长势头。2019 年表观消费量达到 593.5 万吨，比上年增长 8.8%。由于 ABS 刚性好、冲击强度高、耐热、耐低温、耐化学品性、机械强度和电器性能优良，易于加工、稳定性和表面光泽好，还可以进行喷涂、电镀、焊接和粘接等二次加工，被广泛应用于家用电器、办公设备、交通运输、生活用品、玩具和建材等领域。目前电子电器约占 ABS 总消费量的 59%，办公设备约占 15%，车用领域约占 11%。

电子电器主要包括电冰箱、冰柜、空调、洗衣机、微波炉、音响等；办公设备主要为计算机、传真机、电话、复印机等；车用领域主要为汽车、摩托车的仪表板、车轮罩、散热器隔栅、空调器、行李箱、手柄等部件；ABS 树脂的日用品消费领域主要有箱包、玩具，建材中主要为管材、装饰板等（见表 12）。

表 12　2019 年我国 ABS 消费结构表

产品	需求量/万吨	占比/%
家用电器	350.2	59.0
办公设备	89.0	15.0
交通	65.3	11.0
轻工业领域	53.4	9.0
建材及其他	35.6	6.0

（三）下游加工业生产平稳

据统计，2019 年，我国塑料制品总量 8184.2 万吨，同比增长 3.9%，比上年同期提高 2.8 个百分点。其中，塑料薄膜产量增长幅度最大，达到 1594.6 万吨，同比增长 16.35%，占塑料制品总量的 19.5%，与上年大体持平；泡沫塑料大幅下降，为 258.2 万吨，同比下降 10.0%；日用塑料制品 648.6 万吨，同比下降 3.9%；塑料人造革、合成革 328.3 万吨，同比下降 5.5%（见表 13）。

表 13　2015—2019 年塑料制品产量增长情况　单位：万吨

产品名称	2015 年	2016 年	2017 年	2018 年	2019 年
塑料制品总量	7560.7	7267.5	5976.4	6042.1	8184.2
塑料薄膜	1313.8	1407.3	1169.9	1180.4	1594.6
农用薄膜	231.0	190.8	126.1	120.0	85.2
泡沫塑料	245.0	258.4	220.4	256.8	258.2
塑料人造革、合成革	343.8	343.7	290.6	299.5	328.3
日用塑料制品	592.7	628.6	580.7	559.2	648.6

三、合成树脂进出口

2019 年，在外部贸易环境恶化及“禁废令”实施的大背景下，我国合成树脂行业进出口贸易总额为 604.4 亿美元，同比下降 5.8%；贸易逆差 357.6 亿美元，同比下降 5.4%，仍是化工行业最主要的逆差来源。2019 年我国合成树脂进出口总量 34022.1 万吨，同比增长 11.2%；净进口量达到 2712.5 万吨，同比增长 14.1%。

（一）合成树脂进口

1. 进口基本情况

2019 年我国合成树脂进口总量 3366.8 万吨，比上年下降 5.6%。合成树脂主要品种进口量总体保持增长。

2019 年，五大通用树脂进口量 2438.4 万吨，比上年增长 13.9%，占合成树脂进口总量的 72.4%；净进口量为 2270.4 万吨，同比增长 15.1%，占合成树脂净进口总量的 83.7%。其中，聚乙烯进口量 1666.6 万吨，同比大幅增长 18.8%，占合成树脂进口总量的 49.5%，继续保持进口量第一的地位；聚苯乙烯进口量 131.0 万吨，同比大幅增长 13.6%。其他合成树脂进口量 725.9 万吨，同比增长 8.5%，占合成树脂进口总量的 21.6%。

2017 年 7 月，国务院办公厅印发《禁止洋垃圾入境推进固体废物进口管理制度改革实施方案》，明确自 2017 年年底前，禁止进口生活来源的废塑料；2018 年 12 月 31 日起，禁止进口工业来源废塑料。该《方案》公布和实施的效果立竿见影。2017 年，我国废塑料进口量同比骤降 20.7% 至 583 万吨。2018 年，我国废塑料进口量进一步降至 5.18 万吨。2019 年我国废塑料进口量几乎为零。

2019 年，我国合成树脂进口总额 481.0 亿美元，比上年下降 5.6%。其中，聚乙烯进口总额 171.2 亿美元，同比下降 2.2%，占合成树脂进口总额的 35.6%，比上年下降 11.2 个百分点；其他合成树脂进口总额 154.9 亿美元，同比下降 5.0%，占合成树脂进口总额的 32.2%（见表 14）。

2. 主要进口来源地

我国合成树脂进口主要来自中东及我周边国家和地区。2019 年，进口排名前三位的国家和地区依次为中东地区、东盟地区和韩国，进口量分别为 1072.0 万吨、722.5 万吨和 466.4 万吨，分别占我国合成树脂进口总量的 31.8%、21.4% 和 13.9%；进口额分别为 111.0 亿美元、90.0 亿美元和 71.9 亿美元，分别占进口总额的 23.1%、18.7% 和 14.9%。来自美国的合成树脂进口连着三年持续减少，2019年进口量155.3万吨，进口额34.4亿元，同比分别下降14.2%和16.5%（见表15）。

表14　　2015—2019年我国合成树脂进口量增长情况

进口量＼年份	2015年	2016年	2017年	2018年	2019年
合成树脂总计/万吨	3187.2	3182.5	3195.9	2995.5	3366.8
年增速/%	-0.9	-0.1	0.4	-6.3	-5.6
五大通用树脂合计/万吨	1659.5	1619.7	1850.6	2140.8	2438.4
聚乙烯/万吨	986.7	994.3	1179.4	1402.5	1666.6
聚丙烯/万吨	339.7	301.7	317.8	328.0	349.1
聚氯乙烯/万吨	92.9	86.7	100.2	93.8	87.4
聚苯乙烯/万吨	77.8	68.4	74.3	115.3	131.0
ABS树脂/万吨	162.5	168.6	178.9	201.3	204.3
环氧树脂/万吨	22.1	23.5	27.5	26.9	28.9
聚碳酸酯/万吨	142.7	131.9	138.5	141.7	159.9
聚硅氧烷/万吨	11.9	11.3	12.1	12.0	13.6
塑料废碎料/万吨	735.5	734.7	582.9	5.2	0.1
其他合成树脂/万吨	615.5	661.3	584.3	668.9	725.9

（数据来源：中国海关总署、中国石油和化学工业联合会，下同）

表15　　2018/2019年我国合成树脂主要进口国家和地区

国别（地区）	2018年		2019年		同比/%	
	数量/万吨	金额/万美元	数量/万吨	金额/万美元	数量	金额
世　界	2995.5	5096327	3366.8	4810032	12.4	-5.6
中国香港	37.6	52710	46.4	55170.4	23.2	4.7
中国澳门	0.1	63	0.1	62.6	-25.4	-0.9
中国台湾	353.9	686840	349.6	587752.0	-1.2	-14.4
东　盟	599.8	862840	722.5	899723.5	20.4	4.3
日　本	147.8	409665	151.8	396841.6	2.7	-3.1
韩　国	435.5	796886	466.4	718651.7	7.1	-9.8
印　度	78.0	94784	96.0	99892.7	23.1	5.4
巴基斯坦	0.4	347	1.2	968.1	221.4	179.3
中　东	893.6	1160331	1072.0	1110212.7	20.0	-4.3
欧　盟	149.3	402951	151.7	384068.4	1.7	-4.7
俄罗斯	15.3	21395	27.9	29058.4	82.7	35.8
乌克兰	1.1	1423	0.1	58.0	-94.2	-95.9

续表

国别（地区）	2018年		2019年		同比/%	
	数量/万吨	金额/万美元	数量/万吨	金额/万美元	数量	金额
美　国	181.0	412559	155.3	344364.3	-14.2	-16.5
加拿大	18.5	24819	40.2	42787.8	117.5	72.4
拉丁美洲	29.0	40376	35.7	42583.9	23.0	5.5
非　洲	15.2	17724	14.0	13441.7	-8.0	-24.2
澳大利亚	4.4	6620	6.3	7348.5	42.1	11.0
新西兰	0.1	145	0.2	149.6	21.2	3.0
其他国家和地区	34.8	103849	29.5	76896	-15.2	-26.0

3. 进口贸易方式

在我国合成树脂进口贸易中，以一般贸易方式为主，加工贸易为辅。2019年，在进口贸易量中，一般贸易占75.8%，较上年上涨5.7个百分点；来料加工贸易占16.4%，较上年下降3.9个百分点；两种贸易方式合计占进口贸易总量的92.2%（见表16）。

表16　　2018/2019年我国合成树脂进口贸易方式情况

贸易方式	2018年进口贸易			2019年进口贸易		
	金额/万美元	数量/万吨	占比/%	金额/万美元	数量/万吨	占比/%
一般贸易	3456478.6	2098.6	70.1	3472515.4	2551.4	75.8
进料加工贸易	1110091.7	609.0	20.3	907124.2	553.3	16.4
保税区仓储转口货物	331953.9	185.8	6.2	264110.1	157.3	4.7
来料加工装配贸易	96948.6	51.6	1.7	80376.3	48.2	1.4
保税仓库进出境货物	95093.2	47.2	1.6	82167.3	55.1	1.6
边境小额贸易	2974.1	2.6	0.1	1243.7	0.9	0.0
其他	2786.6	0.8	0.0	2052.9	0.6	0.0
共计	5096326.7	2995.5	100	4810032.3	3366.8	100.0

（二）合成树脂出口

1. 出口基本情况

2019年，我国合成树脂出口量654.3万吨，同比增长5.7%。从出口量增速看，ABS树脂下滑幅度较大，同比下降20.6%，其次为环氧树脂，同比下滑16.7%。增长幅度较大的为塑料废碎料和聚乙烯，分别增长24.9和23.5%。出口量最大的为聚氯乙烯，为71.4万吨，同比下降7.8%（见表17）。

表17　　2015—2019年我国合成树脂出口量增长情况

产品＼年份	2015年	2016年	2017年	2018年	2019年
合成树脂总计/万吨	498.1	574.2	618.0	619.1	654.3
年增速/%	-3.2	15.3	7.6	0.2	-6.3
聚乙烯/万吨	26.9	29.9	24.7	22.9	28.2

续表

产品＼年份	2015 年	2016 年	2017 年	2018 年	2019 年
聚丙烯/万吨	16.6	24.0	29.6	31.2	34.4
聚氯乙烯/万吨	87.7	117.3	110.3	77.4	71.4
聚苯乙烯/万吨	33.0	31.8	33.1	32.0	30.1
ABS 树脂/万吨	2.4	2.8	3.5	4.8	3.8
环氧树脂/万吨	7.3	6.7	7.2	5.8	4.8
聚碳酸酯/万吨	21.2	22.3	28.8	26.0	25.7
聚硅氧烷/万吨	13.2	13.9	21.4	26.4	22.4
塑料废碎料/万吨	3.0	3.5	3.7	4.3	5.3
其他合成树脂/万吨	286.6	321.8	355.7	388.5	428.2

2019 年，我国合成树脂出口总额为 123.4 亿美元，比上年下降 6.3%。其中，聚硅氧烷、聚氯乙烯和聚碳酸酯出口额分别为 7.5 亿美元、7.1 和 7.0 亿美元，同比分别下降 31.5%、5.1% 和 16.2%；其他合成树脂出口额 86.0 亿美元，下降 2.2%。

2. 主要出口目的地

我国合成树脂主要出口目的地仍是亚洲及我周边国家和地区。2019 年出口量居前三位的国家和地区依次为东盟、中东和印度，出口量分别为 161.9 万吨、56.1 万吨、52.4 万吨，合计占我国合成树脂出口总量的 41.3%，出口总额的 38.8%（见表 18）。

表 18　　2018/2019 年我国合成树脂主要出口国家和地区

国别（地区）	2018 年		2019 年		同比/%	
	数量/万吨	金额/万美元	数量/万吨	金额/万美元	数量	金额
世　界	619.1	1316888	654.3	1234175.8	5.7	-6.3
中国香港	36.2	100791	34.8	81713.4	-3.8	-18.9
中国澳门	0.1	154	0.1	256.0	1.1	66.3
中国台湾	16.9	49229	20.1	48272.9	18.8	-1.9
东　盟	138.0	273643	161.9	292574.0	17.4	6.9
日　本	22.3	59236	22.6	56825.3	1.5	-4.1
韩　国	39.3	97060	39.3	83019.9	0.0	-14.5
印　度	52.9	98654	52.4	90447.3	-1.0	-8.3
巴基斯坦	10.2	22148	10.3	18478.2	0.5	-16.6
中　东	46.4	93775	56.1	96278.3	20.8	2.7
欧　盟	44.1	122290	42.9	108083.3	-2.8	-11.6
俄罗斯	16.0	35214	22.4	38802.0	40.1	10.2
乌克兰	2.4	4684	2.5	4014.6	0.8	-14.3

续表

国别（地区）	2018 年		2019 年		同比/%	
	数量/万吨	金额/万美元	数量/万吨	金额/万美元	数量	金额
美　国	53.3	124889	37.5	74779.0	-29.7	-40.1
加拿大	5.9	12864	6.1	12019.5	3.0	-6.6
拉丁美洲	43.7	83234	45.4	83085.0	4.1	-0.2
非　洲	43.0	68074	47.3	74470.0	10.2	9.4
澳大利亚	8.1	17121	8.0	15243.0	-0.5	-11.0
新西兰	1.4	2818	1.7	2586.8	21.3	-8.2
其他国家和地区	39.0	51009	43.0	53227	10.1	4.3

3. 出口贸易方式

在我国合成树脂出口贸易中，一般贸易和来料加工贸易占比较大。2019 年，在出口贸易量中，一般贸易占比 60.6%，较上年提高 3.9 个百分点；来料加工贸易占比 36.7%，较上年上涨 0.1 个百分点。两者合计占出口贸易总量的 92.3%（见表 19）。

表 19　　2018/2019 年我国合成树脂出口贸易方式情况

贸易方式	2018 年出口贸易			2019 年出口贸易		
	金额/万美元	数量/万吨	占比/%	金额/万美元	数量/万吨	占比/%
一般贸易	776441.9	351.2	56.7	775768.35	396.5	60.6
来料加工贸易	444186.9	223.6	36.1	354235.75	207.4	31.7
保税区仓储转口货物	57936.2	27.6	4.5	60103.81	30.2	4.6
来料加工装配贸易	13837.4	6.5	1.0	11138.0151	7.0	1.1
保税仓库进出境货物	8129.0	3.7	0.6	8958.5845	4.0	0.6
边境小额贸易	6524.2	2.9	0.5	8924.0694	3.7	0.6

四、合成树脂市场情况

受国际油价及下游需求疲软影响，2019 年我国合成树脂市场价格呈现下跌态势，在石化联合会监测的 29 种主要合成树脂产品中，有 25 种产品价格同比下降，其中 PC 年均价只有 16669 元/吨，同比大幅下滑 37.2%，PE、PS、ABS 价格也不同程度下降。

（一）聚乙烯价格

在聚烯烃产能投放的大周期，供应压力及产能投放预期导致 2019 年聚乙烯价格维持跌势。2019 年中国聚乙烯市场价格呈整体下跌态势。1—8 月，受高库存、高供应的影响，价格持续下跌。9 月份，沙特石油加工厂遇袭导致聚乙烯进口货源减少的预期升温，下游补库意愿增强，聚乙烯展开反弹，再次压制聚乙烯价格。市场监测显示，高密度聚乙烯（5000S）均价 8835 元/吨，同比大幅下滑 19.7%；低密度聚乙（2426H）均价为 8552 元/吨，同比大幅下降 14.1%；线性低密度聚乙烯（7042）均价 8016 元/吨，同比大幅下滑 16.7%（见表 20）。

2019 年，进口聚乙烯价格呈现大幅下滑。其中，高密度聚乙烯进口均价为 1034.8 美元/吨，同比大幅下降 21.1%；低密度聚乙烯均价为 1016.9 美元/吨，同比下降 15.0%；线型低密度聚乙烯均价为 1023.3 美元/吨，同比下降 13.7%（见表 21）。

表 20　　2015—2019 年国内聚乙烯市场价格变动情况

产品名称	等级/规格	2015 年	2016 年	2017 年	2018 年	2019 年
HDPE	5000S/（元/吨）	10026	9894	10332	11002	8835
	同比/%	-15.8	-1.3	4.4	6.5	-19.7
LDPE	2426H/（元/吨）	10330	10368	10672	9956	8552
	同比/%	-15.8	0.4	2.9	-6.7	-14.1
LLDPE	7042/（元/吨）	9353	9233	9675	9622	8016
	同比/%	-15.9	-1.3	4.8	-0.6	-16.7

表 21　　2015—2019 年进口聚乙烯价格变动情况

产品名称	2015 年	2016 年	2017 年	2018 年	2019 年
HDPE/（美元/吨）	1260.2	1136.2	1179.8	1311.6	1034.8
同比/%	-17.9	-9.8	3.8	11.2	-21.1
LDPE/（美元/吨）	1315.1	1225.7	1272.5	1195.7	1016.9
同比/%	-18.6	-6.8	3.8	-6.0	-15.0
LLDPE/（美元/吨）	1287.8	1206.4	1206.6	1185.6	1023.3
同比/%	-19.8	-6.3	0.0	-1.7	-13.7

（二）聚丙烯价格

2019 年我国聚丙烯市场随外部大环境持续波动，价格重心相比 2018 年有所下滑。以 T30S 价格为例，上半年市场震荡下跌，春节后市场需求并未快速恢复，上游石化厂家降价排库，市场价格连续下跌，6 月底达到阶段低点 8200 元/吨。下半年，随着石化及煤化工企业集中检修，供应压力减轻，市场供需相对平衡，价格有所反弹。但之后国际原油价格连续下跌，石化产品价格随之跟跌，12 月底出现全年最低价 7800 元/吨。2019 年，国内聚丙烯（T30S，拉丝）平均价格为 8777 元/吨，同比下降 9.4%。

2019 年，进口聚丙烯价格下滑，初级形状的聚丙烯平均价格为 1158.6 美元/吨，同比下滑 9.4%（见表 22）。

表 22　　2015—2019 年聚丙烯价格变动情况

名称	规　格	2015 年	2016 年	2017 年	2018 年	2019 年
国内市场均价	F401/（元/吨）	8042	7630	8673	9693	8777
	同比/%	-26.7	-5.1	13.7	11.8	-9.4
进口均价	初级状/（美元/吨）	1306.9	1167.9	1209.5	1278.2	1158.6
	同比/%	-18.4	-10.6	3.6	5.7	-9.4

（三）聚氯乙烯价格

2019 年我国 PVC 价格宽幅震荡，一季度国内聚氯乙烯价格低位运行，二季度随着下游需求好转以及期货价格大幅上涨的带动，市场迎来一波涨势。下半年随着部分装置检修导致供货紧张，价格一路走高。市场监测显示，聚氯乙烯（SG5）年均价为 6686 元/吨，同比上涨 0.2%；聚氯乙烯（LS100）年均价为 7128 元/吨，同比上涨 1.8%（见表 23）。

2019 年，进口聚氯乙烯价格呈现下降态势。其中，糊树脂均价为 1160.3 美元/吨，同比下降 3.0%；初级状未掺混聚氯乙烯价格 874.2 美元/吨，同比下降 6.0%；未塑化聚氯乙烯价格 1158.2 美元/吨，同比大幅下降 20.5%；已塑化聚氯乙烯价格 1527.5 美元/吨，同比大幅下降 24.8%（见表 24）。

表 23　　2015—2019 年聚氯乙烯国内市场价格变动情况　　单位：元/吨，%

产品名称/规格	2015 年	2016 年	2017 年	2018 年	2019 年
聚氯乙烯/SG5	5413	5858	6441	6675	6686
同比	-12.8	8.2	9.9	3.6	0.2
聚氯乙烯/LS-100	6393	6978	7159	7002	7128
同比	-6.1	9.2	2.6	-2.2	1.8

表 24　　2015—2019 年聚氯乙烯进口价格变动情况　　单位：美元/吨，%

产品名称/规格	2015 年	2016 年	2017 年	2018 年	2019 年
聚氯乙烯/糊树脂	1110.0	1127.9	1169.7	1196.3	1160.3
同比	-16.9	1.6	3.7	2.3	-3.0
聚氯乙烯/初级状	882.5	834.0	921.6	930.3	874.2
同比	-17.1	-5.5	10.5	0.9	-6.0
聚氯乙烯/未塑化	1052.9	1301.8	1406.7	1457.4	1158.2
同比	-12.1	23.6	8.1	3.6	-20.5
聚氯乙烯/已塑化	2035.3	2054.7	2034.9	2031.6	1527.5
同比	-4.4	1.0	-1.0	-0.2	-24.8

（四）聚苯乙烯价格

2019 年聚苯乙烯市场价格震荡下跌，GPPS（透苯，注塑级）国内市场均价 9938 元/吨，同比大幅下滑 17.6%；HIPS（抗冲击级）均价为 9017 元/吨，同比大幅下滑 14.7%；EPS（阻燃料）均价为 9769 元/吨，同比大幅下滑 19.0%。造成价格下降的主要原因为：一是原料采购成本大幅下降，据统计，2019 华东苯乙烯市场均价 8246 元/吨，同比下降 23.2%；二是国内聚苯乙烯产量猛增，创历史新高，导致供应压力不断攀升；三是行业库存增加，截止到年底，国内聚苯乙烯成品库存 4.89 万吨，同比增加 44.25%；四是中美贸易摩擦导致对美国的家电出口大幅下降，抑制消费端的增长；五是替代需求为聚苯乙烯提供底部支撑。

在进口方面，聚苯乙烯价格出现大幅下降。进口 HIPS（初级改性）均价为 1203.7 美元/吨，下降 14.5%；进口 EPS（初级可发性）均价为 1376.6 美元/吨，同比上涨 0.9%（见表 25）。

表 25　　2015—2019 年聚苯乙烯国内和进口价格变动情况

单位：元/吨，美元/吨，%

产品名称	规格	2015 年	2016 年	2017 年	2018 年	2019 年
国内均价						
GPPS	注塑级	9548	9105	11166	12067	9938
	同比	-20.4	-4.6	22.6	8.1	-17.6

续表

产品名称	规格	2015 年	2016 年	2017 年	2018 年	2019 年
HIPS	抗冲击级	9796	9657	10544	10567	9017
	同比	-25.0	-1.4	9.2	0.2	-14.7
EPS	阻燃料	9791	9585	11304	12064	9769
	同比	-19.2	-2.1	17.9	6.7	-19.0
进口均价						
EPS	初级状	1779.8	1794.9	1758.1	1364.0	1376.6
	同比	-19.6	0.8	-2.1	-22.4	0.9
HIPS	初级状	1547.4	1449.8	1592.5	1408.0	1203.7
	同比	-19.6	-6.3	9.8	-11.6	-14.5

（五）ABS 价格

2019 年国内 ABS 树脂市场受宏观经济走势、贸易摩擦、三大原料走势、下游家电等多方面影响，价格相比上一年大幅下滑。通用级 ABS 年均价 12534 元/吨，同比大幅下降 18.4%。

2019 年，进口 ABS 树脂价格出现大幅下降，其中 ABS 树脂（改性）进口均价为 1643.0 美元/吨，同比下跌 16.3%（见表 26）。

表 26　　2015—2019 年 ABS 价格变动情况　　单位：元/吨，美元/吨，%

产品名称	规格	2015 年	2016 年	2017 年	2018 年	2019 年
ABS（国内）	通用级	10878	11461	15998	15363	12534
	同比	-22.9	5.4	39.6	-4.0	-18.4
ABS（进口）	改性	2225.1	2025.0	2236.8	1962.5	1643.0
	同比	-10.7	-9.0	10.5	-12.3	-16.3

五、世界合成树脂市场简况

1. 供应方面

当前，随着全球经济尤其是以中国、印度为代表的新兴国家的发展，合成树脂的市场规模持续快速增长。2019 年全球五大通用合成树脂产能为 3 亿吨/年，较 2015 年增加近 3500 万吨/年，消费量 2.6 亿吨，较 2015 年增加 17.3%。

从新增装置看，全球合成树脂生产进一步向东北亚、北美和中东地区集中，2019 年这三个地区五大合成树脂产能约为 20479 万吨/年，占全球产能的 68.3%，较 2015 年提高 0.8 个百分点。其中东北亚地区产能为 11979 万吨/年，占全球产能的 40%；北美地区产能近 5000 万吨/年，占 16.7%；中东地区产能超过 3500 万吨/年，占 11.7%。

自 2001 年起东北亚地区就成为全球合成树脂的生产中心，到 2019 年该地区的合成树脂产能占全球产能的 40%，从具体品种看，2019 年东北亚地区聚乙烯产能为 3013 万吨/年，占全球产能的 24.8%；聚丙烯产能为 3722 万吨/年，占 43.9%；聚氯乙烯产能为 2910 万吨/年，占 53.4%；聚苯乙烯产能为 1484 万吨/年，占 53.6%；ABS 产能为 887 万吨/年，占 76.7%。从未来发展看，东北亚地区将继续在聚乙烯和聚丙烯领域加大投资，随着中国进一步改革开放，全球主要石化企业都加大了在中国投资乙烯及合成树脂的力度。预计未来东北亚地区聚乙烯和聚丙烯占全球的比例将进一步提高。

凭借着丰富和低廉的轻烃原料，北美地区成为全球乙烯及聚烯烃产业投资的热土。近年来随着北美地区多套乙烷裂解和丙烷脱氢装置建成投产，北美地区聚烯烃产能大幅增加，2019 年北美地区聚乙烯产能为 2761 万吨/年，较 2015 年增加近 720 万吨/年，为这一时期全球聚乙烯产能增加最多的地区。未来北美地区的投资热点仍将集中在乙烯及乙烯下游产品上，预计到 2025 年北美地区合成树脂产能将超过 6000 万吨/年，其中聚乙烯产能将超过 3400 万吨/年，新增 600 万吨/年以上；聚氯乙烯产能将超过 1100 万吨/年，新增 250 万吨/年；PP 将新增产能 290 万吨/年，总产能将超过 1200 万吨/年。

2. 需求方面

2019 年全球合成树脂消费量估计在 2.55 亿吨，较 2015 年增加 17.3%，2015—2019 年平均增速在 4.1%左右。从具体品种看，聚乙烯需求量为 1.05 亿吨，2015—2019 年平均增速为 4.4%；聚丙烯需求量为 7630 万吨，年均增速为 4.6%；聚氯乙烯需求量为 4645 万吨，年均增速为 3.4%；聚苯乙烯需求量为 1778 万吨，年均增速为 1.6%；ABS 需求量为 951 万吨，年均增速为 5%。2019 年东北亚地区合成树脂需求量在 1.10 亿吨左右，2015—2019 年平均增速为 5.8%，明显高于全球需求的增长。东北亚地区，特别是中国，作为世界主要的生产基地，其在包装、农业、电子电器、汽车等产业都具有重要地位，因此其合成树脂消费量在该地区的消费量相对较大。2019 年东北亚聚乙烯需求量为 3715 万吨，占全球需求量的 35.4%；聚丙烯需求量为 3430 万吨，占 45%；聚氯乙烯需求量为 2160 万吨，占 47.5%；聚苯乙烯需求量为 780 万吨，占 43.9%；ABS 需求量为 649 万吨，占 68.2%。

近年来随着产业结构调整，北美及西欧地区的实体产业逐步向东北亚、东南亚及印巴地区转移，新增产能主要以满足当地需求为主。2019 年北美和西欧合成树脂需求量分别为 3375 万吨和 2805 万吨，2015～2019 年平均需求增长分别为 1.1% 和 1.5%。

3. 全球合成树脂市场发展趋势

自 2020 年起，全球将进入到合成树脂新的扩张周期，2020—2025 年间，全球将新增合成树脂产能 5980 万吨/年，较 2015—2020 年间多增产能 820 万吨/年，预计到 2025 年全球五大合成树脂产能达到 3.76 亿吨/年。从新一轮全球合成树脂产能扩张看，新增产能将主要来自中国，预计未来 5 年中国新增的合成树脂产能约占全球新增产能的 60%以上，其中聚乙烯为 46%，其他合成树脂产品均超过 65%。

在未来需求方面，2020 年初爆发新冠病毒疫情，下游消费受到巨大影响，对合成树脂行业造成了重大冲击，前五个月，合成树脂行业营业收入同比下降了 15.5%，利润同比下降 56.7%。但随着疫情逐步得到控制，下游需求逐渐恢复，行业运行情况将逐步改善。在限塑方面，各国加大了限制塑料使用的力度，且进程不断加快，以欧盟为代表的发达经济体更是制定了严格的限制塑料法令。我国也在 2020 年初发布了条款更加严格的《关于进一步加强塑料污染治理的意见》，确定了 2020 年、2022 年和 2025 年的塑料污染治理目标，以减少塑料在环境中的存在。这些限制塑料的政策必将对未来塑料的需求产生影响。

尽管受到各种因素的影响，但全球合成树脂仍将保持一定增长。据 IHS 预测，到 2025 年全球五大合成树脂需求量达到 3.17 亿吨，2019—2025 年平均增速为 3.7%，低于 2015—2020 年平均 4%的增长水平。其中聚乙烯需求量达 1.33 亿吨，2020—2025 年平均增速为 4%；聚丙烯需求量为 9790 万吨，年均增速为 4.3%；聚氯乙烯需求量为 5510 万吨，年均增速为 2.8%，聚苯乙烯需求量为 1960 万吨，年均增速为 1.7%；ABS 需求量为 1200 万吨，年均增长 4.1%。

（中国石油和化学工业联合会　赵国伟）

2019 年中国聚氯乙烯发展现状及趋势展望

近年来，中国氯碱行业由快速发展进入到高质量发展阶段，作为主导产品的聚氯乙烯（PVC）也同样进入新一轮的发展周期。截至 2019 年底，中国聚氯乙烯总产能为 2518 万吨，约占全球总产能的 43.4%。面对当前国际能源结构和贸易形势的变化，中国聚氯乙烯发展也将是机会和风险并存。

从 2013 年开始，氯碱行业开始了市场化的去过剩产能进程，聚氯乙烯在 2014—2016 年连续产能负增长，生产企业数减少到 73 家。目前中国聚氯乙烯生产规模稳居全球首位，生产技术水平不断提升，产品开工率不断提高，行业效益明显提升，清洁生产和绿色发展成为重要发展方向。但同时聚氯乙烯“去重复同质化产能”也将是一个较长的博弈过程，未来中国聚氯乙烯布局的进一步优化；消费领域稳固再开发；产品牌号的多样化、系列化、专业化；各工艺成本控制最优化等诸多方面仍是重点工作。

一、发展现状

（一）产能由高速增长变为理性发展

2019年中国聚氯乙烯现有产能为2518万吨（其中包含聚氯乙烯糊状树脂119万吨），年内新增产能121万吨，退出产能7万吨，继2014—2016年和2018年产能净减少之后，2019年底转为114万吨的净增长。2020年预计中国将有198万吨的新增聚氯乙烯项目投产，其中乙烯法扩能占比增大（见表1）。

表1　　2007—2019年中国PVC产能列表　　（单位：万吨）

年份	2007	2008	2009	2010	2011	2012	2013	2014	2015	2016	2017	2018	2019
产能	1520	1581	1781	2043	2163	2341	2476	2389	2348	2326	2406	2404	2518
增幅	31.3%	4.0%	12.7%	14.7%	5.9%	8.2%	5.8%	-3.5%	-1.7%	-0.9%	3.4%	-0.08%	4.7%

2003年以来，随着经济的快速发展，我国逐步成为世界工厂，由此带来对基础化工原材料的巨大需求，推动着国内氯碱工业的快速发展。同时，我国城市化进程加快，带动着城市建设、建材、汽车、电子等行业的高速发展，对PVC需求量迅速增长。另外，国家推进西部开发战略，西部地区凭借资源优势大力发展氯碱工业，其产业规模迅速扩张。2008年下半年，世界金融危机爆发。国内经济进入平稳增长的“新常态”，同时国家加大了房地产行业的宏观调控力度，国内PVC及其他氯产品市场需求萎缩，价格下滑，使行业扩能热潮减退，产能增速减缓，行业转入优化结构调整的阶段。

2012—2015年期间，氯碱全行业连续4年亏损。在结构调整的综合压力下，行业新建及扩建项目趋于理性，同时按照市场规律进行的优胜劣汰、落后产能的退出速度加快，PVC产能的净增长呈现快速下降的态势。2016年以来，随着“去过剩产能”和环保督查力度的进一步加强，一批竞争力较差的产能退出，国内PVC产能继续保持低速增长，供给侧改革作用初步显现。同时，建材等主要下游应用行业有所复苏，下游需求的良好支撑进一步推动了市场供求关系的改善。其间随着各项成本要素出现上升，带动了国内多数大宗商品市场价格上行，企业盈利能力也自2016年开始取得明显好转，2019年PVC整体开工率已提升至80%（见图1、表2）。

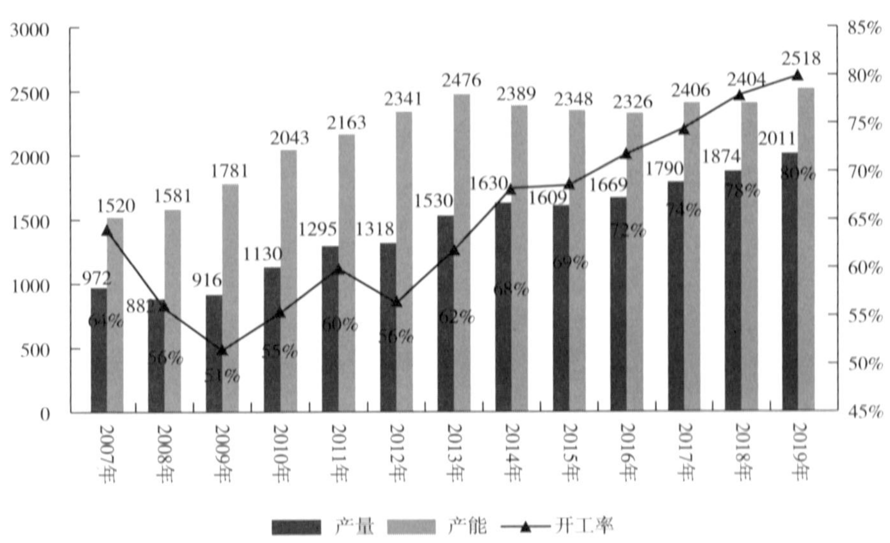

图1　2007—2019年中国PVC产能/产量及开工率走势图（单位：万吨,%）

表 2　**2012—2019 年中国 PVC 企业数及新增—退出产能**　（单位：万吨，%）

年份	企业总数/家	新增	退出	净增
2012 年	94	296	-118	178
2013 年	93	286	-151	135
2014 年	88	66	-153	-87
2015 年	81	78	-119	-41
2016 年	75	89	-111	-22
2017 年	75	108	-28	80
2018 年	75	66	-68	-2
2019 年	73	121	-7	114

（二）空间布局更为清晰

当前中国 PVC 布局更加清晰，中东部地区电石法聚氯乙烯产能逐渐退出的同时，逐步形成了与化工新材料、氟化工、精细化工和农药等行业相结合的发展模式并日趋成熟；西部地区依托资源优势已逐步建设完成诸多大型化、一体化“煤电盐化”循环经济项目，形成了有较强竞争力的几大氯碱产业集群。

现有 73 家 PVC 生产企业分布在 21 个省市、自治区及直辖市，平均年产规模为 34 万吨。由于各区域的经济水平、资源禀赋和市场情况存在很大的差异，各地 PVC 产业发展并不均衡，局部地区企业数量众多，产能密集（见图 3）。

西北地区依托丰富的资源能源优势，是业内公认的电石法 PVC 的低成本地区，在中国 PVC 产业格局中占据相当重要的地位。华北、华东地区则呈现电石法和乙烯法并存的发展态势，而且得益于乙烯来源的多样化，后期华北、华东地区的乙烯法工艺的 PVC 扩能会更加集中。未来“十四五”，西北地区能否实现煤烯结合生产聚氯乙烯的路径则值得探索。

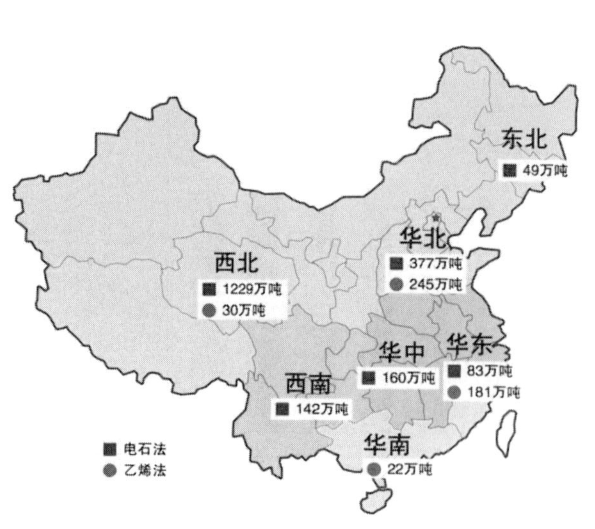

图 2　2019 年中国 PVC 产能分布图

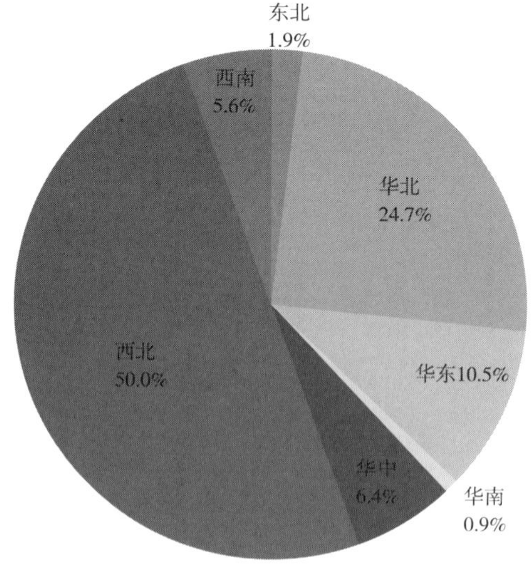

图 3　2019 年国内七大区 PVC 产能占比

（三）产业集中度进一步提升

2019 年，我国 PVC 生产企业 73 家，平均生产规模为 34 万吨/年，较 2018 年提高 2 万吨。排名前十的 PVC 大型企业累计产能占国内总产能的 42.3%（见表 3）。

未来具有竞争实力的氯碱企业会继续进行跨地区、跨行业、跨所有制改革重组，促进上下游产业一体化发展。优势企业在资本市场通过收购、兼并、重组、联营等多种形式实现产业链的延伸以及区位间的互补，企业兼并重组的市场化运作仍会继续，未来我国 PVC 产业集中度仍会有进一步提高的空间。

表 3　　2018—2019 年国内 PVC 产能规模列表

规模	企业数/家		产能合计/万吨		产能占比/%	
	2018 年	2019 年	2018 年	2019 年	2018 年	2019 年
≥100 万吨	3	3	403	438	16.8	17.4
100 万吨>产能≥50 万吨	6	9	390	579	16.2	23.0
50 万吨>产能≥30 万吨	30	28	1116	1035	46.4	41.1
30 万吨>产能≥10 万吨	25	24	436.5	413.5	18.2	16.4
10 万吨>产能	11	9	58.5	52.5	2.4	2.1
合计	75	73	2404	2518	100.0	100.0

（四）市场需求稳中有变

根据统计，2019 年中国 PVC 表观消费量达到 2027 万吨，较 2018 年 1889 万吨同比增加 7.3%。随着工业、农业、交通、建筑、通讯、军工等行业的迅速发展，以及人民群众生活水平的不断提高，塑料制品的需求逐渐增大，推动了塑料加工业新产品、新技术、新材料的加速应用。在 PVC 下游应用方面，除合计占比超过 50%的型材、管材传统领域外，近两年也出现了 PVC 地板、PVC 医包材料等消费快速增长的行业。

例如 PVC 地板完全不同于之前的低端地板革，是近两年国内 PVC 下游领域表现最为突出的代表。

整体来讲，PVC 卷材地板产能过剩问题比较突出，市场压力大。PVC 片材地板近两年市场需求迅速扩大，未来发展空间巨大。全球地材用量最大的市场为亚洲和美国，亚洲又以中国市场最大，未来 PVC 地材市场消费仍是以这两个国家为主。

目前，中国 PVC 地板大多用于公用装修，在公共场所先行先试，主要用于学校、医院、公交站等公共区域。2018 年我国 PVC 片材地板的产量为 8.85 亿平方米，同比增长 10.8%，产值达到 442.78 亿元，2019 年产量达到 9.4 亿平方米，呈现出快速发展势头。

从 2019 年市场需求情况看，随着消费升级以及二次装修的大环境，片材地板市场的发展前景良好。我国环保理念的不断推行，也为新型环保生态建筑市场带来了机会。出口方面，中国 PVC 地板出口数量从 2014 年的 139 万吨发展到 2019 年的 403 万吨，并且过去 5 年内的出口量年均增速高达 20%以上。未来伴随着中国 PVC 地板领域企业在技术及生产工艺上取得进展和突破，都将进一步刺激中国 PVC 地板出口需求（见表 4）。

但在 PVC 下游消费结构不断变化的同时，PVC 制品加工行业发展也存在一些问题。比如：PVC 制品加工业以中低档产品居多，高档产品少；通用技术产品多，高技术、高附加值产品少等。其中，高端产品主要指工业用功能性材料，包括汽车内饰用 PVC 皮革，电子产品包装用 PVC 片，家具及室内装饰用 PVC 木纹膜，智能卡基材等，仅占制品总产量的 20%。另外，总体装备水平低，科技投入不足也是制约 PVC 制品加工业发展的主要因素。

（五）进出口市场不断发生变化

2014 年，中国 PVC 首次出现净出口局面，并且一直持续至 2017 年。其间 2015 年当年 PVC 出口量出现较为明显的萎缩，造成这一现象的原因是国际原油价格大幅下跌导致国际乙烯法 PVC 成本降低，我国出口产品的竞争优势下降。

表 4　2007—2019 年中国 PVC 表观消费量

年份	表观消费量/万吨	增长率/%
2007 年	1011	13.2%
2008 年	902	-10.8
2009 年	1055	17.0
2010 年	1228	16.4
2011 年	1363	11.0
2012 年	1373	0.7
2013 年	1540	12.2
2014 年	1587	3.1
2015 年	1603	1.0
2016 年	1630	1.7
2017 年	1771	8.7
2018 年	1889	6.7
2019 年	2027	7.3

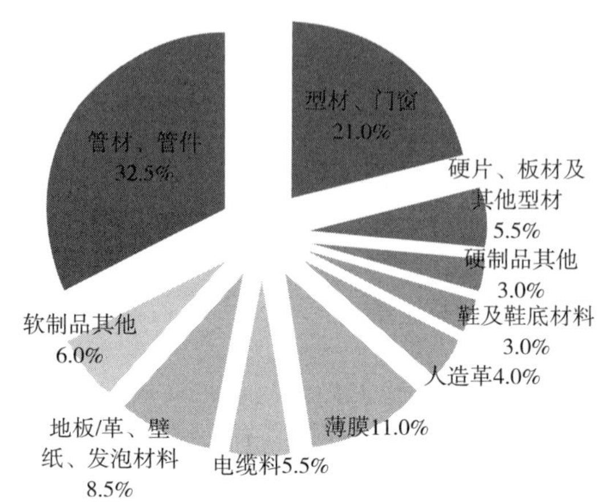

图 4　2019 年中国 PVC 下游消费结构图

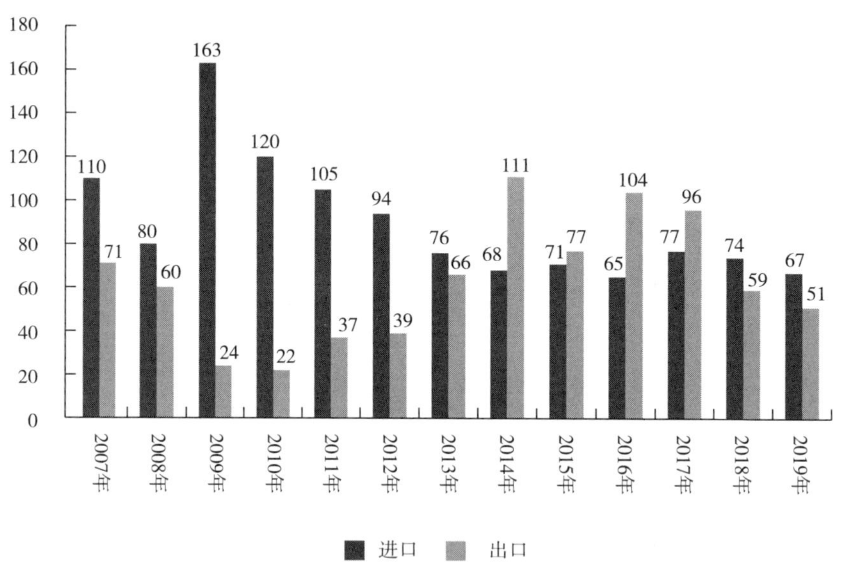

图 5　2007—2019 年中国 PVC 纯粉进出口变化（单位：万吨）

综合来看，我国 PVC 经过多年发展，产品质量逐步提升，国际竞争力不断加强，除了替代部分进口外，也利用价格相对优势抢占了部分海外市场，从而提高了国际聚氯乙烯市场上中国产品的占有率。但面对近两年国际能源形势的巨大变化，尤其是美国依靠低廉的页岩气和乙烷成本，其 PVC 的竞争优势再次得到提高。未来中国 PVC 产品贸易在坚持走出去的道路上将不仅会遇到贸易摩擦方面的风险，也将会遇到海外低成本乙烯法 PVC 的竞争见图 5。

（六）电石配套更趋完善，乙烯来源更加多元化

目前，中国国内 PVC 原料集中为电石和乙烯

及乙烯基两大类产品。

国内电石法 PVC 的生产主要集中在煤炭资源丰富的西部地区，围绕电石法工艺路线自身的产业链特点，一些国内大型电石法 PVC 生产企业大力推行循环经济发展战略，做大、做强以电石法 PVC 为核心的产业链条，着力打造“煤—电—盐”一体化的规模化产业集群。从当前西北地区 PVC 企业的电石配套情况看，电石原料的自给率达到了 90%以上，越来越多的电石法 PVC 工厂实现了自给自足，并朝着电石原料配套更完善的方向发展（见表 5）。

表 5　2019 年中国七大区域电石产量表

区域	产量/万吨	占总产量比例/%
西北	2262.6	87.43
华中	83.2	3.21
西南	189.2	7.31
华北	35.5	1.37
东北	4.3	0.16
华东	12.5	0.48
华南	0.6	0.02
合计	2587.9	100

当前中国乙烯及乙烯基产品来源正朝着多元化的方向发展，也为 PVC 工业的原料获取开辟了新的路径。国际上美国以页岩气为原料制取乙烯的成本大大低于传统炼化行业的制造成本，同时中东地区也大量扩产了以天然气为原料的乙烯装置。国内煤制烯烃、甲醇制烯烃、乙烷制乙烯等现代工艺方法使得乙烯供应更加丰富。未来二三年内，中东、北美、东北亚等乙烯来源多元化的特点突出，并且进入新建项目的产能释放高峰期。国际乙烯供给宽松的趋势和相当长时间的相对较低价位运行情况为中国有条件进口乙烯的企业提供了较好的机会。

（七）市场进入新的平衡阶段

从 2016 年开始，中国 PVC 供需关系逐渐调整到新的平衡阶段，随着大宗商品行情不断走高，2016 年开始的 PVC 市场也开始恢复活跃。但从 2017—2019 年的国内 PVC 市场走势对比，近三年市场均价的最高点不断降低。分析认为，2019 年中美贸易摩擦不断升级，直接影响了 PVC 制品的出口；再加上房地产行业调控力度不断加强；国内宏观经济增速下降，都造成了 2019 年 PVC 市场高点较前两年不断回落见图 6。

二、趋势展望

（一）复杂国际能源格局下的中国 PVC 发展探索

页岩气革命使得北美乙烷供应发生巨大变化，产量快速增长，价格大幅下降，正在影响全球能源格局，打破传统的能源体系。以乙烷为原料的乙烯生产呈现出较为强劲的成本竞争力，引发了北美新一轮裂解装置的投资热潮。自 2016 年下半年以来新建项目逐步投产，目前正进入产能释放高峰期。

有测算，以美国页岩气开发为基础的天然气制备乙烯进而生产聚氯乙烯，相比正常情况下的原油

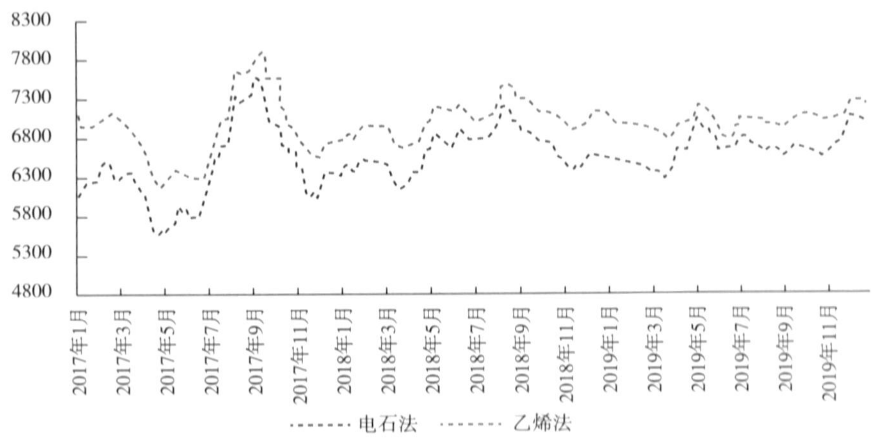

图 6　2017—2019 年中国 PVC 市场走势图（单位：元/吨）

路线以及我国电石法工艺路线的聚氯乙烯产品，可节省近一半的成本，市场竞争优势突出。2019—2022年，美国将是新增乙烯产能最多的国家，乙烯和乙烯衍生物出口预计将是现在的三倍，从当前的500万吨增长到十年后的1500万吨。明显的成本优势更加有利于美国氯碱产业在全球市场的竞争和布局，这也必将对中国氯碱产品参与国际竞争形成巨大的挑战。

除同类PVC的竞争外，乙烯衍生的聚乙烯（PE）也会直接冲击东北亚地区的市场，在PE竞争日趋激烈的同时，对PVC和PE相互交叉的下游制品应用领域，在一定程度上更需发挥PVC“质优价廉”的高性价比优势才能稳固并扩大市场份额。

当前国内乙烯生产工艺主要有三种，一是来自石脑油蒸汽裂解制乙烯；二是来自煤制甲醇制乙烯（CTO）或甲醇制乙烯（MTO）；三是来自乙烷裂解制乙烯。未来随着国内乙烯来源的多元化发展成熟，乙烯法PVC的乙烯原料获取渠道会更多。但目前国内氯碱化工与甲醇制烯烃、煤制烯烃成功结合的案例并不多，未来现代煤化工与氯碱化工相结合的联合生产基地的形成仍需要政策等多方面的支持。

（二）进出口贸易出现新态势

2019年9月，调查机关决定终止对原产于美国、韩国、日本和中国台湾地区的进口聚氯乙烯的反倾销期终复审调查，对被调查产品所适用的反倾销措施于2019年9月28日终止。反倾销措施日落后，我国聚氯乙烯受到国外低价货物冲击的风险显著加大，并且一般贸易量大幅增加则会更直接地影响到中国PVC市场。

中美贸易摩擦持续，中国PVC和烧碱的下游如纺织、造纸、塑料制品（如PVC地板）等对美均有较大出口。除了对氯碱产品本身有一定影响外，将主要通过影响产业链下游进而影响国内氯碱行业。

（三）聚氯乙烯树脂和下游加工业深度融合发展

当前对于PVC而言，以制品为前提，从需求出发，倒推反求符合相应功能的材料，提高研发和生产的针对性，开展相关技术攻关，将产品的质量拉开距离，形成良性质量的竞争，对稳定传统市场，积极拓展新兴市场，进一步激发PVC需求有着重大意义。

巩固并拓展传统聚氯乙烯加工应用领域。在聚氯乙烯管材和异型材行业，探索培育以PVC混配料为核心的消费市场，促进提升聚氯乙烯制品质量；在管材加工应用领域，积极推动高抗冲PVC、PVC-O和大口径聚氯乙烯管材的研发与推广，结合国家地方“海绵城市”和城镇化建设需求，以企业为核心，开展聚氯乙烯管道应用示范城市建设；在异型材加工应用领域，积极宣传推动“以塑代铝”，加大聚氯乙烯塑料门窗的推广应用力度。

选择培育高附加值的优势产品，加强高附加值新产品研发，通过产品结构调整增强竞争力。与下游塑料加工企业合作开发符合市场需求的高性能、系列化、专门化的聚氯乙烯品种。包括参与开发生产符合环保要求的高性能加工助剂及尝试生产混配料，逐步转向个性化需求的柔性制造、低成本大规模制造和小批量个性化生产相结合的体系模式。围绕均聚、共聚、交联、掺混特种树脂展开更深入的研究，开发卫生级、医用级、球形、粉末涂层用、无包封皮层、阻燃阻烟、发泡树脂等产品的科研技术攻关。

综合考虑产品研发、生产、助剂配套和下游应用等产业链各个环节，形成连贯、完整的创新体系，选择培育适合企业和行业发展的高附加值优势产品。未来PVC建立系列化、专业化、针对化的专用料牌号，由通用型向更多领域的拓展延伸将是发展方向。

（中国氯碱工业协会　张培超）

塑料助剂

塑料助剂又名塑料添加剂，是一类广泛应用于橡胶、合成纤维、涂料、纺织、印染、食品、石油等工业产品中的辅助化学品，旨在改善树脂成型加工过程中的加工和应用性能，降低成本、减少能耗，提高塑料制品的品质，进而提升其商业化价值。众所周知，塑料制品的成型加工离不开树脂、助剂、加工设备（包括模具）等基本要素。其中，助剂的使用在用量上可谓是微乎其微，但其对制品的加工以及应用性能的改善却是至关重要的。换句话说，在树脂的结构确定以后，助剂的选择和应用合适与否决定了该制品的成败。助剂的优劣、成本的高低、性能的完善程度等直接影响着塑料成品的品质与价值。

塑料助剂的类别和品种繁多，应用领域广泛，适应性强，有些助剂的使用甚至可以赋予制品新的功能。所以说，借助助剂实现塑料制品的改性是一条经济、高效、便捷的发展道路。助剂作为塑料成型制品的一大类添加剂，常包含增塑剂、抗氧剂、热稳定剂、光稳定剂、阻燃剂、加工及抗冲改性剂、偶联剂、成核剂、抗静电剂、抗水解稳定剂等十几种类型。

图1显示了2011—2018年中国塑料制品行业产量统计及市场销售收入情况；图2显示了2013—2019年中国塑料制品行业前9月进口数量及前11月出口数量统计情况。图3显示了2011—2016年以及2019年前三季度我国塑料助剂消费量走势情况；图4显示了2014—2016年我国主要塑料助剂产品需求情况；图5显示了2019年1—9月份我国主要塑料助剂产品消费量统计情况。

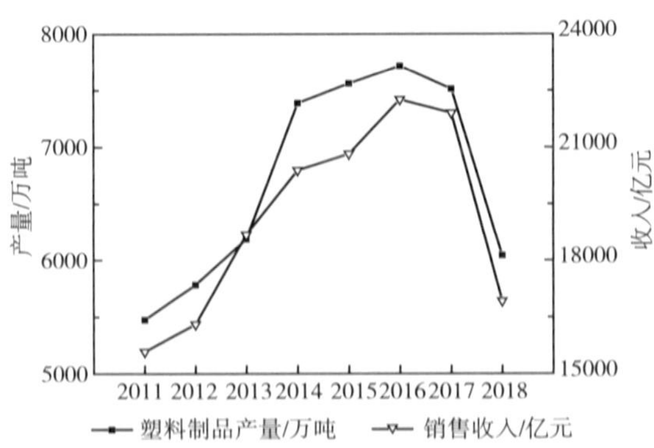

图1 2011—2018年中国塑料制品行业产量统计及市场销售收入情况

从图1中可以看出，2011—2018年以来，我国塑料制品行业呈现出3个阶段：2011—2014年发展迅速；2014—2016年发展相对平稳；2016—2018年发展下滑。其中，2016年为发展旺盛期，塑料制品产量高达7700万吨，销售收入达到22259亿元。2018年产量跌至6000万吨左右，相比同期下跌了19.59%；销售收入跌至16921亿元，较上年下跌了22.74%，下滑明显。

从图2中可以看出，就塑料制品进口情况而言，2013—2018年进口数量总额基本稳定在45万吨左右，2019年有所下滑，进口量为33.37万吨；就塑料制品出口情况而言，中国的塑料制品出口量呈现出稳步增长的趋势，2013年出口量为851万吨，之后一路上升，2018年出口量已高达1312万吨，2019年有所下跌，出口量也在1284万吨，由此可以看出，我国的塑料制品在国际上的竞争力越来越大，这也就意味着我国塑料助剂将拥有更大的发展空间，其发展趋势将势不可挡。

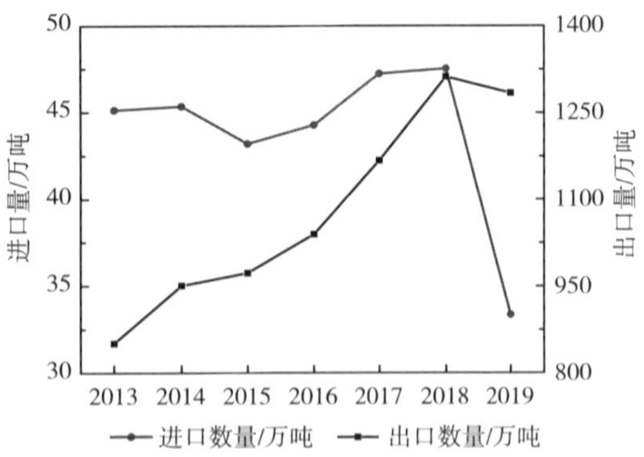

图2 2013—2019年中国塑料制品行业前9月进口数量及前11月出口数量统计情况

从图3中可以看出，应国家政策的支持，我国的塑料助剂消费量在近十年来呈现出稳步增长的趋势。2011年，我国塑料助剂的需求量尚为379万吨，2016年增长至516万吨，据中国塑料加工工业协会不完全统计数据显示，至2019年9

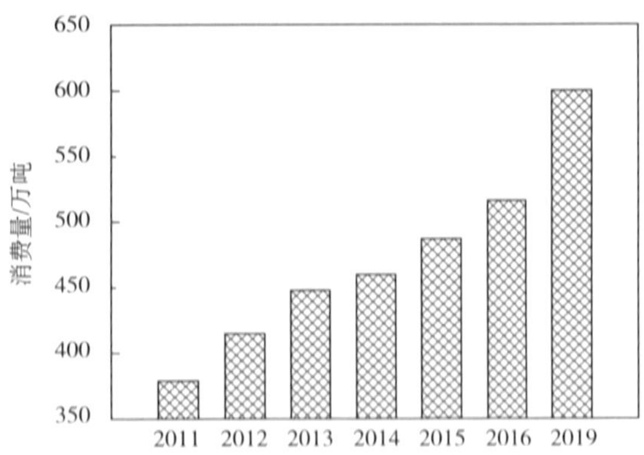

图3 2011—2016年以及2019年前三季度我国塑料助剂消费量走势图

月份，我国塑料助剂的需求量已约600万吨。这说明，我国的塑料助剂加工行业已取得了很大的进步与成就。

从图4、图5中可以看出，近几年来，我国对于各大塑料助剂的需求量基本处于平稳增长的趋势。其中，增塑剂的需求量始终处于龙头位置，2015年增塑剂的需求量为291万吨，占比同期塑料助剂总需求量的59.8%；其次是热稳定剂，2015年需求量为41.4万吨，相较同期塑料助剂总需求量而言，占比为8.5%。2019年1—9月份，我国助剂行业对于增塑剂的消费量约达300万吨，消费占比约为50%；热稳定剂的消费量约为50万吨，消费占比约为8.33%，其他各大类助剂消费量也呈现出稳步增长的趋势。

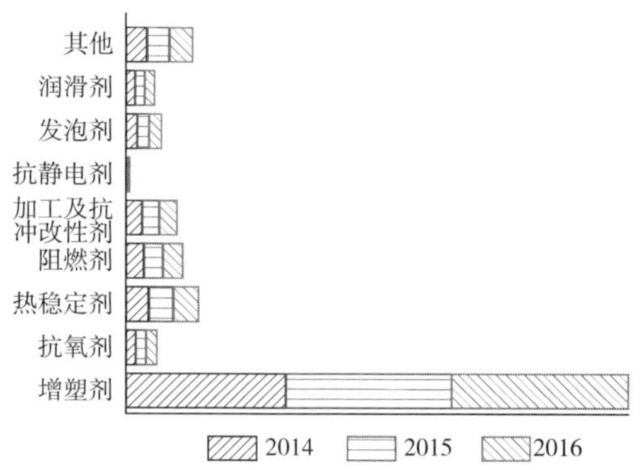

图4　2014—2016年我国主要塑料助剂产品需求产品统计图

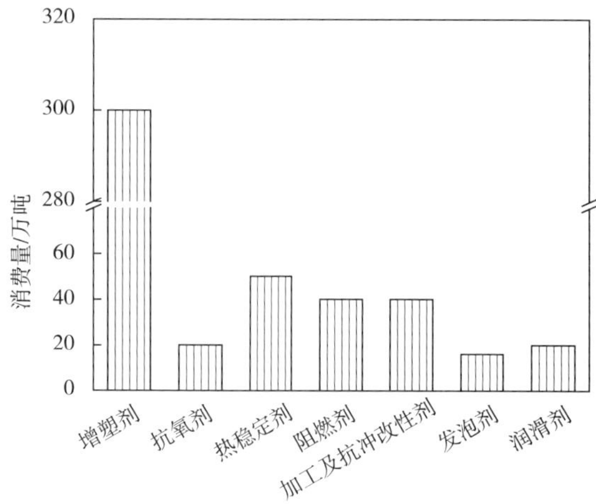

图5　2019年1—9月份我国主要塑料助剂产品消费量统计图

作为塑料伴生行业的塑料添加剂，其全球的市场份额主要集中在一些综合型企业中，其中具有代表性的企业包括德国的巴斯夫、美国的陶氏化学、法国的阿科玛以及美国的杜邦等，他们覆盖了从原料生产到塑料制造的一系列流程。

巴斯夫作为一家国际化的化学公司，立足于中国的发展。2016年11月，巴斯夫宣布：为满足全球光稳定剂以及抗氧剂日益增长的需求，将通过投资的方式用于全球塑料添加剂的产能扩建及运营，并进行自动化、数字建模与电子技术的建设。其中，巴斯夫全新抗氧化剂装置一、二期工程分别于2019年1月及12月在巴斯夫的上海漕泾基地落成投产，随之带来的将是全新抗氧剂 Irgafos® 168 和 Irganox® 107642000吨的年产能，其主要服务对象是中国客户。2019年11月23日，作为中国重化工领域的首例外商独资项目——湛江一体化基地项目也开始正式启动，投资总额预计达100亿美元，该一体化生产基地可实现从基础化学品到消费品的一系列智能连接，节省物流成本、能量优化利用、节能减排，这与我们所倡导的“绿色、生态、低碳、循环”的发展趋势相吻合。据 GrandViewResearch，Inc. 公司预测，2022年，全球塑料添加剂市场市值有望达到625亿美元。

塑料助剂涉及面宽广，其在国防、航空航天、汽车、家用电器日用品、涂料涂层、快速消费品和包装行业中的应用非常广泛。预计，到2022年，建筑、包装、消费品、汽车等终端行业对于塑料的需求仍将是全球塑料添加剂市场的重要驱动因素。塑料助剂市场的未来增长将主要聚焦于亚太、南美和东欧这些发展经济体。有数据显示，2013年亚太地区塑料助剂市场收益为全球的40%左右，到2020年将增至60%左右。据不完全统计，过去，美国是全球最大的塑料助剂消费国，2019年，中国已超过美国，其各类助剂总产量居全球第一，品种最为齐全。截止到2019年，中国对于塑料助剂的消费量已达660万吨左右，年增长率达8%左右。其中，增塑剂的消费量居于榜首位置，约占份额为61%左右；热稳定剂次之，约占全球塑料助剂总量的10%；阻燃剂和加工及抗冲改性助剂并列，约占全球塑料助剂总量的8%；其他助剂的年消费量较往年也都有所提升。特别地，增塑剂、热稳定剂的环保类产品的增长速度较快，非环保类则呈现缩减的趋势，其他品种呈现平稳态势。需要说明的是，新冠病毒疫情发生之后，人们对于抗菌类型产品所带来的产品卫生安全及身体健康问题将会更加重视，全球抗菌塑料市场的规模将会不断壮大，抗菌塑料的核心助剂—抗菌剂的发展前景也将极其可观。预计2019—2024年，中国塑料助剂需求量将年均增长5.1%。

《振兴石化行业规划细则》的出台为我国的塑料制品业带来新的发展机遇，轻量化技术将为塑料工业的发展带来重大便利。《中国制造2025》曾提出，将轻量化作为汽车产业重点发展方向之一。未来，轻量化材料在汽车、飞机、轨道交通等方面的运用将会越来越广。中国塑料加工工业协会发布的《塑料加工业“十三五”发展规划指导意见》中明确指出，紧紧围绕“资源节约型、环境友好型、科技创新型”的产业发展方向，牢牢跟进“功能化、轻量化、生态化、微成型”的技术发展趋势，加快产业转型升级，推动产业成长进步。通过引入塑料助剂达到改善塑料制品性能的办法，以此实现“以塑代钢”“以塑代木”，并有利于实现节能降耗。

CHINAPLAS2019国际橡塑展的主题是创新塑未来，以技术为主导、创新驱动行业发展，聚焦智能制造·高新材料·环保及可循环解决方案。其中，“汽车轻量化、低VOC”和“环保材料（生物基材料）”两大主题深受大家的关注。展会上重点涉及了几大高新材料：纤维增强复合材料、用于新能源汽车的轻量化材料、用于5G通讯的高功能材料、高透明度的医疗级塑料、可降解/生物质及再生塑料、低VOC、色泽及光亮度改性剂等。以上也为作为伴生行业的塑料助剂行业的进一步发展指明了前进方向、提供了根本遵循。

（一）增塑剂

1. 定义

增塑剂是一类增强塑料的可塑性，改善塑料成型加工时的流动性，赋予塑料制品一定柔韧性的精细化学品，具有沸点高、挥发性低、与树脂相容性好等特点。增塑剂的分类方式有很多种，其中，按化学结构可分为邻苯二甲酸酯、脂肪族二元酸酯、磷酸酯、环氧化合物、柠檬酸酯、苯多羧酸酯等。

2. 生产现状及发展趋势

在塑料加工助剂中，增塑剂的产能以及消费量占比最大。2011年以来，中国占据全球新增增塑剂绝大多数的产能与消费量。其中，2014年，中国的占比为43.00%，至2019年，中国在全球的占比份额已增至48.00%，并保持持续快速增长的趋势。表1是2016年我国增塑剂的产量统计情况。其中，传统邻苯类增塑剂的占比达一半以上。

表1 2016年我国增塑剂的产量统计表

种类	产量/万吨
邻苯类	200
对苯类	60
环氧类	35
偏苯类	6
柠檬酸酯类	6
其他	12
合计	319

既要金山银山，也要绿水青山。已有大量研究证明传统邻苯类增塑剂的苯环结构对于人类、动物植物以及环境的危害很大，尤其是对于儿童的性发育发展方面影响较为严重，因而各国对于邻苯类增塑剂的管控力度越来越大。随着2013年法国阿科玛年产能达7万吨的DOP产业被关闭后，传统邻苯类增塑剂从西欧舞台逐渐淡出。有数据显示，同比2008年西欧邻苯类增塑剂23%的消费量，2016年占比为4%，且全球DOP的消费量皆呈现显著下滑的趋势。本着对消费者健康的考虑，全球对于传统邻苯类增塑剂的要求越来越为严格。

2018年4月25日美国开始实施的《禁止儿童玩具和儿童护理用品含有特定邻苯二甲酸酯：某些塑料的测定》（16CFR1308）可谓是“史上最严”，其对邻苯类增塑剂的强制性永久禁令由先前的3种增至现今的8种，包括邻苯二甲酸二辛酯（DEHP）、邻苯二甲酸二丁酯（DBP）、邻苯二甲酸丁基苄酯（BBP）、邻苯二甲酸二异壬酯（DINP）、邻苯二甲酸二异丁酯（DIBP）、邻苯二甲酸二戊酯（DPENP）、邻苯二甲酸二己酯（DHEXP）、邻苯二甲酸二环己酯（DCHP）。2019年7月22日欧盟对于邻苯类增塑剂的强制限令也开始实施。欧美新版禁令的接连出台对于我国的儿童玩具等塑料产业的出口可谓是影响甚大。图6是邻苯二甲酸酯类增塑剂在人体的代谢过程。表2是我国关于儿童用品及玩具的出口因增塑剂超标被欧盟的通报情况。

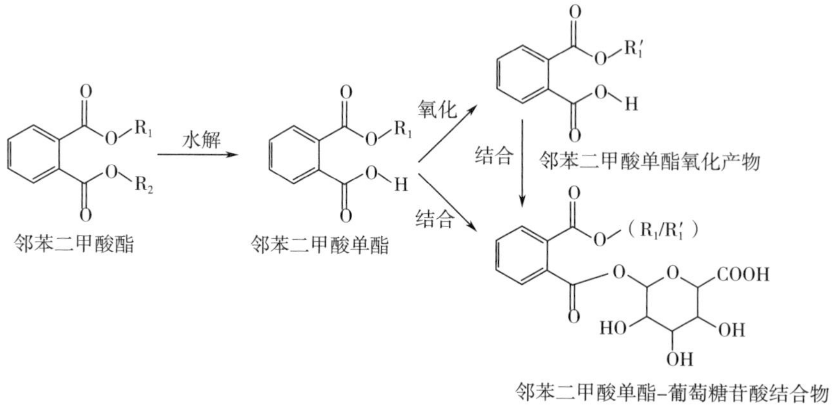

邻苯二甲酸酯 → 水解 → 邻苯二甲酸单酯 → 氧化 → 邻苯二甲酸单酯氧化产物；邻苯二甲酸单酯 → 结合 → 邻苯二甲酸单酯-葡萄糖苷酸结合物

图 6　邻苯二甲酸酯类增塑剂在人体的代谢机理

（注：R_1/R_2 为烷烃支链；R_1' 为烷烃支链被氧化后生成的含有羟基或羰基或羧基的结构）

表 2　我国儿童用品及玩具出口被欧盟通报次数统计表

时间	通报次数/次	占比/%
2017 年 1—12 月	166	约 30
2018 年 1—3 月	77	约 47.2

在欧美国家，因传统增塑剂 DEHP 永久性禁令的出台，针对联成化学、金陵石化、伊斯曼、蓝帆集团、南亚塑胶以及 LG 化学等邻苯二甲酸酯增塑剂行业的主要参与者，QYResearch 预估，因刚需不多，2024 年，全球邻苯二甲酸酯增塑剂的市场消费规模约为 31 亿美元，较 2019 年 28 亿美元的市场消费规模而言，增速仅为 1.46%。近几年来，中国的 DEHP 市场现状为：市场停滞、产能过剩、行业条件恶劣、利润稀薄等。未来短期内 DEHP 可能还不会被淘汰，但是市场萎缩是一种必然。自 2016 年环保政策的严打实施，传统增塑剂的压力越来越大，加之产能过剩，其他增塑剂的乘胜追击等综合因素导致增塑剂行业的更新换代成为一种必然趋势。为抢占先机，众多生产商开启了绿色增塑剂增产模式。早在 2012 年巴斯夫就宣布环保型增塑剂 DINCH 的产能将翻番生产；上海朗盛也声称将与美国 BioAmber 公司齐力协作生产开发传统邻苯类增塑剂的替代品；同期美国伊士曼化工有限公司宣布停止两类邻苯类增塑剂的生产与供应，壮大非邻苯类增塑剂的生产模式。

应消费市场所需，今后，增塑剂的研发方向倾向于更环保、更高效、更廉价、更低碳的生产方式。目前，国内浙江大学、华东理工大学、天津大学、江南大学等高校聚焦国际先进水平，绕过技术壁垒，校企合作，齐力研发无毒、环保、高效的增塑剂。现今，关于环保类增塑剂主要有五大类，即环氧类、聚酯类、脂肪族二元酸酯类、柠檬酸酯类以及多元醇酯增塑剂，代表国家主要有美国的罗姆哈斯、丹麦的 Danisco、德国的巴斯夫、日本的协和、中国的雷蒙、德国的 Lanxess 等。其中，因增塑剂的主要应用是在 PVC 塑料制品中，环氧类增塑剂因环氧基团的存在，不仅可吸收 PVC 因光热降解释放的 HCl，而且具有增塑、增稳的效果，一定程度上延长了 PVC 制品的使用期限，且拥有无毒、耐热、耐光、成本低、迁移率小、与树脂的相容性好等诸多优点，在 PVC 制品中的应用极为广泛。据统计，目前，环氧类增塑剂的消费占比为 7%~8%。表 3 是我国关于环氧类增塑剂的一些主要生产商及其主要品种。

表 3　我国环氧增塑剂的一些主要生产商及其代表性产品

生产商	细分品种
福建漳州元光塑料助剂厂	环氧大豆油
江苏省丹阳市助剂化工厂	环氧增塑剂、氯化石蜡
广州海珥玛植物油脂有限公司	环氧大豆油
广州花都新锦龙塑料助剂有限公司	环氧大豆油、环氧脂肪酸甲酯
浙江嘉澳环保科技股份有限公司	环氧大豆油、环氧脂肪酸甲酯、石化类等

其中，值得一提的是嘉澳环保，其在2011年被评为“2011年中国增塑剂行业十强企业”，并且是唯一一家主产环保型增塑剂的十强企业。2015年12月，公司关于环保型增塑剂的产能已达9万吨，而环氧类的产能为5.5万吨，占比一半以上。纵然如此，嘉澳环保也面临着产能严重不足、国外市场开拓欠缺、融资渠道单一等问题的竞争劣势。

随着人们对绿色环保的推崇、国家相关法律法规的完善，环保增塑剂在塑料制品方面的应用空间将更加宽泛。中国作为增塑剂产能与消费量最大的国家，由于产品结构的不合理性，传统邻苯类增塑剂的产能占比较高，环保型增塑剂自供不足，特别是一些用于特殊领域的新型高端品种（如柠檬酸酯类增塑剂、多元醇苯甲酸酯增塑剂等）一直依赖于美国、日本、韩国、荷兰等一些进口国家。解决技术壁垒、市场壁垒以及资金壁垒是我们一直以来需要突破的难题。不气馁、不退缩、向前进，成功就在眼前。

（二）热稳定剂

1. 定义

热稳定剂一般专指适用于聚氯乙烯（PVC）及氯乙烯共聚物等含卤热敏性树脂，旨在抑制其在加工温度下降解的稳定化助剂。其作用方式一般包括吸收热分解的氯化氢、置换活泼氯原子、双键加成破坏共轭体系、吸收屏蔽或减弱紫外线、中和或钝化某些有害金属离子等。通常包括铅盐类、复合金属类、有机锡类、有机锑类、稀土类等几种稳定剂。

其中，铅盐类热稳定剂的用量最大，价格低廉、性能优异，但是透明性低、毒性大等缺点众多；复合金属类热稳定剂，主要指钙锌类热稳定剂，从状态上区分主要包括两种：固体粉末与液体，价格适中、热稳光稳性好，但一般需要搭配辅助热稳定剂（如环氧化合物、β-二酮、滑石粉等）使用。特别地，β-二酮（二苯甲酰甲烷（DBM）与硬脂酰苯甲酰甲烷（SBM））对改善锌烧、提高热稳定性等有很好的作用，在钙锌复合热稳定剂中拥有举足轻重的地位。图7展示了β-二酮在塑料制品行业的构成关系；有机锡类热稳定剂，常见的有4大类：逆酯基硫醇有机锡、酯基硫醇有机锡、马来酸酯有机锡和脂肪酸有机锡，不同的结构赋予了其不同的稳定效果与特性，高效、低毒但是价格昂贵，部分存在对环境不友好的因素；有机锑类热稳定剂，常用的有巯基乙酸酯硫醇锑类、羧酸酯锑类、硫醇锑盐类等，价格低廉、透明性好，少量时其稳定性甚至可与有机锡类热稳定剂相媲美，但是耐光性差，容易变色；稀土类热稳定剂，常见的稀土元素总共有17种，但是只有镧、铈两种元素用于PVC热稳定剂的合成中，通常按组成可分为无机盐稀土、有机弱酸稀土盐和稀土羧酸酯盐三类，主要是通过元素化合价的改变来起到稳定化的作用，充分利用我国优越的稀土资源，最大程度的发挥稀土结构的优势是我们接下来的方向与目标。

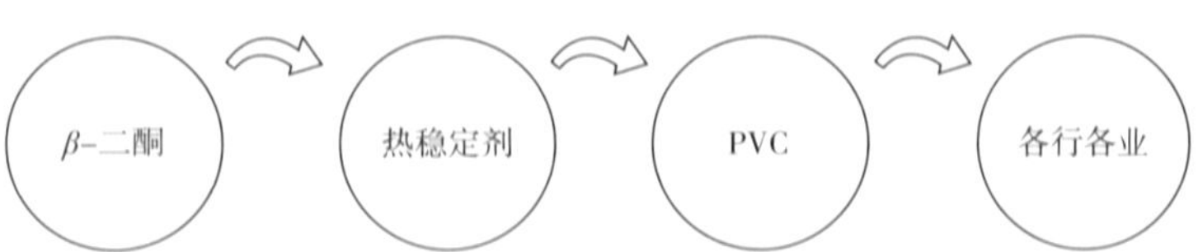

图7 β-二酮在塑料制品行业的构成关系

2. 生产现状及发展趋势

目前，我国关于热稳定剂的生产厂家大概有80家左右，能够生产50多种的热稳定剂，基本上囊括市场上所有的热稳定剂品种，其中铅盐类的占比约为34%，硬脂酸盐占比约为21%，复合型的占比约为28%（部分含铅），有机锡的占比约为7.5%，其他的约占9.5%。表4罗列了我国热稳定剂的一些主要生产商及其主导产品。

表4 国内热稳定剂主要生产商及其产能

生产厂家	主要品种
浙江温州华塑集团公司	铅盐类
南京金陵化工厂	铅盐类、复合钙锌类
温州天盛塑料助剂有限公司	钙锌复合系列、铅盐类

续表

生产厂家	主要品种
南京协和化学有限公司	铅盐类、钙/锌复合系列
重庆扬帆长江化工有限公司	铅盐类、金属皂类
深圳志海实业有限公司	钙/锌复合系列
江苏联盟化学有限公司	铅盐类、复合钙锌类等
浙江海普顿化工科技有限公司	有机锡系列、钙/锌复合系列
江西宏远化工有限公司	铅盐类、复合钙锌、水滑石等
广东炜林纳功能材料有限公司	复合铅类、稀土类
广东广洋高科技股份有限公司	复合铅类、稀土类
南通艾德旺化工有限公司	硫醇锡系列
湖北南星化工有限责任公司	甲基硫醇锡系列
北京阿科玛化学有限公司	有机锡系列
杭州三叶化工有限公司	甲基硫醇锡、钙/锌复合系列

众所周知，塑料助剂服务的下游业主要为PVC、PP、PE以及工程塑料，其中PVC的消费量占比最大，约为75%。而热稳定剂主要的应用方向是PVC树脂的成型加工，所以它的诞生和发展与PVC树脂、PVC软硬制品的比例紧密相关。

曾有研究表明PVC制品发展业对人类的健康以及生活环境充满了恶意，如：二噁英、酸雨、重金属污染等危害。事实证明，相较于其他替代品，PVC树脂更低碳、更节能、更无害、更健康，它以其优越、独特的性能向世人证明它的功效及地位在目前是独一无二不可替代的，它是社会发展进步的必然趋势。据统计，2014年全球PVC的消费量为4930万吨左右，中国的表观消费量为1587万吨，占比约为32.19%。2019年，中国前三季度塑料制品的需求量达5993万吨，相比上年同期增长率为3.86%。预计2021年，全球PVC的消费量将以3.2%的年增长率上涨。迄今为止，亚太地区对于PVC的需求量占比份额最大，约为56%，未来仍将保持较大的需求量。目前，PVC的需求市场主要集中在国内，出口量的占比相对较低，随着越来越多的国家和地区对于“一带一路”倡议的积极响应与重视，未来，PVC的出口空间将得到极大程度的提升，其国外发展空间将不可估量。

随着PVC产业的快速发展，热稳定剂的生产量与消费量也呈现快速增长的趋势。有数据显示，2019年3月份热稳定剂的消耗量已达50万吨，在中国众多助剂的消耗量上排名第二，占比约为8.3%。表5罗列了2013年全球各地区热稳定剂消费量的占比情况。表6罗列了2016年我国各类热稳定剂的市场占有份额分布情况。

表5　2013年全球各地区热稳定剂消费量的占比情况

地区	北美	西欧	中国	其他亚洲国家	其他区域
消费占比/%	10	15	40	20	15

表6　2016年我国各类热稳定剂的市场占有份额分布情况

种类	铅盐类/%	复合金属类/%	有机锡/%	其他/%	合计/万吨
消费占比	35	40	10	15	65

纵观全球热稳定剂的需求格局，主要包含四大体系，即：铅盐类、有机锡类、钙锌复配类以及稀土复配类。其中钙锌复配类热稳定剂的消费量暂居首位，其因无毒、环保、价廉、性能优异等特点而深受追捧。

随着一系列禁镉、限铅令的颁布，无铅化、无镉化是热稳定剂行业发展的必然趋势。早在2001年，PVC制品行业就做出承诺不再使用含镉热稳定剂；欧洲生产商也曾做出声明：至2010年实现含铅热稳定剂的消费量减半，2015年全面取缔含铅热稳定剂的出现。我国虽然也在某些领域限制了含铅热稳定剂的使用，但是因价廉、性能优异等特点导致毒性大、对环境污染严重的铅系热稳定剂的需求量仍呈现出只增不减的趋势，这与我们所崇尚的安全环保、绿色低碳的主题是格格不入的。结合欧美热稳定剂的发展趋势来看，未来极有可能是锌基与有机锡类热稳定剂的发展舞台，其中有机锡类热稳定剂的年均消费增长速率将达到12%～14%，混合金属盐类的年均消费增长速率也将达到11%～13%。

无毒无害和环境友好是当今世界塑料助剂发展的主流趋势。目前，国内关于环保热稳定剂的代表性企业主要有安徽佳先功能助剂股份有限公司，山东巨野正和化学有限公司（已注销），南通德发生物化工有限公司以及连云港欣港化工等。其中值得一提的是新三板创新层公司佳先股份，作为环保热稳定剂的领军企业，其主打产品为β-二酮（二苯甲酰甲烷（DBM）与硬脂酰苯甲酰甲烷（SBM）），是铅盐类热稳定剂的良好替代品。据塑料助剂专委会统计，PVC生产过程中热稳定剂的添加量为3%，而热稳定剂5%的组分来自β-二酮（SBM与DBM）。佳先股份持有全球较大规模的DBM生产设备，产能可观，质量过关，服务客户除了中国境内外也包括大部分海外地区（如BAERLOCHERGMBH、三菱株式会社、DYNASTYCHEMICALSLIMITED等）。据统计，2019年佳先股份国外营收率约占40%。其主导产品DBM已通过欧盟REACH法规（EC）No1907/2006领头注册，一定程度上提升了该企业的国际竞争力。走出国门，提高产业集中度，加大创新力度，顺应时代发展潮流，扩大生产规模，增强国际竞争力是我们一直以来追求的方向与目标。

（三）抗氧剂

1. 定义

抗氧剂是一种“防老剂”，在反应体系中加入极少的用量就可以延缓或者抑制聚合物氧化、老化现象的发生，进而延长聚合物的使用寿命。

在高分子合成材料中，抗氧剂的服务对象主要是橡胶和塑料，二者在抗氧剂种类的选择上大有不同。橡胶制品抗老剂的选择上倾向于采用胺类化合物，其次才是酚类化合物；而塑料制品在抗老剂的选择上则主要选用酚类化合物、含硫有机酯类以及亚磷酸酯化合物。

随着全球范围内合成塑料，特别是通用塑料消费需求量的急剧增加，抗氧剂的消费需求也得到了很大程度的提升。抗氧剂的品种繁多。按化学组成可分为胺类抗氧剂、酚类抗氧剂、含磷类抗氧剂、含硫类抗氧剂以及其他类抗氧剂。

胺类抗氧剂的发展最早、效果也最好，它对氧以及臭氧的破坏都有很好的防护作用，常用的品种为烷基芳基对苯二胺类化合物。该类抗氧剂综合性能优异，但是毒性高、污染性大、易变色。目前，工艺改进，品种优化是发展趋势。据报道，在分子结构中引入硅基的硅烷结构抗氧剂耐热性能优良、对环境友好。

酚类抗氧剂种类繁多，其商品牌号最早源于20世纪30年代，包括BHT（用量大）、BHA。相较胺类抗氧剂而言，酚类抗氧剂的抗氧能力稍弱，但是它毒性低、污染小、不易变色，用途极为广泛。在此基础上，科研工作者为提高酚类抗氧剂的抗氧效率也做了大量的研究工作，包括许多多元酚、受阻酚与聚合酚等多种高效、无毒、无污染的新品种。通常将酚类抗氧剂与含硫、含磷的化合物复配起来使用。

含磷类抗氧剂，特指广泛应用于聚烯烃、聚氯乙烯等材料中的亚磷酸酯型抗氧剂，通过分解过氧化物达到抗氧的目的，毒性低、对环境友好，但是遇水、热等不稳定易分解，常与其他抗氧剂复配使用。

含硫类抗氧剂，硫代二丙酸酯是一种被广泛使用的辅助抗氧剂，易挥发，同磷类抗氧剂，通过分解过氧化物来阻止或延缓氧化作用的发生，常与其他抗氧剂复配使用。市面上常见的品种有：硫代二丙酸双十八酯（DSTP）、硫代二丙酸二月桂酯（DLTP）。

其他类抗氧剂，比较典型的有：苯并呋喃酮类、反应型类、复合型类以及齐聚型抗氧剂。

2. 生产现状及发展趋势

氧气是地球上一切生物赖以生存的基础，氧化反应也是生命活动与能量的主要来源。大多数高分子化合物在氧分子的作用下会发生氧化降解，从而导致分子链断裂，材料寿命缩短并失去使用价值，这种现象我们通常称之为高分子材料的老化现象，常伴随有高分子材料力学性能的损失，如：冲击强度以及断裂伸长率下降、表面开裂和变色等。老化过程是一个不可逆的过程，日常生活中可谓是随处可见，如：农用大棚膜层逐渐风化破裂，橡胶制品长时间使用后失去弹性，家用密封圈用久后变色发黏，车用机油久而久之发稠发黏等。将抗氧剂引入需要保护的塑料制品中，抗氧剂优先与氧反应生成稳定的化合结构，从而阻止或减缓被保护的塑料制品因氧化而发生老化降解的现象。

21世纪是一个各类塑料制品蓬勃发展的时代，抗氧剂作为塑料制品材料不可或缺的一部分，必将拥有广阔的发展空间。

2014 年，我国抗氧剂的生产厂家已达近百家，可供应生产的抗氧剂品种超过 20 种，主要有：1010、1076、168、3114、246、2246、BHT、DSTDP、DLTP、B-215 等。国内行业产能达 19.8 万吨，行业产量约 15.92 万吨。表 7 为 2014 年我国抗氧剂的主要生产商及其产能情况。

表 7　2014 年我国抗氧剂的主要生产商及其产能

生产商	产能/万吨
巴斯夫高桥特性化学品（上海）有限公司	2.15
金海雅宝精细化工有限公司（上海、宁波）	2.5
天津力士化工有限公司	1.3
临沂化工有限公司	1.6
北京极易化工有限公司	0.8
其他	11.45
合计	19.8

2016 年 11 月，作为唯一一家在全球各地拥有生产基地的巴斯夫，为满足全球抗氧剂日益增长的需求，宣布将通过投资的方式进行全新抗氧剂新装置的建设，装置的可持续运营性将是此次设计的一大亮点。该全新抗氧剂装置一、二期工程已分别于 2019 年 1 月及 12 月在巴斯夫的上海漕泾基地落成投产。其中，该装置一期工程包括液体抗氧化剂生产装置、颗粒形态生产装置和粉末混合装置。与现有的抗氧化剂装置相比，该装置可循环利用率更高、能耗更低、固废更少，这与我们所倡导的“绿色、生态、低碳、循环”的发展趋势相吻合；二期工程带来的是全新抗氧剂 Irgafos® 168 和 Irganox® 1076 的合成装置，预计该装置将达到 42000 吨的年产能，主要服务对象是中国客户。

2018 年，全球抗氧剂的需求量约 52.38 万吨，其中中国的消费量为 16.82 万吨，占比 32.11%。目前，全球抗氧剂的行业集中度很高，主要为巴斯夫，占比 35%；松原，占比 30%；Addivant，占比 10%；圣莱科特，占比 7%。以下是对北美、西欧、日本以及中国地区有关抗氧剂的消费结构的详细分析。

北美消费市场中，其抗氧剂的消费结构为：受阻酚类占比 53%，有机亚磷酸酯类占比 37%，硫代酯类占比 6%，其他占比 4%。值得一提的是，在北美地区，BASF 公司与 Addivant 公司占有绝对优势，分别持有受阻酚类市场 70% 的份额和亚磷酸酯类市场 50% 的份额。表 8 为北美地区抗氧剂的主要生产商及其经营品种。

表 8　北美地区抗氧剂的主要生产商及其经营品种

生产厂家	品种
BASF	受阻酚类、有机亚磷酸酯类、含硫化合物类以及其他类
Addivant 公司	受阻酚类、有机亚磷酸酯类、含硫化合物类以及其他类
Reagens 美国公司	含硫化合物类
伊万斯化学	含硫化合物类
氰特化学	受阻酚类
SI（圣莱科特）	受阻酚类
Struktol 美国公司	受阻酚类

西欧消费市场中，其抗氧剂的消费结构为：受阻酚类占比 47%，有机亚磷酸酯类占比 39%，硫代酯类占比 7%，其他占比 7%。值得一提的是，在西欧地区，BASF（德国）公司与 Addivant 公司两家独大，持有受阻酚类市场 70% 的份额和亚磷酸酯类市场 80% 的份额。表 9 为西欧地区抗氧剂的主要生产商及其经营品种。

表 9　西欧地区抗氧剂的主要生产商及其经营品种

生产厂家	品种
BASF（德国）公司	受阻酚类、有机亚磷酸酯类、含硫化合物类以及其他类
Addivant 公司	受阻酚类、有机亚磷酸酯类、含硫化合物类以及其他类
克莱恩公司	有机亚磷酸酯类
朗盛公司	受阻酚类以及其他类
Oxiris 公司	受阻酚类
意大利雷根公司	有机亚磷酸酯类、含硫化合物类

日本消费市场中，日本拥有全球最先进的抗氧剂生产技术和品种，其抗氧剂的消费结构为：受阻酚类占比56%，有机亚磷酸酯类占比35%，硫代酯类占比9%。表10为日本抗氧剂的主要生产商及其经营品种。

表10　日本抗氧剂主要生产商及其经营品种

生产厂家	品种
ADEKA公司	受阻酚类、有机亚磷酸酯类、含硫化合物类
BASF（日本）	受阻酚类、有机亚磷酸酯类
住友化学	受阻酚类、有机亚磷酸酯类、含硫化合物类
本州化工	受阻酚类
城北化学	有机亚磷酸酯类
川口化学	受阻酚类
日本油脂	含硫化合物类
西普洛化成	受阻酚类、含硫化合物类
API公司	含硫化合物类

中国消费市场中，其抗氧剂的消费结构为：受阻酚类占比49%，有机亚磷酸酯类占比44%，硫代酯类占比5%，其他占比2%。由此可知，中国的抗氧剂产业主要以受阻酚类与有机亚磷酸酯类为主，品种相对比较单一。表11为中国抗氧剂的主要生产商及其产能情况。预计未来，有资金优势与技术实力的企业将脱颖而出。

表11　中国抗氧剂的主要生产商及其产能

生产厂家	2019产能/万吨
北京极易化工有限公司	2
山东省临沂市三丰化工有限公司	5
天津力生制药股份有限公司	1.3
巴斯夫高桥特性化学品（上海）有限公司	4.2
上海金海雅宝精细化工有限公司	2
上海石化西尼尔化工科技有限公司	1.5
天津利安隆新材料股份有限公司	3.04
松原百孚化工（唐山）有限公司	0.8

（四）阻燃剂

1. 定义

塑料的组成少不了C、H、O三种元素，而由这三种元素构成的塑料聚合物碳链对火不稳定，极易燃烧断裂。特别是含氧的塑料更要多加注意。随着塑料制品越来越广泛的使用，该现象如果不多加抑制就会造成越来越严重的安全隐患，进而阻碍塑料行业甚至是社会的进一步发展。为提高塑料制品的阻燃性，科研工作者研发出了一种添加剂——阻燃剂，将它引入需要被保护的塑料制品中可抑制或减缓火焰的传播，进而提高该制品的耐火能力。

阻燃剂亦称防火剂、耐火剂，主要应用于塑料高分子的阻燃处理。通常分为两大类：有机系阻燃剂和无机系阻燃剂。其中，有机系阻燃剂又可以分为有机卤系阻燃剂与有机磷系阻燃剂两大类，需要说明的是此处有机卤系阻燃剂特指有机溴系阻燃剂；无机系阻燃剂主要是氢氧化镁、氢氧化铝、三氧化二锑等金属氧化物。表12主要罗列了有机系阻燃剂与无机系阻燃剂的一些主要性能。

表12　三大系列阻燃剂的主要性能及应用

类别	代表产品	价格	相容性	环保性	阻燃效率	主要缺点	应用领域
有机溴系	十溴二苯醚、四溴双酚A	适中	好	较差	最高	燃烧烟雾大、放出有毒腐蚀性气体	通用塑料、工程塑料等
有机磷系	TCPP、BDP	适中	好	良好	高	挥发性大、热稳定性差	聚氨酯、工程塑料
无机系	氢氧化铝、氢氧化镁	较低	差	良好	低	添加量较大	通用塑料、橡胶

有机溴系阻燃剂是有机卤系阻燃剂的主要代表，具有阻燃效率高、用量少、对材料性能影响小等优点，在20世纪60年代就被广泛应用于阻燃剂市场中，且销量一直居高不低。因使用过程中会产生大量致癌物质（如二噁英）和有害烟雾，受安全与环保双因素的约束，欧美等国家出台了一些法律法规来限制或禁用有机溴系阻燃剂，随之苹果、三星、戴尔等公司也做出承诺将停止有机溴系阻燃剂的使用。

有机磷系阻燃剂种类繁多，同时具备增塑与阻燃双重功效，应用极为广泛。且毒性低、腐蚀性弱、抑烟效果显著，对环境友好。未来将成为有机溴系阻燃剂的优选替代品，发展空间极为广泛。

无机系阻燃剂，相比而言阻燃效果较差，通常需要增大添加量来达到阻燃的效果，但较大剂量无机系阻燃剂在塑料制品中的分散性较差，相容性不好，且极大程度上会削弱塑料制品的某些力学性能，影响材料的应用。

2. 生产现状及发展趋势

近日，乔治亚大学公共卫生学院 Charles A. Easley Ⅳ 教授的研发团队发现47年前的一起阻燃剂泄漏事故中溴化阻燃剂 Fire Master［主要成分是多溴联苯-153（PBB153）］恐会导致基因印迹疾病，同时可能影响到婴儿的生长发育。

考虑到安全与环保双因素，早在之前欧美国家就颁布了《RoHS 指令》和《斯德哥尔摩公约》等法律法规禁止或限制了溴系阻燃剂的发展。2009年12月17日，美国环保署与美国雅保、科聚亚以及以色列化学工业公司达成协议，至2013年底全面停止对十溴二苯醚的使用。未来，全球阻燃剂无溴化发展是大势所趋。

有调查报告显示，20世纪80年代中国就开始磷系阻燃剂的研发。据统计，中国磷系阻燃剂2008年的消费需求量为8万吨，到2012年时达到17.9万吨左右，同比增速16.4%。据统计，中国的磷矿资源的储量与摩洛哥、美国共居世界前三，而我国的溴素资源并不多且不可再生，相较而言，在原材料供应方面磷系阻燃剂比溴系阻燃剂更具地域优势，另受市场政策法规、下游行业飞速发展以及主要竞争对手溴系阻燃剂价格疯涨的影响，未来，磷系阻燃剂阻燃剂以其价格方面的优势将会维持稳步发展的状态。

2013—2018年，全球阻燃剂的年均复合增长速率为4.5%。2018年，全球阻燃剂的消费需求量高达282万吨。其中，亚太地区的消费需求量为全球总需求量的50%以上，中国作为亚太地区阻燃剂最大的消费市场，2018年其消费需求量为90万吨左右，约占全球需求量32%的份额。表13为2013年全球有机磷系阻燃剂的一些主要生产厂商、公司的销售收入及简介。

表13　　2013年全球有机磷系阻燃剂的一些主要生产企业及其销售收入简介

生产厂商	2013年销售收入/亿美元	公司简介
以色列化学工业公司	4.52	低成本钾和溴的原材料供应商；阻燃剂和水处理技术处于领先地位；全球最大的溴元素产品、有机磷系阻燃剂生产商
美国科聚亚公司	22.31	全球最大的塑料添加剂和阻燃剂生产供应商，包含溴系、磷系、锑系等多个品种的阻燃剂
日本大八化学株式会社	1.54	全球有机磷酸酯类阻燃剂的巨头，2015年初推出最新一代高耐热固体磷酸酯无卤阻燃剂 PX-202，性能方面完胜著名的PX-200阻燃剂
日本艾迪科化学工业株式会社	19.08	阻燃产品主要应用于工程塑料及通用塑料 PP 中，其中工程塑料阻燃剂 BDP 的生产与销售方面优势显著
中国江苏雅克科技股份有限公司	2.05	中国有机磷系阻燃剂行业规模最大的企业，代表性产品：聚氨酯硬泡阻燃剂 TCPP、工程塑料阻燃剂 BDP
中国天津联瑞化工有限公司	约0.14	一家专业从事有机磷酸酯类阻燃剂、增塑剂的生产供应商，主营聚氨酯硬泡阻燃剂 TCPP、TDCP 等

总的来说，全球阻燃剂的需求市场还是相对比较稳定的，近几年来一直维持在5%的增长速率上。供给方面：全球有机磷系阻燃剂的生产主要集中在以色列化工、中国万盛股份、日本大八、美国科聚亚等几大企业，中国的生产企业集中度也比较高，2013年雅克科技与万盛股份有关阻燃剂的产能已达15万吨左右，在国内阻燃剂市场占有相对较大的份额；需求方面：聚氨酯硬泡阻燃剂主要应用于冰箱、建筑、暖气管道等保温材料，服务对象主要针对欧美市场，随着国内环保法规的逐渐完善，未来的消费市场将会很广阔。聚氨酯软泡阻燃剂应用领域广阔，主要为沙发、座椅、床垫、地毯等，服务客户相对比较分散；工程塑料阻燃剂的主要应用包括电视机、电脑、手机等领域，下游厂商集中度相对较高。

展望未来，阻燃剂正在向多样化、功能化和环境友好化方向发展，市场充满希望和挑战。预估，未来阻燃剂的发展趋势将是应用领域倾向扩大化、深入化；阻燃立法趋于完善化；环保走向无溴化；性能倾向复配化。

（五）成核剂

1. 定义

成核剂是一种通过改变结晶型聚合物结晶形态、结晶行为以及球晶尺寸来达到加快结晶速率、增加结晶密度的目的，进而缩短成型周期、提高生产效率，改善制品物理机械性能的一种功能化助剂。

成核剂的分类方法有很多种，按照应用领域可分为：聚烯烃专用成核剂；工程塑料专用成核剂；生物基生物可降解塑料专用成核剂以及特种塑料专用成核剂。

聚烯烃用成核剂通常包括增刚成核剂与增透成核剂两种。其中，增刚类成核剂的组成有羧酸金属盐类与磷酸金属盐类两种。羧酸金属盐类：如己二酸、己二酸铝、特丁基苯甲酸铝、苯甲酸铝、苯甲酸钾、苯甲酸锂、琥珀酸钠、戊二酸钠、己酸钠、β-萘甲酸钠等，属苯甲酸碱金属系列及其铝盐以及叔丁基苯甲酸铝盐系列等的效果较好；磷酸金属盐类：磷酸酯金属盐和磷酸酯碱式金属盐及其复配物等，如双（4-叔丁基苯基）磷酸钠、2，2′-亚甲基双（4，6-二叔丁基苯基）磷酸钠、双［2.2′-亚甲基-双（4，6-二叔丁基苯基）磷酸］羟基铝等，属双［2.2′-亚甲基-双（4，6-二叔丁基苯基）磷酸］羟基铝等的效果最好。

工程塑料用成核剂主要针对的是尼龙市场。其中代表性的产品是长碳链饱和线性羧酸钙盐的使用，它的使用可将注塑级聚酰胺的生产周期缩短25%，延长树脂的老化时间，但是易黄变、热稳定性差。将PA22微粉与一些无机物混合后加入尼龙制品中可加快制品的结晶速率，成核效果显著。

生物基生物可降解塑料用成核剂，值得一提的是山西省化工研究所研制的取代酰肼类聚乳酸专用成核剂TMC-300、TMC-306，苯基磷酸盐类聚乳酸成核剂TMC-210、TMC-200和均苯三甲酸酰胺类聚乳酸专用成核剂TMC-328等多个品种均可以很好地诱导聚乳酸分子的附生结晶行为，加快聚乳酸树脂的结晶速率、缩短成型周期、提高生产效率、改善表面光泽度、提高耐热性等。

特种塑料用成核剂，因特种塑料的加工温度一般比较高限制了有机类成核剂的使用，通常选用滑石粉、炭黑、云母、氧化钙、催化剂废渣、高岭土等无机类成核剂，通常需要较大的添加量才能起到一定的成核效果，应用局限性大。

2. 生产现状及发展趋势

成核剂是促进聚合物结晶并改善其晶粒结构的一种功能化助剂，通过改变树脂的结晶行为和结晶参数从而提高和改善制品表观性能、力学性能和加工性能。其成核机理为：在熔融状态下提供一定的晶核促使聚合物由原来的均相成核转变成异相成核，晶粒尺寸细化，结晶速度加快，生产周期缩短，透明性与表面光泽度得到改善等。图8直观反映了成核剂的使用与否对聚合物物理性能以及透明度的影响。

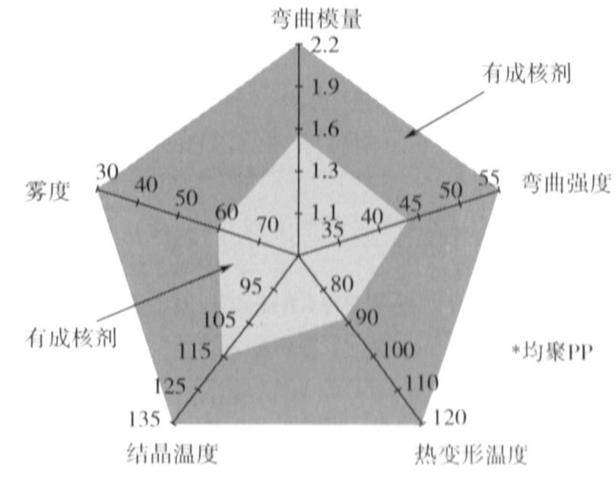

图8 成核剂的使用与否对聚合物物理性能以及透明度的影响

20世纪70年代以来，随着聚合物结晶理论研究的深入，结晶改性已经成为通用塑料工程化、功能化、专用化和工程塑料高性能化的重要途径，其与填充增强改性、共混改性和化学交联改性一道构成了当今世界塑料改性的基本途径。为此，开发和研究具有增透、增光、抗冲等功能的专用成核剂品种引起了塑料助剂和塑料改性领域的广泛关注。一方面，新品种、新结构的出现层出不穷；另一方面相关产品的消耗量呈现逐年递增的趋势。据报道，20世纪90年代初，市售聚烯烃成核剂的结构仅仅局限在（取代）苯甲酸盐、（取代）二苯亚甲基山梨醇（DBS类）、芳基磷酸酯盐类、松香酸皂类等少数有机化合物，功能也只集中在增透和增刚方面。据不完全统计，截至2015年，成核剂的应用已由单一的聚丙烯拓展到聚乙烯（PE）、聚丁烯（PB-1）等聚烯烃树脂和聚乳酸（PLA）、聚酰胺（PA）、热塑性聚酯（如PET、PBT等）等结晶性缩聚类树脂，成核剂的功能也从初期的增透、增刚发展到增透、增刚、抗冲、提高热变形温度、缩短成型周期、抑制翘曲等更多方面。

据调查，市场上的主流成核剂常见的有两种类型，即α晶型与β晶型。表14就两种晶型的成核剂进行了详细说明。

表14　α晶型成核剂与β晶型成核剂简介

产品类型	代表性产品	主要特点
α晶型成核剂		
DBS类	1，3-2，4-二对烯丙基亚苄叉山梨醇（NX-8000）	降低PP加工温度，缩短成型周期； 增透显著、表面光泽度及其他物理机械性能显著改善； 热稳定性差，易黄变
芳香金属皂类	苯甲酸钠	改善PP刚性和热变形温度，价低； 结晶温度低，收缩率大
	对叔丁基苯甲酸羟基铝NAA-3/325、科莱恩4370	刚韧平衡、结晶温度和热变形温度均有提升； 收缩平衡，改善制品翘曲变形； 综合物理机械性能良好
芳基磷酸盐类	双［2.2′-亚甲基-双（4，6-二叔丁基苯基）磷酸］羟基铝（NA-21）	增透增刚效果显著； 收缩率大，冲击强度受损
有机金属盐类	二环［2.2.1］庚烷二羧酸钠（HPN-68）	增刚效果显著，提高结晶温度与热变形温度； 收缩率大，制品易翘曲变形
	六氢苯酐钙盐（HPN-2E）	增刚效果显著，热变形温度提高，结晶温度变化不明显； 收缩率较低
有机金属盐组合物	多种成核剂组合，协同效果好（ADEKA的NA系列、呈和的NAP系列）	大幅度提升PP的刚性、结晶温度、热变形温度，保持韧性不下降； PP改性，高填充时仍具备成核能力
β晶型成核剂		
芳香胺类	STARNU-100（NJ）；TMB系列	β晶型转化率高，增韧明显； 在无规共聚PP中，成核不明显

续表

产品类型	代表性产品	主要特点
稀土类	WBG 系列	β 晶型转化率高，增韧明显； 在无规共聚 PP 中，成核不明显； 添加量高，≥1000mg/kg
有机金属盐类	四氢苯酐钙盐（呈和 NAB 系列）	β 晶型转化率高，增韧效果显著； 添加量低，500mg/kg； 抗衡各种色母 α 或 β 成核的影响

2017 年，全球成核剂的年产量为 16044 吨，以 5.39%的复合年增长率预估，2025 年的生产量可达 24410 吨，产值预估可达 995 百万美元。其中，北美市场居于主导位置，占全球成核剂总生产量 43.06%的份额；日本市场次之，所占产量份额为 20.09%。

目前，成核剂的主要生产商包括：Milliken & Company、Adeka Corporation、BASF、PolyOne、GCHTECHNOLOGY、山西省化工研究所（有限公司）、淄博润源化工有限公司以及烟台只楚化学新材料股份有限公司等。其中，Milliken & Company 占有绝大多数的市场份额，代表性产品有 Hyperform® Nucleing Agent和 Millad® NX8000。表 15 罗列了我国有关成核剂生产的一些代表性产商及其产品。

表 15　　国内成核剂代表性生产商及其代表性产品

生产商	产品类型	成核剂产品
烟台只楚化学新材料股份有限公司	透明型成核剂	山梨醇类
广东炜林纳功能材料有限公司	增刚成核剂	芳香族羧酸金属盐类
	增透成核剂	山梨醇类
	β 成核剂	
呈和科技股份有限公司	增透成核剂	山梨醇类
		有机磷酸酯盐类
		聚乙烯
	增刚成核剂	有机磷酸酯盐类
	β 成核剂	有机金属盐类
	尼龙快速结晶成核剂	
上海欣鑫化工有限公司	增透成核剂	山梨醇类
	增透成核剂	有机磷酸酯盐类
	增刚成核剂	有机磷酸酯盐类

据统计，除 2017 年我国 PP 的产能稍缓以外，2018 年已恢复增长速度，自 2019 年进入新一轮的扩张期，新冠疫情期间受熔喷布市场的冲击，预计未来三年内 PP 产能增量将会超越 1000 万吨。受 PP 新增产能的刺激，未来国内成核剂的市场需求量也会有很大程度的提升。据调查，2021 年我国关于透明成核剂以及增刚成核剂的需求量可达 0.86 万吨，若以 12 万元/吨的市值来估算的话，至 2021 年国内 PP 成核剂的市场营销额将达 10.32 亿元左右。

据调研网的可行性分析报告可知，塑料助剂行业产业结构的调整势在必行。增塑剂行业：减少传统邻苯类增塑剂的使用，加大环保型增塑剂如：环氧类、柠檬酸酯类、偏苯三酸酯类增塑剂的研发力度；热稳定剂行业：减少铅盐类热稳定剂的使用，加大锌基与有机锡类热稳定剂的市场份额；抗氧剂行业：提高产业集中度，增强企业研发能力、强化企业技术水平、研发新型、高效、多样化、环保化的新型产品是大势所趋；阻燃剂行业：环保无溴化、性能复配化、立法完善化、应用领域深入化是今后的发展方向；成核剂行业：完善β成核剂的开发、加快创新结构的研究是当务之急。

顺应国际国内塑料加工产业的发展趋势，从原料的布局、产品的合成到应用层面的法规管理以及政策引导的统一协调，我国的塑料助剂产业一定能够实现由大国向强国转变的目标。困难是存在的，知识产权、企业品牌、产品标准、规则凡此种种都需要我们去挑战，去克服，去建立。

高效、广谱、多功能化、绿色化、环保化是当今世界塑料助剂发展的重要趋势。未来，我们的前途是光明的，全球市场的大门为我们敞开！

（山西省化工研究所〈有限公司〉王晶）

2019 年中国塑料机械工业经济运行报告

作为向国民经济各领域提供重要技术装备的高分子复合材料工业母机，塑料机械与包装、建材、汽车、电子电器、光电通讯、生物医疗、农业、轻工业、航空航天、国防、石化及新能源等产业的发展息息相关，内外经济的稳定是塑料机械行业增长的重要根基。2019 年中国经济发展所面临的外部环境和内部条件更趋复杂，困难明显增多。从国际来看，全球经贸摩擦不断，贸易保护主义加剧，为全球经济带来了更大的风险和挑战。从国内看，政府加大逆周期调节、积极实施“六稳”政策，国民经济总体保持在合理区间，但按季度来看，经济增速逐季放缓、下行压力持续增大。

在外部环境收紧和内部经济调整的大背景下，2019 年中国塑料机械行业也出现了一定程度的起伏。

一、2019 年中国塑料机械行业总体运行情况

在经历了 2018 年的相对低潮期后，2019 年行业主要经济指标仍有所下滑，但出口依然保持逆势增长。

（一）行业经济效益

1. 营业收入、营业成本略有下降

2019 年 456 家规模以上塑机企业实现营业收入 650.81 亿元，同比下降 3.03%；营业成本 506.89 亿元，同比下降 2.34%，营业收入下降幅度超过成本的降幅。2019 年中国塑机规模以上企业主要指标走势见图 1。

2. 利润变幅波动较大

2019 年规模以上塑机企业实现利润总额 57.62 亿元，同比下降 13%。其中，一季度 12.84 亿元，同比下降 9%；二季度 15.45 亿元，同比下降 28%；三季度 14.46 亿元，同比下降 29%；四季度 14.87 亿元，同比增长 43%。

3. 规模企业数量增加，下半年亏损面有所收窄

2019 年规模以上塑机企业增加至 456 家，比上年同期多出 33 家；其中亏损企业数为 76 家，比上年同期多 10 家，亏损额 3.1 亿元，同比增加 5.65%；亏损面近 16.67%，高于上年同期，但较之上半年近 25%的亏损面已有明显好转。

2019 年塑料机械行业主要效益和运营能力指标见表 1。

表 1　2019 年塑料机械行业主要效益和营运能力指标比较

指标	塑料机械工业	全国机械工业
营业收入利润率/%	8.85	6.08
成本费用利润率/%	9.86	6.61
总资产利润率/%	7.82	5.64
资本保值增值率/%	106.49	105.71
营业收入成本费用率/%	89.82	91.88
资产负债率/%	48.6	56.37
应收票据及应收账款周转期/天	94	96
流动资产周转率/次	1.26	1.48
存货周转期/	106	60

注：根据国家统计局数据整理。

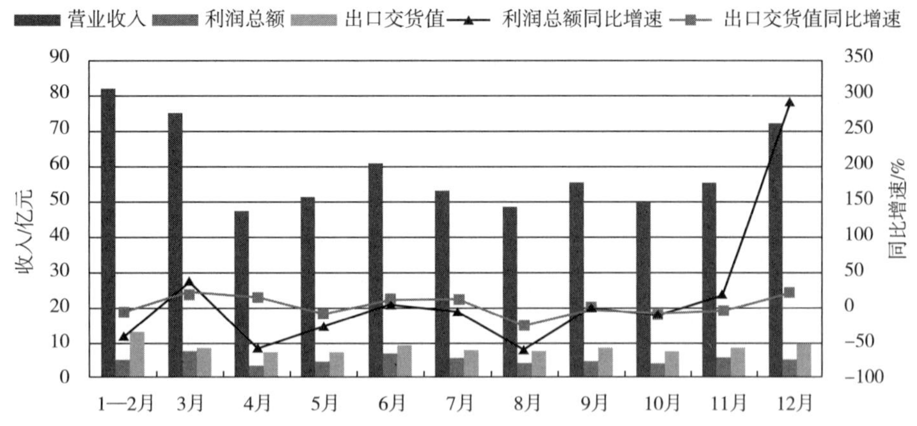

图1　2019年中国塑机规模以上企业主要指标走势图

注：根据国家统计局数据整理。

4. 主要效益指标优于机械工业整体水平

2019年规模以上塑机企业在营业收入利润率、成本费用利润率、总资产利润率、资本保值增值率、营业收入成本费用率和资产负债率等方面的表现均优于机械工业整体水平。但在流动资产周转和存货周转营运能力方面较之机械工业整体水平而言，尚有一定的提升空间。

（二）进出口情况

2018年以来，全球经济和贸易增长有所放缓，中美贸易摩擦影响逐步显现。但从中国塑机整体来看，对外贸易呈现较强的发展韧性，尤其是出口亮点突出，实现逆势增长。

1. 中国塑机进出口总额保持增长

2019年塑机12个重点税号产品进出口总额45.93亿美元，同比增长3.1%，增幅较前两年有所减少。其中，进口数量21868台，同比增长2.85%，金额18.85亿美元，同比下降6.11%；出口数量1640265台、金额27.08亿美元，分别同比增长29.5%、10.66%；贸易顺差8.23亿美元，同比增长87.35%，这是自2015年中国塑机12个重点税号产品由贸易逆差转为顺差以来的最高值。2016—2019年中国塑机重点税号产品贸易顺差及增长率见图2。

在出口中，3D打印机的出口数量为1437504台，

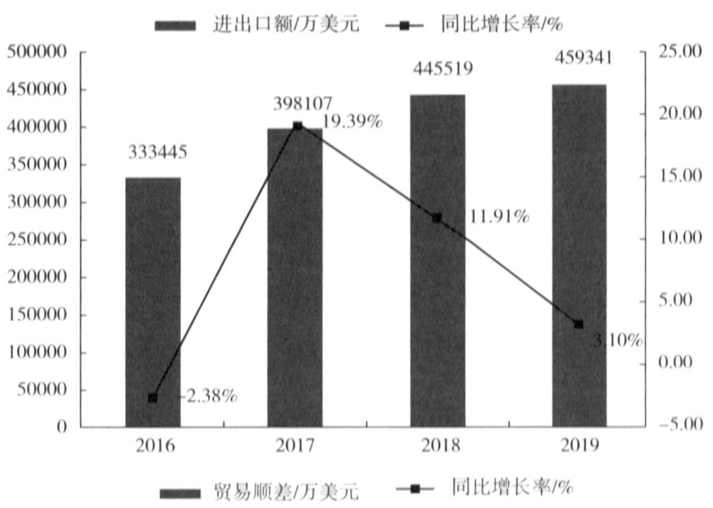

图2　2016—2019年中国塑机12个重点税号产品贸易顺差及增长率

注：根据海关总署数据整理。

占比 12 个重点税号塑机产品出口总量的 87.64%，但 3D 打印机的出口金额只有 2.76 亿美元，仅占 12 个重点税号塑机产品出口总额的 10.18%。

中国塑机重点税号产品进出口数据增速走势见图 3。

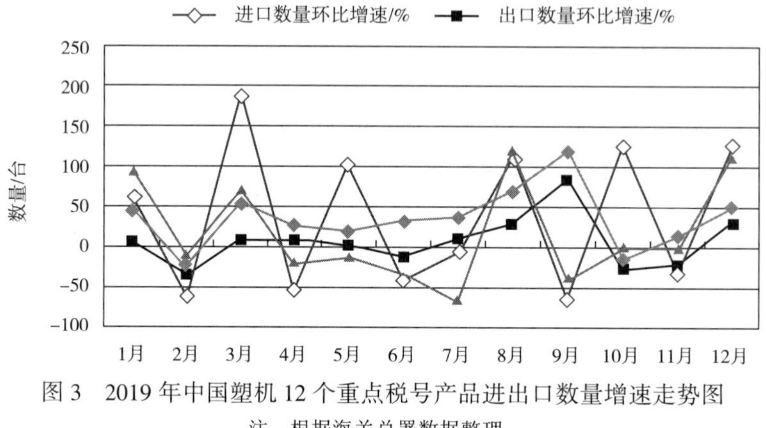

图 3　2019 年中国塑机 12 个重点税号产品进出口数量增速走势图

注：根据海关总署数据整理。

2019 年 1—12 月中国塑机进出口金额增速走势见图 4。

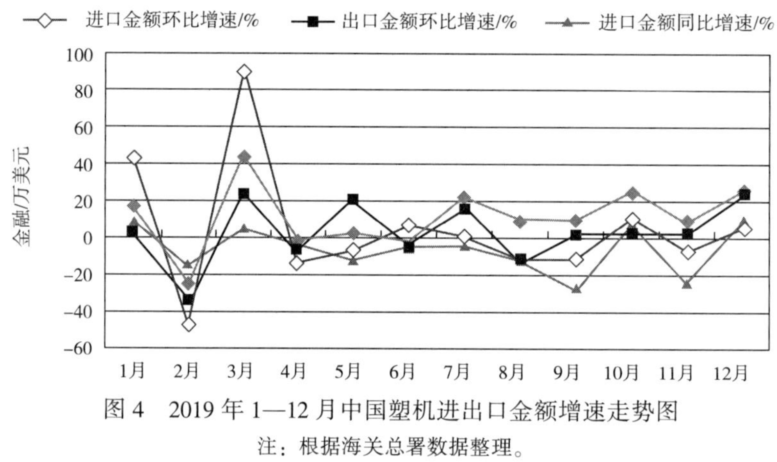

图 4　2019 年 1—12 月中国塑机进出口金额增速走势图

注：根据海关总署数据整理。

2019 年 1—12 月中国塑机进出口贸易顺差走势见图 5。

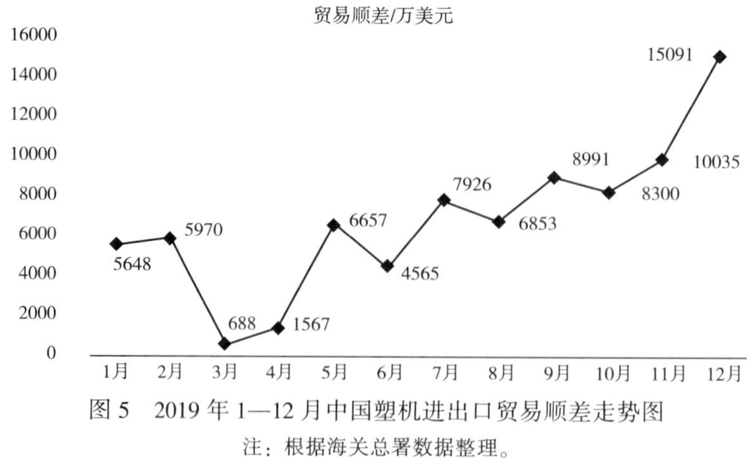

图 5　2019 年 1—12 月中国塑机进出口贸易顺差走势图

注：根据海关总署数据整理。

2. 塑机产品进出口集中度高

2019年中国进口注塑机、挤出机、吹塑机、塑料中空成型机和塑料压延成型机的合计数量为8029台、进口金额14.41亿美元，占同期12个重点税号塑机进口总量和总额的比重分别为36.72%、76.44%；出口数量110707台，出口金额21.29亿美元，虽然数量占比仅为6.74%，但金额占比高达78.64%。

2019年中国塑机12个重点税号产品进出口占比统计见表2。

表2　2019年中国塑机12个重点税号产品进出口占比统计表

税号	名称	进　口		出　口	
		数量占比/%	金额占比/%	数量占比/%	金额占比/%
84771010	注塑机	28.97	35.18	2.60	43.21
84771090	其他注射机	1.65	2.92	0.43	2.22
84772010	塑料造粒机	1.30	10.81	1.15	6.08
84772090	其他挤出机	2.94	14.23	1.01	15.08
84773010	挤出吹塑机	0.32	4.34	0.21	4.01
84773020	注射吹塑机	0.48	2	0.02	0.45
84773090	其他吹塑机	0.46	4.85	1.08	4.24
84774010	塑料中空成型机	0.27	0.83	0.12	2.18
84774020	塑料压延成型机	0.33	1.28	0.12	1.17
84774090	其他真空模塑机器及其他热成型机器	3.20	15.14	0.75	5.14
84775910	3D打印机	34.01	3.38	87.64	10.18
84775990	其他模塑或成型机器	26.07	5.03	4.86	6.05
合　计		100	100	100	100

注：根据海关总署数据整理。

3. 细分产品进出口额变幅差异较大

进口方面，注塑机、其他注射机、其他挤出机、挤出吹塑机和塑料中空成型机进口额同比降幅均超过两位数；塑料造粒机和其他吹塑机进口额同比增长高于30%，特别是塑料造粒机进口额超过2亿美元，同比增长了39%。

出口方面，注塑机、其他挤出机和挤出吹塑机出口额增长较平稳；其他吹塑机和塑料压延成型机出口额分别同比增长11%、18%；其他注射机出口额同比增长45%；注射吹塑机和塑料中空成型机出口额略有下滑；塑料造粒机出口额则同比下降了14%。

4. 主要贸易伙伴

2019年从亚洲进口塑机的数量和金额分别占比76.8%、57.3%，进口额同比下降3.01%；从欧洲进口的数量和金额分别占比18.93%、37.96%，进口额同比下降8.21%。

出口亚洲市场的塑机数量和金额分别占比28.76%、56.22%，出口额同比增长14.94%；出口至非洲的数量和金额分别占比1.64%、10.75%，出口额同比增长20.34%；出口至欧洲的数量和金额分别占比36.19%、16.42%，出口额同比增长19.43%；出口至拉丁美洲的数量和金额分别占比3.04%、9.1%，出口额与上一年基本持平；出口至北美洲的数量和金额分别占比28.94%、6.74%，受中美贸易摩擦影响，出口北美市场的金额同比下降了25.92%；出口至大洋洲的数量和金额分别占比1.43%、0.77%，出口额同比下降9.69%。

按前十大贸易伙伴来看，2019年从日本、德国、韩国、奥地利、美国和法国等进口塑机金额均有不同程度的下滑；从意大利进口略有增长；从加拿大进口额同比增长了37.08%。向越南、印度、

2019 年中国塑机重点产品进出口额及增长率见图 6。

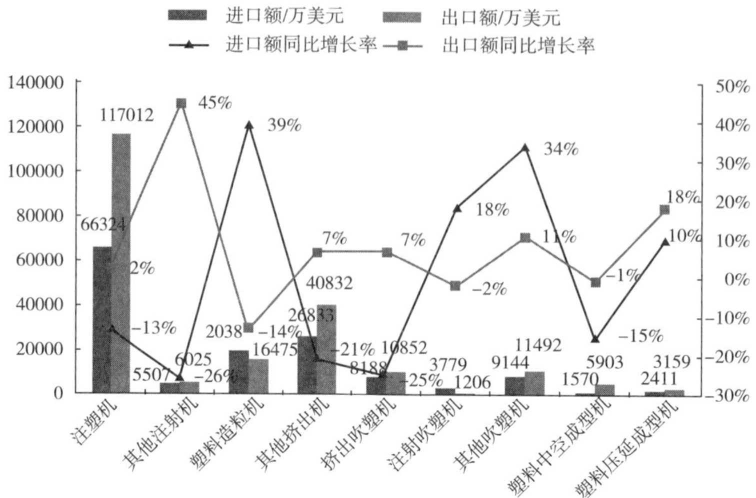

图 6 2019 年中国塑机重点产品进出口额及增长率

注：根据海关总署数据整理。

2019 年中国塑机进口来源洲际分布见图 7。

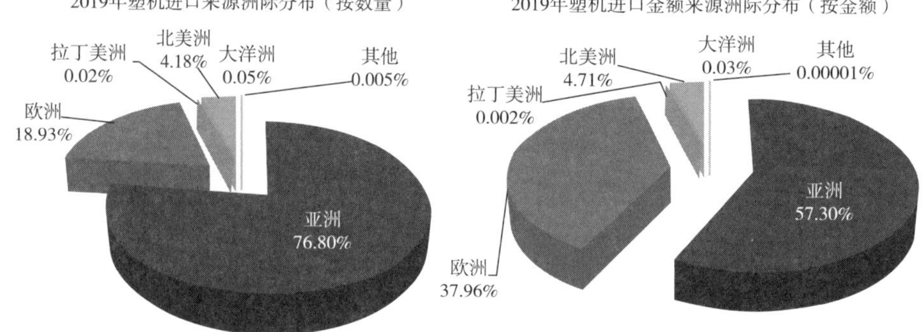

图 7 2019 年中国塑机进口来源洲际分布

注：根据海关总署数据整理。

2019 年中国塑机出口洲际分布见图 8。

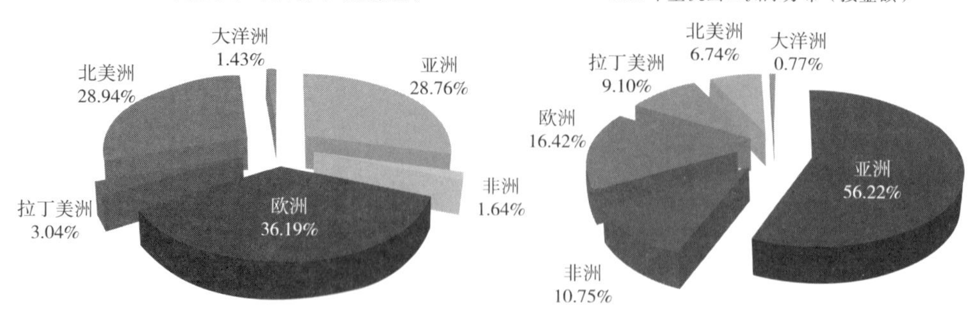

图 8 2019 年中国塑机出口走向洲际分布

注：根据海关总署数据整理。

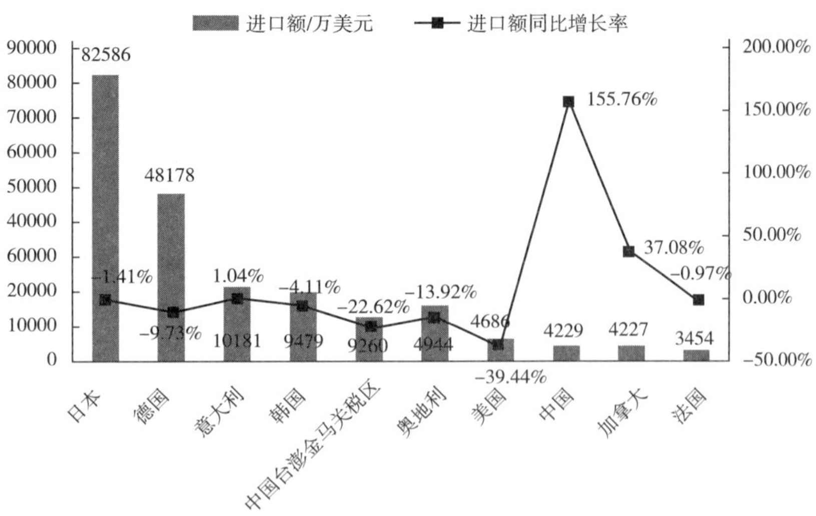

图 9 2019 年中国塑机进口前十大来源地统计

注：根据海关总署数据整理。

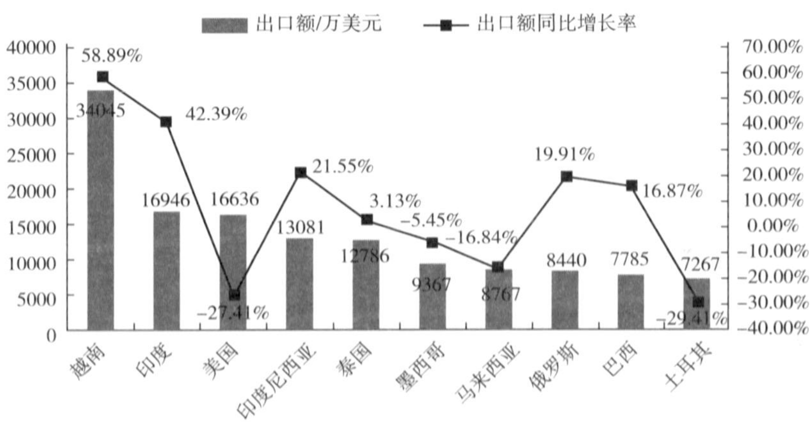

图 10 2019 年中国塑机出口市场前十统计

注：根据海关总署数据整理。

印度尼西亚、俄罗斯和巴西出口额同比增幅较大；向泰国出口额略有增长；出口至美国、墨西哥、马来西亚和土耳其的金额则分别同比下降了 27.41%、5.45%、16.84%和 29.41%。

二、中国塑料机械行业优势企业

自 2011 年以来，中国塑料机械工业协会已连续 9 年面向社会各界推出了中国塑机行业优势企业榜单，分别有“中国塑机制造业综合实力 30 强企业”“中国塑料注射成型机行业 15 强企业”“中国塑料挤出成型机行业 10 强企业”“中国塑料中空成型机行业 3 强企业”和“中国塑机辅机及配套件行业 5 强企业”等。入榜企业影响力越来越大，带动作用也越来越强，不仅得到了行业的广泛关注和肯定，也成为国内外相关产业及用户了解中国塑机企业发展的风向标。

2019 年中国塑机行业 37 家优势企业在 2018 年度的工业总产值和工业销售产值较 2017 年分别增长 1.1%和下降 0.3%；主营业务收入和利润总额分别同比下降 1.4%和 0.7%，低于行业整体的下滑幅度；出口额同比增长 8.6%，出口增速明显，说明中国塑机优势企业的产品质量和品牌效应进一步得到提升，国际市场认可度较好，是企业的重要增长点。

中国塑机优势企业是推动塑料机械行业发展名

副其实的主力军。这37家入榜企业2018年主要经济指标占行业同期规模以上企业的比例分别为：主营业务收入占45.5%，资产总额占61.3%，出口额占81.5%。

在经营效益方面，2019年37家中国塑机优势企业在2018年的主营业务收入利润率为14.8%，高于行业同期10.3%的平均水平；资产负债率为43.2%，低于行业同期50.3%的平均水平，说明优势企业的资金运营能力优于行业整体水平，抵御风险的能力也更强。

这些优势企业的全员劳动生产率（工业总产值/从业人数）为103万元/（人·年），其中注塑机企业的全员劳动生产率为124万元/（人·年），挤出机企业的全员劳动生产率为91万元/（人·年），中空成型机企业的全员劳动生产率为62万元/（人·年），辅机及配套件企业的全员劳动生产率为61万元/（人·年）。

从地域分布看，2019年中国塑机行业优势企业主要集中在华东和华南地区。华东地区22家，其中浙江省15家，江苏省5家，上海市1家，山东省1家；华南地区11家，集中分布在广东省。另有辽宁省2家，陕西省1家，河北省1家。注塑机企业集中分布在浙江和广东两省，浙江省12家，广东省6家。挤出机企业分布相对分散，江苏省3家，上海1家，广东省2家，辽宁省2家，山东省1家，河北省1家。中空成型机企业在江苏省、广东省、陕西省各有1家。塑机辅机及配套件企业集中分布在江浙和广东地区，其中浙江省3家，江苏省1家，广东省2家。注塑机行业发展迅速，集中度高，与当地的投资环境、配套产业、创新氛围、环境优势、政府支持等各项因素有着密切的关系。

在排名位次变化上，3家国有企业有较大进步，国企深化改革措施成效显现。其中大橡塑扭转此前连续4年亏损的状态，近5年来首次实现盈利，且在综合实力30强企业排名中位居第4位；秦川首次进入综合实力30强企业榜单；浙江申达在综合实力30强企业排名从去年的22位提高至20位，净利润排序则从29位上升至25位。

中国塑机行业优势企业2013—2018年主要指标在行业的占比见表3。

表3　中国塑料机械行业优势企业2013—2018年主要指标在行业的占比统计　单位:%

指标	2013年	2014年	2015年	2016年	2017年	2018年
主营业务收入	43.5	39.0	39.4	39.7	44.4	45.5
资产总额	60.0	59.5	63.2	63.8	67.6	61.3
利润总额	64.7	55.9	50.2	58.7	63.2	65.4
出口额	69.8	57.5	66.0	66.3	64.7	81.5

中国塑机优势企业及规模以上企业2013—2018年主营业务收入利润率对比见图11。

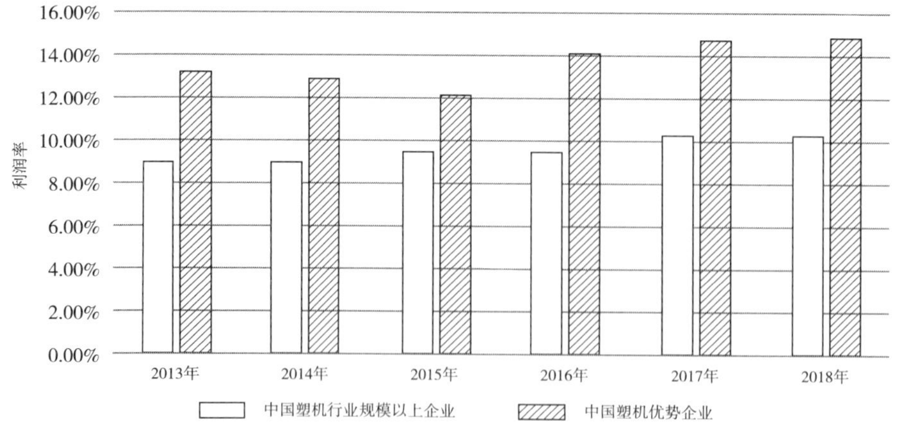

图11　中国塑料机械行业规模以上企业及优势企业2013—2018年主营业务收入利润率对比

中国塑机行业及优势企业 2011—2018 年主要经济指标同比增速见图 12。

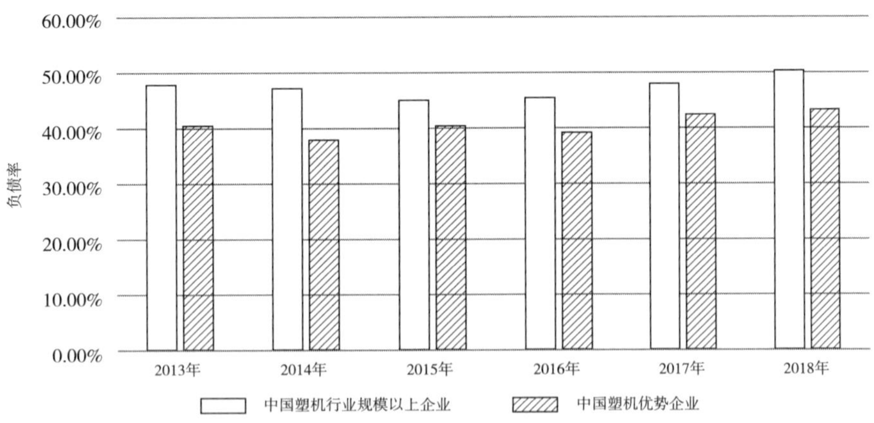

图 12　中国塑料机械行业及优势企业 2013—2018 年资产负债率指标对比

中国塑机行业优势企业 2011—2018 年主要经济指标同比增速见表 4。

表 4　　中国塑料机械行业优势企业 2011—2018 年主要经济指标同比增速　　单位:%

序	指标	2011 年	2012 年	2013 年	2014 年	2015 年	2016 年	2017 年	2018 年
1	工业总产值	—	6. 3	12. 6	2. 8	-9. 4	13. 8	30. 1	1. 1
2	工业销售产值	—	5. 6	15. 9	1. 8	-10. 3	14. 9	29. 9	-0. 3
3	资产总额	20. 9	16. 0	17. 4	7. 0	11. 6	12. 2	15. 4	-6. 2
4	主营业务收入	16. 7	-0. 4	11. 9	-4. 5	-0. 8	15. 0	25. 8	-1. 4
5	净利润	1. 8	-0. 9	19. 6	-8. 9	-9. 7	38. 9	30. 2	-3. 6
6	纳税总额	-4. 2	15. 8	20. 2	0. 5	-0. 3	26. 5	13. 4	-0. 6
7	出口额	—	16. 1	-1. 4	1. 3	6. 8	7. 9	18. 0	8. 6
8	研发费用	13. 1	9. 0	16. 4	3. 2	-4. 2	34. 9	5. 9	0. 8
9	利润总额	—	-2. 7	25. 6	-7. 4	-7. 6	34. 6	30. 8	-0. 7
10	所有者权益	35. 4	16. 5	17. 5	7. 5	17. 2	10. 9	7. 5	-4. 0
11	负债总额	—	—	—	0. 7	18. 3	9. 5	24. 3	-4. 1

2019 年中国塑机制造业综合实力 30 强企业见表 5。

表 5　　2019 年中国塑机制造业综合实力 30 强企业

（按“主营业务收入”排序）

排序	企业名称	排序	企业名称
1	海天塑机集团有限公司	5	山东通佳机械有限公司
2	上海金纬机械制造有限公司	6	大连橡胶塑料机械有限公司
3	广东伊之密精密机械股份有限公司	7	博创智能装备股份有限公司
4	震雄集团有限公司	8	力劲科技集团有限公司

续表

排序	企业名称	排序	企业名称
9	泰瑞机器股份有限公司	20	浙江申达机器制造股份有限公司
10	富强鑫集团	21	佛山市宝捷精密机械有限公司
11	东华机械有限公司	22	浙江金鹰塑料机械有限公司
12	宁波市海达塑料机械有限公司	23	江苏贝尔机械有限公司
13	宁波双马机械工业有限公司	24	苏州同大机械有限公司
14	宁波华美达机械制造有限公司	25	大连三垒科技有限公司
15	宁波甬华塑料机械制造有限公司	26	广东乐善智能装备股份有限公司
16	宁波海雄塑料机械有限公司	27	江苏诚盟装备股份有限公司
17	宁波海星机械制造有限公司	28	新乐华宝塑料机械有限公司
18	宁波创基机械有限公司	29	南京科亚化工成套装备有限公司
19	广东金明精机股份有限公司	30	德科摩橡塑科技（东莞）有限公司

2019年中国塑机制造业综合实力30强企业（按净利润排序）见表6。

表6　2019年中国塑机制造业综合实力30强企业

（按“净利润”排序）

排序	企业名称	排序	企业名称
1	海天塑机集团有限公司	16	江苏贝尔机械有限公司
2	上海金纬机械制造有限公司	17	宁波创基机械有限公司
3	广东伊之密精密机械股份有限公司	18	佛山市宝捷精密机械有限公司
4	大连橡胶塑料机械有限公司	19	广东金明精机股份有限公司
5	泰瑞机器股份有限公司	20	宁波华美达机械制造有限公司
6	山东通佳机械有限公司	21	苏州同大机械有限公司
7	震雄集团有限公司	22	大连三垒科技有限公司
8	富强鑫集团	23	浙江金鹰塑料机械有限公司
9	博创智能装备股份有限公司	24	新乐华宝塑料机械有限公司
10	宁波双马机械工业有限公司	25	浙江申达机器制造股份有限公司
11	宁波市海达塑料机械有限公司	26	南京科亚化工成套装备有限公司
12	力劲科技集团有限公司	27	德科摩橡塑科技（东莞）有限公司
13	宁波海雄塑料机械有限公司	28	广东乐善智能装备股份有限公司
14	宁波甬华塑料机械制造有限公司	29	秦川机床工具集团股份公司
15	宁波海星机械制造有限公司	30	—

2019 年中国塑料注射成型机行业 15 强企业（按净利润排序）见表 7。

2019 年中国塑料注射成型机行业 15 强企业（按主营业务收入排序）见表 8。

表 7　2019 中国塑料注射成型机械行业 15 强企业（按“净利润”排序）

排序	企业名称
1	海天塑机集团有限公司
2	广东伊之密精密机械股份有限公司
3	泰瑞机器股份有限公司
4	震雄集团有限公司
5	富强鑫集团
6	博创智能装备股份有限公司
7	宁波双马机械工业有限公司
8	宁波市海达塑料机械有限公司
9	力劲科技集团有限公司
10	宁波海雄塑料机械有限公司
11	宁波甬华塑料机械制造有限公司
12	宁波海星机械制造有限公司
13	宁波创基机械有限公司
14	佛山市宝捷精密机械有限公司
15	宁波华美达机械制造有限公司

表 8　2019 中国塑料注射成型机械行业 15 强企业（按“主营业务收入”排序）

排序	企业名称
1	海天塑机集团有限公司
2	震雄集团有限公司
3	广东伊之密精密机械股份有限公司
4	博创智能装备股份有限公司
5	力劲科技集团有限公司
6	泰瑞机器股份有限公司
7	富强鑫集团
8	东华机械有限公司
9	宁波市海达塑料机械有限公司
10	宁波双马机械工业有限公司
11	宁波华美达机械制造有限公司
12	宁波甬华塑料机械制造有限公司
13	宁波海雄塑料机械有限公司
14	宁波海星机械制造有限公司
15	宁波创基机械有限公司

2019 年中国塑料挤出机行 10 强企业（按主营业务收入排序）见表 9。2019 年中国塑料挤出机行业 10 强企业（按净利润排序）见表 10。

表 9　2019 年中国塑料挤出成型机行业 10 强企业（按“主营业务收入”排序）

排序	企业名称
1	上海金纬机械制造有限公司
2	山东通佳机械有限公司
3	大连橡胶塑料机械有限公司
4	广东金明精机股份有限公司
5	江苏贝尔机械有限公司
6	大连三垒科技有限公司
7	江苏诚盟装备股份有限公司
8	新乐华宝塑料机械有限公司
9	南京科亚化工成套装备有限公司
10	德科摩橡塑科技（东莞）有限公司

表 10　2019 年中国塑料挤出成型机行业 10 强企业（按“净利润”排序）

排序	企业名称
1	上海金纬机械制造有限公司
2	山东通佳机械有限公司
3	大连橡胶塑料机械有限公司
4	江苏贝尔机械有限公司
5	广东金明精机股份有限公司
6	大连三垒科技有限公司
7	新乐华宝塑料机械有限公司
8	南京科亚化工成套装备有限公司
9	德科摩橡塑科技（东莞）有限公司
10	—

2019年中国塑料中空成型机行业3强企业（按主营业务收入排序）见表10。2019年塑料中空成型3强企业（按净利润排序）见表11。

表10 2019年中国塑料中空成型机行业3强企业
（按“主营业务收入”排序）

排序	企业名称
1	苏州同大机械有限公司
2	广东乐善智能装备股份有限公司
3	秦川机床工具集团股份公司

表11 2019年中国塑料中空成型机行业3强企业
（按“净利润”排序）

排序	企业名称
1	苏州同大机械有限公司
2	广东乐善智能装备股份有限公司
3	秦川机床工具集团股份公司

2019年中国塑机辅机及配套件行业5强企业（按“主营业务收入”排序）见表12。2019年中国塑机辅机及配套件5强企业（按净利润排序）见表13。

表12 2019年中国塑料机辅机及配套件行业5强企业
（按“主营业务收入”排序）

排序	企业名称
1	宁波弘讯科技股份有限公司
2	信易集团
3	浙江华业塑料机械有限公司
4	艾尔发智能科技股份有限公司
5	广东拓斯达科技股份有限公司

表13 2019年中国塑料机辅机及配套件行业5强企业
（按“净利润”排序）

排序	企业名称
1	宁波弘讯科技股份有限公司
2	艾尔发智能科技股份有限公司
3	浙江华业塑料机械有限公司
4	宁波伊士通技术股份有限公司
5	信易集团

三、中国塑机装备上市企业2019年度业绩

根据中国塑机上市企业发布的2019年报来看，受复杂多变的大环境影响，塑机企业面临了较为严峻的考验，但由于应对措施得当，从困难中觅得新机遇，在一定程度上取得了新的突破，利润率高出行业整体水平。

海天国际控股有限公司 2019年度收入虽然同比减少9.6%，但由于原材料的价格相对稳定及公司为发展所采取的策略性措施收到成效，使2019年毛利率与2018年同期相比维持在31.6%的相同水平，净利率为17.9%，比2018年增加1.2个百分点（撇除可转换债券因债券价值变动所致的公允价值变动的非现金会计收益）。出口整机销售额达到历史新高，较2018年同比增长2.2%，占公司年度销售收入33.7%，东南亚是海外市场的主要增长点。

广东伊之密精密机械股份有限公司 通过加大研发投入、加强人才与要素资源国际化合作，技术进步、产品创新发力强劲，因此尽管受到复杂经济形势的影响，公司在2019年依然取得了营收利润双增长的不俗业绩：报告期内实现营业总收入同比增长4.91%；归属于上市公司股东的净利润同比增长9.97%。注塑机销售收入（含高速包装系统）占公司全年销售额的67.73%，同比增长7.43%。

驱动增长的主要因素包括海外业务拓展快速，带动海外销售额的增加；不断提升产品市场竞争力，整体毛利润率较为稳定；公司期间费用控制良好，投资收益同比有所增加等。

泰瑞机器股份有限公司 坚持全球化战略和稳健经营方针，以“创新、匠心”为全年主题，通过进一步调整优化产品结构，加大全电动、二板、多物料、大型及超大型注塑机的市场开拓和技术投

入，加快新产品开发进度，完善人才激励机制，强化运营管理，提升整体效率等策略措施，总体取得了稳健的业绩。2019年度实现主营业务收入同比增长1.39%。其中外销主营业务收入同比增长14.51%，主要得益于公司发挥外销出口地分散、经销商紧密合作的传统优势，采用不同区域市场力推特色优势产品，巩固了市场份额，在墨西哥、印度等区域市场销售增长较快。

广东金明精机股份有限公司　受宏观经济下行、经营环境多变、市场增长和订单交付进度不及预期等因素影响，2019年度营业收入同比下降24.09%。但公司积极围绕战略调整与产业升级规划，笃行"科技振兴企业"的宗旨，着力优化经营策略、坚持科技创新、严控订单质量、促进资源整合，持续开拓市场渠道，为高质量发展打好基础，增强公司内生动力；同时加速建设"特种多功能膜智慧工厂建设项目"，为布局下游光学膜领域蓄力，培育新的利润增长点。

震雄集团有限公司　截至2020年3月31日止财政年度，营业额同比下降7%。在本财年度上半年，集团销售业绩同比下降12%；但由于新产品线（尤其是MK6e"演化版"注塑机）已完成市场投放，带动了销量的显著增加，因而在财年第三季度（2019年年尾、新冠疫情暴发前）业绩实现同比增长，弥补了上半年度大部分的跌幅。新冠疫情暴发后，由于防控工作得力，震雄是首批获准复产企业之一。复产初期，由于医疗用品的大量急切需求，众多医疗客户迫切扩产，拉动高精密全电动注塑机的快速增长；同时，集团响应政府呼吁，力争用最短的时间尽量增加了SPARK"星火"系列全电动注塑机的生产，并顺利地满足了大部分的客户需求。

与医疗行业因疫情带来需求大幅提升相比，其他行业如汽车、家电、电子产品等复产时间相对较晚，使得集团业务在2、3月份受到很大的冲击。虽然面临困难的市场环境，但集团通过业务前线团队、技术团队和服务团队的共同努力，尽可能地解决客户需要、协助客户复工复产，收效良好。

大同机械企业有限公司　本年度集团销售收入同比下降12.6%。受汽车、基础设施和电子行业等需求疲软影响，对集团注塑机制造业务冲击较大；但挤出机及橡胶注射机（特别是用于汽车油管的五层共挤挤出燃油箱和用于汽车门密封条接角橡胶注射机）的销售收入和利润取得了可喜增长。

力劲科技集团有限公司　在报告期内（截至2020年3月31日止财政年度）注塑机业务收入同比下滑20.3%。所受影响因素主要包括：2019年汽车销量整体处于低位运行，家用电器、3C等行业下行压力也较大，对为这些产业提供塑机装备的收入影响较为明显；全球经济贸易局势的趋紧对海外市场收入影响较大；2020年初暴发的新冠疫情对集团业务所带来的冲击等。面对困难挑战，集团通过提升营运效率、加快产品升级和新产品开发、加强产品自动化和网络化水平、拓展海外代理推向全球市场等举措来助力集团的持续发展。

广东拓斯达科技股份有限公司　通过新研发平台搭建、人才引进、新产品开发、业务拓展和积极推进大客户战略等多方面举措，2019年营收及利润继续保持了快速增长：营业收入同比增长38.58%；归属于上市公司股东的扣除非经常性损益后的净利润同比增长17.65%。其中，注塑机、配套设备及自动供料系统营业收入同比增长13.8%。

四、2020年形势展望

2020年是"十三五"的收官之年，年初突发的新型冠状病毒肺炎疫情对社会经济、人们生活造成很大的冲击。在以习近平同志为核心的党中央坚强领导下，全国人民众志成城、同舟共济，疫情防控形势持续向好、生产生活秩序加快恢复的态势不断巩固和拓展。从国家统计局发布的数据来看，虽然1—4月份国民经济运行受到较大影响，但中国经济稳中向好、长期向好的基本趋势不会改变，而且经过这次疫情的冲击，我国经济转型升级和高质高效发展的势头将更加强劲。

受新冠肺炎疫情影响，479家规模以上塑机企业在2020年1季度从整体上来看呈现产销下滑，随着国内疫情的缓解和整个产业链复工复产的有序进行，进入4月后复苏迹象明显。4月份塑机产量26401台，同比增长27.73%、环比增长20%；营业收入65.04亿元，同比增长36.1%、环比下降0.28%；利润总额9.72亿元，同比增长188.43%、环比增长48%；营业收入利润率达到14.94%。

综合来看，1—4月塑机行业规模以上企业累计产量76950台，同比下降51.48%；营业收入185.65亿元，同比下降9.32%；利润总额17.06亿元，同比增长5.24%；营业收入利润率9.19%。利润率远高于同期全国机械工业4.37%的平均水平，在整个机械工业系统中位于前列。

塑料机械作为高分子复合材料工业母机，疫情防控期间对于口罩、护目镜、呼吸面罩等防护物资以及酒精瓶、消毒水瓶、喷雾瓶、测温计和医用便盘等医疗物品的生产提供了极为重要的装备保障，是较早复产、复工率较高的行业之一。随着国家新基建政策暖风频吹、医疗健康行业重视程度加强、汽车释放限制消费呼声提高、电子产品更新换代提速以及发展循环经济迫在眉睫，可以预见，塑料机械行业在这些领域的应用需求将拥有庞大的增长空间。

塑机行业以民营企业为主，具有内生增长驱动力强、市场响应速度快的特点，面对疫情造成的困难，多家企业果断调整经营思路，实施新的应对措施，根据市场实际需要，抓住战机，扩大业务范围，开展多元化经营，实现核心业务转型升级，拓展医疗健康、民生保障、基建、运输包装和循环经济等领域相关的业务，并加快智能制造步伐来逐步缓解招工难、用工难的问题。

随着全球疫情的进一步蔓延，各个国家和地区开始纷纷采取“封国”“封城”措施，众多工厂生产停工、物流运输中断，全球产业链遭遇巨大挑战。我国塑机行业近十年来的出口一直保持较快的增长，进口则呈下降的趋势，2019 年在贸易摩擦频发、外部环境收紧的情况下，我国塑机出口额仍增长了 10.66%，实现贸易顺差 8.23 亿美元，同比增长 87.35%，达到自 2015 年我国塑机 12 个重点税号产品由贸易逆差转为顺差以来的最高值。很多企业出口销售占公司总销售收入的比重超过 30%，部分企业出口比重达 50%以上，个别企业则 100%完全依赖出口市场。因此全球疫情的扩散，势必会导致行业出口的大幅下降。但经过 60 多年的发展，我国塑料机械行业已经形成门类齐全、具有世界最大规模和较先进水平的完整产业链体系，若能加大力度扶持国内产业，从整个国民经济系统性地激活国内消费市场，有助于实现国内供需循环，在一定程度上缓解出口下降所导致的损失。

考虑到整个供需链的恢复及传导效应具有一定的滞后性，且国际疫情蔓延的严峻形势将导致外贸市场受到严重影响，我们保守估计今年塑料机械行业持平为安，到 2021 年后有望实现新一轮爆发式增长。

（中国塑料机械工业协会）

2019 年我国模具产业发展概况

2019 年我国模具行业积极应对国际经济形势剧烈波动对我国模具行业造成的冲击，坚持推进以市场需求为导向的供给侧结构性改革，以创新驱动发展持续推动模具产业的高质量发展。

我国模具设计制造产业链在完整配套的基础上不断优化，质量效益进一步提高；骨干企业队伍日益壮大，国际竞争力明显提高。

一、经济运行连年稳中有进

2019 年我国经济下行压力持续加大，世界经济动荡不定、周期性收缩迹象明显。我国模具行业冷静分析市场形势，抓住我国经济稳中向好基本面没有改变的发展机遇，积极应对国内外各种挑战，实现了行业整体运行的平稳增长。

2019 年，我国模具消费量接近 2600 亿元，同比增长 1.8%；模具生产量（产值）接近 2900 亿元，同比增长 3.9%；模具出口额突破 62 亿美元，同比增长 2.64%。提前一年实现了中国模协发布的《模具行业“十三五”发展指引纲要》提出的经济发展指标（表 1）。

表 1　主要经济指标与“十三五”规划对比

主要经济指标	市场规模/亿元	生产量/亿元	模具出口额/亿美元
“十三五”规划值	2500	2800	60
2019 年实现值	2592	2887	62.5
占国际市场份额/%	30%	34%	25%

二、模具设计制造产业链竞争力不断提高

我国模具产业建立了全球模具类别最全的设计制造产业链（完整度与美国、日本、德国相当）。按照国家标准《模具 术语》（GB/T8845-2017）中的分类，现有 12 大类（冲模、塑料模、压铸模、锻模、挤压模、拉制模、辊压模、铸造模、粉末冶金模、橡胶模、玻璃模、陶瓷模）、190 多细类的模具，我国目前全部建立起了较为完善的制造产业

链。中国制造的模具不仅基本满足了国内产品制造业对模具的市场需求，而且具备了所有模具类型批量出口的能力，2019 年我国的模具出口达到 62 亿美元，约占世界模具出口总量的 25%，出口目的地超过 200 个国家或地区，在全球模具供应链中占据重要位置。针对“大而不强”的行业特点，自“十二五”开始我国模具行业提出以转型升级促我国模具的“由大转强”，“十三五”以来以创新驱动的发展理念推动行业的供给侧结构性改革，优化模具设计制造产业链并提升其竞争力，促进行业的“提质增效”。2019 年我国模具行业充分利用我国模具设计制造产业链不断优化的竞争优势，在国内传统大用户市场出现下滑（如乘用车产销量下降，手机出货量减少等）的形势下，积极开发战略性新兴产业需要的模具（如 5G 装备、医疗器械、环保物流设备、智能终端等），实现全行业销售额增长 4%；特别是针对美国挑起的贸易摩擦导致的国际贸易形势出现的动荡变局，利用我国模具出口覆盖面广、贸易互补性强和性价比高的优势，努力维护与出口大用户的贸易关系，及时调整、转移出口市场方向，在第一大出口目的地美国的出口额同比下降 23%的情况下，全年出口额仍然实现了 2.64%的增长。其中，出口前十的欧洲国家/地区比 2018 年增长 0.2%，亚洲国家/地区则增长了 24.6%。

三、创新驱动发展取得成效

1. 技术创新再结硕果

北京机科国创等单位完成的“增材制造用金属粉末及其在工模具中的应用”项目、宁海一注和郑州大学完成的“汽车轻量化大型零部件微孔发泡注塑成型及模具产业化”项目、浙江华朔科技完成的“二级涡轮增压器 E-booster 高精密压铸模具关键技术研发及其产业化应用”项目分别获得 2019 年机械工业科技奖一、二、三等奖。

2019 年模具行业申报专利超过 20000 项，获得专利授权 18000 多项，其中发明专利超过授权专利的 10%。

国产软件应用面继续扩大。山大华天、广州中望、益模科技为代表的国产软件发展势头良好，在模具行业的应用面逐渐扩大。

国产数控加工设备越来越多地进入模具行业。北京精雕、上海汉霸、浙江天瑞、广东大族激光等中高端数控加工中心、电加工设备、激光加工设备的研制水平明显提高，并越来越多地进入模具行业，其中大部分成为模具制造链上的主力设备。为降低某些中低要求模具的制造产业链运行成本和提高其竞争力，开始发挥作用。

标准化工作取得新进展。中国模协作为第一编制负责单位制定的《模具术语》国家标准（GB/T 8845—2017）于 2017 年 7 月由国标委批准发布，2018 年 2 月 1 日实施。《模具术语》由中国模具工业协会等 36 个单位、70 余位专家参加起草，历经 2 年 8 个月完成。全书正文部分 199 页，共 40 万字，是模具行业基础性国家标准；2018 年 4 月长春吉文汽车零部件股份有限公司联合机械工业仪器仪表综合所、中国锻压协会、中国模具工业协会及广东天卓智能装备科技有限公司等单位共同承担了工信部 2018 年智能制造综合标准化与新模式应用项目——《车身零部件智能工厂集成标准与实验验证》，2020 年 5 月以网络视频会议方式召开了项目第一次专家审查会；中国模具工业协会团体标准进入规范实施阶段，按照国家关于深化标准工作改革的精神，2016 年中国模协决定开展“中国模具工业协会团体标准”制定工作，2017 年成立“中国模具工业协会标准工作委员会”（中国模协标准委），按照国家标准化管理委员会对团体标准管理之要求，“中国模具工业协会团体标准”以“TCD-MIA”注册，制定了《中国模具工业协会团体标准管理办法（试行）》，其中明确了中国模具工业协会团体标准的体系构架（见表 2），2019 年 2 月发布“中国模具工业协会团体标准立项申请书”范本。截至目前已完成能力评价类标准立项 5 项、技术创新类标准立项 5 项；完成标准制定（经中国模协批准并公示）4 项。

表 2　　中国模具工业协会团体标准体系（暂行）

类别名称		主要细分类别				
A	能力评价	企业竞争力	创新能力	两化融合水平	信用体系建设	其他
B	技术创新	先进设计制造方法	系统集成	网络化自动化智能化	绿色制造	其他
C	管理提升	流程优化、效益提升	项目管理	质量管理	产业链整合	其他

续表

类别名称		主要细分类别				
D	学习培训	技能资质认证培训	在岗培训	人才培训基地建设	技能大赛	其他
E	安全环保	安全生产	节能减排	劳动保护	物流安全	其他
F	工程服务	售前售后服务体系	软件应用	整体解决方案	技术管理咨询	其他
G	国际合作	采用国际先进团标	联合制标	国际对标分析	教育、培训	其他

国产模具钢研发、生产取得新突破。上海大学等单位承担的“十三五”重点研发项目“高性能工模具钢及应用”通过中期验收，召开“2019工模具大会”进行推广应用。江苏宏晟重工、四川长城、中信重工（洛阳）等企业建设的新的模具钢生产线投产。

2. 体制机制创新继续推进

品牌建设新进展：中国模具工业协会会员宁波旭升汽车技术股份有限公司、海克斯康测量技术（青岛）有限公司、广州数控设备有限公司入选“制造业单项冠军示范企业”；宁波市宁海县、广东省东莞市横沥镇被商务部认定为“国家外贸转型升级基地（模具）”；35家模具企业获得中国模具工业协会“中国重点骨干模具企业”授牌（总数达到213家）；29家模具企业获得中国模协“模具出口重点企业”授牌（总数现为60家）；18家模具企业获得“优秀模具供应商”称号；开展“中国十强压铸模具企业”评选活动。

文化创新开新花：许多省市开展了“（模具）工匠”评选表彰活动；中国模协开展“卓越模具工匠、匠心模具精英”评选表彰（100名+108名），得到中华全国总工会的肯定和表扬；在“中国模具工业协会成立35周年庆祝活动”中表彰“中国模协35年发展卓越人物、杰出人物”和“优秀社会组织工作者”；金砖国家工商理事会、中国模协联合主办了2019“一带一路”暨金砖国家技能发展与技术创新大赛-冲压模具数字化设计与制造赛项、中国模协职业教育委员会主办了第三届“益模科技杯”全国职业院校模具技能网络大赛和2019“全国职业院校模具数字化设计技能大赛”。

在“2019模具行业高质量发展大会”，特邀江苏迎阳无纺机械公司范立元董事长做了“以党建文化促高质量发展”报告，受到代表们的欢迎，为党建工作促产业发展开了先河。

技术创新机构建设新突破：宁波市模具创新中心（众模联云科技公司）、益模（重庆）智能制造研究院（武汉益模科技公司）、黄石科创模具技术研究院（华中科技大学）在2019年挂牌运行；2019年申长雨院士、陈蕴博院士、李德群院士领衔的5个院士工作站揭牌运行。“上海大学（肇庆）工模具钢应用技术研究院”启动。

上市公司又添新成员：中国模协会员“勋龙汽车轻量化应用有限公司（苏州）”6月在香港联交所上市，中国模协常务理事单位“祥鑫科技股份有限公司”10月在深交所中小板上市。

继续推动模具行业信用体系建设：中国模协进一步规范了模具行业企业信用等级评价办法，对9家新申报企业进行了企业信用等级评价，对28家获得信用等级的企业进行了复评。目前我国模具行业近100家企业进行了“企业信用等级评价”（包括中国模协评价的43家）。

3. 产业集聚区转型升级加快

作为推进模具产业创新驱动发展重要载体的模具产业集聚区，为了加快转型升级的步伐，地方政府会同行业组织2019年举办了一系列高层次的产业发展论坛，为本地区模具产业的高质量发展寻求解决方案。主要有：荣格“2019宁波模具高峰论坛”在宁波开幕（5月）；吉林省模具产业智造创新发展论坛在长春举行（7月）；2019中国（淄博）模具创新驱动发展论坛（7月），2019中国（宁波）模具产学研发展论坛（0908）；第二届中国（台州黄岩）模具成形装备高质量发展国际论坛（11月15日，黄岩）等。

在推进产业集聚区模具出口基地建设方面取得了新进步，2019年宁波市宁海县、广东省东莞市横沥镇被商务部认定为“国家外贸转型升级基地（模具）”，使我国模具行业国家级模具出口基地增加到3个。

苏州“角直模具小镇”（国家级）和台州黄岩“智能模具小镇”（浙江省）建设取得了明显进展。

4. 国际交流与合作的广度与深度加大

由中国模协和上海贸促会联合举办的“中国国

际模具技术和设备展览会”（DMC-Die and Mould China）成为目前世界规模最大的专业模展。DMC2018 成功转场到上海虹桥国家会展中心（NECC），展出面积近 10 万平方米，参展商 1300 多家（来自 38 个国家/地区），观众 10 万人次；DMC2019 展出面积达到 8 万平方米，参展商 1200 多家（来自 38 个国家/地区），观众超过 8 万人次。在展出面积、参展商数量、观众人数、国际化程度、行业影响力等衡量展览会水平的主要指标方面已经与 DMC2018 相当，首次打破 DMC “单年展”“双年展”的界限，为 DMC 的品牌提升和“由大转强”奠定了基础。

组织、参加国际行业组织活动。中国模协继 2014 年推选担任亚洲模具协会联合会（FADMA-Federation of Asian Die and Mould Associations）主席（2014/2017）后，2017 年又被推选担任 FADMA（2017/2020）主席。其间组织召开了三次 FADMA 年会（FADMA AGM-2017 韩国，2018 印度，2019 菲律宾），在中国召开了三次工作会议（FADMA OBM-2017 江苏昆山，2018 广东东莞，2019 台州黄岩），并分别参加了中国模协与当地政府联合举办的模具产业国际论坛。2018 年 11 月中国模协被推选担任国际模协（ISTMA - International Special Tooling and Machining Association）董事（Director of ISTMA BOD），2019 年首次出席了在美国召开的 ISTMA 董事会，并参加了 2019ISTMA 年会。

组团出境参展、交流。2019 年组团参加了日本模展、德国模具博览会（MOLDING EXPO）并举办“中—欧汽车模具论坛”、美国板材展、墨西哥塑料展和首届墨西哥国际模展（MEXIMOLD2019）。

积极筹备 2020 年在上海举行的第十六届国际模协世界大会（16th ISTMA World Conference）。2017 年在巴西召开的国际模协年会（ISTMA General Assembly 2017）上，中国模协获得第十六届国际模协世界大会主办权，为把大会办成具有中国特色的世界模具行业盛会，中国模协作为东道主和承办方在 2018 年、2019 年投入大量人力和时间，完成了大会组委会和大会国际指导委员会成立；专题网站（ISTMA WORLD 2020）注册、制作及开通；会场选定、报告（文章）征集、演讲人选定、大会活动安排；向我国政府相关主管部门在国际会议举办、经费筹集、会议注册、境外非政府组织在中国境内举办活动的报批、备案等工作。（由于 COVID-19 疫情，国际模协和中国模协 2020 年 3 月决定将第十六届国际模协世界大会延期至 2021 年 6 月仍在中国上海举办。）

四、塑料模具行业的新特点

1. 塑料模具在我国模具消费量和模具进出口量的占比仍居首位

2019 年我国模具消费量中，塑料模具（注塑模、吹塑模、吸塑模、塑料挤出模等）占比约为 43%，冲压模具约为 34%，铸造模具（含压铸模）10%，其他模具（锻模、橡胶模、玻璃模等）13%。

2019 年我国模具生产量中（含出口），塑料模具（注塑模、吹塑模、吸塑模、塑料挤出模等）占比约为 46%，冲压模具约为 35%，铸造模具（含压铸模）9%，其他模具（锻模、橡胶模、玻璃模等）10%（表 3）。

表 3　2019 年我国模具进出口情况

项目	进口量/亿美元	占比/%	出口量/亿美元	占比/%
塑料模具	8.7044	44.89	39.6658	63.51
冲压模具	7.9347	40.92	12.0542	19.30
其他模具及标准件	2.7524	14.19	10.7408	17.20

上表反映了近些年我国模具进出口的基本趋势：塑料模具、冲压模具是我国模具进出口的主体（二者占进口量的 86%，出口量的 83%），其中塑料模具占二者总量比例均超过 50%（进口 52%，出口 77%）。

2. 服务战略性新兴产业发展的能力明显提升

“十三五”以来，我国模具行业加大了为我国战略性新兴产业发展服务能力的提升，并取得了一些进展，主要有：

新能源汽车关键零部件成形工艺与模具的研发与应用。（1）车身结构轻量化制造技术：大重量件微发泡成形技术与注塑模具、高档内饰件搪塑工艺与模具、汽车车灯多色多料注塑模具、碳纤维复合材料成形技术与模具；（2）新能源汽车动力系统：电动汽车电池托盘注塑模具、电池组用高分子膜的挤出技术与模具、电池封装技术与模具。

新一代信息技术的基础建设与智能终端设备成形工艺与模具的研发和应用。（1）高可靠性连接器制造用模具，应用在通讯基站（5G）的天线零组件、智能终端设备、汽车、航空航天等领域；（2）

半导体器件和传感器封装模具；（3）5 寸及以上边框带金属镶件注塑成型工艺与模具等。

物流与环保设备。大型塑料周转箱注塑模具、欧洲标准垃圾收集箱注塑模具等。

医疗器械。一次性注射器注塑模具、采血袋模具、CT 及核磁共振机全套注塑模具等。

包装、防护。高强度高分子薄膜挤出模具、宽幅熔喷布高速喷射机头等。

航空航天。航天服面罩注塑模具、飞机蒙皮成形用工装模具及检具、无人机结构件全套注塑模具、导弹发射架滑道注塑模具等。

3. “大而不强”局面还没有根本改变

我国的塑料模具产业自改革开放以来得到快速发展，目前无论在国内市场还是在出口市场方面，都占据了我国模具产业的半壁江山，但由于塑料模具产业相对于冲压模具、铸造模具、锻造模具等模具产业，在我国的起步较晚，因此“大而不强”局面还没有根本改变，主要表现：

产业基础薄弱。90%以上的（塑料模具）模具设计、分析软件使用国（境）外产品及服务，软件的使用和维护成本居高不下；关键加工设备的 80%和检测设备的 90%以上由国（境）外厂商（或设在我国境内的外资企业）提供；60%以上高档模具标准件（模架、热流道、氮气弹簧、液压气动元件、传感器等）使用的是国（境）外品牌。

自主创新能力不足。我国塑料模具的设计制造技术水平仍处于跟跑世界模具强国阶段，达到国际领先水平的技术创新成果占全行业总量的比例不到 10%。

协同创新机制不健全。“产学研用”“成形工艺—成形设备—模具一体化”协同创新机制不健全，仍存在行业、机构、企业间条块分割、孤立开发、物理混合现象，创新协同性和创新资源利用率较低。

产业链竞争力有待提高。企业管理水平和信息化水平不够高；产业链整合、优化能力及供应链管理能力较低，企业间劳动生产率差距悬殊（行业平均仅为美德日的 1/4—1/3）；做精做专的战略定力不够，盲目投资扩产，造成部分行业产能过剩，低价竞争现象开始从国内市场蔓延到出口市场。

4. 高质量发展的挑战和机遇并存

挑战。国内传统用户市场增长减缓，国际市场不确定性增加；产能过剩、低价竞争造成利润空间减少、创新投入不足。

机遇。国内传统模具用户市场企稳向好，战略性新兴产业开始进入新的发展期；“一带一路”战略推进为我国国际模具市场开拓提供了新的空间；创新驱动发展不断赋能我国模具产业的“由大转强”进程。

（中国模具工业协会会长 武兵书）

从K2019看注射成型行业创新发展新趋势

前言

从 2019 年 10 月 16 日开幕至 10 月 23 日完美落幕，在德国杜塞尔多夫举办的世界橡塑行业第一大展会 K2019（简称 K 展），吸引了世界高分子材料加工行业从业者的目光。据官方发布的统计数据，K 展共设 18 个展馆，有来自 63 个国家共计 3300 家展商参展，净展览面积达到了 178000 平方米。并且有来自 165 个国家的大约 225000 名参观者参与此次展会。K 展的访客中高管人数较往年略有上升：68%来自高层或中层管理人员[1]。欧洲展商依然是 K 展的主要展商，亚洲展商也在逐步增长，其中中国和印度等地的展商较多。本次展会在一个复杂的国际背景下展开：中美贸易摩擦、中国禁止废塑料进口、全球关注循环经济、汽车行业低迷。目前全球消费领域对创新机械和原材料的需求仍然特别高，K 展能够为橡塑产业可持续发展和创新业务模式提供动力。

在 K2019 展会上引起国际观众广泛关注的热点很多，如可再生能源、材料利用效率等。今年，资源节约概念加深，橡塑行业关注的重心依旧偏向于数字化、可再生能源的循环性以及材料和行业的创新能力。本文将通过简单介绍此次 K 展的展出亮点，总结注塑行业代表性的技术发展趋势。

一、循环经济：以塑料可持续发展推动注塑成型技术发展

探讨全球可持续发展战略，本次 K 展就如何应对全球气候变化和白色污染等塑料垃圾处理问题，

重点推出了循环经济理念。参展公司从使用可回收材料、创新生产工艺和打造循环生产产业链三个方面纷纷推出了各自的技术解决方案。

从生产加工源头开始改变，大力推广 PLA、PET 等可降解或可回收材料是发展循环经济的基础。在展会上，阿博格（ARBURG）与 EREMA 合作，在 ALLROUNDER1020H 注塑机上使用了大约 30%的回收料 PP，4 秒内生产了 8 个 PP 杯。EREMA 将 ARBURG 生产的杯子又重新加工成可回收的 PCR 材料[2]。意大利 BMB 公司[3]使用可堆肥或 100%可再生材料作为生产原料，采用 IML 和 MuCell 技术生产矩形薄壁容器，每小时生产 21000 件可完全堆肥制品，促进经济循环的同时，提高了生产效率（图 1、图 2）。

图 1　ARBURG 生产的 PP 杯

图 2　可堆肥的塑料制品

制品百分百可降解是循环经济的追求目标，Kautex 现场生产了一款可百分百降解塑料瓶（图 3），泰瑞则注塑成型了一款 PLA 生物降解塑料的盘子。

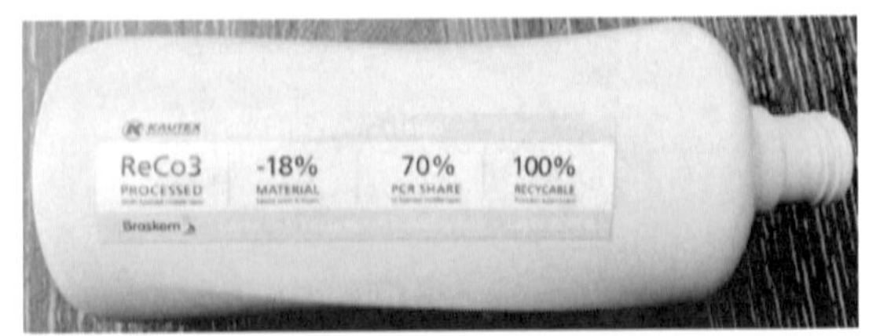

图 3　Kautex 公司生产的百分百可降解塑料瓶

新型复合材料的使用，更加贴合循环经济的环保要求。蔚来汽车采用了科思创的 Maezio 碳纤维材料，同时采用 Over-molding 注塑技术，做出了全塑的汽车轮毂（图 4）。

图 4　蔚来汽车全塑轮毂

在创新生产工艺方面，为了适应循环经济塑料制品的生产要求，在现有注塑工艺基础上进行创新改进。将 ProFoam 物理发泡工艺应用于循环经济，Arburg 将源自生活垃圾的 PCR 材料重新注塑成型安全门把手，手柄使用了柔软的 TPE 材料进行包覆成型而获得了更好的触感（图 5）。

图 5　注塑机安全门把手

“三明治”注塑工艺被广泛应用于高可回收材料使用比例的注塑制品上。即在制品内层注塑回收料，外层注塑新料。Billion 公司[4]应用该技术，使用上、下两台注塑机，首先下面的注塑机向模具里面注塑新原料，然后利用塑料导热差的特点，表层首先冷却，内层还处于熔融状态时，通过切换注塑机流道，将上面的注塑机的回收料注入模具，快注塑完成后，则再利用下面注塑机注入新料，进行封口。震雄现场演示生产一款厚度为 8mm 的“夹心式”水果盘，水果盘内层采用 PP 回收料，外层采用 SABICPPPPA20 高光泽 PP 新料。ENGEL 也展出了类似的 Skinmelt 技术[5]，与经典的共注射不同，

Skinmelt 工艺特点为在注射前将两种熔体融合在一起。表层的原始材料首先到达型腔中。它由流入的回收 PP 向前推动，并压在型腔壁上，而芯部则充满了回收材料（图 6）。

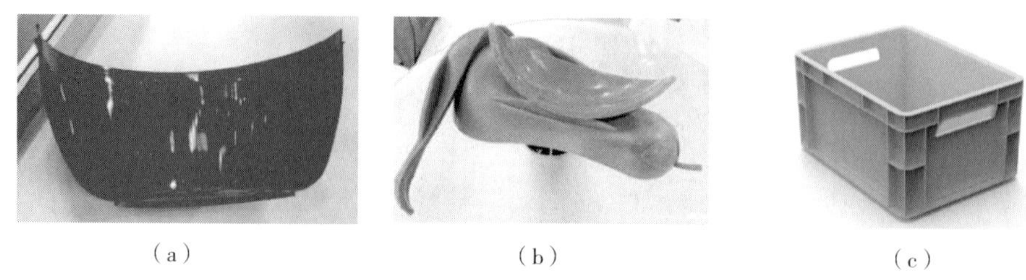

（a）　　（b）　　（c）

图 6　（a）Billion 的“三明治”注塑制品　（b）震雄“夹心式”水果盘
（c）ENGEL 可回收材料超过 50%的夹心注塑运输箱

在打造循环经济产业链方面，展商们致力于提供完整循环经济生产周期的案例。克劳斯玛菲（KraussMaffei）[6]展示了 EdelwissCompounding 技术：回收废旧塑料制品后将其粉碎，将粉碎料在 ZE28 型双螺杆挤出机中与颜料和滑石粉等添加剂共混改性，水下造粒获得高质量的复合材料。克劳斯玛菲将再生料重新引入生产新制品（如汽车 A 柱盖板等）的加工过程中，为塑料的循环使用提供闭环的解决方案（图 7）。

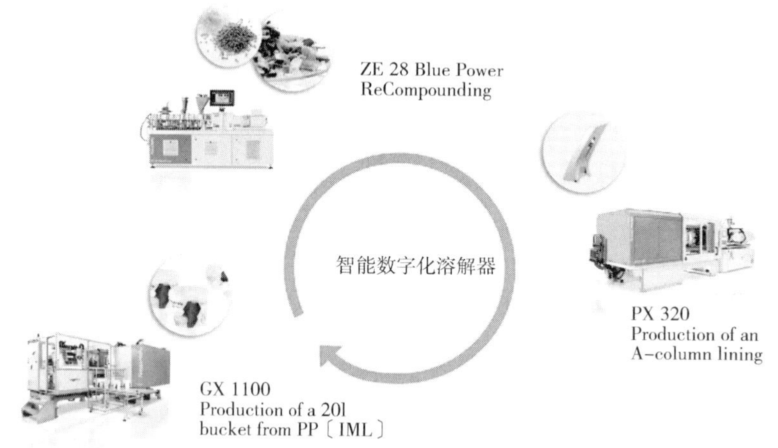

图 7　克劳斯玛菲的 EdelwissCompounding 技术

与克劳斯玛菲提供的塑料循环使用闭环解决方案相似，ARBURG 在生产回收料 PP 杯和机器门把手时，与 EREMA 公司的设备协作完成了各种不同的再生材料的循环经济过程展示。演示了从原料加工成制品，制品回收破碎造粒，再次注塑成型新制品的过程（图 8）。

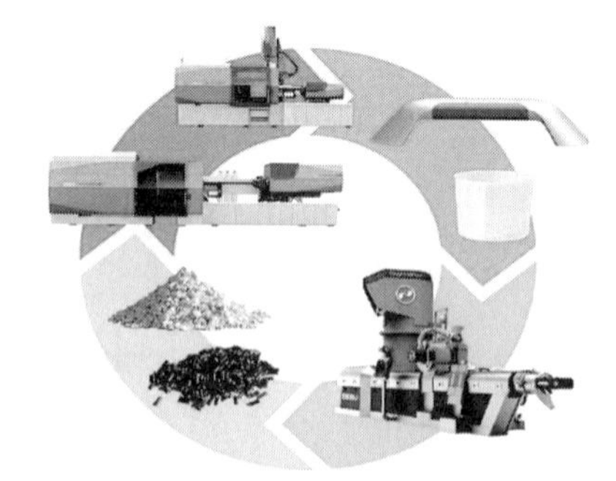

图 8　循环经济功能展示

二、数字化进程加快：数字化时代下的智慧工厂

塑料加工行业被看作最有可能最先实现工业 4.0 的行业。自从工业 4.0 被提出以来，塑料加工厂商就不断地将现代智能化生产加工管理方法与传统的生产技术进行整合，每次 K 展塑料加工行业智能化的进步，都是展会上的亮点。

大力发展智能辅助系统及设备通信技术，为工业 4.0 技术铺平道路。随着生产中对效率和质量的要求不断提高，各个系统组件之间的相互作用变得越来越重要。为了获取和评估机器的生产过程数据，自动优化生产过程，恩格尔展示了一套基于 ADAMOSHUB 技术联通不同的供应商的机器、系统和技术的解决方案（图 9）。

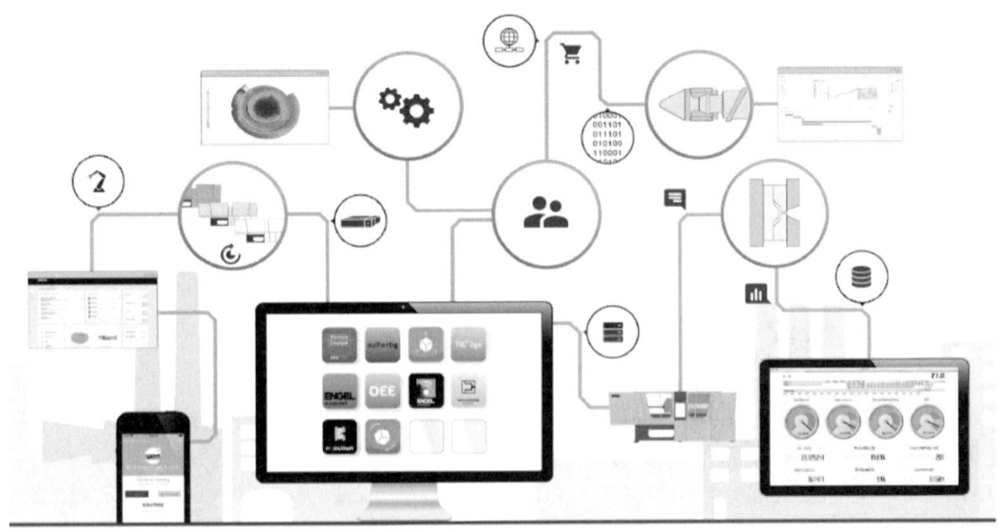

图 9 恩格尔互联互通平台

通过对工业物联网（IIoT）的改造并结合互联网，克劳斯玛菲开发了 APCPlus（自适应过程控制）和 DataXplorer 等软件。APCPlus 用于监控注射成型过程，并不断调整，以平衡干扰因素，如批次之间的波动和外部环境因素变化等。DataXplorer 工具，它每秒可以存储 500 个信号并且作出连续曲线，清楚地显示全部生产工艺流程参数。通过设定报警阈值，机器操作者能够通过主控制站仪表盘或智能手机及时掌握产品参数的有关偏差，实现预测性维护，避免由于部件磨损引起的非预期生产故障（图 10）。

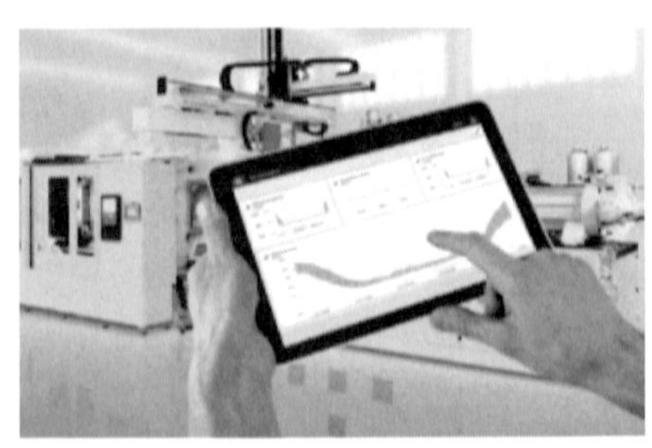

图 10 克劳斯玛菲开发的 DataXplorer 工具

阿博格（Arburg）展示的数字化工厂，包括用于“智能化”塑料加工生产的新机器和解决方案，尝试以注塑机为核心去串联周边设备。伊之密[7]工业互联网平台也是一大亮点。该平台以模压成型领域为依托，聚焦于其生产管理环节，解决企业在生产过程中的监管难题，提升生产效率和品质。

设备自动调整生产工艺参数，是实现智能工厂的重要表现。威猛巴顿菲尔（Wittmann Battenfeld）[8]在此次 K 展上推出一套智能 IQ 控制系统，在其 EcoPower55/350 注塑机上，利用奥地利 Lechner 公司提供的一副 4 腔模具中生产聚碳酸酯的衣夹，凭借威猛 4.0 和 TEMI+MES 系统的集成化发展，生产全过程实现全自动化控制。其 HiQ-Flow 软件能自动补偿原料黏度波动带来的不良影响，保证稳定的产品质量。为避免塑料浪费，浇口以及为演示而特意生产的不良品在威猛 G-Max9 粉碎机中重新得到粉碎，然后通过与粉碎机相连的真空输送设备直接自动化返回到机器料斗中（图 11）。

博创展示了以二板智能注塑机、注塑云 MES 和注塑机数字孪生系统为核心的汽车前格栅智能生产系统。在其二板智能注塑机 BU900-II 上，集成

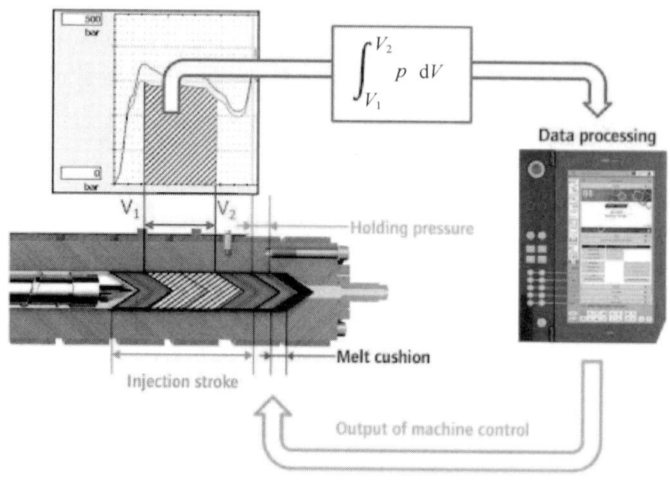

图 11　材料黏度驱动注射控制原理图

了横走式机械手、浇口切除、视觉检测系统、自动称重系统、自动输送设备等。周边还配置了具有RS485 通讯功能的冷水机和除湿干燥送料装置（“ALL-in-one” CompactDryer）等辅助设备。注塑机、机械手、辅机等设备通过无线传感技术将数据传输到注塑云平台，进行边缘计算与数据交换。按照设定的指令，自动执行预设的操作。注塑云平台的工艺分析功能，可以实时监控产品质量，并结合大数据分析功能实现工艺参数最优化，闭环控制现场注塑机、辅机等设备，实现产品品质的大幅提升。

富强鑫集团[9]展示了其 imf4.0 智慧制造解决方案，系统具有自适应控制功能，可以自动克服成型过程中的轻微波动。在生产过程中，应用过程质量传感器监控，以提高产量并减少浪费。机器和外围设备之间的相互通信能够实现自主控制加工过程中的制品质量。使用远程监控提前计划维护，从而减少意外停机时间（图 12）。

三、效率优先：高效率带来高收益

高效的加工生产工艺能够带来巨大的经济效益。评价一个设备和工艺的优劣，往往以其带来的效率和收益作为评价标准。

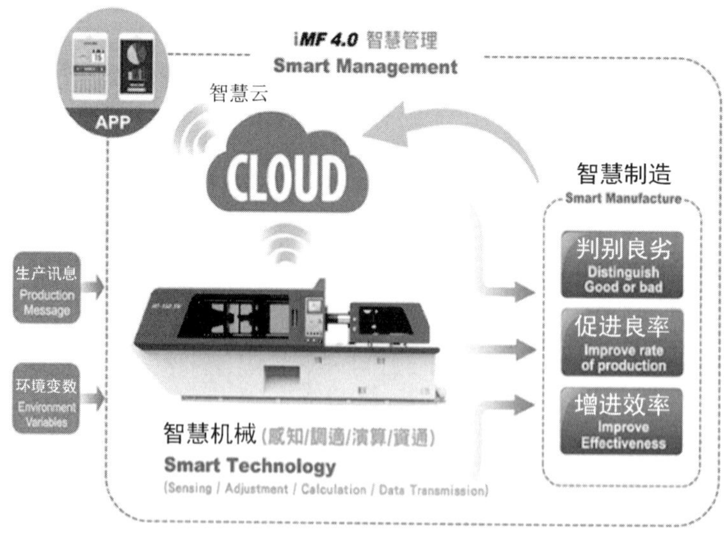

图 12　富强鑫 imf4.0 智慧管理系统

多种工序集成服务效率优先。针对汽车应用领域的需求，伊之密展出了 ReactPro 聚氨酯模内喷涂方案（InPUR "1+2" 模具技术），在聚氨酯表面与基材注塑一步成型带局部高光表面的汽车发动机盖板。对比传统喷涂工艺，ReactPro 减少了制品成型步骤，避免了传统喷涂对环境的污染（图 13）。

图 13　伊之密 UN500DP 两板式注塑机和局部高光表面的汽车发动机盖板

面向薄壁包装产品，膜内贴标以及叠模的使用，能够大大提高效率：伊之密 PacProIML 模内贴标系统，一出四模具，高速成型一出四贴标容器。海天长飞亚现场展示了 4 腔瓶盖的模内贴标生产过程。富强鑫使用全电式注塑机 CT-300，搭载 4+4 堆叠模具，同时结合模内品质信号监视系统，自动化、快速地生产 100ml 模内贴标冰淇淋盒。

单次成型周期尽可能生产多的制品，能够大大提高效率。在现场演示中，住友德马格在一台搭载一模 72 腔模具的 El-Exis SP 注塑机上生产瓶盖，每小时的产量高达 13 万个，与之前的机型相比，能耗还降低了 20%。其液压蓄能器是实现机器快速循环时间的核心要素，注射速度高达 1000mm/s，是市场上最快速的注塑机之一（图 14）。

图 14　住友德马格 El-Exis SP 注塑机现场演示生产瓶盖

赫斯基（Husky）[10] 展出了一套 HyPET 系统，它集成了加工生产过程的所有组件，包括机器，模具，热流道，机械手，成型后冷却和辅助设备，可以作为完全集成和优化的工作单元使用。这套系统能实现最高水平的整体设备效率。用其生产的瓶坯，成型周期短，性能可靠和低废品率。每小时最多可生产 11 万个瓶坯。

精密高速设备能够解决特殊问题，提高生产效率。住友德马格[11] 在 K2019 还展示最新的 IntElect S 全电机医用注塑机。该机器直接面向医用塑料部件的大批量生产厂商，专为需要 3~10s 快速循环时间的超窄公差应用而设计（图 15）。

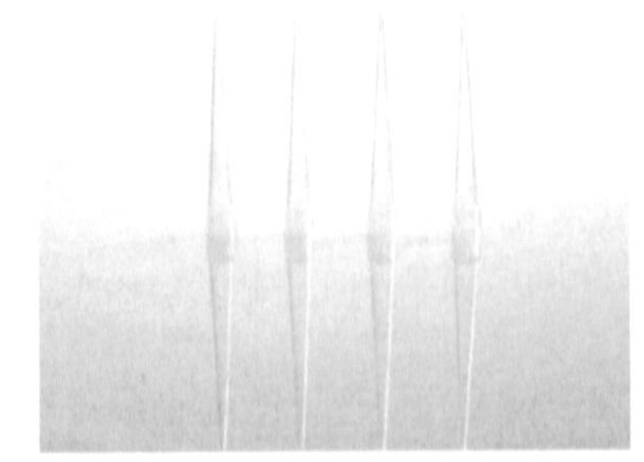

图 15　IntElect S 医用注塑机生产单元，一模 64 腔模具成型的移液管吸头

日精塑料工业有限公司（NISSEI）[12]展出一台双色/多种材料成型机 DCX120Ⅲ。其 TACTIV 控制器可实现更快的控制并提高可重复性。伺服驱动旋转机构实现了高速、无冲击的模具换向运动，换向时间约为传统机器的一半。

四、系统化、集成化：面向个性化需求的成套解决方案

对塑料制品的需求越来越要求个性化。从客户需求出发，定制自动化解决方案系统，设备制造商要提供的是一套从技术指导到系统服务的全面的交钥匙工程，并在从产品构思到生产的整个过程中提供技术支持。越来越多的客户想要功能集成度高，原材料适用范围广，以及将注塑工艺与其他工艺相结合效率高的设备与方案。

自动化生产、在线检测、产品可追溯的解决方案。Arburg 展出一套智能交钥匙生产系统。其核心部件是一台电动机 Allrounder570A 注塑机，现场注塑出一款 Uvex 太阳镜，脱模后机械手从模具中取出产品，做光谱 UV 测试，以检查透光性和抗紫外线能力，确定色度，筛掉废品，将合格制品运送至冷却站进行冷却。ATCM 系统能够给每一副眼镜打上各自的二维码（可以得到产品的所有参数信息，如透光率和色度）。其 Gestica 控制系统中集成有填充和塑化辅助控制器，可根据生产需求，实时改变控制过程参数，还能生成实时生成熔体流动 3D 动态影像，进行交互式对比（图 16）。

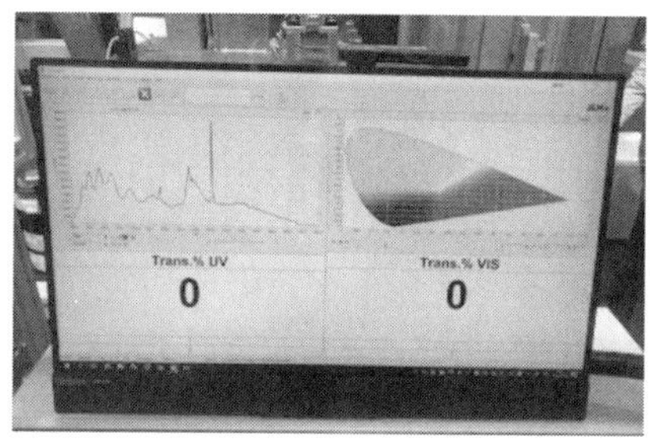

图 16　Gestica 控制系统面板用于 Uvex 太阳镜制品

创新注塑工艺，简化生产环节，以更优化的工艺创造更大的价值。伊之密与德国公司 Exipnos 联合开发了直接在线混配工艺方案（DCIM）。据介绍该方案适应可降解材料加工，多组分直接配混，无须多次加热、干燥，可省略造粒、冷却、包装等中间工序。DCIM 方案核心技术是复合输送系统（CDS）。CDS 可实现多组分物料精确计量混合输送，材料配混比例可按需设定、实时监测和校正。注塑机与 CDS 系统组合使用，与传统工艺相比，塑化能力提高 30%，生产更稳定。据测算，使用 DCIM 系统方案生产 1 吨复合材料时，能减少排放 264kg 二氧化碳（图 17）。

图 17　伊之密 UN160A5-EU 三板精密伺服注塑机搭载复合输送系统（CDS）配以伊之密线性机器人系统 YR6308S

开发面向中端塑料产品市场的系统化解决方案。Arburg（阿博格）与 Tactotek 合作，采用特殊的嵌片注塑工艺 IMSE 技术制造功能性产品。可在变形前将装到膜片上的印刷电路和电子元件无缝整合到 3D 部件表面。经过膜内贴标的膜片不需要进行涂层或上漆等后加工步骤。一模一腔，在 60s 内生产一个具触控功能的夜灯。在整条交钥匙系统生产线上进行嵌片注塑、修整和检测。

提供高集成度、精细化的生产方案，赫斯基提供了一套 HyCAP 系统，为一整套针对高产量饮料瓶盖制造进行了专门优化的交钥匙系统。它凭借完全集成化的饮料瓶盖制造解决方案能够最大限度地提高生产效率。与上一代系统相比，注塑周期缩短 8%，节能 3%，可靠度高，重复性好，拥有更佳的产品质量。

五、结语

K 展作为全球橡塑行业创新发展的风向标，不仅为业界同行从全球化视角把握经济脉动提供了参考和指导，同时也全方位地展现了行业技术前瞻性发展趋势和具体解决方案。根据欧洲塑料橡胶机械协会（EUROMAP）发布的统计数据，2018 年全球塑料和橡胶机械行业仍保持了 1.3%的小幅增长，销售额达到 368 亿欧元，但已经出现了明显的经济放缓的迹象。受汽车行业下滑、中美贸易冲突、英国脱欧以及与塑料环境问题等不利因素影响，EUROMAP 预计 2019 年欧洲塑料和橡胶机械制造商的营业额将下降 10%。在全球经济形势整体下行的情况下，循环经济和可持续发展有可能创造行业新的增长点。欧盟委员会要求 2025 年欧洲再生塑料使用量达到 1000 万吨，2030 年所有塑料包装都必须可回收。我国即将全面建立资源高效利用制度，普遍实行垃圾分类和资源化利用制度，垃圾智能分类收集、转运、分拣及回收利用都将带来较大的市场空间。因此，循环经济有望成为一个持续发展的业务领域，并不断推动行业技术创新发展。为此，注塑行业相关企业在本次 K 展上都围绕循环经济主题展出了一系列整体解决方案。此外，智能化、高效化、集成化仍是全球注塑行业当前的技术热点。

参考文献

[1] K 2019 gives a Clear Signal for Responsible Handling of Plastics[EB/OL]. [2019-10-26]. https://www.k-online.com/.

[2] Successful K 2019 ARBURG sets trends[EB/OL]. [2019-10-24]. https://www.arburg.com/us/us/company/latest-news/news/individual-news-items/nl/15858/.

[3] K 2019[EB/OL]. [2019-10-27]. http://www.bmb-spa.com/trade-fairs/k-2019/.

[4] RENDEZ-NOUS VISITE à K'2019[EB/OL]. [2019-10-15]. https://www.billion.fr/fr/rendez-nous-visite-a-k2019/.

[5] ENGEL skinmelt technology at K 2019[EB/OL]. [2019-10-09].

https://www.engelglobal.com/zh/cn/news-press/news-pressreleases/detail/news/detail/News/engel-skinmelt-technology-at-k-2019.html.

[6] Circular Economy: More than just commitment, we help improve the ecological balance. [EB/OL]. [2019-10-11]. https://www.kraussmaffei.com/zh/our-topics/circular-economy/.

[7] 伊之密将携创新方案出征 2019 德国 K 展[EB/OL]. [2019-09-09]. http://www.yizumi.com/cn/imm/subnews/t70/i542738/goodextnews.

[8] Looking back on K 2019[EB/OL]. [2019-10-31]. https://www.wittmann-group.com/zh_hans/xinwen/xiangxixinxi/looking-back-on-k-2019/78c94e2660148098c7def244e3e00665.html

[9] 智造赋能，富强鑫新一代智慧成型系统[EB/OL]. [2019-09-27]. https://www.fcs.com.tw/cn/news_i_N2019092700001_0.html.

[10] Solutions for Every Market Need at K2019[EB/OL]. [2019-10-25]. https://www.husky.co/EN-US/.

[11] Smart, speedy and sustainable: Sumitomo (SHI) Demag presents a future-ready K-2019 showcase[EB/OL]. [2019-07-01]. https://www.sumitomo-shi-demag.eu/.

[12] Hybrid 2-color/dissimilar material molding machines DCX120 Ⅲ[EB/OL]. [2019-10-25]. https://www.k-online.com/vis/v1/en/exhibitors/k2019.2587469? oid=87926&lang=2&_query=NISSEI#vis_prodinfo_wduvlQSZTNqtn0GulTAlFw.

（中国塑协注塑制品专委会　谢鹏程）

聚氯乙烯制品用助剂现状和发展趋势

摘要：我国“十三五”规划体现了未来对新能源、新材料的重视，塑料材料作为典型的新材料，已在建筑、医疗、航空等领域有所建树，塑料制品因其节能环保、时尚美观的特点深受广大消费者的青睐，在国家政策的大力支持下，未来我国塑料制品的发展将势不可挡，塑料助剂也将获得巨大的市场需求空间。2019 年国内 PVC 树脂消费量超过 2000 万吨，由此极大地带动了助剂的消费量。相比其他塑料品种，PVC 塑料是配方最复杂，所用助剂品种最多、数量最大的塑料。热稳定剂、增塑剂、润滑剂、填充剂、着色剂以及加工助剂和抗冲改性剂等常用助剂，在大多数聚氯乙烯配方中均能见到，用量约占塑料助剂 90%，而稳定剂和增塑剂是使用量最大的两个品种，其中稳定剂又是所有 PVC 产品加工时都需要添加的，而使其更受关注。

一、热稳定剂行业情况

1. 行业发展总体评价

进入新世纪以来随着我国塑料工业的快速发展，热稳定剂的产能、产量和消费量都取得了较快的增长：热稳定剂年产销量从不足 10 万吨发展到近 70 万吨左右；从业人员大幅增加，大量的中高瑞人才加入；“十二五”期间全行业技改总投入接近 60 亿元，产能接近 150 万吨，配套领域不断拓宽，产品品种大幅度增加；新产品开发活跃，产品结构日益优化，不少新工艺、新技术得到应用和推广；节能减排、清洁生产、提高产品质量等方面也都取得了新进展；整个行业的生产能力、技术水平和市场竞争力都跨上了一个新台阶。稳定剂年出口量大幅增加、有更多企业走出国门参与到一带一路的建设中。回顾 PVC 热稳定剂的环保化进程和现状，可以用一句话来概括，即：环保从软制品开始，但在实施过程中，却出现了重视硬制品，忽视软制品的现象。造成目前国内软制品用环保稳定剂的研发和推广应用严重滞后，市场极不规范。国内环保稳定剂的研究、应用始于 20 世纪 70 年代，当年山西化工研究所、北京市化工研究院做了大量工作。当时有化工部的支持，组织力量开展对国外技术的跟踪并部署有专门院所、团队进行研发，可以说当时国内技术基本与国外同步，SBM 是山西化工研究所为了开发粉体钙锌而研制的，是“七五”攻关项目的一部分。国内液体钙锌稳定剂是 1974 年山西化工研究所攻关研发成功并工业化的，两个牌号 CZ—310 和 CZ—51。山西化工研究所在 20 世纪 80 年代初将 CZ—310 在山西长治化工厂转让，当年获山西省科技进步奖。到 90 年代中期浙江有企业已和国外同步能够工业化生产高金属含量的脂肪酸盐并有商品出口。

2. 2019 年行业生产、销售情况

稳定剂总产能超过 150 万吨，2019 年产量（含出口）超过 70 万吨，国内表观消费量在 60 万吨以上。硬制品用环保产品约为 20 万吨，软制品用环保产品约为 10 万吨，各类稳定剂出口总量约为 10 万吨。得益于硬制品禁铅行动的全面落实和生产技术的全面提升，环保稳定剂的使用价值基本可以满足制品企业需求。从 2018 年开始在硬制品领域环保稳定剂应用已占绝对优势。广东鑫达新材料科技有限公司（原河源鑫达新材料科技有限公司）、山东金昌树新材料科技有限公司的扩建项目完成后均可达到年产 10 万吨环保稳定剂的规模。从 2019 年环保稳定剂原辅材料产销数据来看，不仅完全可以满足国内需求而且大量出口，全球约 80%材料由中国提供。以三羟乙基异氰尿酸酯（赛克）和 β 二酮二个产品为例，2019 年赛克全球需求量约为 4 万吨，而山东济宁键邦化工有限公司的产品和销售量占 90%左右；同时预测软制品加上其他制品用稳定剂全部完成环保化替代后，β 二酮的需求量应该在 3 万吨以上，从目前产能来看还有较大缺口（国内主要生产企业为安徽佳先功能助剂股份有限公司），当然国内企业在建项目投产后是完全可以满足全球每年 10%以上增长需求的（济宁键兴化工有限公司今年建成投产 DBM、SBM 各年产 5000 吨生产线）。从 4 月 16 日塑料助剂专委会理事会视频会议获得的信息显示抗氧剂、光稳定剂、ACR、CBE 及润滑剂等品种，国内企业提供了占全球约 80%的产品。从目前全球各国产业链完整性看，对国内企业是非常有利的，只有中国企业才有能力为全球 PVC 产业的发展提供各类助剂及材料。

3. 2019 年行业技术创新、技术进步情况

环保稳定剂开发、应用总体水平达到世界先进水平，特殊品种达到世界领先水平。现有品种可以满足 PVC 塑料制品加工要求和全球已有环保法规及安全标准。环保稳定剂的新材料研发、新工艺应用得到越来越多企业的重视并取得不俗的成绩，材料出口呈增长态势。硬制品用环保产品消费量突破 20 万吨，软制品用环保产品开发、应用进入实质性阶段，品种可以满足 PVC 塑料制品加工要求和全球已有环保法令法规及安全标准。主要应用在部分硬制品和电缆料及软制品中和食品、药品接触的包装、儿童玩具等有环保要求的塑料制品上。环保稳定剂的新材料研发、新工艺应用得到越来越多企业的重视并取得不俗的成绩，材料出口呈增长状势。

有 5 家企业建立了院士工作站，20 余家企业和高校及相关院所建立了长期合作关系。

4. 存在的问题

塑料助剂中的抗氧剂、增塑剂、润滑剂都可以一个品种几万吨乃至几十上百万吨的生产应用；而

稳定剂首要以满足加工过程要求为主，面对同一塑料制品因不同工艺条件、差异极大的加工设备和产品配方，除有机锡品种外，其余环保稳定剂就很难做到用一个牌号去满足不同工艺、不同条件、不同配方的加工要求了。

从复合铅转向环保稳定剂的过程中，由于目前的设备模具、工艺条件、产品配方在复合铅的几十年应用过程中已经达到了总体优化一致的水平，当简单切换到环保稳定剂时，就会遭遇到想象不到的难题和发生种种预测不到的结果。

①新老稳定剂配方设计及原料选型各有差异，钙锌等环保稳定剂由于前中后的稳定性是由不同原料分别实现，稳定和润滑的实现又不是分离的，因此配方设计更加复杂，影响因素更多，由此产生的问题多，解决起来也相对复杂和困难。

②新老稳定剂加工各具特色，但是制品厂家和设备商无法预知并根据环保稳定剂的特色修改或重新设计设备和工艺。

③用户要求简单 1∶1 替代，同时无须调整工艺、设备；关键在于供需双方的技术人员熟悉和习惯了铅系产品，对环保稳定剂认识不全面，而供方未能详尽地解答问题、需方只是简单地替代所至。并非全是非铅产品的纯自身技术问题。要求非铅产品达到铅系水平而不调整加工工艺和配方甚至设备不改动，基本上可能性不大。

④成本压力，环保稳定剂的生产工艺相对简单，投资相对容易，由此带来大量新的竞争者，造成了市场供过于求，同时良莠不齐，客户面对大量的供应商上门，报价千差万别的局面下无法理性面对，一味压价，逼迫稳定剂生产商强行降低成本，由此带来的后果就是无法使用优质原料、配方设计追求极限，这必然导致后续制品加工过程中问题更多

⑤同时当 PVC 产业发展到今天的水平，有些深层次的需求更加明显，如专用料问题。以钙锌稳定剂为例，业内普遍认为加工窗口不够宽泛，而深入探讨其实和同型号树脂的技术指标不够细化有关。业内人士都认为越细化相对成本越低，同时可改善加工性能和提高制成品的物化性能。

5. 发展趋势

以有机化合物作为主效稳定剂而完全不含金属的有机基热稳定剂代表着 PVC 热稳定剂的长远发展方向。但是，由于已开发的有机基热稳定剂的综合应用性能尚难于与有机锡相比拟，因此，至少在较近的未来，有机锡和锌基、钙基热稳定剂将是最具发展空间的热稳定剂体系。而相比之下，锌基、钙基热稳定剂更具发展潜力，因为有机锡热稳定剂虽然热稳定效能和透明性极佳，但存在价格高、异味大、会发生硫化污染等诸多缺点，同时，欧盟出台了禁止和限量使用有机的法令法规目前已波及日美等国，国内也开始在特定领域禁用该产品。而钙基、锌基热稳定剂可规避异味问题、具有广谱的适用性，并且，由于便于进行专用化开发，其性价比也可达到较高水平。

当然在通用产品（占 PVC 塑料制品 80%以上）上最具竞争力的应该是全效复合稳定剂，这个品种有可能是真正适应国内制品加工行业目前水平的。这类“方便使用的一包化助剂”的开发已引起人们更大的兴趣。传统的复合热稳定剂指的是以单一商品销售的热稳定剂和润滑剂的合理复合物，现在欧洲已形成“全效一包化助剂”。在这种“全效一包化助剂”中，不仅含有热稳定剂和润滑剂，而且含有所有其他小用量助剂，如抗氧剂、光稳定剂、加工助剂等。这种量身打造的方式特别适用于特种塑料制品和小微加工企业，为这些用户提供了极大的便利。目前已有稳定剂生产企业在这方面取得成功。全效一包化复合热稳定剂由于综合性能平衡、性价比高、环保性好、使用方便，有利于减轻操作人员的劳动强度并提高加工生产效率，同时还有利于避免计量出错，不但可减少浪费，同时也间接地提高了生产效率，因此可以预期将受到普遍欢迎。

二、增塑剂行业情况

1. 行业发展总体评价

增塑剂的发展方向是环保、安全、绿色、专用。增塑剂是塑料加工助剂中产能和消费量最大的品种，其产量约占塑料助剂总产量的 50%，目前全球增塑剂的产能约在 800 万吨/年，而我国产能约为 500 万吨/年，占全球总产能的 60%。2019 年我国的增塑剂消费量约在 350 万吨/年（不含氯化石蜡），占全球消费量的 40%左右。目前国内产能达 500 万吨以上，相对过剩，未来两年传统 DOP 增塑剂市场难有改善。由于我国缺少异壬醇、癸醇等原料来源，致使我国与欧美国家邻苯二甲酸类增塑剂的产销结构相差很大。与国外相比，国内在食品、医疗等领域的塑料助剂检测标准严重滞后，白酒“塑化剂”超标事件大家仍记忆犹新，在国内外标准倒逼下，未来增塑剂将向安全、绿色和专业的方向发展，环保型产品包括高碳醇酯类、柠檬酸酯

类、环氧类、聚酯类、生物降解类。

我国作为全球最大的增塑剂生产国和消费国，其中邻苯二甲酸酯类增塑剂一直主导着我国增塑剂市场，在年产300多万吨的产量中，邻苯类品种占到70%以上。

2. 增塑剂分类

①邻苯类：应用最广，占总消费量70%以上。

②非邻苯类：主要为柠檬酸脂类，脂肪酸酯类（油酸辛酯等），环氧类，阻燃类、聚酯型类等。

3. 环保增塑剂

①市场上所谓环保型增塑剂概念边界不清，含糊其辞，大家普遍认为只要不含P的增塑剂就是环保增塑剂，也就是说只要原料中没有苯酐即可，这实际上是打了一个擦边球。典型的例子就是DOTP（对苯二甲酸二异辛酯），因其原料是PTA而非PA，所以DOTP被赋予环保增塑剂的头衔，实际上DOTP和DOP属于同分异构体，且均含有苯环，它们对环境的污染程度大体相当。

②目前真正意义上的环保无毒主增塑剂只有DINCH和柠檬酸酯类产品，而这些价格均比DOP高很多，远远超出了下游厂家的承受能力，而DOP的存在已有60多年历史了，要改变它的地位绝非偶然，尽管DOP的替代品层出不穷，环保增塑剂的呼声不断，但它们均存在一定的局限性（有些某项性能较好，但价格高；价格便宜，但性能不好）。迄今为止国内市场上还鲜有完整意义上能全面替代DOP的增塑剂品种，德国巴斯夫产品也不例外，至少性价比指标不够（国内消费理念还坚持着物美价廉的传统）。当然我们期望着柠檬酸酯类产品的技术进展能达到环保法规和应用水平等多重标准，而拥有多项国内外专利的二乙酰环氧植物油酸甘油酯可望成为环保增塑剂的主流产品。

③DOTP供需情况分析

最近几年DOTP行业发展迅猛，产能扩张提速，据不完全统计，具有一定规模的DOTP的生产企业在25~30家，其中大部分集中在长三角地区，2020年预计产能将达到创纪录的90万吨，已接近DOP产能的三分之一。

DOTP因其不属于P类增塑剂而被冠以环保增塑剂的头衔广受追捧，多用于电缆料行业和一次性手套生产，正逐步蚕食DOP市场份额。

4. 环保增塑剂的发展前景

①大势所趋，国外各种法规的限制，国内对环保呼声的增加，包括一些政策的出台，这是一个大的趋势。

②下游的需求和企业的出路，一些行业对增塑剂特殊性能的要求，比如：耐寒、阻电等，需要开发新的品种。

③现在传统增塑剂领域已经进入微利时代，企业要想改变现状，就不能将眼光局限在一个领域内，应当往更多新的方向发展。

三、助剂行业的当务之急

从行业发展趋势来看，未来我国塑料助剂分子结构将日益完善，助剂开发研究逐渐向于低毒性、耐抽出、无污染方面发展，助剂呈多功能化发展趋势，复配型助剂和集装化技术进展迅速。

1. 行业的当务之急要狠抓高质量发展，大力倡导高品质、大品牌；加大研发投入、扩大新应用领域的拓展，加快产品的更新换代步阀。曝光、打击假冒伪劣产品和企业（以修订标准，联手地方政府等方法）。号召全行业坚决放弃、打击非环保类助剂的应用和生产；彻底改变行业中存在至今的无底线、无视社会责任的恶劣行为和监管难等问题。就是这类问题毁坏了行业整体形象，加上媒体的刻意放大和我们自我宣传的意识不强，使得社会、终端消费者未能全面、科学地了解助剂行业在生产、加工、使用过程中的节能、环保效应和绿色循环功能。这也是国内目前未能正确对待助剂行业的问题所在。举行业之力打造PVC制品“中国制造”，节能、环保、绿色的新形象（对那些至今还未能达到节能、环保要求的产品和企业要尽快解决，以免媒体以偏概全妖魔化我们PVC制品）。

2. 组织力量举办各类培训班，为行业培训专业技术人员做到专业岗位合格上岗。

3. 抓紧修订、制定、完善各制品标准。标准内容要体现、符合“中国制造”的高水平、全球化。不能继续把我们的产品质量归属于发展中国家水平的观念，我们已在从制造大国向制造强国的征途上，PVC产业也不能例外。

4. 组织科普文章，正面宣传、用数据说话，拿PVC塑料制品和传统材料做对比，尤其是消费者身边触手可及可见的、天天在使用的制品，这样更有说服力，让全社会科学、正确地认识塑料，看到塑料的不可替代性和对绿色生活的积极意义。

（中国塑协塑料助剂专委会　施珣若）

中国塑料管道行业现状及发展趋势

引言

2019年，在经济下行压力加大的不利情况下，中国塑料管道行业发展面临着新的压力和挑战，要在做好加快科技创新的同时，坚定不移地走好高质量发展之路。

一、行业发展现状

近年来，塑料管道行业总体发展稳中有进，市场空间不断拓展，行业在推进科技创新、提升品质、绿色发展、智能制造等方面取得了较好成绩。

1. 产量稳步提升

中国塑料管道行业发展已进入平稳期，据相关统计数据，2019年中国塑料管道总产量1600万吨，同比增长约2.1%，在产量增加的同时，增速下降(近年增长情况见表1)。行业集中度进一步上升，据中国塑协塑料管道专委会调查统计，2019年行业骨干企业年生产能力较2018年提升了10.50%；销售量同比增长12.40%。远超过行业平均增长水平。

表1　　近年塑料管道产量和增长速度

年份	2014	2015	2016	2017	2018	2019
产量/万吨	1300.0	1380.0	1436.0	1522.0	1567.0	1600.0
增长率/%	7.40	6.15	4.06	6.00	3.00	2.10

2. 市场应用进一步拓展

中国塑协塑料管道专委会以及大多塑料管道生产企业不断加强与塑料管道设计、市场、应用领域的合作，做好市场服务工作，积极参与工程应用的标准化等工作，促进市场推广，使塑料管道应用有进一步的拓展。如中国城镇供水排水协会2019年统计，在中国城市和县镇自来水厂的供水管材中，塑料管道有较大的长度比例（见表2)。

表2　　中国城市和县镇自来水厂供水管道材质情况

管道材质	城市自来水		县镇自来水	
	总长度/km	比例/%	总长度/km	比例/%
球墨铸铁管	186066	30.59	25219	14.34
钢管	54108	8.90	13558	7.71
铸铁管	63244	10.40	10084	5.73
预应力钢筋混凝土管	20667	3.40	4848	2.76
塑料管	180304	29.64	85757	48.76
其他管材	99739	16.40	47614	27.07

3. 出口稳步增加

近年中国塑料管道的出口量、出口额继续稳定增长，企业更加重视产品国际市场拓展，适应国际市场要求。塑料管道出口情况见表3。

4. 标准化工作进步

企业对标准化工作高度重视，积极参与塑料管道相关产品、应用等标准、规程的编制工作，国家标准和行业标准体系进一步完善，中国塑协塑料管道专委会还开展了塑料管道制品团体标准体系建设。制定标准的目的，一是为了使标准制定的效率提高，二是为了弥补一些产品标准的缺失，三是为了制定比国家标准更加严格的标准。2019年，已经开展《埋地排水排污用抗冲改性聚氯乙烯（PVC-M）双壁波纹管材》等5个团体标准的制定工作。

表3　　近年来塑料管道出口情况

年份	出口量/万吨	出口量增长率/%	占总产量比例/%	出口额/亿美元	出口额增长率/%
2015	54.47	-3.94	4.0	22.13	-3.50
2016	58.22	5.87	4.1	21.40	-3.97
2017	66.01	13.19	4.3	24.20	12.98
2018	71.55	8.40	4.57	27.19	13.40
2019	74.43	4.03	4.65	27.57	1.41

5. 品质进一步提升

行业越来越重视高品质发展，倡导增加品种、提升品质、倡导品牌的“三品”战略提升工作，制定、完善自律公约、质量保障联盟，促进行业总体质量水平显著提高。尤其是骨干企业中，将“安全可靠、高品质”贯穿到产品生产、市场推广、售后服务各环节，带动越来越多的企业把品牌战略作为竞争制胜的关键要素，品牌意识不断增强，品质化成行业主流。

6. 科技创新速度进一步加快

科技创新加快，创新体系建设不断完善，生产企业高度重视产品和技术的创新，新材料、新装备、新技术、新产品增多。塑料管道行业越来越重视智能化、绿色发展，骨干企业在机器换人、智能工厂等方面投入逐步加大，行业智能化水平显著提升。在节能、环保方面，越来越多的企业重视节能环保产品的研发，行业企业积极探索绿色建材以及回收材料在管材领域的再利用。

7. 市场服务能力增强

由于市场需求的变化，塑料管道行业企业正在逐步改变经营策略，由单一产品的发展模式向多元化发展。在产品研发方面，越来越多的企业转变了单一产品的供货方式，开始向系统化发展，尤其是部分家装产品领域，已经形成较为成熟的“产品+系统设计+安装服务+售后”的模式，一些企业已形成各具特色的服务体系，为用户领域提供全方位的系统服务及系统解决方案。

二、行业发展面临挑战

中国塑料管道行业在发展中还存在一些困难和问题，仍面临诸多挑战。

1. 塑料管道行业产能过剩，影响竞争力的提高

据行业统计，2019年中国塑料管道整体产能超过3000万吨，与市场实际需求有较大差距，行业企业众多，超过了3000家，市场竞争仍比较激烈，整体上行业的集中度仍然不高，影响行业竞争能力的提升。

2. 塑料管材本身质量问题和安装质量影响

尽管中国近年塑料管道质量水平有较大提高，带动了应用领域对塑料管道的认可。有的小企业仍以低价参与市场竞争，提供的塑料管道产品质量达不到标准要求；由于有的购买者并不是最终使用者，对低价、低端产品的需求，根本不注重产品质量。另外有的管道施工企业未按照规程要求进行安装，造成有的塑料管道工程质量达不到要求。尽管这些现象多数发生在小企业，并且劣质工程数量并不多。但是对塑料管道行业带来的负面影响是严重的，影响了用户领域对塑料管道产品的选用。

3. 其他材料管道进步加快，对塑料管道原有市场带来新的挑战

近年来其他材料管道产品进步较快，有的材料完善了自身原有的不足，有的品种提升了产品品质，市场的竞争能力加大，如球墨铸铁管在市政给水领域、不锈钢管在建筑给水领域，挤压了塑料管道原有的市场份额。有的品种竞争力逐步增强，塑料管道产品优势被弱化，新的挑战是要进一步提高塑料管道的功能水平。

4. 塑料管道性能水平的进一步提升受到原料等上游制约

目前国内PE管道混配料等原料存在规格、数量的不足，有的品种质量尚不十分稳定，有些色母粒、助剂等产品还需提高水平。石油价格的巨大变化带来原料市场价格波动，也直接影响到了塑料管

道生产企业的正常库存及生产运营。如何促进产业链协同发展，已经成为整个行业面临的严峻课题。

三、行业发展趋势和发展建议

多年以来，中国塑协塑料管道专委会一直致力于通过制定行业发展规划，建立行业自律保障联盟，实施品质提升战略等系列活动，推动塑料管道行业持续稳定健康发展。面对当前诸多的困难和挑战，要及时应对变化，引导企业以“科技创新，品质提升，服务市场，持续发展”为核心，制定发展规划和目标，开展系列研究课题，保证塑料管道应用安全，不断提高塑料管道的市场竞争能力。

1. 开展行业科技创新，推动企业技术进步

中国塑协塑料管道专委会将持续加大引导与支持行业科技创新、技术进步的力度。密切关注材料领域新进展和产品结构新变化，以市场需求为导向，注重产品的高端化、差异化和专业化，加强以企业为主体的创新体系建设，集中攻克技术短板，创新方法，促进产业链协同创新，实现高质量发展。

通过中国塑协塑料管道专委会宣传平台，加大对行业企业的科技创新成果的宣传和推广，通过2020中国国际塑料展以及举办塑料管道行业科技创新高峰论坛等形式，探讨塑料管道产品、原辅材料、加工装备以及配套系统的创新发展，研究塑料管道在各种管网建设等领域的创新应用，组织召开新产品新技术发布会，展示行业最新创新成果和技术，引领行业技术发展。

2. 弘扬工匠精神，保证塑料管道产品品质

实施“提品质、增品种、创品牌”三品提升战略，发扬工匠精神，倡导精品制造，提高产品应用附加值，让设计者、安装者、应用者愿意使用，方便使用，安全使用。

中国塑协塑料管道专委会将组织建立完善的品质保障体系，通过组织建立产品质量联盟，引导行业企业加入品质提升行动，推动企业主动承诺品质，自愿接受监督，自觉履行义务。将制定具体方案，统一标识，制定奖惩措施。在标准化方面，制定先进标准，逐步建立塑料管道团体标准化高端体系；在生产方面，加速高端产品研发，对标国际先进水平，严把原料到出厂各个环节，打造高品质产品体系；市场方面，创造合格产品应用市场空间，保证高品质产品的更好应用。

3. 加强市场服务，满足塑料管道应用安全

进一步加强为市场服务的意识。完善行业的服务体系建设。在全新的市场需求下，行业要系统化为应用领域做好服务工作，做好产品的各种配套工作，以市场为导向地开展产品研发、技术进步、售后服务等各环节工作。行业要从现有产品入手，增加产品生产中的服务要素投入，向研发、设计等价值链上游扩展；围绕产品功能扩展服务业务，向营销、售后等服务下游延伸。行业要形成具有特色的服务体系，为应用领域提供全方位的系统服务及系统解决方案，加强应用技术的研发，主动提供施工方面的技术指导，提升产品应用水平，实现管道系统应用安全。

4. 以生态化、智能化为抓手，推动行业可持续发展

行业要积极践行绿色发展理念，坚持绿色环保生产，推进塑料管道行业的生态化、可持续发展。中国塑协塑料管道专委会将加强相关绿色标准的制修订组织和参与工作，加强塑料管道产品节能环保方面的调查研究，制定塑料管道行业绿色发展建议。将引导行业创新发展模式，推进转型升级。推动建设产业智能系统，引进数字化、智能化技术，以“智能化工厂”为基础，加快塑料管道行业生产、市场、应用智慧发展。推进互联网、大数据、人工智能深度融合，促进行业向产业链高端迈进。

经过各种经济下乡趋势下的严峻考验，通过优胜劣汰，塑料管道行业应更加明确未来发展趋势。只有不断创新，提高品质，加强为应用市场的服务，才会有更好的可持续发展空间。塑料管道企业只有不断提高自己，才能警惕“黑天鹅”、防范“灰犀牛”，应对各种市场变化；只有练好“内功”，才能实现“百年老店”。

（王占杰　赵艳　郭晶　范艳菊　唐维）

2019 年我国滚塑技术进展

一、2019 年中国滚塑技术专利公开数量

2019 年公开技术专利 172 篇，同比下降 19%。2017—2019 年专利申请数量分布见表 1。

表 1　2017—2019 年中国滚塑技术公开数量

省（市）	专利总数
浙江省	101
广东省	68
江苏省	62
山东省	52
安徽省	31
河北省	26
天津市	24
上海市	23
福建省	23
其他	67

二、2019 年中国滚塑技术公开文献数量

2019 年发表滚塑公开论文 22 篇。涉及滚塑工艺和制品的论文共 33 篇，同比有较大下降。

三、2019 年滚塑行业相关企业新增量持续低位

2019 年滚塑行业企业新增量见表 2。

表 2　2019 年滚塑企业新增量

省份	新增总计
江苏省	32
浙江省	22
广东省	21
安徽省	11
河北省	8
山东省	8
湖北省	5
福建省	4
河南省	4
其他	24

四、新材料、新技术、新装备、新产品研究

1. 理论研究

（1）浙江海洋大学关于不同舱壁形式滚塑船结构强度研究：

U 型双舱壁滚塑船的最大应力大于选用应力 13.5 兆帕，不满足许用应力的要求；梯形槽形体水平布置舱壁与 T 型扶强材水平布置舱壁的最大应力都小于许用应力，都满足应力要求，但两者相比梯形槽形体水平布置舱壁的应力更小更加符合船体要求。从形变上来看 U 型双舱壁滚塑船的最大形变最大、T 型扶强材水平布置舱壁船体次之，梯形槽形体滚塑船最大变形最小。因此，综上所述，从整体上看梯形槽形体水平布置舱壁滚塑船最好，滚塑烘箱内空气和模具温度分布均匀性的仿真研究。

①在上、下叶片都设置为水平方向的情形，烘箱内部空气的温度分布最均匀；

②对于 2 米长的模具，上叶片转角为 0°且下叶片转角为 20°时，模具表面的温度分布最均匀；对于 3 米长的模具，上叶片转角为 40°且下叶片转角为 10°时，模具表面的温度分布最均匀；

③3 米长模具的叶片调整有效率远小于 2 米长模具的叶片调整有效率；在模具长度与烘箱内径之比大于 0.85 的情形，通过调整叶片转角来改善模具表面温度分布的均匀性的效果不再显著；

④对于内径为 3.5 米的圆筒形烘箱，在上、下叶片都设置为水平方向的情形，当模具的长度为 1.8 米和 3 米时，其表面温度分布的均匀性都很差。

（2）浙江瑞堂塑料科技股份有限公司关于太赫兹技术检验滚塑制品壁内气泡缺陷的可行性研究：

①太赫兹技术可以用于检测聚乙烯滚塑制品的壁内气泡缺陷；

②测量面、样品表面平整度和样品透明度不影响对壁内气泡的测试。

2. 工艺

（1）鹤山澳鸿实业有限公司发明了一种带辅助加热功能的滚塑模具。该发明公开了一种带辅助加热功能的滚塑模具，包括模具的本体，本体内部设置有可传导氧气的氧气放大器，所述氧气放大器上设置有氧气进气口，氧气放大器外部连接有燃烧器。使用时，氧气放大器通入氧气，可将火苗由燃烧器导入模具的型腔内，提高型腔内的温度，降低

局部温差，加快产品的成型，提升滚塑的效率和产品的质量。

（2）常州市博宏运动用品有限公司发明公开了一体瑜伽半球及其制备模具和方法。瑜伽半球滚塑一体成型，球冠部分的下端面与底座的上端面吻合并且熔接固定。制备模具包括球冠模具、垫圈和上盖，垫圈位于模具和上盖之间；球冠模具的球冠形模腔和垫圈的内壁面组成连续的曲面；上盖套装固定在垫圈上方。本发明在制作一体瑜伽半球时，将球冠部分的原料注入模具的球冠形模腔内，然后在球冠形模腔和底座模腔之间固定一层薄膜，将球冠形模腔和底座模腔隔离，将底座部分的原料注入在薄膜上方；将模具的上盖合上，对模具进行加热并旋转，球冠形模腔和底座模腔内的原料分别向模壁上方运动，与球冠形模腔内表面和底座模腔内表面完全接触，并熔结成均匀的熔体，冷却后得到一体半球。

（3）厦门艾思珂冷链科技有限公司发明公开了一种绝热保温复合结构及其成型方法，采用滚塑机滚塑成型的方法成型中空结构的 PE 外壳夹层，将 EPE 颗粒打入到所述 PE 外壳夹层当中，EPE 颗粒发泡形成 EPE 连接层并熔接在 PE 外壳夹层的内表面，接着，将所述 PE 外壳夹层和附着在 PE 外壳夹层内表面的 EPE 连接层从滚塑机上取下来并冷却定型，将冷却后的 PE 外壳夹层和 EPE 连接层置于 PU 模具中由高压发泡机进行注料发泡，PU 发泡材料在 EPE 连接层内部进行发泡成型得到填满 EPE 连接层内腔的 PU 发泡填充层。PE 外壳夹层、EPE 连接层、PU 发泡填充层三者构成复合绝热结构形成一个牢固的整体，强度得到提高，抗变形能力得到增加，反复使用也不易出现变形、鼓包或脱层。

（4）廊坊市全振汽车配件有限公司发明一种滚塑产品用内螺纹嵌件，属于螺纹接合元件技术领域。所述滚塑产品用内螺纹嵌件，包括嵌件本体和防转动短棒；所述嵌件本体内壁设置内螺纹结构，在嵌件本体外壁周向均匀布置一组短棒装配孔；所述防转动短棒安装在短棒装配孔中，其外侧端从短棒装配孔中伸出，内侧端位于短棒装配孔内部，以避免与嵌件本体内螺纹结构产生干涉。本实用新型解决了现有的预埋螺纹嵌件在受到外部较大扭力时随之旋转、松动的问题，达到了提高滚塑产品质量的目的。

（5）安徽爱迪滚塑科技股份有限公司发明一种镂空结构的滚塑金属镶嵌件。其特征在于：该滚塑金属镶嵌件为环状体，环状体具有端面和侧壁，所述端面的外表面作为外露的散热表面，端面的中间部位设有通孔，端面的外表面上环绕着通孔设有多个第一环形槽，所述侧壁的外表面上在环状体的周向方向上设有多个第二环形槽，所述环状体的内径与通孔的内径的比值为（4~6.5）：1。本实用新型能够保证车辆燃油箱底部的出油口处具有良好的散热性能，避免漏油现象的产生，增加了车辆燃油箱的寿命。

3. 原料

中国石油化工股份有限公司齐鲁分公司发明一种滚塑成型用聚乙烯组合物及其制备方法，用自制的齐格勒-纳塔催化剂含钛催化剂，制备了至少包含乙烯单元和 1 己烯共聚单元的聚乙烯组合物。催化体系产生了多种活性中心，使聚烯烃相对分子质量分布变宽，增强了 1 己烯与乙烯的共聚能力。使用的原料单体线性结构较好，组合物为均相体系，提高了聚乙烯组合物的刚性同时保证了强度、冲击性能。

4. 设备

缙云县广丰商贸有限公司发明公开了滚塑设备领域的一种三自由度密封筒加热滚塑成型设备，包括运行滚塑机、预备滚塑机和加热机，运行滚塑机包括底座，底座顶部固定设置有支架，支架顶部固定设置圆形架，圆形架内壁套设有转轴，转轴一端固定设置有动力装置，转轴另一端固定安装有电机架，电机架两端均固定连接有电机轴，电机轴外壁转动配合有 X 轴电机，电机侧壁固定连接有斜向杆，斜向杆另一端固定连接有水平杆，水平杆顶端固定连接有 Z 轴电机，Z 轴电机顶部固定连接有模具架，底座底部安装有移动装置，预备滚塑机与运行滚塑机结构相同，本发明可以使滚塑模具沿着三个方向转动，从而使滚塑材料涂抹均匀，减小应力，同时减少加热仓的热量损失节约能源。

5. 模具

湖北科技学院发明一种滚塑机上的振动发生装置。该实用新型提供了一种滚塑机上的振动发生装置，属于机械技术领域。该振动发生装置包括与壳体固定相连的套筒，转轴插设在套筒内，转轴外套设有一滑阀，滑阀滑动连接在转轴上，转轴上固定设置有位于滑阀内侧的限位块，通孔一的两端分别贯穿滑阀的内端面和滑阀的内壁面，转轴上设置有通孔二，模具上设置有若干排料嘴，通孔二的外端与排料嘴相连通，滑阀沿转轴向转轴外侧滑动时，通孔一的外端开口能够与通孔二的内端开口相通；模具上设置有弹簧座一，套筒的外端面上设置有弹簧座二，弹簧座一与模具之间、弹簧座二与套筒之间均通过轴承相连，弹簧座一和弹簧座二之间连接有一复位弹簧。该实用新型具有能够提供模具横向往复运动，使滚塑质量提高等优点。

6. 制品

（1）边防船艇浮动码头。随着滚塑成型技术的不断发展以及国家军民融合发展战略的不断深入，滚塑技术及其制品越来越多地应用于各军事领域之中。其中，将滚塑成型技术运用于边防船艇浮动码头建设，具有成型产品抗冲击性能好，组装、撤拆和维修方便，节能环保，简化码头建设工序等优点，有力地改善了边防船艇执勤巡逻的靠泊条件。

（2）抗压地埋桶。安徽爱迪滚塑科技股份有限公司，发明一种滚塑成型的抗压地埋桶，包括埋置于地下的桶体和盖设在桶体上的桶盖，其特征在于：所述桶体在其周向上设有多道环形加强筋，该环形加强筋是由桶体的侧壁向桶体外部方向拱起而形成；所述桶体在其高度方向上设有多道纵向加强筋，该纵向加强筋是由桶体的侧壁向桶体外部方向拱起而形成。本实用新型的地埋桶抗压能力强，在桶体的径向和轴向上的抗压能力均较强，有效减少了因桶体受挤压而发生的开裂问题。

（中国塑协滚塑专业委员会）

PC+PMMA 复合膜材的应用现状与展望

一、PC+PMMA 复合膜材简介

（一）PC+PMMA 复合膜材概述

PC+PMMA 复合膜材是通过将聚碳酸酯（PC）和聚甲基丙烯酸甲酯（PMMA）两种原料，运用共挤工艺制得的复合材料。PC 具有抗冲击能力和高耐候性的特点，而 PMMA 具有高硬度抗刮擦能力和高透明性。复合薄膜的成型方法主要有先后挤出复合、粘合型和共挤复合薄膜三种，目前，应用较普遍的复合板就是采用共挤制得的二层复合材料，PMMA 用于外层，PC 作为内层（图 1）。

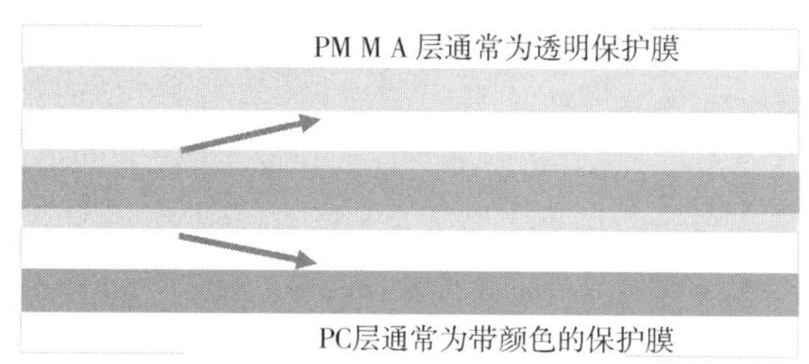

图 1　PC+PMMA 复合板示意图

（二）PC+PMMA 复合膜材行业上下游及本行业分析

PC+PMMA 复合膜材上游原材料主要集中在日本、德国等国外企业；下游为手机部件和终端厂商等消费类电子制造行业，消费电子行业的迅速发展和不断创新带动本行业的持续进步，并直接影响到本行业的产品需求。消费电子行业不断涌现的新产品和新工艺，为上游企业提供了新的需求和更广阔的市场空间，也促进了上游企业的持续发展。

目前 PC+PMMA 复合膜材国内制造商主要有龙华薄膜、苏州奥美、浙江凯信、道明光学等，据市场调查数据显示，其年产能分别为 1440 万—1560 万平方米、360 万平方米和 240 万平方米，其中道明光学于 2019 年 1 月新增建设年产 1000 万平方米生产线，目前处于小批量试生产中，尚未形成规模。国外主要生产商有三菱、帝人、住友化学等，总共年产能约为 960 万—1200 万平方米。2018 年 PC+PMMA 复合膜材日系占比较大，国内主要是龙华薄膜为主，但在目前的市场环境下，由于新款手机推出时间短，国外厂商市场反应速度无法比及国内厂商，目前海内外市场慢慢被国内龙华薄膜、苏州奥美、浙江凯信等厂商占领，后续日系产品更新较难跟上市场上新型手机设计更新速度，国产替代成为必然趋势。但日系厂商在汽车领域仍将占有一定比例。而龙华薄膜凭借其领先的产能和工艺水平，稳稳占据行业龙头地位，已经成为国内 PC+PMMA 复合膜材、前后面板、阻燃与印刷材质等功能膜领域技术领先的供应商（图 2）。

二、PC+PMMA 复合膜材应用现状和前景

据中商产业研究院数据，从市场结构来看，目前手机市场仍然以 4G 手机为主。2019 年，预计 4G 手机仍占 95%以上的市场份额，而 5G 手机占比不足 1%。到 2020 年，部分 5G 手机推出，用户选择

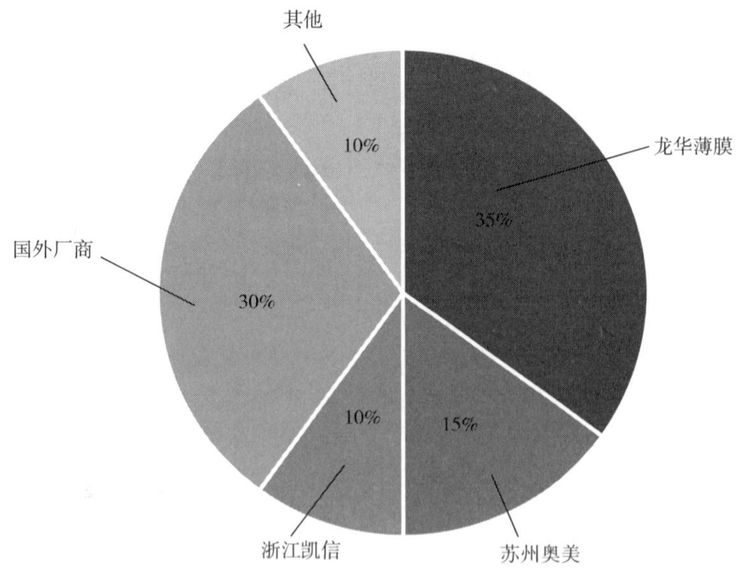

图 2　2019 年全球 PC+PMMA 复合膜材市场占有率情况估算

性更换手机，5G 手机市场份额将超 10%；4G 手机市场占比下滑。2023 年，随着 5G 手机的商用推广落地，市场迎来换机潮，5G 手机市场份额将超五成；4G 手机市场占比进一步下滑（图 3）。

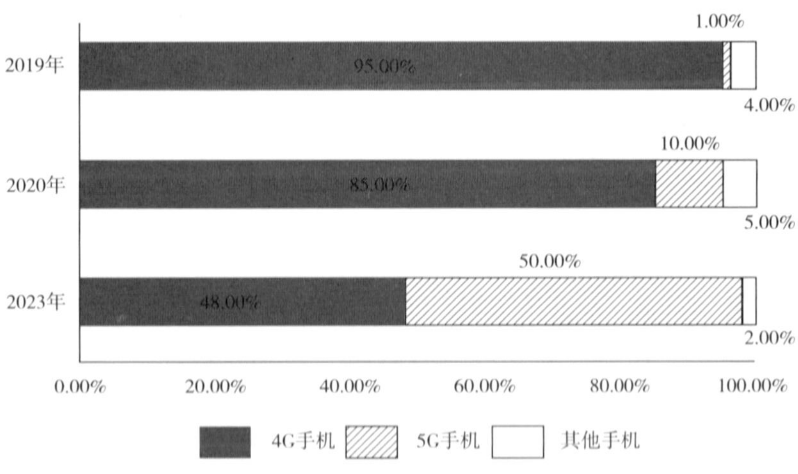

图 3　2019—2023 年 4G、5G 和其他手机份额占比情况预测

近年来，随着 5G 通信及无线充电技术的发展，手机背板去金属化成为趋势；当下，塑胶外壳再次成为研究热点；所以，如何寻找一种材料在中低端市场代替金属，并且能够通过表面处理可制得视觉上玻璃化的外壳，成为亟待解决的问题。而 PC+PMMA 这种复合材料正好符合市场需求，因而被推向了风口。

据市场调查，目前 PC+PMMA 复合膜材广泛应用于 1000—3000 元价位的中低端大众手机背板，2018 和 2019 年 PC+PMMA 复合膜材在 1000—3000 元价位的中低端大众手机背板市场渗透率分别约为 10% 和 20%，未来可达到 30% 以上；受贴合技术的影响，目前手机、平板、笔记本电脑以及车载中控屏前面板市场应用还较少，尚处于起步阶段，部分手机、电脑等制造厂商已经认可技术方案，后续随着技术成熟，在明后两年可能会有爆发式增长，2020—2022 年，PC+PMMA 复合膜材在手机前面板领域应用渗透率预估为 5%、15% 和 25%。根据市场调查数据，应用于各种消费电子产品背板的 PC+PMMA 复合膜材市场价格为 60—75 元/平方米，手机、平板和笔记本电脑前面板的 PC+PMMA 复合膜材市场价格为 300 元/平方米左右，应用于车载中控屏前面板的 PC+PMMA 复合膜材市场价格为 400-550 元/平方米。

市场调查数据显示，1 张 2 平方米的板材可以排 80 个 5.5 英寸手机，下游制程直通良率约 70%，即 1 平方米板材可以制成 28 个手机。据 CAICT 统计，近两年全球手机出货量以及 1000—3000 元价位的手机占比约为 70%；此外，IDC 和 Strategy Analytics 数据显示，2011—2019 年，全球手机市场规模从 3049 亿美元增长至 5021 亿美元，CAGR 为 6.43%。随着 5G 时代的到来，2020—2022 年，IDC 预计全球手机市场规模将从 5396 亿美元稳步扩大到近 6000 亿美元，全球智能手机出货量也将从 12.08 亿部上升到 13.95 亿部。根据前文对 PC+PMMA 复合膜材在手机背板应用预估的市场渗透率，推算出 2018 年 PC+PMMA 复合膜材在手机背板用量为 700 万平方米，相对应市场容量为 4 亿—5 亿元左右；而到 2022 年全球应用于手机领域的 PC+PMMA 复合膜材将囊括手机背板及前面板，PC+PMMA 复合膜材在手机背板及前面板使用量分别为 2800 万平方米和 1100 万平方米，相对应市场容量在 49 亿元~53 亿元左右。

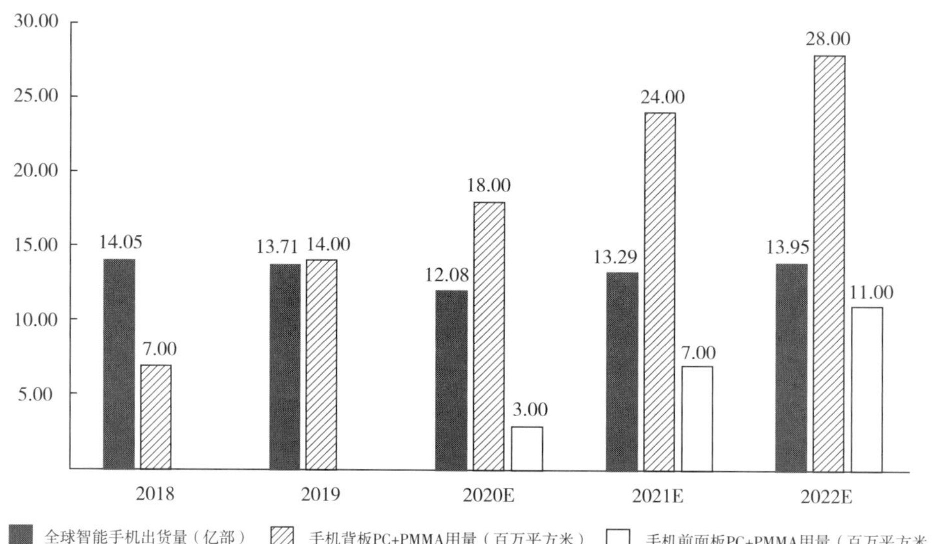

图 4　PC+PMMA 在手机应用领域市场规模预测

在平板电脑应用领域，1 平方米 PC+PMMA 复合膜材可以排 20 个平板电脑，下游制程直通良率约 70%，1 平方米板材可以制成 14 个平板。2020—2022 年，PC+PMMA 复合膜材在平板电脑领域应用预估为 5%、15% 和 25% 的渗透率，据中商产业研究院预测，2020—2022 年全球平板电脑出货量将分别为 1.4 亿台、1.36 亿台和 1.31 亿台，由此推算 2020—2022 年应用于平板电脑领域的 PC+PMMA 复合膜材使用量将由 200 万平方米上升到 600 万平方米，相对应市场容量也将由 3 亿元扩大到 12 亿~13 亿元左右。

在车载中控屏前面板应用领域，PC+PMMA 复合膜材用料成本和用量与平板电脑相当，2020—2022 年，PC+PMMA 复合膜材在车载中控屏前面板领域应用预估为 5%、15% 和 25% 的渗透率，据 OICA 预测，2020—2022 年全球汽车销量由 8.4 千万台上升到 9.09 千万台，另外据 ICVTanK、川财证券研究所预测，2018—2022 年全球汽车中控屏市场规模将由 240.00 亿美元扩大到 320.00 亿美元。由此推算 2020—2022 年应用于车载中控屏前面板领域的 PC+PMMA 复合膜材使用量将从 4 万平方米上升到 23 万平方米，相对应市场容量也将由 2 亿元扩大到 9 亿~13 亿元左右。

在笔记本电脑应用领域，一平方米 PC+PMMA 复合膜材可以排 10 台笔记本电脑，下游制程直通良率约 70%，2020—2022 年，PC+PMMA 复合膜材在笔记本电脑领域应用预估为 5%、15% 和 25% 的渗透率，据 HIS Markit 预测，2020—2022 年全球笔记本电脑出货量维持在 1.66—1.69 亿台之间，由此推算出 2020—2022 年应用于笔记本电脑的 PC+PMMA 复合膜材数量将从 200 万平方米上升到 1200 万平方米，对应市场容量也由 4 亿元~5 亿元扩大到 21 亿元~22 亿元（图 5、图 6）。

各大复合板材手机背板加工厂商中，浙江兆奕、阿特斯（智动力）、领益科技、东莞汇诚、惠州威博等复合材料手机盖板加工厂商深耕已久，蓝思、比亚迪等代工大厂也积极研发，已基本完成布局。终端品牌厂商华为、三星、OPPO、vivo、小米等均已有多款机型进入市场（图 7）。

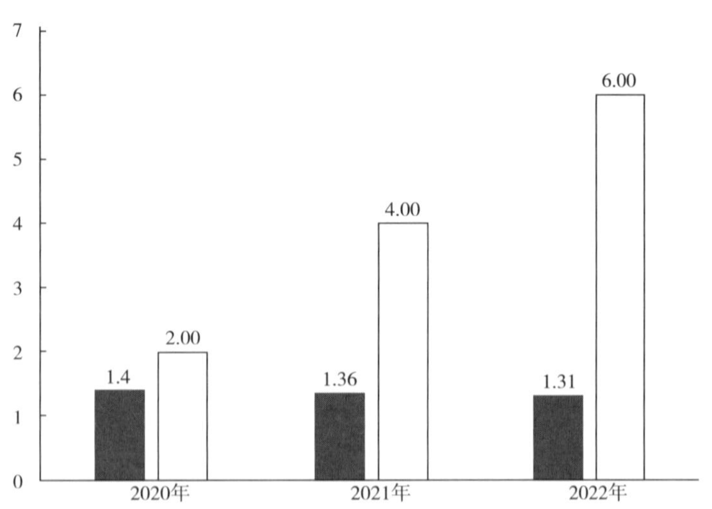

图 5 PC+PMMA 在平板电脑应用领域市场规模预测

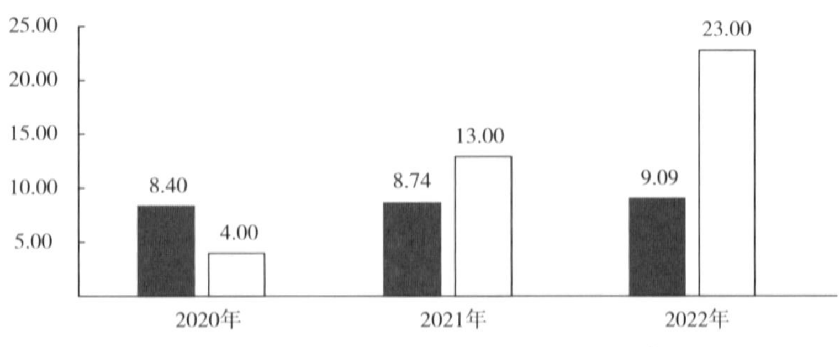

图 6 PC+PMMA 在车载中控屏前面板应用领域市场规模预测

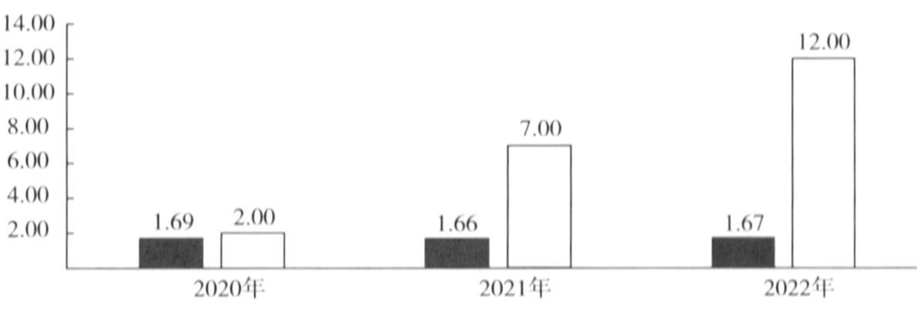

图 7 PC+PMMA 在笔记本电脑应用领域市场规模预测

表 1　下游用复合材料生产手机背板的主要企业

序号	公司名称
1	浙江兆奕科技有限公司
2	阿特斯集团有限公司（智动力）
3	东莞市汇诚塑胶金属制品有限公司
4	东莞仲辰光电科技有限公司
5	领益科技（深圳）有限公司
6	通达集团控股有限公司
7	比亚迪股份有限公司
8	维达力实业有限公司
9	惠州威博精密科技有限公司（安洁科技）
10	蓝思科技股份有限公司

三、PC+PMMA 复合膜材领域公司分析

1. 龙华薄膜

龙华薄膜于 2004 年 9 月成立。公司自设立以来一直致力于聚碳酸酯（PC）、聚甲基丙烯酸甲酯（PMMA）及其复合材料等高分子功能薄膜的研发、生产和销售，已成为国内 PC 和 PMMA 光学薄膜、前后面板、阻燃与印刷材质等功能膜领域技术领先的供应商。公司经过 20 多年执着的探索、创新与改进，产品既有印刷类/阻燃类薄膜、手机屏材类薄膜、背光模组导光膜、道路交通反光基膜；也有 PC+PMMA 复合材料，并且随着公司技术的不断升级，逐渐由传统膜材拓展到光学膜领域，如导光膜、反光膜、偏光片基膜。PC、PMMA 及其功能性复合材料功能膜是制造手机背板、手机防护屏、液晶显示导光膜、偏光片等产品的重要基材，终端应用于手机、平板电脑、笔记本电脑、液晶显示等消费电子产品，同时也广泛应用于传统家电、汽车内饰、车载电子及道路交通安全等其他领域。

2. 苏州奥美

苏州奥美，成立于 2003 年，总投资 2 亿元，年设计产能 2 万吨，集研发、制造 、销售、服务于一体的聚碳酸酯薄膜及片材生产基地。奥美现拥有 50 余项国家专利，并主导了 PC 薄膜产业国家标准制定，是江苏省著名商标及名牌产品，江苏省高新技术企业。奥美专注于研究、开发国内外高端市场所需的特殊聚碳酸酯薄膜产品。目前应用于 5G 手机、新能源汽车、AI 交互面板、光学电子、平板显示、医疗设备、高铁航空、汽车部品、LED 照明、图片印刷等领域的十大系列，200 多个品种的产品，业务遍及 60 多个国家和地区，连续多年产销量及市场占有率中国第一。2018 年 10 月，苏州奥美 PC+PMMA 复合板材已经量产，缓解了市场上对 5G 手机电池盖、汽车显示薄膜的紧张需求。

3. 浙江凯信

浙江凯信，成立于 2005 年，是一家集光学级高分子材料聚合改性研发、高分子环保降解材料研发、光电、光学材料研发、制造、销售于一体的国际型高新技术企业。公司累计总资产投入 6000 万美元，拥有员工 400 余人，厂房总面积 80 亩，占地 80000 平方米。公司主要经营：偏光镜片，3D 眼镜片，偏光太阳镜，偏光片（LCD/OLED 显示器用），PC/PMMA 光学膜材，光学板材以及精密涂布光学功能膜等产品，在显示及光电领域与 BOE，HUAWEI，OPPO 进行合作；3D 眼镜与国际知名 3D 系统供应商 RealD Inc 已形成长达 10 余年战略合作。公司拥有源自德国、美国、日本等精密光学材料生产及检测设备，将以优良的品质，合理的价格和周到的服务为承诺，始终坚持“责任，激情，忠诚”的宗旨，力争在产业规模、本地化水平和国际竞争力等方面取得卓效，成为中国 LCD 行业领域活力的企业。

4. 道明光学

道明光学于 2007 年在浙江永康成立，主营业务为反光材料及反光制品的研发、设计及生产，主要产品包括各规格、各等级的反光膜、反光布及以反光膜和反光布为原材料制造的反光制品。公司坚持以市场为核心，质量为基础的经营方针，贯彻实施“DM”品牌发展战略，建立健全现代化管理体系，致力于研发和生产满足国内外客户需求的反光材料。公司致力于推动行业的健康发展，积极参与国家标准的起草和制定，并通过了 ISO9001 质量管理体系、ISO14001 环境管理体系等体系认证，产品已通过中国、欧洲、美国等多个国家及地区的产品认证。公司持续、大力拓展国内外市场渠道，并享有自营进出口权，产品远销全球主要的国家和地区。公司在 2019 年投资一条年产 1000 万平方米光学级 PC+PMMA 共挤薄膜/薄片生产线。

5. 日本帝人

帝人（Teijin）成立于 1918 年，总部设立在日本东京和大阪，主要经营领域包括复合成形材料、

芳纶纤维、碳纤维、薄膜、树脂、纤维产品等材料业务，以及医药医疗业务和IT业务。帝人的聚碳酸酯树脂片材“Panlite”片材具备塑料中最大的耐冲击性，为玻璃的200倍以上，重量却只有玻璃的一半，同时兼备高透明性，是优秀的工程塑料片材。它易于进行印刷、热成型等加工，被广泛地用于汽车印刷零部件、工业材料领域。

6. 三菱瓦斯

三菱瓦斯化学MGC使用公司独有的PC/PMMA共挤技术，开发了具有高透明性、外观优质、高硬度、高耐候的MR膜系列，能够进行热成形，具有加热收缩小、印刷位置稳定等特性，适用于IML/TOM成型。

7. 住友化学

住友化学是亚洲最大的PMMA生产商之一，Technology®是使用住友化学的多层挤出和低应变成型技术的高质量，高质量薄膜/薄板产品，适用于如光学和装饰等多种应用，包括汽车内饰表面材料、手机和各种家用电器的表面材料、建筑材料表面材料、显示器/触摸面板保护板等，可用于模内镶件注塑（IML）、模内装饰技术（IMD）成型。

四、PC+PMMA复合膜材展望

随着工艺的发展以及大众消费对时尚化和更轻量化的追求，PC+PMMA复合板材在消费电子领域有更广泛的应用前景。此外，PC+PMMA复合膜材背板加工工艺成熟，具有明显的成本优势，由PC+PMMA复合板材制成的手机背板成本仅为玻璃背板的20%—30%，受到广大手机厂商的欢迎，成为中低端大众手机背板材料的最佳选择。

表2　3D玻璃与PC+PMM腹合膜材对比

项目	3D玻璃	复合板材
材质	康宁等玻璃	PC+PMMA共挤板材
曲面成型方式	热弯成型	高压空气成型
关键设备	热弯机、抛光机、贴合机	高压空气成型机
工艺复杂程度	高，流程很长	中，流程短
设备投资	大	小
盖板价格	60-70元	15-20元
强度	强度稍好	整机强度差
纹理效果	二者区别不大	区别不大
表面硬度	较好，9H	差，需要加硬，加硬后达6H
机型定位	3000元以上	3000元以下

此外，随着贴合技术的成熟，手机、平板、笔记本电脑以及车载中控屏前面板的市场应用可能在明后年会有爆发式增长，未来市场空间巨大。

综上，未来PC+PMMA复合板材具有广阔的市场前景，除了现有的手机背板市场会持续受益于5G换机潮带来的增长之外，未来在其他消费电子产品触控面板、车载中控屏等领域也会有很大的发展空间。PC+PMMA复合板材丰富了市场的选择，使得其无论在品质还是功能性方面均能满足越来越多领域的需求，从而进一步拓展下游市场，推动整体产业的发展。

（南京工程学院 材料科学与工程学院　解立帅）

各地区塑料工业

天津市

一、基本情况

2019年天津市塑料行业协会在各级主管部门的领导和支持下、深入贯彻落实党的十八届全会的精神，坚持协会为企业会员服务的宗旨，遵守协会的章程，较好地完成了协会年初制定的工作计划和任务。在环保升级产业调整的背景下，天津市的塑料产业加快了产业升级和结构的调整，以技术创新为龙头取得了塑料产业健康的发展。2019年天津市的塑料制品总产量243万吨，比上一年增加了1.05%。主营业务收入347亿元，比上一年增加了0.9%。

塑料制品产品结构分别是：塑料薄膜38.9万吨；塑料板片材14.8万吨；塑料管及附件32.6万吨；塑料条棒型材20.7万吨；塑料丝绳编制品13.6万吨；泡沫塑料9.26万吨；人造革0.6万吨；包装容器27.3万吨；日用塑料12.02万吨。其他及注塑配件制品等73.22万吨。

天津市合成树脂及共聚物总产量305万吨，占全国合成树脂及共聚物产量的6.19%，其中聚乙烯占全国总产量6.5%. 聚丙烯占全国总产量4.45%，聚氯乙烯占全国总产量12.51%，聚酯占全国总产量2.42%。主营业务收入349.1亿元。

以上的情况可以看出天津市塑料行业虽然面临着外界诸多因素的影响，天津的塑料产业整体水平向好的方向发展，增速也是平稳的，存在的问题有：

1. 受宏观经济下行的压力影响，市场和行业发展稳定性较差，生产和市场需求不平衡。从2019年天津市的零件配套制品的下行就说明了这一点。天津市塑料零件的产量从2000年每年都是增加的。但是从2018年开始就出现了下滑的趋势，这种下行的趋势还在继续。

2. 大多数企业对市场的预期信心不足。企业自身投入和提升的意识不强，尤其是在2019年制品的价格对企业成本的倒逼，企业盈利下降的情况下，更影响了企业在技术、固定资产投入的信心也影响了企业的竞争能力。

3. 2019年环保的要求和影响致使部分企业还不能正常的回复生产和经营。天津市还有近500多家塑料制品企业处于停产和半停产的状况。

二、2019年协会工作

2019年天津市塑料行业协会本着遵守法律、法规和国家、地方政策。遵守社会道德风尚的宗旨，组织了天津市塑料行业和广大科技人员开展经济技术交流和培训活动，反映了行业意愿，为社会和经济发展服务做出了贡献。在认真开展诚信活动的基础上，增强了为广大会员单位服务的意愿，使协会的工作得到了广大会员的认可和支持。

（天津市塑料行业协会　郑天禄）

辽宁省

2019年12月辽宁省初级形态的塑料产量为36.79万吨，同比增长11.28%。2019年辽宁省初级形态的塑料产量为401.27万吨，同比增长11.03%。

塑料行业发展无论是下游还是上游，行业发展都遇到了一些的挫折。从上游来看，产能增速急速扩张，上游货源迅速增多，致使整个年度，石化报价都是以下调为重心，从年初高位一路下挫近1500元/吨，石化厂利润严重遭挤压，而展望2020年，一些老旧、效率不高的落后产能将会出局，煤制与油制的博弈将迅速拉开。

塑料行业的下游，在2017年末、2018年的环保督查与塑料禁令下，国内塑料制品企业数量大幅下降。2019年，环保政策、安全检查的加码依旧淘汰了一些塑料企业，下游制品企业逐渐走向规范化。2019年经济环境不佳，房地产、家电等订单量减少，小型制品厂因资金流动困难、订单流失影响宣布破产的不计其数，下游制品企业数量正在快速减少。中美贸易局势的发展是干扰今年塑料行业发展的重要因素，前两个季度，中美贸易紧张，对于出口减少以及贸易环境紧张带来的经济疲弱表现出较大的忧虑，而贸易局势问题贯穿整个年度。

（辽宁省塑料工业协会　马宏伟）

山西省

塑料制品自发明以来，给我们的生活带来了许多便利。应用已遍布工业、农业、建筑、家电、汽车、航空、航天、医疗卫生、食品包装等多个领域，成为经济、社会和人们日常生活的重要组成部分。

一、全国塑料行业基本情况

根据中国塑料加工工业协会统计数据显示，2019 年 1—12 月，全国塑料制品行业汇总统计累计完成产量 8184.17 万吨，同比增长 3.91%，15835 家规模以上企业营业收入 19077.48 亿元，同比增长 2.77%。山西省的塑料制品产量为 173247.96 吨，比上年同期增长 7.61%，占全国比例为 0.21%（数据仅供参考）。

二、山西省塑料行业基本情况

1. 前期优势

山西省的塑料工业起步较早，20 世纪 60 年代在全国已名列前茅，涌现出了最早研发和试制成功的塑料地膜，起草了硬质 PVC 板材、超静音管材管件的国家标准，出现了最早的聚合物助剂科研单位等。

目前，省内塑料企业约 300 个，涵盖了国有企业、集体企业、合资企业、民营企业，其中民营企业居多，占总数的57%左右。主要以生产塑料型材（含板、片材）、塑料棒、管材、生物降解塑料、工程塑料、塑料农地膜、矿用塑料、部分塑料丝及编织制品和塑料包装箱及容器、日用塑料制品等为主，部分企业近年也开始生产塑料行业上下游的相关延伸产品。

2. 协会概况

山西省塑料行业协会成立于 2002 年，是由山西省范围内从事塑料相关的企业、事业单位、科研院所、大专院校等自愿发起成立的非营利性社会团体组织，原发起单位包括山西省塑料总公司、太原市塑料制品检测站、中北大学、中德集团、山西化工研究所等。业务指导归于山西省工信厅。

协会聘任山西省政协原主席郭裕怀为名誉会长。第一、二届会长由全国劳模、享受国务院特殊津贴的高分子专家张玉英担任。2012 年至今由第十二届全国政协委员、山西省政协常委、中国塑料加工工业协会副理事长、山西中德投资集团公司董事长程田青担任。目前，协会组建了专家委员会、降解塑料专业委员会。部分委员推荐成为工信厅专家库的专家成员。

3. 重点企业

经过多年发展，山西省塑料行业相关企业在产品创新、装备水平、工艺技术等方面有了显著提升。截至目前，具有代表性的规模以上塑料加工企业有中德集团、潞安精蜡、金晖兆隆、南通星辰、运城制版、潞宝兴海、化工研究所、太原亚明、天罡新材料、乾通塑胶、天星管业、晋隆塑料、祁县旺中、骏博环保、玉竹新材料、泰鑫塑胶、新超越管业、新环橡塑、金贵塑料、华烨光电、大新传动等。

随着塑料制品的高精度、高性能化要求与日俱增，我省塑料企业通过引进国际先进的大型成套装置设备和关键技术，工艺装备水平与沿海发达地区逐步缩小，部分领域甚至走到了全国的前列。例如南通星辰材料公司拥有中国唯一的万吨级聚苯醚（PPE）工程塑料及酚类生产装置，年产值 7 亿元；天罡新材料公司拥有世界级水平的板材生产线，板材生产线压力可达 1200 吨/平方米，为国内最高压力，是中车集团的指定材料供应商；金晖兆隆公司拥有 20000 吨生物降解原料 PBAT 和 10000 吨改性材料生产企业；中德集团公司积极引进国外先进技术，采用进口原材料，生产技术和装备水平在同行业中处于领先地位；潞安精蜡公司是继萨索尔、壳牌后全球第三家、国内第一家采用自主专利技术生产高熔点费托蜡的企业。该技术（发明专利号：201410217632.3），生产的 60#、70#、80#、90#、105#、115#高熔点费托蜡产品可以完全替代现有所有进口产品，销往全球 20 多个国家和地区。潞安是全球第一家采用煤炭为原料生产茂金属 PAO 的企业，同时也是继美国美孚、雪佛龙之后全球第三家掌握茂金属催化体系的企业（前两家采用石油基路线）。目前年产 20000 吨高黏度 PAO 工业化装置已实现稳定运行；运城制版集团在全球拥有 115 家分公司，年产值近 60 亿元；太原亚明公司拥有两个 WSR 系列成套设备的英国、欧盟认证，大口径结构壁管材生产设备生产口径可从 300mm 到 4000mm；晋隆环保公司的 GT、PLA 改性高分子环保材料全面投产后将成为华北地区最大的板片材加工基地。山西省内领先企业在点上的突破，逐步引领全省塑料加工行业向“高精尖”领域发展。

4. 存在问题

（1）缺乏专业人才。众多塑料中小企业存在人才投入不足，配置不合理，高级技工匮乏的现象。由于高分子类专业人才普遍短缺，而多数企业位置远离市区，就业环境和薪资待遇、发展空间的局限性，使本省相当数量的高分子材料专业毕业生和技术人员外流，人才引进难度很大，导致企业人才资源匮乏。

（2）产品结构不合理。我省80%以上塑料企业规模较小，产品结构层次低，加工基础薄弱，缺乏创新能力，导致中低档产品重复、盲目发展现象仍时有发生。

（3）科研投入和市场开发能力不足。企业与高校、科研院所联系不顺畅、不广泛，携手引进高新技术或共同开发技术含量高的产品不力，很多企业的品牌意识不强。

（4）原料、物流等综合成本较高。我省塑料行业原料除PVC树脂外，其他原材料主要靠国内外进口，导致成本较高，产品技术进步也受到限制。

（5）政府支持力度不足。一是扶持力度小，优惠政策落实难。多数企业反映政府对新建项目在土地、吸纳劳动力就业、物流运输成本等扶持力度小，相比发达省市塑料行业作为政府的支柱产业给予重点支持，我省的塑料工业政府扶持力度还很不够，政府工程对同等条件的本地产品倾斜力度小。二是部分监管部门职能效率执行不到位。河北、河南、山东等地假冒劣质塑料产品充斥市场，对本地企业造成恶性冲击。目前，个别企业收到外省抛来的“橄榄枝”，有搬迁和异地新建项目的意向。

三、发展思路和目标

面对经济发展新常态，在省委省政府的坚强领导下，全省上下牢记习近平总书记视察山西时的嘱托，坚持用新发展理念引领转型发展，紧扣建设“资源型经济转型发展示范区”、打造“能源革命排头兵”和构建“内陆地区对外开放新高地”三大目标，与中央对表、与先进对标、与国际对接，全省塑料加工工业也从注重数量增加转向注重质量，通过加大科技创新的投入、吸引专业技术人才、加强与科研院校技术合作，努力实现专业化和规模化生产，使我省塑料行业产业结构进一步优化，技术创新取得了显著成果，市场开拓能力有所提高，取得良好成效，占国内市场份额稳中有升。

（1）产业结构调整中，应加大我省在现代煤化工材料方面的发展力度，加快煤基聚合物建设步伐。

大力发展高熔点费托蜡、微粉蜡、氧化蜡、聚乙烯、聚丙烯、己内酰胺、尼龙等；积极发展各类助剂、催化剂、添加剂等高附加值专属化学品和工程塑料、聚酯切片、聚氨酯等新型材料。

（2）巩固我省传统煤化工在国内的优势地位，进一步延伸塑料产业链。

大力发展我省传统煤化工深加工材料的类别，重点发展精细化工产品，特别是聚乙烯、聚丙烯的改性，专用料的研发，聚苯醚（PPE）工程塑料的改性、完全生物降解塑料（PBAT）改性等。招商引资5—10户的塑料改性生产企业和下游制品类企业。

建设长治、太原、运城塑料产业集群和塑料园区的建设力度。加快延伸塑料产业链步伐，打通从原料、助剂到成品的上下游环节，推动组建塑料产业联盟进程。完善技术创新服务平台建设，推进塑料产业向高性能化、复合化、环保化、信息化方向发展。

（3）加速推进生态化建设和行业可持续发展。

树立新发展理念，有序禁止、限制部分塑料制品的生产、销售和使用，推动我省由限塑到禁塑的政策制定和实施，积极推广可循环易回收可降解替代产品，增加绿色产品供给，推广城市垃圾分类、规范塑料废弃物回收利用，建立健全各环节管理制度，有力有序有效治理塑料污染。招商引资5～10户废旧塑料回收企业。

（4）政策助力降低新冠疫情对我省塑料行业的影响。

春节前后我国爆发的新冠肺炎疫情对塑料行业生产经营造成一定程度的影响。建议政府在税收政策、企业融资、环保阶段性限产方面给予企业帮助，确保企业全年不停产，助力我省企业攻坚克难，共同打好防疫攻坚保卫战，为全省经济发展做出应有的贡献。

（5）充分发挥行业组织作用，推动行业健康发展。

充分发挥行业协会熟悉行业、贴近企业的特点，在政府、研究院所、高校和企业之间发挥桥梁纽带作用。相关部门可通过购买服务充分调动和发挥行业协会在行业管理和服务方面的功能作用。行业协会要在政府的指导和支持下，不断提高服务的能力和水平，及时向政府反映企业的意见和诉求，当好“政府的助手，企业的帮手”，促进行业健康有序发展。

（山西省塑料行业协会　王慧凯）

上海市

一、上海塑料加工业情况分析

在国际环境错综复杂、国内经济下行压力较大以及自身结构调整阵痛、新旧动能转化困难等因素影响下，2019 年，上海塑料制品累计产量 208.94 万吨，同比下降 6.81%（按 2019 年口径计）；工业总产值可比价 721.78 亿元，同比下降 2.6%；出口交货值 121.0 亿元，同比下降 7.2%；主营业务收入 778.92 亿元，同比下降 3.9%；实现利润总额 54.73 亿元，同比增长 12.8%。见表 1、表 2。

表 1　　2019 年上海塑料制品业规模以上企业主要经济指标

项目	数值/亿元	同比增减/%	项目	数值/亿元	同比增减/%
现价产值	708.16	-4.4	可比价产值	721.78	-2.6
销售产值	703.97	-4.4	出口交货值	121.00	-7.2
单位数	519（个）		亏损单位数	113（个）	
营业收入	814.88	-3.5	营业成本	664.87	-4.9
营业费用	34.68	-3.0	营业税金及附加	1.98	-12.0
管理费用	51.58	-2.3	财务费用	5.20	11.9
其中：利息收入	0.95	-0.3	其中：利息支出	5.07	-2.7
盈利企业赢利额	59.25	7.0	亏损企业亏损额	4.51	-34.0
利润总额	54.73	12.8	资产总计	939.33	2.7
产成品	46.42	0.8	负债总计	371.48	-4.2
应交增值税	15.12	-10.9	税金总额	25.49	1.0
流动资产合计	561.66	1.3			

数据来源：上海市经济和信息化委员会

表 2　　2019 年上海塑料制品规模以上企业主要经济指标

塑料制品	工业总产值/亿元	同比增减/%	产成品存货/亿元	同比增减/%	主营业务收入/亿元	同比增减/%
薄膜	113.54	-2.7	5.96	0.7	113.83	-4.2
板、管、型材	87.14	5.8	9.74	0.5	103.06	0.3
丝、绳及编织品	17.34	16.0	1.00	13.6	19.53	-6.6
泡沫塑料	27.62	18.9	0.93	-43.3	29.00	-16.5
人造革、合成革	20.65	0.2	1.73	4.6	19.01	-4.4
包装箱及容器	82.54	0.8	5.89	15.0	89.93	-1.6

续表

塑料制品	工业总产值/亿元	同比增减/%	产成品存货/亿元	同比增减/%	主营业务收入/亿元	同比增减/%
日用塑料制品	35.62	12.2	2.06	-13.3	38.22	-11.9
塑料零件/其他	323.71	1.2	19.11	1.8	366.35	-3.3
总　计	708.16	2.7	46.42	0.8	778.92	-3.9

塑料制品	利润总额/亿元	同比增减/%	生产从业人员均数/人	同比增减/%	出口交货值/亿元	同比增减/%
薄膜	6.09	51.8	7014	-5.8	15.33	7.9
板、管、型材	6.60	26.2	7843	-6.8	9.83	-30.4
丝、绳及编织品	1.86	149.9	2019	-14.6	2.11	-49.7
泡沫塑料	4.31	282.7	3122	-18.1	1.14	-42.8
人造革、合成革	0.53	-67.2	1555	-11.3	7.53	2.1
包装箱及容器	6.42	10.4	9508	-0.3	12.95	-14.0
日用塑料制品	1.62	6.7	5660	-14.3	12.47	-12.2
塑料零件/其他	27.31	-4.1	31449	-10.9	59.64	0.7
总　计	54.73	12.8	68170	-9.4	121.00	-7.2

数据来源：中国轻工业联合会

随着上海制造业结构调整和塑料加工产业转移，上海塑料产业发展重点已逐步转到注重配套高新技术的塑料新材料上，如应用于汽车、电子、医疗器械等领域较高端而具高附加值的工程塑料、改性塑料上，而量大面广的低档次塑料制品生产正逐年减少。从数据中也能看出，尽管产量及各项经济指标均在低位运行，唯独利润强劲增长了12.8%。

塑料制品业是我国轻工业的重要产业，目前，我国已成为世界上最大的塑料生产和消费国。而上海又是一座最具活力和创意设计的塑料消费大市场，塑料产业经“十三五”的发展，已经有力地推进了其向绿色环保、循环利用和可持续的发展，“十四五”将进入上质量、上水平、上档次的转型升级发展新阶段，继续引领着我国塑料产品开发、市场消费新趋势。

上海塑料产业将充分利用自身资源优势，朝着产品科技含量高、功能方便快捷、材料绿色环保的方向稳步前行，重点将围绕配套汽车、医疗器械、消费电子产品等下游热点应用领域高附加值产品方向发展。

（一）配套汽车应用领域

我国汽车工业是国民经济重要支柱产业之一，2019年全国汽车年产量已达2570余万辆，已连续多年蝉联全球第一。随着国内外汽车行业节能及美观意识的增强及技术的发展，塑料体现出低成本、高性能的明显优势，塑料制品成了汽车产品中不可或缺且日益重要的一个角色，从最初的内饰件逐步发展到外饰件、车身和结构件等，应用范围逐步扩大，在汽车用材料中用量比重不断提高。目前，我国每辆汽车平均塑料用量占汽车总重量的8%左右，与发达国家占约18%相比还有很大的发展空间。

从汽车材料近几年的发展情况看，汽车用塑料重点要把握好以下几方面发展趋势：塑料在汽车中的应用范围正在由内饰件向外饰件、车身和结构件扩展，今后的重点发展方向是开发结构件和外饰件；塑料材料使用范围也由普通塑料或通用工程塑料扩展到强度、耐热性更高的纤维增强复合材料或塑料合金；注重新能源汽车的配套。新能源汽车对车身整体的轻量化要求更高，碳纤维增强复合材料（CFRP），在整车车身和承载结构件、覆盖件上替代金属材料，可大大降低车身重量；环境保护意识的增强，还将推动汽车塑料件向可回收利用方向发展，因此，注重可回收利用技术也是未来汽车用塑料件的重点领域和研究方向。

（二）配套医疗器械应用领域

医用塑料制品产业是随着现代医学而发展起来的新兴产业，它以其高科技、高附加值、高增长速度和拥有广阔的市场而备受瞩目。随着医疗器械的高速发展，塑料以其优良的性质、可靠的性能、方便的成型工艺在医疗领域获得了越来越广泛的应用，使塑料材料制备的医疗用品极具发展前景。

从近几年的发展情况看，医用塑料制品重点要把握好以下几方面发展趋势：

从相对技术含量较低的塑料制品如针筒、导液管（袋）、杯盘容器等，拓展到先进复杂的集成式医疗器械如胰岛素计量笔、透析器、人工心肺机、超声雾化器、医用X射线机等，和应用于高附加值精密心血管介入导管、人工心脏辅助装置、人工血管等；使用范围也由聚氯乙烯、聚乙烯、聚丙烯等通用塑料扩展到性能优异的有机硅、聚碳酸酯、聚甲醛、聚醚、聚砜、热塑性聚氨酯弹性体橡胶（TPU）等工程塑料及特种工程材料；大型复杂的医院用医疗设备装置向小型化、多功能化、家庭保健化医疗仪器方向拓展。

（三）配套消费电子产品领域

近年来，我国消费电子产业发展迅速，市场整体规模已达约2万亿元，已成为全球最大的消费电子产品市场。随着移动互联网时代的到来，以智能手机、平板电脑等为代表的智能终端，通过产业链互相融合联动，建立了体验与创新为驱动的移动生态系统。带动了智能家居、可穿戴设备等智能消费市场的成长，极大地推动了我国消费电子产品的快速发展。

上海及周边地区也是国内消费电子产品及其相配套的塑料制品生产制造规模最大的地区之一，当今，整合自身资源优势，紧跟日新月异的市场步伐，融入创新元素，开发适销对路产品，是上海塑料企业积极融入互联网时代，分享消费电子产品发展带来盛宴的必由之路。其趋势为：消费电子产业成为市场热点，塑料零件应用日益广泛，产品讲究时尚，更新换代快，消费需求旺盛；产业规模不断聚集，品牌优势凸显，上游产业不断集中，形成规模效应和品牌效应，优势企业在市场聚集过程中快速成长；新型塑料材料和加工技术成为企业发展的核心技术和动力，产品更新换代的速度非常快，并且呈现出轻、薄、短、小而又环保的发展趋势，通过采用与众不同的高性能、环保材料和别出心裁的设计、加工，实现差异化，将是企业保持市场领先，可持续发展的必由之路。

二、上海塑料行业协会2019年大事记

1月8日上午，在上海中山化工市场二楼会议室，通过了受上海市市场监督管理局委托，由上海塑料行业协会承担编制的“一次性塑料杯逐级提升质量方案”的专家评审。

1月15日下午，上海塑料行业协会召开2019年迎春团拜会。协会邀请曾在协会工作过的老领导和秘书处老同志，以及三个专委会的秘书长，20余人共聚一堂。

1月22日下午，在轻工大厦会议室召开的2019年上海轻工业志编纂工作会议，参加会议的有市志办副主任黄晓明、杨军益，轻工协会秘书长姚志贤等，以及各26专业分篇的相关协会和编志负责人。协会副秘书长刘建国、侯培民参加了会议。

1月23日上午，上海塑料行业协会会长李振峰、常务副会长陈铭、副会长兼秘书长陈国康3人拜访名誉会长龚兆源老前辈。

1月25日上午，协会副会长兼秘书长陈国康等4人，走访理事单位上海天原集团胜德塑料有限公司。受到胜德塑料公司副总经理路中伟的热情接待。

3月5日下午，上海市工经联、经团联五届四次会员大会在中共上海市委党校第五分校召开，协会副秘书长刘建国作为会员单位代表参加了会议。

3月6日下午，市工经联党委召开今年第一次党委中心组学习（扩大）会。市工经联党委书记、会长俞国生同志在会上作了主题发言。协会党支部书记侯培民参加了会议。

3月13日上午，“2019橡塑加工技术及创新材料应用高峰论坛暨展览会”于上海松江开元名都大酒店开幕。协会副秘书长侯培民出席论坛并作主旨演讲。

3月20日上午，由雅式会展集团主办的第二届CPRJ塑料创新技术、CMF与新材料论坛暨展示会在上海浦东喜来登由由大酒店举行，协会作为协办单位也邀请了协会会员单位40多家参加了论坛。协会副会长兼秘书长陈国康在会上做嘉宾演讲。

3月25日下午，协会会员单位巴塑（上海）信息科技有限公司副总经理杨再伟和郭寰拜访协会，受协会副会长兼秘书长陈国康，副秘书长钮圭贤、侯培民等的热情接待。

3月28日下午，上海市工业经济联合会、上海市经济团体联合会举行了学习贯彻全国“两会”精神专题报告会。市社科院副院长张兆安同志受邀到会作主题报告。协会副秘书长侯培民参加报告会。

4月3日上午，上海市品牌建设工作推介会在上海图书馆四楼会议室召开。会议由上海市经信委组织牵头，本市各行业协会、企业和区县200余人出席了会议。协会副秘书长钮贤圭应邀出席了会议。

4月8日下午，上海工经联党委第一党建工作站假座安莎国际会议中心四行仓库馆的会议室举行会议。行业协会党支部书记侯培民共3位党员参加了会议。

4月18日下午，上海塑料行业协会副会长兼秘书长陈国康等3人走访会员单位巴塑集团（中国）在昆山的实体店，受到总经理郭寰、副总经理杨再伟等的热烈欢迎，昆山市塑料行业协会秘书长罗立成应邀参加了交流。

4月19日下午，上海市能源标准化技术委员会在上海市能源中心3楼第二会议室组织召开了“塑料薄膜单位产品能源消耗限额”上海市地方标准专家预审会。协会副会长兼秘书长陈国康，副秘书长钮贤圭出席会议。

4月26日上午，上海市工经联组织召开“进一步优化上海营商环境”调研工作座谈会。上海塑料行业协会等14家协会参加了调研工作座谈会。协会副秘书长钮贤圭对进一步优化上海营商环境提出意见和建议。

4月25日下午，在协会办公室召开了《上海轻工业志》编写过程中诸多细节沟通会，上海市轻工协会《上海轻工业志》执行主编黄明旭等专程上门解答相关问题。5月10日上午，协会在上海塑料行业协会办公室召集部分编写专家。对前阶段布置工作进行回顾，并布置了下阶段的工作。

5月20日，中塑协七届四次理事扩大会议在广州珠江宾馆召开。华东各省市塑料协会及全国各地的理事和代表等180余人出席了会议。协会副秘书长刘建国出席了会议。

5月21日，由协会牵头的华东六省塑料协会团组百余人赴广州参观第33届CHINAPLAS国际橡塑展。其中31位成员是由上海塑料行业协会组织的。上午10：00，第33届CHINAPLAS国际橡塑展在广州琶洲中国进出口商品交易会展馆开幕之时，由中国石化化工销售公司和协会共同主办的“2019年中国石化合成树脂新产品新应用发布会”在B区C层2号会议室隆重召开。

5月21—22日，协会在第33届CHINAPLAS国际橡塑料展参观期间，常务副会长陈铭、副会长兼秘书长陈国康和秘书处人员走访部分参展协会会员单位。

5月22日晚上，由协会组团的华东地区各塑料协会出席了由雅式展览有限公司携手广东工业设计协会举办的“CHINAPLAS设计师之夜”活动，成为今年展会的亮点之作。

5月31日下午，在上海市工经联党委在协会党支部群里通知并组织下，上海塑料行业协会组织秘书处的同志一起参观“城市荣光——庆祝上海解放70周年”主题展览。

6月6日上午，协会常务副会长陈铭、副会长兼秘书长陈国康等一行3人，走访位于江苏昆山市淀山湖镇的昆山金盟塑料薄膜有限公司，受到总经理李忠、副总经理朱建峰的热情接待。

6月11日上午，协会组织会员单位和秘书处共40余人，在副会长兼秘书长陈国康带领下观展“DMC2019中国国际模具技术和设备展览会”。

6月19日上午，协会副秘书长钮贤圭、侯培民走访位于宝山区的上海长伟锦磁工程塑料有限公司，因公司总经理出差，由总经理助理陈静负责接待了协会一行。

6月25日上午，协会常务副会长陈铭、副会长兼秘书长陈国康等一行5人，走访理事单位上海英科实业有限公司，公司董事总经理金喆、总工程师李志杰等领导热情接待了协会一行。

6月25日下午，协会常务副会长陈铭、副会长兼秘书长陈国康等一行5人，走访理事单位中广核俊尔（上海）新材料有限公司，公司总经理王海华、品质部副部长杨仓先等领导热情接待了协会一行。

7月11日上午，协会常务副会长陈铭、副会长兼秘书长陈国康等一行4人，走访坐落于金山亭林镇的理事单位上海派瑞特塑业有限公司，公司董事长张纪明、办公室主任吴剑敏热情接待了协会一行。

7月11日下午，协会常务副会长陈铭、副会长兼秘书长陈国康等一行4人，走访了在莘庄工业区的理事单位上海至正道化高分子材料股份有限公司。公司总工程师宋刚、战略研究室主任操婧婷热情接待了协会一行。

7 月 15 日下午，市轻工业协会召开《市轻工志》编纂阶段工作会议。会上，木材、自行车、家具、玩具和塑料协会都汇报了行业分志的编纂进度。协会副秘书长刘建国、侯培民参加会议。

7 月 30 日上午，上海浦景化工技术股份有限公司副总经理计扬、技术顾问徐惠富拜访上海塑料行业协会。协会副会长兼秘书长陈国康等秘书处 3 人参加交流。浦景化工正在着力 Vytal 树脂的推广和应用。Vytal 树脂在各种自然环境条件下可以实现快速降解，是功能性与环保性的完美结合。

8 月 21 日上午，上海塑料行业协会假座位于世博区域的远东宏信有限公司会议室，召开工程塑料、包装、PVC 和电商四个专业委员会的工作会议。出席会议有高各专业委员会主任、副主任和秘书长单位、远东宏信有限公司以及塑协秘书处等代表约 16 人。

9 月 17 日，中国塑料产业链高峰论坛暨中国塑料加工工业协会成立 30 周年庆典在沧州渤海国际酒店举行。上海塑料行业协会副秘书长刘建国接受邀请出席了本次会议，并代表协会会长领取“行业杰出人物”的荣誉证书。

10 月 11 日上午，第 19 届中国塑料交易会在浙江台州开幕。上海塑料行业协会副秘书长钮贤圭、侯培民出席开幕式并参观了交易会。

10 月 11 日下午，中国塑料加工工业协会利用 2019 年中国塑料交易会开幕期间，在浙江台州市路桥皇冠假日酒店召开全国塑料行业协（商）会联谊会。上海塑料行业协会副秘书长钮贤圭、侯培民出席会议。

2019 年 10 月 16—23 日德国杜塞尔多夫（Dusseldorf）的 K-show 是世界第一的塑料和橡胶工业展。在此期间，上海塑料行业协会组织的观展团一行 20 人受到了杜塞尔多夫展览（中国）有限公司董事总经理曾耀德先生（AxelBartkus）的热情接待。协会副会长兼秘书长陈国康、副会长施洪伟、郑爱国、理事罗金生等参加了观展活动。

10 月 25 日下午，在上海轻工大厦 1705 会议室召开《轻工业志》编纂工作阶段会议。上海塑料行业协会副秘书长刘建国、侯培民出席会议。

11 月 2 日下午，由上海市市场监督局主持的《塑料薄膜单位产品能源消耗限额》标准审定会在上海市能效中心 3 楼视频会议室召开。上海市节能监察中心单丛利高级工程师担任本次专家评审组组长，标准起草单位上海塑料行业协会秘书长陈国康，协会副秘书长钮贤圭等参加了本次会议。

11 月 27 日下午，上海塑料行业协会组织 60 余人，参观在上海新国际博览中心举办的“2019 上海国际供热技术展览会”。

12 月 10 日下午，上海塑料行业协会第六届九次理事会、第七届一次会员大会暨第七届一次理事会假座远东宏信广场二楼（远东学院）会议厅举行。会议邀请上海市经济与信息化委员会赵广君调研员、工业经济联合会周伟明副秘书长等出席。选举产生了中国石化上海石油化工股份有限公司等 62 家为理事单位，选举产生了上海光塑机械制造有限公司为监事单位；选举中国石化上海石化股份有限公司为会长单位，陈铭同志担任第七届理事会会长；选举产生中国石化化工销售公司华东分公司等 21 家为副会长单位；聘任陈国康同志为第七届理事会秘书长、聘任龚兆源同志为第七届理事会名誉会长。

会议期间对 2019 年行业名优评选的上海阿丽贝塑料防腐设备有限公司等 12 家会员企业的 15 个品牌产品进行了“行业名优品牌”颁发。会上还邀请上海巴塑工业装备集团介绍注塑机械领域的一站式服务模式；上海浦景化工介绍生物降解材料-聚乙醇酸（PGA）新产品；远东宏信有限公司介绍企业在医疗、包装、电子信息、金融等领域开展的一体化运行和服务。

（上海塑料行业协会　侯培民）

浙江省

一、基本情况

2019 年，全球政治局势依然动荡，中美贸易战跌宕起伏，国际原油价格宽幅震荡，塑化商品价格宽幅震荡并呈现下滑趋势；我国继续深化供给侧结构性改革，提升发展质量；合成树脂行业继续大幅扩产，塑料制品需求保持平稳增长，市场竞争激烈。

面对困难和挑战，全省塑料制品产量保持平稳增长，技术及装备水平进一步提高，行业经济实现了平稳发展。

1. 行业规模

据浙江省统计局统计，2019 年浙江省塑料制品行业规模以上企业 2405 家，占全国塑料制品行业规模企业总数的 15.19%，从业人员 25.89 万，同比下降 2.10%。

2. 塑料制品产量

2019 年，全省规模以上企业完成塑料制品总产量 1307.59 万吨，同比下降 0.33%，占全国同期塑料制品总产量的 15.98%，居全国第二位，其中：塑料薄膜产量 299.83 万吨，同比增长 6.00%，占全国同期塑料薄膜总产量的 18.80%，居全国第一位；塑料薄膜中农用塑料薄膜的产量 2.13 万吨，同比下降 9.31%，占全国同期农用塑料薄膜总产量的 2.50%，居全国第十三位；泡沫塑料制品产量 30.54 万吨，同比增长 0.42%，占全国同期泡沫塑料制品总产量的 11.83%，居全国第三位；合成革人造革产量 63.99 万吨，同比下降 2.25%，占全国同期合成革人造革总产量的 19.49%，居全国第三位；日用塑料制品 103.77 万吨，同比增长 1.30%，占全国同期日用塑料制品总产量的 16.00%，居全国第二位；其他塑料制品 809.45 万吨，同比下降 2.56%，占全国同期其他塑料制品总产量的 15.12%，居全国第一位。

二、企业荣誉

1. 2019 浙江省综合百强企业

名次	企业名称	地区	营业收入/万元
48	华峰集团有限公司	温州	3696292
59	利时集团股份有限公司	宁波	2895648

2. 2019 浙江省制造业百强企业

名次	企业名称	地区	营业收入/万元
31	华峰集团有限公司	温州	3696292
38	利时集团股份有限公司	宁波	2895648
70	海天塑机集团有限公司	宁波	1540645
94	浙江富陵控股集团有限公司	绍兴	969374
95	浙江中财管道科技股份有限公司	绍兴	931003

3. 2019 浙江省成长性最快百强企业

名次	企业名称	地区	增长率/%	营业收入/万元
68	华峰集团有限公司	温州	14.56	3696292
73	浙江中财管道科技股份有限公司	绍兴	11.98	931003

4. 2019 年浙江省优秀工业产品名单

序号	企业名称	产品名称及型号
1	浙江遂金复合材料有限公司	连续玻纤增强聚丙烯复合板
2	杭州电力设备制造有限公司临安恒信成套电气制造分公司	新型双层复合共挤增强改性 MPP 电缆保护管系列产品
3	杭州人通管业有限公司	复合增强 HMPVC 电力电缆保护管
4	杭州人通管业有限公司	复合增强 HMPVC 实壁管材
5	杭州人通管业有限公司	复合增强 HMPVC 双壁波纹管
6	杭州人通管业有限公司	改性聚丙烯 MPP 双壁波纹管

5. 2019 年浙江省国家高新技术企业创新能力百强名单

排名	企业名称	排名	企业名称
38	杭州福斯特应用材料股份有限公司	44	浙江伟星新型建材股份有限公司

6. 2019 年新认定省级企业研究院名单

序号	依托单位	研究院名称
1	杭州联通管业有限公司	浙江省联通高性能塑料管材研究院
2	杭州福斯特药业有限公司	浙江省杭州福斯特天然药物合成高新技术研究院
3	诚德科技股份有限公司	浙江省诚德科技新型复合软包装材料研究院
4	浙江光跃环保科技股份有限公司	浙江省光跃塑料饮水系统研究院
5	宁波能之光新材料科技股份有限公司	浙江省能之光聚合物反应性加工技术研究院
6	嘉兴高正新材料科技股份有限公司	浙江省高正纳米复合材料研究院
7	浙江长宇新材料有限公司	浙江省长宇高阻隔镀铝材料研究院
8	海宁市粤海彩印有限公司	浙江省粤海高性能软包装材料研究院
9	桐乡市小老板特种塑料制品有限公司	浙江省小老板高分子复合材料研究院
10	浙江禾欣科技有限公司	浙江省禾欣聚氨酯新材料合成技术研究院
11	浙江禾欣新材料有限公司	浙江省禾欣新材料绿色生态合成革研究院
12	浦江亿通塑胶电子有限公司	浙江省亿通电子包装材料研发院
13	金华万得福日用品股份有限公司	浙江省万得福环保金属镀膜餐具研究院

7. 2019 年新建省级高新技术企业研究开发中心名单

序号	中心名称	依托单位
1	信宇塑业高性能塑料管件省级高新技术企业研究开发中心	杭州信宇塑业有限公司
2	中塑绿色环保流延膜省级高新技术企业研究开发中心	中塑新材料科技（杭州）有限公司
3	浙江德裕高分子材料及制品省级高新技术企业研究开发中心	浙江德裕科技有限公司
4	华鹰塑料工程省级高新技术企业研究开发中心	象山华鹰塑料工程有限公司
5	瑞成新材料包装省级高新技术企业研究开发中心	宁波瑞成包装材料有限公司
6	港发复合软包装材料省级高新技术企业研发中心	浙江港发软包装有限公司
7	金田塑料薄膜材料省级高新技术企业研究开发中心	温州市金田塑业有限公司
8	洛克热塑性聚氨酯高分子材料省级高新技术企业研发中心	浙江洛克新材料股份有限公司
9	遂金管道增强热塑复合材料省级高新技术企业研究开发中心	浙江遂金复合材料有限公司
10	昶丰水性聚氨酯皮革省级高新技术企业研究开发中心	浙江昶丰新材料有限公司

8. 2018年度中国轻工业百强企业

名次	企业名称	名次	企业名称
32	浙江伟星新型建材股份有限公司	90	利时集团股份有限公司
53	公元塑业集团有限公司	107	浙江中财型材有限责任公司
64	浙江中财管道科技股份有限公司		

9. 2018年度中国轻工业科技百强企业

名次	企业名称	名次	企业名称
名次	企业名称	名次	企业名称
17	永高股份有限公司	86	浙江中财型材有限责任公司
49	中广核高新核材集团有限公司		

10. 2018年度中国轻工业塑料行业十强企业

名次	企业名称	名次	企业名称
2	公元塑业集团有限公司	5	浙江伟星新型建材股份有限公司
3	利时集团股份有限公司	10	浙江中财型材有限责任公司
4	浙江中财管道科技股份有限公司		

11. 2018年度中国轻工业塑料行业（多功能母料）十强企业

名次	企业名称	名次	企业名称
7	浙江金彩新材料有限公司		

12. 2018年度中国轻工业塑料行业（塑料复合膜）十强企业

名次	企业名称	名次	企业名称
4	杭州顶正包材有限公司	7	浙江诚信包装有限公司

13. 2018年度中国轻工业塑料行业（塑料异型材）十强企业

名次	企业名称	名次	企业名称
1	浙江中财型材有限责任公司	7	华之杰塑料建材有限公司

14. 2018 年度中国轻工业塑料行业（塑料家居）十强企业

名次	企业名称	名次	企业名称
1	利时集团股份有限公司	7	浙江龙士达家居用品有限公司
3	台州富岭塑胶有限公司	8	双马塑业有限公司
5	宁波家联科技股份有限公司	10	顺美塑业有限公司
6	三友控股集团有限公司		

15. 2018 年度中国轻工业塑料行业（塑料管材）十强企业

名次	企业名称	名次	企业名称
2	公元塑业集团有限公司	4	浙江伟星新型建材股份有限公司
3	浙江中财管道科技股份有限公司	7	浙江中元枫叶管业有限公司

16. 2018 年度中国轻工业塑料行业（聚氨酯）十强企业

名次	企业名称	名次	企业名称
2	浙江圣诺盟顾家海绵有限公司		

17. 2018 年度中国轻工业塑料行业（降解塑料）十强企业

名次	企业名称	名次	企业名称
6	浙江华发生态科技有限公司		

18. 2018 年度中国轻工业塑料行业（合成革）十强企业

名次	企业名称	名次	企业名称
3	浙江禾欣新材料有限公司	8	浙江昶丰新材料有限公司
7	浙江梅盛新材料有限公司	10	浙江繁盛新材料股份有限公司

19. 2019 中国民营企业 500 强

排名	企业名称	所属行业	营业收入/万元
224	华峰集团有限公司	化学原料和化学制品制造业	3696292
225	浙江明日控股集团有限公司	零售业	3682761
294	利时集团股份有限公司	橡胶和塑料制品业	2895648
323	伟星集团有限公司	其他制造业	2627213

20. 2019 中国民营企业制造业 500 强

排名	企业名称	所属行业	营业收入/万元
132	华峰集团有限公司	化学原料和化学制品制造业	3696292
171	利时集团股份有限公司	橡胶和塑料制品业	2895648
184	伟星集团有限公司	综合	2627213
334	公元塑业集团有限公司	橡胶和塑料制品业	1588503
472	浙江中财管道科技股份有限公司	橡胶和塑料制品业	931003

21. 2019 年发布的“浙江制造”标准

序号	标准号	标准名称	发布日期
1	T/ZZB 0929—2019	《风电叶片用聚酰胺真空袋膜》	2019-01-11
2	T/ZZB 0980—2019	《180 级高耐磨聚酰胺复合直焊聚氨酯漆包铜圆线》	2019-02-22
3	T/ZZB 0973—2019	《两轮移动式塑料垃圾桶》	2019-02-22
4	T/ZZB 0977—2019	《全粒面聚氨酯离型转印沙发面料》	2019-02-22
5	T/ZZB 0990—2019	《塑料休闲椅》	2019-03-15
6	T/ZZB 1008—2019	《高强度冷收缩拉伸套管膜》	2019-03-21
7	T/ZZB 1035—2019	《珍珠美白面膜》	2019-03-21
8	T/ZZB 1013—2019	《塑料机械用双金属单机筒》	2019-03-21
9	T/ZZB 0995—2019	《户外用塑料双层口杯》	2019-03-21
10	T/ZZB 1012—2019	《燃气用埋地聚乙烯（PE）管材》	2019-03-21
11	T/ZZB 1009—2019	《光伏组件背板用聚偏氟乙烯薄膜》	2019-03-21
12	T/ZZB 1002—2019	《燃气用埋地聚乙烯（PE）管件》	2019-03-21
13	T/ZZB 0992—2019	《燃气用埋地聚乙烯（PE）阀门》	2019-03-21
14	T/ZZB 1065—2019	《改性环保 PVC 木塑复合颗粒料》	2019-03-27
15	T/ZZB 1056—2019	《化妆品包装塑料真空瓶》	2019-03-27
16	T/ZZB 1078—2019	《额定电压 450/750V 及以下铜芯聚乙烯无卤低烟阻燃聚烯烃双绝缘尼龙护套电线》	2019-04-11
17	T/ZZB 1079—2019	《塑料及其制品耐氙灯老化试验仪》	2019-04-11
18	T/ZZB 1101—2019	《儿童塑料眼镜架》	2019-05-08
19	T/ZZB 1098—2019	《高承载工程塑料滑动轴承》	2019-05-08
20	T/ZZB 1117—2019	《塑料粗纱筒管》	2019-06-06
21	T/ZZB 1130—2019	《纳米改性聚氯乙烯无轮窗帘导轨》	2019-06-13

续表

序号	标准号	标准名称	发布日期
22	T/ZZB 1137—2019	《电线电缆用硅烷交联聚烯烃绝缘料》	2019-07-18
23	T/ZZB 1176—2019	《雨水收集用聚乙烯实壁渗透管》	2019-09-19
24	T/ZZB 1175—2019	《一次成型热熔承插式高密度聚乙烯中空缠绕管》	2019-09-19
25	T/ZZB 1174—2019	《电力电缆保护用改性聚丙烯（MPP）导管》	2019-09-19
26	T/ZZB 1195—2019	《地下通信管道用双轴取向聚氯乙烯（PVC-O）管》	2019-09-23
27	T/ZZB 1184—2019	《深远海打捞用超高分子量聚乙烯纤维缆绳》	2019-09-23
28	T/ZZB 1215—2019	《耐紫外线抗裂型聚乙烯中空双平壁螺旋管材》	2019-10-08
29	T/ZZB 1243—2019	《66kV~220kV 交流电缆用交联聚乙烯绝缘料》	2019-10-16
30	T/ZZB 1221—2019	《聚酰胺/聚乙烯复合液体包装膜、袋》	2019-10-16
31	T/ZZB 1261—2019	《自粘包书膜》	2019-10-23
32	T/ZZB 1283—2019	《环保型塑料保鲜盒》	2019-10-30
33	T/ZZB 1305—2019	《纸张用烫印薄膜》	2019-11-05
34	T/ZZB 1314—2019	《铝合金建筑型材用聚氨酯隔热胶》	2019-11-11
35	T/ZZB 1329—2019	《太阳能背板用聚偏氟乙烯（PVDF）树脂》	2019-11-15
36	T/ZZB 1369—2019	《塑料压力储水桶》	2019-11-20
37	T/ZZB 1391—2019	《耐候聚氯乙烯复合装饰用膜》	2019-11-27
38	T/ZZB 1375—2019	《定长缠绕式玻璃纤维增强塑料顶管》	2019-11-27
39	T/ZZB 1381—2019	《儿童鞋面用水性聚氨酯超细纤维合成革》	2019-11-27
40	T/ZZB 1407—2019	《热塑性法兰式隔膜阀》	2019-12-13
41	T/ZZB 1413—2019	《硬质聚氯乙烯石塑地板》	2019-12-13
42	T/ZZB 1437—2019	《农业用聚乙烯吹塑棚膜》	2019-12-18
43	T/ZZB 1447—2019	《塑料收纳箱》	2019-12-20
44	T/ZZB 1486—2019	《聚全氟乙丙烯（FEP）树脂》	2019-12-26
45	T/ZZB 1472—2019	《汽车发动机塑料进气歧管总成》	2019-12-26

22. 2019 年通过浙江制造“品字标”认证的产品

序号	企业名称	产品名称
1	杭州新子新能源股份有限公司	光伏组件封装用 EVA 胶膜
2	宁波喜悦智行科技股份有限公司	组合式可循环厚壁吸塑包装单元
3	浙江中财管道科技股份有限公司	民用 PP-R 塑料管材

续表

序号	企业名称	产品名称
4	浙江中财管道科技股份有限公司	冷热水用 PP-R 管件
5	浙江佑威新材料股份有限公司	风电叶片用聚酰胺真空袋膜
6	浙江三友塑业股份有限公司	托锭用塑料粗纱筒管
7	浙江三友塑业股份有限公司	悬锭塑料粗纱筒管
8	浙江万马高分子材料集团有限公司	热塑性聚烯烃护套料
9	浙江高裕家居科技有限公司	慢回弹软质聚氨酯泡沫材料
10	浙江高裕家居科技有限公司	通用型软质聚氨酯泡沫材料
11	浙江鑫鼎塑业股份有限公司	两轮移动式塑料垃圾桶（脚踏）
12	浙江鑫鼎塑业股份有限公司	两轮移动式塑料垃圾桶（手动）
13	浙江比例聚合科技股份有限公司	高强度冷收缩拉伸套管膜
14	浙江银座箱包有限公司	PC 拉杆箱
15	浙江川洋新材料股份有限公司	家具用软质聚氨酯泡沫材料（通用型）
16	浙江曼瑞德舒适系统有限公司	地暖用阻氧交联聚乙烯（PE-X）管材
17	浙江锦盛新材料股份有限公司	化妆品包装塑料真空瓶
18	义乌市双童日用品有限公司	聚乳酸可降解冷饮吸管
19	义乌市双童日用品有限公司	聚丙烯饮用吸管
20	浙江耐特科技有限公司	HDPE 材质塑料安全帽
21	浙江耐特科技有限公司	PC 材质塑料安全帽
22	浙江和和塑胶有限公司	PVC 特种安全鞋
23	浙江和和塑胶有限公司	PVC 特种安全鞋
24	浙江亚欣包装材料有限公司	全息防伪膜
25	浙江地球管业有限公司	耐刮擦非开挖聚乙烯给水管材
26	宁波市宇华电器有限公司	燃气用埋地聚乙烯（PE）管件
27	宁波市宇华电器有限公司	燃气用埋地聚乙烯（PE）管件
28	宁波市宇华电器有限公司	燃气用埋地聚乙烯（PE）管件
29	宁波市宇华电器有限公司	燃气用埋地聚乙烯（PE）管件
30	浙江华丰新材料股份有限公司	地下通信管道用双轴取向聚氯乙烯（PVC-O）管：非开挖
31	浙江华丰新材料股份有限公司	地下通信管道用双轴取向聚氯乙烯（PVC-O）管：开挖
32	恩希爱（杭州）薄膜有限公司	玻璃微珠型机动车号牌用反光膜

续表

序号	企业名称	产品名称
33	浙江佳洁塑胶有限公司	聚氯乙烯（PVC）防滑浴垫
34	浙江嘉益保温科技股份有限公司	户外用非密封型塑料双层口杯
35	温州市黎东眼镜有限公司	塑料眼镜架（全框架、半框架）
36	浙江佳友生物科技有限公司	PET一次性塑料杯
37	赛诺（浙江）聚氨酯新材料有限公司	慢回弹软质聚氨酯泡沫材料
38	赛诺（浙江）聚氨酯新材料有限公司	通用型软质聚氨酯泡沫材料

23. 中国塑料行业杰出人物

姓名	职务	企业名称	姓名	职务	企业名称
张小赧	董事长	三友控股集团有限公司	宋云鹤	高工	温州市塑料行业协会
汪建萍	副会长兼秘书长	浙江省塑料行业协会			

24. 中国塑料行业突出贡献单位

序号	企业名称	序号	企业名称
1	永高股份有限公司	5	宁波双马机械工业有限公司
2	浙江伟星新型建材股份有限公司	6	宁波通用塑料机械制造有限公司
3	海天国际控股有限公司	7	浙江申达机器制造股份有限公司
4	宁波市塑料行业协会		

三、大事记

1. “浙江制造”标准——《改性环保PVC木塑复合颗粒料》顺利通过评审

1月17日，由浙江省塑料行业协会牵头制定，浙江唐正格塑胶科技有限公司为主起草的“浙江制造”团体标《改性环保PVC木塑复合颗粒料》评审会在浙江唐正格塑胶科技有限公司召开。评审会由浙江省品牌建设联合会组织召开，来自省内外检测机构、认证机构、高校、行业龙头企业等单位的专家参加，专家们听取了标准制定工作组关于标准的编制说明、标准送审稿中核心内容的有关汇报，专家对标准送审稿的先进性给予了充分肯定，同时提出了修改意见，最后该标准顺利通过评审。

2. 浙江省地方标准——双向拉伸聚丙烯（BOPP）薄膜可比单位产品综合能耗限额及计算方法评审会顺利召开

3月1日，浙江省市场监督管理局在杭州组织召开地方标准《双向拉伸聚丙烯（BOPP）薄膜可比单位产品综合能耗限额及计算方法》评审会。浙江省市场监督管理局、省能源监察总队、省能源利用监测中心、能源标准化技术委员会、节能协会等有关领导出席会议，浙江省塑料行业协会作为该标准第一起草单位，协会副会长兼秘书长汪建萍参加评审会，并对标准方案进行了详细说明。

本次标准审评委员会由浙江大学、浙江工业大学、浙江省标准化研究院、浙江省产品质量安全检测研究院、浙江省华云清洁能源有限公司、浙江蓝也薄膜有限公司、杭州塑料工业有限公司等单位七名专家组成，由浙江大学黄克玲教授担任评审委员会组长。

评审会上，评审委员会听取了标准起草小组关于标准编制的说明，审查了标准的全部内容。审评委员会一致审评同意该标准方案，认为该标准依据相关国家标准、行业标准，结合浙江省BOPP薄膜行业的现状和发展趋势，分别按设备产能和产品类别制定了三个等级的能源消耗限额，以推动 BOPP 薄膜行业节约能源，提高能源利用效率，保护和改善环境，促进 BOPP 薄膜行业可持续发展。

评审委员会专家对标准名称、标准适用范围等内容提出了修改补充意见，并建议标准起草单位根据评审委员会提出的意见对标准内容进行修改，形成标准的报批稿，作为强制性地方标准，经浙江省能源局审核后，报浙江省市场监督管理局批准发布。

3. 联合主办“2019 中国义乌塑料包装机械展览会”

3 月 15 日，由浙江省塑料行业协会、中非投资联合会联合主办，河北飞塑文化传媒有限公司承办的“2019 义乌塑料包装机械展览会”在义乌隆重举行，来自国内塑料原辅材料、塑料包装机械及塑料包装制品生产企业的 800 余家参展，展会面积 20000 平方米，吸引了业内 20000 余名专业人士参观，展会对推动浙江省塑料包装行业的发展具有重要意义。

4. “2019 浙江省橡塑产业质量提升高峰论坛”隆重召开

4 月 24 日，“2019 浙江省橡塑产业质量提升高峰论坛”在三门隆重召开，本次会议由浙江省产品质量安全检测研究院、浙江省塑料行业协会、浙江省橡胶工业协会、台州市市场监督管理局和三门县人民政府共同主办，来自浙江省市场监督管理局、台州市市场监督管理局和三门县政府部门主要领导及全省橡塑行业企业负责人共 150 余人出席会议。

论坛由浙江省产品质量安全检测研究院副院长周慧忠主持，浙江省市场监督管理局标准化处副处长周福清、三门县副县长赵瑛先后为大会致辞，随后浙江省产品质量安全检测研究院院长王岚作“标准化助推产业发展”的专题报告；浙江省塑料行业协会副会长兼秘书长/高级工程师汪建萍、浙江省橡胶工业协会常务副秘书长王逸田分别作浙江省塑料行业和浙江省橡胶行业的发展现状报告；沈阳化工大学材料科学与工程学院刘大晨教授和浙江工业大学材料学院王旭教授分别作二烯烃类橡胶新平衡硫化体系构建、聚氨酯弹性体应用及改性回收研究专题报告，会议取得了圆满成功。

5. 举办“浙江省橡塑行业抗风险能力提升暨外贸预警高峰论坛”

4 月 25 日，“浙江省橡塑行业抗风险能力提升暨外贸预警高峰论坛”在宁波召开，本次论坛由浙江省塑料行业协会、浙江省橡胶工业协会、宁波市塑料行业协会和宁波市橡胶工业协会共同主办，论坛由宁波市塑料行业协会秘书长于卫星和浙江省橡胶工业协会副秘书长王逸田分别主持，180 余位代表参加。

浙江省塑料行业协会副会长兼秘书长汪建萍首先发言，她就浙江省橡塑行业现状、优势、存在问题、应对措施及行业展望进行了分析；浙江省标准研究院朱东锋工程师就助推橡塑工业高质量发展，深化“品字标制造”区域品牌建设进行了专题报告，他针对“浙江制造”标准的定位、要求和制标理念、企业如何申报“浙江制造”标准等进行了全面讲解；杭州中策橡胶集团有限公司毛莉莉就中美贸易持久战对橡塑企业发展的影响进行发言，她从贸易战前序、中美贸易战利弊分析等方面对中美贸易战对橡塑行业的影响进行了分析，总之，贸易战对中国的影响处于可控范围内；中国的全方位开放并不依赖于某一个国家；中国经济增长向好的基本面是应对冲突的有力武器；中国广阔的市场具有抵御风险的能力。论坛取得圆满成功。

6. 联合主办“2019 宁波国际塑料橡胶工业展览会”

4 月 25—27 日，由浙江省塑料行业协会、浙江省橡胶行业协会、宁波市塑料行业协会、宁波市塑料机械行业协会、宁波市橡胶商会、宁波市热塑性弹性体商会联合主办，际华展览服务（上海）有限公司承办的“2019 宁波国际塑料橡胶工业展览会”在宁波举行，此次展会展览面积为 23000 平方米，有 800 余家企业参展，展品涵盖了塑料、橡胶行业的原料、加工机械、检测仪器等，吸引了业内 32000 余名专业人士参观，展会对推动浙江省塑料橡胶行业的进步与发展具有重要意义。

7. 参加中国塑协七届四次理事扩大会议

5 月 20 日，中国塑料加工工业协会七届四次理事扩大会议在广州召开。

浙江省塑料行业协会会长韩新伟、浙江浙江省塑料行业协会副会长兼秘书长汪建萍、常务副秘书长郭利强出席。

会议听取并审议通过了《七届四次理事会工作报告》《协会 2018 年度财务收支情况报告》《会员单位调整及七届理事会人事变动及增补议案》《成立中国塑料加工工业协会阻燃塑料及制品专委会的议案》《中国塑料加工工业协会新闻发布工作制度

及推荐新闻发言人的议案》、《2020 中国国际塑料展筹备工作方案》、《关于举办中国塑料加工工业协会成立三十周年庆典暨产业链发展高峰论坛系列活动筹备工作方案》等报告和议案。

8. 组织行业企业参观“CHINAPLAS2019 国际橡塑展”

“CHINAPLAS 2019 国际橡塑”展于 5 月 21—24 日在广州琶洲-中国进出口商品交易会展馆隆重举行，本协会是该展会的支持单位之一。

“CHINAPLAS 2019 国际橡塑展”是目前亚洲第一、全球第二大塑料橡胶展，本届展会有来自 40 个国家和地区的 3500 余家展商参展，观众人数达 20 余万人。

为了更好地方便业内企业参观本届展览会，学习并交流国内外塑料行业的先进技术，使业内有关人士了解并掌握当前塑料工业的发展趋势，我协会组织业内 200 余家企业参观本届展览会并参加了展会期间举办的有关论坛。

9. 召开“浙江制造”标准——《农业用聚乙烯吹塑棚膜》启动会暨研讨会

5 月 29 日，“浙江制造”标准——《农业用聚乙烯吹塑棚膜》启动会暨研讨会在杭州召开，会议由牵头组织制定单位浙江省塑料行业协会组织召开，来自省内外高校、检测机构、认证机构、相关上下游企业及农膜生产企业等单位的代表和专家参加会议。

浙江省塑料行业协会副会长兼秘书长汪建萍主持会议，牵头组织制定单位向与会代表介绍了“浙江制造”标准——《农业用聚乙烯吹塑棚膜》的定位、要求以及制标理念，并明确了标准工作组各成员的职责、工作事项等内容，随后由标准主起草单位杭州新光塑料有限公司董事长徐雪明向与会代表介绍了关于《农业用聚乙烯吹塑棚膜》“浙江制造”标准的组织工作情况和新光公司的基本概况。

杭州新光塑料有限公司副总经理卢伟东就《农业用聚乙烯吹塑棚膜》“浙江制造”标准的先进性及与现行国家标准的修订情况进行了介绍，并对《农业用聚乙烯吹塑棚膜》“浙江制造”标准的内容逐条征询了与会专家和代表的意见。与会专家和代表充分肯定了《农业用聚乙烯吹塑棚膜》“浙江制造”标准的先进性，并对标准内容进行了热烈讨论，对某些条款内容提出了修改意见，确定了标准（征求意见稿）征求意见范围和对象。

10. 协会成为“2019 中国塑料产业大会”的合作单位

6 月 26 日，由大连商品交易所、中国石油和化学工业联合会联合主办的“2019 中国塑料产业大会”在杭州黄龙饭店举行，浙江省塑料行业协会为会议的合作单位，协会会长、浙江明日控股集团股份有限公司董事长韩新伟受邀出席会议，明日控股荣获大连商品交易所颁发的“白金赞助单位奖”。

在进行的专题论坛《2019 中国塑料市场格局与发展趋势》环节中，韩新伟会长作为特邀嘉宾对 2019 年下半年塑化行业的整体运行情况进行了详细分析。

11. 中标政府采购项目

7 月 1 日，参加浙江省市场监督管理局就传统产业中小企业先进质量管理方法推广应用公开招标，浙江塑协积极准备投标材料并参加投标，最终以总分第二的成绩中标。

10 月 31 日，参加浙江省市场监督管理局就 2009 年“浙江制造”标准研制辅导服务招标，浙江塑协积极参加投标，最终中标。

12. 举办五期“浙江省橡塑行业中小企业先进质量管理推广应用培训班”

7 月—9 月，浙江塑协先后在宁波、黄岩、宁海、兰溪和温州举办了五期“浙江省橡塑行业中小企业先进质量管理推广应用培训班”，培训班邀请浙江省品牌建设联合会、上海交通大学、中国计量大学、阿里云、双童吸管、彤程新材料等高校和有关橡塑行业龙头企业的专家及技术人员授课，五期培训班共有 871 家企业的 1600 余人参加，培训就卓越绩效管理模式与高质量发展、企业质量管理经验分享、产品开发中的质量分析、行业发展方向等内容进行授课，通过培训，使企业对质量管理及产品研发方向的重要性有了进一步的认识，企业普遍反映培训内容紧贴高质量发展形势、契合企业实际与需求，对促进企业提高质量管理水平和产品质量和市场竞争力具有重要意义。

13. 浙江省地方标准—双向拉伸聚丙烯（BOPP）薄膜可比单位产品综合能耗限额及计算方法发布

为调整优化产业结构，推动行业技术进步，增强可持续发展能力，为企业实现节能生产提供技术导向，为监督管理部门评价 BOPP 薄膜生产企业单位产品能耗是否达到限额标准提供量化的考核依据，由浙江省塑料行业协会为第一起草单位，浙江省节能协会及省内有关 BOPP 薄膜生产企业联合参与起草的浙江省地方标准（强制性）—双向拉伸聚丙烯（BOPP）薄膜可比单位产品综合能耗限额及计算方法于2019年8月8日由浙江省市场监督管理局发布，并于2019年11月10日实施。

14. “浙江制造”标准——《农业用聚乙烯吹塑棚膜》顺利通过评审

9月28日，浙江省品牌建设联合会在杭州组织召开“浙江制造”团体标准《农用聚乙烯吹塑棚膜》评审会，来自省内外检测机构、认证机构、高校、国内农膜企业的专家和代表及有关行政管理的领导参加会议，标准主起草单位——杭州新光塑料有限公司副总经理卢伟东对“浙江制造”标准《农用聚乙烯吹塑棚膜》的编制说明、标准的核心内容和标准的先进性进行了说明，并就标准内容逐条征询了评审组的意见。

评审组对充分肯定了标准的先进性，同时对标准的部分条款并提出了修改建议，最后该标准顺利通过评审。

15. 参加“中国塑料产业链高峰论坛暨中国塑协成立30周年庆典”活动

9月17日，“中国塑料产业链高峰论坛暨中国塑协成立30周年庆典”系列活动在河北沧州隆重举行，浙江塑协会长韩新伟、副会长兼秘书长汪建萍、常务副秘书长郭利强参加庆典活动。

本次系列活动是中国塑料行业的一次盛会。会议得到了各级领导、院士专家、企业家、各相关行业协会、省市地方塑料行业协会和承办、协办等单位的大力支持。

30周年庆典活动表彰了为中国塑料行业发展做出突出贡献的单位和个人，三友控股集团有限公司董事长张小椒、浙江省塑料行业协会副会长兼秘书长汪建萍、温州市塑料行业协会原常务副会长宋云鹤荣获“中国塑料行业杰出人物”称号，永高股份有限公司、浙江伟星新型建材股份有限公司、浙江申达机器制造股份有限公司、海天国际控股有限公司、宁波双马机械工业有限公司、宁波通用塑料机械制造有限公司、雁峰集团有限公司和宁波市塑料行业协会荣获“中国塑料行业突出贡献单位”称号。

16. 韩新伟会长出席大商所基差交易平台上线仪式暨座谈会

9月25日，受大连商品交易所邀请，浙江省塑料行业协会会长、浙江明日控股集团股份有限公司董事长韩新伟赴大连出席“基差交易平台上线活动暨基差交易平台服务实体经济座谈会”。大连市政府、中国建设银行总行、中国期货业协会、重点期货公司、产业龙头企业及新闻媒体等单位约60位重要嘉宾出席本次活动。

浙江明日控股集团股份有限公司获批成为大连商品交易所基差交易平台PP、PE、PVC品种首批交易商之一。据大商所公开数据显示，基差交易平台上线第一天，PP、PE、PVC三个品种合计成交18笔，共计成交4190吨，名义本金3319.945万元。交易平台上市当日，浙江明日积极参与基差交易平台交易，达到多品种、多区域联动。

17. 协会五届五次理事扩大会议暨常务理事会顺利召开

9月26日上午，浙江省塑料行业协会五届五次理事扩大会议暨常务理事会在嘉兴南湖国际俱乐部大酒店隆重召开。会议由协会会长韩新伟主持，协会理事单位及部分会员单位负责人共100余人出席会议。

会议首先听取了协会会长韩新伟关于协会年度工作报告、副会长兼秘书长汪建萍关于协会2018年度财务收支情况的报告。经与会理事认真审议，顺利通过以上报告。汪建萍副会长就2018年及2019年上半年浙江省塑料行业运行情况进行了介绍，为与会代表加深行业了解、做好企业未来经营带去了较有价值的信息。

在协会工作报告中，韩新伟会长指出，未来一阶段，外部经营形势依然严峻，新一轮科技革命和产业变革影响在持续加深，新一代信息技术、新材料技术、智能制造技术等给传统产业和企业带来了巨大冲击；全球政治经济局势不稳定，中美贸易战影响在加剧；国内经济增速放缓。在新旧动能转换、新老技术交替的今天，我们企业面临着巨大挑战和压力，但也是加快提升竞争力的机遇期。未来，塑化行业企业要与时俱进，努力抓住和用好我国的重要战略机遇期，坚持“资源节约型、环境友好型、科技创新型”的产业方向，坚持创新驱动发展战略，加快两化深度融合，把握好“一带一路”机会，加快提升企业科技创新能力和市场竞争力。同时，省协会也将继续秉持“以促进行业发展和为行业服务”的宗旨，更好地为企业、为行业、为政府服务，促进我省塑料行业的持续发展。

会议上，浙江普利特新材料有限公司常务副总经理唐翔、金华春光橡塑科技股份有限公司董事长陈正明、三友控股集团有限公司董事长张小椒、宁波鸿雁包装材料有限公司董事长李玉斌做典型企业发言，协会部分理事单位、地市塑料协会代表进行了内部交流，重点就企业上市、应对内外部挑战、追求企业持续发展、修炼企业内功等议题进行了深入交流，会议希望我省塑料企业能坚持思想领先、信息化领先、智能化领先、质量领先、市场化领先、技术改造领先、制度领先，走创新发展道路；坚定发展信念，勇往直前，不断攻克发展过程中的难题；加强协会与企业、省协会与地方协会的沟通交流合作，促进共同发展。

作为理事扩大会议的重要组成部分，26 日下午协会组织了与会代表实地参观行业优秀企业——浙江普利特新材料有限公司。参观团成员听取了普利特有关负责人关于普利特智能制造探索历程，包括物料输送系统开发、LFT 生产线、电子报表设计、全线自动化集成、系统间互联互通、MES 和 BI 系统开发等，实地参观了普利特自动化生产车间，感受到了普利特多元的企业文化、企业智能化高效运作、内部科学管理等，给参观团留下了深刻的印象。

18. 协办并组织行业企业参观“第十九届中国塑料交易会”

10 月 11 日，“第 19 届中国塑料交易会”在台州市（路桥）国际会展中心举行，浙江省塑料行业协会会长韩新伟、协会副会长兼秘书长汪建萍、常务副秘书长郭利强作为嘉宾应邀出席开幕式。

为加强企业间的交流与合作，协会继续协办并组织业内 100 余家企业参观“第十九届中国塑料交易会”。

19. 参加伟星新材创业 20 周年庆典

10 月 12 日，在举国欢庆共和国 70 周年华诞之际，浙江伟星新型建材股份有限公司（以下简称伟星新材）迎来了 20 岁生日。伟星新材在浙江临海市举办创业 20 周年庆典仪式，行业领导嘉宾、技术专家、全国优秀经销商、合作伙伴和伟星员工们 500 余人齐聚临海，共同庆祝伟星新材 20 周年，浙江塑协副会长兼秘书长汪建萍应邀参加庆典活动。

20. 浙江塑协代表团参观考察德国巴斯夫公司

10 月 15 日，浙江省塑料行业协会副会长兼秘书长汪建萍率浙江塑协考察团一行 15 人，来到位于德国路德维希港的巴斯夫集团总部和巴斯夫股份公司参观考察，受到巴斯夫集团总部全球市场情报部 JianingHe 先生、基础石化产业全球战略主管 WolframStuer 博士、石化部亚洲超级项目总监 HartmutRiechers 博士等高管的热情接待。

Wolframstuer 博士在介绍了巴斯夫的情况、研究内容与项目后，陪同代表团参观了巴斯夫客访中心和巴斯夫总部生产区域，之后双方在巴斯夫总部三楼会议室就双方感兴趣的问题进行了讨论交流。

交流会上，基础石化产业全球战略主管 WolframStuer 博士首先致欢迎词，之后浙江塑协副会长兼秘书长汪建萍介绍了浙江省塑料行业的基本情况、中国 PE 市场的发展趋势、塑料循环利用情况、中国塑料行业的发展趋势等问题进行了简要介绍，随后双方就环保、未来废旧塑料回收利用市场前景、PE 和 EVA 今后发展方向、降解塑料的应用前景等问题进行了交流，通过介绍和交流，加深了代表团成员对德国巴斯夫公司的进一步了解，看到了大公司的格局及其对社会的责任感和对世界发展趋势的把控，给代表团员留下了深刻的印象。

汪建萍副会长兼秘书长向巴斯夫高层对浙江塑协代表团的热情接待接待和精彩介绍表示感谢，交流结束后，巴斯夫公司邀请浙江塑协代表团在巴斯夫公司餐厅共进午餐。

通过参观与交流，代表团见识了百年历史的世界 500 强企业的风采，看到了国外公司的研发能力和管理水平，获益匪浅，收获颇丰。

21. 浙江塑协组团参观 2019 德国 K 展

10 月 16—23 日，全球最大的行业展会——K2019 在德国杜塞尔多夫隆重举行，为及时了解全球塑料行业现状及发展趋势、加强企业与国外先进企业的交流与合作、加快企业转型升级步伐，浙江塑协组团参观 K2019。

通过参观德国 K 展，代表团成员受益匪浅，收获颇丰，对国际塑料行业前沿动态和最新技术有了更进一步的了解，大家纷纷表示，中国是世界人口第一大国，也是塑料制品消费的第一大国，市场巨大，塑料行业发展前景广阔，但同时也存在许多问题，总之：塑料行业挑战与机遇共存，我国塑料行业目前在加工设备、精密化和高速化、原材料高质化、研发水平和能力、管理和服务理念等方面与世界发达国家仍有差距，中国塑料行业要真正走出国门，必须不断加强与国外先进企业的交流与合作，学习先进的管理及服务理念，加强科技创新，注重大质量管理，提高行业产品质量和产品附加值，以此提高行业竞争力，推动塑料行业可健康可持续发展。

22. 参加“2019 中国（陕西）塑料产业行业论坛”

11 月 15 日，“2019 中国（陕西）塑料产业行业论坛”在西安隆重举行，本次论坛由陕西省工业和信息化厅主办，陕西省塑料工业协会协办。出席会议的有中国塑料加工工业协会、有关省（市）塑料行业协会、陕西省内各市（区）工信主管部门、陕西重点化工园区管委会、有关高校、科研院所的行业专家、全国各地塑料上下游的企业家、国内金融期货、仓储物流等行业的代表四百余人共同参与了此次盛会。陕西有关政府部门、煤化工企业、塑料加工企业等单位的领导应邀参加论坛。

15日上午，中国塑料加工工业协会朱文玮理事长首先为大会致辞，随后参会的各省（市）塑料行业协会的领导分别就各省（市）塑料行业的现状、存在的问题及应对措施等进行了深入的剖析，并对陕西省塑料行业协会的成立表示祝贺。

浙江省塑料行业协会副会长兼秘书长汪建萍在会上做浙江省塑料行业现状及发展趋势报告，报告就浙江省塑料行业现状、优势、存在的问题及对策进行了深入分析，浙江是塑料大省，产量占全国同期塑料总产量的14%，有较强的塑料机械和模具设计制造能力，2018年全省塑料加工专用设备产量达121450台，占同期全国塑料加工专用设备产量的42.54%，居第一位，宁波是中国最大的注塑机生产基地，被誉为“中国塑机之都”，舟山地区是我国最大的塑料机械用螺杆基地，有“中国塑机螺杆之都”之称，余姚和黄岩模具加工产业在国内知名度很高，有“中国模具之乡”之称；另外合成树脂工业发展迅速，产能已突破1000万吨，未来随着浙江石化的建成投产，浙江省合成树脂的产量还将有较大增长。

我国西部地区是塑料产业正在快速发展的重要区域，陕西作为西北地区最发达的省份，云集了许多知名的大专院校和科研机构，同时陕西也是煤化工大省，资源优势明显，目前PVC产能140万吨，PP产能220万吨，煤化工优势明显，这些为陕西塑料行业的发展提供了强有力的支撑，过去二年陕西塑料行业产量增幅远高于东部省份和全国平均增幅，是增长最快的省份之一。

15日下午，中国塑料加工工业协会理事长朱文玮作行业报告，他对当前塑料行业存在的问题提出了深刻、独到的见解，并对塑料行业未来的发展寄予厚望。陕西省塑料工业协会会长李大鹏对陕西省塑料产业发展的历史、发展优势和发展理念做了专题报告。会议举行了陕西省塑料工业协会揭牌仪式，陕西省塑料工业协会正式成立。

在参会代表的共同见证下，陕西省塑料工业协会与西咸新区沣东新城管委会、陕西省汽车工业协会、富县工业园区管理委员会签订了战略合作协议；沣东自贸产业园与拟入园企业签订了战略合作协议。

23. 参与浙江省级工业产品生产许可事中事后监督检查工作

为贯彻落实《国务院关于调整工业产品生产许可证管理目录加强事中事后监管的决定》和《浙江省市场监督管理局关于印发<浙江省市场监督部门“双随机、一公开”监管工作细则>的通知要求》，加强工业产品生产许可事中事后监管，督促全省工业产品生产许可获证企业落实质量安全主体责任，严格依照生产许可证管理相关要求开展生产经营活动，浙江省工业产品生产许可证办公室于2019年10月—12月对食品相关产品等相关获证企业开展了省级工业产品生产许可事中事后监督检查，11月下旬，浙江塑协作为组长单位对省内10家食品相关产品（塑包）生产企业进行了生产许可事中事后监督检查。

24. 参与食品用包装、容器、工具等制品的市场准入工作

目前国家已将食品用塑料包装、容器、工具等产品实施市场准入制度管理，我会积极引导企业开展此项市场准入工作，同时作为组长单位参与食品用包装、容器、工具等制品的市场准入工作，截至2019年底，全省获证企业1600余家。

25. 协会牵头组织制定的四项“浙江制造”标准发布

由浙江省塑料行业协会牵头组织制定的《两轮移动式塑料垃圾桶》、《高强度冷收缩拉伸套管膜》、《农业用聚乙烯吹塑棚膜》、《改性环保PVC木塑复合颗粒料》四项“浙江制造”标准已于2019年由浙江省品牌建设联合会发布。

26. 参加“中国工程塑料之都”的评审（复评）

12月2-3日，根据中国轻工业联合会《中国轻工业特色区域和产业集群共建管理办法》、中国塑料加工工业协会《中国塑料行业特色区域和产业集群管理办法》的要求和宁波市经济和信息化局关于要求对宁波市“中国工程塑料之都”开展评审（复评）工作的函，中国轻工业联合会、中国塑料加工工业协会组织专家评审组赴宁波对“中国工程塑料之都”进行评审（复评）。浙江省塑料行业协

会副会长兼秘书长汪建萍作为专家评审组成员参加。

专家评审组现场考察了中国科学院宁波材料所、宁波锦地工程塑料有限公司、宁波汇邦尼龙科技有限公司、中国塑料城等单位，并召开评审（复评）工作会议，评审组认真听取了宁波市工程塑料近年来的工作汇报，并就有关问题进行了质询，经过认真仔细地认证和讨论后提出专家组评审意见，一致同意，中国轻工业联合会和中国塑料加工工业协会继续授予宁波市“中国工程塑料之都”称号。

27. “2019中国塑料薄膜暨包装印刷行业高峰论坛”在义乌召开

12月21日，“2019中国塑料薄膜暨包装印刷行业高峰论坛”在义乌召开。本次论坛由浙江省塑料行业协会、江苏省塑料加工工业协会、河北飞塑文化传媒有限公司和河北塑展会展服务有限公司共同主办，来自全国塑料包装行业上下游企业的负责人及有关专家200余人应邀参加论坛，共同探讨学习塑料、薄膜包装行业新趋势、新发展。

28. 积极参与塑料行业国标及行标的有关工作

12月23日，根据全国塑料制品标准化技术委员会（SAC/TC48）的安排，协会副会长兼秘书长汪建萍在北京参加行业标准——《PVC充气式漂流艇》《帐篷用人造革合成革》《塑料气垫卷膜》和国家标准——《塑料制品薄膜和片材摩擦系数的测定》《塑料制品聚丙烯（PP）挤塑板材要求和试验方法》《塑料薄膜和片材抗黏连性的试验方法》的评审会。

29. 积极办好“浙江塑料网”

为做好对会员的服务工作，协会努力办好“浙江塑料网”，积极报道国家有关政策法规、预警信息、行业动态、市场信息、质量及标准等信息。

30、撰写2019年浙江塑料年鉴

撰写《2019年中国塑料加工业年鉴》中“浙江省塑料加工业篇”。

（浙江省塑料行业协会　汪建萍）

温州市

一、塑料制品工业概况

民营经济活跃的温州市塑料制品行业，2019年保持了经济稳增长态势。全市塑料制品企业2300家，全社会产值约600亿元，其中规模以上企业311家，实现工业产值223亿元，比上年同期增长4.8%；规模企业产量135万吨，较上年同期增速为5.8%，塑料制品工业是温州市工业支柱产业之一（表1，表2，表3）。

表1　　2019年规模企业塑料制品分产品产值及产量

企业生产产品	企业数/家	工业总产值		产品产量	
		累计/万元	增速/%	累计/吨	增速/%
合计	311	2231071	4.8	1345185	5.8
塑料薄膜	59	645266	5.5	449778	1.9
塑料板、管、型材	20	102356	4.7		
塑料丝、绳及编织品	109	795392	12.2		
泡沫塑料	8	51661	-1.5	24135	4.9
塑料人造革、合成革	26	231157	-13.3	95827	-10.3
塑料包装箱及容器	5	15204	5.9		
日用塑料制品	14	77702	12.4	10128	2.8
塑料零件及其他塑料制品	70	312333	1.6	765317	10.8

表 2　　规模企业塑料制品分县市区产值及产量

县市区名称	企业数/家	工业总产值		产品产量	
		累计/万元	增速/%	累计/吨	增速/%
温州市	311	2231071	4.8	1345185	5.8
鹿城区	2	8075	-4.6		
龙湾区	19	149640	-16.9	67141	-10.4
瓯海区	10	41475	3.8	5371	29.0
开发区	13	101730	4.7	34066	-5.2
永嘉县	4	10321	-38.2	2123	-37.3
平阳县	68	565379	14.5	549261	13.3
苍南县	83	641874	6.6	370605	4.4
瑞安市	56	397566	0.4	299256	0.7
乐清市	56	315013	6.9	17363	4.5

表 3　　规模企业 2019 年经营情况

从业人员/人	同比增速/%	营业收入/亿元	同比增速/%	利润总额/亿元	同比增速/%
31214	-4.5	210.74	2.3	5.88	163.2

2019 年温州塑料行业十强企业见表 4。

表 4　　2019 年温州塑料行业十强企业

企业名称	产值/万元	销售收入/万元	产量/吨	上缴税金/万元
温州晨光集团有限公司	135486	116259	125236	3067
中广核俊尔新材料有限公司	102600	179980.7	65344	3661.84
浙江强盟实业股份有限公司	68312	70853	48317	2193
瑞安东威塑胶有限公司	67159	66893	74488	1038
长虹塑料集团有限公司	58700	58500	20000	5108
启明新材料股份有限公司	48228	46556	44888	19
温州市金田塑业有限公司	47297.96	65162.97	51532	1090.6
浙江新力新材料股份有限公司	43000	38900	22968.03	1518
南塑集团有限公司	38275	37289	35932	1193
浙江金石包装有限公司	25920	22535	6415	1221

根据海关提供的数据，2019 年全行业出口交货美元值 9.16 亿元，比上年增长 95.05%；人民币值 63.43 亿元，同比增长 99.51%，情况如下（表 5、表 6）。

表 5　　温州塑料制品 2019 年出口及市场（一）

（海关统计）

国家和地区	美元值/元	同比/%	人民币值/万元	同比/%
合计	742504682	141.52	5142697378	152.92
其中：				
欧盟（28 国）	104594467	34.19	721101720	39.92
美国	76184608	16.24	525117208	21.11
东盟	194576295	709.67	1355500047	753.5
俄罗斯	13967860	100.98	96673511	110.2
非洲	59771909	226.66	414588202	243.64
拉丁美洲	57768662	48.93	399444712	55.51
中东	91825369	313.32	636768190	335.04

表 6　　温州塑料制品 2019 年出口及市场（二）

（协会咨询海关补充数据）

国家和地区	美元值/元	同比/%	人民币值/万元	同比/%
合计	173850614	7.06	1200034007	12.02
其中：				
欧盟（28 国）	24514886	9.32	168633405	14.29
美国	13598699	-40.29	93989890	-37.5
东盟	39549695	18.73	273493580	24.3
俄罗斯	4231177	32.67	29105975	37.8
非洲	25919494	68.2	179055016	76.38
拉丁美洲	20131737	0.24	138947708	4.81
中东	21403517	41.26	148030022	48.44

二、经济运行特点

1. 经济探底回升，趋势向好

温州塑料制品工业在 2010 年、2011 年为巅峰期；2012 年、2013 年、2014 年经济进入新常态，挑战困难加剧，行业经济有所下滑；从 2015 年后，行业经济连续 5 年稳增长（表 7）。

表 7　　行业近 10 年（比较上一年）生产情况　　单位:%

年份	2010	2011	2012	2013	2014	2015	2016	2017	2018	2019
产值	24.56	9.15	-4.96	-0.34	-7.5	0	8.1	5.1	2.2	4.8
产量	12.45	4.71	-3.86	-1.15	-1.7	8.9	12.2	1.5	-2.2	5.8

2. 塑料产业集聚度较高

塑料编织品生产主要集聚在平阳、苍南两县，占总产值 35.65%；塑料薄膜生产主要集聚在瑞安市及苍南县，占 28.92%；塑料合成革主要集聚在龙湾区，占10.36%；塑料配线器材生产主要集聚在乐清市，占14.12%。五大区域（平阳、苍南、瑞安、龙湾、乐清）的产值占全部产值的93%。

3. 传统产业占主导地位，新兴产业显后发优势

代表温州区域品牌的产品中塑料编织袋增幅最大，比上年增长12.2%；塑料合成革产值逐年下降，2017年在全市制品产值中占比18.34%，2018年占比13.7%，2019年占比降到10.36%。新兴产业塑料新材料、医用及航空、汽车用塑料制品的占比呈扩大趋势。

4. 产品出口高增长成为亮点

2019年全行业塑料制品出口比上年增长达95%以上，国字号传统产品塑料薄膜、塑料编织袋保持一定的出口量，乐清生产的配线器材产品大部分出口，特别是医用塑料、塑料新材料及先进的塑料包装制品出口大幅上升，创造了历年来最好成绩。

三、行业团队，人才建设

1月8日，在温州市塑料行业协会五届四次会员大会上，行业人才专家库建设正式启动，4月9日，召开“行业人才专家库人员评审会”，经过比较筛选，择优审定31人，作为第一批入库人员。

温州塑料行业人才专家库正式成立之后，一是设立电话热线，方便企业来电咨询问题洽谈技术援助；二是与温大等高校联系，举办由60多位行业技术骨干参加的“先进高分子材料高研班”，共三天时间；三是走访服务，专家库人员分批次根据不同专业、不同问题下县下企，全年已走访十几家企业，实施点对点服务。

上半年，由温州市经信局组建的温州民营经济咨询团，温州市塑料行业协会等10个协会成为全市首批合作单位。在年中召开的温州市创新创业人才奖励大会上，温州赵氟隆有限公司陈国龙教授级高工带队的创新团队，入选“高水平创新团队”，中广核俊尔新材料有限公司黄瑞杰高工，入选“高层次人才特殊支持计划”科技创新领军人才。

2019年8月28日，在江苏省常州市召开的2019年塑编产业链技术交流与市场对接会上，温州4家塑料编织袋生产企业获全国塑编企业20强称号，分别是温州晨光集团有限公司（第2位），南塑集团有限公司（第5位）、浙江华庆集团有限公司（第13位）、浙江瑞旺科技有限公司（第16位）。

2019年9月17日，在河北省沧州召开的“中国塑料产业链高峰论坛暨中国塑料协会成立三十周年庆典”大会上，金田高新材料股份有限公司获得“中国塑料行业突出贡献单位”称号。温州塑料协会名誉会长宋云鹤评为“中国塑料行业杰出人物”。

10月26—27日，2019年世界青年科学家（温州）峰会——塑料新材料对接会在苍南召开，塑包产业技术对接会在平阳召开，峰会期间，温州金田塑业有限公司和温州晨光集团有限公司，分别与中国科学院院士杨玉良团队和中国石化北京化工研究院首席专家宋文波进行了项目合作签约。

四、标准化和品牌工作

“品字标浙江制造”品牌建设顺利实施，浙江强盟实业股份有限公司生产的“光学级蓝色双向拉伸聚酯薄膜”、中广核俊尔新材料有限公司生产的“低压电器外壳专用阻燃增强聚酰胺”和浙江新力新材料股份有限公司生产的“低压电器用抗高温黄变阻燃增强聚酰胺”等三个产品获得“品字标浙江制造”证书。

佑利控股集团有限公司牵头的“工业用氯化聚氯乙烯（PVC-C）管材、管件”、浙江华安安全设备有限公司牵头的“多功能警用防暴头盔”、诚德科技股份有限公司牵头的“凹凸扣站立立体包装袋”等三个产品列入“浙江制造”标准制订计划，到目前为止，全市塑料行业有11家企业负责牵头的12个产品列入“浙江制造”标准制定计划，其中《聚四氟乙烯衬里容器》《低压电器外壳专用阻燃增强聚酰胺》《低压电器用抗高温黄变阻燃增强聚酰胺》《光学级蓝色双向拉伸聚酯薄膜》《塑料编织阀口袋》《地暖用阻氧交联聚乙烯（PE-Xa）管材》《聚酰胺/聚乙烯复合液体包装膜、袋》《纸张用烫印薄膜》《自粘包书膜》《自立式自封袋》10个标准已经发布实施，另外2个标准也已经启动制定。

企业积极参与国标和行标的制订工作，南塑集团有限公司、温州晨光集团有限公司、长虹塑料集团有限公司、中广核俊尔新材料有限公司、浙江南方塑胶制造有限公司、温州赵氟隆有限公司、佑利集团有限公司、浙江金石包装有限公司、温州升华塑料包装有限公司等20多个企业都纷纷牵头或参与相关标准的制修订工作，据统计，到目前为止共参与制定的国家标准29个，行业标准近90个。协会收集归档各类标准文本或电子稿超百个，供企业查阅。

瑞安市东威塑胶有限公司BOPP膜被评为浙江省名牌产品，至此全行业拥有浙江省名牌产品8

个，温州市名牌产品 16 个。

温州市塑料行业协会团体标准，编号为 T/WS××××—××××，于 2017 年 12 月 5 日，得到国家标准化管理委员会批复授权，协会由此成为本地区第一家由国标委授权起草团体标准的社会组织。

五、承接政府部门部分职能

协会承接政府职能主要有四项：一是专业技术职称评审；二是外贸预警；三是行业经济运行分析；四是质量工作改革试点。

职称培训工作坚持了 15 年，从 2004 年开始，年复一年，从未间断。今年评审和继续教育如期展开。职称评审平均每年四五十人，保质重于保量。15 年来，行业内共有 737 人参与培训，658 名同志获得塑料专业技术职称。

为了支持企业产品出口，2011 年协会成立外贸预警点，2014 年又入库浙江省产业安全（损害）预警监测分析系统。服务点及时反映行业产品出口订单情况，已成为有关部门了解企业出口的信息窗口。7 家企业加入全省监测分析系统，几年来，每月申报率、合格率达到 100%。

协会加入全市质量工作改革试点，利用协会刊物、网站、微信公众号、QQ 群、微信群等渠道宣传质量共治政策、信息及先进企业的案例。年初举办“塑料行业如何高质量发展”的专题论坛。派出 2 位同志参加“品字标浙江制造”行业协会训练营为期 5 个月的学习，7 月份有 4 家企业代表参加在温州大学进行的 2019 年温州市“品字标”品牌专题培训班，行业“质量共治”成效显著。

8 月 23 日，协会与市经信局签订购买服务合同，每年每季向政府部门提供行业经济运行报告，协会的行业经济调研分析工作，已坚持 20 来年。由此，温塑协被市职能办评为温州市承接政府职能“十佳优秀社会组织”之一。

（温州市塑料工业协会　周肇枢）

安徽省

2019 年是形势十分复杂、不确定性陡增的一年，全球范围内制造业领域的加速复苏遭遇瓶颈，贸易领域的紧张空气正向外扩散，世界经济形势发生着复杂而深刻的变化。2019 年协会以习近平新时代中国特色社会主义思想为指导，认真学习并积极贯彻党的十九大和十九届四中全会精神，努力做好协会的各项具体工作。根据协会走访调研了解，我省的大多数塑料加工企业压力仍然很大，盈利能力仍未提高，亏损面并未收窄，发展形势依然十分严峻，全省塑料行业还是十分艰难地度过了这一年。根据国家统计局的数据，截至 2019 年 11 月底，我省规上塑料加工企业累计完成塑料制品产量 619. 54 万吨，占全国比重为 8. 61%，跃居全国第三名，比上年同期增长 8. 34%，增速依然强劲。以上数据表明，虽然在这一年中充满了太多的不确定性，也存在很多困难，但在全省塑料行业各位同仁们的共同努力下，安徽塑料人还是交上了一份不错的答卷。

随着消费升级和产品迭代加速，塑料的用武之地将更为广泛和高端化，塑料在人类生活及科技发展中已不可或缺。然而由于长期以来的各种问题积累，塑料很容易被误解、被低估。2019 年我省塑料制品总产量和增速综合水平居全国前列，整体运行平稳。但我省塑料行业存在的问题仍然较多，主要有以下几个方面。

一是受国际政治和宏观经济继续下行压力的影响，市场不确定性提高、稳定性差，生产难以均衡。尤其是我省产量较大的主要产品品种是注塑、吹塑和吸塑类工业配套塑料零部件，受下游企业订单不稳定影响较大，塑料企业产能闲置和产能不足，人员富余和人员短缺交替发生问题继续严重。

二是市场信心仍然不足，企业能力提升意愿持续减弱。下游企业市场竞争更加充分，对其上游塑料企业的降本要求越来越高，由于产品价格对成本的倒逼，致使多数塑料企业盈利能力难以提升，亏损面继续扩大。下游订单又僧多粥少，行业无序竞争现象积重难返，对行业内规范经营企业负面影响越来越大，致使多数优质企业固定资产投入和技术改造意愿持续减弱。

三是营商环境和资金链问题。我省塑料加工行业大部分企业一直处于供应链的中段，向上游原材料供应商付的是现款，且不让欠款一分；下游客户却非欠不可，一欠几月，且付的还是六个月甚至更长时间的承兑汇票，因此，融资仍然是我省塑料企业的必由之路。因资金链断裂或亏损严重而关门倒闭的企业为数不少。

四是人才和技术缺乏、装备相对落后以及模具产业匮缺已成为制约行业发展的瓶颈。

五是产品创新意识不强。我省虽然是塑料大省，但高附加值塑料制品却为数不多，多数企业创新意识不强，自主研发能力也不足，走向塑料强省尚需时日。

六是环保执法尺度不够清晰对行业生存和发展的影响。近一两年来，随着中央对生态文明建设和生态环境保护工作的重视程度越来越高，各级环保部门对企业的环保要求也越来越高，这本身是件好事，但在基层的执法过程中往往会出现没有量化的模糊执法。虽然在《大气污染物综合排放标准》GB 16297—2017 中明确表述了无组织排放监控浓度限值新污染源为 4.0mg/m^3，现有污染源为 5.0mg/m^3。但在《中华人民共和国环境保护法》《中华人民共和国大气污染防治法》、GB 37822—2019《挥发性有机物无组织排放控制标准》和《大气污染物综合排放标准》GB 16297—1996 中都没有明确界定企业在何种条件下可以无组织排放或在何种条件下需要有组织排放，这给技术能力相对薄弱的行政执法部门执法提供了极大的想象空间，也给执法带来了很多的不确定性，容易发生“一刀切”等不当治理或盲目过度治理现象。

（安徽省塑料协会　张仲婉）

山东省

一、行业概况

2019 年，山东省塑料工业面对外贸市场受阻、国内市场需求不足，资本和劳动力成本上升等一系列不利因素，行业整体稳定发展，在国家一系列宏观经济政策扶持下，加快行业转型升级的步伐，行业制品产量略有降低，受塑料原料价格低迷影响，主营业务收入、塑料制品产值降幅较大，但利润总额保持一定幅度的增长，呈现出良好的发展趋势。2019 年全省塑料行业实现主营业务收入 1868.7 亿元，同比增长-35%；完成塑料制品总产量 1477.3 万吨，同比增长-6.5%；实现利润总额 179.1 亿元，同比增长 1.8%。全部职工 56.7 万人。其中规模以上企业 1221 家：实现主营业务收入 1382.8 亿元，同比增长-30%；利润总额 154.6 亿元，同比增长 4.3%。

产业结构得到进一步改善，小、散、乱、污企业基本淘汰出局，产能向优势企业集中，产业集群带动效应明显，但结构性矛盾依旧突出，企业创新原动力不足，企业生产受制约因素太多、政策执行随机性太强。山东省塑料行业总体规模位居全国前列，其中，农用薄膜、塑料编织制品、一次性 PVC 手套、塑料绳网、塑料土工合成材料、塑料管材、型材等大类产品在全国都占有重要位置。塑料新材料、新工艺、高附加值产品与世界先进水平差距较大。

二、行业发展情况

1. “化塑家”互联网服务平台交流会召开

2019 年 3 月 26—27 日，“化塑家”平台服务交流会在龙口市召开。“化塑家”是山东道恩集团旗下山东化塑云商科技股份有限公司打造的化塑产业互联网服务平台，秉承“云聚化塑伙伴、相聚共享生态”的理念，共享道恩 27 年化塑产业沉淀，服务实体制造企业，运用互联网技术造化塑产业互联网服务生态圈。利用平台化、信息化与数据化的优势，努力为塑料企业降本增效，提升用户竞争能力。

2. 《山东省塑料行业生产条件规范》发布

为规范我省塑料企业生产经营行为，加强行业指导和规范，改善企业生产条件，加快新旧动能转换和转型升级步伐，实现行业可持续健康发展，按照省轻工集体企业联社工作安排，依据国家有关法律法规、标准和《〈中国制造 2025〉山东省行动纲要》《山东省推进工业转型升级行动计划（2015-2020 年）》《山东省塑料行业“十三五”发展规划》等产业政策要求，在充分调查研究的基础上，制定了《山东省塑料行业生产条件规范》。2019 年 5 月 5 日，《山东省塑料行业生产条件规范》正式发布。

3. 协会参与“双百扶贫”工作

为全面贯彻党的十九大精神，坚决落实党中央关于打赢脱贫攻坚战重大战略部署，广泛引导和动员社会组织、社会工作专业力量参与脱贫攻坚，根据党中央、国务院引导支持动员社会组织、社会工作专业力量参与脱贫攻坚系列文件精神，山东省民政厅招募107家省管社会组织参与“双百扶贫行动”，山东省塑料协会积极报名参与。

根据省民政厅的工作安排，山东省塑料协会对接临沂市平邑县丰阳镇朱家村、北城村两个村，定点帮扶、精准扶贫。2019年6月4日，山东省塑料协会一行三人，在刘路兴会长的带领下，前往平邑县丰阳镇朱家村、北城村两个定点扶贫村看望贫困人员。时值端午节前夕，协会给他们带去了香甜的粽子，在走访、慰问贫困人员之余，分别与朱家村、北城村两个村的领导班子座谈，就下一步的帮扶工作进行深入探讨。

2019年，增加帮扶临沂市平邑县温泉镇西围沟村，目前，协会已对接西围沟村的第一书记。为确保真扶贫、扶真贫，努力提高扶贫攻坚的统筹性、针对性、实效性，特制定了精准扶贫帮扶工作方案。

4. 积极参与乡村振兴工作

为全面贯彻党的十九大精神，坚决落实党中央关于打赢脱贫攻坚战重大战略部署，广泛引导和动员社会组织、社会工作专业力量参与脱贫攻坚，根据党中央、国务院引导支持动员社会组织、社会工作专业力量参与脱贫攻坚系列文件精神，山东省民政厅招募一百多家省管社会组织参与“乡村振兴行动”，山东省塑料协会积极报名参与。

根据省民政厅的工作安排，山东省塑料协会对接青州市乡村振兴服务队，定点帮扶、精准扶贫。目前，山东省塑料协会已对接乡村振兴青州服务队。王坟镇地处青州市区西南方向，辖区人口5万多人，境内丘陵、坡地占85%以上，交通不便，经济发展落后，全镇年财政收入不足800万元。王坟镇环境优美，是青州市水源保护地，不适合发展工业企业，农民收入以林果为主，青壮年多在外地打工。为确保乡村振兴工作的统筹性、针对性、实效性，乡村振兴青州服务队计划用两年时间，帮助王坟镇发展蔬菜种植和特色养殖，山东省塑料协会计划为蔬菜大棚和特色养殖所需的塑料大棚提供帮助。

5. 2019年“第五届中国临沂塑料博览会”胜利召开

2019年11月22—24日“第五届中国临沂塑料博览会”在组委会全体成员的共同努力下取得圆满成功。塑博会是集塑料机械、包装机械、塑料制品、塑料原料、塑料模具、塑料印刷、塑料包装制品等全产业链的展会，本届展览会得到了山东省轻工集体企业联社领导和华东六省二市塑协领导的大力支持。展会为期三天，展出面积16000平方米，展厅共设展位700余个。共吸引了200余家行业知名企业参展，参展企业现场成交额达6000万元，意向成交额达7000多万元，观众络绎不绝，范围涉及全国20多个省市及地区经销商、采购商参观采购，展商好评如潮，纷纷表示收获颇丰，客户满意度达70%—80%，成为鲁南苏北地区的塑料行业盛会。

三、科研及发展创新

1. 山东森荣新材料股份有限公司成功开发聚四氟乙烯微孔膜

聚四氟乙烯微孔膜具有使用温度范围广，摩擦因数小，化学性能稳定，低表面能，微孔结构等特点，产品有隔离膜、服装膜、高强膜等，广泛用于病菌隔离、空气除尘、空气除菌、水过滤、新能源、环保化工、烟气高精度过滤、电子生物医疗等领域。

PTFE高强微孔膜，作为支撑材料，与其他强度差的功能极性膜组合，起到离子阻隔和选择性通过的功能，如氢燃料电池膜。

PTFE超细精滤膜，利用PTFE的多细微孔的特性，用于芯片生产、超洁净净化室和医药超细粉末收集等关键领域，应用前景广阔。

聚四氟乙烯拉纳米膜（n-PTFE）具有高孔隙率，良好的透气性，和纳米级液滴阻隔性能，是医用防护用品最好的透气材料。聚四氟乙烯拉纳米膜对微小带病毒气溶胶或有害微尘的隔离效果显著，材料无毒无害，集通透性、密封性于一体。本研发项目适应目前国内防疫需求，拉长了氟材料的产业链，形成具有核心竞争力的产品。

2. 山东清田塑工有限公司喷涂除虫（菌）膜研发成功

清田喷涂除虫（菌）膜是新一代无公害，无农残，环保高效的农作物除虫灭菌产品。其起效原理是喷涂到植物表面的原液经脱水、氧化交联反应形成一层高黏度固体膜，可直接包裹和粘附灭杀害虫及虫卵。同时由于喷涂形成的薄膜可以阻隔空气，被覆盖的植物病菌、虫卵等将会缺氧窒息，进而达到灭杀目的。该产品已经过两年大田试验验证，对介壳虫、柑橘粉虱、黑刺粉虱等害虫的成虫、若虫、虫卵都有显著的灭杀效果。并可清除煤烟、粉虱坐壳孢、青苔及各种污渍。基于其物理灭杀的原理，该产品的适用范围非常广泛，可用于防治大部分常见害虫。产品无毒无残留，可用于高农残标准的蔬菜水果害虫病菌防治。

3. 道恩3000吨/年HNBR工业化装置建成投产

氢化丁腈橡胶（HNBR）是由丁腈橡胶（NBR）进行特殊加氢处理（碳碳双键氢化成为碳碳单键）得到的一种高度饱和的特种弹性体材料。产品具有良好的耐油、耐高低温、耐磨、耐臭氧、耐化学腐蚀、耐动态疲劳等特点，且机械性能优异，具有较好的抗压缩永久变形、高强度、高抗撕裂性能，是一种综合性能优异的特种橡胶材料。

HNBR的出现填补了普通NBR和氟橡胶之间使用温度的空白区域。HNBR在保持NBR耐油性的同时，还改善了耐热性、耐介质性和耐候性，由于其高度饱和的结构使其具有较高的耐热性能（可在150℃下长期工作），而且脆性温度要比NBR优异（HNBR的脆性温度可达-70℃），为解决极性橡胶的耐寒性开辟了一条新途径。HNBR的耐寒性优于氟橡胶，且刚度低、工艺性能好、密度低，可以加入更多的填料。HNBR的耐热性不如聚丙烯酸酯橡胶，但HNBR强度高、耐水性、耐磨性好，弹性和耐油性优越，加工性能优异。HNBR还是一种拉伸结晶性橡胶，具有较高的强度和耐撕裂性能、耐磨耗性能，其耐高温高压（180℃以下）的性能在所有橡胶中首屈一指。目前，我国HNBR主要用于制造与石油钻井设备配套的钻管保护器、螺杆泵、螺杆钻、石油封隔器、油封、垫片、泥浆泵活塞和海洋石油钻井平台配套软管以及汽车燃油系统及传动带。HNBR能更好的满足汽车制造、石油开采、航空航天、国防军工等领域对关键基础材料的特殊要求，特种HNBR在某些特殊领域更具有重要的战略意义，是特种橡胶中最有发展前途的胶种之一。

国外虽然实现了对于NBR加氢的工业化，但是HNBR的价格是NBR价格的10倍以上，使得HNBR虽然有良好的综合性能，却不能扩大化应用。在世界范围内，HNBR总产能约为2.2万吨/年。

在HNBR技术研究中，催化剂技术是难点，HNBR生产技术的优势主要体现在其生产过程所用催化剂体系的先进性上。道恩集团与北京化工大学联手攻克了行业堡垒，项目利用自主研发和独立知识产权的“催化剂”对NBR进行加氢还原，解决了催化剂加氢反应过程中的工艺问题，提高了催化加氢效率，缩短了反应时间，减少催化剂用量，同时解决了凝胶含量的问题，使HNBR产品质量达到了国际先进水平。2013年9月HNBR规模化制备技术通过了中国石油和化学工业联合会组织科技成果鉴定，专家组一致认为该成果整体技术达到了国际先进水平。

2019年6月，道恩3000吨/年HNBR工业化装置建成投产，生胶产品如图1所示。

图1　道恩氢化丁腈橡胶（HNBR）

4. 山东文远环保科技有限公司的全自动增压冲水泵投产

应用于农村旱厕改造的化粪池和配套冲厕弹簧式泵体蓄水桶，弹簧式泵体蓄水桶，以节水高效、结构简单，持久耐用，安装方便的优势，初步解决了农村旱厕改造中的主要技术难题，保证了旱厕改造前期施工的施工效率。但传统弹簧式泵体蓄水桶在使用过程中的不足也逐渐暴露出来，由于采用压缩弹簧式的泵体结构，使用过程中需要非常用力按压或踩踏才能保证有效出水量，因此并不太适用于老人、小孩、腿脚不便者等人员的使用。

山东文远环保科技有限公司的全自动增压冲水泵，冲厕时无须用力按压或踩踏，只需轻轻一按开关，即可达到出水定量可控、冲厕干净的效果。新泵体既能保证旱厕冲水效果，又能保证使用过程中简单方便，工艺性能更加优良，适用人群广泛。

全自动增压冲水泵的核心是高新流体机械技术——多体双曲柄机构泵原理技术设计的应用工程产品，其作用是对便器蓄水箱内的水实施瞬时增压泵送，从而在出水口高速水流喷出，持续对便器壁面冲刷，实现洁净清洗便器的功能。该产品应用于坐便器，可使坐便器的水效等级由6升排放标准降低至2升以下，节水幅度达到70%左右。全自动增压冲水泵是传统便器机械式排水阀的迭代升级替代产品技术，为旱厕改造冲厕升级换代应运而生，每年可为我国减少数百亿吨生活污水的排放，其优点总结如下：

1）低水耗：定频延时断开，流量 490 毫升/秒，小便冲厕延时 2 秒断开，单次冲厕用水 980 毫升，大便冲厕延时 4 秒断开，单次冲厕用水 1960 毫升，比 6 升节水标准排量节约 67%以上；

2）高精度、高强度：泵头主要采用高强度尼龙及纤维合金塑料实现高精密注塑成型，耐腐蚀，结构强度高；

3）低电耗：冲水泵有限功率 65 瓦，采用瞬时启动，年耗电不到 4 元；

4）高冲压、瞬升压：采用高速专用电机，实现低扭矩高转速高效，1 秒瞬间升压，工作压力达到 0.15 兆帕以上；

5）易维护：在实验室模拟工况条件下连续启停 3 万次，无变形、损坏、无卡死等现象，使用次数可达 60000 次以上；

6）安全、低噪：防水等级为 IP68，安全可靠，低噪环保，噪声低于 65 分贝；

7）操作简单：触碰电动按钮，按压即启动。

对于当前坐便器市场，全自动增压冲水泵有三个明显的应用价值：

1）节水，比常规坐便器的排水量降低 2/3 以上，巨大的节水效果可助力城镇的市政供水和污水处理大规模减轻负担；

2）应对未来城镇居家物联网化的发展趋势，坐便器是现代城镇家庭内少数没有普及电气化的设施之一，全自动增压冲水泵的应用可使坐便器物联网化普及成为可能；

3）大规模降低高端智能马桶的制造成本，高端智能马桶造价成本主要由智能控制和智能冲水两大块构成，其中智能冲水采用的是自动控制的电磁增压技术，造价昂贵，而全自动增压冲水泵的造价成本仅相当于电磁增压技术产品的 1/3。

5. 山东金冠网具有限公司防雾霾网项目立项

近年来中国的雾霾问题被大家甚为重视，越来越多的人知道了雾霾的危害。人们为了避免雾霾的危害，使用各种方法对雾霾“严防死守”，2019 年，山东金冠网具有限公司的防雾霾网项目立项并动工建设。防雾霾窗网发明专利号 201611170753. 2，本发明提供的防雾霾窗网既具有除尘功能，又具有过滤细菌和有害化学气体的功能，并且可以有效地控制和改善阴霾天气中高空和室内空气质量，最大限度的吸收空气内的有害细菌，微生物和尘埃，对保护室内居住者的身体健康起着很大的作用。

山东金冠网具有限公司是一家研发、生产、销售安全网的专业公司，是“中国绳网之都”的龙头企业，产品出口英国、美国、德国、阿联酋、迪拜等 60 多个国家公司和地区。山东金冠网具有限公司防雾霾网项目的建设将对惠民县绳网产业集群发展壮大，产业整体竞争力提升，做大、做强、做实“中国绳网之都”品牌，产生显著的推动作用和示范作用，同时也是公司提高市场竞争力，高点定位、以质取胜，促使企业获取更大增值效益的必由之路。

6. 国家公益性行业（农业）科研专项会议在济南召开

“环境保护型降解地膜研制与评价”作为中国工程院陈学庚院士主持的农业部公益性（农业）行业科研专项—“残膜污染农田综合治理技术方案”子任务之一，由农业部于 2015 年批准立项，于 2019 年年底收官结题。子任务课题由山东天壮环保科技有限公司牵头，联合吉林省农科院、江苏省农科院和新疆农业科学院，共同承担实施。

2019 年 6 月 10—12 日，国家公益性行业（农业）科研专项会议在济南和宿州两地举行。该课题针对我国农田“白色污染”问题日益严重的现状，及市场现有降解地膜存在使用成本高、使用性能差、降解不可控、难以产业化应用等问题，研制出一系列亩均综合使用成本远低于现有聚酯类降解地膜，适合我国典型区域典型作物生长需求和栽培模式的环境保护型生态地膜及其相应降解母料，并在环境保护型降解地膜的评价体系、产品和应用技术规程标准的制定等方面进行探索和创新，建立典型区域典型作物专用环境保护型降解地膜的集成示范区，有效实现从产品开发到应用的集成。

（山东省塑料协会　潘庆功）

河南省

一、基本情况

2019年塑料河南省塑料行业保持了平稳发展，体现出几个特点，一个是产业集群发展迅速，在产业布局方面，豫东地区、豫南地区、豫北以及以郑州为中心的中部地区是塑料制品行业相对较为集中的区域，形成了一批有较大影响力的产业集群。在地方政府政策的大力推动下，产业集群的建设围绕着绿色、生态、低碳、循环等战略进行下一步布局，将从单纯的加工型作业向高技术含量、高附加值的全产业链延伸。从而推进塑料加工产业集群的稳定、健康、可持续发展，进一步提升塑料制品行业的总体竞争力。一个是新材料、新技术快速推广应用，先后涌现出了诸多新型材料和新技术。例如改性材料、工程塑料、塑料合金与塑料复合材料在汽车、飞机、高铁、电子电器、信息、医疗及农业等领域的应用范围持续扩大。

在环保治理、提质增效等政策的影响下，河南省塑料行业整体上正在实现由规模数量型向质量效益型转变，从早期的遍地开花到如今的逐步集约规范，生物基塑料、塑料包装、医疗器械、智能设备、家具家电、汽车配件加工、尼龙制品等各类专业化、规范化的产业园区建设逐渐走上行业发展前台，成为推动行业发展的主要动力。在生产模式上也逐步由原来粗放式的生产逐渐向高质、精密、尖端发展，生产加工设备的信息化、智能化程度有了较大程度提升，以分布全省的众多智能工厂、智能车间为龙头的规模以上企业成为行业发展领头羊。2019年我省塑料制品整体产量稳中有升，河南省塑料制品产量424.42万吨。

河南省塑料加工设备制造业基础比较薄弱，现有塑料加工专用设备生产企业比较少，远远落后于广东、浙江、江苏等沿海地区。

二、大事记

1月9日，协会常务理事单位北京国威国际展览有限公司经理姬艳辉等企业领导来到河南省塑料协会，沟通交流工作，协商关于“2019中国（北京）国际塑料橡胶工业展览会”合作事宜。

1月11日，河南省塑料协会召开会长工作会议，讨论协会建设及年度工作安排，会议决定成立河南省塑料协会专家委员会，由协会副会长、郑州轻工业大学副校长方少明担任专家委员会主任，郑州轻工业大学材料与化学工程学院院长周立明兼任专家委员会秘书长，负责专家委员会筹备及日常工作。

1月21日，2019年全省工业和信息化工作会议在紫荆山宾馆召开，河南省塑料协会秘书长窦俊岭代表协会参加了会议。

2月20日河南省民政厅民间组织管理局召开社会团体建设座谈会，河南省塑料协会秘书长参会。

3月8日，“第二届文峰区（高新区）院企技术联盟创新资源对接会暨北清科技（安阳）创新研究院2018年年报发布会”在河南安阳召开，有30位行业专家和36家企业领导参会。国家科技部和安阳市文峰（高新）区领导出席了会议。

4月18日，中国塑料加工工业协会副理事长兼秘书长王占杰、副秘书长兼会员部主任刘姝两位领导到访河南省塑料协会，会长段同生、秘书长窦俊岭、办公室副主任苏海勇等协会领导热情接待了来访客人。双方就当前我国塑料行业发展形势、河南省塑料行业发展情况、今后协会间加强合作等问题进行了沟通协商。

4月17—19日，“中国塑协线缆材料专委会第一届三次会员大会暨2019年线缆材料行业技术交流会”在河南巩义召开，会议审议专委会2018年工作报告及2019年工作计划，举办了线缆材料行业相关技术、应用、市场、创新等方面专题报告，参会企业进行了广泛的互动交流。

5月5日，河南国威展览服务有限公司注册成立后正式投入运营，该公司与河南省塑料协会合作举办塑料产业博览会事宜。

5月19日，中国塑料加工工业协会七届四次理事扩大会议在广州召开。中国塑协主要领导以及来自全国各地的代表出席，河南省塑料协会会长段同生、秘书长窦俊岭参加会议。

5月21—24日，“第三十三届中国国际塑料橡胶工业展览会（CHINAPLAS2019国际橡塑展）”在中国广州·琶洲·中国进出口商品交易会展馆举行。河南省塑料协会组织并带领会员企业参展、参观、洽谈、采购。

6月4日，河南省工业和信息化厅组织召开全省工业领域“散乱污”企业综合治理工作推进电视电话会，河南省塑料协会秘书长窦俊岭应邀参会。

7 月 10 日，河南省新能源商会、河南省塑料协会、河南省电线电缆行业协会缔结为友好单位。利用新能源、新技术、新材料、新装备、新产品的共同资源优势，发挥各自的管理特色，形成相关产业的整体优势，立足解决协会、商会做好自我管理、自我约束、自我发展等问题。

8 月 6 日，“西北塑料发展论坛暨西北塑料交易中心平台上线发布会”在山西芮城风陵渡经济开发区召开，河南省塑料协会组织省内十多家塑料行业企业前往参会，西北塑料交易中心的建成，将对中西部地区塑料产业发展起到有力推动作用。

8 月 21—24 日，河南塑协组织部分企业到台湾高雄参观“台湾国际塑橡胶暨复材工业展（PLAS-COMTAIWAN）”，展会期间走访台湾塑料行业企业和台湾塑胶制品公会。

9 月 4 日，河南省塑料协会组织到河南百川环境科技有限公司二七区垃圾分拣中心考察调研，为迎接郑州市垃圾分类相关工作做好准备。

9 月 17 日，“中国塑料产业链高峰论坛暨中国塑协成立 30 周年庆典”系列活动在河北沧州渤海新区举行，河南省塑料协会会长段同生、秘书长窦俊岭应邀出席。

9 月 18 日，中共中央总书记、国家主席习近平在河南考察期间在郑州主持召开黄河流域生态保护和高质量发展座谈会并发表重要讲话，提出“要坚持山水林田湖草综合治理、系统治理、源头治理，统筹推进各项工作，加强协同配合，推动黄河流域高质量发展”，黄河流域生态保护和高质量发展理念的贯彻实施，将对沿黄地区产业布局和发展理念带来广泛而深刻的影响。

10 月 11—14 日，第 19 届中国塑料交易会在浙江台州市国际会展中心举行，河南省塑料协会组织省内外塑料行业企业参会。

10 月 16 日至 18 日，国际塑料、橡胶工业界的盛会--德国杜塞尔多夫国际塑料及橡胶展（K 展）在杜塞尔多夫展览中心举行，河南省塑料协会组织省内外塑料行业企业，由会长段同生带队前往参观学习、洽谈采购。

11 月 14—15 日，“2019 年陕西省塑料产业发展推进会暨高峰论坛”在陕西西安召开，会上举行了陕西省塑料工业协会揭牌仪式，陕西塑料工业协会走上陕西塑料行业发展的前台。河南省塑料协会会长段同生、秘书长窦俊岭应邀参会。

12 月 1 日起，《郑州市城市生活垃圾分类管理办法》施行，这意味着郑州即将进入生活垃圾强制分类时代。郑州市的垃圾分类政策的施行，也给全省各地市做出了榜样，现在各地结合自身实际正在加紧制定出台相关管理规范性文件。省政府发改、工信、市场监督管理等部门也联合多家机构和相关行业协会，正在制定关于防治白色污染，打造美丽生态河南等相关政策，下一步塑料行业相关产品的生产销售使用等方面会收到一定程度的影响。

12 月 11—13 日，“2019 中国（郑州）国际塑料产业展览会”在郑州国际会展中心举行。省内外众多塑协行业企业积极参展参观。此次展会是河南省塑料协会成立以来首次举办的塑料行业展会，也是协会更好履行“服务企业、服务行业、服务政府、服务社会”基本职能的一次尝试，为河南塑料行业拓宽交流渠道、增加合作机会、提升质量水平搭建桥梁。

12 月 11 日，“2019 河南省塑料协会年会暨中原塑料产业发展高峰论坛”在郑州国际会展中心召开，来自工信部全国新兴产业促进委员会、中国塑料加工工业协会及国内各省塑料行业协会的领导、省内外塑料行业的专家、学者、企业家等 150 多人出席了会议。

12 月 11 日，河南省塑料协会成立电料电器配件日用品专业委员会和河南省塑料协会塑料瓶专业委员会。

（河南省塑料协会　段同生、窦俊岭）

湖南省

一、基本情况

2019 年，湖南塑协坚持以习近平新时代中国特色社会主义思想为指导，全面贯彻新时代党的建设总要求，坚持以党的政治建设为统领，围绕增强塑协组织功能和组织力，优化“两个覆盖”，加强示范引领，注重提质增效，狠抓工作落实，奋力推进湖南塑料行业高质量发展。

1. 强化政治理论学习，牢记初心和使命

加强政治理论学习，抓好十九届四中全会精神的学习宣传贯彻，将深入学习贯彻习近平新时代中国特色社会主义思想作为塑协党组织的必修课，引导各党组织和党员自觉增强“四个意识”、坚定“四个自信”、做到“两个维护”。督促支部党员运用“学习强国”APP进行认真自学，保持正确的舆论导向，带头做好正面宣传，牢牢把握宣传思想工作主动权。不断强化塑协各会员党组织政治功能，强化分析研判和加强阵地管理，引导广大塑协始终与党同心同德、同向同行。巩固和深化“不忘初心、牢记使命”主题教育成果，引导行业各会员党组织和党员在各自岗位上扎实工作，认真践行初心使命。

认真贯彻《中共中央国务院关于营造更好发展环境支持民营企业改革发展的意见》，积极搭建平台、创新载体，引导塑协围绕决胜全面小康、决战脱贫攻坚贡献智慧和力量。

2. 强化示范引领，突出实干实效

积极参与湖南省两新党建“标杆引领”计划，聚焦重点企业、发挥龙头效应，加强塑协间的互动交流，将党建工作融入中心工作，将思想沟通融入业务沟通，达到党建工作与中心工作相互促进、共同进步的目的。

3. 加强行业运行监测，促进平稳增长

面对2019年中美贸易摩擦、国内外经济下行压力加大、国家环保政策从严和企业成本增加等一系列因素的影响，协会高度重视行业经济形势的发展变化，全面加强行业运行监测，开展深度分析、专题调研、预警预测、形势研判等工作，对行业运行中出现问题提出对策建议，促进了全行业健康平稳发展。

4. 产业基本情况：党的十九大以来，我省塑料工业企业发展方向更清晰，紧跟国家经济发展趋势，把提高供给体系质量作为主攻方向，深化企业供给侧结构性改革；发展脚步更有力。努力把握国家建设现代化经济体系、建设创新型国家、保障和改善民生、建设美丽中国等方面的机会，不断推进我省塑料产业的结构调整，加快我省塑料工业企业的转型发展，使得我省塑料产品制品产量仍保持较快增长。到2019年，我省塑料加工业的规模和效益仍保持了平稳增长。据不完全统计，2019年全年我省规模以上企业（年销售收入2000万元以上）塑料制品产量达405.83万吨，累计比同期增长15.61%，占全国总比例的4.96%。

5. 促进产业技术交流，服务企业创新发展。

协会继续做好行业的技术、市场等方面交流工作，为发展提供参考和支持。利用各种方式推广新技术、新材料、新装备和新产品，引导行业研究市场动向，分析发展方向。通过组织相关技术交流、宏观经济分析、产业发展研讨、智能制造推进等活动，引领行业健康发展，推动塑料制品向功能化、轻量化、复合化、生态化发展。

重点发展可降解包装、建筑及市政建设、工业、农用、汽车等塑料制品。大力发展阻燃塑料、3D打印塑料耗材、PMI泡沫塑料等特种功能塑料。推广绿色印刷，开发安全环保塑料包装产品。配套湖南汽车、高铁产业发展，积极引进塑料先进设备制造、模具、塑料加工企业，加大汽车用塑料件的开发生产，提升模具设计加工水平，做大做强塑料配套产业。推广应用废旧塑料回收再利用技术，加强废弃塑料回收利用。加快建设长沙、株洲、岳阳、永州塑料加工基地，推动我省塑料产业集群化发展。

6. 湖南省塑料行业协会参与并编写了湖南省经济和信息化委员会组织的《湖南省各行业协会关于疫情对行业复工复产影响分析报告》，深度分析了疫情对产业的影响，并提出了有关政策建议。

二、行业存在的问题

我省塑料加工业虽然实现了多年的快速发展，年均增长率超过国民经济增长率，但受国内外经济形势发展变化的影响，全省塑料行业产业结构不合理、科技创新能力低、生产力成本不断攀升等仍是制约着我省塑料行业发展的重要因素。

党的十八以来，国家提出面对资源约束趋紧、生态系统退化的严峻形势，必须树立尊重自然、顺应自然、保护自然的生态文明理念，走可持续发展道路。习近平总书记在十九大报告中指出，加快生态文明体制改革，建设美丽中国。坚持节约资源和保护环境的基本国策，坚持节约优先、保护优先、自然恢复为主的方针，着力推进绿色发展、循环发展、低碳发展，形成节约资源和保护环境的空间格局、产业结构、生产方式及生活方式，从源头上扭转生态环境恶化趋势，为人民创造良好生产生活环境，为全球生态安全做出贡献。

我省塑料工业必须把握国家经济这一发展大趋势，在生态文明建设中创新技术，求得发展。但是我省塑料工业以民营经济占主导地位，党的十九大以来，我国民营经济站在一个新的历史起点上，既迎来了新的机遇，也面临着新的挑战。民营经济不仅与国有经济处于平等的竞争地位，也同样承担着国民经济发展的战略性任务，同样接受着国内外市场竞争的严峻考验。在这样一个新的历史时期，我国民营经济将如何定位，这个问题值得我们深入探讨。

我国是以公有制为主体，多种所有制经济共同发展的基本经济格局，民营企业是我国基本经济制度的重要组成部分。公有制企业，资本力量较为雄厚，有利于集中力量办大事；但是，民营企业机制灵活，能够适应多变的市场，具有较强的发展机制与持续成长能力，然而由于存在以下原因，我省塑料工业的发展面临不少困难和问题，具体体现在：

1. 科技创新能力偏低、缺乏竞争力

我省塑料工业整体状况相对落后，科技创新的能力有限，缺乏自主知识产权技术，特别是缺乏企业和高等院校、科研院所的有效结合，共同开发产品的技术创新能力偏低，同时我省塑料工业生产装备水平不高，大量高能耗、低产能的加工设备仍在使用，导致企业加工工艺技术相对落后，市场竞争能力弱。

2. 人力成本上涨，劳动力短缺

随着劳动力成本不断增加，使得企业成本增加，用工缺口增大，直接影响到企业的经济效益。用工缺口和用工成本上升，是企业面临的双重压力。用工的缺口特别是高专业技术水平人才的缺乏，对我省塑料行业的发展影响巨大。

3. 中小企业融资困难，资金短缺

中小企业作为我省经济的重要组成部分，在实施中部崛起战略中的作用日益加大。我省塑料企业3000余家，绝大部分是中小型企业，而我省塑料中小企业融资的现状是：融资渠道狭窄，主要靠企业自身内部积累，同时中小企业获得银行贷款的难度很大。目前我省中小企业仍居中下水平，发展速度偏低，效益低下，其进一步发展仍然面临着资金短缺的难题，因此极大地制约中小企业的快速发展和做强做大。

4. 生产成本上升，企业压力加大

原材料价格上涨，劳动力成本上升，企业生产成本逐年加大，我省企业原材料购进与产品出厂价格“高进低出”明显，导致企业压力不断加大。同时我省塑料行业中小企业普遍负税较高，导致企业盈利减少而加剧了企业的资金紧张状况，企业的技术改进受到了更大程度的限制，进而加大了企业的经营风险，甚至对下游行业的产量和质量带来隐患，最终可能陷入恶性循环，使企业缺失竞争力。

5. 政府支持力度有限

我省塑料行业企业数量较多，但大规模、有影响力的塑料集团公司很少，大多数是小微型企业，产业集中度低。在我国沿海及发达省市地区，政府对塑料行业企业给予了重点支持，特别是对中小微型企业的扶持力度逐年增加，而我省塑料行业政府虽然给予了一定的支持，但力度还远远不够，而政府的支持是中小微型企业发展的重要力量，对处于快速发展的湖南塑料行业作用至关重要。

6. 产业结构不够合理，绿色环保产品发展滞后

产业结构不够合理也是影响我省塑料行业发展的一个重要因素。我省塑料企业以中小企业为主，小微型企业、家庭作坊式企业数量众多，技术力量薄弱，产品都是以中低档次产品、老产品为主，缺乏高档次、高技术含量和绿色环保的产品，且产品的种类雷同、质量良莠不齐，很大程度上制约着我省塑料行业的发展。

三、2020年新冠疫情对我省塑料产业的影响分析

2020年初以来，新型冠状肺炎疫情的发生扩散蔓延，对世界经济社会带来不利影响。党中央带领全国人民众志成城，同舟共济，统筹推进疫情防控和经济社会发展工作，取得积极成效。期间，湖南塑协按照党中央和上级部署，组织支持行业企业和会员单位积极开展抗击疫情重要物资和人民生活保障物品及重要材料生产加工以及捐款捐物支援疫情影响严重的湖北武汉等地区，在抗击疫情、复工复产中，涌现出一批先进企业和感人事迹，协会及时作了报道和宣传，特别是协会开展疫情对行业、企业影响分析的调研工作，得到行业企业界朋友的支持，目前，行业仍面临着不少新情况、新问题，受疫情等综合因素影响，全球经济下行压力持续加大，我们要按照中央要求，准确把握国内外疫情防控和经济形势阶段性变化，因时因势，精准施策，有序推进行业与企业复工复产和达产，努力把疫情造成的损失降低到最低限度，奋力夺取抗击疫情和经济平稳运行双胜利。

1. 疫情对我省塑料产业影响的初步分析

从汇总对比表可以初步判断疫情对整个行业的影响，2019年2月委托检测产品数，组46，2020年2月委托检测产品数，组12，同比下降283. 3%；

2019年3月委托检测产品数，组175，2020年3月委托检测产品数，组97，同比下降80.4%。

湖南省塑料产品质量监检验站
2020年1—4月检测情况汇总对比表

汇总日期	委托检测单位数/个	委托检测产品数/组	委托检测收入/元
2019年1月	20	57	105300
2019年2月	8	46	73200
2019年3月	32	175	206800
2019年4月	37	122	124100
2019年1—4月合计	97	400	509400
2020年1月	18	66	134236
2020年2月	4	12	37300
2020年3月	24	97	146261
2020年4月	40	102	187548
2020年1—4月合计	86	355	505436

从表中也可以看出，进入4月，在以习近平同志为核心的党中央坚强领导下，14亿中国人民众志成城、团结一心，打响疫情防控的人民战争、总体战、阻击战。经过艰苦努力，付出巨大牺牲，湖北保卫战、武汉保卫战取得决定性成果，疫情防控阻击战取得重大战略成果，统筹推进疫情防控和经济社会发展工作取得积极成效，行业也在逐步恢复。

2. 疫情过后的复工复产情况及疫情对产业的未来影响

（1）疫情过后的复工复产情况

随着疫情防控形势好转，城市农村，大街小巷逐步恢复了往日面貌，停产停业带来的阵痛逐渐舒缓。湖南省塑料行业协会调研了解湖南省塑料行业会员企业，了解企业在抓好疫情防控工作下的复工复产情况及相关困难。

2020年3月13日，湖南省塑料行业协会领导和相关工作人员来到湖南省汨罗循环工业园区的重点标杆示范企业——湖南省新基源新材料科技有限公司，深入车间查看了相关生产线的运行，详细了解企业复工复产、疫情防控、环保设施运行、产品产量、市场供应等情况与存在的困难等，对企业积极响应国家号召，落实企业主体责任，认真做好返岗员工的健康监测，细化量体温、戴口罩、勤洗手、常消毒等措施，克服困难，全力“抗疫情、抓生产、保市场”给予了充分肯定。希望企业进一步落实国家已经出台的财税、金融等支持政策，最大限度减轻疫情对企业的影响，推动产业链上下游企业加快复工复产。

（2）疫情对产业的未来影响

与2003年“非典”疫情时相比，中国经济当前的体量、中国融入全球供应链的程度，均使得中国经济和本次疫情冲击对全球经济的外溢效应更为显著。本次新冠疫情带来的外溢效应首当其冲的是供应链冲击，此外还需要关注的包括进口收缩产生的需求冲击、旅游受限产生的需求冲击以及疫情对于信心和避险情绪的冲击三个重要方面。更长期来看，本次疫情将会产生全球供应链稳健性和供应链从中国迁移的问题，是一个值得深入研究和思考的重点问题。

四、市场前景

准确把握我国发展的内外部环境，2018年，我国经济运行平稳、稳中有进，但也面临“稳中有变、变中有忧，外部环境复杂严峻，经济面临下行压力”的局势。从内部看，为解决长期积累的结构性矛盾，我国深入推进供给侧结构性改革，在取得成绩的同时也遇到一些困难、矛盾和挑战。

中国塑料工业已经成为中国经济的重要行业之一，随着我国和我省国民经济的快速发展，一些重点行业、支柱产业的崛起和发展以及对塑料产品的需求，推动了我省塑料行业向绿色生态、节能低碳、多元化、高端化不断发展。根据我省塑料工业发现现状和市场行情，今后我省塑料行业发展的主要趋势表现在以下几个方面：

1. 农村市场

我省是一个农业大省，拥有5750万亩耕地，4200多万农村人口。随着经济的发展，农用塑料制品已成为我省现代农业发展中不可缺少的生产资料，特别在推进新型城镇化过程中，将农村土地改革、发展现代农业与乡村振兴有机结合，为推动乡村产业兴旺、促进城乡一体化发展提供合力，以农业结构战略性调整为主线，大力推进农业产业化经营，农业经济运行质量有了明显提高。因此，在发展现代农业、建设社会主义新农村的新形势下，我们要大力推广农用薄膜、农用沼气管、农用塑料节水器材等农用塑料的应用，支持我省自主农用塑料品牌的生产与销售，把提升我省塑料农业技术水平作为研发重点，以推进我省农业的结构调整、农民增收。

人改变了环境，环境又反过来改变了人。从最初的被动做到今天的主动为，如今浙江的不少乡村白墙黛瓦、一尘不染，村里村外见不到一张废纸屑、一个烟头。生态红利进一步催生了生态自觉，农村脏乱差的生活陋习、公众恣意破坏山水植被的行为得到了彻底改变。乡村，白墙黛瓦、一尘不染，是湖南农村的发展趋势，更是老百姓的期盼，建设美丽乡村，对湖南塑料行业来说，蕴藏着巨大的市场机会。

2. 汽车工业

现今的汽车，已非简单的代步工具，已成为集无线电科技、多媒体、电脑、GPS全球定位系统等多种新技术于一身的结合体。未来数十年，电池电动车、混合电动车和燃料电池电动车市场份额将以稳定的速度增长，而燃油汽车的市场份额将会逐渐减少，各汽车厂商不得不去追赶“绿色汽车”的时髦，未来的汽车时代将是属于绿色环保汽车的时代。

中国汽车行业的良好发展给汽车相关产品带来了巨大的市场需求，据有关资料显示，汽车工业大量使用的材料中，塑料占7%~10%，近年来，汽车轻量化的要求使其塑料用量的增长正在快速增长，而且全塑车神是未来汽车的发展方向。随着我省新型工业化进程的不断推进，汽车工业在我省已成为支柱产业并作为重点扶持产业在发展，据统计湖南全省规模以上列入国家汽车生产企业及产业公告的35家，产能已达到约30万辆。预计到2020年，我省汽车产能将达到100余万辆，汽车塑料零部件材料的需求将达到8万吨左右，其市场前景是非常巨大的。

3. 家电行业

在家电行业中，产品塑料化已经成为家电行业中重要发展方向发展之一，塑料已成为家电领域应用量增长速度最快的材料，近几年每年平均增长速度达到30%左右。目前塑料在家电中用量已占重量比的40%，并随着新型环保、绿色健康材料的研发生产和应用，国内家电市场必将迎来新一轮消费结构的快速升级，从而带动塑料行业的整体发展。

4. 高铁技术

高铁技术，是湖南工业的一张世界级的名片，发展潜力巨大。石门至常德段已完成预可研审查；常德至益阳段——常益长铁路（350km/h）已于2017年12月26日开工建设；娄底至益阳段已开展前期研究；娄底至邵阳、邵阳至永州段已开展前期研究，线路全长97.7千米。

上述这些高铁线路，有的在进行前期研究，有的已经完成研究报告，有的已经在开工建设。这些重大工程的建设，需要大量的功能性工程塑料，谁把握了时机，加大高技术工程塑料的研发，乘势而上，谁就获得了宝贵的发展机会，搭乘湖南经济发展这趟高速列车。

五、大事记

1. 2018年10月29—30日，王小红会长带领秘书处参加了在南京市世纪缘湖滨花园酒店隆重举行的2018塑料新材料、新技术、新成果交流会暨高分子材料加工成型与先进制造研讨会暨第四届中国塑料/化工研究院所发展论坛暨中国塑协专家委员会四届二次年会。

2. 2019年3月13日，王小红会长率秘书处和技术研发中心一行5人，前往湖南西交智造技术有限公司调研与技术交流，对该公司的3D数字技术构建中心，装备制造中心和产品试制中心进行了全面细致的参观和了解。

3. 2019年5月21—24日，湖南省塑料行业协会积极组织并带领近10家会员企业参加在中国广州·琶洲·中国进出口商品交易会展馆举行的2019国际橡塑展。

4. 2019年7月10日，王小红会长率秘书处和技术研发中心一行赴湘潭大学高分子研究所、湖南西交智造公司进行了调研活动，围绕“3D打印高分子材料PLA线材的试用推广”和“高分子材料应用技术省重点实验室合作建设下一步发展”等推进产学研深度融合工作开展调研和交流座谈，广泛听取省内企业和大学意见建议。

5. 2019年8月7—9日，王小红会长应邀参加在福建厦门市举办的“2019年先进成型与材料加工技术国际研讨会。”

6. 2019年9月17日，王小红会长率秘书处应邀出席在河北沧州渤海新区隆重举行的“中国塑料产业链高峰论坛暨中国塑协成立30周年庆典”系列活动。

7. 2019年9月26日，王小红会长率秘书处应邀出席在长沙举行，由住房和城乡建设部科技与产业化中心组织的第二十一届全国塑料管道和应用技术交流会。

8. 2019年9月27日，王小红会长率秘书处负责人沈友良一同参加了湖南省工信厅举办的“不忘初心，牢记使命”主题教育及动员会议，省内各行业会长、秘书处负责人参加了会议。省工信厅副厅长、省工信厅社会组织行业党委书记李志坚，省工信厅机关党委调研员、省工信厅社会组织行业党委副书记张辉分别做了主题演讲。

9. 2019 年 10 月 24 日，王小红会长率秘书处负责人沈友良一同参加湖南省工信厅社会组织行业党委组织、赴“田汉文化园”开展的“不忘初心，牢记使命”主题教育活动，湖南省各相关协会党支部书记、党员参加了参观学习与红色教育培训活动。

10. 2019 年 12 月 11—13 日，湖南塑协秘书处组织会员企业参展参观由河南国威展览服务有限公司联合河南省塑料协会（简称河南塑协）在郑州国际会展中心共同主办的“2019 中国（郑州）国际塑料产业展览会”。

11. 2020 年 3 月 13 日，王小红会长率秘书处和技术研发中心一行为调研了解全省塑料企业疫情防控与复工复产情况，赴湖南省汨罗循环工业园区，首次调研湖南省新基源新材料科技有限公司环保设施运行、产业链供应等情况。在公司董事长孟洪亮的陪同下，深入车间查看了相关生产线的运行，详细了解企业复工复产、疫情防控、环保设施运行、产业链供应等情况与存在的困难等，对企业积极响应国家号召，落实企业主体责任，认真做好返岗员工的健康监测，细化量体温、戴口罩、勤洗手、常消毒等措施，克服困难，全力“抗疫情、抓生产、保市场”给予了充分肯定。希望企业进一步落实国家已经出台的财税、金融等支持政策，最大限度减轻疫情对企业的影响，推动产业链上下游企业加快复工复产。

12. 2020 年 3 月 19 日，王小红会长带领协会秘书处、省塑料研究所技术中心和省塑料产品质量监督检验站等部门负责人一行，来到协会重点会员单位——湖南西交智造科技有限公司（卢秉恒院士湘潭工作站），调研个人防护用护目镜 3D 打印技术研发进展情况。

（湖南省塑料行业协会秘书处　沈友良）

海南省

一、综述

参与禁塑，仍是协会 2019 年的工作重点。截至 2019 年年底，协会接待的近 70 批次来访企业与机构，介绍到关联企业，推动合作。

海南省委省政府办公厅在 2019 年 2 月 16 日，印发《海南省全面禁止生产、销售和使用一次性不可降解塑料制品实施方案》，发布禁塑名录征求意见，为立法准备；2019 年 7 月，海南省市场监督管理局发文由海南省产品质量监督检验所筹备成立“海南省生物材料及降解制品标准化技术委员会”，编写《全生物降解塑料及其制品通用技术要求》、组织技术审查。

协会的具体工作扔按照理事会 2019 年工作纲要逐项完成，综述如下：

1. 2019 年 1 月 18 日召开了年会暨中石化新产品发布会

中石化相关企业以及化工销售华南分公司的部分领导和专家出席会议并进行了产品推介；由专家组就海南自贸区（港）建设与企业发展、企业摆脱困境寻求发展的途径、企业创新中人才的使用与储备等问题，论述观点，与参会企业家交流；由银行代表、特邀律师就国家支持小微企业融资政策与企业具备的条件、企业法律纠纷案例说明应注意的问题、网络营销与企业进程等问题与参会企业家对话；由企业代表就生物降解塑料原料的研发与应用、海南“禁塑”方案征求意见稿的建议等专业问题与参会企业家对话交流。

2. 团标工作进展

5 月协会在全国团体标准信息平台发布了征集《生物降解塑料一次性制品通用技术要求》两项团体标准制定项目和起草单位的通知；7 月发布了生物降解塑料袋、餐饮具团体标准立项公告；12 月发布了生物降解塑料制品两项团体标准征求意见的函。在此过程中陆续收到全国各企业的参编申请书及征求意见表，制定团体标准的工作继续有序进行。

3. 生物降解塑料工作进展

3 月 2 日，中国生物降解产业技术创新战略联盟秘书长与协会秘书长周鸿勋去企业考察；6 号，周鸿勋秘书长陪同环保厅对企业进行考察，对生物塑料产能情况等进行详细了解。

4 月 12—15 日，协会随同环保厅、省工信厅部门领导，至北京、江苏南通，对国内知名生物塑料企业进行考察交流。

4 月 26—27 日，由中国生物降解产业技术创新战略联盟主办，海南省塑料行业协会承办的、海南禁塑替代产品方案专家论证会在海口鲁能希尔顿酒店举办。本次会议目的在于通过生物降解行业内著名专家学者对各种技术路线的讲解与展望，结合业内优秀设备制造、制品生产企业多年实践经验的积累，充分论证海南省一次性不可降解塑料袋、一次性塑料餐饮具替代的多种技术路线与方案，为后续海南生物降解产业规划、产能布局、产业落地、进而形成海南生物降解材料制品生产力奠定基础，推动海南禁塑工作 。

5 月 21 日，协会组织企业至广州参加雅式橡塑展，了解把握塑料产业的新动态、新设备、新技术、新材料、新应用。

6 月 11 日，秘书长周鸿勋受邀参加由海创客网及海南大学主办的“创新宣讲进校园”活动，对海南“禁塑”方面问题进行演讲。

6—7 月，分别陪同工信部研究院、农垦集团、台湾铭安科技考察企业，交流合作。

8 月 27—29 日，协会组织企业至山西孝义参加 2019 生物降解材料技术国际研讨会，并参观了当地生物降解原料生产企业，交流学习、寻求合作机会。

9 月 15 日，协会参加了 2019 海南省“全国科普日”活动启动仪式暨科普主题展，宣传海南禁塑等相关知识。

10 月 11 日，组织海南省塑料行业协会参观团，至台州参加第 19 届中国塑料交易会。18 日，秘书长周鸿勋参加海南省生态环境厅举办的“海南省禁止生产销售使用一次性不可降解塑料制品名录（第一批）听证会 ”。

12 月 4 日，秘书长周鸿勋参加由海南省市场监督管理局召开的关于《全生物降解塑料及其制通用技术要求》，并受聘为海南省生物材料及降解制品标准化技术委员会会员，为地方标准献言献策。18—20 日，协会至北京参加中国塑协降解塑料专业委员会 2019 年年会，会后到温州、杭州与国内企业交流。

二、政策法规

1. 2 月 16 日，省委办公厅和省政府办公厅联合下发了《海南省全面禁止生产、销售和使用一次性不可降解塑料制品实施方案》的通知｛琼办发〔2019〕35 号｝，标志着海南禁塑工作的全面启动。2 月 21 日，海南省新闻办公室在海口举行新闻发布会，邀请海南省生态环境厅负责人解读《方案》相关内容。

2. 5 月，《海南经济特区禁止生产销售使用一次性不可降解塑料制品条例（征求意见稿）》公开向社会征求意见。该条例对我省在一次性不可降解塑料制品的生产、销售、使用、回收、违规处罚等方面做出了详细规定。

3. 7 月 5 日，海南省市场监督管理局发布《关于成立海南省生物材料及降解制品标准化技术委员会的通知》，由海南省产品质量监督检验所负责。

4. 7 月 23 日，海南省生态环境厅起草了《海南省禁止生产销售使用一次性不可降解塑料制品名录（第一批）》，并向社会公开征求意见。

5. 12 月 2 日，海南省市场监督管理局组织对《全生物降解塑料及其制品通用技术要求》（DB46）首次技术审查。

三、“禁塑”替代品生产企业介绍

1. 海南创佳达生物科技有限公司。是一家专业从事生物降解新材料研发、生产和销售为一体的科技创新型企业，公司成立于 2009 年 10 月，位于海南老城经济开发区南一环路 4. 5 公里处北侧。占地面积 26000 平方米，员工 200 人。公司以研究和应用生物降解技术为核心，以推广绿色环保包装、实现可持续发展为己任，致力于打造海南最大的生物基材料和降解制品生产供应商。公司联合新疆蓝山屯河化工股份有限公司、山东睿安海纳生物科技有限公司、海南睿安佳创生物科技有限公司等企业资源，已形成了研发、制作、销售全生物降解塑料产品一体化的龙头企业，并已具备生物降解材料改性、可降解薄膜类制品规模化的生产能力。

2. 海南赛高新材料有限公司。是专业从事生物降解新材料研发、生产和销售为一体的科技创新型企业，公司成立于 2019 年 10 月，注册地址位于海口国家高新区狮子岭工业园。公司以研究和应用生物降解技术为核心，以解决绿色环保包装、实现可持续发展为己任，致力于打造海南最大的生物基材料和降解制品供应商，自成立伊始就以高标准的生产和服务为宗旨，迅速赢得客户的信任。公司依托赛诺功能薄膜国家联合工程中心的研发平台的研发实力，联合海南大学、广州金发科技、上海浦景化工、中鑫源生物等高校及企业资源，在生物降解材料和应用制品方面积累多年经验，已形成生物降解材料改性、可降解薄膜类制品规模化生产能力。

3. 中科信晖（海南）新材料科技有限公司

中科信晖（海南）新材料科技有限公司（以下简称“中科信晖”）成立于2019年，通过采用中国科学院理化技术研究所专有技术，在海南开展全生物降解和海洋降解塑料制品的研发、生产和销售工作。目前，公司与在海南具有超过20年生产经验的“天人降解”“大功塑料”企业相结合，全面升级生产体系和服务品质。公司正加大研发投入，生产及销售产品品类齐全，包括购物袋、垃圾袋、快递袋、水产袋、冰袋、地膜、一次性餐具等全生物降解塑料制品。膜类制品已通过国家相关材料检测中心检测并取得检测报告。

中科信晖以科研技术转化为发展核心；以科技、发展、实用为发展理念；以降解领域领军企业为发展目标；通过持续的技术创新，不断拓展降解塑料应用领域，引领降解塑料行业发展。未来，公司将坚持沿着市场化、产业化、集团化、国际化的思维发展，凝心聚力打造扎根本土、辐射全球的降解制品产业基地。

4. 海南绿袋子环保科技有限公司。公司成立于2017，是由一群在该领域有多年实践经验的一批团队组成，多年来一直致力于环保产品的研发与生产工作，经过多年时间不懈的努力，率先在全国开发出了一种可控制全降解材料降解速率的新材料。为降低生物全降解袋的市场流通成本，公司还配套开发了一套全自动售袋机，售袋机系统已经申请相关知识产权保护，目前已经在市场进行试运营。2018年，公司全自动售袋机“e袋e路”项目，参加国家“科创杯”比赛，项目获得了海南省三等奖。该项目在2019年，国家发改委新旧动能改革方案提交中，作为海南省重点推荐的两家单位之一，向国家发改委递交了《激发环保新动能，聚焦源头靶向创新，助力海南建设国家生态文明示范区》的方案。

（海南省塑料行业协会　王展伟　岑叙生　周鸿勋）

重庆市

一、2019年重庆市塑料工业现状

2019年，重庆实现地区生产总值23605.77亿元，按可比价格计算，比上年增长6.3%。分产业看，第一产业实现增加值1551.42亿元，增长3.6%；第二产业实现增加值9496.84亿元，增长6.4%；第三产业实现增加值12557.51亿元，增长6.4%。人均GDP达到75828元，增长5.4%。近年来，重庆坚持把制造业作为立市之本和强市之基，聚焦传统优势产业智能化改造和战略性新兴产业培育壮大，将增加有效投资作为稳增长调结构和促进供给侧结构性改革的重要抓手，搭建智博会、西洽会等国际性产业合作平台，加快陆海新通道等重大基础设施建设，全面营造制造业高质量发展浓厚氛围和良好生态，努力增强了重庆对全球制造业要素资源的集聚力和向心力。在2019年就新签约了奥特斯IC载板三期、柯马机器人本体制造等外资项目，协议投资金额715亿元；新投产了SK海力士存储芯片封测（二期）、利勃海尔机床等项目，带动重点投产达产项目对全市工业产值增长贡献率达50%。港澳台及外商工业投资的快速增长，有力支撑了全市工业投资平稳运行。这些对重庆塑料工业发展提供了很好政策环境。特别是2019年举办的智博会，据悉在2019年智博会开幕式当天，530个项目签约，揽金8169亿元。智博会的成功召开有助于我们找准着力点，促进产业升级。重庆作为老工业基地，不仅在新的产业方面要发展大数据智能化，还要对传统产业进行升级。

重庆作为直辖市，即是老工业城市，又是智能智造的风尖，这些为塑料行业提供新的发展机遇。据不完全统计统计，2019年重庆塑料加工专用设备产量约14.45万台，全国排名第一，规模以上塑料企业塑料制品累计232.5万吨，同比增长22.84%，西部排名第一，其他塑料制品约181万吨，同比增长22.9%，全国排名前十。重庆塑料工业要继续开展“两化”深度融合，创新行业发展模式，推进转型升级，落实“中国制造2025”，推动智能制造，建设产业智能系统，引进数字化、智能化技术，加快塑料行业智慧发展。

二、重庆市塑料行业协会2019年活动情况

2019年度，重庆市塑料行业协会在党的十九大

精神鼓舞下，在市委市府的领导下，认真贯彻党的路线方针政策、学习习近平总书记等系列重要讲话精神，在市民政部门的指导下，全部会员单位紧紧围绕我市塑料行业现代化建设的总体目标，以提高行业整体素质为目的，切实履行双向服务职责，为发展做了大量工作，取得了一定成效。主要工作如下：

（一）坚持会议制度情况，增强协会凝聚力

1. 成功召开 2018 年年会

2019 年 1 月 11 日下午，重庆市塑料行业协会 2018 年年会在世纪金源大饭店隆重举行。此次大会受到中国石化润滑油有限公司合成油脂分公司、海尔中央空调等公司大力支持。协会正副会长、正副秘书长、理事、会员单位、专家学者、技术顾问、兄弟协会领导、媒体朋友等 140 余人参加。刘秘书长主持大会并致欢迎辞。会上，市工业行业党委陈书记做重要讲话，陈书记从协会党建方面指出：党支部要列席理事会，把握行业发展，培养党群力量，加强自身建设；协会要继续发挥桥梁纽带作用，做好上传下达的服务工作，让企业及时了解政策、学习相关精神。市经信委消费品工业处副处长李晋出席会议并作做了重要讲话。会上还审议通过一批新会并授牌和进行了其他议程，此次年会更有精彩节目演出，重庆顾地、重庆捷成、重庆伟星、重庆澳彩、沪渝展览公司精心编排节目，在晚会上呈现了精彩的表演，受到大家一致好评。

2. 召开重庆市塑料管道企业会议

为了加强重庆市塑料管道行业自律，提高产品质量，促进行业健康平稳发展，重庆市塑料行业协会于 2019 年 6 月 27 日下午在重庆永高塑业发展有限公司会议室召开重庆市塑料管道企业会议。重庆塑协正、副会长，正、副秘书长，塑料管道企业及有关单位领导 50 余人参会，会议由刘汉龙秘书长主持。会上，协会副秘书长张峰代表第一届管道专委会主任叶正茂作了上一届管道专委会工作总结。会上，进行了管道专委会换届工作，付志敏会长提名新一届管道专委会领导班子名单：由重庆永高塑业总经理罗建华担任主任，重庆一龙总经理叶正茂、重庆顾地总经理王可辉、重庆伟星总经理鲍哲松、重庆维斯顿总经理李斌担任副主任，候选人在大会一致通过。会长表示，这两年市场经济不景气，市政府已经开始重视传统行业的发展，塑料行业也受到重视。塑料管道是在塑料行业占有举足轻重的地位，更要抓自律，不忘初心、坚守底线、保质生产，新一届塑料管道专委会要起到带头作用，和塑料管道企业一道共同维护重庆市塑料管道行业的声誉。

3. 协会会长办公会议。10 月 25 日下午在协会会议室，召开了重庆市塑料行业协会党支部 2019 年第四季度会议暨协会会长办公会议，协会正、副会长。正、副秘书长及相关单位人员约 20 人参会。会议由刘汉龙秘书长主持。刘秘书长介绍本次会议分为两个大的议题：一是重庆市塑料行业协会党支部党建工作；二是协会会长办公会议，主要涉及 2020 年协会换届和协会成立 20 周年庆典相关事宜。经过会议商讨，推荐了下一届会长人选，同时提出实行执行会长制，由副会长每年轮值。付会长表示这两届以来，协会做了大量工作，但还有不足，需要继续努力，同时感谢大家肯定和认同，协会是大家的协会，需要大家携手共建。只有不断创新、发展前进，协会才有生命力。

（二）加强协会党建工作，积极参加市综合党委活动，组织党支部活动

1. 参加 2019 年重庆市工业行业社会组织党建工作会

4 月初，在重庆人民大礼堂酒店召开了 2019 年重庆市工业行业社会组织党建工作会，全市性工业行业社会组织党支部书记和主要负责人参会。市经济信息委党组成员、副主任涂兴永，市委组织部社会组织党建处副处长周功平，市工业行业社会组织综合党委专职副书记陈翔等出席会议并作重要讲话。我支部书记刘汉龙秘参加会议并做了党建工作的经验交流发言。

2. 参加 2019 年庆祝建党 98 周年暨“七一”表彰大会

7 月 10 日市工业行业社会组织综合党委在市经济信息委机关会议室召开了 2019 年庆祝建党 98 周年暨“七一”表彰大会。各工业行业社会组织党支部书记、受表彰等人员参会。表彰会上，重庆市塑料行业协会党支部荣获先进党支部，这份荣誉离不开重庆市塑料行业协会党支部在市工业行业社会组织综合党委细心指导，离不开各位党员副会长积极支持，离不开刘汉龙书记正确领导。刘汉龙书记在筹备建立党支部和成立之后做了大量工作和努力，功夫不负有心人，书记刘汉龙同志荣获优秀党务工作者。据了解，此次大会共表彰 19 名优秀共产党员、10 名优秀党务工作者以及 10 家先进党支部。受表彰的先进集团和个人代表相继发言。

3. 2019 年 4 月 25 日召开了重庆市塑料行业协会党支部 2019 年第一季度党建工作会议

刘汉龙书记（秘书长）介绍参会人员及开会目的，同时传达相关文件、会议精神。会议主要有以下内容：一是协会刘汉龙书记介绍了党员活动室已经更换面貌，能成为党支部样板会议室，这是协会的荣誉，协会将继续把支部工作做好、做出特色，感谢市工业行业党委对协会党支部的关心和支持，尤其是陈书记在党员活动室的规划布置和建设指导中特别重视，提出很多宝贵建议。二是陈杰委员建议今后的党员活动，轮流到企业座谈交流并参观考察企业。三是张峰副秘书长宣读传达 2019 年市工业行业党委社会组织党建工作要点。四是商讨协会管道专委会换届会议相关事宜，暂定于 5 月下旬在重庆永高召开，分析管道行业当前形势、提出管道行业自律措施等。会议还讨论了其他事项。

4. 市企业联合会党支部与重庆塑协联合召开“市工业行业社会组织党建第四协作组工作会议”

2019 年 8 月 28 日下午，在市塑料行业协会召开了“市工业行业社会组织党建第四协作组工作会议”。本次会议是第四协作组第一次工作会议，旨在认真落实市工业综合党委有关工作部署，有效建立协作组联络机制，明确协作组党建工作任务、工作职责及活动形式。会议由第四协作组副组长单位重庆市塑料行业协会支部书记刘汉龙主持。市经信委、中共重庆市工业行业社会组织综合党委魏学林调研员出席了会议并作重要讲话，会议上传达相关会议和文件精神并完成所有议程。

5. 10 月 25 日召开了重庆市塑料行业协会党支部 2019 年第四季度党建工作会议

会议由刘汉龙书记（秘书长）主持。本次会议分为两个大的议题：一是重庆市塑料行业协会党支部党建工作；二是协会会长办公会议，主要涉及 2020 年协会换届和协会成立 20 周年庆典相关事宜。

（三）参加省市兄弟协会相关活动，加强对外交流学习

1. 参加中国塑料加工工业协会七届四次理事扩大会议

2019 年 5 月 20 日，中国塑料加工工业协会七届四次理事扩大会议在广州召开。重庆市塑料行业协会会长付志敏、秘书长刘汉龙应邀参加会议。而后，刘秘书长还走访了相关兄弟协会。拜访了汕头塑胶行业商会，受到了吴伟杰执行会长、庄扬生副会长兼秘书长等人的热情接待。拜访了深圳市高分子行业协会，受到了王文广常务副会长兼秘书长及孙珍珍部长的热情接待，相互学习，相互交流，增进了友谊，借鉴了兄弟协商会的办会经验，拓宽了工作思路。大家明确表示：下一步要继续加强协商会间的横向交流与合作，更好地服务行业和会员企业。

2. 付志敏会长和刘汉龙秘书长受邀参加“中国塑料加工工业协会成立 30 周年庆典活动”

本次活动上，中国塑料加工工业协会对相关先进单位、个人进行了表彰。分别就“中国塑料行业功勋人物”“中国塑料行业卓越人物”“突出贡献单位”“最佳合作伙伴代表”“杰出人物”“优秀工作者”等多个项目进行表彰。其中，我协会秘书长刘汉龙荣获“杰出人物”称号，重庆梁平工业园区荣获“最佳合作伙伴单位”称号。

3. 参加其他活动情况

6 月 5 日，中国塑协农膜专委会 2019 年年会在美丽的春城——昆明隆重召开，重庆塑协秘书长应邀参会。9 月 28 日重庆塑协秘书长应邀参会山西塑协年会，受到山西塑协王秘书长等领导的热情接待。11 月 15 日付志敏会长和刘汉龙秘书长受邀参加 2019 中国（陕西）塑料产业行业高峰论坛，付志敏会长在会上作了行业报告。

4. 接待中国塑料机械工业协会领导

12 月 6 日，中国塑料机械工业协会常务副会长粟东平到我协会指导工作，与我协会付志敏会长和刘汉龙秘书长座谈交流，共谋行业发展。

（四）关心行业企业发展，积极走访考察企业

4 月初重庆市塑料行业协会副会长单位重庆太岳科技有限公司新厂，在西彭工业园盛大开业。重庆塑协付志敏会长和刘汉龙秘书长受邀出席开业盛典，同时中国塑料加工工业协会助剂专委会领导，教授专家等嘉宾共同见证太岳“百年传承 30 年匠心恒定 13 载励精创业 携手国际合作”的主题活动盛宴，以及参观新厂、共享盛宴、加强合作、共谋发展！

4 月，我协会付志敏会长，刘汉龙秘书长走访考察了协会副会长单位重庆市一龙管道有限公司，叶总全程陪同。当月我协会会长付志敏、秘书长刘汉龙陪同市质监局同志走访考察了我协会副会长单位捷泰塑胶，并座谈交流。董事长陈杰陪同会长一行参观厂房，介绍产品；座谈交流，分享经验。

8 月初，我协会秘书长刘汉龙走访考察了我协会副会长单位溯联塑胶，并座谈交流。

11 月初，我协会秘书长刘汉龙走访考察我协会副会长单位重庆维斯顿实业有限公司，该公司牢记使命不忘初心，以市场为导向以服务客户为中心，努力提高产品质量做大做强，维斯顿李总热情招待。

11 月底，我协会秘书长刘汉龙和副会长陈杰到垫江走访考察重庆高硕新型材料有限公司，该公司是专业从事土工合成材料研发生产销售的民营企业。

11 月底，我协会会长付志敏应邀参加中石油公司用户座谈会，付会长也在会上作了 2019 年重庆塑料行业发展情况的发言。

（五）完成协会 2019 年检工作，完善升级官方网站，加强网络宣传，为会员提供更多信息交流平台。

（重庆市塑料行业协会　刘汉龙　陈清清）

云南省

云南省塑料行业是以塑料制品加工业为核心，以合成树脂、助剂及模具为组成部分的新兴制造业。产业链上游有聚氯乙烯（PVC）树脂 40 万吨、特种聚氯乙烯（SPVC）树脂 6 万吨、醋酸乙烯-乙烯共聚（VAE）乳液 12 万吨、聚乙烯醇（PVA）4 万吨、聚丙烯（PP）树脂 15 万吨和一个较小的模具制造业，有少量填充母料、改性塑料和废旧塑料回收与利用生产企业为本省塑料产业配套服务。从 1958 年到 2019 年 62 年间，形成了以塑料板、管、型材，塑料薄膜，塑料丝、绳及编织品，塑料包装袋、箱及容器，泡沫塑料制造等为主的子行业，塑料机械生产几乎为空白。云南省塑料行业是一个配套不完善、产业链较短的产业，产品也相对单一，塑料制品产量只占全国 0.6%。但也要看到，近年来，国家密集出台了一系列与云南直接相关的发展战略和政策，赋予云南重要的使命，随着“一带一路”倡议、面向南亚东南亚辐射中心定位作用的推进，长江经济带发展、孟中印缅经济走廊、大湄公河次区域经济合作、桥头堡战略、泛珠三角区域合作、三条泛亚铁路、公路的建成等，云南将显示出独特的区位、地缘、资源优势，成为连接南亚、东南亚及周边经济圈的关键枢纽，云南省塑料行业将面临新千载难逢的发展机遇。近年来，云南省塑料产业增长迅速，2019 年规模以上工业总产值 92.76 亿元，已从一个弱小的行业成长为我省中型经济规模之一的产业。

一、基本情况

2019 年，我省塑料行业平稳发展，规模以上塑料制品产量、经济指标均呈现同比增加的态势。

（一）行业规模情况

2019 年，云南省规模以上塑料制品企业有 108 家。其中，塑料丝、绳及编织品制造 30 家，塑料板、管、型材制造 29 家，塑料包装箱及容器制造 19 家，塑料薄膜制造 13 家，泡沫塑料制造 10 家，日用塑料制品制造 4 家，塑料零件及其他塑料制品制造 3 家。从业人数 0.93 万人。

（二）塑料制品产量

2019 年，全省塑料行业规模以上企业生产塑料制品 54.38 万吨，比上年增长 10.12%，占全国比例 0.66%；其中，塑料薄膜 15.38 万吨，比上年减少 1.93%，占全国比例 0.96%；农用薄膜 9.55 万吨，比上年减少 17.19%，占全国比例 11.21%，占我省塑料薄膜的 62.11%；泡沫塑料 3.86 万吨，比上年增长 2.91%，占全国比例 1.49%；日用塑料制品 3.09 万吨，比上年减少 6.81%，占全国比例 0.48%；其他塑料制品 32.05 万吨，同比减少 1.94%，占全国比例 0.6%。

（三）初级形状的塑料产量

2019 年，初级形状的塑料产量为 42.09 万吨，比上年减少 1.90%。其中，聚丙烯（PP）16.28 万吨，比上年增加 12.10%；聚氯乙烯树脂（PVC）24.51 万吨，比上年减少 10.20%。

（四）初级形状的塑料及塑料制品进出口情况

1. 出口情况

2019 年，云南省出口初级形状的塑料及塑料制品 11641.329 吨（同比增长 38.67%），出口金额 1302.17 万美元；塑料制品 37158.50 吨（同比增长 17.34%），出口金额 18275.96 万美元。

2. 进口情况

2019 年，云南省进口初级形状的塑料及塑料制品 29395.9 吨（同比减少 44.50%），进口金额 4996.14 万美元；塑料制品 640.30 吨（同比增长 59.94%），进口金额 1322.25 万美元。

（五）经济指标完成情况

1. 工业总产值

当年价格92.76亿元，比上年增长0.52%。其中，塑料薄膜制造20.08亿元，比上年减少10.32%；塑料板、管、型材制造30.14亿元，比上年增长12.21%；塑料丝、绳及编织品制造16.33亿元，比上年减少10.96%；塑料包装箱及容器制造14.28亿元，与上年持平；泡沫塑料制造6.35亿元，比上年增长8.92%，日用塑料制品制造1.98亿元，比上年增长，18.56%；塑料零件及其他塑料制品制造3.61亿元，比上年增长24.05%。

2. 主营业务收入

主营业务收入86.69亿元，比上年增长0.32%。其中，塑料薄膜制造18.17亿元，比上年减少15.21%，塑料板、管、型材制造29.41亿元，比上年增长15.70%，塑料丝、绳及编织品制造15.16亿元，比上年减少4.53%，塑料包装箱及容器制造13.99亿元，比上年减少2.30，泡沫塑料制造5.40亿元，比上年增长1.31%，日用塑料制品制造1.30亿元，比上年减少6.47%，塑料零件及其他塑料制品制造3.25亿元，比上年增长22.182%。

3. 资产总计

资产总计76.88亿元，比上年减少3.38%。其中，塑料薄膜制造18.91亿元，比上年减少12.13%，塑料板、管、型材制造29.20亿元，比上年减少1.85%，塑料丝、绳及编织品制造16.00亿元，比上年减少7.67%，塑料包装箱及容器制造6.66亿元，比上年减少6.72%，泡沫塑料制造3.31亿元，比上年增长27.80%，日用塑料制品制造0.90亿元，比上年增长109.30%，塑料零件及其他塑料制品制造0.82亿元，比上年增长132.93%。

4. 利润总额

利润总额4.86亿元，比上年增长23.35%。其中，塑料薄膜制造1.40亿元，比上年增长60.92%，塑料板、管、型材制造2.34亿元，比上年增长43.56%，塑料丝、绳及编织品制造0.24亿元，比上年减少4%，塑料包装箱及容器制造0.55亿元，比上年减少23.61%，泡沫塑料制造0.12亿元，比上年减少55.56%，日用塑料制品制造0.03亿元，比上年减少70%，塑料零件及其他塑料制品制造0.18亿元，比上年增长12.50%。

5. 应交税金及附加

2.65亿元，比上年减少3.99%。其中，塑料薄膜制造0.50亿元，比上年增长11.11%，塑料板、管、型材制造1.12亿元，比上年增长10.89%，塑料丝、绳及编织品制造0.39亿元，比上年减少17.02%，塑料包装箱及容器制造0.48亿元，比上年减少14.29%，泡沫塑料制造0.09亿元，比上年增长28.57%，日用塑料制品制造0.02亿元，比上年减少77.78%，塑料零件及其他塑料制品制造0.04亿元，比上年减少60%。

6. 亏损企业

亏损企业17个，比上年增加1个。

（六）2019年度企业获得的荣誉

1. 荣获高新技术企业名单

序号	企业名称	证书编号
205	云南正邦科技有限公司	GR201953000205
300	云南联塑科技发展有限公司	GR201953000300
411	云南益华管道科技有限公司	GR201953000411
424	昆明耀龙塑胶有限公司	GR201953000424
457	云南科地塑胶有限公司	GR201953000457

2. 科技型中小企业名单

（1）入库国家科技型中小企业名单

序号	企业名称	入库登记编号
45	云南益华管道科技有限公司	201953012408000424
97	云南昆钢石头纸环保材料有限公司	20195301810C000434

续表

序号	企业名称	入库登记编号
142	宣威市中博塑料有限公司	201953038108000458
330	云南华诺工贸有限公司	201953292308000557

（2）入库云南省科技型中小企业

序号	企业名称	证书编号
52	云南天外天天然饮料有限责任公司	ZXR2019010052
259	云南百川环保科技有限公司	ZXR2019010259
392	云南傲远智能环保科技有限公司	ZXR2019010392

3. 云南省省级技术中心名单

序号	企业名称	序号	企业名称
1	宣威市中博塑料有限公司	2	云南云天化石化有限公司

4. 荣获绿色制造示范名单

（1）荣获省级绿色制造示范名单

序号	示范类型	州（市）	企业（园区）名称	备注
1	绿色工厂	曲靖市	云南曲靖塑料（集团）有限公司	
2		安宁市	云南云天化石化有限公司	

（2）荣获国家级绿色设计产品认证

序号	示范类型	州（市）	企业（园区）名称	产品名称	产品型号	推荐单位
3	绿色设计产品	曲靖市	云南曲靖塑料（集团）有限公司	全生物降解薄膜	1000mm×0. 008mm（黑色）	云南省工业和信息化厅

5. 获奖情况

（1）荣获第八届“云南省百户优强民营企业”名单

①云南联塑科技发展有限公司

②玉溪市旭日塑料有限责任公司

（2）荣获第八届“云南青年创业省长奖”

昆明傲远管业有限公司总经理、云南省塑料行业协会代志春会长荣获第八届“云南青年创业省长奖”，2019 年度“昆明市十大诚信人物”。

（3）荣获第八届“云南省百户优秀民营企业家”名单

①靳树伟　玉溪市旭日塑料有限责任公司董事长

②罗煜　楚雄润丰塑业有限公司董事长

二、协会活动

（一）成立功能型党支部

协会在达到成立党支部的基本条件后，积极向上级党委申请成立党支部。经云南省民政厅社会组织处党委批复，云南省塑料行业协会党支部于 10 月 8 日正式成立。按照省民政厅党委对行业协会的要求，协会充分发挥党支部的战斗堡垒作用，带领党员同志加强《党章》学习，突出党建工作在协会工作中的重要性和意义，切实发挥好党组织的政治核心作用，确保协会的政治方向与党和国家保持一致。秘书处党员坚持每月2次定期组织学习党的方针政策、法律法规、行业前沿知识。把握发展趋势，提高员工政治、业务能力、思想素质、执行能力、工作水平、联动合作协作力。

（二）开展新中国成立70周年庆祝活动

在伟大的祖国成立70周年之际，协会在召开会员大会之际同期开展了丰富多彩的庆祝活动，号召会员企业收看新中国成立70周年的各项庆典和文艺演出，并采用网站、公众号宣传平台全面讴歌建国七十年来我国取得的伟大成就，升华了大家对祖国的热爱，增强了伟大时代的荣耀感。

（三）完善管理制度

1. 完善制度规定

认真修订了《云南省塑料行业协会章程》、行业职业道德准则、诚信建设制度、更新了秘书处办事机构设置、岗位职责和工资待遇等制度，优化了会长轮值制度、会长办公会议制度、服务考评制度等。完成了相关检查、年检、考核、审计等工作。

2. 完善组织建设

协会根据行业发展需要，在下设4个专业委员会的基础上新成立了资源循环利用专业委员会、标准化委员会，完善了协会组织架构建设。

3. 完善队伍建设

为了更好地提高协会的服务能力，根据云南省塑料行业协会中长期（2019—2022年）发展规划要求，结合云南省塑料行业协会实际，聘任兼职副秘书长4名，41位专家加入专家委员会，聘任袁兵为秘书长，完善了协会人才队伍建设。

4. 完善财务工作

根据协会实际情况，从新修订了相关管理制度，完善了奖惩制度的考核办法，4月份完成了出纳工作的交接，完成年检、审计等工作。

5. 完善宣传工作

利用云南塑料行业网站、微信公众号、QQ、自媒体平台加强宣传服务，及时更新云南塑料网站内容，增加辅助板块，丰富网站内容，达到会员企业的宣传、汲取同时并举，线上，线下服务全覆盖。

（四）发挥政企桥梁作用

1. 向业务部门建言献策

协会坚持主观能动性，积极为会员企业排忧解难，利用自身优势向省工业经济联合会、工商业联合会、中国塑协等业务部门提出行业发展规划意见建议，有效地促进了行业可持续发展。

2. 向云南省政府、省工信厅、省民政厅业务部门提出合理化建议

协会紧跟云南省的发展节奏，认真学习政府的发展报告，把握未来云南省在塑料行业发展的新动向，新思路，新发展。紧紧围绕着发展的路线方针政策提出专业的发展建议，做好上传下达，将行业发展及会员企业的建议上报，并得到省政府、省工信厅、农业农村厅、环保厅的肯定和采纳，在一些政策发布中得以实施。

3. 向省市市场管理监督局反映行业现状

积极联系云南省市场管理监督局、昆明市市场监督管理局，按照工作部署认真召开薄膜、管道专委会主任委员会议，广泛听取企业家的意见建议，收集汇总，为云南省市场管理监督局开展相关活动提供参考依据。

紧紧围绕省、市市场监督管理局开展的“标准化促进质量提升”培训、标准化专家进企业调研活动，认真开展云南省塑料行业企业标准化工作，促成云南省塑料行业标准化委员会的成立，在省标准化处陈文君处长，标准化专家石克燕教授的关心指导下，协会标准化工作有了新的进展，目前正着手准备团体标准的编制。

4. 向相关部门反映农膜行业存在的问题

针对云南省昆明市烟叶大棚膜采购出现的新情况、新问题，协会主动作为，及时发挥自身优势，向招标管理机构、云南省烟草专卖局、云南省工业信息化厅建言献策，为本省塑料行业企业争取利益。

（五）加强平台建设，提高服务能力

1. 加强信息服务平台建设

每月定期统计和编制《云南省农膜行业信息交流月报表》《省内十家农膜企业产量产值统计表》《省内合成树脂价格行情》《初级形态塑料及塑料制品进出口量值表》《全省初级形态塑料及塑料制品产品产品产量统计》；全年发行六期双月刊《云南塑料信息》刊物，并及时邮寄各会员单位，分享政策、法规、标准、行业信息，以及发布新技术、新产品、新工艺、新材料相关资讯。

2. 推进标准化委员会工作上新台阶

随着市场多样化需求的提升，产品质量与品种的不断提高，产品标准对于企业发展越来越重要，在五届二次理事会的要求下，协会组织成立云南省

塑料行业协会标准化委员会，邀请省质检院、高校、科研院所专家教授及会员单位的标准化专家主任委员、副主任委员、委员，为协会未来的标准化建设打下坚实的基础。

3. 为政府推荐行业专家

推荐云南省滇塑塑料管材制造有限公司李雪松工程师，进入云南省省级专家库。

4. 引导企业争先创优发展

组织会员单位参加各种评先推优工作，鼓励先进，树立标杆。推荐会长单位参加云南青年创业省长奖，昆明市10大诚信企业奖评选活动，常务副会长单位荣获云南省百强民营企业、13家会员单位被评为信用等级3A企业，20家会员企业评为先进企业、统计先进单位等。

5. 配合监管部门开展产品质量抽检

2019年8月云南省市场监督管理局开展了农膜质量抽查活动，对昆明、曲靖、玉溪、楚雄四州市的10家生产企业15批次样品进行了质量抽查，经检验抽检产品全部合格，抽查合格率100%。

6. 协助企业申领政府项目

积极联系第三方机构引导会员单位开展“绿色工厂”、科技型中小企业、企业技术中心等项目申报，争取申领政府各项奖励补贴。

7. 组织申报2019年云南省轻纺行业塑料专业技术职称工作

组织会员单位申报塑料专业技术职称工作。

8. 协助中塑协组织召开相关会议

2019年6月，协会参与协助中国塑料加工工业协会农膜专业委员会2019年年会。

9. 撰写我省行业报告

撰写了《中国农膜发展卷》（云南篇）、《中国塑料工业年鉴》（云南篇）、《云南省农膜生产和地膜应用情况》、《云南省塑料管道行业的发展前景简析》

10. 为会员单位牵线搭桥

协调、帮助会员单位在技术转让、人员交流、厂房租赁、产品交易、供需撮合等达成合作30余项。

11. 做好“牵线搭桥”服务，促进企业之间及企业与科研院所的合作

（1）促成企业之间经济技术合作50余项。

（2）协调会员单位学院签订产学研合作协议。

（3）征集了会员单位的招聘需求，参加了高校招聘会。

（4）协会协调安排西南林大、云南大学、高分子材料与工程专业师生200余名到昆明东方塑纸包装有限公司、益华管道、玉溪旭日、雄绑模具、博效包装等会员企业参观实习。

12. 积极走访会员单位

全年共走访了48家会员单位，了解企业生产经营情况，听取意见和建议。

（六）积极搭建上下游交流平台和参与政府培训工作

1. 组织企业参加国内外展会、论坛和行业交流学习

（1）参加2019年第二届南亚安博会，走访参展会员企业。

（2）组织会员企业参加天津塑胶展，并争取了2个免费展位供会员企业使用。

（3）参加2019全国生态文明与再生资源行业会议。

（4）参加中国塑协塑料管道专委会会议。

（5）受邀参加2019可降解塑料技术与市场论坛，并作开幕式致辞。

（6）参加中国国际商会云南商会与新华社中国经济信息社云南研究中心召开联合调研座谈会议。

（7）组织会员单位参加“2019第三十三届中国国际塑料橡胶工业展览会”观展，走访参展企业，并拜访汕头市塑胶行业商会、深圳市高分子行业协会。

（8）参加云南第二届礼仪文化商品博览会。

（9）参加百度爱采购宣讲会议及第十届建博会并走访会员企业。

（10）组织参加中国塑料产业链高峰论坛暨中国塑协成立三十周年庆典等系列活。

（11）组织参加第13届中国（成都）橡塑及包装工业展览会。

（12）第十九届中国塑料交易会。

（13）参加“中国塑协板片材专委会2019年会暨技术交流会”。

（14）2019年全国塑协异型材及门窗制品专业委员会成立三十周年纪念大会贺信。

（15）组织参加2019年陕西省塑化产业高峰论坛暨陕西省塑料产业发展大会。

（16）参加2019南亚东南亚国家商品展暨投资贸易洽谈会、第14届中国-南亚商务论坛、第3届中国-东南亚商务论坛。

（17）参加第五届大湄公河次区域跨境电子商

务合作平台对话会暨中国（昆明）数字经济与跨境电子商务高峰论坛。

（18）参加河南省塑料工业展及相关活动。

2. 加强与兄弟协会之间横向交流

（1）安徽省塑协来访，陪同前往昆明傲远、昆明民塑、昆明特瑞特公司参观交流。

（2）协助中塑协召开农膜专业委员会2019年会会议和考察交流活动。

（3）组织会员单位参加“2018第三十三届中国国际塑料橡胶工业展览会”观展，走访参展企业，并拜访汕头市塑胶行业商会、深圳市高分子行业协会。

3. 组织会员单位相互交流活动

协会积极搭桥会员单位的交流，组织了傲远管业的元宵游园会、昆明雄邦磨具制造有限公司“2019年感恩年会、海硕高铁快递品牌推广会、超级演销专家分享会”等、通过交流活动增强了企业之间的信任，增加了协会的凝聚力。

4. 组织参加政府培训座谈

（1）7月份组织农膜企业参加省农业农村厅农膜生产销售及回收与利用座谈会议。

（2）8月市场监督管理局标准化处领导到协会调研。

（3）10月协会组织会员企业参加昆明市市场监督管理局举办的“标准化促进质量提升”研讨会。

（4）11月标准化专家组进企业活动中在协会和企业专家开展交流研讨。

（5）11月参加2019年全生物降解地膜绿色高效技术交流培训会议。

（七）筹备、召开协会各项会议

（1）3月8日召开第五届一次理事会会议。

（2）3月28日召开第五届一次监事会会议。

（3）7月29日召开第五届二次会长办公会议。

（4）9月24日召开第五届二次监事会会议。

（5）9月24日召开第五届二次理事会会议。

（6）9月25日召开第五届一次专家委员会会议。

（7）9月25日召开专业委员会会议暨行业交流会议。

（8）9月26日召开第五届二次会员大会暨行业交流会议。

（9）11月27日召开塑料薄膜专业委员会第五届一次主任委员会议。

（10）11月29日召开塑料管道专业委员会第五届二次主任委员会议。

（八）发展新会员

协会秘书处经理事会授权，审核批准了昆明鸿彩塑料科技、云南奇锦管业、昆明领翔塑胶有限公司等15家企业入会。新增了昆明驼行行新材料有限公司为理事单位。

三、云南省重点企业

序号	企业名称	产量/万吨	主要产品
1	云南云天化石化有限公司	16.2	聚丙烯（PP）树脂
2	云南能投化工有限责任公司	20.95	聚氯乙烯（PVC）树脂
3	云南联塑发展有限公司	10	管材、管件
4	玉溪市旭日塑料有限责任公司	5.5	塑料薄膜
5	昆明特瑞特塑胶有限公司	3.5	塑料检查井、管材、管件
6	昆明傲远管业有限公司	2.1	管材、管件
7	云南益华管道科技有限公司	2.0	管材、管件、PP电缆填充绳
8	云南曲靖（塑料）集团有限公司	1.96	塑料薄膜
9	宣威市中博塑料有限公司	1.20	塑料薄膜
10	昆明西顿管道制造有限公司	1.2	管材、管件
11	楚雄广利塑料有限公司	1.02	塑料薄膜

四、会员企业新产品开发情况

序号	新产品名称	专利证书号	研究开发单位
1	一种管道口部预加热装置	CN201911135766. X	云南联塑科技发展有限公司
2	一种管材移动单元及具有管材移动单元的管材移动装置	CN201910819376. 8	
3	一种管材移动单元及具有管材移动单元的管材移动装置	CN201921438552. 5	
4	一种超高分子量聚乙烯管材热熔对接方法	CN201910399699. 6	
5	一种螺旋混料设备	CN201910381204. 7	
6	一种螺旋混料设备	CN201920653992. 6	
7	一种可脱离逃生舱	CN201910008940. 8	
8	一种隧道逃生舱	CN201910008939. 5	
9	一种隧道逃生舱	CN201920013848. 6	
10	一种具有加强结构的 HDPE 中空壁缠绕管	CN201910009475. X	
11	一种具有加强结构的 HDPE 中空壁缠绕管	CN201920013304. X	
12	一种 PVC-U 给排水管内壁冷却定型装置	CN201820814138. 9	
13	一种桶装水瓶盖反盖剔除装置	CN201910858396. 6	昆明珍茗食品有限责任公司
14	一种桶装水水桶内壁清洗机及清洗方法	CN201910918198. 4	
15	一种桶装水瓶盖反盖剔除装置	CN201921509569. 5	
16	纤维滤芯水气共管反清洗装置及反清洗方法	CN201910858397. 0	
17	食品级聚碳酸酯 PC 桶二维码破损识别剔除装置	CN201921509555. 3	
18	水处理环节参数可视化控制管理装置	CN201921509559. 1	
19	一种包装饮用水原水处理的紫外灯杀菌装置	CN201921510037. 3	
20	纤维滤芯水气共管反清洗装置	CN201921510005. 3	
21	矿泉水瓶（5L）	CN201930297828. 1	
22	矿泉水瓶（珍茗 375ml）	CN201930347953. 9	
23	一种一体式弯头化粪池	CN201920845161. 9	云南益华管道科技有限公司
24	一种高效型化粪池	CN201911383850. 3	
25	一种联动钢带涤塑装置	CN201920841003. 6	
26	一种自动化管道生产系统	CN201920841063. 8	
27	一种多组合型化粪池	CN201920841001. 7	
28	一种组合式检查模具	CN201920845150. 0	
29	一种新型化粪池	CN201920841509. 7	
30	一种化粪池	CN201920841479. X	
31	一种化粪池加强型隔板	CN201920841002. 1	

续表

序号	新产品名称	专利证书号	研究开发单位
32	一种跌水消能抗浮塑料检查井	CN201910876880. 1	云南百川环保科技有限公司
33	一种跌水分能过滤塑料检查井	CN201910877883. 7	
34	一种螺旋筋排水塑料检查井	CN201910877869. 7	
35	一种跌水分能消能塑料检查井	CN201910876859. 1	
36	一种污水处理排污过滤管道	CN201920670157. 3	云南华诺工贸有限公司
37	一种木塑造粒生产线	CN201910343201. 4	昆明驼行新材料科技有限责任公司
38	一种基于农业覆膜材料的环保木塑板的制备方法	CN201910343203. 3	
39	一种木塑板的冷却清洗装置	CN201920584545. X	
40	一种木塑板材压花装置	CN201920584090. 1	
41	一种木塑墙板连接安装卡件	CN201920584565. 7	
42	一种阻燃消音木塑窗	CN201920584089. 9	
43 44	Cooling and cleaning device for wood-plastic plate	CN：201920584545：U	
45	一种咖啡壳增强木塑板	CN201920584133. 6	
46	Wood-plastic plate embossing device	CN：201920584090：U	
47	Wood-plastic wallboard connecting and mounting clamping piece	CN：201920584565：U	
48	Flame-retardant silencing wood-plastic window	CN：201920584089：U	
49	Coffee shell reinforced wood-plastic plate	CN：201920584133：U	
50	一种耐磨减震家居装饰用木塑地板	CN201920584078. 0	
51	一种家居装饰用防潮型木塑板	CN201920584116. 2	
52	饮用水桶	CN201930588225. 7	云南大山饮品有限公司
53	一种矿泉水桶二楼输送至一楼的输送隧道	CN201921385460. 5	云南天外天天然饮料有限责任公司
54	一种桶装水清洗消毒喷头升降系统	CN201921385528. X	
55	一种桶装水桶口标签收缩机构	CN201921385449. 9	
56	一种可定量灌装的灌装机专用灌装头	CN201921385501. 0	
57	一种二楼输送至一楼的输送隧道	CN201921352404. 1	
58	桶装水包装袋封切刀头	CN201921351928. 9	
59	一种 12 喷头型空桶测漏机	CN201921352386. 7	
60	一种高效率吹瓶机下瓶机构	CN201921351918. 5	
61	一种改进型水处理臭氧添加系统	CN201921351919. X	
62	一种可 360 度抓取旋紧的提环盖专用旋盖头	CN201921351927. 4	
63	节能环保型切粒水箱	CN201920263277. 1	云南云天化石化有限公司

续表

序号	新产品名称	专利证书号	研究开发单位
64	一种烧碱电解淡盐水膜法脱硝装置	CN201921414037.3	云南能投化工有限责任公司
65	一种电石细物料储存输送系统安全在线检测装置	CN201921413355.8	
66	一种烧碱电解淡盐水除铝装置	CN201921413377.4	
67	一种 VCM 精馏尾气提氢回用装置	CN201921413293.0	
68	一种新型氯化氢乙炔混合气脱水除雾器	CN201921413348.8	
69	一种 PVC 聚合釜用安装底座	CN201921414031.6	
70	一种乙炔次氯酸钠清净液两级复合配制装置	CN201921413330.8	
71	一种干法乙炔脱硫洗涤装置	CN201921414036.9	
72	一种自动控制的氯气压缩机	CN201921413359.6	
73	一种电石渣成球装置	CN201921413340.1	
74	一种适用低汞触媒的 VCM 转化装置	CN201921413332.7	
75	一种检测水体及土壤中酚含量的实验室分析装置	CN201921413349.2	
76	一种电解延长树脂塔再生改造装置	CN201920934706.3	
77	一种合成炉余热回收利用设备	CN201920908837.4	
78	一种用微通道反应器制备乙酸乙烯酯的方法	CN201911097960.3	云南正邦科技有限公司
79	一种多点进料与强化混合连续生产过氧化二异丁酰的方法	CN201911371816.4	
80	一种利用微通道连续流反应器制备环氧油脂的方法	CN201910729366.5	
81	一种用微通道反应器制备乙酸的方法	CN201911097959.0	
82	一种波纹管用铰链式机械连接卡扣	CN201920930277.2	昆明奥舟管业有限公司

（云南省塑料行业协会　韩简吉　杨桂兰）

主要制品行业

农用薄膜

【行业现状分析】

一、概况

我国现拥有农膜生产企业千余家，2019年全国农膜总产销量约260万吨，比2018年下降7.1%。农膜产量下滑有客观因素，如农膜原料价格持续低位震荡，环保治理措施空前严厉和下游需求不旺等；也有主观因素，如企业主动压缩供大于求的低端农膜产量、长寿命多功能膜的推广应用延长了换膜周期。农膜产量的波动与当前国内外经济下行形势相关联，农膜行业告别高速度增长转入高质量发展过程中，一个明显的特征就是注重质量与效益的提高，追求高质量发展成为行业的共识，以供给侧结构性改革的推进，不断满足现代农业对农膜性能的更高需求。目前多功能中高端农膜产品的占比已经超过60%，“功能化”“专业化”一直是农膜产品的发展方向。

2020年初，我们对分布在全国20个省（市、区）的109家农膜生产企业生产情况进行调查，这109家企业中包括大型骨干企业25家，大中型企业26家，小微企业58家，大型骨干企业为年产销量在万吨以上的企业，大中型企业为年产销量大于3000吨、小于万吨的企业，中小微企业为年产销量小于3000吨的企业。109家企业中有会员单位企业51家，其中生产棚膜的企业38家，棚膜产量为27.4万吨；生产地膜企业50家，地膜产量为33.1万吨。非会员单位企业58家，其中生产棚膜的企业只有17家，产量为3.9万吨；地膜生产企业有56家，产量为7.3万吨。2019年农膜总产量71.7万吨，其中地膜40.4万吨，棚膜31.3万吨。参与调查的企业职工数最少只有6人，最多的有405人，一半以上的企业职工人数小于100人。企业地膜年产能最高为6万吨，棚膜年产能最高为7万吨。从109家企业总产量71.7万吨，可以估计农膜行业中220家规模以上企业的农膜产量应该大于100万吨。

二、规模以上企业产量与分析

在千余家农膜企业中，达到年销售收入超过2000万元的规模以上企业约220家，根据国家统计局公布的数据，近几年规模以上企业产量如下：

表1　　2015—2019年农膜行业规模以上企业产量与增长率

年份	2015	2016	2017	2018	2019
产量/万吨	230.9	241.96	197.3	120	85.2
增长率/%	5.25	-0.38	3.41	-4.84	-10.59

近2年逐月产量比较见表2。

表2　　2018、2019年农膜行业规模以上企业逐月产量与同比增长率

月份	2018			2019		
	当月产量/万吨	本月止累计产量/万吨	累计比上年同期增长率/%	当月产量/万吨	本月止累计产量/万吨	累计比上年同期增长率/%
2	14.8	29.8	-2.71	8.6	17.3	-9.75
3	17.3	44.7	-3.86	9.8	26.0	-6.81
4	15.4	60.1	-0.91	9.0	35.1	-6.42
5	12.9	72.8	0.69	7.5	43.4	-4.89
6	11.6	83.4	-1.25	7.2	50.5	-3.2
7	9.4	76.4	-3.46	6.1	51.5	-4.97

续表

月份	2018			2019		
	当月产量/万吨	本月止累计产量/万吨	累计比上年同期增长率/%	当月产量/万吨	本月止累计产量/万吨	累计比上年同期增长率/%
8	9.4	80.9	-2.93	5.9	54.3	-4.76
9	10.1	88.1	-1.93	7.2	62.0	-5.81
10	9.7	94.2	-2.29	7.1	67.8	-6.05
11	10.3	103.4	-3.86	7.9	78.4	-5.76
12	11.5	120.0	-4.84	8.6	85.2	-10.59

以上数据存在的问题：

1. 表1列出的2016年同比增长率为-0.38%，但2016年产量大于2015年；2017年同比增长率为3.41%，但2017年产量少于2016年；2019年同比增长率为-4.84%，按此计算2018年产量应为187.75万吨，不应该低到120万吨；2019年同比增长率为-10.59%，按比率计算2019年产量也不应该低到85.2万吨。

2. 表2列出的2018年1—6月份累计产量达到83.4万吨，7月份当月产量为9.42万吨。但1—7月份累计产量非但没有增加9.4万吨，反而减少为73.4万吨，又如2019年1—6月份累计产量为50.5万吨，7月份产量为6.1万吨，则1—7月累计产量应该为56.6万吨，但公布的仅为51.5万吨。2018年各月产量之和与全年产量数也不符等等，类似问题诸多。

数据虽然疑问较多，但近几年农膜产量逐年下滑确是不争的事实。全国纳入统计的24个省份，2019年规模以上农膜企业产量下降的是13个省，其中河南最为突出，由位居全国第二降到第六位，见表3。

表3　2018、2019年规模以上企业农膜产量列全国前十位省份及产量和占全国规模以上产量的比例

年份	位次	1	2	3	4	5	6	7	8	9	10
2018	省份	山东省	河南省	云南省	浙江省	四川省	甘肃省	陕西省	新疆维吾尔自治区	吉林省	广东省
	产量/万吨	23.9	23.8	11.5	9.1	7.6	6.5	6.2	5.9	4.4	3.6
	占比/%	19.92	19.80	9.62	7.57	6.37	5.43	5.16	4.95	3.69	3.02
2019	省份	山东省	云南省	甘肃省	广东省	四川省	河南省	新疆维吾尔自治区	陕西省	吉林省	湖北省
	产量/万吨	12.5	9.55	8.05	7.28	7.04	5.70	5.11	4.66	4.42	3.64
	占比/%	14.7	11.21	9.45	8.55	8.26	6.69	5.99	5.46	5.19	4.28

虽然农膜产量有所减少，但从全国种植业良好的发展势头可以看出，农膜的供需依然处于基本平稳状态和，市场在农膜资源配置方面起着决定性作用。

【行业亮点】

2019年农膜行业在面临需求下行压力较大的形势下，坚持创新发展，在提高内在品质与社会经济效益方面取得了显著成绩。

一、农膜行业获得国家各类专利授权数量大幅提高

科技创新是企业技术进步的不竭动力，是高质量发展的有效支撑，获得专利授权是创新发展的主要标志之一。截至2019年，各企业获得专利数情况如下：山东清田累计获得各项专利30余项，并获得省部级奖励8项，目前产品出口美国、哈萨克斯坦、泰国、韩国、越南、菲律宾、沙特阿拉伯等；山东龙兴专利数达到30多项；河南银丰获专利24项；山东新天鹤获专利23项；甘肃福雨和云南曲靖获专利各21项；河北科伦获专利20项；北京天罡拥有近20项发明专利；甘肃天宝专利18项；山东天壮和山东中艺获专利各14项。白山喜丰、玉溪旭日、安徽华驰、杭州新光等企业也都获得多项各类专利。伴随专利数的增加，上述各企业多年来新材料、新技术、新产品、新工艺不断推陈出新，荣获各种奖励多项，赢得社会认可，享有良好口碑。

二、建立了一批有辐射力的技术中心

技术中心的创建标志着企业技术水平和创新能力的提升。2019年3月北京天罡被认定为国家级技术中心，即“中国轻工业塑料制品耐候工程技术研究中心”；新疆天业已经成为“国家级企业技术中心”和“国家级节水灌溉工程技术研究中心”，同时建成博士后研究工作站；甘肃福雨2018年被评为“省级工业设计中心”；河南银丰2017年成为“省工业品牌培育示范基地”、同时拥有“河南省功能性聚乙烯薄膜工程技术研发中心”称号，所生产的棚膜系列产品多次荣获省优质产品、省名牌产品、省著名商标，三大类40多个品种产品出口美国、西班牙、澳大利亚、荷兰、日本等；山东三塑、山东新天鹤和山东清田多年前已经被授予省技术开发中心；云南玉溪旭日建成省级塑料薄膜制品工程技术研究中心，此外还有不少企业被授予市级技术研究中心。一批有影响力的各级各类中心的建立，大大推动了周边企业和整个行业技术开发和科技进步。

三、加强与科研院所合作，推动产、学、研深度融合，科技成果转化周期大大缩短

多年来为了企业的生存和发展，农膜企业重视与大专院校、科研机构的合作，借力推动企业技术和产品的开发。如白山喜丰与中国农科院、中国石化集团公司等合作；北京天罡与中科院化学所、北工大、天大等长期技术合作；山东龙兴与山东农大、中国农科院植保所和草原研究所的合作；天津二塑广泛与美国埃克森美孚化工公司、瑞士汽巴精化公司等国内外各大石化厂商以及与天津大学、中国农科院、北京化工研究院、天津蔬菜研究所等院校和科研机构长期合作，先后推出三防两高功能膜、转光功能膜、花卉专用膜、瓜类专用膜、EVA高透光、日光膜等几十个新产品、企业产品竞争力始终名列国内同行前茅。山东东大与中国农业大学、中国农科院合作开发高档农膜、转光、散光和分光膜，并获得国家专利。南雄金叶与国内有关院校科研机构建立了长期稳定的合作关系，掌握了高端农膜生产核心技术，关键性技术指标达到国内先进水平。云南玉溪旭日的“省级塑料制品工程技术研究中心”就是与昆明学院共同建立的。山东天壮在中国科学院与中国工程院院士支持下开发的“氧化物双降解生态地膜”项目，2019年被授予中国轻工业联合会科学技术进步二等奖，产品覆盖国内25个省份，并远销美国、西班牙、新西兰、澳大利亚等，助力“一带一路”建设，产生巨大经济、社会和生态效益，企业产品获省部级奖励10余项。以市场需求为导向，科研与生产相结合，加快了科技成果的转化，为农业现代化提供优质高效服务。

四、跨界经营增强企业实力和抗风险能力

在激烈市场竞争中，农膜企业抓住机遇，迎接挑战，适应市场需求，选择多元化经营方式，不仅生产农膜系列产品，同时开发其他领域系列产品，相辅相成，彼此弥补，拓宽了企业发展空间。如：山东清田兼做土工膜系列产品；云南塑料厂的管材系列；山东三塑兼营塑料装饰建材系列产品；新疆天业兼营门窗型材和多种管材，“天山灌溉系统”已成功走向世界近30个国家；河南银丰节水灌溉及配套生产线10条；哈尔滨塑五生产的农膜和捆扎绳等产品久负盛名，并远销日本、韩国、朝鲜、俄罗斯、澳大利亚等；白山喜丰生产农膜、节水器材、汽车零件、化工制品、纸制品等七大系列，200多种产品；焦作咏春系列专用膜更加细分化和多样化，深受消费者青睐和推崇。多种经营培育企业新的利润增长点，缓解农膜季节性生产带来的弊端，提高了经济效益，增加了对市场风险的抵御能力。

面对国内外经济下行压力加大的形势，农膜行业迎难而上，涌现出一批优秀企业，代表了行业发展的主流，是行业发展的中坚力量，起着榜样与典范作用。

【行业存在的突出问题】

农膜行业近90%为中小微企业，曾为农业增产、扩大就业和行业发展做出贡献。但是农膜行业中小微企业规模小、实力弱、抗风险能力差，当前迫切任务是设备更新改造、产品优化创新。资金短缺、融资难、融资贵依然是制约中小微企业转型升级的突出问题。

一、淡旺季忙闲不均，人员流动大

农业生产对农膜需求季节性很强，旺季集中在春耕、秋种两个时间段，其他时间均为淡季。受制于农耕时间，农膜生产忙半年闲半年是普遍现象。农膜行业普遍存在一线工人流动性大、职工队伍缺乏培训、操作技能难以提高、企业管理难度大和缺乏长远发展规划的现象。旺季时的生产强度大，产能必然高于产量，设备投资和折旧比例大，生产成本高，利润率反而偏低。淡季时，设备闲置，企业为降低成本，出现人员流失，职工队伍很不稳定。大部分企业没有研发能力和研发人员，缺乏检测手段或检测设备不齐全，不能完成出厂检验要求的全部指标项目。

二、行业缺乏监管和有效引导

农膜属涉农产品。因农民购买力低，导致农膜定价不可能过高，农膜生产企业基本处于微利水平。企业研发不足，市场上低端产品供过于求。为抢占市场，出现了不正当竞争，偷税漏税、短斤少两、使用不合格的原料甚至回收料填充料、以次充好、低价倾销、冲击市场秩序等现象。存在着假冒伪劣、招投标等乱象，亟待加强市场监管和引导。

三、企业需要政策上的适当支持

有一定实力的大中型企业，特别是骨干企业，已经从单纯增加产品产量转到着力提高产品质量，增加产品功能和品种。为适应农村市场需要，抓紧传统生产模式改造，配制高效率、高性能生产装备，近几年新型产品、多功能产品和各类专用产品不断涌现，在一定程度上提高了企业现代化水平，增加了企业的经济效益。

【政策建议】

一、建立农膜产品淡季仓储基地

淡季仓储是农膜企业健康持续发展的重要保证，可缓解农膜企业旺季忙半年，淡季闲半年的局面，使农膜企业向全年均衡生产方向转变，这有利于企业管理、人员稳定、素质提高，有利于化解过剩产能。建立农膜产品淡季仓储基地需要政府引导和资金支持，否则难以实现。

二、资金支持新产品研发

建议设立国家级农膜创新研发机构，引领农膜产业高水平发展；推动国内专用树脂、高性能树脂研发生产，提高国产化率，降低对国外树脂的依赖程度，降低农膜企业生产成本；加大废旧农膜回收再利用扶持力度，对研发工艺先进，回收成本低的设备，给予资金支持；对全生物降解地膜的研发和推广应用给予经费支持。

三、制定税费减免产业扶持政策

建议农膜原料和设备恢复免征进口环节关税和增值税政策；国内石化企业供农膜企业不含增值税的原料，或借鉴出口退税返还部分原料中含的增值税；对农膜企业用于新产品试验的大棚用地免征土地使用税。

【专委会主要工作】

一、成功召开农膜专委会2019年年会和专委会五届二次理事会

“中国塑料加工工业协会农用薄膜专业委员会2019年会”于2019年6月5日在美丽的春城——云南省昆明市隆重召开。

参加本次会议的有来自全国各地的农用薄膜及原料、助剂、设备、应用及市场营销等领域生产企业、科研院所、外商驻中国代理机构和商社的代表、专家、学者以及新闻媒体朋友共计413位。

中国塑料加工工业协会马占峰副理事长，国家工业和信息化部消费品司轻工一处谢立安调研员，农业农村部科技教育司资源环境处李想副处长，全国农业技术推广服务中心原首席专家、中国农用塑料应用技术学会会长张真和，云南省农业农村厅科教处王兴原处长，云南省农业技术推广总站沈丽芬科长，云南省工信厅殷照平副处长，云南省工业和信息化厅消费品工业处刘春晖主任科员，云南省农业农村厅科教处张旗主任科员，中国农科院环境与可持续发展研究所严昌荣教授；中石化上海研究院首席专家王洪学博士，中国科学技术大学刘文教授，山东农业大学刘世琦教授，中国农业大学王宇欣教授，中国塑料加工工业协会田岩副秘书长，全国塑料制品标准化技术委员会塑料制品分技术委员会彭永杰秘书长，云南省塑料行业协会韩简吉秘书长，河南省塑料协会段同生会长，山西省塑料协会

王慧凯秘书长，重庆市塑料行业协会刘汉龙秘书长，深圳市高分子行业协会王文广秘书长，中国塑协专家委员会副秘书长焦志伟博士，中国塑协塑料异型材及门窗专委会李静霞秘书长等领导、专家出席了本次会议。

通过本次会议的交流，大家进一步了解我国农膜行业面临的发展机遇和挑战，明确行业发展趋势。行业应进一步构建发展新格局，培育发展新动能，才能有更广阔的发展空间。此次会议的召开，对推动上下游行业交流与合作，提高行业服务水平，拓宽农膜产品的应用范围意义重大。农膜企业根据自身实际情况，紧跟国家发展政策，设立发展新目标，不断拓宽应用领域，寻找新的发展机遇，加强创新驱动发展，提升品质水平，加快智能制造步伐，不断优化产业结构、转变发展方式，共同促进农膜行业在新时代赢得新胜利。

二、农膜行业标准工作顺利有序进行

中国塑协理事会 2019 年 4 月 7 日对农膜行业申报的《农膜企业挥发性有机物 VOCs 气体排放管控标准》《农用棚膜接触酸性农药后对耐候性影响的判定》《聚乙烯降解农用地面覆盖薄膜》三项团体标准通过立项，并下达了编制任务通知书，明确了标准计划编号，且规定了标准编制周期为 2019 年 4 月 7 日至 2021 年 4 月 7 日。

为便于后续标准工作的开展，农膜行业团体标准工作组于 2019 年 6 月 4 日召开“农膜行业团体标准第三次工作会议”。听取了工作进展情况汇报，对下一步的工作进行了安排，目前各团体小组正按计划开展工作。

三、完成《中国塑料加工发展史》“农膜行业发展史”的编写工作，并上报中国塑协

“农膜行业发展史”的编撰历时 4 年时间，经反复修改、补充、完善，于 2019 年 8 月底完稿。发展史全篇分前言、农膜的应用与发展、农膜专委会发展历程及行业主要活动、重点介绍四部分，共计约 10 万字。这项工作得到农膜专委会各理事单位、各有关企业领导的大力支持。

四、配合工信部对品牌战略实施和《农膜行业规范条件》的贯彻

在行业内进行广泛宣传和工作推动，使品牌创建成为企业的自主、自觉行为，并对规范条件提出了修改意见，进一步完善并符合农膜行业实际情况。按工信部要求 2019 年中对《规范条件》执行情况上报中国塑协和工信部。

五、召开农膜专委会五届三次理事会议

“中国塑料加工工业协会农用薄膜专业委员会五届三次理事会议”于 2019 年 12 月 20 日在京畿重地--河北省保定市隆重召开。

农膜专委会理事单位及部分会员代表共计 65 位参加了本次会议。中国塑料加工工业协会常务副理事长兼秘书长王占杰、副秘书长田岩出席了本次会议。

会上乐凯化学有限公司宋春桥副总经理致欢迎词，对与会代表的到来表示热烈的欢迎。

农膜专委会主任曹志强做了农膜专委会 2019 年工作总结和 2020 年工作安排。介绍了农膜行业坚持创新发展所做的工作；对 2019 年农膜行业现状进行了分析；汇报了 2019 年农膜专委会的主要工作以及 2020 年重点工作安排。

秘书长刘敏详细介绍了通过不同统计渠道对农膜行业近三年的经济运行情况分析得出的结论。与会代表就环保问题、农膜税收、地膜国标执行、残膜回收、降解地膜的推广应用等方面内容进行了深入的交流，如实反馈行业及企业情况，对市场诉求及制定国家政策的提出意见、建议。并对 2020 年将开展的重点工作进行介绍。主要包括：

①2020 年年会的有关事宜；②2020 年南京第四届“四新展”筹备工作；③农膜行业“十三五”规划实施情况及“十四五”规划草案框架；④部署开展《农用薄膜单位产品能耗限额》后续工作；⑤继续开展农膜行业培训工作等。

三个农膜行业团体标准第一起草单位代表分别对本标准进展情况、后续工作计划及存在的问题进行了汇报。

中国塑料加工工业协会常务副理事长兼秘书长王占杰代表中国塑料加工工业协会对本次会议的召开给予了充分的肯定，他提出本次会议内容很丰富，时机很及时，这些工作也是协会今后一段时间的重点工作，农膜专委会在积极进行行业规划、引导行业不断科技创新、重视标准化工作、开展行业自律等方面，为协会重点工作的顺利开展做出了很多努力。并提出了几点建议：1）会议议定的事项要逐一落实，见到实际效果；2）要积极应对塑料污染，要牢固树立新发展理念，有序禁止、限制部分塑料制品的生产、销售和使用，积极推广可循环易回收可降解替代产品，增加绿色产品供给，规范塑料废弃物回收利用，建立健全各环节管理制度，有力有序有效治理塑料污染；3）规划好“十四五”，进一步将科技创新向产业高质量发展聚焦。加强产业研究，推进行业及产品研发在“三化一微”和智能制造、绿色制造上发力，共创、共建、共享产学研用深度融合。搭建平台，推动产业链上下游合作发展。要促进平台建设，积极推动产业链合作发展，携手应对经济变局；4）继续提升管理和服务水平，加强秘书处工作，依法合规办会；5）号召农膜行业企业积极参加“2020中国国际塑料展”，为产品和行业宣传助力，不断扩大行业影响力。同时感谢农膜企业对农膜专委会、对协会工作的支持。

最后，曹志强主任总结发言，对秘书处今后的工作提出了两点要求：一是请进来，邀请相关领域专家学者进行交流讲座，推动农膜行业技术水平的提高。学习先进管理理念，先进生产技术，加强合作交流，开阔眼界、增强才干，从而提升我国农膜品质和知名度，为下一步开拓国际市场做准备；二是走出去，秘书处要深入企业，了解和掌握第一手资料，听取企业诉求，为行业发展提供指导依据，真正做好服务工作。

会后参会代表参观中国乐凯集团有限公司。

本次会议是一次年终总结工作，规划未来、认清行业面临的挑战和发展机遇、明确行业发展方向的会议，对专委会下步工作，对行业发展起到重要作用。

六、组织会员单位参加评比活动等

进行了《企业优秀文化成果》《中国塑料行业企业信用等级评价工作》《2018年度轻工塑料行业十强、轻工业百强企业以及轻工行业装备制造行业三十强企业》2019年度《中国轻工业工业设计中心》《2018年度轻工行业科技百强企业》《中国轻工行业重点实验室（第二批）》《升级和创新消费品（轻工第六批）》《2019年度中国轻工行业联合会科学技术进步奖》等申报工作；对《中华人民共和国进出口税则（2019）》《产业结构调整指导目录（2019年本）》《农膜管理办法》等提出修改意见、配合中国塑协纪念成立30周年庆典，提供上报农膜行业30年发展历程和取得的巨大成绩。

七、《农膜操作工培训手册》编制完成情况

2017年开始由专委会牵头，专委会副秘书长徐双宏主编起草了该培训手册。培训教材目前还在修改与完善中，同时专委会与中国塑协培训专委会商议如何开展培训活动，邀请哪些专家、教授面授；培训活动选址等问题。

（中国塑协农用薄膜专业委员会　刘敏）

改性塑料

改性塑料作为新材料的重要产品，在汽车、高铁、船舶、航空航天、信息、电子、光学、医疗、新能源等高端应用领域发挥越来越重要作用，具有广阔前景；属国家战略新兴产业范畴，因此受到国家政策鼓励与支持，中央和地方都为行业健康稳定运行提供良好的政策环境。2019年由于国际化工巨头接连遭受不可抗力、国际贸易摩擦，国内环保趋严、废塑料进口禁止；改性塑料行业面临原材料成本大幅上升，出口放缓，同时受“限塑”新政出台，家电、汽车行业产销增速下滑等不利因素影响。各企业在协会和有关部门的宣传并引导下，从扩大规模、产量为主的增长模式转移到“创新驱动、提质增效、绿色环保和内外并举”的新的模式上来，寻找全新的增长点，向轻量化、功能化、生态化、智能化方向发展，行业整体情况平稳向好。

一、行业现状

进入“十三五”以来，改性塑料在全球范围内的产能扩张较为迅速，已经有了一定的规模。总体来看，我国改性塑料的消费增长迅速，改性塑料在高分子材料加工领域所占的比例正在逐步加大，随着我国消费升级，到2019年，国内改性塑料产量约1900万吨，同比增长约7%，改性化率从“十二五”末的17%发展到22%左右，较好地完成了“十三五”发展目标。随着改性塑料产品应用从家电和汽车行业两大市场，逐步向电子电器、通信器材、健康卫生用品等领域不断开拓，市场需求不断提升；以及国家对“以塑代钢”“以塑代木”政策的不断推进，改性塑料性能不断增强改善，未来改性塑料的下游需求领域将更加广泛。

近年来，随着国家对低碳、环保、健康的重视和关注，改性塑料的技术应用和产业格局发展呈现以下趋势和亮点：

1. 下游产业升级和高端应用促进改性塑料产业升级

随着汽车轻量化、5G 通讯兴起和共享经济推行，对材料的强度、耐温、耐候、低介电性能等性能要求提升，改性塑料行业创新发展力度将会持续增加，高标准要求的塑料材料应用需求快速增长。目前国内对高标准要求的材料对外依存度仍然比较高，高端改性材料国产化势在必行，具有低密度、高刚性、高韧性、高耐温、低挥发性有机化合物的塑料产品的应用会越来越广。随着新能源汽车、智能家居、5G 通讯、共享经济等全新的市场需求也会催生更多的高品质改性塑料需求，差异化的高端改性塑料将迎来发展的春天。

2. 改性技术迎来升级换代

通用塑料工程化：随着改性设备、改性技术不断发展成熟，通用热塑性树脂通过改性逐渐具有部分工程塑料的特点，使之能取代部分工程塑料树脂。未来高性能通用塑料将逐步抢占部分传统工程塑料树脂的应用市场。

工程塑料高性能化：通过改性技术的提升，改性工程塑料能达到甚至超过金属的部分性能。因此，伴随着我国近年来汽车、电子电气、通讯和机械工业的蓬勃发展，高性能改性工程塑料需求将大幅上升。能适应苛刻工作环境的具有超高强度、超高耐热性等性能的高性能改性工程塑料将得到良好的应用。

改性技术多元化：随着应用需求的推动，除了传统的增强、阻燃等技术的持续发展，复合改性技术、特殊功能化、金属协同应用技术也将增加，总体将呈现出多元化发展趋势。

随着人们环保意识的持续提升和环保监管力度的加大，低碳环保的需求将越发受到重视，环保型产品在市场的接受程度正在迅速增高。未来高性能环保改性塑料将会迎来大发展，特别是低气味、低 VOC、免喷涂等技术要求可能会覆盖整个改性塑料的上下游产业。

3. 科技创新步伐加快，特种工程塑料等高端改性塑料应用市场进一步扩展

2019 年，全球特种工程塑料总体增长速度明显放缓，表现为传统应用如连接器和 LED 照明等领域需求下降明显，但出现 5G 通信等新的市场机会。近年来，国内汽车、电子电气、LED 照明、声学、家电、厨卫等民用领域对特种工程塑料的需求经历了一个快速发展期后，2019 年整体增长速度也明显趋缓，与全球基本一致。2019 年，国内特种工程塑料使用量大约 10.5 万吨，其中汽车零部件应用量约 2.8 万吨，电子电气应用量约 3.2 万吨，LED 照明应用量约 0.8 万吨，家电应用量约 0.6 万吨，厨卫部件应用量约 1 万吨，声学部件应用量约 0.6 万吨，在其他应用领域合计超过 1.5 万吨。

热塑性树脂基复合材料兼具高性能和环保的特点，近年来应用快速发展，尤其是在汽车、冷链物流、管道、3C 等行业。由于轻量化和节能的要求，热塑性复合材料在汽车领域的应用量增长显著，与轻金属、高强钢共同成为汽车轻量化整体解决方案。2019 年，中美贸易关系致使全球贸易紧张局势都在升级。目前，玻璃纤维、碳纤维、玄武岩纤维和所有复合产品已被列入美国 25% 的关税清单。这些全球贸易的不确定性迫使中国复合材料行业深耕国内市场。在过去的几年中，中国的碳纤维复合材料行业一直稳定增长。目前，我国的碳纤维产业仍处于起步阶段，市场对国内碳纤维产品缺乏认可是目前制约中国碳纤维行业发展的瓶颈。随着科技创新和产品质量的提高，中国复合材料行业未来将更加健康地增长。政府鼓励的农村城镇化建设，现代农业发展以及 5G 通信方面的新举措也将扩大现有应用，并为复合材料开辟新的领域。

4. 市场竞争加剧，产业集中度进一步提升

目前，我国改性塑料生产企业数量众多，产业竞争激烈，与美欧日等发达国家相比，整体技术能力仍然存在一定的差距。“十三五”期间，因为中美贸易战等诸多宏观原因，下游企业需通过实现原材料国产化来应对可能的供应风险，预计在“十三五”完成时，我国改性塑料产业将再上新台阶，出现更多可以和国际大型企业匹敌的一批优秀企业。同时由于行业技术的同质化越来越严重，市场竞争将会愈加激烈，核心技术缺乏、产品品质低劣的企业将面临被市场淘汰的局面，产业的深度洗牌不可避免，产业集中度将进一步提升。

二、存在的问题

行业发展的同时我们应该清楚地认识到：“十三五”以来，中低速增长已成为中国改性塑料乃至塑料加工全行业发展的新常态。当前，改性塑料行业仍处于粗放式发展向精细化发展的转型期：生产能力过剩，中小企业占比过大，加剧了市场竞争，产品同质化现象严重，标准化工作仍需加强，产品质量有待更进一步提高。

1. 科技创新能力有待进一步提升

“十三五”期间，随着金发科技股份有限公司等一批上市龙头企业的发展，改性塑料行业整体创新能力得到一定的提升。但是协同创新体系的缺失以及科研成果转化体制的约束，使得企业与大专院校、科研院所对接不畅，研究成果产业转化率偏低，难以形成合力。多数中小企业普遍面临技术人才匮乏、资金不足等问题，创新体系建设有待提升，作为行业技术创新中坚力量的企业技术中心、行业科研机构的科研活动缺乏前瞻性、系统性研究，尤其是对基础课题、前沿技术和关键共性技术的研发投入不足。

2. 行业区域发展不平衡

由于改性塑料制品行业具有贴近客户和快速供货的特点，其行业的区域性与下游行业是一致的，我国改性塑料行业主要集中在东部沿海，中西部相对落后。长三角、环渤海和珠三角是传统的经济发达地区，制造业产业链条相当完善，聚集着许多家电、汽车、电子产品制造厂商，并带动了相关配套产业的发展，例如青岛地区为海信、海尔、澳柯玛等家电厂商提供相关配套的企业就达到数百家。但是，随着沿海地区劳动力成本的提高和西部大开发战略的深度实施，制造业产能有逐渐往中西部内陆城市转移的趋势，其配套的塑料制品等行业也会随之发生转移。而中西部改性塑料行业无论产业规模、产品质量及技术水平与东部相比差距进一步拉大，产业布局仍有待调整。

3. 产品结构不合理，同质化程度严重，重点原料进口依存度高

我国改性塑料产业起步晚，工业基础薄弱，产业应用经验和基础研究积累不足，整体创新能力薄弱导致产品结构不合理，产品同质化、低水平竞争加剧，中低档产品比例过高。高端专用料、工程塑料尤其是特种工程塑料研发及应用水平与国际先进水平差距较大，多种工程塑料、专用料依赖进口，直接影响塑料制品高端化应用，与我国快速发展的新能源、交通运输、航天航空、电子电器、信息等高端应用领域不相匹配。

三、发展建议

1. 加强产学研合作机制，加快关键共性和核心技术研发

充分发挥中国是改性塑料市场需求大和产能大的优势，加强以产学研为主的协同创新和联合攻关，突破制约行业发展的关键共性和核心技术，大力推进改性塑料产业的技术进步和质量提升，扩大产品的下游应用领域有以下三个方面：(1) 加快导电、高导热、耐高温、高韧、超强等性能改性塑料研发与推广应用。(2) 重点发展高性能碳纤维复合材料等特种工程塑料和高强度、高耐热等高性能生物基塑料的开发及在汽车、家电领域应用。(3) 加强废旧塑料的改性技术开发，特别是家电和车用等应用领域回收塑料的改性和高附加值应用。

2. 制定与完善相关扶持政策

从塑料行业整体战略发展的高度做出顶层设计，出台企业税收优惠、研究发展资助、信息化建设、在职培训与教育等相关扶持政策及其实施办法与细则。重点扶持中小型改性塑料企业，全力加快中小型企业科技能力提升计划，引导开展专精特新产品的开发与应用，显著提升改性塑料产品增值服务水平；扶持培育一批具有较强国际竞争力的企业，全面降低区域产业群生产要素及产品流通成本，提升整个区域的产业竞争力。鼓励企业兼并重组，支持企业做大做强，加快资源的整合，引导企业战略结盟，放大产业的集聚效应和规模效应。

3. 推进标准化制定工作

针对目前存在的标准老化、缺失、滞后，标准体系不合理，标准管理混乱等问题，按照国家标准化改革整体要求，针对性地建立或更新各细分领域的行业标准，引导改性塑料上下游行业共同实现标准化体系建设。

4. 引导建立新型产学研机构，提升中小企业技术创新能力

建议有关部门通过推荐和引导更多企业开展科研平台规范建设，与现有的高校科研机构加强交流合作。并直接或通过上级管理部门对相关后备企业和高校科研机构进行培育和推荐。发挥行业管理和交流平台的优势，引导产业龙头企业、上下游企业和高校科研机构等联合开展产学研合作，引导组建产业创新联盟，在有条件的高校科研院所设立科技服务平台，给予荣誉称号并向行业进行宣传推介，促进行业建立完善的科技创新体系。

四、专委会主要活动

1. 强化服务意识，技术服务会员单位

专委会领导和秘书处成员强化服务意识，加强了对会员单位的服务工作，分别协助广东顺德顺炎新材料股份有限公司和青岛海尔新材料研发有限公司开展“行业隐形冠军”等荣誉称号的申报。通过走访调研会员单位的发展现状、经营情况和发展中

存在的问题，大力支持和指导会员单位开展科技项目申报与验收工作，积极开展高新技术企业申报工作，等多方位服务会员单位，获得了广大会员单位的支持和肯定。

2. 积极参与中国塑协团体标准化技术委员会各项工作，推动行业标准化工作实施

团体标准是国家倡导和鼓励的新的标准类别，建立完善与新型标准体系配套的标准化管理体制，有助于产业有序和规范化发展。专委会作为中国塑协团体标准化技术委员会原辅材料分技术委员秘书处的主要建设单位与助剂专委会一道，致力于助剂、母料和改性料等塑料原辅材料领域的团体标准体系建设。2019 年由专委会倡导，四川仁智新材料科技有限公司牵头，完成了《聚烯烃填充母料》行业标准的修订工作；由中中塑源（北京）新材料科技有限公司联合济南大华塑料加工厂、上海心尔新材料科技股份有限公司等十余家企业共同完成了团体标准《塑料除湿专用料》制定工作。

今后还将陆续组织制定更多的团体标准，实施行业发展、标准先行战略，抓标准制定、修订的引领作用，促改性塑料和再生塑料行业的发展。

3. 重视新技术、新装备、新材料推广工作，推动企业和行业技术进步

新技术、新装备、新材料的研发及应用对企业和行业技术进步的作用不言而喻。尤其是改性塑料行业，面临着创新驱动、提质增效、绿色环保、转型升级的艰巨而又光荣的任务，更是需要及时发现，研究开发、形成科技成果，加以推广应用。

2019 年 1 月 10 日，专委会与福建南安实达橡塑机械有限公司等联合组织召开了“纳米功能母料连续密炼法生产技术与装备研讨会”。与会企业分别交流了“纳米碳酸钙的生产技术成果与应用前景”“双转子连续密炼机及其在改性塑料中的应用”“无重力混合机及相关活化设备在纳米材料表面处理领域的应用”以及“纳米碳酸钙产品在透明母料应用”等，为推动高端纳米碳酸钙粉体及母料在塑料制品中的应用提供服务。

2019 年 3 月 8 日至 9 日，由专委会联合山东省济南市济阳区工信局、济南大华塑料加工厂等，在济南市济阳组织召开了“新时期塑料循环利用与环境保护高峰论坛”和团标《塑料除湿专用料》的征求意见稿定稿工作会议，会议研讨了“标准化工作促进行业转型升级”及“改性塑料技术成果应用，促进塑料产业发展与新旧动能转换”等，推动改性塑料技术服务产业发展。

指导和协助江西奥特科技有限公司开展新型矿物纤维粉体在改性塑料中的应用推广，山西玉竹新材料科技股份有限公司推广应用“微孔硅酸钙”，湖南湘福新型建材有限公司推广应用以无水硫酸钙为主要成分的新型矿物粉体等。

4. 组织召开会议，加强和上下游企业、行业密切交流合作，打造高效、优质产业链，实现共赢

2019 年 10 月，专委会在南京组织召开了“2019 年中国改性塑料产业技术研讨会暨改性塑料专委会会员大会”，会议以“携手科技创新，共促行业发展”为活动主题，旨在了解行业动向及最新技术进展，促进行业转型升级，更好推动我国改性塑料上下游产业科技创新与技术进步。来自各高校、科研所及改性上下游企业的 240 余专业人士出席了本次大会。与会代表围绕“改性塑料、功能母料、环境友好型塑料开发与应用；塑料加工行业新型加工装备、新工艺、新技术以及各种新型原辅材料；改性塑料产业链的检验、检测交流；企业如何科学管理与转型升级”等领域开展了深入交流与研讨。

2019 年 11 月 29—30 日，专委会协办的“塑料生态化与绿色技术创新体系建设”工作会暨相关系列活动在福清成功举办。来自全国各地的中塑协会员单位代表，以及福清市有关部门代表、中小学师生代表与我院 10 余名师生代表等共计 300 多人参加了活动。全体会议代表联合发出“文明使用塑料——减少海洋塑料垃圾从我做起”倡议，并开展了科研净滩活动和海洋塑料垃圾宣传科普。

此外，改性塑料专委会还参与了再生塑料专委会、塑料助剂专委会、流延膜专委会，等多个专委会的专题活动和会议的协办，为打造上下游企业和行业紧密合作，发挥产业链互补和协调作用做出了努力！

（中国塑协改性塑料专业委员会　于建　杨松伟）

中空制品

一、中空吹塑行业 2019 年现状

塑料中空吹塑产品主要包括塑料饮料瓶、饮水包装桶、塑料酒瓶、药用塑料瓶、乳品包装瓶、化妆品和洗涤用品类日用品包装容器、大型化工液体包装容器、食品包装桶和普通化工包装桶、塑料托盘、汽车配套塑料容器、大型吹塑罐、其他吹塑容器与吹塑制品等。

1. 2019 年各分行业发展情况

（1）塑料饮料瓶产量增长速度快步下滑，并稳定在低速发展的新常态

受下游饮料行业需求锐减的影响，饮料瓶行业产量急剧下降，尤其是部分饮料生产商为了降低成本，逐渐建立了自己配套的吹瓶线，对饮料瓶生产厂更是雪上加霜。

（2）饮水包装桶产量随着饮用水产量增速的下滑而逐步减速

我国 PC 桶行业龙头企业突出，位列前三的企业总产能合计约占国内 PC 水桶总产能的近 7 成。但从趋势来看，我国 PC 水桶市场因技术门槛相对不高，入市企业数量快速膨胀，行业利润挤压明显。

（3）塑料啤酒瓶、白酒瓶、红酒瓶等酒类包装容器平稳发展

在技术上，塑料啤酒瓶的保鲜、隔氧、杀菌要求等性能都已满足要求，并且具有减少包装运输过程中的爆瓶事故，减低包装重量等优点。但是，塑料啤酒瓶的成本较高，且啤酒生产厂家要想替换传统的玻璃瓶更要投入大量资金，再加上消费者的消费理念因素，这些都制约着塑料啤酒瓶的推广。

（4）药用塑料瓶稳步发展

对于从事国内生产和销售药用塑料瓶包装厂家来说，既要有相关设备和厂房达到标准，还要有相关药包材资质。这相比较于从事其他塑料瓶包装的生产来说，需要投入更多资金和精力。因此进入门槛较高，发展平稳。

（5）乳品包装瓶市场高速增长，发展势头良好

受消费需求的不断增长，乳品包装瓶发展较快，年产量增速在 10%左右。乳制品瓶生产设备与场地要求较高，基本与药用包装的生产环境要求类似，此外对吹塑机生产线的要求也是较高，生产场地与生产线需要通过相关生产许可认证。国内已有厂家形成较大的生产规模，如北京市的凯力华维有限公司。

（6）化妆品、洗涤用品包装容器用量越来越大

材料主要采用高相对分子质量聚乙烯，其中以 1~5L 的生产量较大，主要供应化妆品、洗涤剂、洗发水日化生产厂家包装日用化学品，其生产规模已经达到 150 万吨塑料以上。其产能主要与日用化学品生产厂家配套，相对较为稳定。

（7）大型化工液体危险品包装容器发展放缓，产能趋近饱和

2019 国内生产规模已经达到 300 万吨以上，产能已有较多过剩。生产厂家主要分布在江浙沪、山东环渤海等区域。

尤其是 1000LIBC 包装桶近年来迅猛发展，生产厂家主要分布在长三角区域，年平均产能增速达到 15%，前几年产能严重过剩。但 2018 年以来，随着环保力度不断加强，IBC 开始吞噬钢桶市场，产量开始以较高速度增长。截至 2019 年末，国内共有 IBC 生产线超过 40 条，产能约 500 万吨，产量也首次突破 400 万吨，年产量比 2018 年增长了 10%~15%。产量占比方面，以德国舒驰在上海、天津和佛山投资的三个工厂占绝对优势，2019 年约占国内总产量的 30%。除此之外，淄博洁林和金山包装产量位居第二和第三位。这三大公司的产量占国内总产量的 55%~60%。

（8）食品包装桶、普通化工包装桶发展放缓，产能过剩问题突出

经过之前几年的高速发展，进入该领域的企业越来越多，产能增加远大于需求量的增幅。导致不少企业销售额大幅下降，众多企业在不断的被洗牌中，一些小厂家，质量跟不上的厂家正在逐渐地退出市场。

（9）塑料托盘在物流运输中得到应用

塑料吹塑托盘业发展迅速，双面堆码吹塑托盘的生产发展很快，其产能相对过剩，而仓储货架、冷库、生产线需要的高端吹塑托盘研发相对落后，有较大的市场发展空间；一些零部件的集装、运输专用吹塑托盘及托盘箱研发较晚，其市场开发与推广值得关注与重视。

（10）汽车配套塑料容器得到广泛的应用，产

销量逐步放缓

我国汽车油箱行业市场份额主要集中于少数几个行业领先者。由于整车企业对油箱供应商资质要求较高，认证严格，且油箱企业面临较高的技术和资金壁垒，外行企业短时间内较难进入。因此，我国油箱制造商在与国外油箱企业的竞争中处于劣势，占据国内大部分中低端油箱市场。

（11）塑料农药瓶增速放缓，行业低位平稳运行

农用化学品包装容器，材料主要采用高分子量聚乙烯等塑料，其中以 0.25L、0.125L 的容器为主，0.5L 为辅，主要供应农药生产厂家。

（12）大型吹塑罐快速发展，市场趋近饱和

大型吹塑罐以 1000~3000L 的塑料容器为主，近年还在发展 5000~10000L 的容器生产。年生产量在 300 万只以上，其生产厂家主要集中在我国的东北及中西部地区。大型吹塑卧式罐产生于 2007 年前后，近几年增长的幅度平稳，市场的需求已接近饱和。该行业代表性企业有陕西科龙塑业有限公司等。

（13）其他吹塑容器与吹塑制品，这类吹塑制品种类很多，如：工具包装箱、塑料浮体、水面养殖器材、水上救生器材、水上娱乐器材、家用体育器材、家用卫生器材等等。这类吹塑制品种类繁多，技术含量较高，产品市场专业，质量水平要求较高，产品研发周期较长，目前这类产品生产的品种、数量、质量、市场、研发均有较大的提升空间，值得关注与重视。

2. 产量开始滑落

根据来自中空制品专委会的 50 多家会员企业的统计数据显示，2019 年总产量比 2018 年下滑了约 5%。企业利润方面，上半年因原材料价格持续走高，企业利润受到很大挤压，净利润下滑至历史最低点，约为 3%；而下半年后，原材料价格逐步回落，企业利润开始有所增加至 5%左右。全年来看，净利润与 2018 年持平或略微降低。

产量下降的主要原因来自于三个方面：

（1）各类行政法规、监管越来越到位。

食品安全方面，已上升到法律层面，《中华人民共和国食品安全法》《食品安全国家标准食品接触材料及制品通用安全要求》等法规明确，发生群体性食品安全事故，地方行政首长要承担责任。

生产安全方面，已颁布《中华人民共和国安全生产法》，明确法人为安全第一责任人等要求，要承担法律责任。

环保方面，已颁布《中华人民共和国环境保护法》《生态环境损害赔偿制度改革方案》《废塑料综合利用行业规范条件》《限塑令》《环保税》。

危险品包装和药品方面，加大了对违规企业的处罚力度。

（2）企业的生产成本越来越高

作为产业链的中间段，中空制品行业普遍议价能力弱、利润低。而土地、厂房等成本居高不下，用工成本又不断飞涨，使得企业的生产成本越来越高，利润率越来越薄。

（3）最终客户对产品和服务要求越来越严格。

尤其是食品包装等领域，对中空制品的精度、公差、功能、洁净度等方面提出了更高的要求。

3. 自动化程度提速

中空吹塑行业的自动化程度在塑料行业中相对比较落后，原因有四：①企业对自动化装备的认识不够；②行业大多为中小微企业，他们财力弱，承担自动化改造的实力不够；③人才缺乏，没有操作自动化装备的经验；④中空制品行业产品种类繁多，设备规格多种多样，制约了后道自动化发展。

近几年来，随着成本高企，倒逼企业进行自动化改造。同时，制品企业与中空吹塑机企业、自动化装备企业加强合作，宣传、鼓动设备商为本行业提供先进的智能化生产设备。目前，中小型中空吹塑产品在自动切边、自动测漏、自动称重、自动打包、自动堆垛方面开始加速。而且，一些走在前面的实力雄厚的企业已经在设计无人化车间。但中大型中空吹塑制品要想实现自动化，还需要大量的研发和资金投入。

二、行业发展趋势

1. 全面技术进步速度越来越快

（1）自动化普及。吹塑设备，不管是单工位、还是双工位，自动化程度越来越高。如自动切边、自动打包、自动堆垛、自动测漏、自动称重等。

（2）信息化推广。客户管理、财务管理、供应链管理、仓库管理、生产过程运行、质量监控、追溯体系、成本控制等方面信息化正在快速普及。

（3）智能化导入。大数据，崭露头角，可以嵌入到常规技术、信息化、自动化之中，把这三个方面推向一个新高度。

（4）常规技术升级。在常规技术方面进行升级，如模具更新、检测体统优化、自动化包装、仓库自动化。长三角某些先进地区的领导层最新提法

是“优存量”“拓增量”。此提法对中空行业有借鉴意义。

2. 可持续发展成为行业新引擎

近几年来，随着消费者对环境责任关注点的不断提升，对我们中空吹塑产品制造商、设备供应商提出了新的要求，赋予了新的责任。受这些因素的驱动，制品厂商和原材料供应商努力开发和应用生物降解塑料，提升单一结构产品中可回收材料的占比；通过优化产品设计，实现吹塑产品的轻量化；开发集成手柄的中空容器，来提高产品的可回收性和回收便利性；通过投资太阳能发电和存储装置，以降低成本，平衡昂贵的峰期电费。设备厂商的积极性更高，更加节能的全电动机、低能耗的传统吹塑机、物理或化学发泡中空吹塑机，等等。以上这些趋势将对未来行业发展起到至关重要的引领作用。

（中国塑协中空制品专业委员会　苗丹）

人造革合成革

一、行业经济结构逐步深度调整

1. 产量效益及外贸

2019年我国人造革合成革规模以上企业455家，年产量328.28万吨，同比下降5.6%；其中聚氯乙烯人造革产量，占52.75%；聚氨酯合成革140万吨，占45.2%；超纤革12万吨，占2.05%。全年产品主营业务收入870.58亿人民币，同比下降5.49%，实现利润28.86亿，同比下降14.49%；人造革、合成革外贸出口数量为680287.9吨，同比增长2.1%；出口金额为239370.6吨，同比增长1.9%。

2. 产地分布调整变化

规模以上人造革合成革制品产地，主要分布在福建、浙江、安徽、江苏、广东、河北、山东、河南、上海、湖南、湖北、北京、辽宁、吉林、河南、四川、江西、重庆、贵州等18个省市地区。其中，福建，占全国的30%；浙江，占全国的23%；三个省人造革合成革合计产量占全国的70%；广东、江苏、河北分别位于全国的第4、5、6位。近两年我国中部地区合成革崛起，安徽产量跃居第三位，占全国的16.1%、西部地区贵州、四川两省新增人造革生产，生产1808吨。

3. 生产装备调整

2017年调查显示各类生产线4128条，近两年，去产能，近百家企业退出人造革合成革主业，部分生产装置淘汰，目前压延机500多条、干法1042条，湿法1065条。（2012年行业调查显示全行业拥有干法、湿法主线为2896条）、超细纤维生产线82条，其他为各类配套生产线，如：发泡生产线、压花机、研磨机、柔纹机、印刷机（沟底印花、三版凹版印刷）、喷涂机、上浆机、转移印、磨皮机、片皮机、植绒生产线等1500多条。其他辅助生产装置一万多条。近两年，新增水性聚氨酯合成革，干法生产线、水性湿法贝斯生产线、无溶剂合成革生产线、水性聚氨酯浆料、多组分无溶剂聚氨酯、以及与之相应的设备制造企业、科研企业，持续增加，固定资产投资持续增加。

4. 市场需求不足，传统产品价格受挫

2019年全行业人造革合成革市场价格，每吨人造革合成革平均价格2.71万元人民币，比2018年每吨下降0.32万元人民币，同比2016年每吨3.65万元，市场价格下降25.75%。2019年全行业亏损企业88家，亏损额4.57亿元，亏损面19.34%；全行业实现利润28.86亿元，同比2016年下降41.18%。全行业营业收入利润率3.31%，比2016年5.6%，下降2.4个百分点。

5. 重点产品的核心材料趋于变化

人造革合成革产品在20世纪始终引领下游终端行业，而今合成革从引领终端消费，步入巩固核心材料地位。人造革合成革70%为工业中间产品，终端消费品基本上都是民用消费类。合成革为上百亿双的各类劳保鞋、皮鞋、运动鞋、塑料鞋，提供核心材料，其中鞋里斜面用革占合成革生产总量的41%；为各类箱包、手袋、装饰工艺盒，提供核心材料占合成革生产总量20%左右；其他沙发革、服装革（包括服饰、皮带）、文体革（证件皮、球类用革、健身器材面料）、灯箱广告面料（包括舞台面料）、汽车革（包括各类交通工具用革，飞机、火车、轿车、农车、特种车辆、自行车、摩托车等）、家居用品合成革面料等。生产制造产品直接进入各级民用消费市场的产品主要是家装材料，如铺地材料（聚氯乙烯复合弹性地板革、聚氯乙烯弹性运动地板革），再如，室内装饰壁布、壁纸革类。

6. 绿色制造技术进步再度提升

我国人造革合成革行业的节约资源、环境治理技术、节能技术、清洁生产技术、循环经济技术，是领先国际发展水平发展的产业基础。2019 年是完成工信部“重点行业挥发性有机物消减行动计划”之后，在部分地区启动整治提升，企业继续开发生态工艺的源头控制环境影响，是使用环保材料，推进生态革系列产品，再前进的一年。第一，从源头控制的生态工艺，技术进步，生态产品增长。2019 年从技术上，突破了“用传统湿法贝斯生产线技术改造升级生产水性湿法”“水性聚氨酯涂层、压花、着色一体机”智能装备试验开发工作“超细纤维与聚氯乙烯复合制备人造革项目”“水性聚氨酯制备超细纤维合成革项目”都取得实质性的生产销售。2019 年水性革产量 6000 万米，比 2015 年增长 360%；无溶剂合成革 2500 万米，比 2015 年增长 255%。从对比数据分析，使用水性聚氨酯、无溶剂聚氨酯和水性表处剂、水性超纤等，减少了有机溶剂使用总量。第二，绿色制造的末端治理技术，精深效率提升。首先，企业自出创新的各式环境治理技术，不断深化，全面而广泛。目前主要有静电吸附技术、多级喷淋吸收+精馏回收、冷凝回收+热力燃烧/催化燃烧、吸附浓缩+热力燃烧/催化燃烧技术；对恶臭特征物质采取了喷淋、吸附、低温等离子体、UV 光氧化/光催化、生物法两种及以上组合技术。第三，节约资源、节约能源，创举行动取得成效。园区的热电联厂集中供热、有机化合物集中回收、工业废水、工业固渣集中处理、是产业集群的一个环境治理集成技术进步的一大创举，同时干湿法生产线管道化、局部密闭化，技术改造全部完成，也是企业节能与环保的技术创新的成果产业化的重大技术进步。另外，截至 2019 年，全行业完成了淘汰燃煤锅炉加热方式，采用天然气供热加热方式的技术改造，实现二氧化硫、二氧化碳零排放。

二、行业经济与技术交流活动

1. 行业组织会议。2019 年 3 月 22 日在福建福鼎市召开了专委会第六届六次理事会暨合成革工业污染排放国家强制标准修订研讨会，8 月 28 日在温州市召开了合成革专委会 2019 年度年会。期间组织参观了福建瑞普、福建中天、巨一制鞋、康奈制鞋等著名工厂。

2. 绿色制造研讨和精品发展座谈。专委会和黎川经济开发区管委会，萧县工业园区管委会、宿州温州商会、临海温州商会、温州合成革商会，在 5 月 11 日、6 月 10 日、10 月 28 日分别在江西黎川县、安徽萧县、浙江临海，分别组织召开“江西黎川绿色合成革园区绿色制造研讨会”“中国（萧县）绿色合成革示范基地建设座谈会”“浙江临海合成革座谈会”。

3. 水性和无溶剂合成革国际市场交流活动。专委会和 ZDHC 组织合作，制定了“2019 年人造革合成革行业 DMF 替代产品行动计划”。3 月 25 日在丽水市召开了“2019 合成革 DMF 替代产品技术交流会”，邀请阿迪达斯、苹果、耐克、ZALA、H&M、惠普等国外知名品牌设计师和国内合成革企业共计 300 多人共同举行了水性合成革和无溶剂合成革替代交流与产品展示和现场表演展示。

4. 新产品新工艺技术鉴定。8 月 2—3 日和 10 月 29 日，在丽水组织“无离型纸水性合成革涂压、压花、印刷一体机工艺”和“水开纤超纤纺丝技术”两项替代 DMF 新工艺水性革技术进行技术对接交流工作。3 月 21 日和 5 月 9 日分别在丽水和黎川组织了新一代水性湿法贝斯生产技术及产业化技术鉴定会，指导和协助企业做好绿色工厂申报工作。

5. 特色区域和生产企业以及贸易研究。专委会先后到萧县、台州、丽水、福鼎、温州、黎川、永安、阜平、雄安、义乌等地区与生产企业、贸易企业，交流谋生存求发展工作新思路。为贫困县脱贫提供合成革产业发展、产业建设性等意见。

6. 行业标准制定工作。组织企业对排污许可证申请与核发的有关内容进行调研、座谈，对征求意见稿和送审稿多次召开会议进行研讨，提出修改该标准的 35 条建议。同时指导企业完成行业技术检测标准制定工作；完成了去年立项的 4 项国家和 1 项行业标准报批工作，其中 1 项行业标准已经工信部公示。

7. 产业链跨界交流。在 2019 年 8 月 29 日在温州合成革展同期与塑料鞋、功能母料、热塑性弹性体专委会开展了“绿色供应链交流”，摸索建立相关行业之间的交流机制。

8. 商务创新模式实践。积极推进企业创办的“工业互联网+合成革产业链+金融资本”综合体。多次和地区商协会、政府部委办、企业领导人共同交流和促进建立全产业链绿色共享平台进行多层次的交流，为创建商务发展格局奠定基础。

9. 开展服务平台。开展“中国塑协四新展会”宣传和合成革展区招展工作，走访企业发放招展书200余份。“中国国际合成革展览会”8月28—30日在温州举办。

三、进一步研究和做好行业重大问题的研究与实践

1. 推进可持续性的生态工艺、绿色制造机制性建设

继续申请将水性与无溶剂生态合成革纳入国家相关产业的鼓励类、支持类政策。继续推进淘汰落后的生产工艺，提高末端治理水平。投资建设和命名一批人造合成革生态工艺与绿色制造和智能制造的示范项目、示范线、示范车间、示范班组、示范工厂、示范科研基地。建设和确定合成革绿色制造工程师与行业工匠培训基地、培训中心、研发中心。投资开展国际标准研发与对标研究的前期工作。推出和引领全面进入生态工艺、绿色制造、时尚产业。研究行业“十四五”方向，要确定和引导100%企业实现环境治理达标生产；有害物质零排放，吨产量综合能耗完全达到一级水平。将人造革合成革行业从传统产业引入到“合成革时尚产业”“塑料复合功能面料”新业态。全方位地建立推进合成革绿色制造、智能制造、生态工艺、时尚产业体系性、系统性、机制性的建设。从全方位，立体推进，从国家政策、地方政府、行业组织、相关机构、企业组织层面，推进合成革产业，从源头使用环保材料、行业性绿色行业试点，“十四五”投资百亿，绿色改造升级，彻底改造传统产业，实现可持续交给国家的是千亿绿色GDP。

2. 逐步推进深入新业态，迈向时尚产业

未来可预期，首先革行下游传统产业消费大幅下降，企业面临新的生存困难，但国家拉动传统产业以及推动绿色消费产业升级，将为发挥合成革核心材料，提供新层面的市场新机遇。其次，国家战略新兴产业和新时代的新业态发展，为合成革步入时尚高端产业提供发展市场新机遇。功能性鞋用面料、时尚箱包面料、透气服装面料、耐刮沙发面料、抗菌车用面料、耐磨球材面料、耐污壁布面料、卫生家居复合面料、文体健身器材专用面料、灯箱广告篷盖面料、商务高弹地板等十大专用面料新业态国际化，未来五年全面跨入合成革时尚产业化时代。其三，绿色制造、生态工艺、低碳足迹新科技，必定成为行业主流。聚氯乙烯人造革采用环保型增塑剂，在高弹地板、汽车材料、体育器材继续获得稳定的高端市场。聚氨酯合成革以及超细纤维合成革在严格末端治理和采用环保新材料从源头减少环境影响，大正之下，必将逐步向新材料新业态产业和深加工产业两头转移延伸。当前一批企业专家正在积极实践和研究生物基、植物基、石墨烯、有机硅聚合物、苯乙烯弹性体、水性开纤等新材料与技术，深度研究人造革合成革的前沿技术、关键共性技术、重点推广项目。业内正在创办首家“互联网+金融资本”商创模式，探索开发人造革安全卫生宽幅篷盖材料并建立应急生产基地，探索开发合成革安全卫生防放射涂层面料并建立应急生产基地；推行行业环境保护技与环境许可指导体系、卫生安全合成革的标准体系与认证体系，多层级绿色供应链体系与绿色供应链联盟体系。2021—2025将继续限制、淘汰落后工艺与鼓励支持绿色制造、智能制造、深度融合，跨界发展，打造合成面料新业态、步入时尚产业，为各个终端应用行业提供高品质合成新面料。

（中国塑协人造革合成革专业委员会　冯庶君）

异型材及门窗制品

一、概述

面对国内外风险挑战明显上升的复杂局面，认真贯彻落实习近平总书记新时代经济发展要求，坚持稳中求进。一年来，在中国塑协的领导与指导下，专委会积极贯彻落实党和国家的相关政策，坚持以供给侧结构性改革为主线，推动行业创新发展、绿色发展、高质量发展，面对中美贸易战和国内市场转型的双重压力，塑料异型材加工企业扎实练好内功，对外积极开拓国际市场业务，对内稳步抓产品的升级创新，同时在全产业链整合上下功夫，有效防范塑料异型材行业的发展风险，保持行业持续健康发展，行业整体的改革迈出重要步伐，

供给侧结构性改革继续深化，科技创新取得新突破，“十三五”规划主要指标进度符合预期，由“量”转“质”的发展初见成效。

二、2019 年行业发展现状

2019 年是新中国成立 70 周年，也是专委会成立 30 周年，行业坚持传承创新的工作导向，以推进供给侧结构性改革为主线，按照《塑料加工业“十三五”发展规划指导意见》及《塑料加工业技术进步“十三五”发展指导意见》主动寻找突破，积极推动行业创新升级，实现高质量绿色发展，用主观的积极因素抵住了客观环境的不利因素，加快了行业的整体转型升级。

2019 年 1 月 7 日，住房和城乡建设部发布了“关于发布行业标准《严寒和寒冷地区居住建筑节能设计标准》的公告”。《严寒和寒冷地区居住建筑节能设计标准》（JGJ26—2018）自 2019 年 8 月 1 日起实施。原标准《严寒和寒冷地区居住建筑节能设计标准》（JGJ26—2010）同时废止。

2019 年 12 月份，北京率先通过了北京市地方 80%节能标准《居住建筑节能设计标准》评审，将建筑节能的标准提高至 80%，新的标准将在 2020 年 7 月实施。安徽省出台《居住建筑节能设计标准》，将全面实行居住建筑 65%节能标准；四川省出台《四川省居住建筑节能设计标准》DB51/5027—2019，对居住建筑技能标准提出了新要求；福建省住房和城乡建设厅发布公共建筑和居住建筑节能设计标准，将福建省夏热冬冷地区和夏热冬暖地区民用建筑的建筑节能率分别提升至 65%、70%；居住建筑节能 75%标准和公共建筑节能设计 65%标准，在全国范围内先进省份和重点城市得到了严格实施。截至 2019 年 12 月，7 个省及自治区、13 个城市共出台 28 项超低能耗建筑激励政策。

2019 年 9 月 1 日《近零能耗建筑技术标准》（以下简称《标准》）正式实施。作为我国首部引领性建筑节能国家标准，《标准》将“近零能耗建筑”这一概念置于聚光灯下，引起业内广泛讨论。

随着地方和国家对建筑节能要求的加强，必将进一步推动“K（Uw）值”优越的塑料门窗行业在实施地的快速发展，行业市场和企业效益也因此明显受益。超低/近零能耗建筑的发展已逐步规范，日臻成熟。

2015—2019 年全国塑料门窗用 PVC-U 异型材产销量及销售额不完全统计表

项目 \ 年份	2015	2016	2017	2018	2019
年产量/万吨	262	244	228	212	200
年销量/万吨	247	222	210	191	182
销售额/亿元	186.5	171	172.2	158.5	155

近几年，被动式建筑逐步在国内获得了比较大的关注，几次比较大型的被动建筑专题会议在国内召开，吸引了国内外门窗企业的参加，也让大家越来越对被动式门窗引起关注。现在的超低能耗建筑设计时都把外门窗的传热系数设计的非常低，国外的标准是 1.3W/（m^2·K），国内已经接近 1.4W/（m^2·K），被动房已经开始使用传热系数为 0.8W/（m^2·K）的产品。这个时候塑钢门窗优越性能再次凸显，塑料门窗的节能性主要有两方面：材质本身低的传热系数、塑料型材结构的保温节能。由于塑钢门窗所用的材质主要是聚氯乙烯树脂，其传热系数仅为钢材的 1/357，铝材的 1/1250，保温节能特点特别显著，除此以外塑料门窗的节能效果还与不同的型材结构有着密切的关系，塑料型材的设计为中空的多腔式结构，腔内静止的空气有很好的保温效果。加上塑料门窗各缝隙处都装有橡塑密封条，能有效地减少缝隙渗透空气，对保温、隔声均有很大的提高。

从型材的断面来看，双腔型材由于密闭的空间多于单腔型材，其保温隔热性能优于单腔型材，而三腔型材的节能性能又优于双腔型材。同理，单就窗的节能效果来看，四腔型材优于三腔型材，但四腔型材设计较为复杂，挤出生产较为困难。例如在我国东北的严寒地区，主要以单框双玻璃（平开或推拉）形式居多，在长期的使用中，塑窗虽体现了优异性能的方面，也暴露出许多不足，其中单框双玻窗的双级密封系统不完善、双层玻璃保温效果欠佳、玻璃内表面易结露等，都直接影响到用户的使用，且浪费能源。门窗是建筑物主要的能耗部分，门窗能耗占建筑物能耗的40%～50%。针对这些不良情况，根据严寒地区节能保温要求，窗的传热系数要求达到1.8W/（m^2·K），而窗的节能保温功能是由窗框、玻璃的保温性能来完成的。原有的三腔结构型材是通过内封闭腔室中空气相对不流动原理来提高热传递阻力，那么沿热流方向增加隔热腔可以阻隔热流，使冷热对流速度相对减缓，可有效地降低型材自身传热系数，提高保温性能。通过理论计算，三腔结构型材（60框）的传热系数为2.1W/（m^2·K）；五腔结构型材（70框）的传热系数为1.50W/（m^2·K）。可以看出，五腔结构框型材比三腔结构框型材的传热系数有所降低，有效地阻隔了塑窗的“冷桥”现象，非常适合东北严寒地区的节能保温要求。

塑料门窗相比铝合金门窗有着天然的“环保节能”优势，对塑料门窗的主要材料PVC型材进行技术升级，将发展出更大的市场，甚至潜藏着颠覆市场的力量，这股力量将在未来5年逐步呈现，市场前景看好。

三、2019年行业技术进步

1. 按照《塑料加工业“十三五”发展规划指导意见》《塑料加工业技术进步“十三五”发展指导意见》，技术升级和高质量发展成为行业企业共识，并在行业龙头企业的带领下开始付诸实施。

2. 随着塑料异型材整个行业的转型，行业领先企业纷纷加大对新产品的研发力度，在研究的方向上突破了纯粹的配方、断面、工艺等“向内”研究，更多地开始考虑产业链整体的创新，将研发延伸到门窗加工等下游产业链，在专利上更加倾向于门窗整体配套、门窗体验升级等方面的使用技术突破上。

3. 产品逐渐高端化，窄断面、非标、推拉窗等低端产品逐渐淘汰，在性能和美观程度有着更好表现的ASA、覆膜型材发展增幅很快。在门窗专用领域，耐火窗、被动门窗、装配式建筑用门窗、系统门窗等趋于成熟，逐步成为行业创新发展的新趋势。

4. 在市场竞争上突破了“价格竞争”的恶性循环，各大厂商开始围绕“利润”做文章，积极与国内百强房地产开展战略合作，形成利益共同体，用产品和服务定制化克服“同质化竞争”的弊端，以质取胜，在市场下滑的态势下，部分企业利润不降反升，为后续行业转型升级积蓄了力量。

5. 产业向国外转移加速，在国内市场开拓受限的情况下，各大塑料异型材门窗厂家加快开拓海外市场的步伐，如以韩国、俄罗斯为主的周边国家市场，以墨西哥为主的北美市场，以印度为主的东南亚市场，以阿拉伯国家为主的中东地区，以埃及、南非为主的非洲市场。同时，将国内部分剩余生产转移至国外，在缅甸、泰国、印度等周边欠发达国家建厂。

四、行业发展建议

1. 2019年在行业中存在的主要问题

（1）受房地产整体管控收紧政策的影响，塑料异型材门窗行业也感受到了来自房地产形势的压力，行业内普遍存在“应收账款”的压力。在市场占比上，行业过重依赖于房地产，而在渠道零售端市场占比逐渐在缩小。

（2）缺乏与异质产品的竞争行动与忧患意识，在市场占有率上逐步被铝合金产品排挤，近年来市场占有率逐年迅速下降，虽然在很多方面行业达成了共识，但良好、有效的对策及行动尚未拿出。

（3）塑料异型材门窗从引进至今，经过30多年的快速发展，在生产制造模式上达成了前所未有的创新，实现了效率的提升和成本的集约化，但面对中国人口红利的逐步消失，人工成本的提升成为必然的趋势。目前，塑料异型材行业还属于劳动密集型企业，成本负担在逐步加重，对自动化设备的需求旺盛，整个行业亟须在智能制造上取得突破。

2. 行业下一步发展建议

（1）明确行业发展方向，坚定高端化产品定位不动摇

门窗产品使用量大，应用广泛，其独特的优势决定着它有广阔的市场前景。在发挥自身优势，改善使用过程中出现问题的前提下，高端门窗产品开始走进消费者的视线，消费者对高端门窗产品的需求与期望越来越高。高端门窗产品的触角已经延伸至众多消费者面前。门窗市场需求将逐渐向高端集结，高端门窗产品的销量与增长速度也会平稳向前发展。个性定制需求愈发明显，据媒体公开数据统计，每年国内市场定制总额已达600亿～800亿元，未来的市场份额还将增大，定制家居市场潜力无限。

塑料门窗行业应积极节能环保、隔热保温等优势，提高产品档次，坚定高端化产品定位不动摇。

（2）依托标准化工作，持续推进行业绿色发展

异型材行业要继续提升标准化建设水平，提升产品的质量水平，增品种、提品质、创品牌，弘扬精益求精的工匠精神，发挥行业骨干企业的领军、示范作用，生产过程严格按照新标准执行，积极加速 PVC 热稳定剂全面禁铅工作的进展，进一步推动行业的绿色发展。

（3）拥抱“互联网思维”，积极使用电商渠道

互联网给门窗行业带来的冲击无疑是巨大的，尽管当前门窗电商模式还有很多不完善的地方，但近几年不少门窗企业或高或低地涉入电商领域；那些企图通过“神通广大”的网络来扭转战局的思路已不再是什么新鲜事情了。除了典型的网络营销之外，商家销售的渠道也逐渐多元化。以销售、服务为价值需求的门窗行业将会更加深入地审视自己的电商发展策略。在电商消费回归理性的同时，更多的企业会选择利用互联网进行线下客流的疏导，较大程度地发挥互联网的宣传作用。与此同时，消费者对于产品体验的迫切需求也使得投靠“电商部落”的门窗企业开始完善线下的布局以更好地应对将来的挑战。

（4）主动转变发展模式，适应市场的需求变化

随着人们对“两创”概念的深入认识，创新求变必将是企业突破重围的“主力部队”。如果塑料异型材门窗企业以及门窗经销商仍抱着那套一成不变的发展模式与“守株待兔”销售思维，那么下一个被淘汰者将直指其人。如今门窗企业迫切需要一些创新性的“坚船利炮”来规避市场的残酷“漩涡”。中国的门窗市场将会迈入一个新阶段，每个品牌、厂家、经销商都需要有更多的颠覆性思维和运作模式来共“闯”一片发展天地，因而创新求变乃大势所趋。

专委会要做好市场宣传和推广工作，满足应用领域不断变化的、新的需求。围绕装配式建筑、住宅精装修等市场变化进行创新，坚持“高端化、个性化、小批量、私人定制”的市场导向，推动新型销售模式和新型业态的快速成长。

（5）更加注重“家装市场”的开发，抓住未来增量市场

门窗企业无论规模大小，都要致力于高品质，优体验的产品研发设计，在稳定工程订单的基础上，切不可“恋战”，应该向家装市场和个性化订单市场发力。面对经济的下行压力，房地产的高库存量，门窗的品质真正的浮现到用户的眼前，在“严冬”下淘汰杂牌产品，而重服务、重口碑、守信用的门窗企业将成为主流。

随着城市建筑住房高端化需求增长，老旧小区的改造，以及农村市场对门窗更换的需求增加，“家装市场”是未来发展的增量市场，且家装市场直接连接厂家和终端客户，能够直接、快速获得终端用户的产品需求反馈，更能促使塑料异型材及门窗企业进行产品的升级改造，最终“自下而上”推动整个行业的转型升级。

五、专委会 2019 年主要活动

2019 年，异型材专委会在中国塑协的正确领导与指导下，在各会员单位的大力支持下，秘书处主要做了以下几方面工作：

1. 加强秘书处自身建设，提高工作能力和服务水平

由于工作需要及更好地为会员单位服务，提高业务能力和服务水平，切实维护会员单位合法权益，努力改善行业发展环境。秘书处于 2019 年 6 月份新招聘工作人员一名。从内部组织上，为做好专委会服务工作提供了坚实的保证。

2. 遵循环保绿色发展理念，积极推动国标和团标的执行

按照中塑协“塑料绿色发展”的要求，在行业内推行 GB/T 33284—2016《室内装饰装修材料门、窗用未增塑聚氯乙烯（PVC-U）型材有害物质限量》、GB/T 8814—2017《门、窗用未增塑聚氯乙烯（PVC-U）型材》、QB/T 5078—2017《未增塑聚氯乙烯（PVC-U）型材专用加工助剂技术条件》、QB/T 5079—2017《未增塑聚氯乙烯（PVC-U）型材专用氯化聚乙烯技术条件》、QB/T 5080—2017《未增塑聚氯乙烯（PVC-U）型材专用彩色共挤料技术条件》、QB/T 5081—2017《未增塑聚氯乙烯（PVC-U）型材专用热稳定剂技术条件》六个标准。专委会牵头制定的行业标准《塑料异型材用钛白粉技术条件》已经于 2018 年 12 月 21 日发布，2019 年 7 月 1 日开始实施。专委会参与制定的国家标准《绿色产品评价塑料制品》即将发布。专委会参与制定的团体标准《绿色设计产品评价规范——建筑装饰用塑料型材》已经报批。

3. 主办会议活动，共谋行业发展

行业越是在转型升级时期，越需要更多的交流与协同，专委会根据会员企业需求，本着“求真务实，解决痛点”的宗旨，积极筹办行业交流会议，加强行业自律，达成更多行业发展共识。2019 年 3 月 30—31 日，专委会在四川成都组织召开了“《塑

料异型材》工作会议暨第一期编委沙龙”，邀请行业资深专家、知名专业会刊负责人等到场，对《塑料异型材》杂志的定位和框架重新做了梳理，会上各编委踊跃献计献策，为杂志的改进提出了很多有价值的参考。

8 月底，在河北保定召开专委会第八届二次理事会，全面、系统地分析工作中的优缺点，为秘书处下一步的工作指明方向；同期，专委会组织召开“第二期理事长沙龙”，围绕“道相同、利相共、心相通”的讨论主题，沟通企业发展现状和创新成果，共谋行业未来发展方向，在高质量发展、产品迭代升级等一些细节方面达成共识。

4. 围绕“专委会 30 周年”，对行业发展史进行系统梳理

2019 年 8 月份，专委会组织召开了“《行业发展史》编纂工作座谈会”，邀请到伴随行业发展的专家和元老，在激烈的讨论中共同回顾和考证行业历史事实，丰富了很多细节，行业的发展有了清晰的脉络，围绕行业发展的历程，我们拍摄了纪念专委会成立 30 周年、致敬行业发展的专题片——《见证时代塑造未来》。

5. 组织并推荐行业“十强”，推动行业品牌塑造

积极组织行业内骨干企业参评中国轻工塑料行业十强企业，经过中国轻工业联合会综合评价，共有芜湖海螺、浙江中财、天津金鹏、大连实德西安高科、山西中德、浙江华之杰等十家企业获此殊荣，对行业龙头企业做出的贡献给予了充分肯定。同时，针对行业间竞争态势，专委会加大了针对行业产品特点的宣传，在官网、杂志、专题会场等进行重点宣传，让“隔音保温，还是塑窗好”深入人心，为行业下一步技术爆发指引、造势。

6. 参加国外展会，开放全球视野，积极进行对外交流

为了深入洞察国际市场需求、预知产业前景，学习世界领先技术，带领企业开拓海外市场，同时增强行业的凝聚力，2019 年 10 月 13—24 日，中国塑料加工工业协会组织赴欧洲国家考察代表团，朱文玮会长带队，专委会积极组织参与，赴德国、比利时、西班牙三国进行了为期 12 天的考察交流活动。代表团成员分别考察了德国克劳斯玛菲、中德工业交流中心、索尔维集团三家企业，拜访了亚琛工业大学塑料研究所和西班牙加泰罗尼亚塑料研究中心，参观了 2019 德国 K 展，并同欧洲塑料协会进行了交流，受到了各方的热情接待。代表团成员一路走来，学习了世界顶尖的技术及工艺，考察了发达国家先进的科研成果，与国内同行进行了深入的交流，收获满满。通过这次考察活动，发现自身的差距与不足，提高认知，持续进取，赶超先进，到世界大舞台与高手共舞，为行业发展积极探索方向。

7. 积极参加相关行业交流，寻求产业链上下游合作契机。

参加兄弟协会举办的会议，到兄弟专委会、相关协会交流互访，学习专业知识和办会经验。2019 年，秘书处共参加山西省塑料行业协会年会、塑料管道行业年会、滚塑专委会年会、农膜专委会年会、中国建材流通协会屋面瓦委员会年会、中国工程科技论坛、中国塑协科技咨询委换届大会、中国塑料加工业标准化技术人才培训班等。组织秘书处工作人员到兄弟专委会（塑编、流延膜、镀铝膜、电池薄膜、双向拉伸专委会）和中国建筑金属结构协会塑料门窗及建筑装饰制品分会交流学习。积极参与筹备中国塑料加工工业协会成立 30 周年系列活动，为新中国成立 70 周年献礼。

8. 精准定位，提升专委会信息服务和政策导向功能

从 2018 年底到 2019 年上半年，专委会编辑部很大一部分工作重心放在了《塑料异型材》会刊上，做了一系列的工作，在做好新时代杂志功能定位之后，在结构和内容上做了重新调整，根据会员需求进行了丰富和完善。2019 年专委会启用新的网址：www. cppwa. cn，免费在网站上对于理事单位进行连接宣传，为企业的专业性、知名度背书。为了适应新时代宣传媒介，专委会还进一步完善了微信公众号、手机微网站等新媒体平台，力争为各位会员提供及时、专业、有用的行业资讯，同时也为企业低成本进行品牌宣传、行业信息通报等提供便利。

六、结束语

党的十九大报告指出，我国经济已由高速增长阶段转向高质量发展阶段，正处在转变发展方式、优化经济结构、转换增长动力的攻关期，建设现代化经济体系是跨越关口的迫切要求和我国发展的战略目标。在新时代，国家积极推进“一带一路”建设、中国制造 2025 等战略，数字化、网络化、智能化制造已经来临，在这样的时代大背景下，“创新发展绿色发展高质量发展”，成为塑料异型材行

业发展的共识。近年来，塑料异型材门窗行业在艰难中充满希望、挑战与机遇并存，在接下来一段时期，行业将借鉴国外先进国家门窗发展的经验，“增益我们所不能”，在产品实用性、个性化、功能性等方面下功夫，促进企业创新升级。中国塑料门窗行业一定抓住新时代中的经济新机遇，坚持创新引领，坚持绿色发展，勇于开创行业新局面，为我国轻工业发展、为我国经济高质量发展做出新的更大的贡献。异型材行业在中国走过30多年，道路曲折，未来美好，前景广阔！

（中国塑协异型材及门窗制品专业委员会　李静霞）

复合膜制品

一、行业现状

2019年，对于国内的复合膜软包装企业来说，仍旧是一个机遇与困难并存的时期。受益于中国经济发展日新月异、城镇化进程加快、人们生活水平提高，消费市场对包装的安全性、便利性、差异性、环保性等需求劲增，复合膜软包装作为一种常见的包装形式，被广泛用于食品、日化、医药、农化、电子电器等领域。与此同时，供给侧结构改革极大地推动了服务性制造业的发展，工业包装与单元化集装物流业、快递业的发展给缠绕包装材料提出了更高要求和更大需求。

2019年，复合膜软包装行业尽管经历了国家更严厉的环保督察，众多中小企业被迫整顿停产甚至退出行业；招工难、用工荒导致的人工成本大幅攀升；中美贸易摩擦等诸多挑战，但由于原材料价格相对稳定，以及国家减费降税政策的实施，整个行业2019年的经营状况要略好于2018年。2019年，在下游行业需求的强劲拉动下，中国复合膜软包装市场需求旺盛，发展比较平稳。据不完全统计与测算，2019年复合膜软包装产量（主要为食品、药品领域）约为433万吨左右，行业主营业务收入约为1000亿元，产业集中度持续提升，主营业务收入过亿元的企业近90家，过亿元企业的主营业务收入总计约为280亿元，约占规模以上企业主营业务收入的28%。

复合膜软包装在需求持续增长的同时，也不得不面临滥用与滥弃塑料制品引发的“白色污染”问题。面对这个问题，我们不应将其妖魔化，而应给予足够的重视和正确的回应，因为人类生活已回不到“无塑”时代，而“白色污染”也不应成为塑料制品的代名词。近年来，国内外同业专家达成的共识“少用（减量）、回收（循环）、降解”，需要强大的技术支撑和产业化应用。

复合技术仍将是复合膜软包装行业最重要的成型技术，各种形式的复合技术仍将成为改善和提高薄膜性能的主流方法。为贯彻党的十九大关于“加强固体废弃物和垃圾处置”和“推进资源全面节约和循环利用”的部署，以及2025年全球对塑料包装（包括软包装和硬包装）可持续发展的策略，将可回收、可循环利用纳入发展目标，单一材质、高性能、低污染、低环境负荷、可循环利用将成为复合膜研究开发的发展方向。

二、专委会活动

2019年，复合膜制品专业委员会在政府各主管部门的指导和关怀下，在中国塑料加工工业协会的直接领导下，在各理事、会员及相关单位的支持和配合下，按照2019年工作计划积极开展各项工作，有效推动行业朝着绿色、创新、可持续方向稳步发展。

（一）VOCs治理及减废成为行业持续发展的自觉行动

复合膜软包装行业是包装印刷业VOCs排放的重灾区，其主要生产工艺为溶剂型凹版印刷和干式复合。为体现产品效果，生产过程中不可避免使用有机溶剂，主要是乙酸乙酯、异丙醇等。复合膜软包装行业的主要环保问题是VOCs排放问题。据相关资料估算，包装印刷业VOCs排放总量为100～200万吨/年。业内估算复合膜软包装VOCs排放量约为70～120万吨/年，占包装印刷业VOCs排放量的60%～70%。

从各理事单位VOCs治理及减废的调研汇总情况看，至2019年底，复合膜软包装行业中的大中型企业基本都已经投资建设和运行VOCs末端治理装置，或燃烧法或回收法等。使用单一溶剂油墨并进行回收，通过无溶剂、水性、能量固化等复合印刷、挤出复合、共挤出、涂层等清洁生产工艺，减少溶剂的使用等，行业对 VOCs 治理已经形成自觉行动。

与此同时，源头治理也在有条不紊地进行。无溶剂复合工艺已在全行业广泛推广，除了铝塑复合和高温蒸煮领域还无法覆盖，应用领域已近 60%的产品可以应用无溶剂复合了。水胶的应用，也逐步提升。水胶应用在不增加设备投入的前提下可以部分替代溶剂复合。绿色工艺范围在逐步扩大，复合工艺在逐步向清洁化发展。

问题比较严重的是印刷工艺。水墨应用虽然有一些突破，但大家接受程度不高，增长率不高，主要是干燥效率低，印刷效果不如溶剂墨。水墨只能适应低速率印机生产，低 VOCs 含量（10%）油墨在低速印机上应用，可满足国家最新法规，即 10%的 VOCs 的原辅料使用的过程当中，不需要进行挥发性有机化合物（VOC）含量的测试，不需要做统一性排放治理。但对每分钟 400~500 米的高速印机来说水墨的瞬间干燥是无法想象的，而且干燥过程耗能惊人。很多塑料复合软包装企业更青睐数码印刷（包括 UV、LED 无溶剂凹版或柔版）。数码印刷应该是塑料复合软包装着力突破的正确方向，但大规模应用尚需时日，例如 UV、LED 油墨中的光引发剂如何能确保食品包装的安全性，等等。目前，全世界的设备、油墨厂商都在努力向这个方向突破，相信未来某个时候，塑料复合包装膜印刷工艺就会被数码印刷占领。

在排放治理过程中，也出现不少政策方面应注意的问题，比如位于京津冀和长三角地区的企业为空气污染预警停产限产头疼不已。治理达标的企业同样要停产。虽然环保部禁止一刀切，但不少地方政府仍然一刀切，对企业的经营影响很大。像河南某企业离京津冀较近，按照 26+2 城市也被列入重点监管之列，企业上了 RTO，上了在线监测，排放达标了，但遇到空气质量预警，仍被要求停产。这对遵纪守法企业来说太不公平了。无锡虽然也是属于重点监控地方，但实行一厂一策，实行豁免清单，提前半年申请，政府审核，装了 20 多个监控头，列入豁免清单企业，生产基本不受影响，没有停产限产。无锡地方政府的管理方法值得其他地方政府借鉴。也望工信部、发改委同志能对地方政府的排放管理方式提出更高的要求，既严格监管企业的排放，又不影响企业生产。

目前，塑料复合软包装行业企业对 VOCs 治理基本已形成共识，就是要从根本上减少溶剂的使用量，如水性油墨的试用、满版白墨采用水性墨、单一溶剂油墨的使用与回收、减少色墨的使用数量（简单 4 色或不超 6 色）、无溶剂印刷、水性胶、挤出复合、高固含量溶剂胶或直接使用共挤出薄膜材料（如尼龙或 EVOH 共挤膜），或用一些透明高阻隔或镀铝材料，最终通过四层减三层、三层变两层或两层变单层，减少层数以实现减少溶剂使用。

在 VOCs 排放治理过程中，有一些管理方法和模式非常值得借鉴，例如无锡地处重点监控地区，通过制定一厂一策，实行豁免清单，由企业申请，政府审核通过可被列入豁免清单，保障了企业的正常生产经营不受影响。

（二）复合膜行业的减废降塑

塑料复合包装膜产品是多种基材复合，不易回收再利用，全行业响应“新塑料经济全球承诺书”，很多企业开始关注单材化趋势。所谓单材化就是单一材料占比 90%或者 95%以上，但是单材化要解决材料的性能还必须保证阻氧阻湿、可印刷及热封强度。因此不可能完全替代高性能包装的需求。已有企业已经研发出了单一材料 90%以上，甚至有 99.5%以上的单一材料，阻隔性可以达到阻氧阻湿双 0.5。但我们碰到的瓶颈问题是单材化的膜袋包装废弃后谁回收？怎么回收？回收后用到哪里？怎么用？这不仅仅是技术的问题，更不是一个行业可以解决的事，还有商业模式的问题。所以说所有塑料制品，新的塑料包装制品的设计，一定是全链条的设计，一定是全生命周期的设计，需要政府乃至全社会的行动和应该考虑和研究的问题，否则就是一句空话。

（三）复合膜行业标准及标准化管理

1. 专家组组织专家就复合膜标准体系框架，自 2018 年 6 月启动该项工作以来，专家组先后组织召开了四次研讨会，通过对复合薄膜行业现有标准的应用、分类、实施效果评估，确立了标准体系框架，并将收集标准按标准号、标准名称、标龄及分布、标准状态、标准种类、所属分类、标准类型、标准性质、与复合产品相关性等 11 项进行整理，组织编制标准数据库。明确标准体系从复合膜、树脂、母粒、共挤膜、胶粘剂、油墨、溶剂等产品入手，以基础标准、产品标准、食品安全标准、方法标准四大方向为线索对行业现行标准进行全面收集，并分别就标准框架体系中标准数据库的建立方法、标准入库的筛选原则、标准框架体系编制说明进行了深入研讨和充分交流，复合膜标准体系的框架基本形成，计划于2020年7月完成并形成复合膜行业标准手册以此作为行业标准制修订计划的指引。

2. 推动复合膜三项国家标准的报批工作。至2019年完成了《食品包装用复合塑料盖膜》《食品包装用纸铝塑复合膜、袋》和《食品包装用塑料与铝箔蒸煮复合膜、袋》国家标准的修改及专家评审工作，全国食品直接接触材料及制品标准化技术委员会已将三项标准上报到中国轻工业联合会，中国轻工业联合会再上报国标委，现在就是等待国标委批准发布了。

3. 自2018年启动以来，专委会专家督导组先后组织召开了五次制标工作研讨会，针对《无溶剂复合膜、袋》等三项团体标准的框架讨论、内容确立、具体指标验证与评估、广泛征求意见；先后补充收集和测试了《无溶剂复合膜、袋》高温蒸煮级样品，《无溶剂复合膜、袋》前五家起草单位针对反馈的集中问题对产品级别进行了重新划分。同时，针对三项团体的透湿透氧的共性问题，确认透湿透氧方法比对试验方案的基础上，进行了样品收集、对比实验测试和检测数据对比分析。2019年8月14日向中国包装联合会提交了三项团体标准的征求意见稿和编制说明，起草人和特聘专家进行了反复沟通和确认，三项团体标准现已提交至中国包装联合会进行网上征求意见，预计2020年获批。

（四）举办技术交流会，促进行业技术进步

1. 2019年4月8日，由励展博览集团上海励欣展览公司与中国塑协复合膜专委会共同主办的以“智能与创新”“环保与回收”为主题的“2019软包行业全产业链创新成果交流会”在上海新国际博览中心N6馆现场会议室2召开，近300人参加了本次会议，分别围绕“智能与创新”“环保与回收”主题展开演讲和讨论。

中国塑协复合膜制品专业委员会秘书长吴方群代中国塑协理事长朱文玮发表了以《中国软包装行业2018年回顾与2019年展望》为主题的演讲；行业资深专家陈志雄先生作了《软包装行业，离智能制造还有多远?》报告，他从软包行业的自身特点阐述了企业应如何布局未来的智能制造，并提出了很多非常中肯、实用的意见与建议；上海市环境科学研究院的何校初高工介绍《十三五印刷业VOCs管控与减排》，警醒软包企业不要有任何侥幸心理，要坚决采取有效措施，达标排放。三樱包装（江苏）材料有限公司、浙江诚信包装材料有限公司、江苏彩华包装集团有限公司、福建凯达集团有限公司、盛威科中国、汉高、亿滋中国的包装高级研发经理黎毅雄先生等围绕软包装环保战略及挑战，明确提出了不易循环的材料要去除或取代。各方为复合膜百分百回收再利用提供了多视角的有效方案。号召全产业链创新合作，为实现2025全球共识，尽到我们软包企业的一份责任。

2. 于2019年4月11日和中国包装有限责任公司、中国绿色包装产业技术创新战略联盟联合举办了“中国制造2025&新一代智能制造”——绿色智能工厂的创新和应用高级研修班。通过培训，旨在为行业积极培养相关人才，夯实基础。

（五）建立复合膜学院工作平台，全面推进行业员工在线学习培训

专委会依托国家继续教育公共服务平台/中国继续工程教育协会网，建立起了“绿色包装联盟培训平台”旗下的“复合膜学院”，以专委会所有会员单位为服务对象，以配合行业专业技术人才知识更新工程实施为抓手，打造专业技术教育的服务平台、继续信息交流平台、继续资源共享平台、远程继续教育的学习平台、继续研究成果的展示平台等，努力推动专委会技术人员继续教育创新发展。开设了VOCs治理技术专题讲座，理事单位普遍反馈认可这种网络培训方式。为丰富平台学习内容，专委会正在根据需求组建专家团队，不断开发和完善平台功能。

（六）努力发挥桥梁和纽带作用，为政府有关部门做好支撑服务工作

1. 配合塑协组织编写中国塑料复合膜产业发展史的工作要求，专委会委托专家组包燕敏高级工程师组织人员完成了《中国塑料复合膜产业发展史》初稿的编写，专委会秘书处正根据塑料加工协会的要求组织补充、修改。

2. 按照中国轻工业联合会的要求，专委会鼓励有条件的企业积极参与中国轻工业联合会开展的“中国轻工业行业十强企业”评选活动，其中安姆科中国投资有限公司、双汇集团化工包装事业部、黄山永新股份有限公司、杭州顶正包材有限公司、江苏彩华包装集团有限公司、江阴升辉包装材料有限公司、浙江诚信包装有限公司、三樱包装（江苏）有限公司、佛山市南方包装有限公司、湖北宏裕新型包材股份有限公司被评为中国轻工业塑料行

业（塑料复合膜）十强企业。

3. 组织2020南京中国塑协四新展览会的参展筹备工作。

4. 组织全体会员单位积极参与、认真反馈并有效落实中国塑协下达的各项工作，确保专委会及其会员的述求、建议和意见得到及时反馈。

（七）积极反映企业述求，为政府决策提供参考

1. 2019年6月专委会组织会员企业征集对环保部《印刷业大气污染物排放标准》征求意见稿的意见及建议，并汇总整理，将行业述求和建议及时提交环保部相关部门为政府决策提供参考。

2. 2019年7月专委会组织全体会员根据政府相关部门的要求，配合中国塑协对行业内企业减费降税情况进行调研，专委会将了解情况进行分析汇总整理后提供中国塑协及政府相关部门参考。

3. 根据工信部和中国轻工业联合会的要求，根据《复合（印刷）塑料包装产业VOCs消减技术路线图》，确定了行业“十三五”期间复合膜软包装行业VOCs减排技术改造重点方向，并组织实施、补充和完善。

三、存在的问题

专委会会员单位在2019年度运营中存在问题主要集中反映如下：

1. 企业利润逐年下降

环保治理成本和环保运行成本持续偏高。大部分企业环保运行成本超百万元，有两家甚至超千万；由于大部分VOCs治理装置使用燃烧法，存在一定的安全风险。为此，许多企业加快了源头控制技术的开发进程，例如：通过扩大水墨使用占比，扩大无溶剂复合的应用范围等减少和有效控制溶剂的使用，以期根本上改善环保运行成本偏高、能耗高及安全风险。另一方面，招工难告知人工使用和维护成本越来越高，导致复合膜软包装行业的利润空间越来越小，已成为一个微利行业。

2. 产业结构不能适应市场需求的变化

企业规模上，复合膜软包装企业总体规模小，产业集中度较低，品种多但批量小；地区结构上，西部地区包装工业比较落后，而东部的上海、江苏、浙江、山东、福建塑料软包装工业相对发达；产能结构上，结构雷同差异性小、阶段性产能过剩顽疾仍未得到根本改善。随着复合膜行业的减废进程加快，目前已有很多企业正着手布局，例如去铅化、单材化、减量化、短流程成型技术（清洁生产工艺）、开发生物降解材料、降低碳排放（生态化）等，其成果已被转化为生产力，并创建了多个示范区，为复合膜减废和资源可回收进行了成功的探索。

3. 自主创新能力薄弱

目前，复合膜软包装行业是个两头在外的配角，受原料供应限制和客户端市场的依存度较高的影响，企业“自主研发和创新”依然存在一些瓶颈：（1）很多企业缺少自主创新的战略规划；（2）缺少市场调研的导向指引和信息反馈的支持；（3）缺少需求创造，缺乏适时的创造需求，用产品来引领需求、引领消费的能力。专委会将进一步倡导创新合作，通过对行业未来发展方向的把握，研发符合市场发展趋势的新产品创造消费，推动行业上下游产业链的协同、跨越式发展。

4. 人才短缺

生产人员流动性大也是2019年度行业的普遍现象，同时也是行业面临的趋势性问题。而复合膜软包装行业的人才，尤其是技术方面的专业人才的短缺，严重制约了复合膜软包装生产线可持续的改良与创新。因此，复合膜软包装行业需要不断加强行业和企业内部的人才培训工作，提高行业和企业内部人才的理论知识水平与动手实践能力，为企业未来的健康发展奠定良好的基础。

四、行业可持续发展趋势

围绕国家“源头减量—清洁生产—智能分类—高效转化—清洁利用—精深加工—精准管控”的可循环发展技术链要求，复合膜软包装行业可持续发展的3个关键技术分别是：源头控制技术（减量和可回收结构设计）、过程控制技术（VOCs治理和清洁生产工艺）、末端处理技术（废弃物可回收、可利用和可降解技术）。

行业在“十四五”期间迫切需要的技术解决方案，将围绕复合膜能够在保留性能的同时，在整个使用寿命期间减少对环境的影响。而减量、生态化和单材化将在提供解决方案中发挥核心作用，减量、生态化和单材化将是复合膜对环境产生影响并减轻环境影响的关键。而单材化可以帮助开发有效的塑料回收方法。从长远来看，单材化同时可以创造出对环境友好的有价值甚至等值的回收替代品，循环利用且趋于无害。

1. 源头控制

（1）合金化减量技术

利用不同树脂及改性材料性能，采用微纳层叠

共挤出技术、拉伸自增强技术等新的加工技术，是实现软包装复合膜合金化减量的技术手段。

多层复合是薄膜高端化、功能化的重要途径。随着材料和加工工艺的发展，复合膜合金化制备技术得到了应用，是实现复合膜减量并保持高透明性的一个重要发展方向。合金化复合膜为多层共挤出基膜，其阻隔功能通过涂布技术量化而成，利用涂布、镀膜技术能够在基材表面形成一层致密的、具有特殊性能的膜层，通过添加不同材料、设计不同的阻隔层结构等方式，实现减量并使阻隔性获得进一步提高。

为获得高价值再生料，通过合金化结构设计，可以提高复合膜不同层材料之间的相容性，改善由于各相之间不良的界面黏结力和应力传递而造成的较差的力学性能。通过合金化减量技术可以降低塑料消耗量，提高回收产品的质量和循环利用价值。作为复合膜源头控制的关键技术之一，对于保障塑料减污具有重要意义。

（2）单材化设计

复合膜软包装是一种资源高效的包装选择，在保护食品和其他产品，防止食物浪费，最大程度地减少资源使用并提供重要的包装功能方面发挥着关键作用。据估计，在欧洲，几乎二分之一的食品都采用软包装。出于这个原因以及复合膜软包装的广泛优势，与其他更多的资源密集型包装方式相比，复合膜软包装越来越多地被使用。在我国，复合膜软包装也是增长最快的一种包装方式。

但复合膜软包装经常被随意丢弃，回收难度大，使得塑料垃圾带来的危害越来越大，已成为事实上的危害。2015年以来，全球每年超过3亿吨塑料垃圾流入环境，预测2050年流入环境的塑料垃圾将达到120亿吨。2019年20国集团通过了“G20海洋垃圾行动计划”，将通过多项措施与国际合作，推动全面的生命周期措施，以减少塑料废弃物倾倒于海洋，每回收1吨废弃塑料可以节约2.30吨原油、减少0.36吨CO_2排放。废弃塑料尤其是难再生的共混、复合、填充型和交联型塑料制品的回收再利用依旧是全球高度关注和亟待解决的世界性难题。高性能、功能化、轻量化以及绿色生产、与循环利用是发达国家热塑性高分子新材料发展的主要方向。

与发达国家相比，我国塑料再生利用率相对较低。如德国废弃塑料再生利用率达38.6%，日本废弃塑料再生利用率为28.0%，但我国塑料再生利用率低于25.0%。其主要原因是国外发达国家如德国、日本等建立了严格的垃圾分类制度，我国也正在逐步建立垃圾分类制度。而对于共混复合型和交联型等难再生废弃高分子材料，国外也尚未有理想的回收手段，因此全球塑料回收率仍偏低，仅为9.0%。

功能性复合膜软包装的循环利用最关键的是有价值的回收，回收的材料可以实现循环利用，形成闭环。单材化（单一材质化）就能避免复杂而艰难的不同材质材料的分离，通过物理回收技术就可以将原来丢弃的垃圾重新变为有价值原料，回到材料的大循环之中。因此，基于塑料减量应用和循环利用的目标，从源头设计开始，将能单材化的多层复合材料借助加工取向共挤出增强技术提升单层材料的力学强度，降低厚度，用涂层代替功能树脂层，形成功能性食品软包装涂装减材与单材化技术，单一成分的材料占比90%以上，可以满足包装材料用后即可简单回收造粒再利用。

单材化设计功能性薄膜，替代原来多材化复合材料是一种创新的应用，目前在很多应用场合还需要做大量的研究开发工作，为适应现有市场需要和满足客户尽量少的设备改造投入，就要做好膜结构的可回收设计，使单材化薄膜性能更接近多种材料复合薄膜。因此，这是一种全新的包装材料。

很多企业都已经积极研发和生产复合包装单材化技术与产品。例如：陶氏的新产品双向拉伸PE树脂已经在亚太、全球打开局面；成都富林达试制的BOPE涂布高阻隔性材料，可水煮、能满足阻氧阻湿性能双0.5的PE镀铝材料；三樱推出的厚度为250～300微米的PE为99.5%以上的单材化材料，阻氧阻湿可达0.5；江苏彩华包装集团公司研发成功并形成年产30000吨的单材化高阻隔透明可热封PET、高阻隔可热封镀铝BOPP、可热封BOPE等共挤双拉薄膜；福建凯达单材化透明高阻隔立体包装袋的成功转型。软包企业正在积极探寻复合膜可持续发展的技术途径和市场需求。显然，软包装单材化并不能解决所有的问题，也不是可持续发展的唯一渠道，异材、多材质的功能性复合膜如何回收再生再利用需要更完整的体系和更多的技术支撑，还有很多的关键技术需要突破。

2. 过程控制

（1）清洁生产工艺作为过程控制的关键技术在

行业逐步普及，共挤出复合成型工艺以及采用不同加工成型工艺（吹塑、流延、双向拉伸、挤出复合等）得到的相同材质的薄膜通过表面功能化实现阻隔性能、物理机械性能甚至光学性能迥异的各类功能性薄膜成为行业的可持续生态化、可循环发展的趋势。

（2）无溶剂复合已经在行业内全面推广和应用，除铝塑复合和高温蒸煮领域还无法覆盖外，应用领域大幅扩大。例如，南方包装在无溶剂复合无法覆盖的领域推广水胶应用有所突破。北京高盟研发的可降解软包装用的粘合剂和功能性涂层产品等，都为复合膜制造和使用过程的生态化提供了可能。

（3）油墨的生态化、无害化研发技术为复合膜的生态化发展提供了技术支撑，例如：迪爱生的柔版油墨应用增长迅速，研发的特殊产品功能涂层为单材化设计提供了技术保障；洋紫荆油墨研发的柔版油墨、数码印刷油墨、防伪条码油墨和新东方油墨研发的数码油墨、能量固化油墨应用技术获得市场认可。

3. 末端处理

塑料包装组成复杂，废弃后难以被有效回收利用，是城市“白色污染”的主要来源，占废弃塑料总量的40%~50%，是废弃塑料污染的主要源头。

很多直接接触食品的软包装材料大多由印刷层、功能层、热封层等不同材料复合而成，一次性使用，使用后粘附了油脂、食品碎屑等，难分类、难回收、不降解，回收成本高、价值低，回收过程还可能引发二次污染。采用不同材质、不同加工成型工艺的完全生物降解塑料薄膜分别承担承印、阻隔保质保鲜、热封制袋等功能，经复合制成可完全生物降解的食品软包装则可以解决上述问题。采用完全生物降解树脂为基本原料，配合各种专用成型加工工艺的研发，比照传统合成树脂的功能与性能，将降解塑料的性能通过加工技术挖掘出来，制成复合膜软包装材料，是一个利国利民的大事情。

事实上，我国已成为世界上产能最大的脂肪族或脂肪-芳香族共聚酯的生产国和出口国。很多聚酯材料，如PLA、PBAT、PBST、PPC等，都是完全生物降解的。理论而言，采用不同加工成型工艺（吹塑、流延、双向拉伸、挤出复合等）得到的相同材质的薄膜可能表面性能和物理机械性能甚至光学性能差异很大，不同材质和不同成型工艺得到的薄膜性能迥异，各类薄膜可根据需要进行表层功能化。将各种来源的薄膜采用完全生物降解的胶黏剂复合而成，可以得到一系列既完全生物降解又满足各类包装食品需求的复合膜包装。但是，我们尚不具备解决上述问题的基础科学规律研究成果，也不掌握关键技术。

通过在复合膜中高效引入可降解生物质，实现复合膜的高性能与生命周期可控的协同技术解决不同材质的生物降解塑料薄膜的复合技术也是可行的。采用不同加工成型工艺（吹塑、流延、双向拉伸、淋复等）得到功能不同的各种薄膜，并在薄膜中分别引入可降解生物质，然后采用完全生物降解的胶黏剂复合而成，可以得到一系列既完全生物降解又满足各类包装需求的功能性可生物降解的复合膜软包装。

五、结语

进入21世纪以来，经济、资源及环境协调发展，已成为世界各国的主要国策。而对复合膜软包装而言，如何处理三者的关系更为重要。任何材质的废弃物对环境适性的评价不能凭直觉或常识判断什么对环境有益，什么对环境有害，以及对环境负荷的影响。若仅从其采用的后处理方式的难易程度进行评价是不科学、不合理的，环境问题是很复杂的，必须从整个生命周期，即从原料开采、运输、制造、加工、流通、消费、废弃物处理全过程对资源、能源及环境的影响进行综合分析评价，才能对材料的环境适性进行公正合理的评价。

软包装已经成为现代社会文明的标志，与我们的生活息息相关，无论是衣食住行，或是电子、医疗等，都已高度依赖软包装。但是不可否认，软包装已经并且正在带来全球化严重环境问题。解决当前面临的生态和环保问题：我们需要正确理解软包装在整个生命周期中的影响，需要一整套技术和评估工具来改善整个软包装生命周期中的可持续性，从获取原材料和软包装加工成型，到更好的回收利用和处置的选择，以及全面了解对环境造成的影响。我们需要从软包装结构的设计开始，必须考虑循环经济。我们不仅需要停止向环境中丢弃废塑料，更需要重点开发可回收利用和环境可降解的塑料产品，提高回收价值，形成可循环的闭环。

复合膜软包装行业所面对的新技术、新业态、新模式、新消费正深刻改变着行业的生存环境，复合膜软包装企业如何准确把握行业地位，以立于不败之地，其核心技术途径在于：通过合金化减量技术实现复合功能性薄膜的减量；通过单材化技术实现通过现有回收系统和渠道实现分类和有价值的直接回收；通过降解技术实现软包装的环境友好性。2019 年，已有许多终端品牌商将复合膜软包装的回收再利用作为订单选项，因此复合膜软包装企业必须顺应市场发展趋势，加强科技投入，开拓思路，积极创新应用解决方案，才能在 2025 年实现 100%可回收再利用或可重复使用或可堆肥完全分解的复合膜软包装功能性材料。

（中国塑协复合膜制品专业委员会）

聚氨酯制品

第一部分　2019 年聚氨酯上游原料及下游使用情况

中国聚氨酯行业 2019 年整体平稳，上游原料价格在合理区间窄幅震荡（MDI 价格在 11000～12500 元/吨；TDI 价格在 9800～12000 元/吨；聚醚价格维持在 10000 元/吨的低位）。下游聚氨酯制品行业市场稳定，企业利润比上年有所好转，市场信心增强。下面进行详细分析。

一、2019 年中国聚合 MDI 市场

概要：2019 年中国聚合 MDI 产量 162.41 万吨，与 2018 年的产量持平；市场供应和消费量 117.4 万吨，同比增长 1.9%；净出口 30.7 万吨，同比增长 8.1%。2019 年需求量的增加主要依靠冰箱、冰柜、黏合剂和密封剂以及管道行业增长的拉动。2019 年，万华化学的聚合 MDI 出口量同比持平。科思创的出口量有 7%的下降，而亨斯迈和巴斯夫的出口量则有显著增长，带动聚合 MDI 总出口量增长 1.3%；净出口的增长，还主要由于同年聚合 MDI 的进口量下降了 4.5%。从进口来源地看，从日韩两国进口的聚合 MDI 数量分别下降了 10%和4%，而来自中东陶氏的进口量基本与 2018 年持平，微增 0.8%。

1. 需求端

2019 年中国聚合 MDI 下游行业消费情况分析

2019 年，中国市场共消耗聚合 MDI 达 117.41 万吨，同比 2018 年增长 1.9%。增长主要来自冰箱、冷柜、黏合剂及密封剂，另外，管道、板材等也有小幅增长。

2019 年，中国聚合 MDI 总消费量为 117.41 万吨，其中有 51.13 万吨用于冰箱和冷柜的生产，占到总消费量的 44%；在汽车制造行业的消费量（含部分硬泡）为 13.83 万吨，占到总用量的 12%；在胶粘剂及密封剂行业的消费量为 12.98 万吨，占到总用量的 11%（表 1）。

表 1　2019 年中国聚合 MDI 消费领域统计表

消费领域	2018 年聚合 MDI 消费量/万吨	2019 年聚合 MDI 消费量/万吨	2019 年增长比例/%
冰箱	35.14	36.48	3.80
冷柜	13.53	14.65	8.30
热水器	5.41	5.20	-3.88
汽车	15.2	13.83	-9.00
黏合剂及密封剂	12.00	12.98	8.17
管道	8.62	8.90	3.23
板材	6.24	6.34	1.60
喷涂	5.20	4.95	-4.81
煤矿加固剂	4.55	4.78	5.00
冷藏集装箱	3.47	3.35	-3.50
其他	5.86	5.95	1.54
总计	115.22	117.41	1.90

2. 供应端

2019 年聚合 MDI 主要供应商对中国供应情况统计分析（图 1）。

2019 年，中国聚合 MDI 各供应商供应总量为 117.4 万吨左右，但供应市场格局有所变化。作为

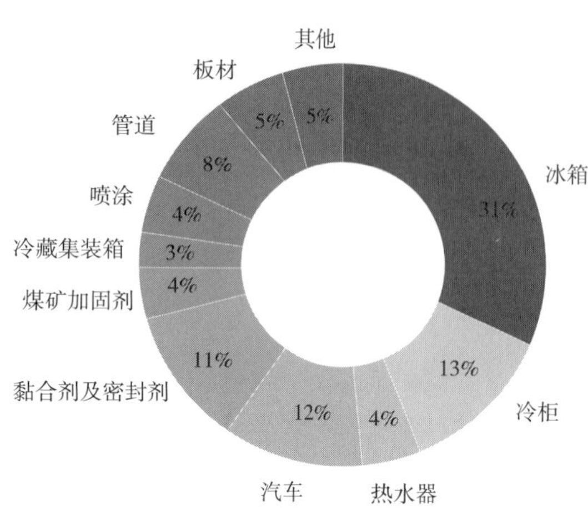

图 1　2019 年中国聚合 MDI 消费领域份额图

国内最大的 MDI 供应商，万华化学的市场份额下降了 4.89 个百分点，主要是由于 2019 年万华化学的 MDI 装置平均开工率较 2018 年下降了 5.60 个百分点。相较而言，巴斯夫、科思创和亨斯迈在聚合 MDI 供应市场的份额则各有提高（表 2、图 2）。

表 2　2019 年供应商对中国聚合 MDI 供应情况统计表

供应商	供应量/万吨	市场份额/%
万华化学	35.21	29.99
巴斯夫	25.80	21.97
科思创	22.40	19.08
亨斯迈	12.20	10.39
陶氏化学	10.90	9.28
东曹	7.70	6.56
锦湖三井	3.20	2.73
总计	117.41	100.00

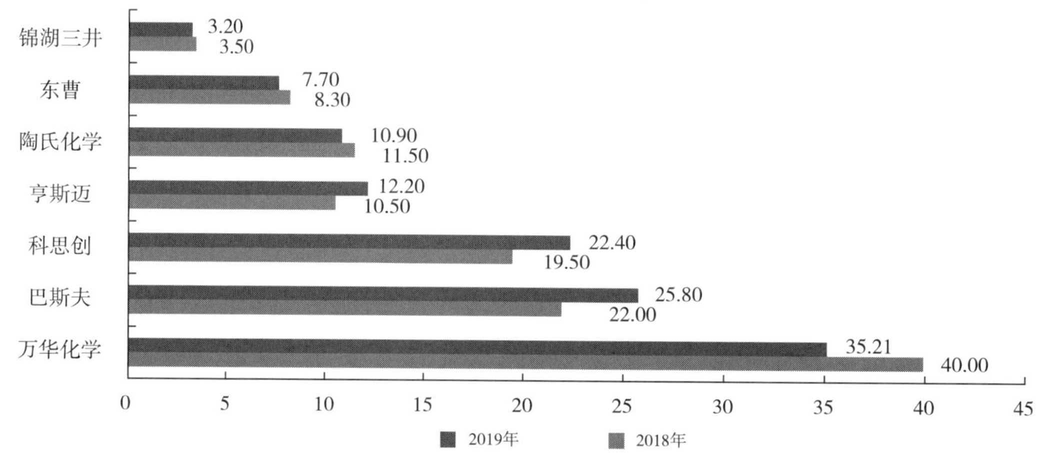

图 2　2018—2019 年各供应商在中国的聚合 MDI 供应量对比图（单位：万吨）

如上所述，2019 年，由于万华化学的聚合 MDI 总产量下降，出口量同比持平，因此对国内直销和分销市场的供应量均出现下滑。同期，科思创上海的聚合 MDI 产量同比持稳，他们通过减少对海外市场的出口，增加了对国内市场的供应量。巴斯夫则是同时提高了在国内工厂的产量以及进口量，实现了对国内市场总供应量的增长。此外，来自中东陶氏的进口量同比 2018 年持平，而来自日本和韩国的进口量分别下降了 10% 和 4%。综上所述，在 2019 年，万华化学、陶氏、日本东曹和锦湖三井的聚合 MDI 市场份额出现不同程度的下滑，而科思创、巴斯夫和亨斯迈的市场份额相比之下得到了提升（表 3）。

3. 未来预测

聚合 MDI 下游中，未来主要增长点还是在冰箱冷柜、胶黏剂，在汽车、冷藏集装箱、板材等行业或将持稳运行，喷涂和煤矿加固剂行业或将萎缩。

表 3　**2019 年国内 MDI 合成装置母液产能及产量统计**　单位：万吨

生产商	产地	产能	产量	备注
万华化学	烟台、宁波	180	132.66	
上海联恒	上海	59	47.20	
科思创	上海	55	47.20	2019 年 6 月，从 50 万吨/年扩至 55 万吨/年
重庆巴斯夫	重庆	40	23.8	
NPU	瑞安（精馏装置）	8	7.67	日本进口母液

冰箱冷柜行业，国内的冰箱冷柜消费市场已基本处于饱和，未来聚合 MDI 的需求量增长主要关注冰箱冷柜的出口情况，预计 2020 年产量还将维持增长，中美双方签署的经贸协议将对出口至美国的量逐渐恢复至往期水平。考虑到单耗等问题，预计该行业 2020 年 MDI 消费量或将增长 4%，拉动聚合 MDI 整体消费量整体上涨 2%左右。

胶黏剂行业未来增长潜力较大。以万华禾香板为例，据了解，生产一立方禾香板，需要大概 30～40 千克的聚合 MDI。今年 10 月，万华湖北园区就又投产了一条秸秆板连续平压生产线，年产无醛禾香板 25 万立方米，预计新增聚合 MDI 年需求 9000 吨。一旦此类产品被市场接受，实现大规模生产，将对 MDI 行业有明显的促进作用。预计 2020 年胶黏剂行业或将继续保持 8%～10%的高速增长，拉动聚合 MDI 整体消费量上涨 1%左右。

汽车行业，预计 2020 年也将弱势运行，但预计新车产销跌幅将收紧。汽车工业协会预计 2020 年汽车销量将下跌 2%。未来的增长点主要在单辆车的 MDI 消费量的提升。据统计目前一辆国产中级轿车的聚氨酯制品用量为 15～20 千克，但高档汽车的聚氨酯制品用量可达到 25～30 千克。若每辆车的聚氨酯制品用量可提高 10kg，对应的 MDI 用量可以多 3～4 千克，以现在年产 2000 多万辆轿车计算，则可增加十几万吨的 MDI 需求量。但同时汽车轻量化的进程并不明朗。天天化工网预计 2020 年汽车行业的 MDI 消费量或将下跌 1%～3%，导致聚合 MDI 整体消费量下降 0.5%左右。

其他诸如管道、板材、软泡高回弹等行业继续保持增长，喷涂、热水器行业继续萎缩。总体来看，聚合 MDI 在 2020 年的消费量或将保持 2%～4%左右的增速（图 3）。

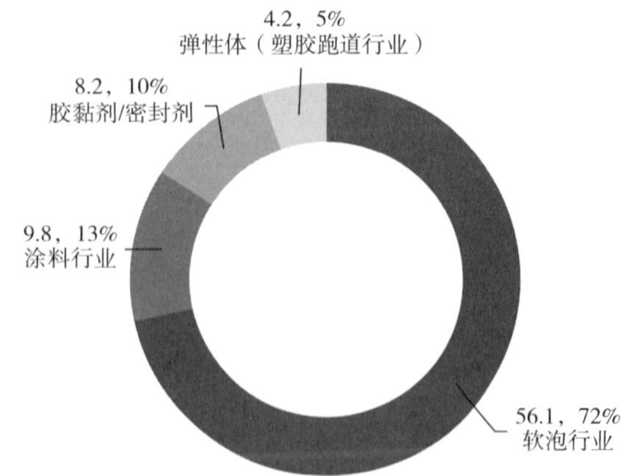

图 3　2019 年中国 TDI 下游市场分布图

二、2019 年中国 TDI 市场

1. 概要

（1）产量：2019 年，中国有新增的 30 万吨/年的产能投产，新装置陆续释放产能，带来了产量的较大幅度增长，2019 年中国 TDI 总产量达到 102.6 万吨，突破百万级别，较去年增加 16.8 万吨，各 TDI 厂家的产量增减不一，主要增量来自于万华和科思创。

（2）进口：2019 年中国 TDI 进口量在 5.06 万吨左右，同比去年大幅减少 27%，主要由于今年韩国货源来华减少，增幅主要来自沙特货源，2019 年沙特 TDI 共进口 2.9 万吨左右。

（3）出口：2019 年中国 TDI 总出口量 13.9 万吨左右，同比去年大幅增加 58%，增量主要由于国内 TDI 价格低迷，主力 TDI 出口厂家加大了出口，同时，国内一些大中型软体家具企业往东南亚转移，一部分供应量也来源于中国，这也一定程度使国内 TDI 出口量增加。

（4）消费量：2019 年中国 TDI 实际消耗量预计在 78.2 万吨左右，同比 2018 年下滑 4.4%左右，为近年以来的首次下滑。

2. 供应

2019 年中国各 TDI 厂家产量以及供应情况统计（表 4）。

表 4　　2019 年中国 TDI 产量统计表

	2018 产量/万吨	2019 产量/万吨	增产/万吨	2019 同比增幅/%
科思创	23.9	27.6	3.7	15.4
巴斯夫	15.7	15.7	0.0	-0.1
其中：沧州大化	16.4	12.6	-3.8	-23.3
甘肃银光	10.5	9.5	-1.0	-9.7
烟台巨力	9.3	9.3	0.0	0.0
东南电化	9.8	9.6	-0.2	-2.0
连石化工	0.2	0.7	0.5	260.0
万华	0	17.6	17.6	—
国产内量小计	85.8	102.6	16.8	19.5
进口量	6.9	5.1	-1.8	-25.9
出口量	8.6	13.9	5.3	62.1
表观消耗量	84.2	93.8	9.7	11.4
实际消费量	81.8	78.2	-3.6	-4.4
厂家及社会库存	2.4	15.6	13.2	550.3

备注：表观消耗量-实际消费量=厂家及社会库存，2019 年社会库存预估为 15.6 万吨左右。

3. 下游消费

2019 年，中国的软泡行业消耗 TDI 量近 56.1 万吨，较 2018 年下滑约 5%左右，占 2019 年 TDI 消费量的 72%左右，仍然是中国 TDI 市场的最大下游领域。

TDI 与软泡聚醚搭配生产海绵制品，多应用于软体家具和汽车座椅等领域，其中在软体家具和汽车行业中应用最为广泛。

（1）2019 房地产及家具市场

2019 年，我国房地产市场政策环境整体偏紧，房企资金面承压，积极推盘强化回款，但产品去化压力加大，重点城市市场规模有所调整，百城新建住宅价格涨幅进一步收窄，土地市场处低温状态。2020 年，全年经济增速将依旧呈现稳步放缓态势，房地产调控继续坚持“不将房地产作为短期刺激经济的手段”，同时按照“因城施策”的基本原则适度保持政策优化的空间和灵活性。在此背景下，2020 年全国房地产市场调整压力或将进一步凸显。

在房地产降温的大背景下，2019 年家具行业的发展仍然承压。2019 年 1-10 月，全国家具制造业产量 72384.4 万件，同比增长 0.1%。10 月当月，全国家具制造业产量 7028.4 万件，同比下降 6.8%。家具制造业效益情况如表 5：

表 5　　2019 年中国家具制造业营收、成本和利润统计

行　业	营业收入		营业成本		利润总额	
	1~10 月/亿元	同比增长/%	1~10 月/亿元	同比增长/%	1~10 月/亿元	同比增长/%
总计	856557.9	4.2	721883.3	4.5	50151.0	（2.9）
家具制造业	5658.6	4.5	4709.8	3.3	342.0	17.8
汽车制造业	64621.3	（3.3）	54611.1	（2.7）	4161.7	（14.7）

数据来源：国家统计局

此外，根据中国轻工业联合会数据显示，2019年8月我国软体家具市场产量为579.1万件，同比下降3.65%，2019年1—8月累计产量为4341.6万件，累计同比下降3.47%。

（2）汽车行业

2019年，汽车产销分别完成2572.1万辆和2576.9万辆，产销量同比分别下降7.5%和8.2%，产销量降幅比上年分别扩大3.3和5.4个百分点。2019年，各月连续出现负增长，上半年降幅更为明显，下半年逐步好转，其中12月当月销售略降0.1%，与同期基本持平。2019年，乘用车产销分别完成2136万辆和2144.4万辆，产销量同比分别下降9.2%和9.6%。占汽车产销比重分别达到83%和83.2%，分别低于上年产销量比重的3.4和1.2个百分点。乘用车四类车型产销情况看：轿车产销量同比分别下降10.9%和10.7%；SUV产销量同比分别下降6%和6.3%；MPV产销量同比分别下降18.1%和20.2%；交叉型乘用车产销量同比分别下降4.3%和11.7%。2019年，在基建投资回升、国Ⅲ汽车淘汰、新能源物流车快速发展，治超加严等利好因素促进下，商用车产销好于乘用车，商用车产销分别完成436万辆和432.4万辆，产量同比增长1.9%，销量下降1.1%。

在T/M体系中，一辆汽车按5.5千克的TDI和MDI用量来计算，2019全年汽车行业消耗TDI量约在6.9万吨左右，拉低中国TDI消费增速0.84个百分点（表6、表7）。

表6　　2019年中国各下游行业TDI实际消费量统计表　　单位：万吨

行业	软泡	涂料	胶粘剂、密封剂	弹性体、塑胶跑道	其他	汇总
2018	59.0	10.9	7.7	4.0	0.3	81.8
2019	56.1	9.8	8.2	4.2	0.0	78.2

4. 消费区域分布

表7　2019年中国TDI消费区域分布统计表

地区（2019）	表观消费量/万吨	比例/%
华东华中地区	27.22	29.03
华南地区	31.63	33.73
东北华北地区	20.77	22.16
西南西北地区	14.24	15.18
总计	93.77	100.00

三、环氧丙烷（PO）和聚醚多元醇市场

2019年，国内PO生产聚醚及PO（环氧丙烷）处于较低价格水平，在1万元/吨左右徘徊。随着共氧化和直接氧化法PO生产项目的建设，技术结构发生了巨大变化，2019年我国氯醇法PO生产工艺的占比降到了50%，PO产能达327万吨，主要生产企业和产能情况见表8。

2019年，国内HPPO（过氧化氢直接氧化法生产环氧丙烷）装置由于各种原因开工率较低，全年共生产约12万吨产品，而国内PO/SM（苯乙烯）工艺满负荷生产，氯醇法PO工艺由于环保的限制，均采取了一定的减负荷措施。2018年我国共生产PO255万吨，进口约23万吨，出口仅4100吨左右，表观消费量约276万吨。2020年之前国内企业有多个新建或扩建项目，全部采用PO/SM或HPPO技术，预计将增加产能近300万t/a，氯醇法PO的生产工艺占比将进一步降低。

2019年，全国聚醚多元醇的产能达到550万吨，其中山东省是国内聚醚多元醇产能最高的省份。2018年我国聚醚多元醇销量靠前的企业包括中海壳牌、蓝星东大、万华化学、佳化化学、句容宁武新材料、德信联邦、山东隆华、南京红宝丽、江苏长华、南京钟山、河北亚东等。2019年中国聚醚多元醇产能情况见表9。

表8　　2019年中国PO生产企业产能

生产企业名称	工艺	产能/（万吨/年）
无棣鑫岳化工有限公司	氯醇法	35
中海壳牌石油化工有限公司	PO/SM	32

续表

生产企业名称	工艺	产能/（万吨/年）
吉神化学工业股份有限公司	HPPO	30
宁波镇海炼化利安德化学有限公司	PO/SM	28.5
滨化集团股份有限公司	氯醇法	28
万华化学	PO/MTBE	26.4
山东三岳化工有限公司	氯醇法	24
南京金陵亨斯迈新材料有限责任公司	PO/MTBE	24
山东金岭化工（集团）股份有限公司	氯醇法	16
天津大沽化工股份有限责任公司	氯醇法	15
方大锦化化工科技股份有限公司	氯醇法	12
南京金浦锦湖化工有限公司	氯醇法	10
山东大泽化工有限公司	氯醇法	10
中石化长岭分公司	HPPO	10
其他	氯醇法	26.2
合计		327.1

表 9　2019 年中国聚醚多元醇生产企业产能

生产企业	产能/（万吨/年）
万华化学	40
佳化化学有限公司	35
句容宁武新材料股份有限公司	30
山东蓝星东大有限公司	30
德信联邦化学工业有限公司	30
山东隆华新材料科技股份有限公司	30
无棣德信化工有限公司	30
绍兴恒丰聚氨酯实业有限公司	30
中海壳牌石油化工有限公司	27
聚源化学工业股份有限公司	23
河北亚东化工集团有限公司	20
江苏长华聚氨酯科技有限公司	18
南京红宝丽股份有限公司	18
江苏钟山化工有限公司	15
国都化工（昆山）有限公司	10
可利亚多元醇（南京）有限公司	8
其他	156
合计	550

聚醚生产企业较多，前几年市场竞争充分，2019年产品质量稳定，价格较低，有利于聚氨酯制品企业的发展。

第二部分　聚氨酯制品行业情况及专委会工作

回顾过去工作，聚氨酯专委会在中塑协领导及各业务部的支持、指导下，基本完成了年初制定的工作任务。

一、行业基本情况

聚氨酯制品行业2019年生产正常，市场稳定，企业利润回升。

1. 聚氨酯硬泡行业

聚氨酯硬泡行业除去冷链用、养殖用保温硬泡市场较好之外，其他子行业都增速放缓。其中车用（不含冷藏车）聚氨酯硬泡受汽车产量下滑的影响，整体用量也同比下滑。中国汽车工业协会网站介绍：今年1—10月，汽车产销分别完成2044.4万辆和2065.2万辆，产销量比上年同期分别下降10.4%和9.7%。家电领域中冰箱冰柜及电热水器虽增速放缓但仍有5%左右的增长，从而带动家电用聚氨酯硬泡也略有增长；冷链物流行业是近年来发展形势较好的领域，该领域2019年仍保持较高的增长势头，冷库用及食品加工养殖业用板材业增幅较大，冷藏车用的大块泡沫也有相应的增长；建筑节能外墙保温领域2019年仍无起色，这一部分产品主要是外墙保温板及喷涂外保温施工；管道保温行业总体也基本维持在上一年的水平。企业反馈，管道保温工程多数是政府投资，各地政府资金紧张压款现象严重，应收账款很多，给企业经营带来很大压力，而且招标方式仍然是低价中标，也给规范经营的大企业带来很多困惑。太阳能热水器市场仍不见起色，市场萎缩严重，原来中上等规模的太阳能热水器企业很多采取外委加工或者转行做净水器等其他产品；喷涂聚氨酯在动植物养殖业及冷库领域仍有较好的市场，小有增长。

2. 聚氨酯软泡行业

软泡行业总体一般，下游需求不旺，但有规模企业增长良好，随着对环保的要求更趋严格，部分小企业被当作散乱污企业，受政策调控关闭，行业集中度提高，大企业的规模优势得到发挥和体现。但家具家居行业受房地产发展减缓的影响，聚氨酯软泡行业总体增长也不大，家居产品出口受中美贸易摩擦影响，有一定下降，部分有规模企业转战东南亚建厂，从东南亚转口美国；车用软泡也是跟随汽车工业下滑有所下降；聚氨酯软泡全年总体比2018年略有增长，产品质量仍差别较大，企业经营情况好坏差距也较大，与企业面对的下游客户关系较大。

3. 新技术方面

聚氨酯弹性体、胶黏剂、高端硬泡技术的进步，在航天、高铁、LNG等方面有更多应用。废旧聚氨酯制品回收应用技术也引起行业重视。聚氨酯床垫也出现了零压力的概念。

二、聚氨酯专委会开展主要工作

1. ODS淘汰工作

ODS淘汰工作仍是聚氨酯制品专委会较为重要的工作。ODS淘汰工作分两大块：一是围绕开展HCFC-141b淘汰；二是打击非法CFC-11的使用。协会作为中国聚氨酯泡沫行业淘汰ODS的国内执行机构，专委会秘书长刘卫东受协会委托派驻生态环境部对外合作与交流中心从事ODS淘汰管理工作。

（1）法规及政策宣传

继续坚持在专委会网站及公众号上发布生态环境部关于淘汰ODS的政策法规及ODS替代技术。

（2）关于淘汰ODS相关问题咨询工作

聚氨酯泡沫行业淘汰ODS管理工作开展20多年了，我专委会参与项目管理工作也有16年，我们熟知淘汰ODS政策法规。对于通过各种途径找到专委会的来咨询ODS淘汰政策及技术的企业，我们都耐心回复解答。

（3）ODS帮扶执法检查

今年除日常管理工作外，还参与了生态环境部执法局组织的ODS帮扶检查，并协助工作组在区域内（北京大兴及顺义）查到两家非法使用已禁用的ODS物质的个体经营者。

2. 项目管理工作

（1）新项目企业征询及辅导、资料审核

按照中国聚氨酯泡沫行业第二阶段行业计划，2017年底开展了第二阶段聚氨酯泡沫行业淘汰HCFC-141b工作。随着ODS淘汰工作的推进，符合参与项目的企业越来越少且有规模的企业更少。我们利用专委会的渠道通过设备厂家、原料厂家以及企业间介绍，寻找符合项目要求的各类聚氨酯硬泡生产企业，首先对这些企业做甄别，对符合要求的项目企业做申报项目辅导，帮助企业填写申报项目文件。对企业提交的文件做审核，选择满足申报条件的企业，为新一年度的项目申报工作做准备。

（2）现场核查项目企业

2019 年 10 月下旬到 11 月上旬，参加了中心委托的第三方会计师事务所对中国聚氨酯泡沫行业 ODS 淘汰工作第二阶段 2018、19 年度的项目企业消费量核查工作，先后前往辽宁、山东、河北六地核查了 6 家申报企业。

（3）审阅会计师报告、指导企业编写执行计划、准备新项目合同

组织参与了 6 家 2017 年底核查的项目企业执行计划评审会，评审会于 1 月 4 号在北京召开。通过了 6 家企业执行计划。准备合同文件，2018 年通过的 6 家企业在 2019 年 4 月 29 日签订了三方合同，2019 年 1 月通过的 6 家企业在 2019 年 9 月 9 日签订了三方合同。

3. 走访企业关注行业发展问题

企业站在市场的最前端，对市场的感觉最敏锐。2019 年专委会走访了多家软泡及硬泡企业，并对软家具企业做了问卷调查。通过走访与企业人员做了交流，直观了解企业的现状。在整体经济形势下滑、环保、安全管控日趋严格的情况下，有规模企业更关注改善工厂安全环保条件，也表示愿意承担社会责任，改善生产环境及工人的保健，但也表达了对于频繁安全、环保检查是否合理合规的看法以及一些法规的合理性的诉求，希望协会给予支持澄清。

4. 组织召开行业会议、参与行业会议

根据 2019 年工作计划以及通过本行业的实际调研情况，综合分析行业热点问题，我们在 2019 年 4 月份在四川成都开了聚氨酯硬泡行业发展论坛。聚氨酯硬泡上中下游、设备企业、研究机构的人员参会。会上就聚氨酯硬泡行业关注的热点、淘汰政策法规、新产品、新技术、新工艺等行业话题进行了交流探讨。通过这次会议，澄清了行业中存在的一些模糊认识，与会专家及大企业代表对部分产品的工艺要求和质量控制做了深入交流。会议倡导企业：避免同业间无序恶性竞争，开展技术创新，通过提高企业管理水平，在同样消耗社会资源的情况下，生产优质产品。2019 年我们还参加了其他兄弟协会的相关会议，互通行业发展情况。

5. 关注新产品、新技术、新应用领域

聚氨酯弹性体、高端硬泡、涂料在航天、高铁、LNG、汽车、5G 等领域都有突破性的应用。与行业内规模企业交流，在高端硬泡领域寻求发展机会。

6. 为 2020 南京展会宣传动员

尽管聚氨酯制品游离在大塑料行业边缘，我们仍然尽全力为 2020 年协会组织的四新塑料展，开展招展工作。通过努力，目前有 4 家企业表示争取参展。

7. 配合协会工作

配合协会参与的二污普调查工作。

成立三十年庆典工作。

江西扶贫捐助工作，我专委会企业共计捐款 1 万元，捐物价值 6 万余元。

（中国塑协会氨酯制品专业委员会）

板片材

2019 年，塑料板片材行业以科技创新为动力，着力推动高质量发展，在中美贸易战加剧的大背景下，经济运行总体平稳、稳中有进。塑料板片材行业工业增加值的增速，高于同期塑料制品加工业平均值。塑料板片材行业投资增速，高于同期塑料加工业投资平均增速。行业主营业务收入较 2018 年有所提高，显现出较好的发展潜力和前景。

随着中国塑料加工业的进步与发展，当前塑料板片材行业的产业基础、发展环境和条件都发生了很大的变化，无论是中国产业经济转型还是国际上新一轮产业变革和科技革命的来临，都对塑料板片材行业提出了新的要求。随着中国经济发展进入新常态，塑料板片材行业的发展面临着新的机遇和挑战，加快结构调整、转型升级、提质增效，寻求和培育新的增长点，已成为行业共识。2019 年，塑料板片材企业在中国塑协的帮助指导下，努力开拓创新，实行转型升级，取得了卓有成效的进步。

【行业现状】

塑料板片材是用塑料为原料制作成的板材与片材，属于新型材料。近十几年来，我国塑料板片材行业发展速度较快，受益于行业新产品、新材料、

新技术、新装备和产能的不断提高，以及产品应用领域的不断扩大。塑料板片材行业在国内和国际市场上发展形势都十分看好，全球塑料板片材市场产量逐年增长，相关资料数据显示，2019 年全球塑料板片材产量达到 2134.88 万吨，高于 2018 年的 2091.64 万吨。2019 年全国塑料板片材产量达到 669.86 万吨，高于 2018 年的 631.05 万吨，产量提高了 6.15%。

一、塑料板片材行业基本特点

1. 行业概况

进入 21 世纪以来，中国塑料板片材行业取得了令世人瞩目的成就，产能与产量全球最大，已达全球产量的 30%以上，稳居世界第一，实现了历史性的跨越。“十二五”期间增长率一直保持在 10%以上，在保持较快发展速度的基础上，经济效益也有新的提高。随着经济增长方式的转变，“十三五”期间塑料板片材行业增长明显放缓。但从合成树脂用量，塑料板片材设备数量以及塑料板片材制品产量来看，都显示了塑料板片材行业强劲的发展势头。

随着塑料板片材新技术的应用以及相关部门对环保型塑料板片材的大力推广，新型塑料板片材的应用也越来越广。我国市场上出现了多种类型的塑料板片材新产品。目前，市场上经常见到的塑料板片材产品有传统的 PVC 板片材、PP 板片材、PE 板片材、PS 板片材，也有近几年增长较快的 PET 板片材、PC 板片材及各种添加玻纤、碳纤、高强度纤维的塑料基复合板片材等。由于塑料板片材具有重量轻、保温、隔音、安装方便以及可透明、可印刷、可以制成彩色等特点，因此在建筑装饰行业，包装行业，工业制造，农业生产，国防工业等行业应用越来越广泛。在国家生态环保，绿色发展政策的推动下，我国塑料板片材行业呈现了快速发展的态势。塑料板片材已涉及国民经济的各个方面，以塑料代替木材、钢材、铝材、石材、玻璃、皮革等，广泛应用于工业、农业、化工、建筑、包装、航空航天、国防等尖端部门。

塑料板片材行业，现阶段以高端化为核心，大力发展新技术、新产品，大力培养新的增长点，以提高品质为前提、提升效率为核心，培养新的竞争优势。紧紧围绕“功能化、轻量化、生态化、智能化及微成型”的技术发展方向，大力开发新产品，大力实施替代进口战略，占领产品中高端市场。

2. 塑料板片材企业下行压力加大，增速持续放缓

当前塑料板片材行业的产业基础、发展环境和条件都发生了深刻的变化。无论是国内产业转型，还是国际上受美国贸易霸权主义的影响，以及新一轮产业变革和科技革命的来临，无一不对中国塑料板片材行业提出了严峻的挑战。“十三五”期间是我国塑料板片材实现稳步发展的关键时期，和“十二五”时期相比，行业发展的速度已经明显地减缓。2018 年美国挑起了中美贸易战，对我国塑料板片材行业的发展造成了很大的影响，2019 年塑料板片材企业克服困难，积极开拓市场，和 2018 年相比，有了一定的增长。据行业统计数据显示，2019 年全球塑料板片材的产量高于 2018 年，也已超过 2017 年。但国内塑料板片材的产量，虽然高于 2018 年，但还没有达到 2017 年的水平。国内塑料板片材产量增长小于国际，产量增长和国际市场需求不同步的原因是多方面的：一方面由于美国政府挑起的中美贸易战，对我国塑料板片材的出口影响较大；另一方面是因为国内经济增长方式的转变，环保要求的提高，限止低端产品市场的需求，以及经济下行压力加大。多方面因素的叠加是导致国内塑料板片材制品增速小于国际的直接原因。除了国内外宏观环境影响外，也应该看到塑料板片材行业自身的问题：一是产品结构不合理，中低档产品比例过高；二是部分产品出现结构性、阶段性过剩；三是技术创新能力不足，行业新增长点不多。2019 年国内塑料板片材和 2018 年相比取得 6.15%增长率的原因是，2019 年塑料地板在出口方面有增长，国内市场也取得了增长。用于包装行业、广告行业、建筑装饰行业的塑料板片材，2019 年也有一定的增长。

3. 塑料板片材行业效益下降，企业经营困难加大

改革开放以来，塑料板片材行业取得了跨越式发展，主要得益于改革开放政策，得益于国民经济高速发展的拉动，得益于人民生活消费水平提高的推动，得益于塑料板片材行业抓住机遇大规模引进国外的先进技术和装备。过去十几年，行业经历了追赶型的高速发展阶段，然而塑料板片材行业并没有摆脱低水平，低效率的传统制造业地位，在国际上处于产业价值链中低端，其竞争优势基本是以牺牲资源、环境、能源为代价，以廉价劳动力为支撑的初级比较优势。由于告别

了短缺时代，部分产品产能过剩严重，依靠投资、扩大产能、通过规模扩张的发展模式已不可持续。依靠廉价劳动力形成的低人工成本，这一优势正在削弱，同时资源、环境、能源的约束力也在加大，以及近年来原材料的涨价因素等影响，企业利润空间被大大压缩，行业利润增幅逐年下降。2019年由于环保管理力度的进一步加大，化工原材料的大幅上涨，人力资源成本的快速上升，以“提高质量、降低消耗”为主要内容的降低变动成本，和以“提高劳动生产率”为主要内容，降低固定成本的传统盈利模式受到严重挑战。企业经营成本不断升高，经营困难加大。

二、目前塑料板片材行业存在的主要问题

1. 结构性、阶段性产能过剩顽疾没有得到有效缓解

产品产能结构性和阶段性过剩是塑料板片材加工业产品结构不合理的集中体现，是实现健康发展、可持续发展的一大障碍。目前低端产品产能过剩问题仍未有效解决，而且继续在恶化，远超市场需求，如廉价的、劣质的硬质PVC板片材，PS、PP、PE板片材等。盲目引进而引发的阶段性过剩产能尚未有效化解，而高端产品仍需大量进口，如汽车、高铁、机场、酒店装饰用高档塑料板片材，耐高温、高透明的功能性塑料板片材等。

2. 品牌意识，质量意识淡漠

品牌意识的淡薄，营销网络建设相对滞后，加之较低的技术和资金进入门槛，使得板片材行业企业规模普遍不大，营销手段单一，营销成本较高，缺乏品牌策略，对目标市场和细分市场几乎没有什么调查研究和应对手段，一拥而上，埋头就干，对于技术、质量的更新与提升考虑较少，当竞争日趋激烈时，很多企业陷入了渠道冲突、实行价格战、成本上升、收入下降、客户投诉不断、满意度大幅度降低的尴尬困境之中。由于传统塑料板片材产品，技术含量低，投资少，行业进入门槛低，因此造成产能严重过剩。加上行业内一些企业，质量意识淡漠，习惯于打价格战。所以由产能过剩引发低价恶性竞争比较普遍，造成市场严重混乱，既影响行业形象又影响企业效益，同时深刻影响了行业健康发展。

如何在市场中杀出一条血路？除了渠道营销以外，还必须花大力气全方位地打造属于企业、渠道商和消费者共同认可的强势品牌，从而占据未来市场的稳固地位。

3. 塑料板片材行业创新意识不强，创新能力不足

由于行业内大企业较少，以中小企业为主，企业科技人员少，科技研发能力差，再加上企业科技经费投入不足，或没有条件投入，科技创新受到了严重制约。有的高质量、高水平板片材受到市场可接受价格的制约，相对而言，市场上类同的通用产品较多，中低档产品占绝大多数，而高技术、高附加值的产品很少。行业应通过不断自主开发，加快科技创新，开发新产品，进一步提高产品的功能性、可靠性、稳定性和先进性。利用“互联网+”提高企业技术创新能力，同时进行生产管理创新、营销模式创新，提升企业的综合创新能力。此外，目前行业总体装备水平偏低、产品结构不合理、科技投入不足、产品集约化程度低、抵御风险能力不强、行业区域发展不平衡以及环保等问题也影响了行业的健康发展。

三、塑料板片材行业发展前瞻

当前，塑料板片材行业正处于发展壮大期向产业成熟期过渡的关键时期，是产业迈向中高端的关键时期。在“新常态”下，塑料板片材行业经济下行压力加大，企业生产经营也面临许多新的困难和问题。因此，认真分析面临的形势，适应“新常态”，主动作为，开拓创新，平稳渡过产业转型期，是摆在我们面前的重要任务。

1. 塑料板片材行业发展环境

2019年，面对国内外的复杂局面，在以习近平总书记为核心的党中央坚强领导下，坚持稳中求进的工作总基调，坚持新发展理念，坚持高质量发展目标，坚持以供给侧结构性改革为主线，着力深化改革与扩大开放，持续打好三大攻坚战，调结构、促改革、稳增长、惠民生、防风险、保稳定，扎实做好稳就业、稳金融、稳外贸、稳外资、稳投资、稳预期，经济运行总体平稳，发展水平迈上了新台阶。

国际方面，2019年世界经济持续下行，贸易紧张局势加剧，全球贸易陷入疲软状态。单边主义、贸易保护主义抬头，贸易摩擦升级，贸易增长显著放缓，诸多经济指标在2019年均出现下降。但全球贸易也存在诸多正面的积极因素，国际社会普遍支持自由贸易和多边贸易体制，中美经贸谈判达成第一阶段经贸协议，在国际社会努力下，世贸组织改革迎来契机，电子商务、数字经济、创意经济隐含巨大的潜在收益，可转变为全球贸易的重要

增量。

我国塑料板片材行业的技术环境相对比较好，2000年以来，塑料板片材行业新产品、新材料、新技术、新装备层出不穷，应用领域不断扩大，建筑行业、包装与装潢行业、汽车制造、工农业生产、国防建设等，都离不开塑料板片材。随着塑料板片材新技术的应用，环保型、功能型、高性能的塑料板片材，其应用越来越广。在国家生态环保，绿色发展政策的引导下，我国塑料板片材行业技术进步显著，呈现了较快的发展态势。

2. 塑料板片材市场规模与结构

我国目前塑料板片材的市场规模较大，据行业调查显示，2019年塑料板片材行业的总产值超过900亿元人民币，是全球第一，具体情况如下图：

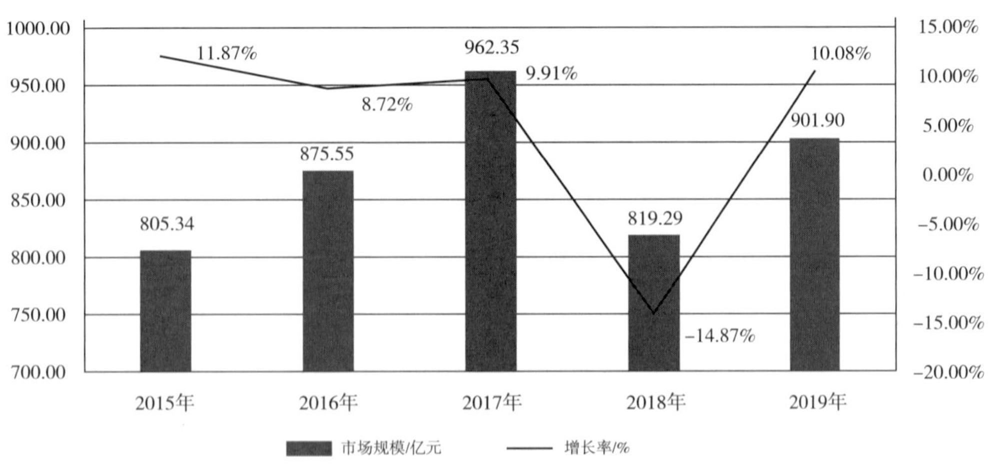

2015—2019年我国塑料板片材行业市场规模及增速

我国塑料板片材产品，目前还是低端产品的产量较大，中高端产品的产量较小，塑料板片材产品的结构不合理，未来需要持续调整，具体分析如下图：

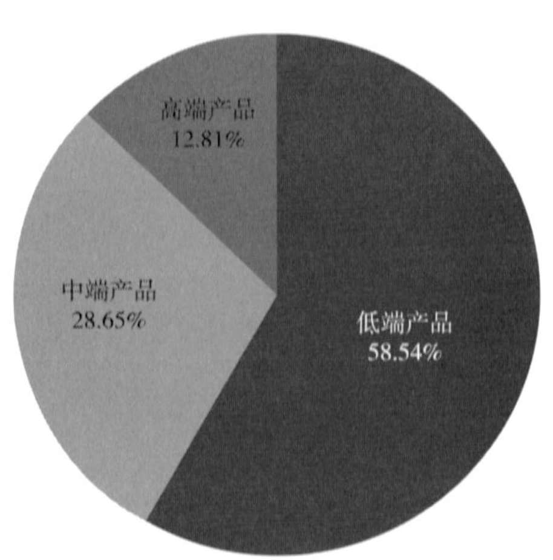

2019年我国塑料板片材市场结构分析

我国塑料板片材产品的市场需求情况，具体分析如下图：

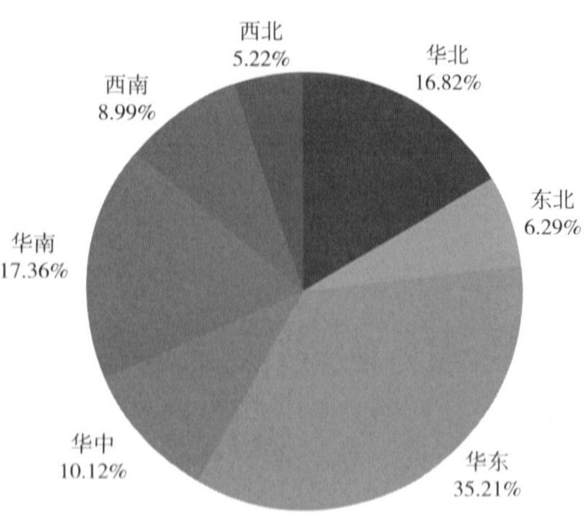

2019年我国塑料板片材行业需求区域结构

3. 塑料板片材行业发展重点建议

（1）要坚持创新驱动发展，依靠科技创新，不断提高产品档次和质量，大力实施高端化战略，提高中高端产品比例。

（2）要加快生产工艺创新，要改进优化传统生产工艺，大力开展推广应用智能设备，通过生产工艺创新和智能装备，建设现代生产体系，为提高产品质量创造条件。

（3）特别在开发新型塑料板片材方面，要大力实施差异性战略，要通过技术进步和技术创新，解决好低端产品向中高端产品转化的问题，实现全行业产品技术水平的提升，产品质量的提高，解决好产品同质化竞争严重的问题。

4. 促进塑料板片材行业健康发展的措施

（1）面对新一轮全球科技革命和产业变革浪潮，面对我国经济进入新常态，塑料板片材行业必须大力实施创新驱动战略，紧紧围绕创新这一新引擎，调整发展思路，把主要精力集中到调结构转方式，着力提高发展质量和效益上来。

（2）要实现行业发展中高速，产品开发要中高端的双目标，必须紧紧围绕“高端化”这一核心，大力培养新的经济增长点，一要大力开发新产品，加快产业升级；二要大力推进工业化和信息化深度融合，加快“互联网+”工程建设，要适应高端化、个性化、小批量、私人定制的市场导向，探索大规模个性化制造的新路子，推动新型生产模式和新业态的快速成长，大力培养新的经济增长点，是未来发展的重要措施和方向。

（3）要面对生产力要素成本不断上升，资源环境的约束不断增加，面对高成本时代到来，必须紧紧围绕以提高生产效率为核心，着力培养新的竞争优势。

（4）完善质量保证体系，引导市场健康发展。要加强行业自律，完善质量保证体系，健全质量认证和监督制度。对企业的工艺装备、生产规模、检测手段和质量保证体系等提出合理化建议，配合相关单位加强对行业产品质量的监督首查。企业应加强对用户的服务，协助用户选择最佳的产品。对于涉及公共安全、人身安全的产品，应逐步建立、健全强制性的管理办法。生产企业不应采取以低价作为进入市场的手段，要有长远的市场意识，注重产品质量、技术创新、完善服务，为用户提供合格产品和优质服务。

（5）注重与上下游行业的联系与合作，促进塑料板片材行业健康发展。加强与装备企业的合作，推动行业的装备技术创新和技术进步，提高生产效率、自动化、智能化水平、提升产品质量。联合原材料生产企业，提高原材料性能，研发新原料，确保板片材行业新产品开发，促进塑料板片材行业健康发展。

全球范围的新一轮科技革命和产业变革正在孕育，新一代信息技术在工业领域的广泛渗透，正在引发制造业发展理念、技术体系、制造模式和价值链的重大变革，协同、智能、绿色、服务等正逐渐成为制造业的核心价值体现。由此可见，信息化技术正深刻改变着制造业的生产模式和产业形态。新一轮科技和产业变革的酝酿和推进，改变了世界制造业的分工格局，这给中国塑料板片材加工行业提出了严峻挑战。

当前正值中国塑料工业转型升级的关键时期，国际上新一轮科技革命和产业变革在风起云涌，与我国加快经济转型发展形成历史性交汇，我国国民经济正在面临重要的战略机遇期，经济增长减速换挡，产业链向高端迈进，“新常态”已经成为最热的经济关键词，经济的主要任务是完成发展方式的转变，从传统的“投资驱动”逐步转换到“创新驱动”。而新技术方兴未艾，互联网+、工业 4.0 等新技术不断涌现，塑料板片材行业如何在新技术浪潮中更好的生存发展是每个企业都面临的考验和挑战。毫无疑问，谁既有先进的生产技术、又有顺应时代的管理与销售手段，谁就能生存下去、发展起来。

2019 年是实现塑料加工业“十三五”发展目标的收官之年，中国塑协根据行业“十二五”的规划和技术进步指导意见的执行情况，提出《塑料加工业“十三五”发展指导意见》。

（1）指导思想是：深入贯彻落实党的十八大、十八届三中、四中、十九大、全国科技创新大会精神，按照国家“一带一路”“中国制造 2025”、加快培育发展战略性新兴产业的总体要求，紧紧围绕国民经济和社会发展重大需求，坚持“自主创新，重点跨越，支撑发展，引领未来”的指导方针，围绕科学发展和结构调整，以加快塑料加工业转型升级为主要突破点；以提高塑料加工业自主创新能力为核心，以新材料、新技术、新装备和新产品为发展重点，前瞻布局，引领发展，突出重点，加快完善创新体系，大力实施高端化战略，推进两化深度融合，重点突破关键技术瓶颈，力争在智能制造、数字制造、网络制造上取得新的突破，推动产业升级，提高产业素质，为塑料加工业进入世界先进国家行业打好基础。

（2）基本原则是：坚持创新驱动发展，进一步发挥技术进步、科技创新的保证和支撑作用。大力实施高端化战略，牢牢把握“功能化、轻量化、生态化、智能化及微成型”技术发展方向，全面推进产业转型升级。坚持“资源节约型、环境友好型、科技创新型”的产业方向，大力实施“绿色、低碳、循环、生态”发展战略，推动塑料加工业健康和可持续发展。坚持“高端化、个性化、小批量、私人定制”的市场导向，推动新型生产模式和新型业态的快速成长。牢牢把握“由大到强”目标，大力实施“进口替代”战略，加快推进引进、吸收、再创新和集成创新步伐，缩小与国外先进水平差距。

（3）主要目标：①完善科技创新体系；②增加科技资源总量；③提高自主创新能力；④继续推进节能减排；⑤加快重点产业和产品结构转型升级。争取到2025年，塑料加工业主要产品能够满足国民经济和社会发展，尤其是高端领域的需求，部分产品和技术达到世界领先水平。

（4）主要任务：①加快整合行业创新资源和要素，完善以企业为主体的科技创新体系建设；②把握行业发展方向，加强前沿技术研究，努力缩小与先进国家的差距；③组织突破行业发展的共性关键技术，推进科技创新与产业化示范；④加快重点塑料加工装备制造的研发，提高装备自主化水平；⑤加快新产品新技术的推广应用，加快产品升级换代；⑥加快绿色、节能、高效新型加工成型工艺研发，推行清洁生产和节能减排；⑦推动塑料加工业安全工程体系建设，保障食品和环境安全；⑧加快两化深度融合，提高企业智能制造水平，推进塑料加工业智能转型；⑨加快实施技术改造，实现企业、行业的转型升级。

【专委会活动】

一、会员服务

2019年在全体会员的共同努力下，在中国塑协的正确领导下，板片材专委会的各项工作取得了较大的进步。会员的数量在增加，新发展会员单位12家，理事单位2家，会员总数突破130家。理事会、年会及技术交流会开得比较成功，积极落实2020年11月3-5日在南京召开中国国际塑料展览会的招展工作，基本完成了专委会年初制定的工作目标。

专委会重视反馈会员企业信息，积极反映会员企业诉求。主要有如下几方面：

（1）组织会员参加、研究《排污措施技术规范》。

（2）组织会员企业申报科技部节能减排与低碳成果、中国轻工业联合会科学技术奖、中国塑料加工业科技创新型优秀会员单位、中国塑料加工业科技创新先进工作者等。

（3）在中国塑协的努力下，在板片材专委会的积极反映沟通下，PVC板片材出口退税率低的问题得到了解决。从2018年9月份开始，PVC片板材的出口退税由原来的5%上调到9%，很大程度上降低了PVC板片材企业的出口成本，提高了企业的经济效益，提高了PVC板片材的出口竞争力。

（4）全年为多家会员企业提供技术咨询服务，为其出具行业相关证明，解决相关问题，得到了会员单位的好评。

另外板片材专委会积极做好网络宣传，建设维护好专委会的官方网站、qq群、微信。

二、组织召开行业相关会议，开展相关活动

1. 成功召开2019年板片材专委会年会及技术交流会

中国塑协板片材专业委员会2019年会暨技术交流会，于2019年11月15日至18日，在云南省红河州弥勒市弥勒湖泉酒店召开。会议由中国塑料加工工业协会主办，中国塑协板片材专业委员会、由云南锡业锡化工材料有限责任公司承办。参加会议的代表，有来自全国各地塑料板片材制品生产企业及与之相关的原料、模具及设备企业、科研院校等单位代表200多人。中国塑料加工工业协协会曹俭副理事长，云南锡业集团（控股）有限责任公司副董事长，云南锡业股份有限公司副董事长、总经理、杨奕敏女士，红河州国家级蒙自经济技术开发区发展局、孔繁新局长，中国塑协板片材专委会第三届理事会主任、朱山宝先生，中国轻工业信息中心郭和生处长，云南省塑料行业协会常务副会长、韩简吉女士，中国塑料加工工业协会副秘书长、会员部主任、刘姝女士，中国氯碱工业协会咨询部主任、李素改女士，云南锡业股份有限公司副总经理，云南锡业锡化工材料有限责任公司党委书记、董事长、吴建勋先生等出席了本次会议。

2. 理事会及交流活动，加强行业的凝聚力

2019年4月19日，在浙江杭州召开了中国塑协板片材专委会三届一次理事会议，会议讨论了板片材专委会2019年年会计划，通过与会代表表决，将年会地址定为云锡，会议讨论通过了2019年赴俄罗斯参加塑胶类展会事宜；会议代表学习了中塑协2019年工作要点、中国塑协领导的重要讲话精

神、中国塑协制定的相关制度和规定及国家政策法规等。

2019 年 11 月 15 日，在云南省红河州弥勒市弥勒湖泉酒店，召开了中国塑协板片材专委会三届二次理事会议，会议讨论通过了《板片材专委会工作报告》。讨论通过了新增会员、新增理事议案。会议还重点讨论了如何组织行业相关企业参加“2020 年第四届中国国际塑料展”的事宜，确保完成专委会的招展工作。

会上还公布了板片材行业 2020 年的主要活动以及计划组团参加国外塑料或建材展的计划。

会议最后，中国塑协曹俭副理事长做了总讲话，要求行业里各企业要把握好创新的方向、创新的重点，注意紧跟国家重点需求，注重国家生态化发展方向。行业应推动产业链协同创新，供给侧与需求侧有效结合与对接，推动行业诚信建设，引领和谐，促进行业健康发展。

为了促进行业企业科技创新，大力开发新产品，专委会于 2019 年 5 月 21 日组织会员企业参观了 CHINAPLAS2019 展会，该展是亚洲第一，世界第二的国际性橡塑展，在业内具有很高的知名度，技术水平较高，代表们收获颇丰。为了进一步打开国际市场，使我们的塑料板片材产品走出国门，经中国塑协批准，2019 年 6 月，专委会组织 10 余家会员企业赴俄罗斯调研考察，参观参展了俄罗斯印刷包装展会，主要品种有：PVC、PC、PP、PS、PET、PETG 等众多板材，片材，卷材。参加的会员代表在市场上和俄罗斯众多的客户进行了深入广泛的交流，听取了俄罗斯客户的要求和意见，有些企业直接拿到了订单。

三、专委会建设

专委会建设总的指导思想是：规范会员管理，加强行业数据统计，做好行业服务工作。2019 年，专委会继续加强自身建设和秘书处内部管理，建立健全各项规章制度，完善运行与自律机制，规范会员管理，加强理事会范围的行业数据统计工作，提高行业服务的专业性、技术性和权威性。具体内容如下：

1. 充分利用协会及专委会的资源优势，为企业提供全面服务。配合中塑协，组织会员企业积极参与行业活动，征集行业内优秀科技创新项目，参加中轻联科学技术奖励申报。根据企业发展需要，指导企业进行研发中心建立的申请材料编制、报批、评审等工作。组织推荐行业内会员企业参加中国工业企业品牌竞争力评价工作，推荐本行业优秀企业填写相关材料，上报中塑协。按照中塑协要求，组织行业会员企业填写申报材料。

2. 完善并维护专委会网络平台，提升行业宣传力度。专委会网站及微信公众平台可以快捷方便地为行业相关企业服务，也是广大会员交流平台。为了提高这些平台的服务质量，专委会及时对网站的“重点报道”及“行业动态”等项目进行更新，将行业最新消息通过专委会公众平台及时发布，以便会员单位能及时了解到相关信息，同时还利用网站的“产品介绍”“推荐产品”及“广告宣传”等栏目为会员单位的产品进行宣传。并且，还收集国内外相关技术资料补充到网站的“技术资料”“行业标准”等栏目内。

3. 积极发展会员，壮大专委会队伍。通过网络宣传、行业走访、提供专业技术支持、提供政策及信息服务等多方面来积极发展会员，为专委会逐渐发展壮大打下了坚实的基础。

【行业重点企业】

塑料板片材生产企业主要分布在江苏、浙江、山东等地区，苏州奥凯等公司是 PVC 板片材产品的代表企业；苏州奥美是聚碳酸酯板片材产品的代表企业，聚碳酸酯板片材和传统塑料板片材相比，附加值较高，效益好。淄博中南塑胶有限公司是中国最大的专业生产药品包装材料的厂家，产品远销欧洲、南美、北美、澳洲、非洲和亚洲的很多国家和地区。

苏州奥凯材料技术有限公司成立于 2008 年 6 月，位于苏州高新技术开发区，主要生产、研发、销售高档 PVC、PET、PC 等挤出片材、板材、薄膜及相关高分子材料、航空材料。现发表国家专利 10 余项，形成产品 8 大系列，100 多个品种，广泛用于包装、印刷、折盒、吸塑、电子、乐器、文具、水处理、交通工业、电器、太阳镜、太阳帽、镀镜、防护面罩、各种标牌、铭板、航空与高铁等领域。产品以优良的质量赢得了国内外客户的认可，为中国片板材行业发展做出了卓越贡献。公司目前拥有 13 条生产线，年产能达到 30000 吨，是华东地区规模最大的硬质片材生产企业之一。

苏州奥美材料科技有限公司，总投资 2 亿元人民币，年设计生产能力 20000 吨，是中国最大的集研发、制造、销售、服务于一体的聚碳酸酯薄膜及片材生产基地。奥美现拥有 60 余项国家专利，并主导了PC薄膜产业国家标准制定，是国家级企业博士后工作站，是江苏省著名商标及名牌产品、江苏省高新技术企业。奥美专注于研究、开发、制造国内外高端市场所需的特殊聚碳酸酯薄膜产品。目前应用于光学电子、平板显示、医疗设备、高铁航空、汽车部品、LED照明、安全防伪、图片印刷等领域的十大系列，200多个品种的产品，业务遍及60多个国家和地区，连续多年产销量及市场占有率中国第一。主要经营项目：研发、制造：平板显示屏材料，聚碳酸酯、聚甲基丙烯酸甲酯、聚酯化学薄膜产品及高分子功能化材料，并提供相关的技术及售后服务；销售：塑胶原料、非危险化学产品、塑胶机械、塑胶薄膜、片材；自营和代理各类商品及技术的进出口业务。

黄石华亿塑胶有限公司，是原轻工部PVC层压板定点生产厂家，现中国塑料加工工业协会理事单位，塑料板、片专委会副主任单位，至今已有45年生产历史。公司主要产品有PVC层压板、挤出板、CPVC层压板、PP挤出板、PE挤出板、塑料焊条等。是硬质聚氯乙烯板材国家标准GB/T 22789.1—2008主要起草单位、湖北省高新技术企业、湖北省守合同重信用单位，“华熠”牌PVC层压板荣获湖北省名牌产品称号，“华熠”牌商标被湖北省工商局评为湖北省著名商标。2013年公司PVC层压板工程技术中心被湖北省发改委列为省级工程技术中心。目前，是国内生产PVC层压板规模最大、品质最优、生产及检测设备最先进、最环保节能的高新技术企业。公司拥有自动化程度较高的三辊压延片机和1600T、2600T、3000T三套热压机组，以及PVC层压板全套检测仪器。目前，公司年产PVC层压板可达1.2万吨，板材宽幅可达1.5米。

济南海富塑胶有限公司位于济南市东郊是由海富公司与美国富安投资公司共同投资建立的中美合资企业。主要是以生产PVC系列板材为主。目前公司共有7条生产线，全部进口于德国和奥地利。公司依靠先进的设备，严格的企业管理，先后开发了宽幅PVC发泡板和超厚PVC挤出硬板，使PVC挤出硬板厚度可达50毫米，并于2011年成功开发生产出了CPVC板、高光亮PVC板材和永久抗静电PVC板材，年生产PVC系列板材可达12000吨，产品畅销国内，并远销东南亚、中东、北美、中南美、欧洲等地。

扬州金丰新材料有限公司系中外合资企业，国家级医药、食品包装材料生产基地。公司总资产2亿元，年销售额达3亿元，拥有10多条从美国、日本、韩国等国家引进的先进设备，年生产能力达到20000吨。主要产品有新型环保材料PET片材、板材；PVC片材、板材；SP药用复合膜、袋；PTP药用铝箔等四大系列，30多个品种，广泛应用于药品、食品、电子产品、工艺品、五金工具、文具、玩具、渔具等制品的包装。公司的生产车间严格按照国家GMP标准净化，产品的各项技术、质量指标均达到国际一流水平。

淄博中南塑胶有限公司是中国最大的专业生产包装材料的厂家之一。公司坐落于山东省淄博市，紧邻北方最大的化工企业齐鲁石化，同时享有便利的交通条件，靠近济青高速和京沪高速，并距离北方最大的深水不冻港青岛港260千米。作为中国最大的包装材料生产厂家之一，年产量达20000吨。目前公司有三条PVC生产线、一条PET生产线、一条铝箔生产线、一条伸缩膜生产线，产品覆盖12个系列45个产品，其中包含PVC药用片材、PVC食品包装片材、PVC输液袋、PET食品包装片材、铝箔包装片材、伸缩膜和牧场膜。同时还有能力生产特殊片材，包含金银片材、PVC夜光片材、抗静电片材和抗菌片材。

淄博中南塑胶致力于新科技的开发，多种产品填补了国内的空白。公司注重于科技的进步，并与山东理工大学保持了良好的关系。公司拥有4名博士和6名硕士专家，在包装领域具有丰富的经验和很强的专业背景。为了进一步改善产品质量，还成立了塑料压延技术中心，该中心已经被中国塑料加工工业协会命名为中国塑料压延技术中心。塑料压延技术中心与山东理工大学保持了产学研一体的合作关系。

公司通过了ISO9001、ISO14001和ISO18001认证，并从国家食品药品监督管理局取得药品包装用材料注册证。近年来，随着公司业务的飞速发展，中南塑胶公司在国内外享有很高的市场声誉，产品已经远销欧洲、南美、北美、澳洲、非洲和亚洲的很多国家和地区。

扬州润丰塑胶有限公司，拥有五条自动挤出生产线。主要产品有丙烯腈-丁二烯-苯乙烯（ABS）、聚丙烯（PP）、聚乙烯（LDPE、HDPE）、高抗冲聚苯乙烯（HIPS）及PMMA等。品种多（有磨砂、布纹、皮纹及米粒纹等）、颜色齐全，产品具有良好的加工性能，有抗寒防冻、耐高温、抗冲击、抗静电、导电等特点。应用范围如下：PP：LED 灯、电子产品，果冻杯、快餐盒等吸塑产品及工艺品包装；文件夹、相册、公文包等文教用品和印刷材料及水处理材料。PE：密封件、箱包内衬、服装领衬、机器垫板及建筑装潢材料和水处理工程材料。HIPS：五金、电器、电子、医药、工艺品包装、印刷、灯箱广告等。ABS：汽车火车内饰件、电脑雕刻、标牌、家具、箱包内衬、水处理及五金、水产品、工艺品包装等。

江苏金材科技股份有限公司是广东鸿达兴业集团控股子公司，原名江苏琼花高科技股份有限公司，国家级高新技术企业、国内规模最大的 PVC 包装材料生产基地之一。公司现有职工 450 多人，其中具有大专以上学历和各种专业人才占职工总数的 35%，近年来引进了多名具有博士、硕士学历的高层管理及高级技术人才。公司拥有 20 多条高科技自动化生产流水线，大多从德国、意大利等国著名厂家引进，年生产能力达 80000 吨，产品主要有智能卡基材、高阻隔药用 PVC/PVDC 涂覆片材、药用 PVC 片材、印刷用 PVC 片、板材、吸塑用 PVC 片、板材等九大系列 60 多个品种，广泛用于医药、电子、服装、环保、仪器、建筑装潢等行业。由于公司规模大、起点高、质量好、科技含量高等诸多优势，使得“琼花”品牌在全国乃至国际同行业中均享有盛名。

瑞安市奥华塑胶有限公司创办于 2002 年，位于浙江省瑞安市陶山镇，隶属中国新潮集团，是一家专业生产聚氯乙烯（PVC）硬质胶片的现代化民营企业。公司投资总额 1.7 亿元，公司占地面积 25000 平方米，拥有数台（套）最新技术的自动化压延生产流水线和检测设备，2007 年生产能力已达到 20000 吨，产值 2.1 亿元。主要产品有 PVC 透明、彩色硬质胶片、印刷板材等系列包装材料。产品具有透明度高，抗冲性能强，色泽鲜艳，耐化学药品性及易加工等特性。广泛运用于五金电器、电子、文具、服装、工艺品、医药、食品等真空成型的吸、压塑包装。

【发展趋势与规划】

我国塑料板片材行业仍然处在快速发展时期，随着新材料、新工艺的不断出现，塑料板片材的新产品层出不穷。新型塑料板片材的应用也越来越广，塑料板片材应用领域涉及国民经济的各个方面，各种塑料板片材，正以其优越的性能，广泛应用于工业、农业、化工、建筑、包装、航空航天、国防等尖端部门，代替木材、钢材、铝材、石材、玻璃、皮革等传统材料制作的板片材。

目前，快速发展的新型塑料板片材，得到了大量的新型高分子材料和新技术支撑，塑料板片材正朝着集美观、实用于一体的方向发展，功能方面则向更加专业、特殊功能的方向拓展。“十三五”期间，国家已把科技创新带动产业发展提到了空前未有的高度。因此，目前是新型塑料板片材行业发展的大好时机。

中国塑协提出的《塑料工业“十三五”发展规划指导意见》《塑料加工业技术进步“十三五”发展指导意见》及《（2016-2020）轻工业发展规划》的发布，对我们塑料板片材行业具有极其重要的指导意义，必将是我们未来发展的基本方针，通过创新思维、创新产品过程设计和关键技术创新实现产业创新发展，以低能耗、低资源消耗、低环保负担方式提高产品质量和增加效率，实现产业升级，实现塑料板片材产业的可持续发展。

（中国塑协板片材专业委员会　周家华）

塑料编织制品

一、塑编产业 2019 年发展综述

（一）数据显示行业发展继续呈现下滑趋势

截至 2019 年底，全国塑料编织专业生产企业有 6000 多家，从业人数 40 多万人，年综合生产能力约 2700 万吨。

2019 年，全国规模以上企业塑料丝、绳及编织品（以下简称塑编制品）产量 1490.8 万吨，同比增长-0.6%，产值约 1933.1 亿元，同比增长-0.7%。2019 年全社会塑编制品产量约 1793.5 万吨，同比增长-1.4%，全社会产值约 2224.2 亿元，同比增长-2.2%。

2018 年，塑编行业发展增速首次出现负增长，2019 年继续呈现负增长状况，行业发展发生新的变化，引起全行业的关注和重视。

2019年，塑编企业整体开工率不足70%，塑编企业平均利润率不足5%，利润出现下滑。因下游用户普遍存在拖欠款现象，企业回款周期变长，财务成本升高，环保检查被停产，工厂开工不足，人工成本增高，原材料涨价等多重因素，对企业生产经营产生了不利影响。

2019年，塑编部分大中型企业取得了较好的发展，有些企业继续更新先进设备，扩张产能；部分小微企业萎缩或关停。

（二）各种塑编产品所占总量的比例

在1793.5万吨塑编包装产品中，水泥袋627.7万吨，约占35%；化工原料、粮食、饲料等各种普通编织袋645.66万吨，约占36%；集装袋260.1万吨，约占14.5%；土工布及篷布186.5万吨，约占10.4%；网眼袋35.9万吨，约占2%；其他塑编产品37.7万吨，约占2.1%（图1）。

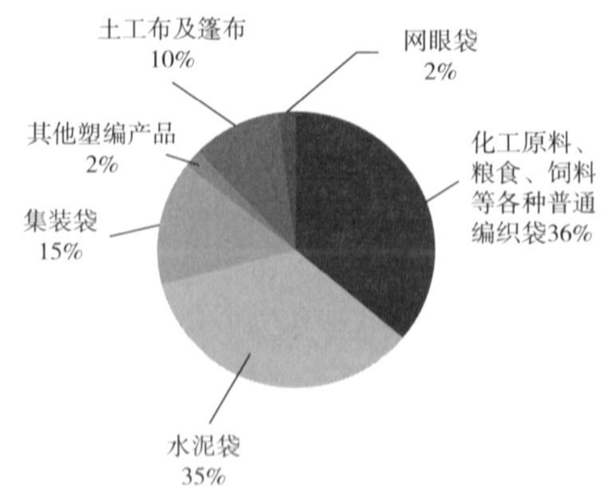

图1 2019年各种塑编产品占比图

据塑编行业不完全统计，2018年全国共生产各种塑编产品约1793.5万吨中，使用新粒料聚丙烯约1148万吨，占64%左右；粉料聚丙烯约269万吨，约占15%；粒料聚乙烯约125.5万吨，占7%左右；再生料约251272.8万吨，占14%左右（图2）。1793.5万吨塑编产品中还包含各种母料约140万吨，纸、缝纫线、胶、颜料、油墨等65万吨。

新粒料聚丙烯主要用于集装袋、大型石油化工企业的石化产品包装的编织袋、食品袋和透明袋等；新粒料聚乙烯主要用于篷布、救灾帐篷、土工布、吊带、包装食品编织袋内衬等；粉料主要用于包装化肥、饲料、透明袋、包装米面等编织袋。有时用粒料和粉料混合生产这些种类的编织袋；品质好的再生料和新料混合生产集装袋、化工包装袋、透明袋等；品质一般的再生料单独或与粒料、粉料混合生产化肥包装袋、饲料袋、水泥包装袋、垃圾包装袋等。

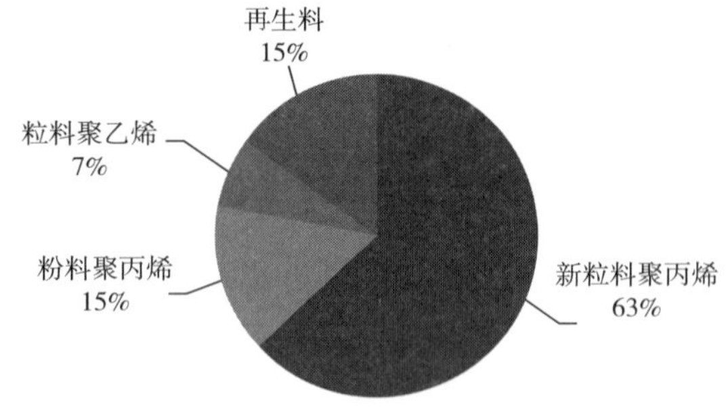

图2 2019年全国塑编产品各原料用量占比

近年来，使用粉料有下降趋势：一是因为粉料和粒料的价格差不足以吸引塑编企业；二是因为粉料引起的粉尘对环境污染更大。

随着全面“禁固令”管理制度和“限塑令”实行，用户对高品质产品需求增多，企业生产中有意识增加全新料使用比例等原因，以后再生料的使用将会进一步减少。

2019年，因更多的企业采用聚丙烯粒料生产高、中档编织袋，加之各地环保部门要求生产企业使用环保设备，使得生产车间粉尘、烟雾大大减少，生产环境获得较大改善。

（三）各省份占总量的比例

产量位列全国前6位的省（市）是山东省、辽宁省、浙江省、河南省、四川省、江西省。增长幅度位列前5位的是江西省、河南省、内蒙古自治区、四川省、山东省；产量位列全国前6位的产量合计约占全国产量60%。山东省、辽宁省、浙江省等占全国塑编产量的比例都呈下降趋势。塑编产业分布遍布全国，从东南向中部、东北、西北、西南、中原转移的趋势放缓。除山东省、辽宁省外，青海等其他省（市）塑编产量占全国比例都在10%以下（表1、图3）。

表1　2019年塑编制品主要地区产量和全国占比

	地区	产量	占比/%
—	全国	1793.5	100%
1	山东省	333.6	18.6%
2	辽宁省	256.5	14.3%

续表

	地区	产量	占比/%
3	浙江省	147.1	8.2%
4	河南省	141.7	7.9%
5	四川省	122.0	6.8%
6	江西省	82.5	4.6%
7	湖北省	77.1	4.3%
8	广西壮族自治区	75.3	4.2%
9	安徽省	71.7	4.0%
10	江苏省	64.6	3.6%
11	广东省	57.4	3.2%
12	河北省	55.6	3.1%
13	湖南省	53.8	3.0%
14	黑龙江省	39.5	2.2%
15	重庆市	37.7	2.1%
16	内蒙古自治区	25.1	1.4%
17	其他省市	152.4	8.5%

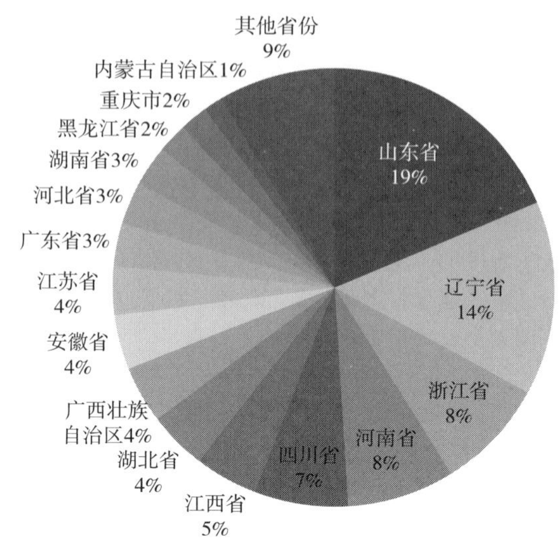

图3　2019年全国塑编企业各省产量占比图

（四）塑编产品出口继续下降

2019年中美贸易摩擦继续升级，贸易保护主义抬头，全球经济下行，导致贸易增速放缓，我国外贸形势不断恶化。2019年塑编出口量为59亿条（不含周转袋），比208年下降7.8%，出口金额为61亿元，比2018年下降7.2%。集装袋出口继续下降，出口量比上一年减少了6%，出口金额下降了3%（表2）。

表2　塑料编织集装袋加工贸易基本情况

成品名称	商品编号	年度	出口国别（地区）	出口口岸/加工企业所在地区	出口量/吨	出口货值/千美元
塑料编织集装袋	6305320000	2013	日本、欧盟、韩国、美国等	江苏省、山东省、福建省、浙江省等	91844	515897
		2014			92606	509190
		2015			93810	517337
		2016			97562	484227
		2017			103709	523933
		2018			102153	518693
		2019			101540	517137

长期来看，出口形势不容乐观。一些出口企业面临较大的生存困难，或者转向竞争更加激烈的国内市场。从中国劳动力等各种生产要素成本还在不断上涨的角度看，塑编产品的出口压力非常大，倒逼企业从低端产品向附加值高的产品生产和出口，有些企业将工厂转到东南亚或拉美地区。另一方面可以看到人民币汇率从单边上升开始向下振荡，将一定程度缓解出口企业的成本压力。其次，塑料原料近两年整体价格下降，处于中低价位，给出口企业在产品结构调整方面带来机会。但我们也要看到目前国际形势复杂多变，中美贸易摩擦加剧，严格的外汇管制，人民币汇率的高估，国内各种原材料

涨价，尤其是全球新冠疫情等因素，造成出口企业赢利减少和出口困难。

（五）节能降耗成果显著，取得了很好的经济效益和社会效益

塑编企业采用节能设备比例比上一年度又有提高，塑编企业的节能改造基本完成。新的节电潜力来自于拉丝收卷机的节电改造。

2019 年全国塑编企业继续淘汰落后设备，采用高线速度拉丝机和阔幅模头，高速节能圆织机，自动化一体切缝设备，进一步降低了编织袋生产能耗，部分企业每吨编织袋电耗降至 800 千瓦·时以下。

通过多年的努力，塑编行业节能取得了很大的进步，产生了良好的经济效益和社会效益。

（六）塑编企业增效降成本的主要途径

多年来，塑编企业深入开展节能降耗活动，大力淘汰落后设备，引进先进的节能型塑编生产设备，提高了塑编生产装备水平、生产效率并减少了劳动力的使用，增效降成本效果明显。

塑编产业节能途径很多，近几年主要的节能手段是从拉丝机、圆织机、收卷机、制袋机及其他后加工设备节能入手。

1. 拉丝机节能主要途径：一是提高螺杆转速和生产的连续性；二是大型化，加大螺杆、增宽模头，增加产能比；三是从拉丝机加热方式上寻求节能降耗。

2. 圆织机节能降耗主要途径：一是选择小六梭、大八梭圆织机；二是继续选择节能型四梭圆织机；三是大力推广节能型小六梭圆织机；四是使用创新型节能圆织机。

3. 收卷机节能主要途径：由磁盘式收卷到变频式收卷，再发展到收卷机上采用高效节能无刷电机，使能耗不断降低。

4. 制袋机降低成本主要途径是向切缝一体机、切缝印一体机和自动化方向发展。

塑编的后工序设备技术不断创新，效率继续提高。主要发展方向是一体机、自动化、智能化。自动切缝机品种不断增加，技术不断进步，更多的企业已采用自动切缝一体机来完成后工序，使后工序劳动用工减少了近八成。

今后，塑编行业增效降成本的主要途径：一是采用高效节能、自动化、智能化的塑编设备；二是采用高质量的原材料、高级填充母料及先进技术、工艺、配方达到提高产品质量，减少单位产品克重，最终实现塑编轻量化降成本增效的目标。

1. 高速拉丝机和节能圆织机设备节能开发方面已出现瓶颈，今后主要方向是智能化制造。

2. 切缝一体机继续向自动化和智能化方向发展。自动切缝一体设备品种在不断增加，技术上不断创新，速度不断提高，继续保持较高增长。

3. 方底阀口袋制袋设备，自动化程度高，大大减少了劳动用工，降低了生产成本，提高了企业利润水平。方底阀口袋制袋设备国产化任重道远。一些塑编生产企业采用了方底阀口袋制袋设备生产编织袋，取得了很好的效益。今后发展速度取决于下游用户灌装自动化的发展进度。水泥厂的自动化灌装改造已处于快速发展中，《水泥包装袋》国家标准修订中对复膜塑编袋取消缝底袋型，只保留糊底袋型，对方底阀口袋发展将起到很大的推动作用，方底阀口袋制袋设备在未来几年将会出现快速发展。

4. 集装袋后工序用工多，劳动强度大，制约着行业的发展。缝制设备的自动化、标准化方面存在着很大的提升空间。

5. 使用自动套内袋机代替人工套袋，其技术不断改进，速度进一步提高，保持着较高的增长速度。

6. 使用高性能的原材料及改性材料、填充母料、助剂达到减轻克重、降低产品成本的目的。

二、行业大事记

1. “2019 塑编产业链技术交流与市场对接会暨中国塑协塑编专委会第五届会员大会”于 2019 年 8 月 28 日在江苏常州胜利召开

本次会议由中国塑料加工工业协会主办，中国塑料加工工业协会塑编专委会承办，常州市塑化业商会、常州市恒力机械有限公司协办，会议得到了各地方协会和产业链企业的大力支持和赞助。来自国内外的塑编行业企业代表近 800 人参加了本次会议。

2. 索尔维提起专利侵权诉讼天罡坚决维护合法权益

索尔维总部位于布鲁塞尔，于 2019 年 2 月 18 日发布的一份声明，据了解，索尔维代表其全资子公司氰特工业公司（氰特）及其聚合物添加剂事业部宣布，经过认真调查后，氰特已经向北京知识产权法院提交了针对北京天罡助剂有限责任公司（天罡）的专利侵权诉讼。

据了解，在该诉讼中，氰特指控天罡制造和销

售“天罡 T-68 光稳定剂”侵犯了与氰特旗舰产品线 CYASORBTHT 相关的专利权，并要求禁令救济、赔偿侵权损失和律师费。该指控已经被独立实验室的分析结果所证实。

关于索尔维在中国对天罡提起专利侵权诉讼。天罡公司已进行了积极准备，坚决维护作为一家科技型创新企业的合法权益。

3. 山东万华塑料有限公司编织袋项目列入全市工业企业技术改造综合奖补拟支持项目名单

临沂市工业和信息化局组织开展了 2019 年度全市工业企业技术改造综合奖补专项资金的申报认定工作，在企业自愿申报的基础上，组织行业专家和财务专家进行了评审。临沭县山东万华塑料有限公司年产 3 亿条塑料编织袋项目列入拟支持项目名单。

2019 年以来，县工信局加大项目向上政策支持力度，力争更多的项目列入上级“盘子”。先后组织申报工信部技术改造导向计划 1 个，申报工业领域重大项目库 1 个，申报技术改造贷款贴息专项资金项目 1 个，列入省技术改造导向计划 1 个，市重点技术改造项目 5 个，获批市技术改造新增财力奖补支持项目 2 个。

4. 塑编专委会组织产业链企业参观 2019 德国 K 展

为了深入洞察国际市场需求，预知产业前景，学习世界领先技术，带领企业开拓海外市场。2019 年 10 月 16 日至 19 日，朱文玮理事长率领中国塑协和分支机构及企业代表共计 122 人，汇聚在德国杜塞尔多夫展览中心，共同参观了 2019 德国杜塞尔多夫国际塑料及橡胶展（简称 K 展）。其中塑编行业代表有东莞市长盈塑料编织包装公司李小钢董事长、东莞市高源塑胶公司高永营总经理、山东金阳光包装公司刘峰董事长、天津市旭辉恒远塑料包装公司王广森副总经理、康平县塑编协会李阳普秘书长、沈阳泰亨塑业公司华仙超总经理、沈阳恒昌塑料制品厂李青春总经理等 11 人。

5.《水泥包装袋》等两项国家标准通过审查

2019 年 11 月 30 日，国家标准《水泥包装袋》（送审稿）预审会在北京召开，参加会议的有：中国包装联合会、中国建筑材料联合会、中国水泥协会、中国包装科研测试中心、建筑材料工业技术监督研究中心、中国建筑材料科学研究总院有限公司等单位，共 37 位代表，其中 25 位专家组成了标准预审委员会。

中国塑协塑编专委会秘书长赵克武、江西银达、安徽省锦翔驰塑业有限公司、福建宏祥科技有限公司、华新包装有限公司等塑编行业代表出席了此次会议。

与会代表还就《包装袋术语和类型第 3 部分：编织袋（征求意见稿）》国家标准意见进行了讨论，并征求意见。

12 月 22 日，全国包装标准化技术委员会袋分技术委员会年会暨《水泥包装袋》《包装袋术语和类型第 3 部分：编织袋》两项国家标准审查会在北京召开。参加会议的有：中国包装联合会、中国建筑材料联合会、中国水泥协会、中国包装科研测试中心、建筑材料工业技术监督研究中心、中国建筑材料科学研究总院有限公司、中国塑协塑编专委会等 19 个单位 32 位代表参加了会议，其中 23 位专家组成了标准审查委员会。

与会代表就《水泥包装袋》（修订 GB/T 9774—2010）和《包装袋术语和类型第 3 部分：编织袋》两项国家标准进行了认真审查和充分讨论，最后两项标准获得一致通过。

此次标准主要变化集中在以下几个方面：

①由于本次标准修订将缝线袋全部淘汰，全部改为方底阀口袋。标准取消缝制工艺，方底阀口袋按工艺分为粘合和热封合两种。

②标准明确了纸袋由三层伸性纸或四层纸袋纸组成。

③关于牢固度指标。任取五条样袋，按规定进行跌落试验，五条样袋跌落不破次数均应不小于 6 次。

④克重指标要求。将袋的单位面积质量和复膜塑编袋的复膜质量合并规定要大于等于 75 克/米^2，其中复膜质量一般不小于 18 克/米^2。

⑤拉伸负荷指标变化。

（中国塑协塑编专委会　赵克武）

塑料管道

一、行业现状

2019年，在经济下行、压力加大的不利情况下，在会员单位和行业企业共同努力下，塑料管道行业呈稳中有进态势，行业在推进高质量发展、科技创新、智能制造、绿色发展、提升国际影响力等方面取得了较好成绩。专委会在中国塑协的领导下，在相关部门和行业企业的大力支持下，围绕上级协会的5大类30项重点工作以及塑料管道行业“十三五”发展建议，在会员管理、行业宣传、人才培训、召开行业会议、引领行业发展、维护行业声誉及利益、国际化发展等方面取得了较好的成效。塑料管道行业发展稳中有进，但面临诸多挑战。一方面，行业发展已进入平稳期，依托“一带一路”建设、海绵城市建设、城市地下管网及清洁能源利用、装配式建筑、污水治理、农村水利建设、农村人居环境整治等领域国家相关政策，市场发展步态稳中有升。2019年全国塑料管道总产量约1600万吨，同比增长约2.1%。行业集中度进一步提升，产业结构布局更加合理，围绕品质发展核心，向智能化、标准化、多元化、绿色化的道路前进。在发展同时，行业仍面临着诸多挑战，产能过剩、市场竞争激烈、产品质量参差不齐等老问题依旧存在，所有困难都影响着行业的进一步发展，需要我们认真加以解决。

1. 围绕高品质发展，促进产品质量的提升

2019年，行业对高品质发展高度重视，不断加强“三品”战略提升工作，完善自律公约、质量保障联盟等方法，在品质提升方面做出较大努力，促进行业总体质量水平显著提高。尤其是行业骨干企业，将“安全可靠、高品质”贯穿到产品生产、销售各环节，带动越来越多的行业企业把品牌战略作为竞争制胜的关键要素，品质化成行业主流，品牌意识不断增强，整体质量水平进一步提升。

2. 标准化工作更进一步，团标工作开展有声有色

行业企业对标准化工作高度重视，积极参与国家标准、行业标准、团体标准的制修订工作，标准水平进一步提升，标准化体系进一步完善。2019年已经开展《埋地排水排污用抗冲改性聚氯乙烯（PVC-M）双壁波纹管材》《内肋增强聚乙烯（PE）螺旋波纹管》《外定径钢骨架增强聚乙烯复合管材及管件》《钢塑复合增强电热熔带》《埋地排水用钢带增强聚乙烯（PE）螺旋波纹管》5个团标制定工作。同时，专委会多次参与多项塑料管道相关产品、应用等标准、规程的审查及相关的标准图集编制协调工作，积极参加相关标准研讨等工作。关注国内外塑料管道新产品、新技术、新工艺以及新的应用领域的发展动态，关注绿色建材和回收材料在管材领域的再利用。探讨塑料管道制品团体标准向行业标准和和国家标准转化的推荐方法和途径。

3. 加大科技创新速度和力度，智能化及绿色节能步伐

智能化、绿色化已成为塑料管道行业未来发展的重要趋势。骨干企业对智能化的认识提升迅速，在机器换人、智能工厂等方面投入逐步加大，行业智能化水平显著提升。在节能、环保方面，越来越多的企业重视节能环保产品的研发，开拓新的市场领域。与此同时，科技创新稳步向前，创新成果落地更为迅速，市场上高科技、高附加值产品所占的比例越来越大。“创新、智能、绿色”三大理念已成为行业发展主旋律，如何实现完美结合，已成为行业企业转型升级中需要探索的关键要素。

4. 骨干企业发展趋向多元化，产品系统化

由于市场需求的变化，塑料管道行业企业正在逐步改变经营策略，由单一产品的发展模式向多元化发展。行业主流企业在多元化发展方面成效显著，一些骨干企业已取得了良好的市场效益。在产品研发方面，越来越多的企业转变了单一产品的供货方式，开始向系统化发展，尤其是部分家装产品领域，已经形成较为成熟的“产品+系统设计+安装服务+售后”的模式，一些企业已形成各具特色的服务体系，为用户领域提供全方位的系统服务及系统解决方案。但这一进步目前还局限于少数企业，大多数企业尚在摸索阶段，还需进一步加快探索速度。

5. 国际影响力及综合竞争能力不断提升

通过参与塑料管道行业国际活动，在中国召开塑料管道国际会议，加强国际化进程，提升我国塑料管道行业的知名度和国际地位。国外同行通过到中国参加会议，通过国际交流活动，对我国塑料管

道行业发展情况了解更加深入。但同时我们也要看到，塑料管道国际化发展之路任重道远，今后还要在产品质量、技术含量、高端产品、市场营销、售后服务等方面多做努力，对标国际优秀同行提升自己。

二、行业存在的主要问题

虽然塑料管道行业发展取得了一定的成绩，但依然存在一些问题，需要不断完善：

1. 创新工作依然需要持续进步

行业高附加值产品较少，高端技术研发还有待提升，有的企业对技术创新认识不够，基础技术研究不足，科技研发投入不高。

2. 标准化工作还需提升

近年来塑料管道行业标准化工作取得了明显进步，但依然存在标准体系不完善等问题。

3. 品质提升工作仍要推进

行业中还存在补充产品品质问题，需要进一步提升。

4. 服务体系还要完善

虽然今年行业服务意识得到很大提升，但依然有不足，有的企业需要建立良好的服务体系，尤其是施工环节，还需更多提升。

三、行业发展建议

2020 年注定是不平凡的一年，面对开年不利的局面，塑料管道行业要坚定必胜的信念，继续砥砺前行，在做好抗疫工作的同时，有序推进行业的复工复产达产，把失去的时间补回来，把造成的损失抢回来，尽最大可能降低疫情对行业造成的冲击，加快科技创新，坚定不移地走好高质量发展之路。

1. 反映行业企业诉求，维护行业权益

面对 2020 年初新冠肺炎疫情的影响，以及对塑料管道的不科学的负面宣传和影响等困难及挑战，2020 年，专委会将发挥专家和企业力量，组织行业企业开展“塑料管道为美好生活贡献力量”系列活动，宣传塑料管道特长，宣扬优质塑料管道产品和企业，维护塑料管行业声誉。

2. 制定塑料管道行业“十四五”发展建议，引导行业发展方向

2020 年是塑料管道行业“十三五”规划收官之年，也是推进行业转型升级，提升发展质量的关键之年，专委会将全力引导行业企业完成“十三五”发展目标，并在此基础上认真总结经验，做好塑料管道行业“十四五”发展建议的研究制订工作。

3. 加强标准化工作，助力塑料管道行业高质量发展

专委会将组织行业力量梳理塑料管道产品标准化体系，为优化标准化体系，提升标准化水平助力，以高标准推进高质量发展。针对目前行业标准的现状和存在的问题，专委会将积极与相关部门沟通合作，做好标准化工作，为行业的健康发展提供支持。

4. 加强信息化、智能化建设

行业要以提高发展质量和效益为目的，把握数字化、网络化、智能化融合发展的契机，以信息化、智能化为杠杆培育新动能，推进互联网、大数据、人工智能深度融合，促进行业向产业链高端迈进。

5. 加强对行业科技创新工作的服务

专委会将加大力度支持行业科技创新、技术进步。一是充分利用专委会的资源，积极为企业申报国家各部门组织的科技创新评比等活动，为企业争取更多的政策倾斜和资金支持；二是通过专委会宣传平台，加大对行业企业的科技创新成果的宣传和推广；三是借助 2020 年年会及 2020 中国国际塑料展契机，开设相关专题或举办发布会等，为企业提供宣传推广机会，让更多的用户了解行业的新产品和新技术。

6. 持续推进塑料管道行业的生态化、可持续发展

专委会将继续积极践行绿色发展理念，持续推进塑料管道行业的绿色发展。加强相关绿色标准的制修订组织和参与工作，加强塑料管道产品节能环保方面的调查研究，关注塑料管道生命周期评估（LCA）、产品环境足迹评估（PEF）、产品环境声明（EPD）等方面工作进展。加强与欧洲塑料管道行业协会（TEPPFA）的沟通合作，组织翻译 TEPPFA 的调研结果，使广大用户行业对塑料管道产品的环保性能有更加深入的了解，着手制定塑料管道行业绿色发展建议。

7. 加强国际交流与合作，提高国际化工作水平

组织企业参加第二十届国际塑料管道会议。加强与相关国外行业组织的联系各协会也可以在平台上共享公共资源，共同合作开展相关课题，使各国塑料管道行业企业能够及时了解行业最新发展动态，以及未来塑料管道行业的发展趋势，有利于塑料管道产品在全球范围内的推广和应用。

8. 促进产业链协调发展，实现全行业合作共赢

2020年，专委会将继续加强与上下游产业链间的合作，组织开展系列活动，搭建交流平台，实现合作共赢。

四、专委会活动

（一）提高履职能力，加强行业服务工作

2019年，在上级协会的指导下，按照协会相关规定及2019年年度工作计划的相关要求，专委会在会员管理及服务、行业宣传、行业数据统计、相关政策制定、维护行业利益等方面认真履行职责，按计划较好完成了各项工作目标。

1. 加强会员管理工作，提升专委会整体水平

2019年，按照《中国塑料加工工业协会塑料管道专业委员会工作条例》要求，专委会进一步严格了会员单位，尤其是非管道的供应单位的入会审查、申报等相关要求，提升了会员单位的总体水平。全年新增会员单位31家，会员总数保持为455家；新增4家理事单位，理事单位总数86家。会员中塑料管道生产能力及产量超过全国塑料管道总量的70%。

2. 注重宣传，通过宣传平台及时传递行业声音

专委会充分发挥行业协会平台资源优势，继续加强行业宣传工作，及时发布行业重大活动、专委会相关工作、国家相关政策、行业发展动态、会员单位最新资讯等内容，提高信息发布频率，扩大信息内容涉及范围，增加网站受众，提升网站实用性。

2019年，专委会官方微信公众号（中国塑协管道专委会管道行业联盟）影响力进一步扩大，关注人数同比增长超过20%，微信公众平台关注人员范围涉及塑料管道生产、原辅料、设备、贸易、施工商、应用、设计院、媒体等领域。全年发布的行业信息内容包括专委会相关活动、行业相关活动、行业发展动态、行业重大事件等，相关内容被大范围转载，对推进行业宣传工作做出了积极贡献。

2019年，专委会按计划完成了《中国塑料管道资讯》杂志的编辑、出版、发行等工作，发行总期数达到了95期。发行范围涵盖设计院、水行业、燃气行业、原料及助剂行业、建筑施工、舒适家居、贸易等领域，发行量同比提升3%。

3. 反映企业诉求，努力维护行业利益

2019年，专委会继续发挥职能，在反映行业诉求、维护行业利益方面加大工作力度，针对影响行业发展事件及时应对，就行业关注的国家标准《绿色建筑评价标准》（GB/T 50378—2019）修订中对塑料管道出现负面影响事件积极应对，及时与标准制修订单位进行沟通，在标准宣贯培训会议上发声，应用法律武器回应竞争行业不当宣传和标准解读，并通过专家的相关解读彻底澄清，维护了塑料管道行业整体利益。

（二）搭建交流平台，成功举办相关活动

2019年，专委会继续积极搭建交流平台，组织相关会议和活动，邀请行业专家及上下游行业，共同交流、探讨行业未来发展方向，引导行业健康发展。

1. 成功举办第十届二次理事会议

2019年3月8日，在浙江宁波召开了中国塑料加工工业协会塑料管道专业委员会第十届二次理事会议，共有102人参加。

理事会推荐山东陆宇塑胶工业有限公司、河南瑞腾塑胶集团有限公司、青岛优派普环保科技有限公司、保定市力达塑业有限公司4家企业为新的理事单位，并提请第十届三次会员大会审议通过。理事会议还通过决议，一致同意广东联塑科技实业有限公司接任PVC给排水管道工作组组长单位。

会议讨论确定了第六届中国（2019·广州）国际塑料管道交流会相关工作，“2018中国国际塑料展”及“2020中国国际塑料展”的相关工作，号召行业企业和相关单位大力支持，积极参展，共同为中国塑料加工行业的发展贡献力量。

2. 召开专委会第十届三次会员代表大会（2019年年会）

2019年4月25—26日，“中国塑协塑料管道专委会2019年年会暨2019年塑料管道行业交流会”在贵州省贵阳市召开。会议的主题为“构建新格局，培育新动能，共赢新时代”，来自相关单位的领导、专家、会员单位、塑料管道生产企业、上下游企业、行业协会、检测机构、认证单位、相关媒体等单位的512位代表参加了此次会议。

会议审议通过了《中国塑料加工工业协会塑料管道专业委员会2018年工作报告》《塑料管道专委会2018年财务报告》《中国塑料加工工业协会塑料管道专业委员会2019年工作计划》等。

会议围绕主题内容，安排了塑料管道原料、助剂、设备、新技术、检测、应用、标准化、质量管理及宏观经济发展趋势、行业发展等方面25个专题报告。号召行业企业要认清自身发展特点，找到适合发展的新方向；要注重智能化的作用，运用新

技术新模式推动行业发展；深入实施创新驱动发展战略，促进创新能力和效率进一步提升；紧跟需求，加强服务，寻找行业发展更多空间；充分发挥行业协会的引领作用，调动企业积极动能，提升行业综合竞争力。

通过本次会议的交流，大家进一步了解我国塑料管道行业面临的发展机遇和挑战，明确了行业发展趋势，行业应进一步构建发展新格局，培育发展新动能，才能有更广阔的发展空间。此次会议的召开，对推动上下游行业交流与合作，提高行业服务水平，拓宽塑料管道产品的应用领域意义重大。

3. 组织 4 期理事长沙龙活动，讨论行业发展策略

2019 年，专委会分别于 3 月、6 月、9 月和 11 月组织召开了 4 次理事长沙龙活动，提醒企业行业关注变局和发展，结合自身实际开展多元化发展，沉着面对挑战和机遇。

2019 年 3 月 2 日，在四川成都举办中国塑料加工工业协会塑料管道专业委员会第十三期理事长沙龙活动，以“抓住新机遇，谋求新发展”为主题，讨论了 2019 年行业发展、应对发展中存在的问题、找到适合的突破口、进一步提升行业发展水平等问题。

2019 年 6 月 8 日，在安徽合肥举办中国塑料加工工业协会塑料管道专业委员会第十四期理事长沙龙活动，以“探索多元发展，带动行业进步及如何应对塑料管道行业的负面影响”为主题，讨论了多元化发展的意义，分析了行业现阶段发展中的各种挑战，提出了适合塑料管道多元化发展的建议。

2019 年 9 月 7 日，中国塑料加工工业协会塑料管道专业委员会第十五期理事长沙龙活动在安徽省广德市举办，此次沙龙活动的主题为“关注变局，创新发展”，建议针对行业发展中的负面影响，大家要积极应对，从根源上解决问题，通过多种途径提高自身水平，增强行业竞争力和话语权。

2019 年 12 月 1 日，在广东省佛山市举办中国塑料加工工业协会塑料管道专业委员会第十六期理事长沙龙活动，以“塑料管道行业发展机遇与挑战”为主题，就其他材料管道市场进步、国家政策变动、产品质量提升等情况多方面多角度展开讨论。建议企业要解读政策，注重科技研发，提高产品质量。

4. 召开“氯化聚氯乙烯（PVC-C）管道系统在消防工程应用研讨会”，推动行业科技创新

2019 年 8 月 29 日，与中国建筑学会建筑给水排水研究分会在山东共同举办了“氯化聚氯乙烯（PVC-C）管道系统在消防工程应用研讨会”，会议安排了 PVC-C 管道在自动喷水灭火系统中的应用、PVC-C 管道行业及标准化工作情况、PVC-C 管道在智慧消防中的发展现状与趋势、PVC-C 管道在日本的应用介绍、PVC-C 管道产品及技术服务创新、讨论 PVC-C 管道推广应用相关工作等专题报告。通过交流，使设计和应用领域进一步了解 PVC-C 产品研发及应用情况，促进了 PVC-C 管道技术水平提升和在建筑消防领域的更好应用。

5. 积极筹备中国塑协主办的“2020 四新展”工作，为展会成功开展做好准备

为迎接 2020 年 11 月于南京举办的“2020 中国国际塑料展览会暨第四届中国塑料新材料、新技术、新装备、新产品展览会”，确保展会顺利进行，专委会专门组织人力进行展会各项准备工作，梳理企业资料，积极组织制定展会招展及观众观展工作计划等各项准备工作。在前几届展会参展企业基础上，进行相关企业资料梳理工作，预先与重点企业进行沟通，了解企业发情况及参展意愿。形成集杂志、微信、网站等平台为一体的综合性宣传网络，对展会进行宣传；同时利用召开年会、国际会议等契机，向国内外同行宣传展会，传递展会信息，并积极号召企业为展会工作贡献力量。

6. 持续开展专业人员培训工作，培养行业专业人才

2019 年 6 月 11—12 日，专委会与国家化学建筑材料测试中心（材料测试部）在北京联合举办了第十一期塑料管道产品检测技术培训班，来自全国塑料管道生产企业的技术人员近 200 人参加了培训。培训班以更好提高检测人员的综合素质，提升塑料管道行业的整体测试水平为宗旨，共安排了 11 个专题报告，针对目前塑料管道行业及检测领域发展情况和工作中存在的问题进行了深入分析，为学员提供了专业、细致的讲解。通过此次培训，对提高相关检测人员的技术水平，提升行业检测水平，提升塑料管道产品质量水平产生了积极影响。

（三）加强上下游交流与合作，促进行业协调发展

在 2018 年工作基础上，2019 年专委会积极开展各项推动行业发展工作，继续在产业链化发展方面不断努力，引领行业持续、健康发展。

1. 产业链化发展范围逐步扩大

专委会积极与上下游开展交流与合作，密切关注上下游行业有关动向，及时参加上下游各种活动，通过上游原料、装备及下游应用领域相关活动，为设计院、水行业、其他应用领域提供技术支撑，为供热管材管件技术论证提供技术支持。2019年，专委会积极参加了第三十三届中国国际塑料橡胶工业展览会，第21届全国塑料管道生产和应用技术推广交流会，中国水协设备委2019年度工作会议，2019中国供热展，中国塑料加工行业聚氯乙烯产业链转型升级项目研讨会，以及自来水行业、燃气行业、水行业、招投标行业及标准化领域举办的相关活动和工作，交流信息，介绍塑料管道的选择与应用情况，提升塑料管道行业和产品的影响力。

2. 与应用领域共同开展产品品质认证和质量提升工作

2019年，专委会继续加大品质化发展力度，根据推进《给水用塑料管道行业自律公约》《中国塑料管道行业职业道德准则》及“三品战略”等工作要求，在各重大活动中不断强调品质化发展的重要性，提倡并推动企业在品质化发展方面打好基础，提升自身产品水平，做好基础工作，从原料、生产、产品出厂及应用等各个环节保证高品质发展。号召行业提高自身宣传力度，向用户领域传递塑料管道产品正确使用信息，同时加大与相关领域的合作，开展塑料管道产品质量认证工作。2019年，专委会继续与中国城市燃气协会共同开展“燃气用埋地聚乙烯管材、管件产品质量认证”工作，已有亚大集团、上海亚大、浙江高峰、浙江伟星、青岛优派普等5家企业获得了认证证书。

3. 加强以市场为导向的服务工作

在全新市场需求下，良好的服务更利于企业市场发展。2019年，专委会加大了行业服务化发展引导力度，在行业大型活动中，不断强调优质服务的重要性，号召企业由单一产品的生产研发向系统化发展，形成自身特色服务体系，在产品研发、技术进步、售后服务等各环节加强力度，为用户领域提供全方位的系统服务及系统解决方案，逐步受到企业青睐。一年来，塑料管道行业企业服务意识提升速度明显，很多企业在售前、售中、售后服务方面逐渐形成特色，并依托自身优势开展更为全面、便捷的服务。尤其是行业主流企业，已经将服务融入了企业文化，结合互联网，形成了线上、线下服务的无缝对接，为行业服务化发展树立了标杆。

4. 与上游行业协同开展智能化建设

基于“万物互联”发展大趋势，2019年，专委会在倡导企业智能制造方面逐步加大力度。号召企业制定智能化发展规划，紧跟时代发展步伐，在“中国智造”大背景下，在技术研发、技术成果集中落地、相关智能化水平提升等方面打好基础，行业龙头企业要发挥标杆作用，推广“互联网+塑料管道行业”发展模式，带动行业智能化发展整体水体提升。行业优质企业已在产品生产、包装、运输环节逐步实现智能化，机器换人步伐加快。包括智慧跟踪技术及相关产品、智能控制技术及相关系统、智能云技术的运用等在内的智能化管道及相关产品市场推广和应用逐步展开，带动塑料管道行业向智能化发展方向迈进，行业正在形成智能化制造的发展势头。

四、提升国际影响力，增强行业国际竞争力

2019年，专委会推进塑料管道行业国际化发展，与国际相关协会、组织、机构和企业建立更为深入的联系，通过举办国际会议、参加国际活动、与国际企业进行交流和沟通等方式，助推我国塑料管道行业走向世界，协助相关企业开展国际化发展，不断提升国际话语权和影响力。

1. 组织行业企业参加2019K展

2019年10月16—23日，第二十一届德国杜塞尔多夫国际塑料及橡胶展（简称2019K展）在德国杜塞尔多夫举办，专委会组织代表团赴欧洲参观展会。通过参观此次展会，大家对国际最新技术及发展动态有了更多的了解，并了解国际市场发展方向。借出访之机，专委会还组织企业与百旺公司、百旺集团总部，麦拉菲尔公司和巴顿菲尔辛辛那提挤出技术德国有限公司进行了参观考察和交流。通过参观K展及对相关塑料管道设备企业的拜访，大家对欧洲塑料管道行业的发展现状有了更加深刻的了解，通过深入的交流，大家更为全面地了解高端市场情况，有利于把握最先进设计理念，对今后产品定位、市场开发战略制定，具有积极地借鉴意义。

2. 成功举办第六届中国（2019·广州）国际塑料管道交流会

2019年11月18—19日，专委会与国际塑料管道会议协会（PPCA）在广州共同举办“第六届中国（2019·广州）国际塑料管道交流会”，本次会议为“第十九届（美国拉斯维加斯）国际塑料管道会议”的延续会议，也是在中国举办的第六届国际塑料管道交流会议。来自中国、美国、德国、澳大利亚、西班牙、荷兰、捷克、奥地利、挪威、印度、韩国、印度尼西亚、马来西亚、泰国等国家的专家代表及塑料管道加工行业、原料和助剂行业、装备行业、设计行业、给排水行业、施工领域及相关协会、检测机构、设计院、研究院、大学及相关媒体等代表350余人参加了会议。

会议共有28个专题报告，分为综述、PVC管道、复合管道、聚烯烃管道及其他5个单元。内容涵盖了原辅材料、装备、管材管件生产工艺、设计和施工安装等应用技术、产品检测及认证、标准化、环境保护和绿色发展、行业及市场的现状和未来发展趋势等方面，与会代表还对相关问题进行了交流与探讨。

此次会议传递了塑料管道行业发展信息，增进了国内外行业同仁间的友谊，让我们更加深入了解到中国以及国际塑料管道行业的相关进展和发展趋势，以及应用领域对于塑料管道产品的需求和期望。对提高塑料管道生产、应用、行业服务水平，加速产品创新，促进产品品质提升及塑料管道行业全球化健康发展起到积极的推动作用。

3. 组织国内塑料管道企业参与第二十届国际塑料管道会议工作

为更好促进国内企业走向国际市场，2019年，专委会组织行业企业进行“第二十届国际塑料管道会议”论文申报工作。9月发出《关于征集会议论文通知》，11月底协助完成申报工作，12月与会议组委会进行沟通，商定相关活动事宜。为会议顺利召开做好准备，为我国塑料管道行业国际地位进一步提升做好相关工作。

专委会还积极搭建国际化交流平台，提供信息，牵线搭桥，帮助行业企业寻找打开国际市场的突破口，协助企业开拓国际市场。

五、积极完成上级协会交办的各项工作，促进塑料行业整体发展

专委会积极参与中国塑协分配的各项工作，学习中国塑协相关会议精神，及时向行业企业传达相关信息，为促进我国塑料加工业发展做出积极努力。

2019年是中国塑协成立30周年，专委会积极配合“中国塑料产业链高峰论坛暨中国塑协成立30周年庆典”系列活动的开展，为庆典活动顺利举办积极工作。

全力配合中国塑协做好“2020中国国际塑料展览会暨第四届中国塑料新材料、新技术、新装备、新产品展览会”工作，专委会努力梳理相关信息，积极宣传，为展会招展、观众招募等相关工作做好准备。

积极配合中国塑协完成相关资料的整理工作，组织相关企业做好项目申报工作，积极参加中国塑协组织的调研活动、团体标准制定等相关工作。

（中国塑协塑料管道专业委员会　王占杰　赵艳　郭晶　唐维　范艳菊）

BOPP 薄膜

一、行业现状

（一）行业概况

1. 原材料方面供给充分

目前，BOPP膜的生产方法主要有管膜法和平膜法两种。不同加工方法得到的BOPP膜性能也不一样。平膜法生产的BOPP膜由于拉伸比大，所以强度比管膜法高。目前管膜法仅用于生产BOPP热收缩膜等特殊品种，大多数BOPP膜均采用平膜法生产。

行业上游的原料主要是聚丙烯，近几年随着我国煤制烯烃产业的发展，丙烯与聚丙烯的生产受国际原油供给和价格的变动影响逐渐减小，充足的上游原材料供给为我国BOPP薄膜的发展提供较大有利条件。2020年国际原油市场价格暴跌，将使得对BOPP薄膜的原料成本大幅下降。

2. 产能利用率不断走低、产能过剩问题加剧

从具体的生产来看，目前我国的BOPP薄膜产能规模庞大，已经成为全球最大的BOPP薄膜生产国。由于2014年BOPP薄膜产能跳涨，行业进入产能过剩的局面，但行业的产能一直保持增长态势，2019年我国BOPP薄膜产能约640万吨，投产主要集中在上半年，由于规模庞大的产能以及需求的增长放缓，使得行业产能利用率整体呈现出较为明显的下降态势。

3. 生产区域性明显

从生产区域分布来看，目前华东地区是我国BOPP薄膜最为主要的生产地：一方面是由于地区快消品企业众多，包装需求大；另一方面也因为其地处沿海，油气进口方便，产品出口也较为简单，其次是华南与华北地区。华东、华南及华北三个区域的BOPP薄膜产能占全国产能的85%左右，且近几年占比不断提升，2019年已经达到了87%。西北地区以及华中部分地区仍有空白，目前国内BOPP产能分布仍呈现不平衡态势。

4. 产品结构失衡

我国BOPP薄膜产业在产品结构上存在显著失衡：一方面国内产能过剩，产量增长逐渐放缓，产品的生产主要集中在普通膜与热封膜，较为高端的电工膜和金属化膜生产技术有待提升；另一方面，近几年产业结构转型加速，低端产品产能过剩，高端产品生产不足的结构性矛盾进一步显现，存在国内产品不能满足下游企业市场需求的现状。

（二）2019年生产线状况分析

据专委会不完全统计，截至2019年12月底，全国约有113家BOPP生产企业，经济指标调查填报单位有108家。详细数据如下：2019年BOPP总产能大约在640.3万吨，实际产量约为338.9万吨。与上年度同比，产能增加6.15%，实际产量减少0.47%（见表1）。

表1　2018年与2019年BOPP产能产量对比

年度	产能/万吨	实际产量/万吨
2018	603.2	340.5
2019	640.3	338.9
年度同比/%	6.15	-0.47

2019年BOPP行业开工情况不容乐观，平均开工率在57.65%；从原材料库存来看，多数时期膜厂原料采购按单采购，批量补仓行为偏少；从成品库存来看，因春节期间装置多数停工影响，BOPP企业库存量维持不高，无明显库存压力存在。BOPP市场价格虽处于下滑状态，但其盈利还算可观。在膜价上涨阶段，BOPP生产企业集中做出调整，调整合适的加工费，以保证自身经营不亏损的状态。

（三）2019年新增生产线统计情况

2019年度BOPP行业投产7条BOPP生产线，恢复1条老线。新增设备的生产能力明细提升，并且新增产线不再是普通膜为主，已开始向高阻隔膜、标签膜、珠光膜、超厚膜等方向发展，产品差异化发展思路BOPP膜厂已开始在实践（见表2）。

表2　2019年新增产能统计

公司名称	投产时间	幅宽/米	产能/万吨
金田（连云港）	2019年2月	6.8	2.5
宁波金瑞	2019年2月	8.7	4.5
湖北佳悦	2019年2月	10.4	7
汕头新佳兴	2019年2月	8.7	4.5
武汉友发	2019年5月	8.7	4.5
上虞凯诚	2019年7月	8.2	2.5
安徽友日久	2019年11月	8.7	4.5
福建福融辉	2019年12月	10.4	7

（四）2019年全国BOPP产能占比分析

中国BOPP行业存在地域分布不均问题，2019年中国BOPP行业占比前三地区依旧是华东、华南、华北。其中华东、华南为中国BOPP行业产能的主要集中地，且华东地区保持平稳的扩张水平；华北地区五年内发展迅速，华中地区近两年有明显扩张，西北地区仍有大量BOPP空白。据了解，华中武汉地区接下来1—5年仍将有BOPP生产线的投入，西部地区也有部分投产计划，这将成为改善中国BOPP分布不均状态迈出的重要一步（图1）。

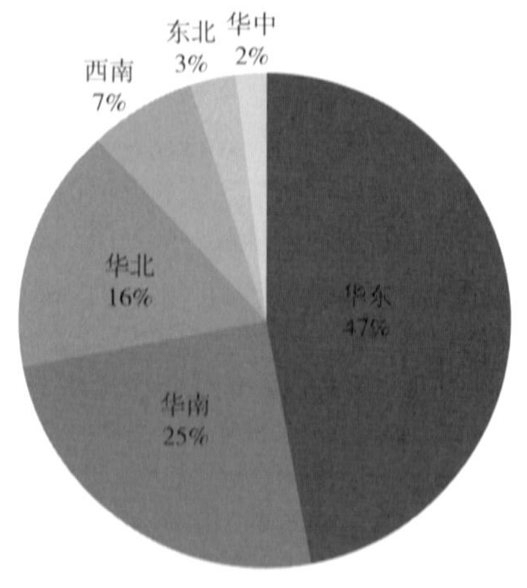

图1　2019年全国BOPP产能占比

（五）2019 年 BOPP 行业进出口情况

进口方面：我国的 BOPP 薄膜主要进口国为日本、美国、韩国等发达国家，化工业以及材料工业在全球位于领先地位。进口的 BOPP 薄膜主要以功能膜、高端膜为主，价格相对较高，生产难度较大。从出口目的地来看，我国 BOPP 薄膜出口相对分散，主要出口到日韩等东亚国家以及越南、菲律宾、马来西亚、印尼等东南亚的发展中国家，相对于进口集中度显著较低。

出口方面：财政部 2018 年 12 月 22 日发布《关于调整部分产品出口退税率的通知》，调整了塑料原料和塑料制品的出口退税率，对国内塑料原料以及制品的出口起到利好推动作用。同样提振了 BOPP 产品的出口，在 2019 年上半年表现较为明显。我国 BOPP 薄膜出口总体相对稳定，随着国内产销量的增长，对外依存度有所降低。但从进出口价格来看，进口均价基本与出口均价价差达两倍以上，主要用于电容器的 BOPP 薄膜价格差距则更大（见表 3）。

表 3　　2017—2019 我国 BOPP 薄膜进出口数据

年份	进口金额/百万美元	进口量/万吨	出口金额/百万美元	出口量/万吨	进口均价/（美元/吨）	出口均价/（美元/吨）
2017	544.16	11.07	618.61	28.71	4915.63	2154.68
2018	541.5	11.64	703.62	30.58	4652.06	2300.92
2019	447.09	9.48	777.68	36.11	4716.14	2153.6

（六）BOPP 薄膜行业整体发展趋势

1. 功能化发展趋势

随着工业技术的发展和下游消费者需求的变化，不同类型的产品对塑料包装薄膜的性能提出了越来越高的要求，如高阻隔、防腐抗菌、保鲜、耐热等。因此，塑料包装材料正向高性能、多功能等方向发展，高附加值的差异性产品、环境友好的、特种功能性薄膜的推广将成为塑料薄膜行业发展的趋势。

2. 功能性 BOPP 薄膜需求将持续增加

随着我国经济持续快速发展，BOPP 薄膜作为主要商品包装材料之一，其市场需求将越来越大。现阶段需要以研制和生产功能性 BOPP 薄膜为主要目标，并在最大程度上满足市场经济发展的需求。目前我国 BOPP 膜研发更新产品的速度比较缓慢，特别是功能性 BOPP 薄膜，只有少量企业掌握核心技术。国内膜厂多引进国外先进设备，基本能满足功能膜的生产，但由于进口树脂各方面的性能都较优于国产树脂，所以用于烟膜、高透膜、电工膜的聚丙烯树脂仍需要依靠进口。

3. 行业并购的整合加速

BOPP 薄膜行业在我国经过近 30 年的发展，在技术上日趋成熟，在产业上形成了较大的规模。但由于产能规模较大，需求增长乏力，BOPP 薄膜的供求矛盾日益尖锐，大部分 BOPP 薄膜企业处于微利或亏损的状态。由于 BOPP 行业发展的方向是多元化、功能化、高端化的，因此向功能膜方向发展才能获得更大机会与空间，所以生产规模相对较大，技术水平较高的企业在市场竞争中处于领先地位，市场占有率提升，预计未来几年的行业的并购整合将会逐渐加速。

（七）行业发展建议

1. 生产企业需慎重考虑未来新增产能释放的节奏，要扼制产能进一步盲目扩大的势头，不要盲目投资，避免重复建设，防范经营风险。要对生产装置进行优化，淘汰落后产能，以此化解过剩产能，推动 BOPP 薄膜行业向着良性发展的轨道前进。

2. 要加大高端化产品的研发力度，推动行业产品升级。要研究国际上发达国家知名企业产品现状及未来发展方向，寻找差距，从原料、装备、配套产品等产业链进行攻关，向原料高性能化专用化、设备稳定高效精密化、产品高端化精细化发展。要紧跟当前最新科技动态，瞄准“功能化”方向，把握好行业发展机遇，坚持技术进步和科技创新。同时加强传统包装产品深度开发，围绕差异化、高端化，实现产品系列化和品质化，赋予更多功能，缩小与国外先进水平差距。

3. 加强技术创新，推动产业链的协同创新，要组织好原料、助剂、装备联合攻关、协作创新。要加强产学研的深度融合，企业要借力发展、借智发展，主动为科研院所、大专院校提供中试场所和条件，推动科研成果快速转化。

4. 加强资源整合。要积极推动有条件企业以资金、管理、技术、专利等和社会闲置能力合作，提高产业集中度，为推动技术进步、规范市场秩序创造条件，要走出低谷，取决于创新驱动发展、取决于动能整合与转换真正落到实处，必须下定决心，不懈努力。

5. 抓住机遇，积极参与“一带一路”建设，开展国际产能合作，创造条件把国内优质富余产能转移出去，并进一步开拓新的市场。

二、行业主要活动

1. 2019年4月17日，在福清成功召开“2019BOPP、BOPA、BOPI、BOPE、BOPS等薄膜产业链市场与技术发展研讨会”，来自薄膜产业链的超过300名代表出席了会议。本次会议是双向拉伸薄膜行业的一次非常有意义的会议，行业同仁聚在一起共同探讨行业的未来市场与技术发展趋势，交流原辅材料行业信息、备品备件供应，共同分析我国双向拉伸薄膜行业发展形势，深入交流行业技术特点，找出解决行业共性问题的技术手段和有效办法，对促进BOPP、BOPA、BOPI、BOPE等薄膜行业与上下游产业链保持可持续发展具有一定的指导意义。

2. 2019年5月19日，在广州成功召开“2019高功能性薄膜行业市场与技术发展研讨会”，本次会议由我专委会与中国塑协电池隔膜专委会、中国塑协流延薄膜专委会、中国塑协镀铝膜专委会共同承办，来自全国薄膜产业链的400多名企业代表参加了本次会议。会后组织企业代表集体参加第三十三届中国国际塑料橡胶工业展览会开幕式并参观展会。大会期间，代表们对高功能性薄膜行业的未来发展趋势进行了探讨；对制造高功能性薄膜的设备、技术，以及新的原辅材料进行了密切的交流。本次研讨会的成功召开对于促进高功能薄膜行业未来的健康发展将起到积极的推动作用。

3. 2020年1月4日，在江苏宿迁成功召开“2019高性能膜材料发展高峰论坛暨塑膜行业新春年会”，来自全国薄膜产业链、科研院所以及新闻媒体等行业的500多名行业代表参加了本次会议。行业同仁们齐聚一堂，共同探讨薄膜产业链新材料、新技术、新装备和新工艺，以及行业未来的机遇与挑战，对促进薄膜行业高质量发展起到重要的推动作用。

（中国塑协BOPP专业委员会）

BOPET薄膜

一、行业现状

1. 行业概况

2019年对中国BOPET行业来说是平稳之年，也是关键之年，行业释放新产能有限，新生产线仍处于建设期，有助于市场稳健发展。行业细分市场领域发展态势良好，行业盈利能力有所提升。面对后续即将来临的行业新产能释放高峰，行业企业在思考如何在产品结构、市场结构等方面提前布局，进一步提高生产技术、产品品质和管理水平，练好内功、积蓄能量、提升市场竞争能力！

2. 数据和分析

（1）行业产能：2019年，中国BOPET行业新产能释放5.1万吨，总产能达到342.67万吨；产能年增长率1.5%，较2015年、2016年、2017年产能增长率9.0%、6.4%、2.78%有所下降。与2018年增长率1.38%（4.6万吨）基本持平。

（2）开工率及市场消费：2019年，国内需求约240万吨，需求年增长率约0.4%，与2017年的4.5%、2018年4%相比有所回落。

2019年，预计全年开工率76%左右。较2018年的74%略有提升，部分去年停机状态的生产线恢复生产，大部分企业除了正常的检修以外，基本处于满负荷开机状态。

（3）产品价格：2019年释放新产能很少，新线基本在三季度释放，对市场供应量影响有限，全年市场释放有效产能约1万吨。2019年全年BOPET市场价格稳步上涨，上涨趋势与上游原料基本一致，上涨幅度略高于上游原料价格的波动。2019年BOPET市场最低价出现在1月，12微米普通膜约10525元/吨，最高价出现在7月，约12164元/吨。2019年BOPET薄膜与原料的价差在2500~4700元/吨之间波动，与2018年的2000~5000元/吨差不多。

（4）进出口情况：2019年出口量约52.9万吨，较2018年的41.8万吨，增长约26.6%。2019年出口均价3.24美元/千克，较2018年的3.10美元/千克略有上升。2019年进口数量约32.8万吨，与2018年的32.8万吨持平。2018年进口均价6.78美元/千克，与2018年的6.79美元/千克也基本持平。由数据可以看出行业出口增长较快，继2015年、2016年、2017年、2018年后连续第五年出口数量大于进口数量。同时也看出2019年进口数量基本稳定未增长。由此可以看出国内高端薄膜部分差异化产品国内已可替代进口，高端产品进口数量进一步减少，但高端产品国产化仍需突破。

3. 发展趋势

未来，中国BOPET行业将面临前所未有的挑战——迎来历史上最大的一次产能释放高峰：2020—2022年中国BOPET行业产能预计增量超过140万吨，增长率超过40%。届时市场产量将会急剧增加，市场竞争压力增大。高端化、精细化、专业化将是行业产品未来发展方向。

二、专委会活动

2019年，BOPET专委会工作紧紧围绕“和谐、创新、有序”的理念，在稳定企业经营、明确产业方向、倡导特色化发展、加快产业升级等方面积极努力，推动行业稳健、可持续发展！

（一）重点工作

1. 应对国际贸易摩擦，维护公平贸易秩序

（1）积极应对反倾销，维护行业企业合法权益

近年来，随着我国聚酯薄膜产品出口增长，国际上对中国聚酯薄膜反倾销案件呈增长趋势，对中国产品的正常国际贸易环境带来不利影响。同时，中国也是全球最重要的消费市场，一些进口产品加大对我国市场的倾销力度，对我国产业造成冲击。面对复杂的国际市场局面，专委会积极开展反倾销相关工作，帮助行业企业更好地开拓国际市场，同时也保护国内产业的健康成长和发展，提高全行业企业的经营效益。

2019年，韩国对中国聚酯薄膜产品发布了第三次日落复审的裁决，印尼启动了对中国聚酯薄膜反倾销案的日落复审。专委会高度重视，开展了一系列应对工作：组织行业企业专题讨论；邀请律师进行专业分析；积极与商务部贸易救济局进行沟通和汇报并获得指导；向韩国贸易委员会递交申诉意见；为企业提供应对反倾销的相关背景资料等。

2019年7月6日，针对韩国对我国聚酯薄膜反倾销启动第三次日落复审调查，并将反倾销税率提高到了几乎是第二次日落复审税率的两倍23.61%（第二次复审税率为12.92%），专委会组织行业26家聚酯薄膜企业在上海召开了反倾销专题讨论会议，会上成立了行业公平贸易领导小组并制定了专委会公平贸易长效应对机制，会议形成对韩国的反制决议：由专委会代表中国聚酯薄膜产业向中国商务部提出对韩国聚酯薄膜产品重启反倾销调查申请。

目前，专委会代表中国聚酯薄膜产业已向商务部递交了对韩国产聚酯薄膜重启原审反倾销调查申请书，以期遏制韩国对我国聚酯薄膜产业不正当和显失公平的反倾销做法。就印尼对中国聚酯薄膜产品反倾销的日落复审，行业企业也正在积极应对中。

2）分析研究中美贸易摩擦给产业带来的影响和机遇

2019年6月19日，“中国聚酯薄膜行业宏观经济与产业对策研讨会”在温州龙港召开。来自30家薄膜生产企业会员单位的负责人及秘书共45人出席会议。会议特邀复旦大学经济学教授石磊作《中美经贸摩擦的来龙去脉及中国的中长期策略》主题报告。报告层次高，在行业内引起广泛关注，企业高层领导参加，收益颇深。

会后（2019年6月23日），专委会提交总会《中、美贸易战对中国聚酯薄膜产业的影响》的报告。对中、美贸易战波及聚酯薄膜下游应用领域或将造成行业开工率和需求下降；因中、美贸易战等因素，其他国家对中国的贸易保护措施和壁垒更趋严厉；从美国进口的设备关税的增加，将增加部分配件的采购成本；中、美贸易战造成人民币汇率波动较大，对出口也造成一定影响等进行了分析。

2. 开展多个细分专业小组活动，提升产品市场适应性

2019年，专委会成立光伏背板基膜专业小组，召开了三次小组会议（7月22日杭州，8月26日宿迁，9月25日微信会议）。通过会议，分析了国内及全球光伏背板基膜产品的市场需求、技术趋势和未来发展，有助于企业分析自身定位及市场良性发展。

2019年，专委会离保膜专业小组召开了两次正式会议——9月6日（苍南）及12月10日（苏州），另外还有开展了一系列非正式交流。通过专业小组活动，分析离保膜细分领域的技术进步及市场发展，提振市场信心，有效地提升了企业产品质量和经营效益。

2019年11月8日，在汕头召开出口专业小组专题讨论会，22家企业的负责人参加了会议。会议对近年来我国聚酯薄膜进出口情况及相关数据做分

析介绍，特别是就韩国、印尼、美国对我国聚酯薄膜的反倾销调查对中国聚酯薄膜产业的影响作了分析，为出口企业如何应对国外反倾销调查及如何更好地站稳国际市场提供了建议。

行业薄膜企业通过分品种、分专业开展活动，相互交流经验，有助于提升产品品质、提高管理水平、拓宽产品应用、维护市场秩序。我们欣喜地看到，2019 年尽管行业遭受韩国严厉的反倾销措施，依然实现出口高水平的增长，而进口呈现减量趋势，说明国内产品质量提升，实现国产化替代的进步。

3. 会员规模进一步扩大，促进产业链合作共赢

2019 年，专委会通过多种形式的会员活动，进一步加强与上下游产业链企业的沟通，了解企业的需求，为企业提供增值的服务，行业的凝聚力进一步提升。2019 年共发展 26 家优质企业入会（2017 年、2018 年、2019 年合计增加 68 家新会员），截至 2019 年底在册会员共 125 家。其中优质配套企业加入专委会，给薄膜企业带来跟多配套选择，推进了行业进步和发展。配套企业在为薄膜企业服务过程中也促进了自身技术水平的提升。专委会为产业链上下游共赢发展提供了平台。

（二）其他工作

2019 年专委会进一步丰富行业交流，倡导良好的经营环境，更广泛地收集市场与技术信息，帮助提升行业整体生产经营效益及产品质量、拓展新应用市场、加快产业转型升级的步伐。

1. 行业会议

（1）理事会议

2019 年，专委会组织召开 2 次理事会议（3 月 28 日宣城、11 月 8 日汕头），重点讨论专委会活动组织、第六届中国聚酯薄膜产业技术与市场研讨会、行业市场分析、行业反倾销工作、征集对专委会工作的建议等。通过会议明确专委会工作重点和工作目标。

（2）专委会年度工作会议暨四届三次全体会议

2019 年 3 月 28—29 日，中国塑协 BOPET 专委会年度工作会议暨中国塑协 BOPET 专委会四届三次全体会议在安徽宣城召开，共有来自 119 家薄膜企业、配套企业、下游用户、科研机构的领导和代表及特邀嘉宾和行业专家 260 余人出席会议。参会的薄膜企业有 37 家 82 名代表，其中 35 家薄膜企业的董事长或总经理亲自莅临会议。会议除了专委会工作报告，还邀请行业专家、研究机构做了行业前沿技术报告，会议期间举行了上、下游行业会员座谈会。

（3）第六届中国聚酯薄膜技术与市场研讨会

2019 年 11 月 8—9 日，由中国塑料加工工业协会主办、中国塑料加工工业协会双向拉伸聚酯薄膜专业委员会承办、树业环保科技股份有限公司协办的“第六届中国聚酯薄膜产业技术与市场研讨会”在汕头顺利召开。

研讨会吸引了来自中国、美国、德国、法国、意大利、日本、韩国等国的 155 家企业 300 多名代表参会，其中薄膜生产企业 39 家近百名代表出席会议（其中 35 家薄膜企业的董事长或总经理亲临会议），产业链行业同仁齐聚汕头，共话未来。会上，行业企业、下游用户、研究机构的专家为大会提供了 14 个精彩的主题报告。报告围绕“创新驱动、绿色发展”，从宏观市场分析、产业的绿色可持续发展、产品应用及未来发展、装备新技术和解决方案、新型原料及产品研究等多方位展开，为参会嘉宾带来一场内容丰富、前瞻新颖、切实可用的产业信息饕餮盛宴。

本届研讨会会议规模、参会企业及人数再创新高，说明中国聚酯薄膜产业市场与技术研讨会得到了海内外聚酯薄膜产业链行业同仁的关注和认可，已成为中国聚酯薄膜行业交流的重要平台。

2、为行业联合创新搭建平台

专委会通过组建行业创新联盟、建立行业智库，聚集创新资源、搭建共享平台、营造产业链共赢环境，引导产业链上、下游企业及科研院所与薄膜企业联合创新，助推中国聚酯薄膜产业升级。2019 年行业薄膜企业与设备制造企业取得联合创新成果——“过滤碟片的蒸汽清洗设备”，引起业内广泛关注。

3. 收集行业技术信息及资源整合

2019 年专委会提出行业培训的设想，在行业内调研培训需求，聚集行业培训资源，编辑完成《聚酯薄膜生产技术培训资料》，提供给行业会员参考。

通过各种途径收集国外高端薄膜生产技术及市场信息，对热点产品进行重点研究。收集企业感兴趣的话题寻找国外优秀技术人员进行对接，进一步可提供定制培训以及咨询服务。

4. 走访企业及产业间交流

2019 年专委会主任、秘书处调研走访潮汕地区、绍兴地区及杭州、安徽各地行业企业，了解行业企业发展现状及需求，增强了行业凝聚力。此外，还通过参加国际橡塑展、深圳国际涂布技术与

模切产业展览会、深圳国际薄膜与胶带展等展会，进一步了解上、下游及相关产业的新技术、新装备和新市场，以期更好地为行业服务。

（中国塑协 BOPET 专委会）

泡沫塑料 EPS

一、行业现状

2019 年，全球贸易摩擦、中美贸易摩擦、地缘政治危机等因素为中国 EPS 市场发展增加诸多不确定因素。在墙体建材领域，EPS 墙体保温板材应用市场清淡，用量增长有限。部分地区受消防政策影响，要求外墙保温板材达到高阻燃或不燃级别，导致北方部分区域出现 XPS、真金板、岩棉板、聚氨酯等产品替代 EPS 保温板的现象，令 EPS 板材需求出现一定萎缩。部分与行业相关的国家政策、标准相继制定计划，一定程度上对中期产业发展产生有利影响：以传统类和石墨类 EPS 产品为依托的外墙、模块领域相对较平稳；一些创新应用如一体板、地暖、隔声板效果较好；EPS 在土工、市政上的应用仍有待开发；改性类 EPS 产品表现挣扎。

另一方面，EPS 包装应用市场增长形势尚可，传统家电、厨卫小家电基本平稳，冷链物流业的快速增长，同样对 EPS 包装用量的提升起到支撑作用。但受中美贸易摩擦影响，下游家电、日用小商品等出口订单减少，间接影响 EPS 泡沫包装需求的增速。而近年来快速发展的 EPP 市场，随着汽车工业的萎靡陷入发展瓶颈，为行业未来敲响警钟。

在上游树脂领域，全年产业整体形势维持现状。受制于苯乙烯与环保压力，树脂产量与去年基本相同。年初响水爆炸，令 2019 年 EPS 树脂安全检查成为常态。甚至一度导致华东部分区域 EPS 生产企业停产或限产。受此影响，全行业活跃产能略有减少，行业平均开工率情况尚可。而在出口方面，除却质量、需求以及价格等因素外，今年多变的国际经济形势也为出口市场蒙上一层阴影。2019 年中国 EPS 出口量为 26.20 万吨，同比减少 6.42%。究其原因，一方面欧美市场对 EPS 普通料的要求是低戊烷，对阻燃料则需要低导热系数，属于高端料，国内的批量生产产品难以达标，需要特定生产，致使成本增加；另一方面，国外市场整体需求量相对较少，全球最大的消费基地仍然集中在中国。此外，EPS 阻燃料出口集中在中东地区，虽然当地缺少足够的产能，但需求量也同样有限。然后，外围市场的价格剧烈变化，加上较长的运输周期，风险较高，难以保证利润。

纵观 2019 年，对环保、安全的高要求成为今年 EPS 企业的主旋律。从“三废”处理到危化品安全管理；从在线监测到多批次、多部门检查，环保安全“常态化”有序发展，环保检查力度进一步加强。

二、存在问题

（一）环保形势愈发严峻

环保是中国 EPS 行业面临的共性问题。自 2017 年以来，从树脂生产到制品加工，EPS 企业感受到了前所未有的环保压力。一批企业由于缺乏资金改造，加之市场情况不佳而选择停产歇业，多数企业在环保改造上投入大量资金、物力以应对日益严重的环保形势。特别自 2019 年响水化工厂爆炸事故后，对化工行业的要求更加严格，相关企业生存艰难。无论是强化“散乱污”综合整治还是开展燃煤锅炉取缔以及对 VOCs 的回收处理都在表明我国治理环保的决心与力度，未来关于企业环保的管控只会越抓越紧，EPS 行业仍将面临严峻的考验。

（二）阻燃剂替代迫在眉睫

2016 年 7 月，第十二届全国人大常委会第二十一次会议审议批准《〈关于持久性有机污染物的斯德哥尔摩公约〉新增列六溴环十二烷修正案》将六溴环十二烷（HBCD）增列入斯德哥尔摩公约附件 A，禁止其生产、使用和进出口，但保留其用于建筑物中发泡聚苯乙烯和挤塑聚苯乙烯的生产和使用的特定豁免。豁免登记的有效期于 2021 年 12 月 25 日终止。

随着截止日期的不断临近，近年来各 EPS 树脂生产企业纷纷投入对新型阻燃剂的适用当中并在包装结构件的阻燃使用上取得了不错的效果。虽然替代对现有 EPS 树脂生产工艺影响有限，但显而易见的成本增加确使 EPS 阻燃类产品在今后与同类保温材料竞争中居于劣势，未来当全面替代开始后将成为全行业不得不面对的共性问题。

（三）改性板尚难定论

2017 年，改性 EPS 板行业标准《热固复合聚苯乙烯泡沫保温板》开始实施。标准首次确定了热固改性板在容重达到140~200千克/米^{3}时，燃烧性能可达到A2级。以此为依据，各地区对于该类产品阻燃性能的认定可划分到B级或A级。但当下对于改性EPS板质疑的声音仍然不断。特别是在燃烧性能达到A级的容重下，改性EPS板上墙后的表现，尚缺乏大量工程实践检验。未来产品如何定位仍没有明确答案。

（四）高度关注企业节能

在严苛的市场环境下，企业向内部追求效益的愿望愈发迫切，对机械设备自动程度、精度的要求在持续增强，对节能设备、高端设备的接受程度在不断提升，这为当下国产装备制造、模具开发产业提出了新的课题。经过多年的发展，国产EPS装备制造已有了长足的进步，但也要客观承认同一些国外设备相比在精细度，质量稳定性等方面尚存一定的差距，在发泡稳定性、蒸汽穿透性等方面，国产EPS装备制造还需不断地学习、提升。

三、发展趋势

全行业将以优化重组，产业结构调整转型升级作为工作重点，贯彻落实科学发展观、加快生产方式由粗放向集约转变、立足国内市场、注重品牌建设、加强节能减排与综合利用，坚持创新发展、绿色发展。要制定严格的行业准入标准，尽快在产业布局、产品质量、技术和规模、产品单耗、能耗、环保和社会责任等方面明确准入门槛。加强技术创新步伐，重点加强EPS防火性能的研究，通过大型试验及参与标准制定工作，保证向市场提供优良的EPS产品。

（一）通过优胜劣汰实现产业规模结构调整，应对国际化发展需求

淘汰竞争能力差、不讲诚信、阻碍行业进步的企业，以企业间联合、重组、兼并、收购等形式实现产业规模结构的调整。通过优胜劣汰壮大优质企业的实力，增强其技术创新和资本运营能力，以“规模效应”提高中国EPS行业的国际竞争力，应对国际化发展需求。在全国范围内实现以大型企业为主导、中型企业为支撑、小型企业为辅助的大、中、小并存的产业规模结构格局。

（二）通过技术创新和清洁生产提高可持续发展能力

引导企业走技术创新和产品研发之路，鼓励企业在借鉴先进技术的同时，加大自主研发与技术创新的力度，紧跟世界先进水平，逐步缩小差距，力争尽快达到并突破国际先进水平。在行业内推行清洁生产和节约资源，淘汰污染重、能耗高的工艺与设备，采用先进技术实现生产过程中的节能减排。加强对循环利用环节的研究，重视回收利用，确保EPS制品在循环利用和废弃物处理过程中符合环保要求。

（三）通过规范和完善市场秩序实现行业的良性竞争和健康发展

联合国家质检部门加强市场监管，加大对掺假、制假行为的打击力度，整治市场秩序。呼吁全行业共同行动，强化行业自律，增强信用意识，规范信用秩序，倡导相互监督，树立良好的行业形象。规范行业标准，完善市场监管机制，保证市场竞争机制的有效运行，实现行业的良性竞争和健康发展。

四、新产品、新技术

石墨烯可发性聚苯乙烯是一种新型的保温材料。其生产工艺是在传统的可发性聚苯乙烯（EPS）中加入一定质量的改性石墨烯作为阻燃剂和反红外线物质，经由悬浮聚合的方法制备的可膨胀EPS颗粒。在可发性聚苯乙烯（EPS）中导入石墨烯，使其在进一步提升保温性能的基础上，更有效地增加阻燃性能及力学性能。

该产品解决了关键的阻燃问题：高熔点石墨烯的引入，提高了苯乙烯的熔化温度以及延长了苯乙烯的熔化时间；同条件下，石墨烯EPS局部熔化，熔化时间为50s；而EPS板几乎全部熔化，熔化时间为14s；近火源烘烤时，石墨烯EPS无明火，而普通的EPS板有瞬时明火，火焰容易蔓延。另外，石墨烯EPS具有更好的导电性能，也利于生产中的防静电起火。

石墨烯EPS除了解决苯板关键的阻燃问题外，而且使苯板的物性及保温性能大幅提升。对于普通聚苯板一直被诟病的问题包括：防火性能不佳，并且保温性能及力学性能较差，而石墨烯EPS则真正的解决了普通聚苯板上述的防火缺点与保温性能力学性能差的问题。

五、专委会活动

（一）组织专委会换届改选

EPS专委会第五届理事会于今年届满，根据《协会章程》《分支机构管理办法》和《专委会工作条例》的规定，综合考专委会目前的状况和今后行业工作需要，专委会在报请中国塑协批示后于今年11月29日在厦门举行了换届改选。袁国清当选

EPS 专委会第六届理事会主任。

（二）做好阻燃剂替代工作，为 EPS 应用保驾护航

今年，专委会承担了由协会承接的生态环境部环境保护对外合作中心项目《六溴环十二烷（HBCD）在生产及发泡聚苯乙烯和挤塑聚苯乙烯应用中现况调查与评估》的现场调研与报告编制工作，做好企业与政府之间纽带作用。

（三）树立行业典型，积极组织企业评选

为回顾中国 EPS 产业 40 年辉煌历程，致敬对推动中国 EPS 产业发展做出贡献的代表；同时深入贯彻落实国务院《质量发展纲要（2011—2020年）》文件精神，在行业企业中树立标杆，专委会今年在行业内开展了“时代人物”“质量诚信企业”评选工作。经过企业自荐与相互推荐，共计推选出 8 人获得“时代人物”称号，22 家企业获得“质量诚信企业”称号。

（四）积极参与标准制定

国家标准《绝热用模塑聚苯乙烯泡沫塑料》自 2002 年修订至今，一直作为制定 EPS 类标准的采标依据，在各项 EPS 相关标准制定过程中起到了重要的作用。专委会依据近十几年绝热用 EPS 产品变化提供修正意见，面向行业征求产品分类依据的调整方向，为确保今后保标准修订落实到位，引领行业发展方向提供理论参考。

针对《EPS 包装材料》行业标准中产品性能指标的界定与当前实际情况产生偏差的问题，专委会调研多家包装生产企业了解实际情况。召开专题研讨会就标准修订与企业交流意见，同相关标准化技术委员会反复沟通确认标准修订方向，为今后开展修订工作做好准备。

（五）充分发挥专委会职能切实起到桥梁纽带作用

EPS 树脂化学品分类混淆及生产过程中产生的废弃物归类成为近年来困扰树脂企业生产经营的难题。专委会多次沟通应急管理部化学品登记中心与环境部固体废物与化学品技术管理中心商讨解决方案，为开展进一步工作打下坚实的基础。

针对中美贸易争端对产业出口造成的不良影响，专委会多方调研出口企业面临的实际困难并及时上报主管部门，就调整年度 EPS 树脂出口退税事宜向财政部申述，最大限度地减少贸易战对 EPS 企业的影响。

（六）积极与地方相关组织互动

专委会在开展工作的过程中，积极协调各地企业关系，主动联系各地区兄弟 EPS 行业组织，在组织建设、服务会员等方面互通有无，同为 EPS 行业健康发展助力。

六、重点企业——2019 新增理事及以上企业

（一）济南佳易建材有限公司

成立于 2006 年，是一家专业从事外墙保温材料的科研、开发、生产、销售和施工于一体的综合性企业。公司研发并投入市场的 EPS/XPS/SEPS 聚苯板薄抹灰、岩棉板薄抹灰系统、聚合聚苯板外墙外保温系统、EPS 板线条构件、EPS/XPS 聚苯板岩棉板复合板系统、天然彩石漆等系列产品。质量稳定可靠，各项指标均达到国内同行业先进水平，并得到了国内墙体节能保温领域的专家和建筑业用户的一致认可和赞誉。

（二）上海绿羽节能科技有限公司

成立于 2005 年，专注于建筑节能技术的研发和节能材料的制造。拥有位于上海嘉定、浙江桐乡、江苏宜兴、江苏江阴、武汉、重庆等多处生产基地，占地面积超过 32000 平方米，合作经销商 1000 余家，每年销售地暖基础材料产品达 1200 万平方米，在江浙沪市场具有较高的品牌知名度。

（三）河北双勒月节能环保科技有限公司

成立于 2007 年，是集研发、生产、销售新型建筑保温节能产品的科技型省级龙头示范企业。该公司目前建有 21 条 EPS 模块生产线，具有年产 2000 万平方米的生产能力，生产的 EPS 空腔模块、EPS 保温模块广销全国，用于装配式 EPS 空腔模块低能耗、超低能耗（被动式）抗震房屋和高层建筑保温与结构一体化系统（ICF）建设。2018 年该公司布局全国市场，在河南、海南合作建设分厂，为全国市场提供更优质更节能的新型墙材。

（四）以色列化工集团

是以色列最大的化工企业，同时也是国际领先的综合性化工企业集团，集团的工业品部（ICL-IP）主要从事阻燃剂，溴及溴化物的生产和销售。通过其下属企业，集团工业品部成为全球市场最大的溴素/溴化物以及阻燃剂生产商。2007 年，工业品部收购了美国主要磷化工企业——旭瑞达公司，增强了在聚氨酯泡沫和工程塑料领域客户中的竞争力，提高了在溴和磷业务上的互补和协同发展。同时也强化了公司在全球不同地域市场的存在。

（五）新郑市和兴包装有限公司

成立以来在各级领导及 EPS 专委会的大力支持下，企业规模不断扩大，现有职工 50 名，管理、技术人才 11 名，拥有各种泡沫切割机 7 台，大板机 4 台，半自动成型机 14 台，全自动成型机 10 台，发料机 3 台。

（六）沈阳汇呈新型建材有限公司

于 2005 年投资建厂，是集生产和研发新型建筑保温材料的专业型企业，厂区占地面积 14000 余平方米，厂房面积 5000 多平方米，专业生产销售 A 级无机分仓隔离保温板（硅质板）、保温干粉砂浆、EPS 苯板、EPS 异形泡沫包装、石墨板。

（七）浙江规矩塑料机械有限公司

是一家集自主研发、生产、销售和服务于一体的 EPS 塑料机械和配套设施制造企业。公司为全国泡塑机械、消失模协会会员，是“重合同守信用”企业。公司拥有设备精良的自动化加工中心，技术力量雄厚。20 多年来致力于 EPS 泡塑机械的研发、生产制造，产品性能不断提升，质量也得到客户的肯定。产品包括预发泡机、成型机、板材机、切割机、硫化干燥床、粉碎回收等 10 大系列 60 余种规格的泡塑设备。公司年产值逐年递增，现每年可生产泡塑设备 800 余台，公司前景良好。

（八）天津斯坦利新型材料有限公司

成立于 2015 年 2 月，公司主要研发和制造各种微发泡高分子材料，并致力于打造一个以微发泡高分子材料为主的涵盖材料、工艺及装备的综合性核心技术平台。

（九）杭州富阳东山塑料机械有限公司

是一家集自主研发、生产、销售和服务于一体的泡沫塑料机械设备专业的实业公司，公司具有雄厚的技术力量和加工能力，在国内外处于领先地位，特别是泡沫塑料大板机和间歇式预发机与发达国家先进产品不分上下，技术与质量与国际接轨，有些技术和工艺居世界领先水平。公司实施先进的科学管理和严格的质量检验监督体系，先后通过了 ISO9001-2000 质量管理体系认证和 CE 认证，确保产品质量有根本可靠的保证。

（十）西安市临潼区昌胜建材有限公司

始创于 2006 年，是专业从事 EPS 板材，EPS、EPO、EPP 包装的研发、生产、销售为一体的企业。本公司生产的 EPS 地辐热及外墙保温板，具有绿色环保、节能降耗的效果，为国家能所提倡的绿色节能产品。

（十一）山东迈特新材料科技有限公司

致力于成为一家集高效、环保新型阻燃剂和功能性高分子材料的研发、生产、销售、构建完整的阻燃剂产业链条的国家级高新技术企业；公司将成为全球最大的高效、环保新型阻燃剂供应商。

（十二）佛山市顺德宜顺包装材料有限公司

成立于 2014 年 3 月，公司有 EPS、EPO、EPP 包装材料行业生产 20 多年的经验，成为珠三角地区具备行业影响力的专业设计、生产制造商。厂房面积 36000 平方米，成型机 60 台，EPS、EPO、EPP 年生产能力 16000 吨。

（十三）西安天鸿泡沫制品有限公司

成立于 2010 年 9 月，主要经营节能环保材料，主要以 EPS 材质的各类产品，如电子产品的包装材料、墙体保温材料、建筑模块、汽车配件、保温箱、保温板、奶托、水果托等。

（十四）长春市金陆机电设备有限公司

成立于 2008 年 11 月，是一家集技术研发、生产、销售和售后于一体的 EPS 泡沫设备生产高科技企业。公司致力于 EPS 外墙切割机、EPS 彩钢切割机、EPS 数控仿形切割机等设备。

（十五）湖南瀚阳新材料科技有限公司

成立于 2018 年 6 月，公司主营生产工业、民用各种形状、大小规格的 EPS 泡沫包装制品，公司除生产制造外，尚有独立的技术、包装测试以及品保相关部门，致力于为广大客户提供质量有保障且环保经济的新型包装材料。现已发展成为湖南省行业内最具规模的 EPS 产品制造企业之一。

（中国塑协泡沫塑料 EPS 专业委员会　侯树亭）

硬质 PVC 发泡制品

一、行业现状

（一）行业产能与生产规模

据中国塑协硬质 PVC 发泡制品专委会不完全调查显示，2019 年硬质 PVC 发泡制品产能将超过 140 万吨，全年总产量超过 86 万吨。产量同去年相比增幅约为 1.2%，增速下降较为明显。

（二）产品市场与开发

目前PVC发泡制品应用领域主要是广告业、室内外建筑及装饰材料、家具、地板及车船装饰等，市场应用情况如下图。其中，门窗及装饰建材占比略有增加，广告装饰方面占比同比略有增加，家具方面略了下降，硬质PVC发泡地板与去年基本保持平衡，交通工具装饰方面略有增。

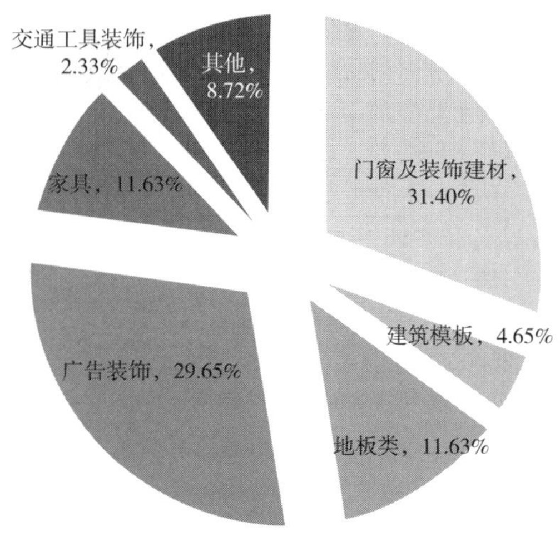

（三）运营状态

2019年PVC树脂价格在6000~7500元/吨价格区间波动，发泡调节剂价格从1月份的24000元/吨的年内高点逐渐降到12月的14000元/吨的较低水平。虽然PVC原料及发泡调节剂在PVC发泡制品配方成本中占有较高比例，但由于行业竞争比较激烈，行业产品的销售价也下降得比较多，制品生产企业的利润也略有下降。

二、行业热点

车用硬质PVC发泡板材随着加工技术及耐热性能进一步提高，其在客车底板上的用量正在逐步上升，随着PVC产品性能提高，其在高铁、小型货车等交通及运输车辆等领域也得到推广。PVC发泡墙板由于强度高，安装方便快捷，其应用也进一步得到提高。

三、新产品的开发

行业延续"十三五"开始的耐热PVC技术及高性能PVC发泡制品的技术攻关，并将取得的阶段性成果应用到以下两类产品：

1. 车用耐热PVC发泡板

该产品主要用于厢式货车，可制作车厢，有效减轻车厢重量，但由于车厢在夏季使用过程中存在较高温度，因此对其耐热性有较高要求。

2. 高性能硬质PVC发泡板材与金属、非金属复合材料

采用硬质PVC发泡板材与金属或非金属复合的材料有：PVC发泡板与碳纤复合、与石材复合、与金属复合。目前形成批量生产的有AEP板，AEP是Aviation Energy-saving Complsite Panel（航空工业级节能板）的简称，其是由金属（常用铝或钢板）面层及阻燃硬质PVC发泡板芯层复合而成的板材，金属表层一般有氟碳涂层，起耐候、防腐、易清洁、耐擦伤等作用，根据实际应用金属表面也可以是聚酯、覆膜等其他处理方式。其用途广泛，适用于高端建筑的外墙、幕墙、机场、车站、列车车厢、汽车面板、工业厂房、商店、天面装饰、厨卫柜体；也可应用钢结构外立装饰。AEP复合板的研发、应用顺应国家对建筑节能、绿色环保的设计要求，为美化城市，节能减排发挥重要作用。

四、存在的问题

1. 规模化方面的问题

由于PVC发泡制品进入门槛低，初期投资可以很小，使得行业内的几百家企业年产量大多在5000吨以下，年产量上万吨的企业也只有十几家。使得大多企业不具备规模化经济生产，企业的创新能力及市场竞争力也相对较弱。

2. 低价竞争情况仍然较为严重

近几年，新增的PVC发泡制品产能增加较快，市场竞争较激烈，导致了在部分市场上存在低价竞争的状态。但随着行业标准体系完善，用户对产品质量要求提高，小型企业的环保压力增大，低价的竞争有望得到一定改善。

五、发展趋势与规划

由于PVC发泡板材的诸多优势，使得其成为木材的最佳替代品，因此发展PVC发泡制品在应用木材的众多领域的替代工作将大有作为，重点包括在室内外装饰装修领域的应用、广告及车辆轻量化材等方面。从发达国家PVC发泡制品发展来看，工艺方式主要朝着共挤及微孔发泡方向发展，配方改性主要是朝着耐候、耐温等方向发展。我们行业也将或正在向着这些方向发展。

总之，我们将充分利用PVC发泡制品的保温、隔音、防潮、防水、防蛀、防腐、阻燃、无毒、力学性能优良、可回收利用等突出优势，不断研发出国内外需求量大的新产品种类，推进行业不断快速发展。

六、专委会活动

（一）组织召开行业相关会议

（1）专委会六届五次理事扩大会，于2019年5月21日在广州珠江宾馆如期召开，会议由中国塑协刘姝副秘书长传达了中国塑协理事会最新会议精神，并希望行业内相关企业积极参与轻工联合会、中国塑协组织的相关活动，这对提升企业形象有着非常重要的作用。由孙锋主任介绍了由中国塑协主办的2020年“四新展”的举办时间、地点、规模、费用及协会加强在国内外宣传此次展会的情况。强调行业内相关单位积极准备参加本次展览盛会，为扩大行业影响做出应有的贡献。由周家华秘书长介绍了准备组织行业相关企业参加2019年10在德国举办的“K”展，并参观相关国际知名企业。同时还介绍了计划在2019年年会上对行业发展做出贡献的单位和个人进行评奖，也希望大家提出更好的评奖办法。

会议由2019年年会承办单位浙江杰上杰代表介绍了年会的准备情况。会议还对理事及副主任单位增补名单进行了讨论，经过申请单位陈述、理事逐一表决，增补河北康飞塑业有限公司为副主任单位，增补深圳市志海实业股份有限公司等公司为理事单位。会议还介绍了硬质PVC发泡制品行业相关标准的立项、制修订进度。会议最后重点讨论了行业发展中存在的问题及应对办法。

（2）专委会六届六次理事扩大会于2019年12月20日在平湖白金汉爵大酒店召开，中国塑协朱文玮理事长出席了这次会议。

会议依次审议了“专委会2019年工作报告”“行业突出贡献奖”“2019年新增会员名单”。专委会工作报告全面总结了2019年PVC发泡制品行业发展情况、专委会的主要工作及行业活动情况，并提出了明年专委会的工作重点。

对于行业发展中存在的问题及应对办法，孙锋主任，周玉亮、王敬刚、高善宁、麦树芬等副主任，罗李华、柯亚军等理事都结合自己企业2019年的运营情况谈到了面临的问题及应对策略，并得到了朱文玮理事长高度赞赏。

会议还重点讨论了行业企业参展参观“2020年第四届中国国际塑料展”的相关事宜，也公布行业2020年主要活动及计划组团参加国外塑料或建材展。

会议最后由中国塑协朱文玮理事长做了重要总结和指示：要求行业里各企业要把握好创新的方向、创新的重点，注意紧跟国家重点需求，注重国家生态化发展方向。行业应推动产业链协同创新，供给侧与需求侧有效结合与对接，推动行业诚信建设，引领和谐，促进行业健康发展。

朱文玮理事长还强调了2020年“四新”展，是我们自己的展会，规模将比上一届翻番，也有较多国外有关塑料的协会有意向组团参加本次展会。本届“四新”展同期还将举办亚洲塑料论坛、塑料科技大会等众多相关会议，将会吸引大批专业观众参加该届展会，也希望我们行业各位理事单位积极参展和参观本届展会。

（3）硬质PVC发泡制品专业委员会2019年年会暨技术与市场交流会，于2019年12月20—22日在浙江平湖市白金汉爵大酒店举行。这次会议是由中国塑料加工工业协会主办，由中国塑协硬质PVC发泡制品专委会、浙江杰上杰新材料有限公司承办。中国塑料加工工业协会朱文玮理事长、平湖市人民政府陈群伟副市长等领导及国内相关行业学者和专家出席了会议，出席本次会议的还有中国塑协硬质PVC发泡制品专委会副主任单位，理事单位，会员单位，以及来自全国各地PVC发泡制品生产企业，及与之相关的原料企业、模具及设备企业、科研院校等单位代表约300多人参加了这次会议。

会议首先由平湖市人民政府陈群伟副市长致辞。并且，陈副市长还着重介绍了平湖市的整体情况，对平湖的区位优势，经济发展形势，投资环境及政府服务等做了详细说明，邀请与会代表在平湖多看看，多走走，更好地了解平湖，来平湖投资创业。中国塑料加工工业协会朱文玮理事长，代表会议主办方，发表了重要讲话。中国塑协硬质PVC发泡制品专业委员会，第六届理事会孙锋主任，代表硬质PVC发泡制品专委会作《工作报告》。周家华秘书长向大会，作了《硬质PVC发泡制品专委会财务报告》《新增会员》《增补理事》《增补副主任单位》的报告。为了开好本次会议，会议筹备组邀请到了行业领导，相关专家、教授，对塑料行业的运行情况，对工业互联网的作用，工业化和信息化融合的状况，塑料在军事装备方面的应用等作介绍，同时也对PVC原料情况、相关助剂、相关新产品、新技术等进行分享，并安排参观企业，会议内容比较丰富。本次会议还为行业发展做出突出贡献的人员颁发了“突出贡献”奖。

年会协办单位昆山新留森模具制造有限公司，为会议提供了高质量的晚宴，为参会代表准备了精美的晚餐，内容丰富、健康的文艺节目。为大家的交流提供了很好的条件。

22 日上午，参会代表参观浙江杰上杰新材料股份有限公司厂区。代表们参观了实验室、生产车间、成品仓库，杰上杰公司的实验条件、生产管理、现代化仓储、高标准后勤服务等，给代表们留下了很好影响。下午，部分参加本次年会的党员代表，参观了嘉兴南湖革命纪念馆，接受了一次很好的党史教育。

（4）2019 年 5 月 22 日，由全国塑料制品技术委员会（TC48）塑料制品分技术委员会（SC1）秘书处组织的《硬质聚氯乙烯低发泡型材》《硬质聚氯乙烯发泡建筑模板》两个行业标准起草工作讨论会在宝天高科（广东）有限公司顺利召开，会议对这分别对这两个标准的草稿进行了仔细讨论，并结合试验验证数据对性能指标的合理性进行验证，对标准文本及编制说明进行了逐条讨论，对少量需要进一步验证的样品及测试进行了安排，并要求执笔单位近期根据讨论会修改建议，对标准文本及编制说明形成征求意见稿。会议还对各起草小组的其他工作进行了布置，明确了工作任务及完成时间，推进起草工作更快进行。

2019 年 10 月 25 日，由全国塑料制品标准化技术委员会塑料制品分技术委员会（SC1）秘书处组织，《硬质聚氯乙烯低发泡橱柜、卫浴柜》《硬质聚氯乙烯发泡广告板》《硬质聚氯乙烯低发泡地板》三个行业标准的起草工作组成立暨初稿讨论会在大连一方大厦 11 楼实德科技会议室召开。会议正式成立了这三个标准起草工作组，并明确了各组成员的工作安排。同时，会议还对三个行业标准的初稿进行讨论，广泛获取与会代表意见，确定了各标准的主要内容、主要指标要求及相应的测试方法，并且明确了各成员下一步的工作内容及进度。

（5）组织行业相关企业参加塑协欧洲考察团，并于 2019 年 10 月 13—24 日期间参观了在德国杜塞尔多夫举办的 2019 年 K 展、参观考察了克劳斯玛菲、中德工业中心、亚琛工业大学、索尔维集团、加泰罗尼亚塑料研究所等欧洲知名科研机构和企业。了解到了国际塑料相关先进技术及发展方向，见证了欧洲工业的智能化及先进的管理模式，为我们行业相关企业快速发展提供了可借鉴的经验。

（二）专委会建设

1. 充分利用协会及专委会的资源优势，为企业提供全面服务

配合中国塑协，组织会员企业积极参与行业活动，参加中国塑协组织的行业评选活动，参与工信部组织的信用评级等。同时积极在行业内倡导诚信自律，促进行业健康发展。

2. 完善并维护专委公网络平台，提升行业宣传力度

专委会网站及微信公众平台可以快捷方便地为行业相关企业服务，也是广大会员交流平台。为了提高这些平台的服务质量，专委会及时对网站的“重点报道”及“行业动态”等项目进行更新，将行业最新消息通过专委会公众平台及时发布，以便会员单位能及时了解到相关信息，同时还利用网站的“产品介绍”“推荐产品”及“广告宣传”等栏目为会员单位的产品进行宣传。并且，还收集国内外相关最新技术资料及标准资料补充到网站的“技术资料”“行业标准”等栏目内。同时更好利用专委会的微信公众号及时发布相关政策、行业动态、生产技术及行业内重点企业介绍。

3. 积极发展会员，壮大专委会队伍

通过网络宣传、行业走访、提供专业技术支持及标准服务、提供政策及信息服务等多方面来积极发展会员，2019 年新增会员单位 18 家，为本专委会逐渐壮大打下了坚实的基础。

七、重点企业

硬质 PVC 发泡制品生产企业主要分布在广东、山东、江浙等地区，规模较大的企业设计产能都在 2~3 万吨/年，对应产值可达人民币 2 亿元/年以上。

1. 宝天高科（广东）有限公司

该公司是外商独资高科技企业。公司投资总额达 3000 万美元，占地面积 61441 平方米，专业研发、生产 PVC 发泡板、PVC 发泡型材、改性工程塑料。

宝天高科（广东）有限公司坐落于风景优美的国家级开发区——广州经济技术开发区，毗邻广深高速公路。聘请了行业内知名教授和技术专家组成公司专家委员会，与中国塑料加工工业协会、广东省塑料工业协会有着紧密的技术合作关系，确保了产品在行业内的主导地位。

公司引进了国际上最先进的生产设备及加工技术，建成了国内最大的 PVC 发泡板材生产基地，年产能力达 30000 吨。品种包含自由发泡和塞路卡结皮发泡板材，厚度范围为 1.5~30mm，以及 PVC 发泡型材。产品广泛应用于家具、广告、建材、装潢及工业应用等领域。

该公司 2012 年销售收入 22245 万元，利税

1281万元，出口1167万元，出口占销售收入52.4%。2013年销售收入25972万元，利税1561万元，出口13438万元，出口占销售收入51.7%。2014年销售收入20421万元，利税1557万，出口10272万元，出口占销售收入50.3%。2015年销售收入21478万元，利税1681万元，出口11087万元，出口占销售收入51.6%。2016年销售收入18391万元，利税1438万元；2017年17775.1万元，利税1167.5万元；2018年销售收入16715万元，利税838万元；2019年销售收入20398万元，利税813万元。

2. 山东博拓塑业股份有限公司

山东博拓塑业股份有限公司始建于2006年，2010年9月在原沂源县伟锋橡塑有限公司基础上改制为股份有限公司，公司总占地面积100000平方米，注册资金500万元人民币，固定资产5500万元，是一家集研发、生产、营销为一体的现代化PVC发泡板材的生产企业。

公司生产的PVC微发泡板材，产品规格品种齐全，是以塑代木、以塑代钢的新型绿色环保材料，具有防潮、阻燃、隔音、隔热、吸音、保温、不变形、无毒、美观、抗老化、能力强等优点。并具有同木材一样的加工性能，可锯、可刨、可开孔、可钉、可上螺丝、可粘接，而且具有木材没有的热黏合、塑料焊接等加工方法，是一种符合国际标准的新型装修装饰材料。

公司现有职工280余人，其中大中专毕业生160多人，拥有一支高素质、事业型的管理团队，秉承“敬业、创新、务实、严谨”的企业精神，不断加强内部企业管理，完善全面质量管理体系，推行“5S”管理法。在国外，产品已辐射美国、印度、俄罗斯、欧洲、南美、中亚、非洲等国家和地区；在国内，产品辐射各省区市。未来的山东博拓，将成为集研发、生产、营销、国际贸易为一体的大型专业PVC发泡板材生产基地。

2010年，该公司与青岛科技大学开展产学研一体化合作，建立了“教学实践基地”和“工程技术科研中心”，2012年组建“青岛科技大学博拓实验室”，为公司的科研创新提供了人才保障。

2012年，该公司成为国家高新技术企业，公司已申报专利35项，其中已授权发明专利13项，实用新型专利22项。公司已通过ISO9001：2008质量管理体系认证、GB/T 24001—2004/ISO14001：2004环境管理体系认证和OHSMS18001职业健康安全管理体系认证。

该公司2012年实现产值约10196万元，利税1690万元；2013年实现产值18650万元，利税3080万元；2014年实现产值18583万元，利税3111万元；2015年实现产值19365万元，利税1031万元；2016年实现产值17487万元，利税4679万元；2017年实现销售收入17161万元，利税1222万元；2018销售收入14615万元，利税876万元；2019年销售收入14202万元，利税347.9万元。

3. 山东汇丰木塑型材股份有限公司

公司成立于2013年6月8日，2014年8月25日股份改制为山东汇丰木塑型材股份有限公司，2014年9月24日在齐鲁股权交易中心成功挂牌，标志着公司在发展过程中进入了一个新的里程碑。公司位于平邑经济开发区温水园区，丰山路以西，327国道以北。注册资本3000万元，目前现有职工近172人（科研技术人员23人），占地118亩，截至2016年总投资已达到1.2亿元，预计2016年实现销售额1.5亿元、实现利税1500多万元。公司是一家集研发、生产、销售PVC广告板、PVC家具板、PVC建筑板、地板基材为主营业务的现代化企业。2015年12月荣获“高新技术企业”称号。公司目前拥有十几条先进的板材生产线，年生产能力达30000吨，同时培养了一大批专业知识的生产技术人员和现代化经营运作的管理人员。公司产品销售已覆盖全国各个省、市（直辖市）及自治区，并已经远销越南、印度、澳大利亚、英国、沙特、南非、阿联酋、伊朗、菲律宾、南美等国家和地区。

公司立足高起点、高科技、高品位，以“做百年企业，创百年名牌”为战略目标。以良好的产品质量和优质的售后服务，以及优惠的市场价格赢得了市场，赢得了广大客户的一致好评。并于2015年底顺利通过ISO9001：2008国际质量管理体系认证，为产品质量提供了实质、可靠性的验证。山东汇丰将以科技创新为先导，以服务用户为中心，通过实施人才战略，创新战略，品牌战略，以崭新的姿态迎接国际化的竞争。2016年实现产值11522万元，利税2393万元；2017年实现产值约15000万元，利税1320万元；2018年销售收入17522万元，利税1051万元。

4. 济南海富塑胶有限公司

海富塑胶是由海富公司与美国福安投资公司共

同投资建立的中美合资企业。该公司现有员工200余人，占地面积17000平方米，主要以生产PVC系列板材为主。目前公司共有6条生产线，全部进口于德国和奥地利。该公司依靠先进的设备，严格的企业管理，先后开发了宽幅PVC发泡板和超厚PVC挤出硬板，PVC挤出硬板厚度可达50mm，并于2011年成功开发生产出了CPVC板，高光亮PVC板材和永久抗静电PVC板材。2013年公司累计生产PVC系列板材12000吨，实现产值12300万元，出口创汇1600万美元。2014年公司累计生产PVC系列板材9864吨，实现产值8200万元，出口创汇1236万美元，利税392万元。2016年实现产值10626万元，利税2630万元。2019年9600万元，利税472万元。产品畅销国内，并远销东南亚、中东、北美、中南美、欧洲等地。

（中国料协硬质PVC发泡制品专业委员会）

专家委员会和技术协作委员会

中国塑协专家委员会和中国塑协技术协作委员会在2019年里，在“为行业服务，为企业服务，促进塑料产业技术进步与发展”的宗旨指导下，在协会的领导和支持下，密切联系专家，搭建交流平台，积极开展工作，努力为企业和行业服务。成功举办了聚氯乙烯产业链转型升级项目研讨会，助推中国聚氯乙烯产业链转型升级。加强专家队伍建设，积极吸纳行业专家，扩大专家队伍规模。完成了专家系统信息库的高效利用，实现专家队伍信息的一站式线上管理。提高了公众号内容的丰富性、原创性，扩大公众号影响力等工作。

一、引导并助推中国塑料加工行业的PVC产业链转型升级

1. 积极牵头承担“PVC产业链转型升级项目及工作组”并开展活动

2019年初，中国塑协根据行业技术发展现状，面向塑料加工行业“十三五”后期（2019、2020年）的重点技术方向及塑料加工业“十四五”规划及中长期战略需求，围绕协会《塑料加工业“十三五”技术进步指导意见》提出了“三化一微”及智能化技术方向和重点任务和成立重点项目工作组的工作安排，专家委员会积极响应，牵头承担并成立了“PVC产业链转型升级项目及工作组”工作，积极联合行业上下游相关原料、助剂、制品、装备相关专家及协会涉及PVC的多个专业委员会及相关专家、企业，组织开展包括专用树脂、助剂、配方、改性料、高性能制品、生产装备、国外产品替代、系列标准的研究及产业化相关工作。

2. 成功举办聚氯乙烯产业链转型升级项目研讨会

2019年7月6日，由中国塑料加工工业协会主办，中国塑协专家委员会承办，中国塑协技术协作委员会、塑料助剂专委会、管道专委会、人造革合成革专委会、异型材及门窗制品专委会、板片材专委会、PVC发泡制品专委会、线缆材料专委会和医用塑料专委会协办的中国塑料加工行业聚氯乙烯产业链转型升级项目研讨会在北京山西大厦召开。来自全国各地90余名从事PVC材料研发和制品生产的教授、专家、企业负责人和相关技术人员参加了此次会议。

会议分为主旨报告、聚氯乙烯相关制品行业情况介绍与创新需求研讨和聚氯乙烯产业链协作及创新热点问题研讨三个环节。

主旨报告环节由中国塑协专家委员会主任、北京化工大学杨卫民教授主持。杨卫民主任对召开此次会议的主旨进行了说明。聚氯乙烯是五大通用塑料之一，具有综合力学性能优异、高阻隔、自阻燃、耐磨与耐化学腐蚀性等独特优点，也是我国具有优势的战略性树脂品种。但是，长久以来，各种助剂的不当使用、散乱差的发展现状以及部分媒体的不当宣传使消费者对聚氯乙烯制品“谈之色变”。为促进聚氯乙烯产业链转型升级和健康发展，推动高性能聚氯乙烯研发及创新应用，中国塑协专家委员会特联合相关专业委员会组织召开聚氯乙烯产业链转型升级项目研讨会，拟从树脂、助剂、配方、专用装备、高性能制品等全产业链全方位开展技术创新。

中国塑料加工工业协会朱文玮理事长出席会议并讲话。他指出，此次会议是中国塑协深入贯彻实施国家创新驱动发展战略、提高行业的自主创新能力和核心竞争力、推动中国塑料加工行业的转型升级实现高质量可持续发展的重要工作之一。中国塑协愿为大家搭建平台，做好服务，做好呼吁、沟通及立项支持工作，为相关工作的顺利开展保驾护航。他期望各位代表通过此次研讨会能够对聚氯乙烯产业链各环节存在的共性难点与瓶颈问题进行充分梳理，通过企业、高校、科研院所的产学研协同合作，整合行业力量解决聚氯乙烯制品生产中的问题，实现聚氯乙烯这一行业重量级产品的质量技术提升。最后朱理事长号召广大从业者要以使命感和责任感为聚氯乙烯产业奉献自己的一分力量。

主旨报告环节主要从国内外聚氯乙烯宏观发展方向与前景、树脂、助剂、装备以及创新应用等方面进行探讨。中绿英科（北京）科技有限公司刘东升总经理，四川大学郭少云教授、皮红副教授，云南正邦科技有限公司王寿元董事长、王奕副总经理，北京化工大学丁雪佳教授、副研究员兼专家委员会副秘书长焦志伟，中国塑协助剂专委会施珣若副主任和王玮秘书长九名专家分别做《中国聚氯乙烯产业将迎来历史发展新时代》《将 PVC 材料融入国家重大需求中的一些思考与实践》《国外聚氯乙烯产业发展状况》《医疗和食品接触用增塑剂的国产化及功能 PVC 医用材料技术探讨》《聚氯乙烯的创新应用及加工设备发展现状》《聚氯乙烯制品用稳定剂现状和发展趋势》《聚氯乙烯制品用增塑剂现状和发展趋势》报告。

刘东升总经理介绍了电石法 PVC 无汞触媒催化聚合方法的研究进展，指出与原有的生产工艺相比，无汞触媒催化技术降低了材料毒性，促进了生产链的绿色环保化；提出研发生产 PVC 专用料是我国聚氯乙烯产业高端化的核心，需加大研发内增塑、自稳定聚氯乙烯树脂、聚氯乙烯全塑房屋、家具、农药包装、水上浮筒、产品托盘、公路及通信系统、家电的材料等大宗聚氯乙烯应用领域的集成技术。同时强调要借助“一带一路”政策的契机，让国产优质 PVC 产品走出去。

郭少云教授指出行业进步需要龙头企业的引领，技术创新是基础，产品质量是发展命脉。他号召从事 PVC 行业的领军者要对 PVC 材料树立信心，做好科普宣传，并消除大众对 PVC 的误解。郭教授研究 PVC 材料多年，开发了 PVC 自增塑等一系列改性材料，并获得了非常好的实际应用效果。

王寿元董事长从 PVC 专用树脂的开发谈到如何建立与下游有效联动的机制，介绍了公司的研发装置、配套工程、聚合物加工和验证平台及对树脂性能优化方面所做的工作。

丁雪佳教授介绍了医疗和食品接触用增塑剂的国产化及功能 PVC 医用材料技术。其研发的 DEHCH 增塑剂可取代传统的 DEHP 增塑剂，可应用于输血专用粒料、血小板保存袋等专用粒料、PVC 气管插管不仅增加制品透明度，亦可改善材料变硬、变脆、强度下降，对人体安全和药物相容性的潜在危险等问题。他还介绍了生物基聚酯弹性体 BPE 在于抗菌医用 PVC 材料中的应用前景。

焦志伟副秘书长介绍了国内外聚氯乙烯的创新应用和加工设备发展现状。他以丰富的图片展示了 PVC 在运输水袋，“可携带的家”、会议厅、奥林匹克场馆及餐厅、上海世博会场馆等建筑领域，在充气椅、医用地板、橱柜、拖鞋和服饰等家具、家居应用，在如立方棱镜、街头雕塑等时尚艺术品上应用的情况，介绍了 PVC 的压延、挤出、吹塑和注射等加工生产设备。

皮红教授结合实验室和产学研成果介绍了自稳定化 PVC 树脂的开发进展。提出对 PVC 进行结构修复和植入重塑的思想，合成出高光亮 PVC、高黏度 PVC 和自稳定 PVC 树脂。其中自稳定的 PVC 树脂中双稳定化结构阻断了材料自身的降解历程。

施珣若副主任报告了聚氯乙烯制品用稳定剂现状和发展趋势。指出稳定剂是 PVC 产业环保化进程的稳定支撑，提升稳定剂功能化使 PVC 产业链绿色发展，需要协会和地方政府的合作。

王玮秘书长介绍了 PVC 增塑剂的情况。她谈到目前用途广泛的 DOTP、DOP 增塑剂是石油衍生物，而新兴的医用环氧型增塑剂并未得到广泛的使用。增塑剂已从传统小规模间歇式向全连续或半连续、间歇式多种工艺并存的技术体系发展，生产日趋环保化，但仍存在产能过剩、开工率低、品种稀少、专用和高性能品种不足等问题。需加强新产品的开发能力及上游竞争力，重视基础性研究工作。根据目前助剂 DOTP 使用增速放缓而 DOP 增速增长的趋势，需加大环保督查的力度，加快环保、特种增塑剂的研发，产业结构需要进一步优化。

CathyWang 副总经理从国外市场出发介绍了欧美 PVC 市场的现状。以数据和图表的形式，分析了美国、加拿大 2000—2016 年 PVC 的需求量和经济周期的吻合程度。她介绍：目前 PVC 生产在北美严格控制了二噁英的排放；欧洲在 2018 年 12 月 31 日后电石法生产已经完全废除。有 70% 的 PVC 应用于建筑领域，PVC 产品应用于新能源的发展如光化学反应器、光伏电池中的屋顶薄膜等。

上述主题报告精彩纷呈，给参会代表从全行业、产业链的视角对聚氯乙烯的现状与发展有了全面的认识了解。

聚氯乙烯相关制品行业情况介绍与创新需求研讨环节分别由中国塑协专家委员会副秘书长焦志伟和秘书长田岩主持。

来自中国塑协 PVC 相关制品行业的专业委员会的 9 位秘书长分别就 PVC 人造革板材、异型材、线缆制品、节水器材、管道、医用塑料制品及助剂等行业存在的问题与创新需求做了进行梳理与介绍。

中国塑协人造革合成专业委员会秘书长冯庶君介绍了目前 PVC 人造革及相关制品的应用和发展情况，表示 PVC 人造革目前规模仍较小，主要应用于箱包、商务地板和灯箱等。PVC 人造革占全行业 195 条生产线的 1/3 左右，总产量约 70 万吨，使用的是粉状或糊状树脂，行业发展方向是巩固传统聚氯乙烯人造革并发展新产品，提升聚氨酯人造革的产品质量，向高性能功能性人造革进行转型，同时实现技术（节能减排、降低能耗、淘汰 DMF 的使用、淘汰燃煤锅炉）、市场和管理三者转型。具体方向包括：从工信部限制目录中消除；和纤维进行复合，制备高性能人造革；使用环保材料，但目前使用生物增塑剂容易发生霉变。

中国塑协板片材专业委员会/中国塑协硬质 PVC 发泡制品专业委员会秘书长周家华从 PVC 板片材及硬质 PVC 发泡制品角度阐述 PVC 是最早工业化的树脂品种，PVC 硬制品占消费量的 65%，软制品占 35%左右。硬质 PVC 发泡材料被称为“未来的木材”，用于建筑模板、建筑装修材料、家具、广告、包装、汽车制造等具有许多优势，在我国年产量约 100 万吨。存在的问题：①用作建筑模板时，耐温不足，浇筑高标号混凝土时变形大；刚性不足，需增加背楞，加大了工作量；同时价格昂贵，是木模板的 2 倍。因此，硬质 PVC 发泡建筑模板性价比低，和传统木模板对比没有优势。②PVC 透明板片材可替代 PC 阳光板，但目前耐温性能低；此外 PVC 透明板在包装材料方面已有较大市场，如果能进一步提高阻隔性，应用范围可进一步扩大。③在汽车上的应用也需提高耐温性和刚性。④作为装饰材料，需减小发烟量。⑤高发泡硬质 PVC，可大量用于复合制品、保温材料等。

总之，PVC 板片材年需求量超过 300 万吨，提高板片材的耐温性、强度、阻隔性是扩大用量的一个重要瓶颈，硬质 PVC 应向高性能、轻量化方向发展，市场非常广阔。

中国塑协异型材及门窗制品专业委员会秘书长李静霞介绍了 PVC 塑协异型材及门窗制品方面的情况。国内异型材现有产量 200 万吨，目前企业在艰难处境中向着高端化和多元化发展。

杨飞虎代表补充：①PVC 上下游应围绕终端制品性能的提升做工作；②产品升级后可以在海外市场上竞争；③PVC 行业是大行业，作为低端化的代表并不公平。

施珣若代表补充：铅盐稳定剂现在比环保稳定剂价格更高，钙锌稳定剂利润率低，不利于健康产业的形成。可以把相关企业组织起来，发展优质产品；另外需做一些对用户开放的数据。

郭少云代表补充：聚氯乙烯门窗应该走上层路线。

郭一鹤代表补充：市场乱象很严重，如何惩治非标产品值得考虑。

中国塑协线缆材料专业委员会秘书长苑会林介绍了 PVC 线缆制品的相关情况。他分析了耐高温和耐低温的高聚合度树脂以及疏松型 PVC 树脂应用于电线电缆的状况，建议尽快制定电线电缆料团体标准，以标准引领行业朝高品质和可持续方向发展。

中国塑协节水器材专业委员会秘书长常军讲述了 PVC 塑协节水器材的有关内容。农业节水灌溉的发展从原始的浇地到现在的浇庄稼，从土壤施肥到现今的农作物施肥，从渠道疏水到管道输水，从水肥分开到水肥一体，整体朝向节水、节肥、增产的方向前进。农业节水滴灌系统，是实现农业现代化的核心环节，需要设计可使用 30 年到 50 年的地下管材，重视 PVC 的产品质量。

李咏懋博士代表中国塑协医用专委会介绍了 PVC 医用塑料制品的发展。他指出：一系列的安全性问题，给 PVC 进入医疗市场造成巨大压力。主要是由于增塑剂的问题、废弃塑料的处理方式未成体系，依旧采用焚烧、填埋、和简单的回收利用，监管体系不完善、科研投入力度、成本低、技术转化滞后。

中国塑料加工协会管道专委会秘书长赵艳介绍了 PVC 塑料管材的情况。她表示：今年塑料管道增长速率放缓，亟须提升产品的强度和阻燃性、解决加工过程中热稳定性差的问题。目前的管材中 PVC 管材占管道总产量的 50%，应用技术水平不断提高，诞生出PVC-U、PVC-M、PVC-C、PVC-O和PVC-S等型号产品。但依旧存在材料价格波动大，产品质量参差不齐，宣传推广动力不足，环保压力大等问题。而PVC产品中存在低端产能过剩，高端不足的矛盾以及产品结构需要调整等缺点。她提出PVC管材的发展需要扬长避短，政产学研用融合起来，产业链间密切合作，充分发挥中国PVC树脂的产能优势，推动PVC管道生产的规范化和技术进步，加强产品自主创新。

聚氯乙烯产业链协作及创新热点问题研讨环节主要是对聚氯乙烯的创新开发与应用开展交流与探讨，与会代表就聚氯乙烯树脂专用料发展、功能材料研发、集装箱内衬创新应用、聚氯乙烯保鲜膜、相关行业标准制定以及行业健康发展模式等热点问题进了研讨。

中绿英科北京科技有限公司总经理刘东升以模式创新为切入点阐述了聚氯乙烯树脂及专用料。提出了专用料的发展需要大企业进行相关的整合，实现PVC产业发展的环保化和专一化。

山东鲁泰控股集团有限公司栾晓波先生列举了聚氯乙烯功能料的创新研发案例。重点介绍了石墨烯与PVC复合材料的研究进展，采用熔融共混法，使石墨烯与PVC高浓度料经过两次分散，取得良好的分散效果，目前开发了HCM、SCM和HMS三种PVC石墨烯复合材料系列产品。他也提出了对PVC新材料的升级，实现绿色催化工艺，开发功能型改性料等建议。

青岛朗夫包装有限公司刘镇总工程师分析了集装箱固体/液体包装的潜在应用案例。集装箱液袋用于单程运输无须返箱费用和清洗费用，没有舱位和箱源短缺问题，降低包装成本能减少拆卸过程。红酒包装袋具有超高阻氧性能，安全卫生，内层采用的是食品级LLDPE。随后也介绍了定制化海包箱、四角纸箱和IBC内附袋等公司产品。

南通海珥玛科技股份有限公司总经理邓健能列举了聚氯乙烯保鲜膜的应用案例。快递和外卖行业的兴起加大了保鲜膜的市场需求。PVC保鲜膜具有良好的透明度，优异的阻隔性能，拉伸强度，阻燃性能和自黏性。目前PVC保鲜膜存在的质量问题，是由于生产竞争，部分公司使用工业级电石法生产树脂造成的，同时产品中大豆油、DOA未达到FDA残留标准，造成产品易燃，应用领域并未严格区分，不同类型的PVC保鲜膜混合使用。PVC保鲜膜危害主要要素是塑化剂的使用，需要用生物基增塑剂去替代。他也提出了需要重新修订PVC保鲜膜团体标准，同时稳定剂需要无毒和环保化发展，对PVC保鲜膜制定严格的使用分类标准。

与会专家还就PVC发展和应用中的其他技术问题进行了热烈讨论，代表们畅所欲言，积极踊跃发言，会议气氛热烈，高潮不断。

最后由中国塑协专家委员会杨卫民主任做了会议总结。他表示，与会代表的积极参与与踊跃发言表明大家对聚氯乙烯产业的关心与热爱，在大家的共同努力下，氯乙烯产业的转型升级一定会取得成功。他指出，推动高性能聚氯乙烯研发及创新应用、促进聚氯乙烯产业转型升级和健康发展符合国家战略与行业发展内在需求，聚氯乙烯要争取更多参与国家重大项目建设，并对未来聚氯乙烯行业发展方向提出了建议。

此次会议为聚氯乙烯行业的提供了良好的交流平台，奠定了未来各个产业链的协同发展的良好基础，也是专家委员会服务于行业发展的一种全新探讨。大家一致认为，以聚氯乙烯制品为核心，联动上下游全产业链，坚持创新引领，就一定能实现聚氯乙烯产业链的成功转型升级。会后中国塑协专家委员会秘书处将对会上大家提出的问题与建议进行深度梳理与凝练，形成具有代表性的行业难点、痛点与瓶颈问题，为聚氯乙烯转型升级工作组的成立奠定基础。

会议亮点：秘书处在参会回执表格设置热点议题征集项，获得参会代表的积极反馈后，对收集的热点议题进行了精细的分类归纳，分为助剂、树脂、工艺配方与改性、制品、市场政策与标准相关议题。在会议期间以内部资料形式传阅，在聚氯乙烯产业链协作及创新热点问题研讨环节，参会代表以头脑风暴模式对热点议题里的行业难点、痛点与瓶颈问题进行了深入探讨，为聚氯乙烯转型升级工作组的成立奠定基础。

二、加强专家队伍建设与管理，努力搭建专家交流平台

在2018年的基础上，继续组织新、老专家的认定、聘任工作，扩大专家队伍。今年又认定、聘任专家19名，秘书处进行了大量的繁杂、精细的工作，截至目前专家委员会专家达383名，并由中国塑协批准聘任（图1）。

充分利用网上管理系统，实现便捷式线上管理。秘书处充分利用2017年引进的专家管理系统，对300多位专家进行线上管理。对网上管理系统定

中国塑料加工工业协会

中国塑协专家〔2020〕001号

关于中国塑料加工工业协会专家委员会第四届

第三批认定专家的聘任通知

依据《中国塑料加工工业协会专家委员会工作条例》（修订稿）的规定，经本人申请，中国塑料加工工业协会专家委员会主任委员和副主任委员评审通过，聘任以下人员为中国塑料加工工业协会专家委员会第四届专家。

专家名单见附件。

中国塑料加工工业协会专家委员会

2020年3月4日

图1　19名专家聘任通知

期维护，推广线上专家申请，并完成线上注册、审核、缴费等一站式服务。并利用专家系统的数据统计功能，实现对每个专家节假日的祝福推送。

建立多个微信群，搭建专家交流平台。现已建立PVC产业链转型升级研讨会群、2018中国塑协专家委员会年会群、中国塑协专家群。秘书处及时将中国塑协、专家委员会更新的公众号信息进行转发。通过专家群，密切联系专家，同时加强了专家们的交流、沟通与感情，也给专委会的工作带来了便利。

三、加强公众号内容的原创性和丰富性，扩大影响力

定期维护专委会公众号，及时推送行业最新信息。2019年专家委员会公众号除日常推送行业最新政策、技术信息外。为增强公众号原创性，丰富推送内容，扩大专委会和公号影响力，相继推出了行业专家精品论文专刊、精彩的乙烯基材料专刊、塑料加工新技术推介系列专刊。

行业专家精品论文专刊是秘书处整理“2018年塑料新材料、新技术、新成果交流会暨中国塑协专家委员会年会”论文投稿中的优秀论文后，以公众号形式定期发布，总共发布15期。可喜的是，据读者反馈，通过本专刊获得了所需技术，成功实现了技术供需对接（图2）。

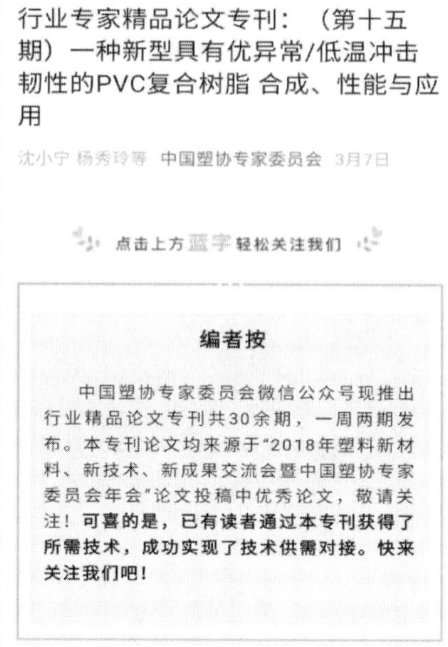

行业专家精品论文专刊：（第十五期）一种新型具有优异常/低温冲击韧性的PVC复合树脂 合成、性能与应用

沈小宁 杨秀玲等　中国塑协专家委员会　3月7日

点击上方蓝字轻松关注我们

编者按

中国塑协专家委员会微信公众号现推出行业精品论文专刊共30余期，一周两期发布。本专刊论文均来源于“2018年塑料新材料、新技术、新成果交流会暨中国塑协专家委员会年会”论文投稿中优秀论文，敬请关注！**可喜的是，已有读者通过本专刊获得了所需技术，成功实现了技术供需对接。快来关注我们吧！**

图2　行业专家精品论文专刊

精彩的乙烯基材料专刊是秘书处通过查阅Vinylplus网站，将介绍趣味性聚氯乙烯用途的科普文章进行翻译后，制作成PPT，以图片形式呈现。截至目前本刊总共发布九期，后续将持续发布。本刊旨在传播乙烯基材料的趣味性用途，改变对乙烯基材料，特别是国内对聚氯乙烯的刻板印象。力争为改变由于各种助剂的不当使用、散乱差的发展现状以及部分媒体的不当宣传使消费者对聚氯乙烯制品“谈之色变”的情况而努力（图3）。

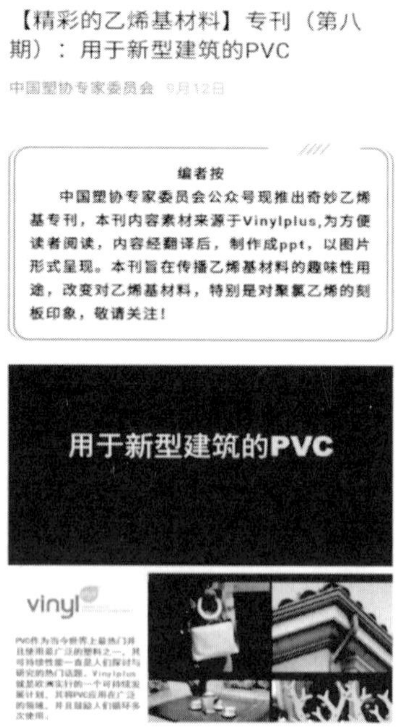

【精彩的乙烯基材料】专刊（第八期）：用于新型建筑的PVC

中国塑协专家委员会　9月12日

编者按

中国塑协专家委员会公众号现推出奇妙乙烯基专刊，本刊内容素材来源于Vinylplus,为方便读者阅读，内容经翻译后，制作成ppt，以图片形式呈现。本刊旨在传播乙烯基材料的趣味性用途，改变对乙烯基材料，特别是对聚氯乙烯的刻板印象，敬请关注！

图3　精彩的乙烯基材料专刊

塑料加工新技术推介专刊旨在为专家、企业服务。选取国际权威专刊关于塑料加工技术的最新论文，对论文题目、摘要、关键词、实验图文等进行翻译，并附原文链接。旨在为专家、技术人员的研究提供参考，把握塑料行业最新技术信息，更好地为行业服务。本刊推出后收获许多专家的良好反馈，目前本刊已发布十四期，前七期每期一篇文章，后七期每期两篇文章（图4）。

《Scientific Reports》：用氧化石墨烯和增塑剂制备高性能聚氯乙烯凝胶人造肌肉执行器

原创 中国塑协专委会 中国塑协专家委员会
2019-08-09

1 研究背景

聚合物的人造肌肉因其具有大应变、高响应率以及对温度、酸碱度、光和电场等外部因素的响应并且具有大功率输出，因此受到了研究界的极大关注。电活性聚合物（EAP）是一种对电刺激有较大应变的聚合物，离子聚合物金属复合材料是一种执行机构，在低输入电压下表现出相对较大的变形，通常在1-3 V左右，但它们需要水化才能正常工作。聚合物凝胶在执行器、人造肌肉和传感器的应用中具有极大的价值，因为它们的体积和形状可以通过多种变量来控制，如温度、溶剂、光、酸碱度和电场。而在聚合物凝胶中聚氯乙烯（PVC）凝胶显示出明显潜力，因为PVC是容易获得，低成本，电不活跃的聚合物。增塑聚氯乙烯凝胶也显示出良好的柔韧性，能够适应不规则的表面，并具有很高的表面张力。此外，PVC凝胶具有执行器的许多优点，例如在空

塑料加工新技术推介【第七期】

中国塑协专家委员会 2019-12-06

一种由回收的和未经处理的PET共混形成的新型食品包装材料

Fatma Masmoudi，Sébastien Alix

斯法克斯大学 突尼斯

中国塑协专委会秘书处译

摘要：

本研究针对塑胶废弃物回收利用的环境问题，目的是以回收的瓶子为原料，通过优化最适合用作食品接触包装的未经加工和再生的PET混合物比例，实现PET（聚对苯二甲酸乙二醇酯）的增值。

利用不同的回收率，通过挤出和注射成型制备了这些材料的混合物，通过流变学、力学和热分析，研究了PET与食品接触包装的相容性。流变分析表明，再生PET降解时，与未经加工的PET相比，粘度降低。结果表明，在低变形条件下，加入再生PET可显著改善共混物的力学性能。使新材料更坚硬，结晶度提高，并增加了材料的电阻，从而提高了其韧性。然而，在大变形时，PET共混材料由于严重的塑性损失而变质。研究表明，混合物中PET再生与未加工比例为30：70时最好。所研究的混合物，整体符合欧洲标准，允许将回收的再生PET用于包装，这是循环经济原则中可持续发展的一个问题。

图4 塑料加工新技术推介专刊

四、配合协会组织2019德国杜塞尔多夫国际塑料及橡胶展览会

专委会秘书处为中国塑协参加2019德国杜塞尔多夫国际塑料及橡胶展览会（2019K展）考察团的欧洲之行做了大量的前期准备工作。通过详细了解2019K展会举办地德国杜赛尔多夫及邻近国家城市情况，为考察团队联系、安排了一系列与当地行业知名企业、欧洲顶尖学府、研究院等的公务活动，制定了详细的行程安排表。为保证考察团公务活动的高质量完成，秘书处与参观、交流单位多次沟通，充分了解情况，明确参观、信息交流重点。组建考察团过程中，专委会做了大量宣传准备，特定拟定K2019商务考察通知，在公众号和网站上多轮发布，积极引导专家参加活动，至协会发团时，专家委员会组织团员达13个。

五、组织专家积极参加和配合中国塑协组织的系列活动及各专业委员会、地方协会的行业活动

2019年9月16—18日，中国塑料加工工业协会在河北沧州举办“中国塑料产业链高峰论坛暨中国塑协成立30周年庆典”系列活动，专家委员会积极配合协会做好宣传与组织专家参与的工作。

多位专家包括科技咨询委委员、工程院士们积极支持并参加活动。华南理工大学瞿金平教授、华中科技大学李德群教授、四川大学王玉忠及王琪教授4位中国工程院院士亲自到会，给协会产业链高峰论坛及30周年庆典活动增光增色。

在9月16日的中国塑协团体标准化技术委员会2019年年会上，瞿金平、王玉忠、王琪院士和多位企业、高校、研究院所专家参加会议活动并在讨论中积极发表意见建议；

9月17日，王琪、王玉忠院士主持了中国塑料

产业链高峰论坛的主题报告环节，李德群、瞿金平院士分别作题为《塑料注射成形智能化技术》《塑料加工及高值化利用》的主题报告，和代表们交流塑料加工行业最新技术和发展前瞻，针对行业面临的新问题、新情况、新挑战，提出发展新方略。

9 月 18 日，于建、施珣若、李毕忠、何慧、苑会林、张胜、温变英、焦志伟、杨松玮等十几位专家，还参加了协会专家与河北沧州渤海新区塑料相关企业代表的座谈对接会，就企业的产品方向及技术问题进行座谈、沟通与技术指导。

2019 年 11 月 29—30 日，中国塑料加工工业协会在福建技术师范学院以及中国塑协改性塑料专委会、再生塑料专委会等单位支持下，在福建福清市举办了“塑料生态化与绿色技术创新体系建设”工作会及系列活动，成立了“海洋废塑料防治工作组”，向全社会发出“文明使用塑料，减少海洋垃圾从我做起”倡议书，并开展了“减少海洋塑料垃圾从我做起”义务捡拾垃圾清滩活动。

专家委员会多位专家积极参与支持本次活动。其中：协会科技咨询委委员、福建师范大学福清分校陈庆华校长，主动承担了系列活动繁杂的会务工作，邀请、组织福建当地政府与高校、专家及企业参加协会系列活动，做了大量积极而有益的工作。中国工程院院士、华南理工大学瞿金平教授勇挑重担，出任了由行业内多位专家、企业代表组成的“海洋废塑料防治工作组”组长并在“塑料生态化与绿色技术创新体系建设工作会”上做《塑料绿色制造与再制造技术进展》报告；在在 11 月 30 日上午有相关领导、行业专家、企业代表 300 余人参加的“塑料生态化与绿色技术创新体系建设工作会”开幕式上，中国塑协理事长兼科技咨询委主任朱文玮在做“加强塑料生态化建设，为人民生活更美好贡献力量”的主旨讲话。他分析了塑料行业面临的新形势、新挑战、新机遇，介绍了中国塑协应对塑料垃圾尤其是海洋废塑料进行的主要工作，并针对塑料行业的形势，建议在生产领域、应用领域、回收再利用领域和标准化工作等方面对塑料行业生态化、可持续发展做出努力和回应。他指出，新发展理念强调人与自然和谐共生，塑料制品由于其低能耗、低污染性的生产方式是绿色发展的主要生产力，相信塑料行业在加强生态化建设和可持续发展中，为人民生活更美好贡献力量。中国塑协科技咨询委委员、中国塑协改性塑料专委会主任于建教授代表中国塑协分支机构致辞；中国塑协副秘书长兼中国塑协专家委员会秘书长田岩介绍“中国塑协海洋废塑料防治工作组”组建情况；福建师范大学福清分校校长/聚合物资源绿色循环利用教育部工程研究中心主任陈庆华教授做《再生塑料颗粒通则》团体标准解读与宣贯。中国塑协科技咨询委委员、北京市化工集团总工陈宇主持了专家科普报告环节。

11 月 30 日下午，在福建师范大学福清分校举行的“减少海洋塑料垃圾从我做起”义务捡拾垃圾活动启动仪式上，陈庆华校长和协会科技咨询委委员、中国塑协副理事长兼秘书长王占杰分别讲话。同期，多位专家还参加了行业标准《回收和再生 ABS 的分级技术规范》送审稿的讨论定稿会、行业准备申请的国家重点研发项目研讨会。

“塑料生态化与绿色技术创新体系建设”系列活动组织得有声有色，得到央视的报道与宣传，这其中和专家们所起的作用分不开。

此外，在 2019 年协会各个专业委员会、各地方协会组织的专业技术活动，包括年会、科技论坛、报告会等活动中，都可以看到协会专家委员会专家们的身影，他们为中国塑协和各专业委员会 2019 年几十场活动的成功举办、为传播塑料加工行业新技术、推动行业的技术进步扮演了重要的角色并发挥了积极作用，受到了广泛的关注和好评。

附：2019 年塑料加工相关科技信息

一、研究报告与标准法规

1. 我国首个石墨烯国家标准出炉

泰州巨纳新能源有限公司牵头起草的我国首个石墨烯国家标准 GB/T 30544. 13—2018《纳米科技术语第 13 部分：石墨烯及相关二维材料》正式发布。

该标准也是二维材料领域的第一个国家标准。类石墨烯的二维材料家族涉及学科跨度大、范畴广、种类多，一直以来呈现多点开花、新现象、新应用频出的创新态势。

二维材料是当下最前沿的科研应用领域之一，涵盖了印刷电子、柔性电子、超级电容、太阳能电池、量子点、传感器、半导体制造等，具有十分优异的机械、热学、光学特性，是多领域实现颠覆式创新的基础。根据国家标准的定义，由一层或几层构成，其中每一层内的原子与所在层内的邻近原子紧密成键结合，有一个维度（即其厚度）处于纳米或更小尺度，其余两个维度通常处于更大尺度的材料，称为二维材料。二维材料究竟有什么优异性能？由于单层二维材料的表面原子几乎完全裸露，相比于体相材料，原子利用率大大提高。通过厚度控制和元素掺杂，就可以更加容易地调控能带结构和电学特性。因此，二维材料更利于化学修饰，也更利于电子传递，同时它的柔性和透明度高，在可穿戴智能器件、柔性储能器件等领域前景诱人。我国首个石墨烯和二维材料国家标准主要由泰州巨纳新能源有限公司、东南大学等单位起草，前者于2010年成立，是国内最早从事石墨烯研究、检测、应用、标准化工作的公司之一。

文章来源：科技日报 2019-01-21（有删减）

2. 新材料技术成熟度国标发布

由工信部组织起草的GB/T 37264—2018《新材料技术成熟度等级划分及定义》已由国家市场监督管理总局、国家标准化管理委员会审核批准并正式发布，将于7月1日正式实施。

该标准依据材料从实验室研制到工业批产各个阶段的实际情况，将新材料的技术成熟度划分为实验室、工程化和产业化3个阶段的9个等级，同时界定了成熟度划分的等级条件、划分依据、判定规则等内容。工信部表示，该标准的发布与实施，将通过统一的标准判断特定新材料产品发展所处阶段，可以为政府制定政策与规划提供科学依据，引导新材料产业健康发展和优化布局，同时也为社会投资、生产部门等进入新材料领域，以及用户选材提供相应的决策参考，促进我国新材料技术与产业发展。

技术成熟度评价方法起源于20世纪70年代，目前已在国际标准化组织（ISO），美国国家航空航天局、审计署、国防部、能源部，英国和澳大利亚的国防部，欧洲太空局等部门和组织广泛应用。我国于21世纪初开始在航天飞行器、飞机与发动机等领域试行技术成熟度评价。近几年来，国内一些行业也开展了技术成熟度评价方法的研究工作，并在节能减排、信息技术等领域进行了应用。

文章来源：中国化工报（有删减）

3. 国内首个碳纤维加固领域技术规范正式出台

2019年3月18日，国内首个《碳纤维复合材料加固修复化工管道技术规范》正式出台实施，该技术规范由中国石化上海石油化工股份有限公司、哈尔滨工业大学等单位起草，它的出台对碳纤维加固行业健康发展具有重大意义。

该标准由中国复合材料工业协会复核，并在全国团体标准信息平台发布，其对碳纤维复合材料加固修复金属化工管道的材料性能指标、设计方法、施工方法、检验与验收方法等有了明确要求。碳纤维复合材料修复化工管道技术有工期短、操作简便、施工时不影响管道设备正常运行等优点，并可规避电焊、动火等特殊作业带来的安全隐患和停车风险。随着该项技术受到越来越多化工生产企业的青睐，技术标准不统一、施工质量参差不齐等问题极大地制约了该技术的拓展应用。

上海石化2015年首次成功应用自产碳纤维复合材料对化工管道进行了在线修复，并在液相丙烯、火炬气、甲烷氢等各类石油化工管道设备加固修复工程中积累了丰富的应用经验。通过与哈工大等院校在碳纤维复合材料补强领域的长年合作攻关，建立了高校基础理论研究与企业工程实践的深度结合与支撑，最终促成了业内首个标准的出台。

文章来源：中国石化新闻网

4. 联合国环境规划署发布《塑料与浅水珊瑚礁》报告

联合国环境规划署日前发布《塑料与浅水珊瑚礁》报告，重点关注浅水珊瑚礁，旨在探究塑料垃圾带来的影响并阐述现有认知情况及差距。报告主要针对国家和州政府一级的决策者，通过提出辅助科学依据，确保为各国政府官员以及区域环境组织和养护组织提供合理化建议和科学信息。

一、珊瑚礁中的塑料

报告指出，自20世纪30~40年代塑料行业飞速发展以来，塑料日益占据了消费市场的主导地位，大量塑料进入海洋环境。2010年，192个沿海国家共产生了约2.75亿吨的塑料废物，其中480~1270万吨的垃圾被排放到海洋。

研究表明，绝大多数浅水珊瑚生存的沿海地区是最容易受到塑料污染的地区之一。在所有活动中，旅游是产生海洋垃圾的最主要来源。除沿海地区发现大量塑料外，现已在全球五大海洋环流中发现塑料垃圾。截至2010年，据估计仅亚太地区就有111亿件塑料垃圾，预计到2025年，这一数字将增加到157亿件。

二、塑料垃圾对珊瑚礁的影响

报告指出，全球珊瑚覆盖率持续下降，全球范围内珊瑚群落的不断变化已呈现出令人极为担忧的态势。毋庸置疑，与气候变化和污染相关的人为压力是造成这种下降趋势的主要原因。海洋垃圾具有跨界性，因而在世界各大洋中随处可见，即使在人类无法企及的偏远地区也是如此。

科学家们研究证实，塑料垃圾污染与珊瑚疾病发病率增加有关。在珊瑚接触塑料垃圾之后，珊瑚发病率的可能性从4%骤升至89%。塑料垃圾对珊瑚的影响包括：

废弃的捕虾笼等海洋垃圾可能对深海珊瑚礁群落造成直接的物理和机械损伤。在发生暴风雨、科学家们研究证实，塑料垃圾污染与珊瑚疾病发病率增加有关。在珊瑚接触塑料垃圾之后，珊瑚发病率的可能性从4%骤升至89%。塑料垃圾对珊瑚的影响包括：

废弃的捕虾笼等海洋垃圾可能对深海珊瑚礁群落造成直接的物理和机械损伤。在发生暴风雨、的地方。这种运动对区域内的海绵体动物、八射珊瑚和石珊瑚造成严重破坏。这种机械损伤也与珊瑚等生物体相关疾病程度上升有关。

塑料上沾染“搭便车”的致病菌。塑料垃圾碎片可能对珊瑚组织造成直接影响，为诸如纤毛虫之类病原体大开方便之门。塑料碎片也可能直接带入病原体，影响珊瑚礁的健康。

塑料遮挡光线到达珊瑚组织，导致海水低氧。比珊瑚体积大的塑料碎片遮挡光线，并产生利于微生物生长的低氧条件，这可能影响珊瑚礁寄宿生物的微观生境。

塑料垃圾导致珊瑚内脏堵塞和窒息。珊瑚直接摄入微塑料和纳米塑料以及其他一些种类的塑料，导致内脏堵塞。废弃的单丝钓线通过缠绕珊瑚，也会导致珊瑚窒息，对其健康产生负面影响。

海洋垃圾不仅威胁珊瑚礁生态系统健康和生物多样性，也对公共卫生、旅游、航运、捕捞以及水产养殖造成影响，从而使人类社会被迫承担高昂的经济成本。目前，只有较少的研究证明塑料垃圾对珊瑚礁生态系统会产生较大的影响，因此报告提出需要开展更多的科学研究，深入挖掘塑料垃圾对整个生态系统层面产生的影响。

三、政策及管理建议

为应对塑料垃圾带来的威胁，报告提出若干建议，希望能够推动全球海洋垃圾治理工作的开展。一是强化多方协同合作，从源头上清除海洋垃圾和塑料污染。二是加强国家级战略规划的制定，解决珊瑚礁上的陆源塑料垃圾污染问题。三是降低水产养殖、废弃/丢弃渔具产生的垃圾对珊瑚礁造成的影响。四是加大监测和研究的投资力度。

文章来源：中国海洋报

5.《聚酯中锑含量测定》行业标准获批准将正式实施

由上海石油化工研究院（以下简称上海院）牵头，与仪征化纤和天津分公司通力协作，在历时两年多的反复摸索试验和标准材料数次修改送审之后，SH/T 1824—2019《塑料热塑性聚酯中锑含量的测定》行业标准于2019年5月获工业和信息化部批准，并将于2019年11月1日正式实施。

传统聚酯产品的生产采用重金属锑系催化剂，含量为150~300毫克/千克，由上海院自主开发的新型钛系催化剂现已在上海石化、仪征化纤等大型聚酯装置上实现工业应用，生产的新型环保聚酯产品不含重金属锑，广泛应用于食品包装材料、卫生及建筑用材、纺织纤维、光学膜高亮膜等领域并取得了良好的经济效益，是中国石化重点推广的高端化学品。目前国内对相关聚酯产品中的锑含量并没有明确限定，也没有检测聚酯中总锑含量的相关方法标准。因此，亟须建立相应的规范性方法以满足生产企业质量控制和市场贸易的需要。

该标准的制定受到集团公司领导的高度重视，要求由上海院牵头并集中仪征化纤和天津分公司的技术力量，加快推进。该标准填补了国内现有标准体系中总锑含量测定的空白，与国际先进标准水平接轨，覆盖所有的热塑性聚酯产品，范围广、针对性强、检测下限低、更契合环保型聚酯产品配套试验方法的技术需求。热塑性聚酯产品锑含量测定行业标准的制定可以为聚酯企业发展高端化学品、改进产品质量、转型升级、提质增效、提高核心竞争力提供有力的技术支撑，同时也能促进石化行业统一产品标准和管理，为新型环保聚酯产品的生产、销售和市场贸易提供技术依据。

文章来源：中国石化新闻网

6. 阻燃聚碳酸酯专用料行业标准发布

中广核俊尔新材料有限公司牵头制订的HG/T 5511—2019《塑料家用和类似用途电气装置用阻燃聚碳酸酯专用料》标准将于11月1日正式实施。

家用和类似用途电气装置用阻燃聚碳酸酯专用

料（简称“PC 专用料”）主要应用于发电机、变压器、电力线路及断路器等设备。长期以来，国内生产厂家基本按照客户使用要求制订各自出厂标准，由于检测方法和材料品级差别大，PC 专用料后期应用质量风险评估难度高，容易造成无法挽回的损失。该标准规定了 PC 专用料的分类命名、要求、试验方法、检验规则、标志和随行文件、包装、运输和贮存等方面内容，有利于推动行业进一步向标准化、规范化方向发展。

文章来源：中证网（有删减）

7. 我国首次主导编写的涂料国际标准正式发布

海油发展常州涂料研究院（下称常州院）主导编写的 ISO23168：2019《色漆和清漆—水分含量的测定—气相色谱法》国际标准正式发布，这是我国在世界涂料领域主导编写的第一个国际标准，将进一步推动中国乃至世界涂料品种结构的改变，涂料品种向着水性化、更环保的方向发展，有效提升我国涂料行业和涂料分析测试技术在国际上的影响力，也标志着中国涂料工业在国际标准化领域迈出了历史性的一步。

目前，在国际上涂料中水分含量的测定主要采用卡尔·费休法，我国经过多年实践发现气相色谱法具备操作简单快速、重复性和再现性较好等优点，经过多次论证，气相色谱法可以在全球范围内推广应用。本次国际标准的制定以我国现行国家标准为蓝本，综合国内外最新技术水平而提出的。该国际标准从立项到发布仅用时一年多，比预计发布提早了近两年时间。

同时，由中国海油常州院承办的第 44 届 ISO/TC35 年会首次在中国召开，来自美国、英国、德国、法国、荷兰、瑞典、瑞士、日本等 12 个国家的 113 名代表参加会议，本次高峰论坛的成功举办大大推动了我国涂料标准化领域在国际上的话语权，为将来中国涂料行业更加深入融入国际标准化工作打下坚实基础。

文章来源：中国粉体网（有删减）

8. 塑料齿轮行业颁布国内首个标准

国家标准化管理委员会正式发布国家标准 GB/T 38192—2019《注射成型塑料圆柱齿轮精度制轮齿同侧齿面偏差和径向综合偏差的定义和允许值》。该标准填补空白，达到国际先进水平，是塑料齿轮行业企盼了几十年的事。

建立标准是成熟市场的需求齿轮作为机械传动应用广泛的一种传动装置，发展历史悠久。自从 1935 年纤维尼龙研制成功以来，高分子合成材料工业迅速发展，一种新型材料被应用在齿轮上，形成了塑料齿轮。与金属齿轮相比，塑料齿轮具有重量轻、惯性小、噪声低、自润滑等优点。其制品采用开模加工，生产效率高且成本低，经过几十年的发展已广泛应用于汽车电装、仪器仪表、服务机器人、家用电器、办公自动化、智能家居等各种行业领域。

特别是近二十年来，随着高强度、高耐磨等高性能的工程塑料研发改性成功，塑料齿轮朝着承受更高负荷的方向发展，塑料齿轮的应用进一步拓宽，在多个领域更有着“以塑代钢”的应用趋势。可以说塑料齿轮的迅速发展是齿轮领域的世界性趋势。然而一直以来，在塑料齿轮发展应用日益壮大的今天，中国却没有塑料齿轮标准，特别是缺失最基本的塑料齿轮精度标准，这严重制约着中国塑料齿轮行业的发展。

目前塑料齿轮与发达国家制造水平还存在一定差距，从而造成中国仍需从国外进口大量高档塑料齿轮的被动局面。想要突破这一困境，就需要从齿轮产品设计、塑性材料研发、注塑模具设计制造、新型注塑设备与新的注塑工艺研究和齿轮检测与实验等多方面着手研究，而这些问题的解决都离不开标准化体系的建立。但由于设计要求、制造方法、应用场所等方面塑料齿轮与金属齿轮的差异较大，因而塑料齿轮自身精度标准的制订存在相当的复杂性，成为中国齿轮行业亟待解决的问题。

注塑成型塑料齿轮精度标准为产品的计量检测和等级判定提供标准依据，有利于保证产品的质量和可靠性，从而引导产品有序竞争、健康发展，并推动持续创新和行业技术进步。既可规范企业的生产行为，建立良性市场秩序，助推产业技术进步，又能为企业拓宽采购渠道、减少对外依赖、提高工作时效、大幅降低采购和维修成本。

注塑齿轮有其特殊性，具有模数小、齿形由模具一次成型、加筋结构等特点。因而，注塑齿轮精度及其测量方法不能完全等同采用 ISO1328 和 ISO/TR10064 系列标准。

中国注塑齿轮精度标准虽然非等效采用 ISO 标准，但在宏观方面和 ISO 保持一致，尽可能与国际接轨。本标准在制定过程中，深入研究了 ISO1328 标准以及日本、美国、德国的相关标准，综合考虑国内的产业情况，确定本标准中的内容，保证了本标准的先进性。

文章来源：CPRJ 中国塑料橡胶（有删减）

二、3D 打印技术应用进展

3D 打印技术亦称增材制造技术（Additive Manufacturing，AM）或快速成型制造技术，是指基于电脑控制和计算机辅助设计（CAD）或计算机断层扫描技术（CT）模型，运用粉末状金属、塑料或光敏树脂等材料，通过逐层叠加的制造方式来构造物体。自 Hull 在 1984 年首次发明该技术快速制造复杂零件后受到全世界科学家的关注。近几十年来，各种基于不同材料性能和要求的 3D 打印制备技术和打印材料发展迅速。3D 打印技术由于具有打印精度高、可打印复杂结构以及快速成型等优点被广泛应用在多个领域，如航空航天、组织工程、汽车制造、模具制造等。

1. 清华徐卫国教授团队建成世界目前最大混凝土 3D 打印步行桥

目前全球最大规模的混凝土 3D 打印步行桥在上海宝山智慧湾落成。该工程由清华大学（建筑学院）-中南置地数字建筑研究中心徐卫国教授团队设计研发、并与上海智慧湾投资管理公司共同建造。该步行桥的打印运用了徐卫国教授团队自主开发的混凝土 3D 打印系统技术，该系统由数字建筑设计，打印路径生成，操作控制系统，打印机前端，混凝土材料等创新技术集成，具有工作稳定性好、打印效率高、成型精度高、可连续工作等特点。该步行桥的建成，标志着 3D 混凝土打印建造技术从研发到实际工程应用迈出了可喜的一步，同时它标志着我国 3D 混凝土打印建造技术进入世界先进水平。

信息来源：中国新闻网

2. 世界上首颗 3D 打印心脏—3D 打印人工器官新突破

2019 年 4 月 15 日，以色列特拉维夫大学在综合科技期刊 AdvancedScience 上刊文，宣布成功用人体细胞制造出世界上首颗 3D 打印心脏。这颗 3D 打印人工心脏大约两厘米长，和兔子的心脏大小差不多，看起来像个精致的小玩具。然而这颗心脏是货真价实的人类心脏缩小版，不仅有心脏细胞，还有血管和其他支撑结构，甚至能像真实的心脏一样跳动。

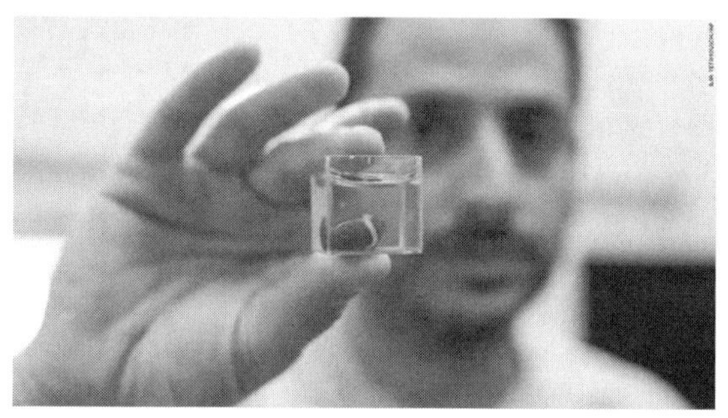

（特拉维夫大学研究员展示人工心脏）

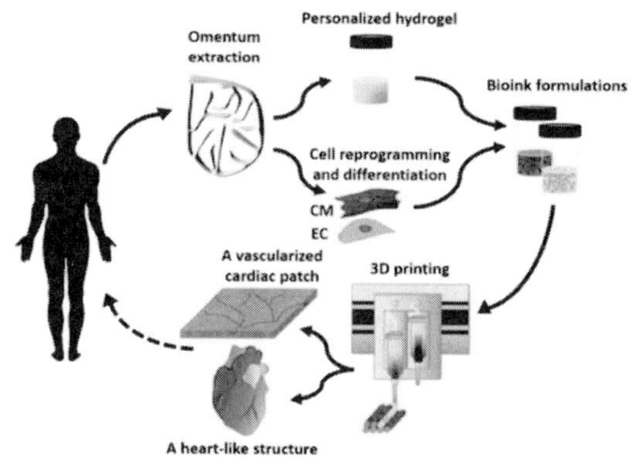

（打印过程示意图）

然而，我们能从这项技术身上获得的其实远远不止遥遥无期的心脏移植。利用相同的技术，膀胱、耳朵、血管、气管这些结构更简单的器官和组织，完全可以重现。对于心脏局部受损的患者而言，利用 3D 打印技术制造的心脏补丁（cardiac-patch）也可以被提上日程了。“也许，在十年内，世界上最好的医院就会配备器官打印机，让器官和组织打印成为一项常规操作。” Dvir 教授说。

文章来源：新浪科技

3. 超高速 3D 打印机或将“瞬间制物”

3D 打印的速度问题一直是该领域的研究难题。虽然连续分层打印技术和材料快速加热技术已经让 3D 打印的速度有所提高，但是速度仍然太慢，难以满足实际应用需求。

传统 3D 打印技术往往是通过塑料的层层叠加，用光对这些树脂层进行加固，甚至用激光熔化金属粉末来打印物品。

而现在，美国加州大学伯克利分校和劳伦斯·利佛摩国家实验室的一个研究团队正在研发一种新的 3D 打印方式，旨在通过“瞬间打印”技术推动整个行业的快速发展。

该团队以《星际迷航》中的“复制机”命名这一新技术。新技术完全改变了以往的打印方式，能够做到一气呵成地完成整个项目。打印的整个过程通过以光为“刀”，照射旋转树脂中能够在特定光照下凝固的点来实现。

研究成果的第一作者海登·泰勒说：“我们已经用新技术打印了一些东西，所用时间从 30 秒到几分钟不等。”他认为，用传统方式打印同样的物体可能需要一个多小时。

尽管“复制机”在速度上取得了绝对优势，但在细节和尺寸方面还不能达到其他打印机的水平。使用新技术的打印机目前能打印的最大直径只有 4 英寸（也就是 10 厘米），而其他打印机已能打印以“米”为单位的物体。

“复制机”的复杂性在于，它需要利用软件来为光提供复杂的模式，才能保证打印的准确性。

但是打印机本身的原理则相当简单：把视频投影仪插入笔记本电脑，投影出想要创作的图像，并在电机转动树脂柱的时候直接打印。

泰勒表示，因为打印原理相对简单，所以这款打印机的商用版和家用版都很实用，而开发这款打印工具的极简版也还算容易。

文章来源：中国科学报

4. 金属 3D 打印或成高温合金的颠覆性技术

金属 3D 打印技术（又称增材制造）可高效制造复杂的几何结构且减少损耗，对于高温合金而言很有吸引力，尤其是应用于多孔或中空的航空航天部件。5 月 11 日，RogerReed 院士团队受邀在顶级期刊《NatureCommunications》上以题为“Metal 3D printing asadi sruptive technology forsuperalloys”发表评论文章，回顾高温合金的历史，讨论 3D 打印对高温合金的挑战，并对该方向今后的发展进行展望。

高温合金，又称为超合金，广泛应用于航天航空和能源领域的核心部件中。其设计通常由镍/钴/铁为基体，添加多种元素进行强化，使其具有优异的高温性能，以及组织稳定性，可以在极端工作条件下长时间服役。不过，高温合金的制造工艺窗口很窄，通常在冗长且高昂的繁复工序后，再通过机加工才能得到最终的部件。

金属 3D 打印技术则可以减少耗材，并且省去大量模具，通过数字化设计实现（近）净成形部件。然而，此间挑战重重。一般的金属材料采用 3D 打印技术后，例如激光选区熔化（SLM），其机械性能会出现不同程度的损失，这主要源于各类缺陷的形成，例如微裂纹，气泡等。这对高温合金而言极为重要，因为服役部件的失效方式通常为蠕变或疲劳断裂，而这些性能又对缺陷十分敏感，所以有必要从根本上抑制这些缺陷的产生。

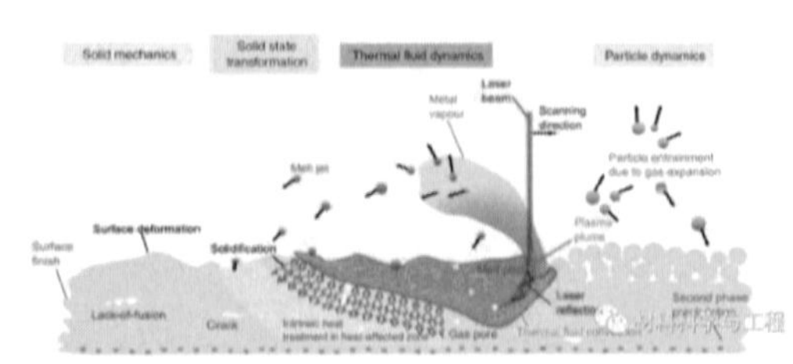

（粉床熔融增材制造的多尺度多物理示意图）

主要的挑战可分为科学问题和技术问题两方面。由于 3D 打印本身是多物理问题，且跨越不同时间与空间尺度。例如，热源在粉床的移动过程中，固、液、气、等离子体四种物质形态可同时相互作用。目前极少有物理模型涵盖此等复杂性。与此同时，工艺上也有诸多挑战仍待解决，下图总结了主要的几点，例如高效的动态实时监测，无损检测，高通量测试等。

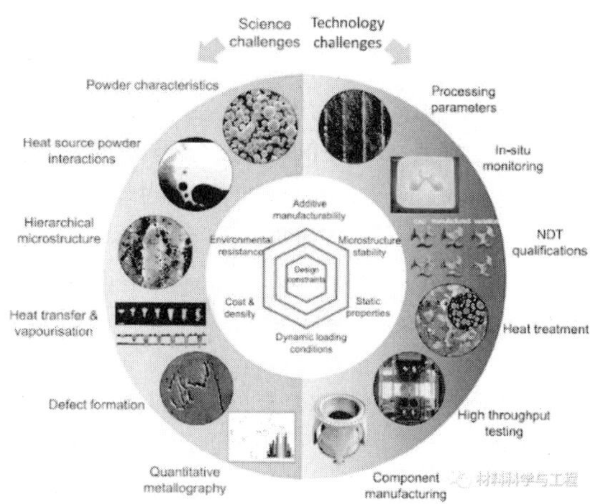

（金属增材制造中主要的科学问题与技术问题）

面对增材制造中极高速率的热循环与重熔，现有的高温合金很难适应，这毕竟与传统合金的设计理念截然不同。因此，想要有效利用金属3D打印技术的便利，设计新型的可适用于增材制造的合金成分是不可或缺的。同时，数据驱动的方法有望在物理、工艺模拟等方面提供更好的解决方案。全面的工业标准的制定与实施也可以为行业注入动力。

文章来源：材料科学网

5. 高性能3D打印汽车碳纤维增强尼龙材料可替代金属部件

据外媒报道，3D打印专家Stratasys的子公司MakerBot推出METHOD碳纤维版本，可通过3D打印技术生产汽车碳纤维增强尼龙材料，将3D打印提升到一个新的水平。

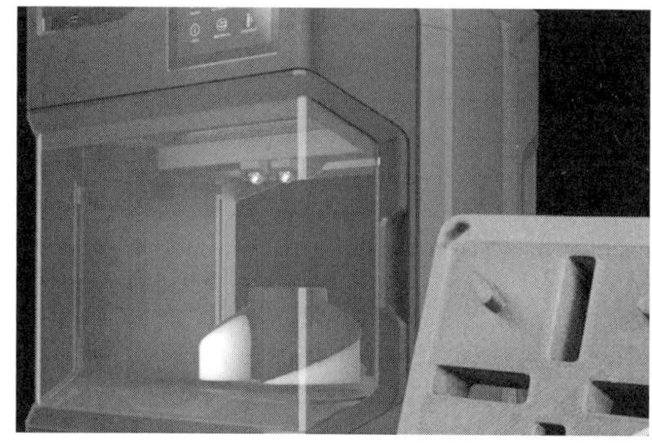

新的METHOD碳纤维版本旨在使工程师能够打印出更坚固、更精确的零件，从而更好地适应工装。METHOD碳纤维版是METHOD平台的最新产品，可打印汽车碳纤维增强的尼龙材料，从而提高材料的强度和耐热性。新的METHODX碳纤维版本配置了新型复合挤出机，可实现汽车碳纤维增强尼龙材料的打印。新型MakerBot尼龙碳纤维材料是金属的理想替代品，可用于汽车结构件，例如车辆固定架和仪表，发动机舱等。众所周知，汽车碳纤维由于其强大的热和机械性能，被广泛用于汽车制造。作为金属零件的替代品，METHOD为汽车碳纤维在汽车工业的应用提供了新的技术支撑。

MakerBot总裁兼首席执行官NadavGoshen说："汽车碳纤维增强尼龙是最受追捧和令人兴奋的材料之一。由于其较高的强度、耐热性和刚度表现，这种材料非常适合替代金属部件，从而进一步降低成本。随着METHODCarbonFiber的推出，我们正在尝试更多的D打印复合材料应用。METHOD碳纤维是快速增长的METHOD3D打印平台的最新成员。"

METHOD可生产质量稳定、表面光洁度稳定的汽车碳纤维增强尼龙零件。用户可以使用MakerBot的PVA可溶性基材打印带有内部空隙的复杂几何形状，并使用METHOD加热室的新退火功能进行材料硬化，最终提高零件强度。METHODX碳纤维版本允许用户使用可溶性StratasysSR-30基底打印复杂的几何图形，从而获得更好的表面质量。系统的干燥室有助于使耐汽车碳纤维增强湿尼龙材料保持干燥，从而获得更好的打印质量。

MakerBot计划在将来提供更多彩页复合材料挤出机和METHOD碳纤维版本进行3D打印的复合材料。由于该系统的腔室温度高达110℃，其将可以支持更广泛的高性能复合材料制造。据悉，3D打印的MakerBot汽车碳纤维增强尼龙材料将于2020年6月面世。

METHOD3D打印平台非常适用于高质量材料的3D打印，其打印的零件精度较高，且可适用于多种原材料。具体包括：汽车碳纤维增强尼龙、PC-ABS、PC-ABSFR、ABS、ASA、尼龙、PETG、Tough,、PLA、SR-30和PVA等。

文章来源：新材料网

6. 巴斯夫推出全新3D打印方案，复杂零部件制造将更方便快捷

2019年2月21日至23日期间，巴斯夫将在上海举行的2019年亚洲3D打印、增材制造展览会上推出一系列创新跨行业3D打印解决方案。新的解决方案将使复杂零部件的开发变得更简单快捷，令

独特设计成为可能，并使中等规模到批量生产更具成本效益。

巴斯夫3D打印业务开发高级经理邓智勇表示："目前包括汽车、航空航天、医疗和牙科，以及消费品行业在内的亚太区工业3D打印市场正在快速增长。这些解决方案将有助于加快客户的产品开发周期，节省时间和资金，拓展设计边界。"

巴斯夫将在以下三大领域推出其解决方案：粉体熔化：巴斯夫将推出用于选择性激光烧结（SLS）工艺的UltrasintPA6LM和UltrasintPP新型塑料粉末。UltrasintPA6LM可在175-185摄氏度的加工温度下表现出可与注塑PA6相媲美的高刚度和热稳定性。巴斯夫还提供种类繁多的塑料粉末，如UltrasintPA6系列、AdsintPA12、PA11和TPU。

光聚液体系统：专为SLA、DLP和喷墨打印系统设计的新型光敏聚合物将以"Ultracur3D"品牌推出。该系列产品专为功能组件而开发，具有更强的机械性能、更佳的长期稳定性，且更易于打印和后期处理。巴斯夫将携手迅实科技共同展示应用于牙科的低粘度、易清洗光敏聚合物。巴斯夫还与3D打印解决方案提供商黑格科技合作开发用于大规模生产工业零部件和消费品的新型光敏聚合物。

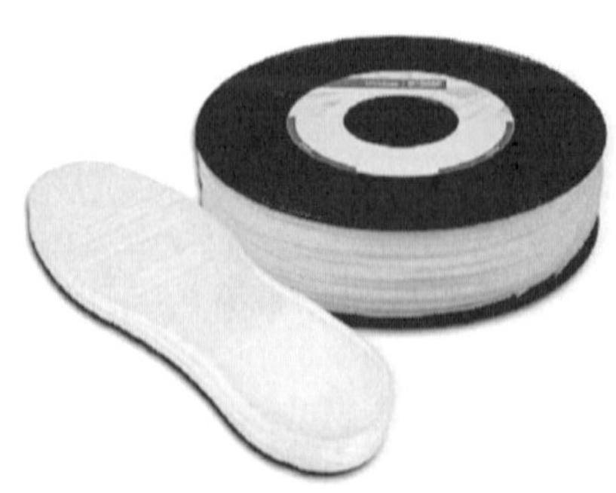

挤出成型解决方案：除Innofil3D外，巴斯夫还推出一系列Ultrafuse品牌的线材。Ultrafuse和Innofil3D增强型工程线材具有良好性能，如耐高温和耐化学性，稳定性高，和极低的吸湿性——这意味着它们还可用于功能原型设计甚至是小批量生产。巴斯夫还与一家本土分销商天津捷美新材料技术合作，开拓中国市场，为客户提供更好的服务。巴斯夫位于上海的3D打印技术中心为3D打印机制造商和终端用户提供熔丝制造（FFF）技术服务和应用开发的支持。

敬请莅临2019年亚洲3D打印、增材制造展览会巴斯夫展位：上海新国际博览中心W4展厅E50展台。

文章来源：PUWORLD2019-02-22

7. 印度研发出3D金属打印设备

据印度《经济时报》2019年12月13日消息，印度威普罗3D公司与印度科学学院合作研发出印度首台3D金属打印设备，正在开展标杆分析（Benchmarking）工作。该研发项目由印度重工业部支持。采用的是选区电子束熔化（SEBM）粉末床熔融技术，具有先进的热管理系统、更高的零件密度和更好的机械性能。

威普罗3D公司已明确了3D打印在印航空和国防领域的应用方向，最近在班加罗尔开设了一个1.2万平方英尺的3D金属打印体验中心，为客户提供工业增材制造机器的试验平台。除了威普罗3D公司的金属3D打印机，印国防研究开发组织下属的燃气涡轮研究所曾利用3D打印技术，为该所研制的Kaveri飞机引擎打印塑料模型，正在研究用增材技术制造零部件。

2016年，威普罗3D公司开始与美国的增材制造软件开发商Authentise、3D打印咨询公司Print Form以及德国的EOS公司合作。2017年，威普罗3D公司与EOS合作制造了首个实际应用的3D打印部件，安装在GSAT-19通信卫星上。

文章来源：科技部

三、石墨烯应用技术

1. 上海微系统所在石墨烯基可穿戴纤维传感器方面取得进展

传感器是物联网终端设备的核心元件。可穿戴应力应变传感器可用于收集人体重要信号和人机交互，除实现精确感知所需的高灵敏度特征外，实际应用对传感器的穿戴舒适度、重量、可靠性和稳定性均有非常高的要求，因此更敏感、小型化、集成化是目前传感器的发展趋势。将传感器集成到传统纤维中，利用其可直接编织到衣物的优势实现对人体局部形变的准确捕捉，是可穿戴传感器件小型化和集成化的重要思路。

石墨烯-高分子复合纤维具有质量轻、信号噪声低、能耗低等优点，可用于电阻型应变传感器。对于感知心脏跳动、脉搏和眨眼等人体局部微小形变，其应变在0%~10%范围，需要传感器件在发生形变时结构和电阻变化大，即高灵敏度，从而实现对信号的精确捕捉和对不同动作状态的准确辨析。然而，石墨烯基纤维传感器在0%~10%应变范围内的灵敏度一般较低（GF~0.1-50），如何提高石墨烯基纤维传感器在小应变范围内的灵敏度是一个难题。

为解决上述问题，中国科学院上海微系统与信息技术研究所研究员丁古巧课题组提出了通过结构化设计减少石墨烯与高分子接触面积来提高灵敏度的策略。他们利用石墨烯/聚偏氟乙烯/聚氨酯DMF体系在水相的相分离过程，制备了高分子纳米球修饰的石墨烯多孔网络纤维，这种结构大幅增强了该纤维在发生形变时石墨烯片层之间的结构变化，从而实现石墨烯基纤维灵敏度的显著提高。其灵敏度因子值在0%~5%应变时为51，在5%~8%应变时达到87，通过编织集成，他们进一步验证了该纤维在人体重要信号收集的准确性和对不同动作状态分析的可行性。同时，这种新型石墨烯基纤维传感器最低形变检测限达到0.01%，较好的应变-电阻线性关系可保证在信号后处理上的准确性，>6000次的循环寿命有利于实际应用的稳定性。

将此纤维编织进纱布并作为眼罩，可实时监测眼球的转动等信息，未来可用于眼疾病人的监测和睡眠监测；同时，将该纤维集成到创可贴中，贴到手腕处，能够识别手腕脉搏，而且脉搏信号能够非常清晰表现出脉搏上的不同信号；该纤维也可编入手套，对不同手的弯曲进行感应，表明其对于动作信号准确把控。正是由于小球结构的存在，赋予该纤维比普通纤维更高的灵敏度，上述结果满足可穿戴应变传感器的要求，体现了石墨烯基应变传感器件在智慧医疗、可穿戴设备等领域的应用潜力。

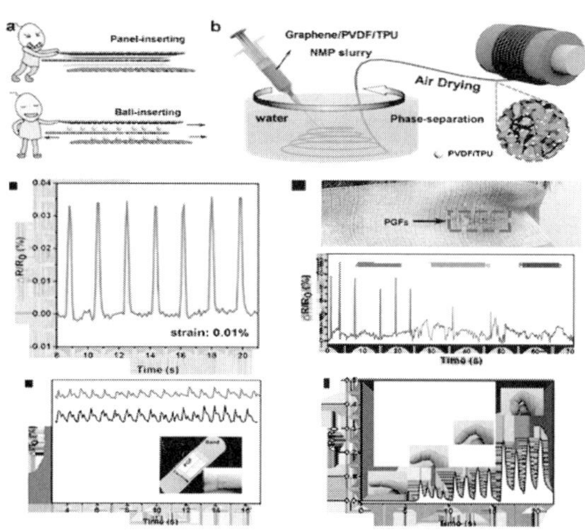

文章来源：中国科学院上海微系统与信息技术研究所

2. 石墨烯“打底”中国科学家制备出高速晶体管

中国科学院金属研究所沈阳材料科学国家研究中心先进炭材料研究部科研人员首次制备出以肖特基结作为发射结的垂直结构晶体管“硅—石墨烯—锗晶体管”，成功将石墨烯基区晶体管的延迟时间缩短了1000倍以上，并将其截止频率由兆赫兹（MHz）提升至吉赫兹（GHz）领域，未来将有望在太赫兹（THz）领域的高速器件中应用。该研究成果近日在《自然·通讯》上在线发表。

“目前已报道的石墨烯基区晶体管普遍采用隧穿发射结，然而隧穿发射结的势垒高度严重限制了该晶体管作为高速电子器件的发展前景。”该研究团队负责人表示。他们通过半导体薄膜和石墨烯转移工艺，首次制备出以肖特基结作为发射结的垂直结构的硅—石墨烯—锗晶体管。

该研究人员表示，与已报道的隧穿发射结相比，硅—石墨烯肖特基结表现出目前最大的开态电流和最小的发射结电容，从而得到最短的发射结充电时间，使器件总延迟时间缩短了1000倍以上，器件的截止频率由约1.0MHz提升至1.2GHz。

据悉，我国科研人员同时对器件的各种物理现象进行了分析，并基于实验数据建模发现了该器件具有工作于太赫兹领域的潜力，这将极大提升石墨烯基区晶体管的性能，为未来最终实现超高速晶体管奠定了基础。

文章来源：科学网

3. 使用石墨烯的新混合能源方法可以为火箭，航天器的未来提供动力

石墨烯一种应用于生物医学技术、电子、复合材料、能源和传感器的新材料，可能很快将有助于将火箭送入太空。普渡大学MauriceJ. Zucrow实验室正在开发一种新的推进剂配方方法，使用石墨烯泡沫材料（用于电子、光学和能源设备）为航天器提供动力。该实验室是世界上最大的学术推进实验室。这项研究显示，在提高火箭和宇宙飞船燃料固体推进剂的燃烧速度方面取得了成功。普渡大学工程学院航空航天副教授李桥（音译）说：推进和物理学研究人员共同致力于研究一种以前从未用于火箭推进的材料，它显示出了强大的效果。

博科园：研究小组开发了一种方法，将固体燃料添加到高导电性、高孔隙度的石墨烯泡沫材料上，并将其制成复合材料，从而提高固体燃料的燃

烧速度。想要最大限度地提高固体推进剂中常用的金属氧化物添加剂的催化效果，以促进分解。石墨烯泡沫结构即使在高温下也具有热稳定性，并且可以重复使用。所开发的组合物显著提高了燃烧速度和可重用性。石墨烯泡沫材料非常适合固体推进剂，因为它非常轻，而且多孔性非常好。

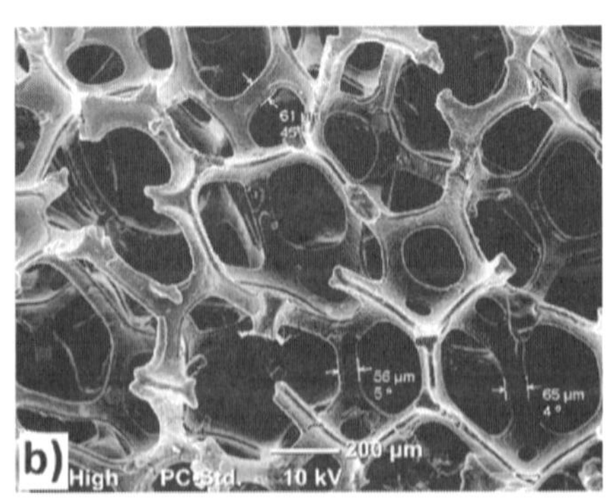

这意味着它有许多小孔，科学家可以在其中倒入燃料，帮助点燃火箭发射。石墨烯泡沫有一个三维，相互连接的结构，允许更有效的热传输途径，热量快速传播和点燃推进剂。该专利技术提供了更高的性能，这在 hypersonics 等领域尤为重要。测试显示，使用功能化石墨烯泡沫结构，燃烧速度比正常情况下提高了 9 倍。普渡大学石墨烯泡沫材料的发现在能源转换设备和导弹防御系统中有应用，在其他领域，根据特定结果定制纳米材料可能是有用的。

文章来源：博科园

4. 印度团队发明石墨烯传感器防止酒后驾车

总部位于印度的北阿坎德邦德住宅大学、RI 仪器公司和 Innovationin 的研究人员开发了一种基于石墨烯的技术，可以防止驾驶员酒后驾车。现在，同一个研究团队生产出了一个原型产品，该原型产品利用了基于废品和野草生产的石墨烯作为其主要成分之一。

石墨烯在该设备中起着重要作用，因为石墨烯作为涂层的电极可以催化乙醇氧化为乙酸的过程。该小组解释说，当酒精浓度到达设定值时会自动断开设备的连接。驾驶员坐在驾驶座上时，必须吹动设备上的石墨烯传感器才能启动车辆。这将立即激活传感器，该传感器将分析和估算驾驶员血液中的酒液含量。

研究人员说，如果酒精含量超过《机动车法》所允许的限值，则车辆的发动机将不会启动。如果驾驶员让其他人吹涂有石墨烯的传感器，则传感器的红外功能将对其身份进行分析，并且车辆也将无法启动。万一驾驶员在驾驶时感到困倦，则传感器的成像模块将分析驾驶员眼睛的运动并发出警报。如果驾驶员正在用手机通话，则成像技术也将触发警报。

文章来源：腾讯网

5. 氧化石墨烯在人体健康领域的新突破！用于湿度传感器以实时监测呼吸

呼吸是人体重要的生理过程，是人体健康的重要标志。湿度传感器是一种很有前途的基于人体呼吸时湿度变化来监测呼吸的方法。

华中科技大学廖广兰、刘欢等相关研究人员开发了用于实时呼吸监测的基于 $Cu(OH)_2$ 纳米线和氧化石墨烯（GO）的石英晶体微天平（QCM）湿度传感器。采用原位生长和压铸法制备了 $Cu(OH)_2$纳米线/GO 复合材料湿敏膜。$Cu(OH)_2$ 纳米线/GO 复合材料的形貌和结构通过能量色散谱仪（EDS），拉曼光谱，傅立叶变换红外光谱（FT-IR），X 射线衍射（XRD），扫描电子显微镜（SEM），透射电子显微镜（TEM），高分辨率 TEM（HRTEM）和能量色散 X 射线光谱仪（EDXS）。具有大表面积和丰富的富氧官能团的纳米复合材料拥有良好的湿度感测性能。当相对湿度（RH）在

0%~80%之间变化时，设备表现出高灵敏度（52.1Hz/%RH）、快速响应和恢复（分别在1.9s和7.6s内）和高线性度（R-2=0.9968）。相关研究成果以“Cu（OH）（2）nanowires/grapheneox-idecompositesbased QC Mhumiditysensor with fast-re-sponseforreal-timerespirationmonitoring”为题发表在《SENSORSANDACTUATORSB-CHEMICAL》上。

此湿度传感器可以区分不同的呼吸模式，包括正常呼吸，呼吸暂停，口语，鼻子和嘴巴的呼吸以及饮水前后的湿度变化，显示出在分析人类健康状况方面的潜在应用。

文章来源：腾讯新闻

6.《Science》重磅！我国科学家全球首次实现原子级石墨烯可控折叠

经过多年研究攻关，我国科学家在世界上首次实现了原子级精准控制的石墨烯折叠，这是目前世界上最小尺寸的石墨烯折叠，对构筑量子材料和量子器件等具有重要意义。这一成果今天（6日）在国际学术顶级期刊《Science》上发表。

探索新型低维碳纳米材料及其新奇物性是世界前沿的科学问题之一，相关研究曾两次获得诺贝尔奖。目前在单原子层次上精准构筑和调控基于石墨烯的低维碳纳米结构仍存在巨大挑战。经过研究攻关，中国科学院物理研究所的研究团队首次实现了对石墨烯纳米结构的原子级精准、按需定制的可控折叠，构筑出一种新型的准三维石墨烯纳米结构。

中国科学院高鸿钧院士表示：“我们通过纳米扫描探针去操纵石墨烯转动，石墨烯是双晶结构，对双晶石墨烯折叠之后，就可以形成异质结。这个异质结本身如果做成器件的话，它就是一个非常有应用前景的量子器件。”

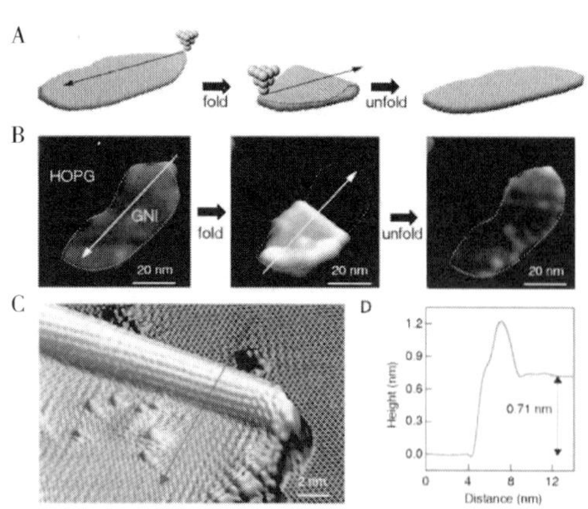

图 原子级精确石墨烯折纸术构筑三维石墨烯纳米结构

据了解，该研究成果是目前世界上最小尺寸的石墨烯可控折叠。基于这种原子级精准的“折纸术”，还可以折叠其他新型二维原子晶体材料和复杂的叠层结构，进而制备出功能纳米结构及其量子器件。例如，探索魔角旋转堆垛双层二维原子晶体材料的超导电性、拓扑特性和磁性，以及研究一维异质结的输运性质及其应用等。该研究工作对构筑量子材料和量子器件（机器）具有重要的科学与技术上的意义。

文章来源：材料科学与工程

7. 科学家利用光调控微型石墨烯蜘蛛运动

吉林大学张永来教授、清华大学孙洪波教授与新加坡国立大学仇成伟教授在Advanced Material杂志上以封面文章在线发表了题为“Plasmonic-Assisted Graphene Oxide Artificial Muscles”的研究论文。该论文利用石墨烯与金纳米棒复合材料制备了光敏感的仿肌肉驱动器件（HAM），运用巧妙的设计方法，无须集成组装过程，实现了复杂的肢体动作和多足运动，在光驱动仿生机器人方面取得了突破性的进展。

在仿生机器人的设计中，模仿肌肉作用的驱动部位是实现运动的关键。目前，驱动器研究集中于对驱动方法或环境刺激的控制，然而特定的驱动器件往往只能实现单一的变形。此外，目前仿生机器人多采用电驱动方式，需要集成能源部件，或外接能源供给装置，使得系统在小型化方面受到制约。

针对这一难题，科研者利用石墨烯材料具有良好的导热性和机械性能，石墨烯氧化物材料导热性能大大降低的特点，采用激光还原石墨烯氧化物对材料导热性能进行改性，实现“关节”部位导热性能改变。将具有一定的负热膨胀系数的石墨烯、石墨烯氧化物材料与具有较大热膨胀系数的PMMA材料结合，可在光热条件下产生单一的圆弧状弯曲，利用激光局部还原石墨烯氧化物材料，改性区域的弯曲程度大大提高，响应时间加快，可形成类似肌肉牵拉作用的关节弯曲效果。科研者还进一步加入了金纳米棒，提升了材料的光热转化效率，加速了膨胀材料的形变。此外，金纳米棒材料独特的波长选择特性，不仅为光驱动方法提供了光强、时间的调控方法，还增加了波长调控方法。利用这一原理，科研者成功完成了微型仿生蜘蛛的爬行过程、仿生捕蝇草捕获过程，和仿生手各关节的逐一控制弯曲，体现了HAM设计的灵活性，这一工作为微型仿生机械运动提供了新的设计理念。

文章来源：科技部

四、纳米材料应用技术

1. 中国科大新型手性无机纳米材料的研制取得新突破

手性材料在推动生物标记、手性分析和检测、对映异构体选择性分离、偏振相关光子学和光电子学应用等领域的发展具有重要意义。目前，传统手性纳米材料主要是通过引入手性配体或构造螺旋结构等电偶极矩调控方式构筑，但这类手性材料在环境稳定性和导电性方面通常存在局限性，极大地限制了其实际应用。探索新的调控机制并构筑新型手性纳米功能材料是突破这一科学瓶颈的新途径。

近日，中国科学技术大学俞书宏院士团队与国家纳米科学中心唐智勇研究员课题组、多伦多大学EdwardSargent教授团队开展多方合作，在新型手性无机纳米材料合成研究中取得突破性进展。研究人员首次通过在一维纳米结构单元中定点选择性复合磁性材料，利用局域磁场调制电偶极矩与磁偶极矩之间的相互作用，成功合成了一类新型手性无机纳米材料。该成果以“Regioselectivemagnetization-insemiconductingnanorods”为题在线发表《自然纳米技术》杂志上（Nat. Nanotechnol. 2020，10.1038/s41565-019-0606-8）。

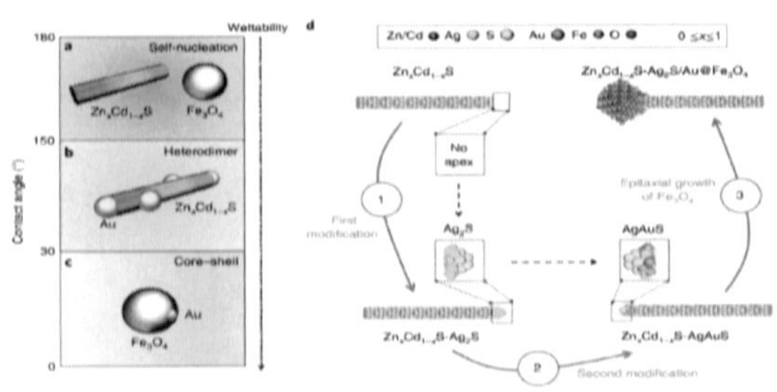

图1　一维纳米棒的位点选择性磁化

（a-c）异质成核生长与两种材料间接触角的关系总结。（d）“双缓冲层”策略实现磁性组分在纳米棒端点的选择性生长。

俞书宏院士团队长期开展功能无机纳米材料的合成方法学研究，在胶体纳米晶成核生长方面积累了丰富经验。构建此类磁光手性纳米异质结构的前提是在特定位置引入局域磁场，因而需要实现磁性单元的位点选择性生长。研究人员基于材料间接触角与异质成核生长的相互关系（图1a-c），提出了一种“双缓冲层设计”合成策略（图1d），通过次序引入中间缓冲层改变材料间的界面能差异，从而解决了传统半导体材料与磁性材料间的晶格和化学失配问题，巧妙地实现了磁性材料在不同半导体特定位置的选择性生长。

研究人员发现，在纳米结构中引入局域磁场可实现对电偶极矩与磁偶极矩的有效调控。通过构筑这类新型磁光纳米材料，能够实现磁诱导光学活性，为开发新型手性无机纳米材料提供了新途径。他们以常见的一维硫属化合物半导体纳米棒为例，通过在纳米棒的顶点处集成Ag2S/Au核壳结构组分，催化Fe3O4磁性纳米颗粒的定点生长，成功构筑了ZnxCd1-xS-Ag2S/Au@Fe3O4（x=1，0.9，0.5，0.3，1）四元异质纳米棒（图2）。得益于这种局域磁场调控机制，异质纳米棒的电偶极矩发生偏转并与磁偶极矩产生非零相互作用，从而在不引入手性配体、螺旋结构或手性晶格的前提下，展现出了手性光学活性（图3）。

研究结果表明，该方法具有高度普适性，可广泛用于多种半导体材料与磁性组分间的耦合，为今后设计开发手性光学活性纳米材料开辟了新途径。同时，这种新型磁光半导体纳米材料的成功开发使得在室温下的各向异性铁磁性以及自旋操控成为可能，从而有望为自旋电子学和量子计算技术提供新的材料平台。

该项研究受到国家自然科学基金委创新研究群体、国家自然科学基金重点项目、中国科学院前沿科学重点研究项目、中国科学院纳米科学卓越创新中心等项目的资助。

文章来源：中国科学技术大学官网

2. 我国多组分铂基纳米材料研究取得突破

燃料电池能量利用率高、环境友好，但其高昂造价导致大规模应用受限，其中重要原因就是铂基催化剂的成本很高。记者2020年6月23日从苏州大学获悉，该校黄小青教授团队“面向燃料电池应用的多组分铂基纳米材料研究”荣获2019年度江苏省科学技术奖一等奖，为降低铂基催化剂成本，推动铂基纳米材料的实际应用起到积极作用。

黄小青教授团队提出了基于多组分铂基材料的精准制备及其在催化领域高效合理利用的新原理、新策略，形成了以一维铂基纳米线、二维铂基纳米片、三维铂基多面体为核心的新型材料体系。

与单一组分贵金属纳米材料相比，多组分铂基纳米材料的制备和催化应用存在着更多挑战。一方

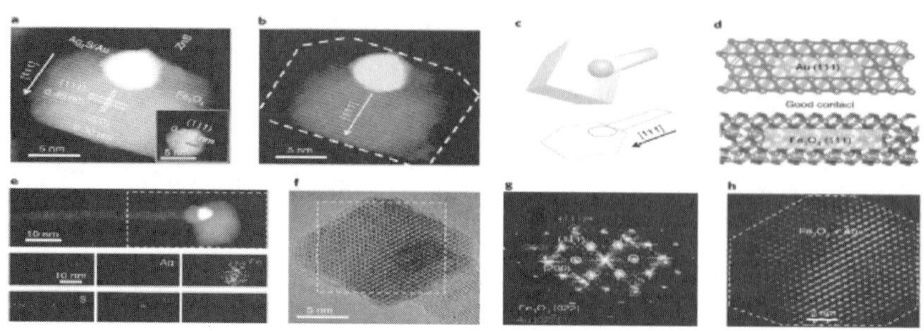

图 2　四元异质纳米棒的外延生长表征

（a-b）高分辨图像显示每种组分晶面，展示了沿立方晶体［111］轴的外延生长方向。（c）异质纳米棒的三维模型和俯视投影图。（d）晶面原子模型。（e）纳米棒组分元素分布。（f-h）纳米棒端点结构分析。

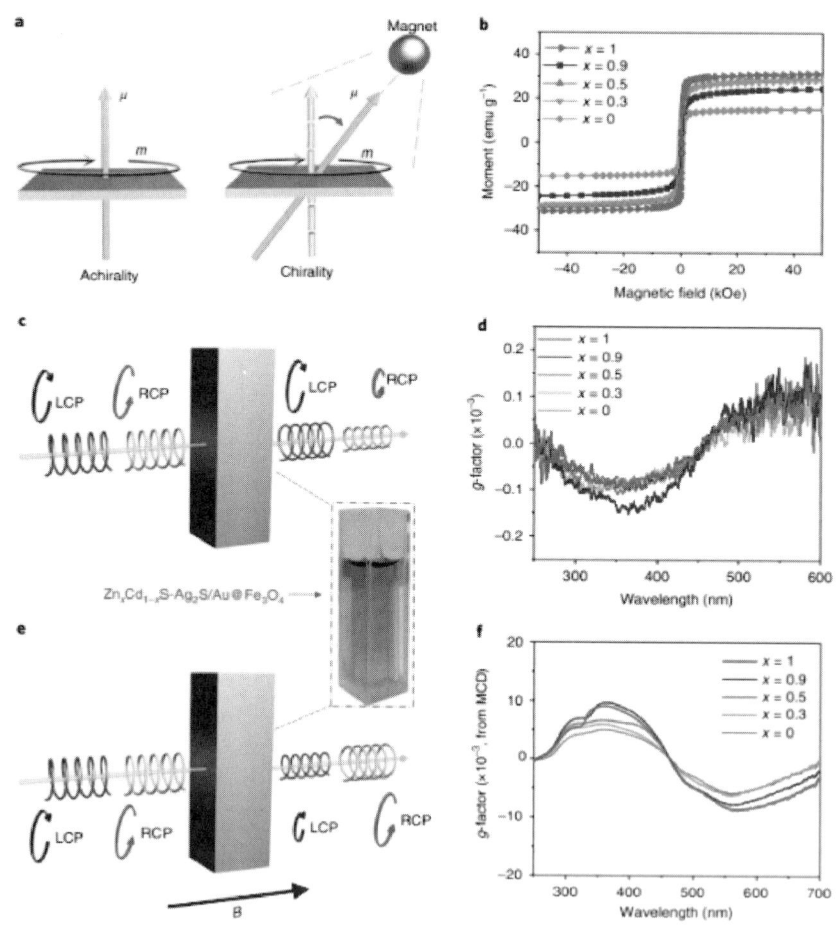

图 3　局域磁场在胶体异质纳米棒中的光学活性体现

（a）电偶极矩与磁偶极矩的相互作用与材料的手性关系。（b）异质纳米棒的磁滞回线。（c-d）圆二色性测试结果。（e-f）磁圆二色性测试结果。

（图片由苏州大学宣传部提供）

面，需要有效实现多组分铂基纳米材料在组分和结构上的多重调控；另一方面，具有特定或复杂结构的多组分铂基纳米材料的控制合成方式有待研究。研究团队发现，化学小分子是影响多组分铂基纳米材料可控合成的关键，并发展了一套小分子调控策略，为复杂的多组分铂基纳米材料体系的控制合成奠定了基础。

研究人员利用化学合成方法实现了多组分铂基纳米材料的高效制备及其表界面结构的精准调控，实现了面向燃料电池催化反应的高活性高稳定性的铂基纳米材料的制备，获得了创纪录的燃料电池阴极反应催化剂。累计在国际有影响力的 Science 等期刊杂志上发表论文 22 篇，并且授权美国发明专利 2 项。

目前，该团队正着眼于催化剂的规模放大和批量制备探索，有望进一步大幅降低催化剂成本，从而满足未来产业化的要求，实现燃料电池可持续发展。

文章来源：科技日报

3. 碳纳米薄膜将可能简化复合材料产品生产过程

据外媒报道，通常情况下，在生产复合材料产品时必须要使用大型烤箱和高压锅。不过，得益于碳纳米管薄膜该生产过程可能很快就会变得更加简单、更加便宜、更加节能。据了解，复合材料由多层结构材料组成，这些结构材料则是通过树脂或其他基质黏合在一起形成固体。由这种复合材料制成的大型部件必须在巨大的烤炉中加热以固化树脂，另外它们还必须在巨大的高压锅中承受巨大的压力以便从各层之间挤出不需要的空气间隙。

但来自麻省理工学院（MIT）的一个研究小组正在研究用碳纳米管制成的薄膜来代替烤箱和高压锅的方法。

当一种复合材料被汇合时，薄膜的每一层材料之间都会有一层薄膜。随后，当其被加热时，由纳米管之间的微小通道产生的毛细作用产生负压，然后将各层材料拉到一起。结果，任何可能存在的气泡都被挤出。

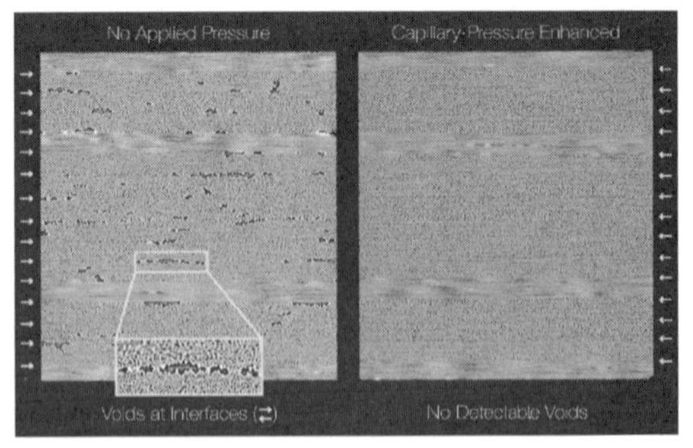

另外，一旦形成所需形状时，一个大薄膜就会包裹住它。在电流作用下，薄膜内的纳米管会升温。这使得整个薄片像电热毯一样散发热量，这样既能触发毛细压力作用又能固化树脂。

截至目前，研究人员已经成功利用这项技术制作了几厘米宽的复合样品。他们现在正在考虑扩大这项技术的规模使其可以用于制造飞机部件、风力涡轮机叶片、燃气管道和其他产品。

文章来源：cnBeta

4. 中国研制出轻质高强韧纳米纤维素仿生结构材料

中国科学技术大学俞书宏院士团队成功研制了一类天然纳米纤维素高性能结构材料，其密度仅为钢的六分之一，而比强度、比韧性均超过传统合金材料、陶瓷和工程塑料。这种新型全生物质仿生结构材料有望替代现有的工程塑料，具有广泛的应用前景。相关研究成果发表在《科学进展》期刊上。

航空航天等领域对工程结构材料不断提出新需求，研制全面超越工程塑料、陶瓷和金属材料等传统结构材料的新型轻质高强材料，对相关领域的实际应用具有重要的战略意义。

研究发现，这种材料的轻质高强韧特性主要来自材料微米级层状结构和纳米三维网络结构设计。纤维素纳米纤维内部高度结晶可以提供极高的强度，纤维之间通过大量氢键等可逆相互作用网络进行结合，在外力作用下这种高密度的可逆相互作用网络可以迅速解离和重构，吸收大量能量，使材料在具有高强度的同时实现高韧性，克服了传统结构材料难以兼具高强度与高韧性的问题。此外，这种材料热膨胀系数极低，即使温度波动100℃，其尺寸变化也在万分之五内，远优于航空合金材料和工程塑料，仅为航空铝合金的五分之一，工程塑料的几十分之一，与陶瓷接近。另外，在120℃和-196℃之间进行反复剧烈热冲击循环测试下，其力学性能与尺寸依然高度稳定。在相当于一辆高速行驶的汽车的高速冲击下，该材料表现出超高抗压强度，有望作为合金的替代品。

这种可持续新型天然纳米纤维仿生结构材料，集成了轻质高强韧、高尺寸稳定性、抗热震、抗冲击、高损伤容限等优异性能，在轻量化抗冲击防护及缓冲材料、空间材料、精密仪器结构件等领域具有广阔的应用前景。

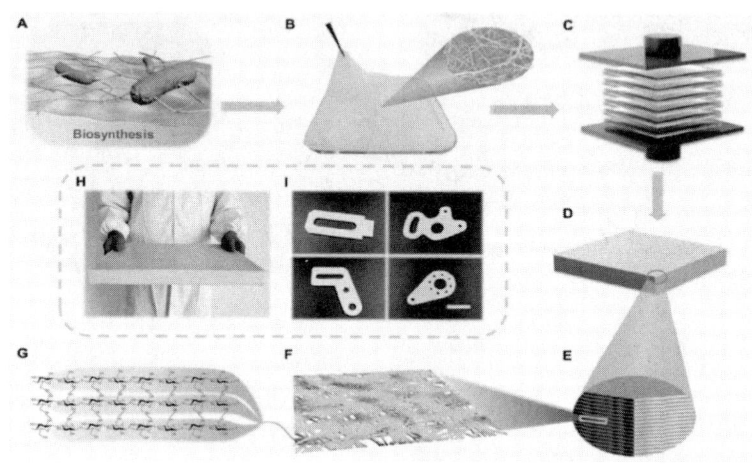

文章来源：科技日报

5. 一次加样即可获得两种抗体检测结果 新型纳米材料新冠病毒抗体检测试剂盒获批

军事科学院军事医学研究院王升启团队与地方企业共同研制的新型冠状病毒（2019-nCoV）IgM/IgG抗体检测试剂盒（量子点荧光免疫层析法）已通过国家药品监督管理局应急审批，获得国家医疗器械注册证书。应用该试剂盒，可实现一次加样，同时获得两种抗体检测结果。

据了解，新冠病毒感染人体后，首先会在呼吸道系统中进行繁殖，可以通过检测鼻咽拭子、痰液中的病毒核酸判断人体是否感染病毒。在感染一段时间后，人体会产生针对病毒的特异性抗体。其中，IgM抗体产生较早，是急性期感染的诊断指标，IgG抗体产生较晚，提示感染中后期或既往感染。联合使用核酸检测与抗体检测有助于提高新冠病毒感染的检出率，特别是更好地筛查无症状感染者。

该检测试剂盒创新采用逐层组装法制备双层量子点纳米荧光材料，以新冠病毒S1蛋白作为抗原，具有检测灵敏度高、特异性强的特点。使用人血清、血浆或全血样本，在试纸上一次加样，能够同时获得IgM和IgG两种抗体检测结果。检测结果既可使用紫外荧光小手电进行可视化定性判读，也可使用荧光检测仪进行半定量判读。

据悉，此前针对中东呼吸综合征病毒、甲型H1N1流感病毒、人感染H7N9禽流感病毒，以及埃博拉病毒等特殊病原体，该团队均率先成功研发了核酸检测试剂盒。新冠肺炎疫情发生后，他们立即投入应急攻关，并成功研发出新型冠状病毒核酸检测试剂盒（RT-PCR荧光探针法）。新近获批的新型冠状病毒IgM/IgG抗体检测试剂盒（量子点荧光免疫层析法）为该团队针对新冠病毒的又一检测产品。

文章来源：科技日报（有删减）

五、碳纤维应用技术

1. 石墨烯增强碳纤维可能会制造出低成本、高强度的复合材料

宾夕法尼亚州立大学（Penn State University）领导的一个研究小组称，一种制造碳纤维的新方法（通常制造成本很高）有朝一日可能会促成使用这些轻质、高强度的材料来提高安全性，降低生产汽车成本的结果。通过计算机模拟和实验室实验的结合，研究小组发现，在生产过程中加入少量石墨烯，既降低了生产成本，又增强了纤维的强度。

几十年来，碳纤维一直是飞机生产的主力军。如果用正确的方法制造，这些比人的头发还窄的碳原子长链，重量轻、硬度高、强度大——这是一个完美的应用，可以保证乘客在离地数英里的高空翱翔的飞机上的安全。

宾夕法尼亚州立大学机械和化学工程教授 Adrivan Duin 说："尽管碳纤维有着非常好的特性，但按照现在碳纤维的制造方式，它们会使汽车价格更高。如果能使这些性能更容易被制造，那么就可以使汽车更轻，成本更低，行驶更安全。"

通过实验室实验和计算机模拟（如图所示），一组研究人员发现，在碳纤维生产过程中加入石墨烯大大增强了材料的强度，这可能在未来为高强度、高成本效益的汽车材料铺平道路

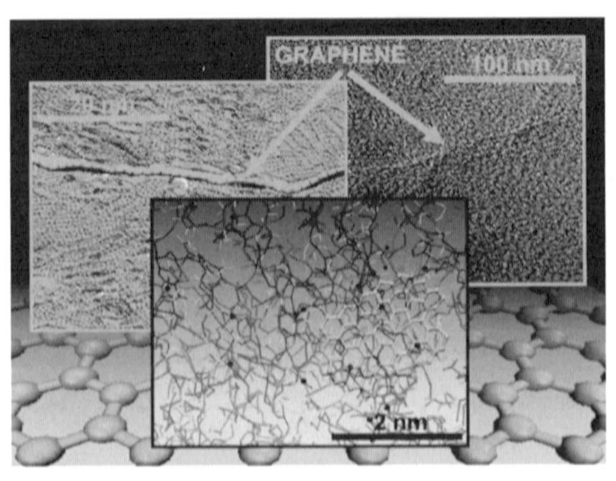

碳纤维目前的售价约为 15 美元/磅，由来自宾夕法尼亚州立大学、弗吉尼亚大学和橡树岭国家实验室的研究人员组成的团队，与行业合作伙伴 Solvay 和 Oshkosh 合作，希望通过改变复杂的生产工艺，将这一价格降低到 5 美元/磅。更低的生产成本将增加碳纤维的潜在应用，包括在汽车上的应用。此外，该团队的研究可能会降低生产其他类型碳纤维的成本，据报道，其中一些碳纤维目前的售价高达 900 美元/磅。

宾夕法尼亚州立大学机械工程系研究员 Małgorzata Kowalik 说："目前大多数碳纤维是由聚丙烯腈（PAN）聚合物制成的，而且成本相当高。PAN 的价格约占碳纤维生产成本的 50%。"

目前市场上 90% 的碳纤维都是用 PAN 来制造的，但其生产需要大量的能量。首先，PAN 纤维必须加热到 200-300℃，使其氧化。接下来，必须将它们加热到 1200-1600℃，将原子转化为碳。最后，必须将它们加热到 2100℃，使分子正确排列。如果没有这一系列的步骤，所得到的材料将缺乏所需的强度和刚度。

该研究小组在最近一期的《科学进展》杂志上报告说，在这一过程的第一阶段添加微量石墨烯（按重量计只有 0.075% 的浓度）可以制造出比传统 PAN 碳纤维强度和刚度分别高 225% 和 184% 的碳纤维。

研究小组通过在数台超级计算机上进行的一系列小型和大型计算机模拟，对发生的化学反应进行了深入了解，这些超级计算机包括计算和数据科学研究所（ICD）高级网络基础设施；由 ICD 维护的国家科学基金会（NSF）资助的 CyberLAMP；国家科学基金会资助了极端科学与工程发现环境（XSEDE），一个由超级计算机和相关资源组成的多研究所网络。他们还利用宾夕法尼亚州材料研究所（MRI）的实验室研究了每种材料的特性。

"我们将不同规模的实验联系起来，不仅证明了这一过程的有效性，而且还为我们提供了一个原子尺度的理由来解释这些添加剂的作用，" vanDuin 说，他是 MRI 的材料计算中心主任，也是 ICDS 的助手，"这些知识使我们能够进一步优化流程。"

石墨烯的扁平结构有助于使 PAN 分子在整个纤维中保持一致的排列，这在生产过程中是必需的。此外，在高温下，石墨烯的边缘具有天然的催化性能，因此"PAN 的其余部分会在这些边缘凝结，" vanDuin 说。

利用从这项研究中获得的新知识，该团队正在探索如何使用更便宜的前体进一步在这种生产工艺中使用石墨烯，目标是完全砍掉一个或多个生产步骤，从而进一步降低成本。美国能源部和国家科学基金会（NSF）支持这项研究。

文章来源：复材社

2. 重要突破：超高强度碳纤维核心技术

聚丙烯腈基碳纤维具有优异的综合性能，是航空航天、国防和民用高科技领域不可或缺的关键战略材料。为推动碳纤维产业发展，《中国制造 2025》和《新材料产业"十三五"发展规划》将碳纤维列为重点支持的战略新兴产业之一。聚丙烯腈基碳纤维的生产技术主要有湿纺与干喷湿纺两种技术路线，其中干喷湿纺技术具有生产效率高、碳纤维品质好、生产成本低等优点，世界上高端牌号碳纤维主要采用干喷湿纺技术生产，然而这些技术长期被日本和美国公司垄断，特别是 T-1000 及其以上级别的超高强度碳纤维更是高端产品，是对我

国封锁的重中之重。

近日，中国科学院山西煤炭化学研究所科研团队围绕T-1000级超高强度碳纤维制备，承担的中国科学院重点部署项目所制备的聚丙烯腈基超高强度碳纤维，顺利通过验收，并成功开发聚丙烯腈基新型中空碳纤维。

该团队深入分析碳纤维结构与性能关联性，开展了前驱体链结构优化设计、纺丝液流变性调控、纤维微纳米结构控制及关键装备技术研究，实现了干喷湿纺制备T-1000级超高强度碳纤维的核心技术的突破。所制备的聚丙烯腈基超高强度碳纤维具有高拉伸强度和高弹性模量特点，经第三方专业机构检测，性能指标达到业内先进水平。

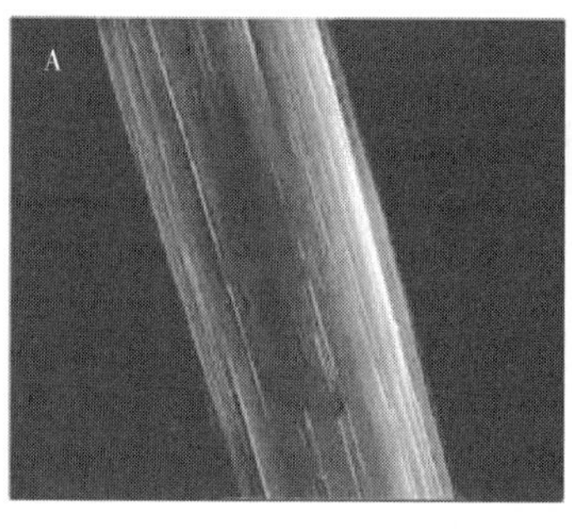

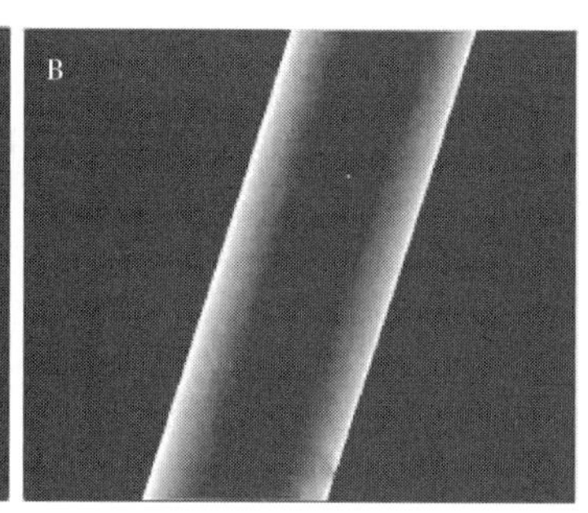

针对当前碳纤维应用正在从单一的结构承载型，向结构-功能一体化方向发展的趋势，张寿春团队用了2年时间，成功开发了聚丙烯腈基新型中空碳纤维。聚丙烯腈基中空碳纤维技术难度大，目前仅有德国巴斯夫公司和日本东丽公司掌握。张寿春介绍，新型中空碳纤维不同于普通的中空碳膜材料，其连续长丝具有细旦化和高强度的特点，可编织性和缠绕性良好；也不同于传统的实芯碳纤维，其芯部具有连续规整的中空结构。因此，高强度中空聚丙烯腈基碳纤维既满足结构增强又具有隔热、填充改性等特殊功能，是一种结构功能一体化的新型碳纤维。

随着应用领域的迅速增长和应用要求的日益提高，高端碳纤维和新品种碳纤维已成为当前各国竞相开发的热点。我们的研究将有助于我国高性能碳纤维多品种、系列化发展，对结构轻量化和多功能化应用具有积极意义。

文章来源：中国科学院山西煤炭化学研究所

3. 日企将投放新型碳纤维材料 飞机零件成本或减半

据《日本经济新闻》报道，在轻量性优越的碳纤维领域，日本东丽和帝人两家公司将相继向市场投放用于飞机的新材料。力争从2021年前后开始增加对现有机型的供应，从2025年前后全面向新一代机型供货。新产品易于实现量产，未来飞机零部件的生产成本有望降低约一半。

碳纤维的重量仅为铁的1/4，强度则是铁的10倍以上。东丽、帝人和三菱化学3家日企握有该领域6成的全球市场份额，在全球也备受关注。3家日企生产碳纤维与树脂相结合的复合材料，面向飞机零部件厂商等供货。

东丽主要生产加热后变硬的“热硬化性”复合材料。通过调整树脂的配比等，开发出可将生产期缩短2-3成的新产品。以往的产品被用于美国波音787客机的主翼及机身，但是生产周期较长，每月供应量只能生产10架飞机。此外，东丽还致力于生产加热后变软，容易加工成零部件的“热可塑性”复合材料。该公司通过收购荷兰的同行业厂商，建立了大量的供货渠道。

在热硬化性产品方面，帝人也开发出提高量产性的新产品，最早将于2020年面向欧洲大型航空公司供货。另外帝人将在2021年之前向波音新一代机型供应热可塑性产品，力争到2030年将航空相关碳纤维领域的销售额提高至目前的3倍，达到

1000 亿日元左右，约合 64 亿人民币。

如果一系列的新产品得以普及，航空零部件的生产成本有望大幅下降。

文章来源：科技部

六、其他

1. 我科学家提出改善有机太阳能电池器件柔性和稳定性的通用策略

中国科学院青岛生物能源与过程研究所包西昌研究员带领的先进功能材料与器件研究组与大连理工大学王锦艳教授的“科技部重点领域”耐高温高性能工程塑料创新团队、上海同步辐射光源的杨春明研究员合作提出了一种基于耐高温聚芳醚树脂提升有机太阳能电池稳定性和柔性的通用性策略，相关成果发表在《先进功能材料》上。

有机太阳能电池（OPV）技术凭借独特的质轻、柔性、半透明、弱光敏感以及可通过卷对卷大面积制备等优点独树一帜，可在便携式和柔性电子消费应用领域与无机太阳能电池形成有效互补，吸引了国内外科研机构和产业界的广泛关注。

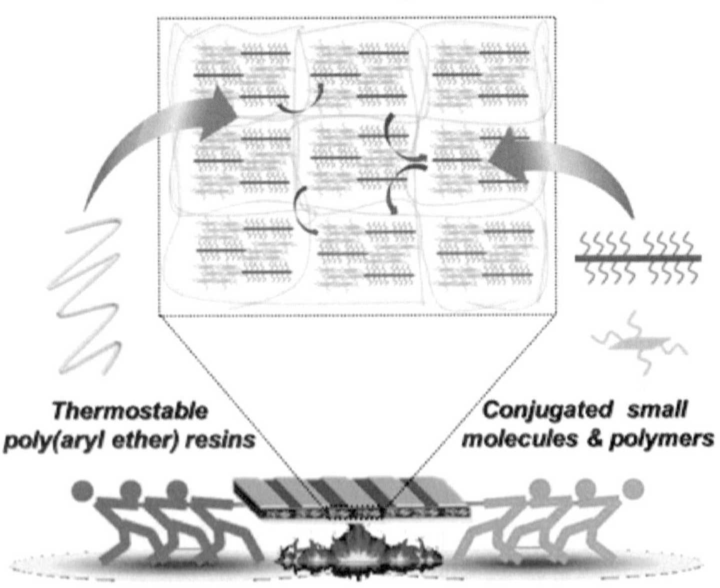

据介绍，近几年 OPV 的效率已经取得了长足进步，超过 18%。然而，关于 OPV 器件的稳定性研究却远远滞后于效率的发展。目前阶段，OPV 较差的光热稳定性是其实现产业化所面临的一大阻力。

包西昌研究员带领的先进功能材料与器件研究组与王锦艳教授的“科技部重点领域”耐高温高性能工程塑料创新团队、杨春明研究员开展协同创新，合作科研，提出了一种基于耐高温聚芳醚树脂提升有机太阳能电池稳定性和柔性的通用性策略。

耐高温聚芳醚树脂是一种可用于军工极端环境下的特种工程塑料，具有优异的耐高温和水氧稳定性，可以满足极端环境下的使用需求。与之相反，有机光伏材料因为长柔性侧链的存在（改善溶解性）难以避免自身分子的高温蠕动行为，这是导致 OPV 器件稳定性差的重要原因之一。与此同时，聚芳醚高度扭曲的主链结构赋予了聚合物薄膜优异的机械性能和可拉伸性。经典的光伏给受体化合物在薄膜力学性能也上远远弱于耐高温聚芳醚树脂。该工作中，通过在 OPV 的活性层内构筑耐高温聚芳醚树脂的网络化结构，研究了耐高温聚芳醚树脂在活性层内对器件效率、稳定性和柔性的影响因素及机制。这种耐高温树脂网络化的形貌有效阻止了光伏给受体在高温下的分子蠕动行为，提升了 OPV 器件的稳定性。并且聚芳醚之间的链缠结效应也阻止了光伏给受体分子在高拉伸强度下的断裂行为，提升了活性层的拉伸性能和器件的柔性。该工作也首次使用了原位广角 X 射线衍射拉伸测试表征了光伏活性层薄膜的拉伸形变行为。研究发现，耐高温聚芳醚树脂在给受体活性层内可能存在着电子隧穿效应，因此上述策略并不会大幅降低器件的光电转化效率。在器件光电转化效率（PCE）保持 15.17%基础上，活性层的断裂伸长率可以高达 25.07%，这是目前高效有机太阳能电池（PCE>8%）的最高值。上述工作为提升 OPV 器件的稳定性和柔性提供了一种通用性策略，并为其在未来柔性能源领域的产业化应用提供一种行之有效的方法。

据介绍，该所先进有机功能材料与器件团队韩建华博士和大连理工大学鲍锋博士为论文共同第一作者，论文通讯作者为包西昌研究员和阳仁强研究员、王锦艳教授和杨春明研究员。

文章来源：中国科技网

2. 涂料巨头宣伟全球首个推出由再生塑料制成的环保粉末涂料

塑料是我们个人生活和职业生活中一直存在的材料，很难想象没有它的世界。从食品储藏室到安全帽，塑料已成为一种必不可少的防护材料，但由于污染问题，其生产已成为全球关注的焦点。

与此同时，市场开始要求所有行业承担社会和环境责任。越来越多的制造商——无论是制造家电，家具，建筑产品还是涂料——都必须遵守更高的可持续性标准，因此，为解决塑料污染问题提供解决方案已成为我们共同的关注。重复利用材料，减少能源消耗和减少浪费的倡议已成为我们组织的共同目标，因为消费者希望他们最喜欢的产品具有环保意识。

涂界记者 5 月 22 日获悉，宣伟公司通用工业涂料业务部门近期全球首个推出了一款革命性粉末涂料产品——PowduraECO 系列粉末涂料。据悉，PowduraECO 粉末涂料背后的创新非凡，塑料废料转化为耐用的高性能聚酯树脂，其中含有 25%的消费前再生塑料（rPET）。每磅 PowduraECO 涂料包含相当于 16 个 16 盎司再生塑料瓶，并具有与常规聚酯粉末涂料相同的性能。PowduraECO 粉末涂料促进了整个供应链的可持续性，有助于减少塑料污染。

宣伟公司的 PowduraECO 粉末涂料是实现可持续发展的新方法。这一具有革命性意义的产品系列将粉末涂料的可持续性提升到新的高度——为客户提供更加环保的产品保护，颜色和性能解决方案。其聚酯 TGIC 和不含 TGIC 的粉末涂料产品线是 PowduraEco 系列产品中率先推出的产品。

宣伟公司通用工业涂料全球市场总监 Tabitha McLeish 表示：“如今，消费者在购物时会考虑产品的环保性。而 PowduraECO 粉末涂料使得制造商能够在不影响产品性能的前提下使用再生材料，实现产品的差异化。该系列的涂料产品将为客户、消费者以及我们赖以生存的地球带来福祉。”

PowduraECO 粉末涂料适用于室内外环境，包括草坪设备、运输车辆、消费品、电气外壳和固定装置等各种应用；此外，该产品还可定制，以满足不同的环保要求。PowduraECO 粉末涂料也可以根据规格要求进行定制。该涂料具有出色的保色性和耐溶剂性，与常规聚酯粉末相比，可提供更高的柔韧性和抗冲击性。

PowduraECO 产品具有多种特殊效果以及颜色和光泽选择，易于使用，具有广泛的固化能力，并具有优异的保色性、耐溶剂性、耐光性和耐候性。它们还可以与定义和衡量可持续性标准的第三方认证保持一致，例如 LEED，GreenGuard 和 BIFMA-Level。

McLeish 说：“与液体涂料相比，粉末涂料已经是更具环保意识的选择，但是 PowduraECO 将可持续发展提升到了一个新水平，这就是为什么我们会在不久的将来在生产线上推出更多平台的原因。”

随着世界各国的环境法规不断升级，各个行业的制造商都面临着更高的可持续发展要求。PowduraECO 粉末涂料系列正体现了宣伟公司为市场带来可持续涂料解决方案，助力全球循环经济发展的决心。

文章来源：中化新网

3. 生物可降解工程塑料新品工业化

2020年5月19日和21日，中国石化仪征化纤公司开发的生物可降解共聚酯新材料PBST和PBAT先后在万吨级聚对苯二甲酸丁二醇酯（PBT）装置上实现工业化生产，率先在工程塑料行业实现通用材料绿色化取得新突破，推动了国内外生物可降解材料工业化进展。

仪征化纤通过引进技术新建了以精对苯二甲酸（PTA）为原料的连续酯化法PBT生产线，通过消化吸收和创新，又先后拥有2条国产化生产线，年产能达15万吨。产品结构已形成纤维、改性、光缆、纤维型、薄膜、低熔点、弹性体等24个品种群。

仪征化纤通过产学研联合攻关，加快推进生物可降解共聚酯新材料PBST、PBAT生产技术开发和市场应用开发，抢占工程塑料行业市场竞争新“蓝海”。

今年以来，仪征化纤将加快推进PBST、PBAT工业化列为重点科技攻关项目，并建立了科技开发、研究院、生产技术、安全环保、分析检验等专业联合现场办公的工作机制，将该项目列为“百日攻坚创效”行动项目，成功打通了工业化生产的“最后一公里”。分析检验数据显示，PBST、PBAT的关键质量指标达到预期目标。

PBST、PBAT是在PBT聚合过程中通过引用新的单体共聚而成的共聚型热塑性生物可降解塑料，集合了芳香族聚酯优良的热稳定性、力学性能以及脂肪族聚酯的生物可降解性，在堆肥条件下最终可以被转化为水和二氧化碳，是目前生物降解塑料研究中非常活跃和市场应用最好降解材料之一，可替代聚烯烃、聚酯等通用材料，广泛用作一次性日用品、包装材料、农用薄膜等领域，是解决塑料“白色污染”的一种重要途径。

文章来源：中国化工报

4. 巴斯夫携手Security Matters推进塑料循环经济发展

巴斯夫与Security Matters近日签订约束性协议，宣布联合开发塑料追溯和回收解决方案。

塑料拥有多种独特特性，如使用得当，将有助于打造节能、可持续发展的未来。然而，为了实现循环经济，就必须提高塑料的回收和再利用比例。尽管化学回收法已经取得了长足的进步，但更常用的还是通过机械方法回收废弃塑料。目前，受聚合物降解和杂质残留等因素的影响，再生塑料的机械

性能和质量均低于原生塑料。另外，由于回收再生的基础设施价格昂贵且较为复杂，因此在很多地区都尚未被引入。

通过和Security Matters携手合作，巴斯夫希望能针对这一问题提供解决方案。在本次合作中，Security Matters将利用其专利技术实现对闭环回收的线上和线下跟踪、验证可持续性主张并优化塑料废弃物的分类。与此同时，此次合作还将运用和发挥巴斯夫在塑料添加剂、监管法规等领域的广泛经验与专业知识，以及对塑料价值链的深刻理解。作为协议的一部分，两家公司还将融合其在研发和资源方面的实力与优势，实现合作共赢。

Security Matters的跟踪追溯解决方案将采用唯一的、不可篡改的化学条形码对实体物品进行标记，并将其与数字映射（digitaltwin）相连。条形码即使在生产和回收过程中也不会遭到破坏，且不会改变物品的外观或性能。此外，通过使用专有技术，条形码还可采集嵌入在塑料中的各种信息，帮助实现塑料闭环。

巴斯夫欧洲公司特性化学品业务部高级副总裁Achim Sties表示：“为了应对全球挑战，我们必须从塑料废弃物的出发反思塑料的应用。循环经济势在必行；一方面能够实现塑料废弃物的资源闭环，另一方面也有助于我们尽可能高效地回收利用塑料。我们正在联合开发一种革新性技术，该技术能够采集聚合物信息并跟踪整个生产和销售过程的塑料去向。另外，我们还将为客户和价值链中使用再生材料的其它相关方开发合适的添加剂组合，以更好地发挥材料价值和提高资源生产力。”

Security Matters创始人兼首席执行官Haggai Alon表示：“我们非常荣幸能够与全球塑料添加剂行业的领先企业巴斯夫进行合作。这将是Security Matters展示如何将专利技术用于循环应用的第一

步。通过提高产品生命周期的透明度，我们有望建立一个完全由技术驱动的生态体系，促进塑料的循环利用和可持续发展。我们将携手并进，推动塑料行业发展，使之更具创新性、弹性和生产力。”

（文章来源：中化新网）

5. 西班牙科学家研制出消除塑料废弃物异味方法/豆渣变环保塑料！一个月内自动降解！

近期，西班牙科学家研制出消除家庭塑料废弃物（例如用完的洗发水瓶）异味的方法，目的是为之后的回收再利用创造条件。

根据欧洲塑料行业制造商协会的数据，2018 年欧洲产生了 2910 万吨塑料垃圾，其中 1780 万吨为包装垃圾，这些包装垃圾中有 42%被回收利用，其余被焚化或填埋。这意味着欧洲每年有逾千万吨的塑料废品无法得到回收。

西班牙阿利坎特大学专家安德烈亚・卡瓦涅斯・吉尔和安德烈斯・富亚纳・丰特花了一年半的时间研发这种新方法，在应用方面有着巨大潜力。

两位研究人员指出，家用塑料垃圾的再利用受到其聚合物基质中吸收的高含量食物或清洁产品废物的限制，这样的吸收是污染和难闻气味的源头。

他们强调，这些有味物质是挥发性有机化合物，目前无法通过常规洗涤或常规机械回收来处理。

因此，他们认为，“有必要以有效和环保的方式回收这些生活用的塑料废物，以供以后被用作原料，从而减少它们在垃圾掩埋场的存在、降低生产成本并增加产品的附加值”。

报道称，这两位专家所在的“废品、能源、环境测量和纳米技术”研究小组设计出的新系统通过利用水蒸气萃取挥发性有机化合物来消除这些难闻的气味。

报道指出，这套系统包括几个阶段。首先是塑料的分离和调整；第二是压碎；第三，用表面活性剂进行化学洗涤；第四，冲洗塑料材料；第五，机械干燥；第六，在蒸馏塔中进行塑料除臭。

卡瓦涅斯・吉尔表示，当塑料的结构越复杂，回收就越困难，因此迫切需要设计出结构更简单的塑料。

报道称，这种新方法已于几个月前获得专利，包括一家跨国公司在内的五家公司已经对此表示出相当大的兴趣。

（文章来源：环球塑化）

6. 国家重点研发计划项目“热回收交换芯的塑料膜”顺利完成了首次生产实验

曼瑞德集团有限公司属下浙江曼瑞德舒适系统有限公司承担的国家重点研发计划项目“近零能耗建筑技术及关键技术开发”（项目编号 2017YFC0702600）的子课题“热回收交换芯的塑料膜（全热换热膜）开发”，日前顺利完成了首次生产实验。

此次全热换热膜生产实验，采用了曼瑞德聚合物实验室研制成功的一种合成树脂，填补了国内空白，2019 年 11 月 9 日至 2019 年 11 月 12 日，顺利完成了“全热换热膜”的首次生产实验，所获得的“全热换热膜”各项指标均达预期。自 2019 年 11 月 13 日，研发工作将进入全面性能测试及生产实验中暴露出来的问题进行改进阶段。

文章来源：中国塑协专家委员会公众号

7. 克劳斯玛菲展示 AFI 自动薄膜嵌件技术：高效发泡，无须脱模剂

克劳斯玛菲在 K2019 展示了自动薄膜嵌件（AFI）技术，该技术可使薄膜贴附到发泡模具上，从而取代聚氨酯发泡过程中喷涂的脱模剂，脱模剂的使用为聚氨酯发泡部件的脱模提供了便利。但是，一旦使用了脱模剂，就必须将脱模剂蒸汽抽取

出去。

现在，克劳斯玛菲的自动薄膜嵌件（AFI）技术则提供了一种替代方案，它既考虑了日趋严格的健康安全法规，又能持续提高发泡工艺的生产效率，且具备其他额外优势。

“利用 AFI 技术，我们可以同时满足不同客户群体的要求。”克劳斯玛菲反应成型机械部门总裁 Nicolas Beyl 表示，“现在，我们能够提供一种替代喷涂脱模剂的可持续方案。AFI 技术还有助于我们使用全自动工艺来生产聚氨酯发泡部件。”利用自动薄膜嵌件工艺，可将塑料薄膜精确地贴附到模具上，从而令发泡部件可靠地从模具上分离出来。

精度是决定性因素

自动将薄膜放入发泡模具的上模和下模中而不产生褶皱，这是一项艰巨的任务。自动薄膜嵌件技术则为此提供了一种快速、精确且节省材料的解决方案，从而提高了聚氨酯发泡部件的生产效率。

利用克劳斯玛菲的这项技术，使得来源于卷料的一薄层薄膜能够自动地填充到两个薄膜框架上。框架在模具上方下降，在低压的支撑下，薄膜精确地贴附到模具表面上，然后就可以像以往一样进行发泡和脱模。

在转台系统中，机器人的使用令发泡过程完全自动化：当生产循环结束时，只需将发泡部件取出进行模后处理，而后续的处理过程无须人工介入。

自动化的高效生产

AFI 技术为提高发泡部件的生产效率发挥了重要作用。在生产介质保护部件时，可利用 AFI 技术将保护膜贴附到模具上，这不仅降低了操作人员的劳动强度，而且自动贴附薄膜还保证了每个发泡部件的最佳质量。

此外，该系统所用的塑料薄膜来源于卷材，从而节省了材料并满足了生产要求，保证了连续的、完全自动化的生产过程，令系统实现了高产率。

带有薄膜保护的部件：可靠的薄膜发泡复合材料

由克劳斯玛菲开发的这项技术还适用于生产带有保护膜的发泡部件，这些部件适用于在汽车制造中为抵抗环境因素而进行的必要保护（如用在轮拱的隔声部件）。AFI 技术确保了泡沫层与薄膜的最佳结合：一旦一侧被激活，薄膜就会附着到发泡模具的表面，而不产生褶皱或气泡。

生产工位的洁净空气

利用这项技术，薄膜可以在拥有封闭或开放表面的发泡部件生产中取代液态脱模剂，这就意味着生产工位的室内空气中不含有脱模剂蒸汽。该技术也有助于生产厂家满足日益严格的健康安全法规要求。

文章来源：PT 现代塑料

8. 以色列科技公司研发出或可取代传统石油基制造塑料的新型环保热塑材料

以色列 UBQ Materials 公司研发一项专利技术，可将生活垃圾转化为热塑性材料。公司首先将生活垃圾分解成木质素、纤维素等最基本的天然成分，通过闭环处理的节能工艺将这些元素进行重组和处理，形成新型复合材料。其最大特点是可以将几乎所有家庭垃圾当作原材料进行生产，消除了传统回收的许多难题，例如分类回收、垃圾预处理等。

据悉，公司每生产 1 吨材料相当于减少 540 棵树木的碳排放量，对解决全球气候变化问题具有积极意义。该公司早期市场在北美地区，目前已任命《财富》500 强公司建筑巨头欧文斯·康宁前首席执行官迈克·塔曼负责全球推广工作，汽车巨头戴姆勒公司、饮食巨头麦当劳公司等企业已开始使用该公司制造的塑料产品，有望逐步取代商业和工业产品中的石油基塑料。

文章来源：科技部

9. 新技术：塑料废弃物可以被转化为清洁燃料和其他产品

塑料，为人类生产生活带来极大便利。自 20 世纪 50 年代起，全球塑料年均增长率保持在 8.5%。到 2016 年，全球塑料产量达 3.35 亿吨。我国是世界塑料生产和使用大国，且进一步增长的潜力十分巨大。然而，塑料在使用后，一部分由于收集处理不及时而进入海洋，造成严重的生态污染。据联合国估计，每年有超过 800 万吨塑料流入海洋。因此，迫切地需要采取塑料污染治理和海洋保护的措施。

美国普渡大学 Davidson 化学工程学院的研究团队开发出一种新型化学转化过程能将聚烯烃废物（一种塑料）转化为有用的产品，例如清洁能源和其他产品。研究负责人 Linda Wang 说："我们的策略是通过将聚烯烃废物转化为各种有价值的产品，包括高分子聚合物、石脑油（碳氢化合物的混合物）或者清洁能源，来创造回收的驱动力。我们的转化技术具备潜力提高回收行业的利润，并减少世界的塑料废物。"

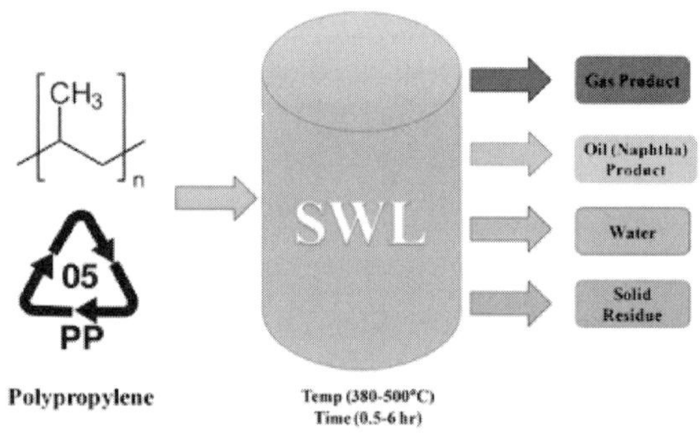

普渡大学的研究生 Wang，Kai Jin 和博士后研究员 Wan-Ting（Grace）Chen 是这项技术的发明人。该技术可以将超过 90%的聚烯烃转化为不同的产品包括纯聚合物、石脑油、燃料或单体。该团队的合作伙伴还包括工程技术学院的助理教授 Gozdem Kilaz 以及 Gozdem Kilaz 的博士研究助理 Petr Vozka（工程技术学院可再生能源燃料实验室），他们共同对这种转化过程进行优化，从而生成更高质量的汽油或柴油。转化过程包括了选择性萃取和水热液化。一旦塑料被转化为石脑油，它就可以用作其他化学品的原料或进一步分离成特种溶剂或其他产品。每年来源于聚烯烃废物的清洁燃料可以满足 4%的汽油或柴油需求。这项研究成果近日已发表在 ACS Sustainable Chemistry and Engineering 上。

Wang 在了解到塑料废物对海洋、地下水和环境的污染后决定开发这种技术。在过去 65 年产生的塑料中（83 亿吨），大约 12%被焚化，只有 9%被回收，而其余的 79%则进入了垃圾填埋场或海洋。世界经济论坛预测，到 2050 年，如果人们持续将塑料废物丢进水体中，海洋中的塑料垃圾将比鱼还多。这项技术能将超过 90%的聚烯烃塑料回收转化。

Wang 说："塑料废物的处理，无论是回收还是扔掉，都不意味着事情就结束了。塑料降解得很慢，会在土壤和水体中释放出有毒微粒和化学物质。这是一个灾难，因为一旦这些污染物进入海洋，我们就无法完全地将它们回收。"

Wang 说，她希望这项技术能够促进回收产业的发展，并快速减少塑料垃圾的数量。她和她的团队正在寻找投资人或合作伙伴，以协助其在商业规模上展示这项技术。Wang 的技术已经通过普渡大学研究基金会的技术商业化办公室申请专利。

论文链接：https：//pubs. acs. org. ccindex. cn/doi/10. 1021/acssuschemeng. 8b03841

文章来源：科技部（有删减）

10. 新型口罩插电消毒可重复使用

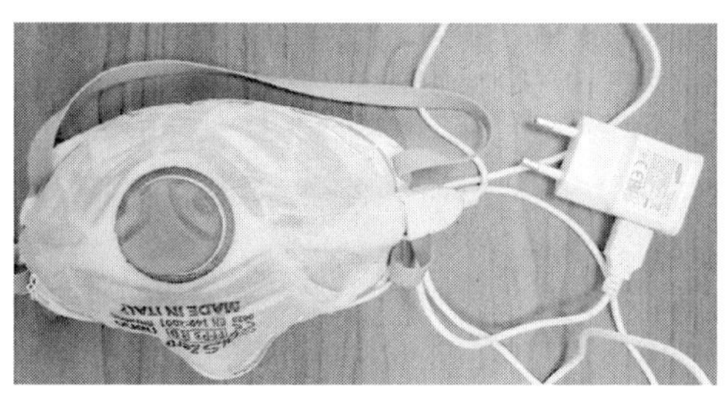

新型插电消毒可重复使用口罩原型
（图片来源：以色列理工大学网站）

以色列研究人员近日表示，他们研发出可重复使用的、通过手机充电器插电加热杀死新冠病毒的口罩。

以色列理工大学教授、研究小组带头人亚伊尔·埃因-埃里教授说，口罩单次插电消毒过程大约需要 30 分钟，口罩消毒时不应使用。

新研发的口罩有 USB 接口，可直接与手机标准充电器等电源相连。接通电源后，口罩内层碳纤维可加热至摄氏 70 度，杀死病毒。

埃因-埃里认为，在传染病大流行期间，全球对一次性口罩需求旺盛，但一次性口罩既不经济也不环保，人们应该佩戴可重复使用和有利于环境保护的口罩，这也是他和团队研发新口罩的宗旨。

新研发的口罩原型如同标准的 N95 口罩，前面有一个阀门，口罩上的橡皮筋帮助将其固定在使用者脸部。

3 月底，研究人员在美国为新研发的口罩申请了专利。目前，他们正在与私营部门讨论商业化生产的问题。预计这种口罩的单个售价可能比普通的一次性口罩高出1美元。

文章来源：科技日报

11. 中科院理化所与海南省科学技术厅签约 争取将海水降解塑料产业化在琼落地

2020年6月13日，海南自由贸易港举办重点项目集中签约仪式，35个项目签约，成为《海南自由贸易港建设总体方案》公布后首批进入海南的项目。其中，海南省科技厅与中国科学院理化技术研究所（下称“中科院理化所”）签署合作协议，双方将在海南降解塑料产业的科技基础设施建设、技术研发及技术转移等方面开展合作。

中科院理化所长期从事降解塑料研究，开发了具有完全知识产权的PBS/PBAT合成和改性及加工制品全产业链技术，并已经布局新型海水降解塑料研究。

为充分发挥中科院理化所在人才、科研、产业的资源优势，为海南禁塑事业保障，同时为建立以降解塑料为代表的环保新材料新兴战略产业提供助力，海南省科技厅与中科院理化所签约战略合作协议。

根据协议，双方将共同建设海南省降解塑料技术创新中心，该中心包括从事降解塑料前瞻性技术研究的研究中心、从事降解塑料新产品新技术和新工艺开发的技术中心和从事降解塑料领域标准研制、检测能力建设的检测中心。双方承诺将共同努力促进该中心成为国家技术创新中心。

同时，双方将开展关键技术研发。中科院理化所在省科技厅支持下，将前期海水降解塑料技术在海南进行中试并产业化示范，争取将海水降解塑料的产业化在海南落地。

此外，在推动科技成果转化，海南省科技厅将根据中科院理化所在降解塑料领域的科研和产业化成果，结合海南省科技和产业发展需求，开展科技园区、研发机构、产业化基地建设和科技项目等产学研合作。双方共同努力探索和推动技术研发、科技成果转化、产学研结合合作体制机制创新，扎实推进院地合作，加快项目落地。

文章来源：海南省科技厅

12. 德科学家研制成功超级纤维

德国《世界报》12月16日消息：德国拜罗伊特大学的一个国际科研团队研制成功一种超级纤维，这种人造纤维具有蜘蛛丝的特性，不仅超轻（一公里长的纤维仅重0.4克），而且抗拉强度超大，可承受自身重量的15万倍。若将其编织成截面直径如一欧分大小（约16mm）的绳索，可承受2至3吨的重物。目前的人造纤维都不具备这些特性。

这种“拜罗伊特超级纤维”的制造程序也相对简单。其基本材料是一种日常塑料，技术诀窍则是一种叫作聚丙烯腈（Polyacrylnitril）的辅材，该辅材的功能是将基材纵向粘合成纤维。科研人员十分看好这一新材料的用途。

文章来源：科技部

13. “白色污染”有解了，我国生物可降解塑料实现工业化生产

中国石化2020年5月23日宣布，其所属仪征化纤公司成功实现PBST、PBAT两种生物可降解塑料工业化生产，这两种塑料的最大特点是在堆肥条件下能够完全降解为水和二氧化碳。这就为积重难返的塑料“白色污染”找到了解决之道。

仪征化纤介绍，PBST、PBAT是在PBT（聚对苯二甲酸丁二醇酯，五大工程塑料之一）基础上加工而成的共聚型热塑性生物可降解塑料，属于目前生物降解塑料研究中非常活跃和市场应用最好的降解材料，有较好的热稳定性、力学性能，还具有优良的生物降解性，能够广泛用于一次性日用品、包装材料、农用薄膜等，是解决塑料“白色污染”的重要途径。

仪征化纤通过产学研联合攻关，加快推进生物可降解塑料的生产技术攻关和市场应用开发。特别是今年以来，建立了研究院、生产技术、安全环保、分析检验等专业现场联合办公机制，打通了PBST、PBAT工业化生产的“最后一公里”。经检验，PBST、PBAT关键质量指标均达到目标要求。

据悉，仪征化纤是中国石化中高端聚酯生产基地和特种纤维研发和生产基地，目前拥有220万吨/年聚酯聚合产能，涤纶短纤维产销量全球第一；拥有被称为“黄金丝”的千吨级对位芳纶等特种纤维。

文章来源：科技日报

14. 新AI算法能监测全球海洋塑料垃圾

英国《科学报告》杂志4月23日发表的一项环境学研究，英国人工智能团队报告了一种能检测海洋环境中大塑料（大于5毫米）漂浮垃圾带的新方法。研究人员利用欧洲空间局“哨兵2”号卫星数据，训练机器学习算法将塑料从其他材料中区分出来，平均准确率达86%，局部区域最高达到了100%。

人类活动与垃圾排放，让大量塑料涌入海洋，如何将塑料从其他漂浮物中准确高效鉴别出来成为难题。鉴于漂浮物吸收和反射的可见光与红外光波长各有所异，英国普利茅斯海洋实验室研究人员劳伦·比尔曼及其同事利用这种光谱特征，在“哨兵2”号数据中识别出了漂浮物带。研究团队随后训练了一种机器学习算法，能根据不同塑料和天然材料的特定光谱特征，为组成这些漂浮带的个体材料进行分类。

机器学习算法利用到的这些特征，是来自于2019年4月24日冲到南非德班港的塑料垃圾的卫星数据，以及研究团队2018年和2019年在米蒂利尼海岸（希腊）部署的漂浮塑料的卫星数据。他们还利用了之前获得的、可能会与海洋塑料同时发现的海藻、木质物、泡沫和火山岩等天然材料的卫星数据。

研究团队利用四个不同地区沿岸海域的“哨兵2”号数据测试了这种方法：阿克拉（加纳）、圣胡安岛（加拿大）、岘港（越南）和苏格兰东部（英国）。该方法能以86%的平均准确率成功将四个地方的塑料从其他漂浮材料或海水中区分出来，在圣胡安岛的准确率更是达到了100%。

该研究结果表明，这种方法在四个不同的海岸带都取得了成功。研究人员希望这种方法可以与无人机或高分辨率卫星联用，提高对海洋塑料垃圾的全球监测。

文章来源：科技日报

15. 中科院青岛能源所崔球研究员团队开发出全新的嗜热全菌催化塑料生物降解策略

塑料是人类伟大的发明，它在可塑性、耐用性和化学稳定性等方面都令传统材料望尘莫及，因此被广泛地应用于工业生产和生活领域。据统计，目前全世界每年的塑料产量已达4亿吨且与日俱增。然而，塑料制品的大量生产和利用也同时带来源源不断的环境污染问题，仅中国每年就产生7000多万吨塑料垃圾。不仅如此，聚对苯二甲酸乙二醇酯（PET）等塑料的物理化学结构稳定，自然环境下难以分解，会造成长期生态问题。因此，PET废弃物的有效降解已成为当今人类社会急需解决的问题之一。PET生物降解法具有环境友好、条件温和的优势，而高温条件下有利于提高塑料的生物降解效率，因此，嗜热PET降解体系一直是国内外科研人员关注的焦点。

中科院青岛能源所崔球研究员领导的代谢物组学研究组前期已成功建立了热纤梭菌这一典型嗜热细菌的成熟的基因操作平台，可以通过对热纤梭菌的任意遗传改造实现高效全菌催化剂的定向打造。目前，研究人员已经将基于热纤梭菌的全菌催化技术成功应用于木质纤维素的生物转化领域，建立了新型的整合生物糖化技术。基于此，代谢物组学研究组与德国格赖夫斯瓦尔德大学（University Greifswald）Uwe T. Bornscheuer团队合作，在塑料生物降解领域开展研究，建立了迄今为止已知的最高效的全菌PET塑料降解策略，证实了嗜热全菌催化策略的优越性和应用前景。研究成果以“Thermophilic whole-cell degradation of polyethylene terephthalate（PET）using engineered Clostridium thermocellum”为题于2020年4月28日发表于应用生物学领域国际期刊Microbial Biotechnology。博士研究生颜飞为该论文的第一作者，刘亚君副研究员、崔球研究员、德国Greifswald大学韦韧副教授为共同通讯作者。

研究人员以热纤梭菌作为底盘细胞，将来自枝叶堆肥元基因组的嗜热角质酶LCC在热纤梭菌中进行异源表达，从而成功建立了具有PET降解功能的嗜热全菌催化剂（图1）。该全菌催化剂可以在60℃条件下，14天内成功将60%的商业化PET塑料薄片转化为乙二醇和对苯二甲酸等可溶性单体（图2）。这一以热纤梭菌重组菌株为全菌催化剂的PET降解性能显著高于之前报道的基于嗜中温细菌和微藻的全菌催化体系。由于热纤梭菌可以通过合成纤维小体高效降解木质纤维素，因此，基于热纤梭菌的全菌催化策略还有望在混纺织品废弃物的生物回收中发挥出巨大的应用潜力。

该工作得到了中科院战略性先导专项、国家自然科学基金委、山东省自然科学基金委的资助。

论文链接：https：//sfamjournals. onlinelibrary. wiley. com/doi/10. 1111/1751-7915. 13580

文章来源：中科院青岛能源所

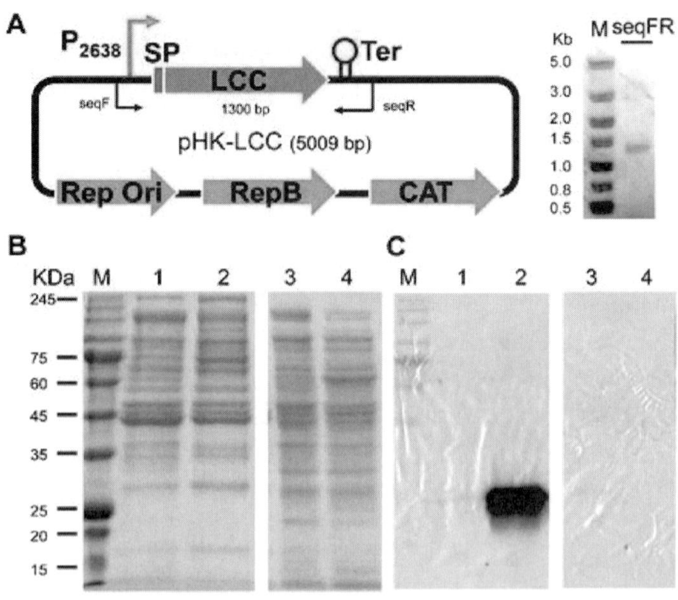

图 1　PET 降解嗜热全菌催化剂的构建及 LCC 活性分析

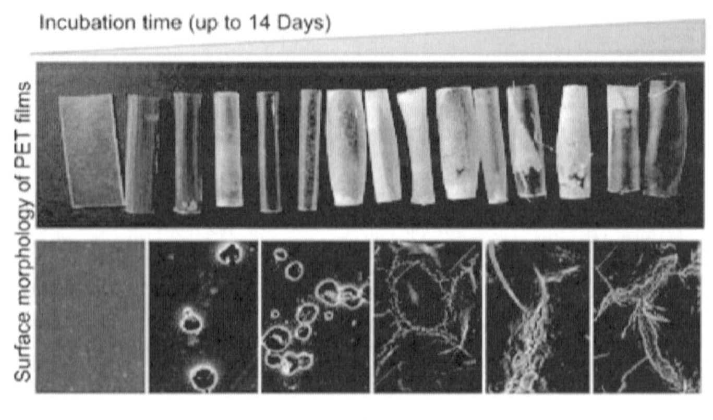

图 2　全菌催化剂孵育 14 天中 PET 薄膜表面形态变化

（和菊秀　田岩）

塑料再生利用

一、塑料循环利用行业现状

1. 废弃量增幅加快，回收利用率低，严重浪费资源，环境压力大

全球废弃塑料累计达 63 亿吨，年增废塑料 3 亿多吨，仅 9% 被回收，12% 被焚烧处理，79% 被填埋或积累在自然环境中。

2. 塑料循环利用行业痛点

基础研究缺乏，原始创新能力弱；分选技术落后，回收利用率<30%；高质化技术低，高质化率<20%；行业标准欠缺，产业发展不规范。

①技术滞后

塑料分选仍以人工分选为主，效率低；同类塑料由于应用场合的不同而致残留物不同，单一塑料清洗设备难以满足要求。

②环保不达标

环保设施和设备开发不足，不能满足不同场合需求；再生过程能耗高，高效低能装备开发不足，传统设备制造过剩。

③规模化程度低

废塑料分布比较分散，尤其对于质量轻、体积大的发泡塑料，长途运输成本高，导致难以形成规模化再生加工；单一物质回收难度高。

二、塑料循环利用行业发展趋势

1. 化工企业加强布局解聚再聚合领域

巴斯夫通过“化学循环”项目（Chem Cycling），开辟了循环利用塑料废弃物的全新领域（图 1）。

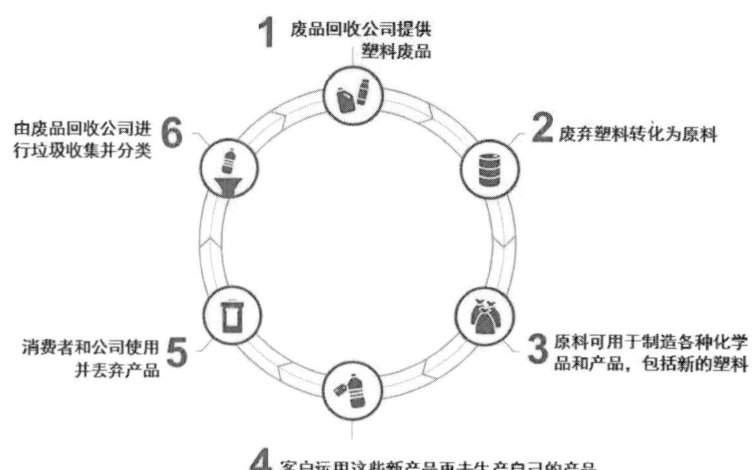

图 1 “化学循环”示意图

2. 环保企业加强布局资源物理回收领域

中国：布局家电拆解回收和一次性包装容器领域。

日本：布局回收一次性包装物理回收领域。

欧洲：布局家电拆解废塑料再生领域。

3. 下游逐渐加大再生塑料的使用（图 2）

雀巢集团宣布到2025年，实现包装材料100%可循环利用或可重复使用。

2017年的7月，可口可乐英国分公司宣布，采取全新的回收政策，增加塑料瓶中可再生塑料的使用，将塑料瓶的循环利用率提高至50%。

2019年1月，陶氏组建“清除塑料废弃物行动联盟”，承诺投入10亿多美元用于开发和拓展废弃塑料管理解决方案。

联合利华宣布与废弃物管理公司威立雅合作，以改善废弃物收集和回收基础设施，以帮助塑料废弃物建立循环经济。

图 2 部分企业加大再生塑料的使用

2019 年 1 月成立的“终止塑料废弃物联盟”（The Alliance to End Plastic Waste，简称 AEPW）是一个全球性的非营利组织，目前已有来自整个塑料价值链中涵盖生产、使用、销售、加工、回收和再生等各个环节的 30 家知名跨国企业，其中包括宝洁、百事可乐和汉高等全球消费品巨头，陶氏、埃克森美孚、Lyondell Basell 等技术领先的塑料生产商，环境管理公司 Suez 和 Veolia 等，以及我国的中石化。

三、未来发展建议

1. 结束九龙治水的局面，建议由发改委牵头，会同生态环境部、工信部组成联合工作小组，全面推动国内回收体系建设的工作。

2. 国内回收体系建设中，需要尽早推进的方面有：生产者责任制延伸，包装押金制度，分类回收制度，再生塑料（固体废弃物）质量管理体系。其中，生产者责任制延伸、包装押金制度和分类回收制度可以直接借鉴他国经验。再生塑料质量管理体系建议以再生塑料终端产品为引导，首先制定再生塑料制品的质量要求，然后逆推其再生原料的质量管理要求，再逆推为制造再生原料而使用的废弃塑料的品质要求。以塑木地板为例，可以参照塑料新制品中对地板标准要求塑木地板应达到相应的标准，再以此标准制定《塑木地板用再生塑料颗粒（粉碎料）的质量标准》，再制定《废塑料回收再利用制造塑木地板用塑料颗粒（粉碎料）的基本品质要求》，这样便可使得一直无法类别化管理的废塑料的品质评价有章可循。

3. 对进口塑料再生颗粒的质量判定标准进行确定，可以考虑实行物性表管理制度，既防止再生颗粒杂质含量超标，又防止矫枉过正，误伤不会造成污染的进口颗粒。比如对不影响纯净度的切粒外形不必做特别要求，色差应控制在合理范围内。

4. “洋垃圾”的问题好解决，只要停止进口即可。但“土垃圾”的问题不容忽视，因为我们总不能反过来，把“土垃圾”出口到别国去。因此，应合理区分优质产能和劣质产能，建立奖惩制度。对于诚信经营，积极进行转型升级，认真达到环保标准的企业应予以保护、鼓励以及政策扶持，扶持政策宜包括且不限于减税、给予信用额度、补贴等政策。对于不能达到转型升级要求的企业应当继续加大治理力度，该整治整治，该关停关停，该惩处惩处，不能再走以牺牲环境为代价换取经济发展的老路。

5. 建议积极引导、推动化学法回收产业发展。化学法是指采用化学手段，在酶的作用下，一般采用加温、加压的方式使聚合物发生解聚反应，再经过萃取、蒸馏等手段得到纯净的化工原料。然后既可以再经过聚合反应制成塑料原料，也可以用作其他化工用途。化学法可以得到高纯度的化工原料，与石油化工所得塑料原料没有太大差异。是塑料“闭合循环”的最完美状态，不必再浪费宝贵的石油资源，也不必再承受高昂的环境代价。问题是，当前化学法回收的成本高于物理法很多，而未来塑料回收工业的理想状态也应该是塑料制品再废弃之后，经过一两次物理回收降级使用，在杂质含量与物理化学性能都不再满足再生原料要求的时候，再进行化学法回收。这样既可以发挥物理法产能大、成本低、碳排放少的有点，又可以几乎完全做到塑料资源的永续闭合循环，彻底解决废塑料废弃、填埋、焚烧等方式所带来的环境问题。物理法与化学法应该相互配合，各自占据相当比例的市场份额，再辅助以还原油技术，做到在全球范围内永久性解决废塑料的环境污染和资源浪费问题，节约宝贵的石油资源。目前化学法的市场占有率远远不能满足当前废塑料闭合循环的要求，是需要当代人付出一定的经济成本来扶植的产业，也是功在当代、利在千秋的事业。

6. 建议扶植大型回收企业深入社区，制定相应政策以提高回收终端的利润率。比如回收终端环节的减税或者免税，采用不同的价格来回收公众手工分类的固体废弃物以刺激公众更加积极参与高品质回收等。这样可以使大型回收企业更加顺利地进入终端市场，打破回收终端的垄断，尽快完善固体废弃物回收的闭合循环中最关键也是最薄弱的一环。

7. 继续反对固体废弃物填埋，尽可能减少乃至消除对土地的不合理利用，在条件合适的情况下，重新开采填埋坑，采用化学法回收已被填埋的废塑料。

8. 废塑料品种繁多，用途广泛，不同品种的废塑料的使用量差别极大，因此坚决反对既有的准入条件中以企业产能规模来界定废塑料再生行业的准入门槛，因为产能规模与可造成的环境影响并不相关，反而会造成行业垄断，不利于竞争。建议以质量控制、生产工艺控制、环保管理控制（参考 ISO 标准）为指标制定废塑料再生行业的准入门槛。

2020 年对我们再生专委会来讲，不仅仅是挑战，也是机遇，我们要把习近平主席提出的“创新、协调、绿色、开放、共享”作为未来的奋斗目标，“互联网+”、中国制造 2025、“一路一带”等都为我们的发展提出了新的明确的方向。我们坚信，在中国塑料加工工业协会的正确领导下，中国再生塑料行业的前景将更加美好！

四、专委会工作

2019 年，是废塑料禁止进口的第一年，再加上中美贸易战及严厉的常态化环保检查等诸多不利因素，再生塑料行业困难重重，在这种情况下，中塑协再生专委会在中国塑料加工工业协会的支持下，根据专委会的服务宗旨与要求，结合当前产业实际，开展了多项富有成效的活动，为行业摆脱困境出谋出力，受到有关部门及广大会员好评。具体内容如下：

1. 加强《再生塑料颗粒通则》宣讲工作

随着废塑料禁止进口，国内对再生塑料颗粒需求增大，但由于目前没有进口再生塑料颗粒的国家标准，海关对进口再生塑料颗粒的判定无据可依，给进口再生塑料颗粒企业带来诸多不便。为了解决这个问题，我们专委会专门多次去上海、广州、厦门、南京、宁波、青岛、天津等再生塑料颗粒进口主要口岸海关进行团标《再生塑料颗粒通则》宣讲，建议海关在没有国家标准情况下，以我们的团标作为参考。特别是去年 10 月，我们在广州为全国海关系统 130 多名关员做了 2 个多小时的培训，重点对《再生塑料颗粒通则》进行了宣讲。通过这次培训，海关关员对团标《再生塑料颗粒通则》有了充分的了解，为今后进口再生塑料颗粒快速通关打下了良好基础。同时，会员企业在通关遇到困难时，我们再生专委会也能够及时提供帮助。如：会员企业惠州美新在进口再生塑料颗粒时被判定为固体废物，不仅要退运，还要移交缉私警察调查，还有可能被追究刑事责任，专委会得知后，积极和海关部门沟通，组织召开了专家论证会，经过充分讨论，出具专家建议书。最后，海关部门认同了我们专委会及专家意见，最后，这批之前被认定为固体废物的再生塑料颗粒改判为塑料原料，这样的结果不仅为该企业减少了损失，而且还为该企业恢复了名誉。

2. 为企业创新与发展服务

主要服务中小企业技术研发、经营咨询、人才引进和培训等工作。2019 年，我们专委会共编辑 36 期电子期刊，以电子邮件、微信平台和网站形式向塑料再生行业企业推送，促进会员企业优质健康发展。

3. 为再生塑料行业服务

协助开展产业共性技术研究与开发，搭建产业支撑平台，为企业科技成果转化、落地，组织科技服务；推动行业技术标准制定和推广；为企业提供战略规划、专利申请分析等业务，并在服务大企业和推动绿色环保发展上出谋划策。2019 年 5 月，我们专委会承办了中国工程院和四川大学在成都举办的“第 289 场高分子可持续发展工程科技论坛”中的“高分子材料循环利用学术研讨会”；在中国橡胶展主办“CHINAPLAS”中主办了塑料回收与再利用论坛，促成“CHINAPLAS”历史上第一次设立的再生塑料原料展区，为再生塑料行业的发展起到了积极作用。2019 年 11 月，在浙江余姚主办了“再生塑料研讨会”，大会邀请了国内外知名专家教授及企业家参加，取得了非常好的效果。

4. 积极参加国际交流

紧抓国家“一带一路”发展战略机遇，加强与沿线国家在再生塑料方面的交流，我们专委会组织了 10 多次行业主管部门、骨干企业对日本，美国，东南亚等国家的再生塑料协会和企业进行参观考察。这些活动，推动我国再生塑料产业“走出去”进程，为企业开拓新的发展路径。

5. 积极组织参加环保公益活动，向民众特别是向中小学生宣讲环保理念，培养大家的环保意识。

2019 年和有关机构一起主办或承办多场防止海洋废塑料污染研讨会及海岸净滩行动。9 月在青岛举办了净滩行动，11 月在福清承办了“塑料生态化和绿色技术创新体系建设工作会议”并组织 200 多名大中小学生到海边参加净滩活动。12 月在深圳协办了由 300 多名潜水员参加的海底捞废渔网活动。这些活动对提升环保意识，保护海洋，减少海洋废塑料污染起到了积极作用。

（中国塑协塑料再生利用专业委员会）

降解塑料

一、概述

1. 降解塑料

降解塑料是一个大的概念，它是在规定环境条件下，经过一段时间和包含一个或更多步骤，导致材料化学结构的显著变化而损失某些性能（如完整性、分子质量、结构或机械强度）和/或发生破碎的塑料。其中，光降解塑料、热氧降解塑料属于破裂型塑料，不应归结在生物降解塑料中。降解塑料应使用能反映性能变化的标准试验方法进行测试，并按降解方式和使用周期确定其类别。不结合降解塑料类型及其降解环境条件，而笼统地说降解塑料，并不是说该类塑料就是能够完全降解为对环境无害的物质。

2. 生物降解材料

生物降解材料包括了生物降解天然高分子材料如纤维素、淀粉、纸等，也包括了生物合成或化学合成得到的生物降解塑料等。

生物降解塑料，是指在自然界如土壤和/或沙土等条件下，和/或特定条件如堆肥化条件下或厌氧消化条件下或水性培养液中，由自然界存在的微生物作用引起降解，并最终完全降解变成二氧化碳（CO_2）或/和甲烷（CH_4）、水（H_2O）及其所含元素的矿化无机盐以及新的生物质（如微生物死体等）。

要注意的是每一种生物降解材料包括纸等，其降解都需要一定环境条件，如果在不具备降解条件尤其是微生物生活条件下，其降解会很慢；同时，也并不是每一种生物降解材料在任何环境条件下都能够快速降解。因此，对待生物降解材料，应该从其环境条件出发，结合材料本身结构等进行分析判定其是否为生物降解材料。如何判断一种材料是否可以生物降解，国内外都出台了一系列的检测方法标准，这在标准问题中进行回答。

3. 生物降解塑料的种类

根据生物降解塑料的原料来源，可将其分为生物基生物降解塑料及石化基生物降解塑料两类。

生物基生物降解塑料主要可分为四类：第一类为天然材料直接加工得到的塑料，目前市场上，利用天然高分子生产的生物降解塑料，主要有热塑性淀粉、生物纤维素、多糖类和聚氨基酸以及其共混改性、化学改性的产物；第二类为微生物发酵和化学合成共同参与得到的聚合物，如聚乳酸（PLA）等；第三类为由微生物直接合成的聚合物，如聚羟基烷酸酯（PHA）等；第四类为以上这些材料共混加工得到的或这些材料和其他化学合成的生物降解塑料共混加工得到的生物降解塑料。

石化基生物降解塑料是指以化学合成的方法将石化产品单体聚合而得的塑料，如聚对苯二甲酸-己二酸丁二酯（PBAT）、聚丁二酸丁二醇酯（PBS）、二氧化碳共聚物（PPC）、聚乙醇酸（PGA）等。

4. 可堆肥生物降解塑料

堆肥化是产生堆肥的一种需氧处理方法。可堆肥，是指在堆肥过程中材料被生物分解的能力。此种材料包括纸、塑料等，如宣称有堆肥能力，必须说明材料在堆肥化体系中（如标准试验方法所示）可生物分解和崩解，并且在堆肥最终使用中是完全可生物分解的。堆肥必须符合相关的质量标准。质量标准如低重金属含量、无生物毒性、无明显可区分的残留物。

5. 生物降解塑料趋势

目前，全球生物降解塑料产能已达100万吨左右，并以每年超过20%的速度增长；我国生物降解塑料作为“十三五”期间塑料行业发展的重点，得到快速发展：国内产能已达50万吨左右，其中PLA产能已达5万吨/年，PBAT产能已超20万吨/年，并且还有大批生产线正在建设或计划建设中，PHA、PCL、PPC等材料产能和使用量也都在不断增大，相信在“十四五”期间生物降解塑料还将得到更好的发展；以可循环、易回收、可降解为导向，研发推广性能达标、绿色环保、经济适用的塑料制品及替代产品，打造有利于规范回收和循环利用、减少塑料污染的新业态新模式，是我国进一步加强塑料污染治理的基本原则，更是生物降解塑料发展的方向；我国在城市生活垃圾分类、电子商务包装、邮政快件包装、外卖包装绿色化要求等绿色生产、消费领域出台的一系列法规和政策措施，大力推动绿色、循环、低碳发展，加快形成节约资源、保护环境的生产生活方式，已取得了一定成效，相信随着更多的国内外政策的逐步出台、落实和完善，我国生物降解塑料技术革新、检测评价与标准体系越来越完善，有关生物降解塑料的制造、加工、应用、可回收等技术性等也将更加成熟，生物降解塑料的生产、销售、使用都将向大规模工业化阶段过度。

二、热点问题

1. 工业化堆肥和家庭堆肥的区别

堆肥是混合物生物分解得到的有机土壤调节剂。该混合物主要由植物残余组成，有时也含有一些有机材料和一定的无机物。堆肥的原料可以是城乡的有机固体废弃物，如农业作物秸秆、农村养殖粪便、城市生活垃圾、厨余垃圾、市政污泥、食品工业废渣等。堆肥化，产生堆肥的一种处理方法，是利用自然界广泛存在的微生物，有控制地促进固体废物中可降解有机物转化成为稳定的腐殖质的生物化学过程。堆肥化根据微生物生长的过程及其是否给氧，可以分为好氧堆肥化和厌氧堆肥化，好氧堆肥化是在氧气存在下，有机物质分解的过程，最终产物是 CO_2、H_2O、热量和腐殖质，厌氧堆肥化是无氧条件下，厌氧微生物将有机物降解成 CH_4、CO_2、H_2O、热量和腐殖质。通常说的堆肥化是指好氧堆肥化。

工业化堆肥是指在控制条件下，微生物对固体和半固体有机物质进行好氧中温或高温降解，产生稳定腐殖质的过程。一般周期为 180 天，但随着好氧堆肥技术变化，最短时间也有到 30 天甚至更短。

家庭堆肥是指在主要利用家庭厨余或园林垃圾，进行好氧堆肥，用于生产供自家使用的堆肥过程。家庭堆肥的时间较工业堆肥时间长，但一般最长不超过一年。

无论是工业化堆肥和家庭堆肥，其所处理的有机垃圾，应有以下特征：

①生物分解性能（即材料原本的可生物分解性）；

②堆肥过程中的崩解性能；

③不会对生物分解过程产生不利影响；

④对最终堆肥质量产生不利影响，如：有害元素超量。

2. 生物降解塑料是否只能堆肥化处置

这是不一定的。生物降解塑料能够在堆肥条件下生物降解，也能够在其他条件如厌氧消化装置生物降解，也能够在自然环境如土壤、海水等条件下生物降解，但具体和塑料的化学结构、制品的配方等以及降解环境条件有关系。笼统地说生物降解塑料只能堆肥化处置是不对的。

像 PHA、PBAT 材料在海水、土壤、堆肥条件下都比较容易生物降解，而 PLA 在堆肥条件下比较容易生物降解，海水与土壤条件下降解周期或速度相对就会慢些。

3. 生物降解塑料在厌氧消化装置中是否能够完全降解

生物降解塑料其能被微生物降解的主要原因是其化学结构和传统塑料不同，所以能被微生物所降解。目前所知生物降解材料，绝大多数是在厌氧消化装置下是能被微生物所降解。

4. 生物降解塑料在土壤里是否能完全降解

由于在自然界的土壤里，温度、水分、微生物等条件不可控，相比可堆肥化过程中条件受控的情况，其条件相对不可控。目前从生物降解地膜应用及其实验室和野外降解实验结果看，多数的生物降解塑料在野外土壤条件下是可以生物降解的，像 PBAT、PHA、PCL、PBS 等在正常气候条件下 5 个月埋土情况下可以完全降解，且对植物不会造成影响；像 PLA 材料降解相对较慢，时间较长，但其和 PBAT 等材料共混后，从实验结果看，也能在半年左右内被完全降解。下图是我们在门头沟利用自然土壤对 PBAT、PBAT/PLA、PLA 薄膜埋土实验后的观察结果，从照片可以看出，生物降解塑料在土壤湿度充足情况下，在北方春夏秋温度合适情况下是可以被自然降解的（图 1）。

5. 生物降解塑料在海水中是否能完全降解

海水中也有适应高盐环境的微生物存在的。像 PHA、PBAT 材料在海水、25℃ ± 3℃ 条件下，30 ~ 60 天就能完全降解。具体的实验过程观察照片可见图 2。

6. 生物降解塑料的降解产物或降解后会不会造成次生环境危害

大家都特别关心生物降解塑料降解后的产物会不会对环境造成次生的危害，所以在对生物降解塑料的降解性能要求时增加了重金属含量的指标，进行了严格的要求。

对可堆肥塑料其堆肥化后的堆肥进行了生态毒性试验包括植物毒性试验、蚯蚓毒性试验等。

对土壤可降解的生物降解地膜除了降解性能、重金属含量规定外，在新的国际标准中对生态毒性等也进行了规定。

因此，从目前看，符合标准要求的生物降解塑料其降解后对环境不会造成次生的危害。

图 1 The appearance changes of different samples with burying time
（Y. -X. Wengetal. /PolymerTesting32（2013）918-926）

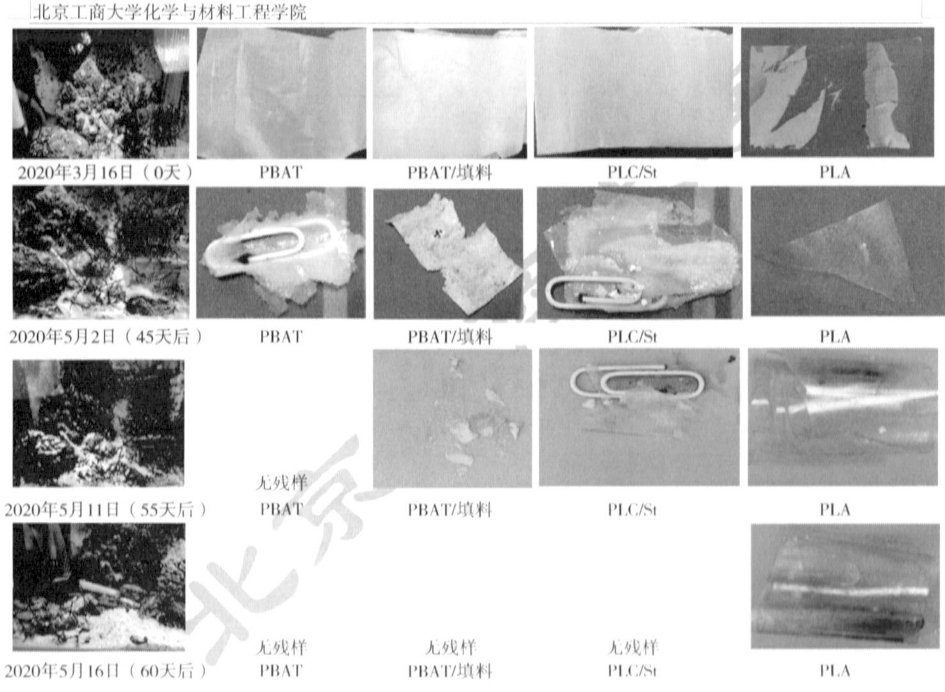

图 2 生物降解塑料实验过程

表 1

重金属	限量/mg/kg
砷（As）	≤5
镉（Cd）	≤0.5
钴（Co）	≤38
铬（Cr）	≤50
铜（Cu）	≤50
镍（Ni）	≤25
钼（Mo）	≤1
铅（Pb）	≤50
硒（Se）	≤0.75
锌（Zn）	≤150
汞（Hg）	≤0.5
氟（F）	≤100

7. 主链含苯环的聚合物是否能够被微生物降解

因为含苯环的聚合物主链相对来说稳定高，许多人会以为含苯环的生物降解塑料不能被微生物降解，但因为生物降解的芳香族聚合物，由于其化学结构的特殊性，自然界也有可以降解苯环类的微生物存在，因此其也可以被围生物降解，且降解后产物的毒性也不会对环境造成危害。以下是 PBAT 降解过程中的有机碳及其微生物（菌丝）等变化情况。

PBAT 化学结构每个结构单元的有机碳，被土壤中的微生物包括丝状真菌等所分解并形成新的物质，研究显示有机碳降解后也没对植物造成影响。

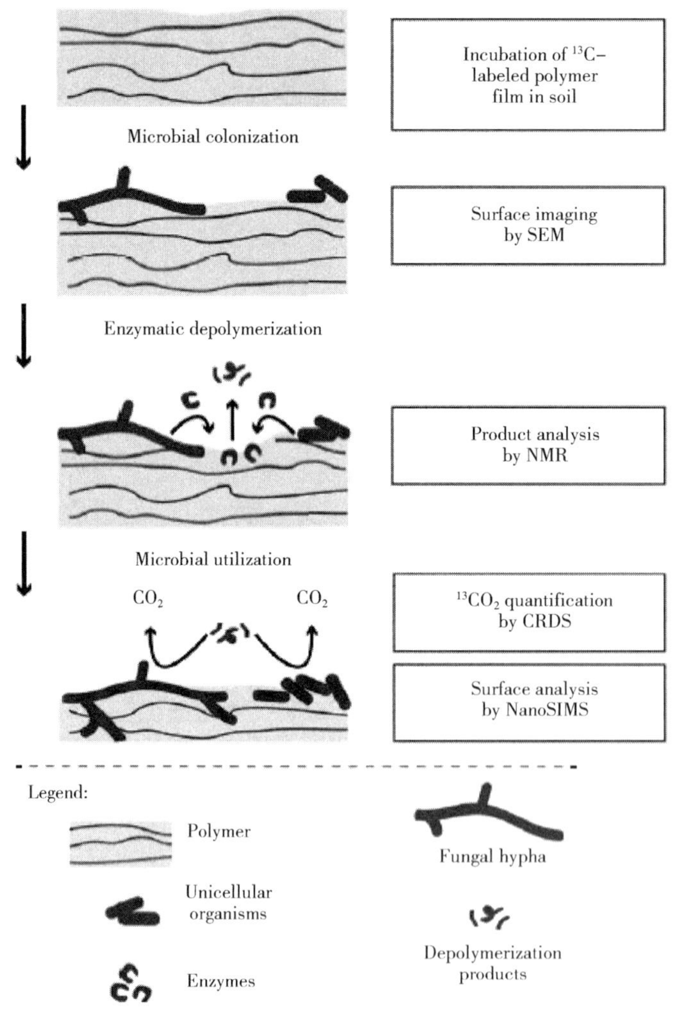

图 3

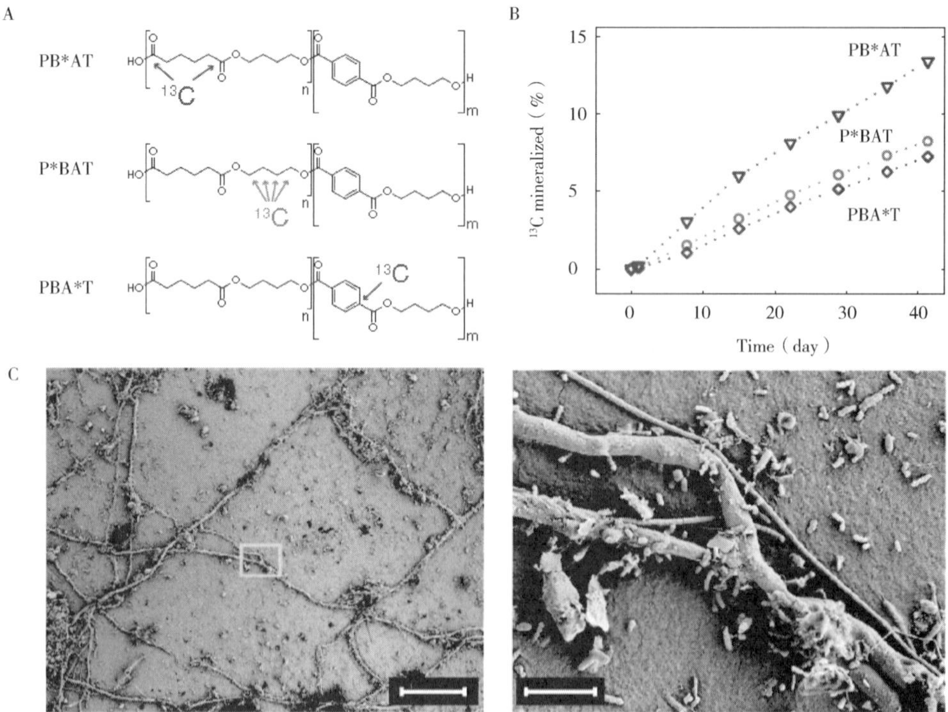

图 4　Mineralization and surface colonization of films of three PBAT variants during a 6-week soil incubation

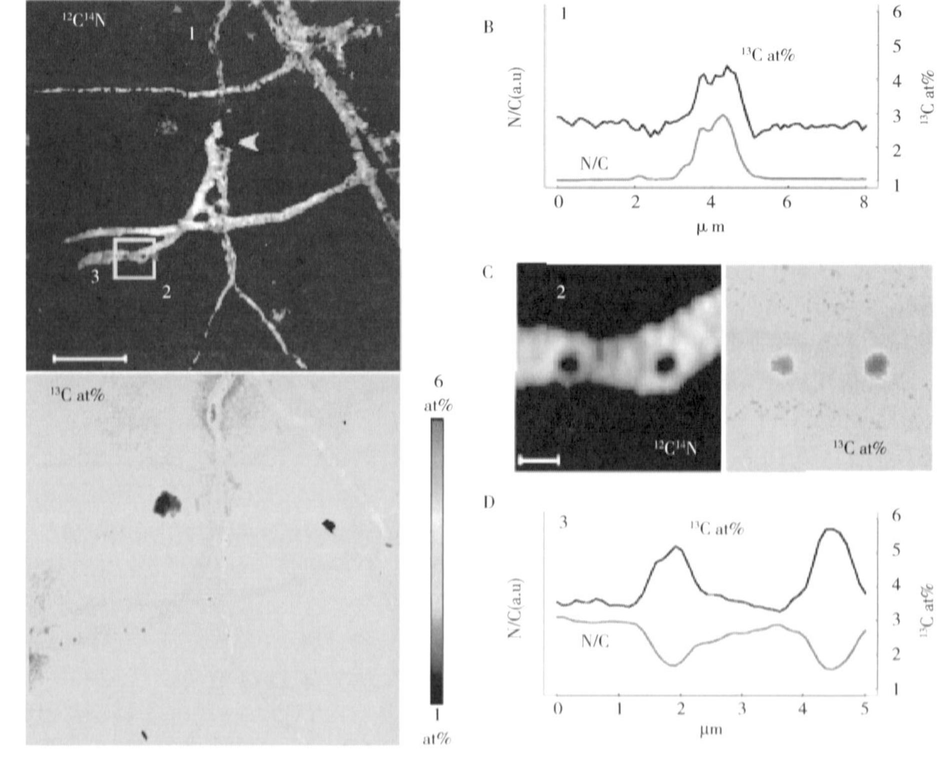

图 5　NanoSIMS images acquired after extended sputter erosion of the PBAT film

8. 公众对降解塑料的几种认识不足之处

（1）认为生物降解塑料在空气或使用中会降解

部分消费者会误认为生物降解塑料在使用过程中或者空气中就会降解掉，因为生物降解塑料的降解需要温度、湿度和微生物这些适合的条件下才会发生微生物降解，所以在日常使用或保存期内是不会被生物降解的。

（2）生物降解在任意环境中会降解

生物降解塑料因为品种不同、化学结构不同，在不同条件下降解行为是不同的，另外降解也如上所述是需要一定的外部环境条件。因此，生物降解塑料也不是在任意环境就能降解，目前看，多数生物降解塑料在土壤、海水、堆肥等环境中，在温湿度合适条件下，会发生降解，会被微生物所分解。

因此，建议生物降解塑料像传统塑料一样，在使用废弃后，能回收物理再利用的先回收再利用的，对不易回收或难回收的建议采用生物回收或化学回收。

（3）生物降解塑料只能堆肥

生物降解塑料的降解条件和环境可以是多种，在堆肥、土壤、河水、海水等环境下，在温湿度及其微生物适合情况下都可以发生降解，因此不仅仅是在堆肥条件下可以降解，也可以在土壤等条件下可以生物降解。但因为堆肥化是受控条件，相对来说，生物降解的过程更容易控制。

9. 生物降解塑料是否能够回收，如何回收再利用

生物降解塑料其实是塑料中的一个特殊品种，其回收再利用和传统塑料是没有多大的区别，可以进行物理回收再利用，即熔融再生和再加工利用。

只不过因为它具备了生物降解的特性，所以比传统塑料多了可以生物回收的途径（如堆肥化处置），在地膜中应用中可以不再进行回收等。

另外，生物降解塑料的化学结构主要是以酯键为主的化学结构，易进行碱或酸或醇降解，从而比起传动塑料来可以进行化学回收，通过利用的单体回收办法进行物质回收再利用。

10. 生物降解塑料对普通塑料回收是否会造成影响

传统塑料常用的品种目前已经超过 160 多种，生物降解塑料作为其中的一种，目前量也较少，其进入回收系统后，即使没有被进行堆肥生物回收、化学回收，也不会因为生物降解塑料混入而影响了传统塑料的回收。传统塑料混杂系统的复杂性，也不会因为多一类降解塑料而会有很大的区别，个别回收系统里如 PET 瓶回收系统里多了 PLA 材质而增加困难，是有可能，但 PET 瓶回收系统里也会因为传统塑料 PBT、PEN 等新一类不降解聚酯瓶使用带来困难。从现代化的分拣系统，通过红外线分拣法，是完全可以实现分开回收的。所以这个问题，只是部分人没考虑原有回收系统技术改进而比较主观的一种看法而已。

11. 生物降解塑料在垃圾分类和回收处置中的作用有哪些？为使生物降解塑料降解意义体现地更加充分，垃圾分类处置系统还可以做哪些事情？

生物降解塑料从其设计和使用意义角度来讲，在一次性制品及其使用后和有机垃圾混合情况下去生化处置情况下，或者是在像地膜制品使用后难以回收情况下，使用生物降解塑料其生物降解功能能体现地更加充分。

但因为全球垃圾分类及其垃圾处置不是合理情况下，即使是欧美等发达国家在垃圾分类和处置非常规范情况下，总也会有一部分塑料包装会被无意或有意地释放到自然环境中，如果这部分制品能被用生物降解塑料替代，那么也可以降低环境污染的风险。因此，生物降解塑料的使用，也可以认为是避免塑料垃圾被无意释放到密闭垃圾系统外后对环境造成污染的一种预防性措施。

另外，随着我国垃圾分类及其处置系统的完善，通过生物降解塑料垃圾袋的配方的调整，使其更加适合于城市有机生活垃圾生化处理的工艺，从而可以解决像目前居民小区在日常丢厨余垃圾桶时，需要主动进行破袋而带来个人卫生问题的苦恼了。

12. 填埋或焚烧生物降解塑料和传统塑料或传统有机垃圾有什么区别

有些报道中认为生物降解塑料比起传统塑料来在焚烧时会产生二噁英等次生危害，但生物降解塑料是传统塑料的一种，其聚合物结构上也没有氯元素等，怎么可能会比传统塑料焚烧多二噁英等废弃呢。另外，生物降解塑料的聚酯结构，决定了其相比传统塑料如聚乙烯等来，主链上有机碳含量更低，在焚烧时候更加容易充分燃烧。因此，误认为焚烧处理时候，生物降解塑料比传统塑料产生更多有害气体的观点是不成立的。

另外，在填埋时候担心生物降解塑料会释放更多有害气体，但许多现代化的填埋场目前多数都会采用一些填埋过程中收集沼气来能量回收的装置，

即使没有回收也有相应的有机垃圾填埋后的沼气释放措施，在填埋场中塑料的固体含量不到7%，且生物降解塑料目前的量也不到传统塑料的1%，对此臆测填埋会更有害是没有根据的。

13. 生物降解塑料的应用领域有哪些

据应用领域，生物降解塑料目前主要用途有纺织纤维、包装、农林渔牧、汽车、增材、电子电器外等，具体见表2。

表2　　生物降解塑料主要应用领域、用途及处置方式

应用领域	用途	废弃后适宜处置方式
包装	生活垃圾袋、购物袋、小型包装袋； 各种成型用片材（吸塑成型、压制成型）电子部件（媒体录音带、碟等），信用卡用片材、透明示窗领域、冲压加工领域； 信封透视窗薄膜，各种密压基材、密封袋、标签用薄膜、卡片用拉伸片材、取向薄膜、胶带、印刷相关领域、单双面热封包装薄膜、收缩标签、杯封、火锅领域、密封杯等； 一次性餐饮具、食物容器等； 快递、外卖、电商包装等	生物回收（可堆肥处理、厌氧消化处理、酶解化学回收等）
纺织纤维	无纺布、长丝、短丝、服装、住宅用地毯、纺织品	材料物理回收再利用
农林渔牧	地膜、育苗容器、灌溉管、沙土袋、护板	自然降解
汽车工业	汽车内装饰品如地垫、轮胎盖、仪表盘	材料化学回收
电子电器	电子电路板、电器外壳等	材料化学回收
医用生物降解材料	医药用品及其医用包装材料、骨钉等，药物缓释材料	体内降解

14. 生物降解塑料的规模化生产与应用是否会影响到粮食危机

目前，全球生物降解塑料的产能约为100万吨左右，年增长率20%~30%，目前还是化石基来源的PBAT等生物降解塑料为主。这些塑料中以玉米淀粉为原料制备的生物降解塑料主要为聚乳酸，目前聚乳酸全球产能约为28万吨/年，表观消费量约为16万吨/年。即使按照一些报道中的聚乳酸产能建设在近几年都实现的话，利用玉米淀粉为原料制备的生物降解塑料也不过百万吨级左右，这对粮食还不会造成根本的影响。另外，像安徽丰原等公司利用非粮原料来发酵制备乳酸等化学单体的技术也都有研发和储备。因此，从近5年乃至更长时间内，发展生物降解塑料对粮食危机的影响程度是很低的。

三、降解塑料标准体系、相关政策等

1. 建立降解塑料标准体系的重要性

自生物降解塑料出现，对于其性能的质疑和概念的混淆就一直存在，主要是由于在其发展之初没有科学的测定方法和标准对产品进行约束和界定。如“生物降解塑料”“生物基材料”“可堆肥材料”三者的概念及关系就经常被人们混淆。生物基材料指的是由来自生物质的原料制备的塑料。但不是所有生物基材料都是可生物降解或可堆肥的，也不是所有可生物降解塑料都是生物基材料。生物降解塑料是指在自然界如土壤和/或沙土等条件下，和/或特定条件如堆肥化条件下或厌氧消化条件下或水性培养液中，由自然界存在的微生物作用引起降解，并最终完全降解变成二氧化碳或/和甲烷、水及其所含元素的矿化无机盐以及新的生物质的塑料。而可堆肥材料还要求其最后形成的堆肥中重金属含量、毒性试验、残留碎片等符合相关标准的规定。

因此，生物降解检测方法与标准体系的建立就显得尤为重要，它不仅有助于产业的健康发展，促进市场快速形成，推动行业迅速成长，更有利于产品走向国际市场。

2. 降解塑料的标准体系、相关标准等情况如何

目前在生物降解检测与要求方法方面，ISO 国际标准检测方法 15 项、可堆肥塑料要求 1 项，这 16 项标准中我国已等同转化 10 项，且未转化的国际标准主要是海水条件下的检测方法。在国际上被同行或像 DINCERTCO、BPI 等认证机构认可的能够检验这些方法的检测实验室约 15 个，其中我国国内实验室主要是北京工商大学-国家塑料制品质量监督检验中心（北京）。由此也可见，在生物降解的检测与标准方面，我国并不落后，处于国际先进水平。

3. 生物降解性能检验方法国家标准是否落后

生物降解可以在许多环境中发生，包括土壤、堆肥、水处理设施、海洋环境，甚至在人体里。国内外不同降解条件下生物降解测试标准，在水性培养液条件下需氧检测 2 项、厌氧检测 1 项，堆肥化条件下需氧检测方法 3 项，土壤条件下需氧检测 2 项，海水条件下需氧检测 2 项，污泥消化以及高固态的模拟条件下厌氧测试方法各 1 项。我国测试方法基本与国际保持一致，仅海水降解方面还缺少对应标准，但也已开展相关的工作。像可堆肥条件下生物降解率检测方法国家标准 GB/T 19277.1 等同采用 ISO14855-1：2005 年版本，虽然 ISO14855-1 目前版本已经为 2012 版，但 2012 版和 2005 版相比较主要内容没有改变，只是对文本个别文字及其版本进行了确认，并非像网上有些报道说的等同采用 ISO14855-1：2005 的 GB/T 19277.1-2011 就落后了，这些报道绝大多数是非本专业人士的望文生义和曲解，还需要大家加以甄别。但对进行报道的这些非专业人士的关心，我们表示衷心的感谢，也欢迎大家利用各种渠道进行沟通。

但以上方法的标准，值得关注的一点是，同一种塑料材料在这些不同方法中的生物降解率检测一致性问题，鲜有文献进行详细的报道，这方面需要相关机构再进行深入的研究与进行阐述。

4. 降解塑料是否没有标准

不同于 ISO 国际标准体系，我国的标准系统中除了试验方法标准外，还制定了一系列通用要求、产品、树脂等相关的国家标准、行业标准，它们对产品的各项技术指标都有明确的要求，不仅能够确保产品的质量，更有利于市场的规范。如《全生物降解农用地面覆盖薄膜》就是我国生物降解领域一项重要的标准，它规定了农业中使用的全生物降解地面覆盖薄膜的适用范围、分类方法、技术要求、试验方法、检验规则、标志、包装、运输和贮存等。众所周知，我国地膜覆盖面积和使用量一直位居世界第一，覆盖地膜已经成为我国农业生产中必不可少的技术手段。但是，随着地膜用量的不断增大，其在土壤中的残留量也逐年增加，造成土壤板结退化，严重影响土壤的肥力，并且，地膜使用后往往被丢弃在田间地头。据统计，我国塑料地膜年用量达 160 万吨左右，由于普通地膜在自然环境中难以分解，每年约有 2 亿亩土地遭到不同程度的残膜污染。而全生物降解农用地膜不仅具有普通地膜的功效，而且在完成使用功能后，能在土壤中微生物的作用下自行分解，最终变成水、二氧化碳或者甲烷，有利于土壤肥力的保持与提高，也不会对环境造成污染，能够有效地解决农用地膜残留带来的土壤肥力退化和地膜“白色污染”问题，对农业的可持续发展具有重要意义。但是由于全生物降解地膜在使用过程中的特殊性，不同厂家制备的全生物降解地膜在实际应用时差别较大，这给农业部门和农户都带来很大困惑。而本标准的制定正解决了这一问题，不仅规范了全生物降解地膜领域的生产，形成统一标准；也促进了农用地面覆盖薄膜产业结构的调整与升级。

目前，国内生物降解相关的树脂、产品等国家标准、行业标准共 40 项，其中关于产品通用技术要求标准 11 项，具体产品标准 21 项，树脂相关标准 7 项。

5. 生物降解塑料标识体系情况

目前对生物降解塑料的标识，国内外都不大一样。我国开展这项工作的主要为中国塑协降解塑料专委会和轻工业塑料加工应用研究所（但标识工作尚未开始），已开展的主要是生态环境部的中联环认证公司的十环标志认证，另外就是个别省市如海南和吉林的地方标准规定。

国际上对生物降解塑料的认证，主要有德国 DINCERTCO 和美国的 BPI 等，这些机构发证的时候，首先是明确生物降解塑料的降解环境条件，然后给予第三方的认证，认证属于自愿认证。像美国的 BPI 认证，是美国堆肥厂对可进行堆肥的塑料垃圾袋、一次性餐饮具可以进堆肥厂堆肥化处理的一种许可标志。

我国随着塑料污染防治政策及其国家标准委有关降解塑料标识标准及其检验方法通则的出台，降解塑料的标识应该能逐渐规范和普及（图 6）。

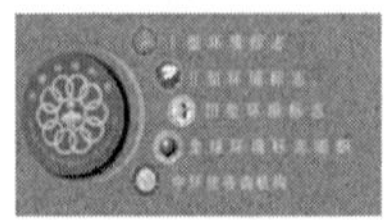

图 6

6. 在自然条件下，生物降解塑料降解时间多长

公众特别关注在自然条件下，生物降解塑料降解时间多长，确实是这样。但降解时间和自然条件及其塑料的结构与配方有关，不能一律概论。如果自然条件没有赋予微生物生长或生命活动的一些适宜条件，对生物降解塑料甚至是天然高分子如纸、秸秆、木头等来说，其降解也是会比较缓慢的，我们去郊外林地或山上时能看到一些沙土上的树枝、木头或纸很长时间内没有被环境降解的现象，也是这个道理。

以下举一些例子来进行说明，可能会更好地理解。

像 PBAT 材料制作的生物降解地膜在近 5 年全国的示范应用来看，快的时候 4—5 个月就能降解完全，在实际铺膜应用即使作物收割当时没有降解完全，但在翻耕后都能完全降解。

7. 国内外相关政策

近些年来，世界各国对于一次性不易回收、易污染制品的使用，纷纷制定相关法律法规进行禁止、限制，同时支持生物降解材料的应用。例如，欧盟在包装法规中明确规定了垃圾的回收利用及其可堆肥化处理，并拟于 2021 年禁用 10 种一次性塑料制品；法国从 2020 年起禁止使用一次性餐具，并要求碗碟杯叉等一次性餐具必须用基于生物的原料制作；英国 2018 年 1 月发布国家环保战略，提出要消除塑料袋、食品包装袋、吸管等所有不必要的塑料制品的使用。

早在 2004 年，《中华人民共和国固体废物污染环境防治法》经第十届全国人大常委会第十三次会议通过，2005 年《中华人民共和国可再生能源法》出台，鼓励再生生物质能的利用和降解塑料推广应用；2007 年，国务院办公厅颁布《国务院办公厅关于限制生产销售使用塑料购物袋的通知》，实行“限塑令”，对塑料购物袋收费并在全国范围内禁止厚度小于 0.025mm 的塑料购物袋生产、销售和使用。

近些年来，更是有一系列相关政策、法规出台。国家发改委“关于进一步加强塑料污染治理的意见”于 2020 年 1 月 19 日正式发布，提出研发推广绿色环保的塑料制品及替代产品，探索培育有利于规范回收和循环利用、减少塑料污染的新业态新模式；海南省从 2020 年 12 月开始全面禁止不可降解一次性塑料购物袋与餐饮具等；2019年国务院常务会议通过的《固体废物污染环境防治法（修订草案）》中明确鼓励研发、生产环境中可降解的薄膜覆盖物和商品包装物；2017年，国家邮政局、国家发改委、科技部等10部委联合发布《关于协同推进快递业绿色包装工作的指导意见》，提出到2020年将可降解绿色包装材料应用比例提高到50%；吉林省从2015年1月1日就已开始在吉林省范围内实施“禁塑令”等。

四、分支机构活动

1. 专委会计划于2020年11月3-5日在南京国际博览中心举办的2020中国国际塑料展，并在展会设立生物基和降解材料专区。

2. 专委会计划于11月4-5日在2020中国国际塑料展同期召开第九届生物基和生物分解材料技术与应用国际研讨会暨中国塑协降解塑料专业委员会2020年年会。

3. 专委会2020年继续加强落实会员管理，完善组织机构，继续扩大会员和行业影响力。

4. 专委会于2020年计划发行降解材料内部杂志4期。

5. 专委会参与国家标准的编制。2020年已发布的国家标准《塑料受控污泥消化系统中材料最终厌氧生物分解率测定采用测量释放生物气体的方法》《塑料材料生物分解试验用样品制备方法》《全生物降解物流运输与投递用包装塑料膜、袋》。

6. 专委会参与国际标准会议及标准工作。专委会计划参加了国际标准化组织塑料技术委员会（ISO/TC61）第69届年会，并参与《生物降解购物袋》《生物降解吸管》和《PLA3D打印线材》三项提案的相关工作。

7. 专委会推进外卖、餐饮包装示范应用。专委会与美团外卖合作，开展“降解塑料包装推荐名录及创新产品孵化”项目。

8. 专委会继续加强与美国BPI、德国DIN-CERTCO、日本生物塑料协会、韩国生物塑料协会、欧洲生物塑料协会之间的合作。

（中国塑协降解塑料专业委员会）

氟塑料

一、行业现状

我国氟塑料行业发展机遇与挑战并存。2019年多数企业发展较好，规模企业加快发展步伐，坚持创新驱动、绿色发展，不断开发深加工产品，不断提升创新水平，产业转型升级初见成效；进一步推进新一代信息技术与制造技术融合发展，企业逐步向数字化、信息化、智能化转型，全面提升研发、生产、管理和服务的智能化水平；企业注重产品质量，品牌意识逐步提升。企业坚持以人为本，注重人才培养，不断加强技术人才队伍建设，走人才引领的发展道路。

目前，我国聚四氟乙烯树脂产能已超过13万吨，聚偏氟乙烯产能约为2.8万吨，聚全氟乙丙烯产能约为2万吨。据不完全统计，2019年聚四氟乙烯产量约为10.6万吨，聚偏氟乙烯产量约为2.1万吨，聚全氟乙丙烯产量约为1.6万吨，聚四氟乙烯和聚偏氟乙烯产量较2018年有明显的涨幅，聚全氟乙丙烯产量较2018年有小幅度下降。

2019年国产聚四氟乙烯树脂价格呈现持续下降的趋势。截止到12月，中粒度销售价格约为4.3万吨，比年初下降28.3%，分散树脂价格约为5.3万吨，比年初下降24.3%。目前，国内中低端聚四氟乙烯产能过剩，部分原料企业加强末端市场研究，向高端升级，争取实现进口原料的替代。

据不完全统计，2019年氟塑料加工企业聚四氟乙烯树脂消耗量比2018年上涨7.4%，聚四氟乙烯制品产量比2018年上涨5.6%，企业销售总额较2018年上涨5.1%。其中，由于环保市场需求增加，纤维制品的产量较2018年上涨了24%；模压制品的产量较2018年上涨了13%；生料带、其他糊膏挤出、柱塞挤出、浸渍制品和衬里制品的产量较2018年变化不大；等压制品的产量较2018年明显下降，下降了24.3%。2019年聚四氟乙烯制品的构成如图1所示。

根据进出口数据统计，截至2019年12月底，聚四氟乙烯树脂进口量6845.81吨，同比上涨7.98%，进口平均价格同比下降13.16%；出口量

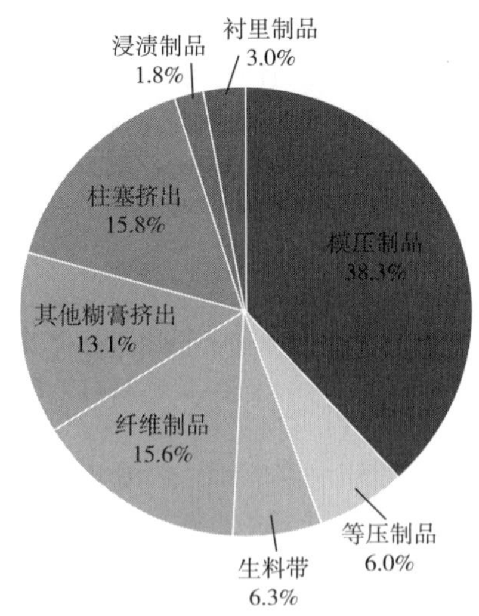

图 1　2019 年聚四氟乙烯制品的构成

21534.98 吨，同比下降 5.99%，出口平均价格同比下降 13.62%。可熔性氟聚合物进口量 14275.12 吨，同比上涨 14.55%，进口平均价格同比下降 3.17%；出口量 22105.1 吨，同比下降 9.86%，出口平均价格同比上涨 4.16%。聚四氟乙烯制品进口量 1039.06 吨，同比下降 34.81%，进口平均价格同比上涨 5.26%；出口量 20600.48 吨，同比上涨 12.56%，出口平均价格同比下降 12.33%。由于电子、通讯等高端产品市场需求增加，聚四氟乙烯树脂和可熔性氟聚合物的进口量涨幅明显；受中美贸易摩擦影响，聚四氟乙烯树脂和可熔性氟聚合物的出口量都有不同程度的减少，聚四氟乙烯制品出口受影响不大，保持了两位数的增长。具体数据见表 1、表 2：

表 1　　2019 年氟塑料进口量及与上年比较表

产品	进口总量/千克	累计比同期/%	进口总金额/美元	进口平均价格/（美元/千克）	累计比同期/%
初级形状的聚四氟乙烯	6845807	7.98	74301337	10.85	-13.16
其他初级形状的氟聚合物	14275121	14.55	305049132	21.37	-3.17
聚四氟乙烯制非泡沫板、片、膜、箔及扁条	1039056	-34.81	64541362	62.11	5.26

表 2　　2019 年氟塑料出口量及与上年比较表

产品	出口总量/千克	累计比同期/%	出口总金额/美元	出口平均价格/（美元/千克）	累计比同期/%
初级形状的聚四氟乙烯	21534976	-5.99	184175036	8.55	-13.62
其他初级形状的氟聚合物	22105101	-9.86	281851535	12.75	4.16
聚四氟乙烯制非泡沫板、片、膜、箔及扁条	20600478	12.56	177120458	8.60	-12.33

二、行业发展方向

我国氟塑料行业正处于转型升级的关键阶段，产业的发展将从规模增量型的粗放发展方式向质量效率型集约增长转变，由高速增长阶段转向高质量发展阶段。通过产业升级，使通用产品加工达到世界先进水平，市场需求量进一步扩大。行业将逐步从单一提供制品向提供系统解决方案过渡。可熔融加工的氟塑料发展速度将进一步加快，其原料需求量将大幅度提高。环保、半导体、电子化学品、高端密封、新能源、建筑、通讯、医疗等领域的应用将成为发展重点，尤其是 5G 高频传输、高频覆铜板基材等对聚四氟乙烯需求增加，5G 时代将给氟塑料产业带来更广阔的发展空间。

三、专委会活动

（一）走访调研

为切实了解了企业发展情况，专委会走访考察了北京、深州、淄博、江阴、杭州、嘉善、自贡、成都、广州、东莞等地区的企业，与企业进行了座谈交流，并参观了企业的生产车间和实验室。各企业坚持创新驱动、绿色发展，加大高技术含量、高附加值产品的研发力度，产业转型升级初见成效。

（二）会议活动

1. 举办2019中国国际氟塑料加工发展论坛

为促进行业转型升级，氟塑料专委会于2019年11月5—6日在桂林召开了2019中国国际氟塑料加工发展论坛，此次会议不仅吸引了国内的行业精英，还有来自美国、德国、意大利、日本、俄罗斯、新加坡等国外氟塑料行业龙头企业代表，与会人数达300人。中国塑料加工工业协会理事长朱文玮、德国工业半成品与消费塑料制品协会氟聚合物专委会负责人Michael Schlipf博士出席了本次会议。

论坛主题为“智能互联，绿色发展”，从氟塑料行业的发展现状与发展趋势，分析了如何把握新机遇，加快推进智能化建设、全面推进行业健康绿色发展。论坛共安排了28个主题报告，所涉及的领域包括电子、通信、汽车、环保、光伏以及建筑等。参会代表就行业内的相关技术和发展进行了相互交流和学习，此次论坛为行业的发展注入了新的思想和发展思路。

2. 积极筹备参与协办“2020中国国际塑料新材料、新技术、新装备、新产品展览会”

中国塑协定于2020年11月3—5日在南京国际博览中心举办2020中国国际塑料展。氟塑料专委会积极投入到招展工作，通过网站、氟塑料通讯、会议、微信公众平台等方式进行宣传，通过电话、走访企业等方式积极招展，目前已签订协议1个，有意向参展单位6个。

3. 召开第五届八次理事长工作会

2019年5月28—29日，氟塑料专委会第五届八次理事长工作会在浙江国泰萧星密封材料股份有限公司召开，会议得到了国泰公司的大力支持。专委会秘书处汇报了1—5月的工作情况和下一步工作计划，会议讨论提出了论坛主题，审议了专委会第五届理事会理事长人选，一致通过由北京市塑料研究所所长李向东同志担任理事长职务，报请中国塑协审批，并提交专委会第五届八次理事会审议通过。

4. 召开第五届八次理事会

2019年11月4日，氟塑料专委会第五届八次理事会在桂林召开。60余家理事单位的代表参加了会议。会议审议了陈生秘书长作的2019年工作总结和2020年工作计划，审议了专委会第五届八次理事长工作会决议，选举确定了理事长人选，一致通过由北京市塑料研究所所长李向东同志担任氟塑料专委会第五届理事会理事长职务。与会代表交流了各自企业的发展情况。

（三）国际交流

经多方筹备，氟塑料专委会组织的中国氟塑料考察团于2019年5月5—14日赴德国考察。开展了如下活动：

1. 组织参加欧洲氟塑料技术交流会

2019年5月7日，由德国塑料协会与德国塑料中心（SKZ）联合主办的两年一届的欧洲氟塑料技术交流会“Innovations using Fluoropolymers”在德国维尔茨堡召开，此次会议共有来自世界各地的100余位氟塑料行业的人士参加，其中包括18位中国代表。会上共交流了15篇报告，此次会议是一次真正意义上的世界氟塑料大会，欧洲、美国、日本、印度、中国的同行欢聚一堂，共同探讨世界氟塑料的发展。通过参加会议，我们更加了解了世界氟塑料行业的发展，同时也让世界了解了中国。

2. 召开“中欧氟塑料企业座谈会”

经中国塑协氟塑料专委会和德国氟塑料协会共同努力，“中欧氟塑料企业座谈会”于2019年5月8日在维尔茨堡SKZ召开。上海市凌桥环保设备厂有限公司、南京肯特复合材料股份有限公司等十余家中国企业和3M、旭硝子、Fluor Tex等十余家欧洲氟塑料企业参加了此次会议。参会代表分别介绍了各自企业的基本情况、主要产品及应用领域，分享了各自企业的先进的管理经验和运营，进行了深入充分的交流。本次座谈会为中欧氟塑料企业合作搭建了国际化的服务平台，增进了中欧企业间的相互了解和信息互通，为推动中欧氟塑料行业的共同发展注入了新动力。

3. 考察德国塑料检测中心（SKZ）实验室

考察团参观了SKZ实验室，得到了相关负责人AlexanderHefner先生的周密安排和热情接待。SKZ成立于1961年，是集检测、研发、认证、培训于一体的塑料中心，致力于塑料工业50余年，是世界上塑料行业权威的国际认证机构。通过SKZ检测监督并被授予SKZ的质量标志的产品，其经过了测试、检验和认证并成功通过了严格的测试，符合高质量的要求。

4. 考察3M公司总部

应3M欧洲总部的邀请，考察团还拜访了3M公司，得到了公司相关负责人InaVrancken女士的周密安排和热情接待。作为一家世界知名的多元化科技创新企业，3M的产品和技术早已深深地融入人们的生活。除了氟聚合物，还生产告示贴、滤芯、焊接面罩、军用降噪耳机、防弹服等，从家庭用品到医疗产品，从运输、建筑到商业、教育和电子通信等各个领域。3M可以将聚四氟乙烯边角料回收经裂解再合成聚四氟乙烯，实现了含氟聚合物的循环生产，进一步促进了行业绿色可持续发展。

（四）标准化工作

1. 《螺纹密封用聚四氟乙烯未烧结带（生料带）》行业标准计划已下达，计划号为2018-2136T-QB，牵头单位为宁波昌祺氟塑料制品有限公司。成立标准编制小组，专委会推进标准的修订工作。

2. 《聚偏氟乙烯（PVDF）薄膜的耐风沙测试方法》标准补充试验验证和第三方检测验证已完成，计划于2020年完成评审工作。

（五）PFOA被列入《关于持久性有机污染物的斯德哥尔摩公约》，部分应用领域特定豁免

2019年初，氟塑料专委会得知PFOA将被列入《斯德哥尔摩公约》附件的消息，对原料替代和使用情况做了较详细的调研工作。根据行业实际情况，向有关部门提交了《关于申请在公约谈判中将我国相关氟聚合物生产列为PFOA豁免用途的报告》，为有关部门谈判提供了具有说服力的依据，最终争取到了部分领域5年的特定豁免。

关于持久性有机污染物的斯德哥尔摩公约缔约方大会第九次会议于2019年4月29日至5月10日在瑞士日内瓦召开，决定修正《斯德哥尔摩公约》附件A第一部分，将全氟辛酸（PFOA）、其盐类及其相关化合物列入其中，并对全氟辛酸、其盐类及其相关化合物的生产和使用给予特定豁免。

该项法规的履约还需要人大批约，为向有关部门提供相关数据，生态环境部委托氟塑料专委会开展《PFOA在我国氟塑料及下游领域应用、替代情况调研和履约社会经济影响评估》工作，该项目已于2019年12月完成评审验收工作。

四、行业发展建议

2020年是全面建成小康社会及“十三五”规划的收官之年，也是“十四五”规划编制的启动之年，面临更加复杂的国内外环境，氟塑料加工行业将面临着严峻的挑战：首先，要继续坚持创新引领，加大研发投入，提高企业持续创新发展的动力，实现行业高质量发展；其次，继续推进“两化”深度融合，推动智能制造，努力实现企业数字化、网络化、智能化管理；再次，坚持以人文本，加强团队建设，努力提升团队凝聚力和执行力，实现高效管理；最后，积极应对疫情影响，在“后疫情”时期做好战略调整，牢牢把握发展机遇，确保行业经济平稳运行。

（中国塑协氟塑料加工专业委员会　吕方　陈生）

多功能母料

一、多功能母料行业发展战略及思考

1. 加强沟通合作促进行业发展

加强上下游产业链沟通和合作，努力改善现存的质量和标准问题，生产出更多符合环保和安全标准的多功能母料，是确保塑料产业保持高速发展的关键，塑料消费量带动了塑料母料消费持续高速增长。中国塑料母料产业的增长速度明显高于全球平均水平，增速高达每年20%以上。形成这一局面，一方面是塑料母料的持续发展缘于树脂产量大幅上升和市场需求强劲扩张；另一方面是塑料母料，尤其是功能化母料对塑料制品的性能提升和成本下降起到了关键性的作用。有效地促进了塑料制品的功能提升及塑料和母料行业的高速增长。

2. 塑料母料市场前景广阔

目前，人们对塑料制品的性能与功能种类要求不断提升和增加。塑料色母料尤其是功能化母料是通用塑料工程化、工程塑料高性能化不可或缺的重要部分，是塑料制品实现功能化的关键。未来的塑料行业必将朝着功能化、轻量化、环保、节能、低碳、高性能、低成本等方向发展。由于塑料制品对阻燃、增透、抗菌、耐候、抗静电、仿金属、仿木、仿石、仿藤等不同领域和功能提升的更多需求，令塑料制品含有一种功能或多种功能。随着全球塑料使用量的巨幅增加，需要更多高技术含量、

高品质、高附加值的多功能母料产品，支撑塑料行业的高速发展。因此，塑料母料尤其是多功能母料随着塑料行业的高速发展及使用量大幅增加，必将形成巨大的市场和发展空间。塑料制品如需达到某种性能要求，有些品种是必须通过配方设计及全过程造粒，才能生产出性能优异的功能性塑料。而有些品种则可通过使用多功能母料与塑料原料混合、即可直接生产出性能优异的塑料制品。在塑料性能原理上，多一次加工，物理性能就多一次下降。所以是一个典型高性能低成本的生产模式和性价比最优的最佳替代。

要实现塑料母料行业的高速发展，塑料母料产业必须适应塑料行业发展大形势下的种种要求，建立健全的品质管理体系和提升创新能力，满足相关的环保和安全标准等行业要求。行业都必须建立行业团体标准，严格规范使用符合相关规定的原材料，科学优化配方设计，不断研发出功能更新、更高的色母料和多功能母料品种、科学优化生产工艺，确保生产出更多符合相关法规要求的高品质、高技术含量、高附加值的功能化母料。

二、2019 年专委会工作

（一）专委会积极与产业上下游及兄弟专委会进行互动交流，加大了多功能母料专委会的知名度，增强了专委会的品牌效应

自 2019 年年初以来，会长和秘书处相继出席了中国塑料产业链高峰论坛暨中国塑协成立 30 周年庆典、中国塑协七届四次理事扩大会议、中国塑协塑料鞋专委会年会、中国塑协改性塑料专委会年会，这种同行业、跨区域的交流让秘书处成员受益匪浅，大大提高了专委会秘书处的服务水平、办事效率及组织能力，同时打响了中国塑协多功能母料专委会的品牌。

（二）专委会积极走访会员企业，组织会员企业集体参加行业展会

专委会季德虎会长亲率秘书处一行，深入会员单位了解企业运行情况、最难突破的技术瓶颈以及需要协会提供的支持等，走访了广东彩虹德记塑胶颜料股份有限公司、金发科技股份有限公司、广东美联新材料股份有限公司、东莞市恒彩塑胶颜料有限公司、深圳市金志成塑料科技有限公司、惠州市易聚源塑业科技有限公司、成都六九一四科技有限公司、东莞市美迪塑胶颜料有限公司、耀源炭黑有限公司、广东波斯科技股份有限公司、福建南安实达塑料色母有限公司等 20 家企业，季德虎会长鼓励会员单位，要有勇气和信心面对经济下行压力，大家需要坚守，在坚守中寻找突破口创新发展、转型升级。在经济下行压力下，专委会也积极鼓励会员企业参加大型的行业展会。专委会秘书处在会长的带领下，拜访了参加 2019 广州雅式橡塑展的会员企业，了解会员企业的发展情况。各会员在展会上亮出了自己的实力，展示了自己新的产品、技术、理念和成果，会员企业们相互学习、交流，获得最新的市场动态。

（三）专委会网络信息平台的建设、经营、管理，切实加强专委会的硬实力

专委会网络信息平台主要是微信公众平台、官方网站、微信互动群，微信公众平台自开通之日起已累计有 5000 余人次关注，发布行业政策贴、技术精华贴、专委会宣传贴等内容多达 800 余条，最高浏览量突破 10000 人次；专委会官方网站开通了“关于协会、新闻资讯、协会动态、会员专区、技术交流、人才交流、年会风采、联系我们”等多个专区，定期有人员进行信息发布、咨询回复、反馈收集，获得了会员单位的一致好评；会员微信群管理严谨，气氛活跃，着实起到了搭建平台、共享价值、资源互助、掌握趋势的作用，同时大家也提出许多行业建议和意见，让秘书处能及时掌握市场动态、技术难题及政策需求。

（四）关于塑料色母粒在海关出口编码归类的申请

近年来，我塑协多功能母料专委会持续收到企业会员单位的反馈，目前行业内企业出口色母粒等多功能母料时，多数企业是按税号列“320 系列编号”出口，即在海关税则中为第六类（化学工业及其相关工业的产品），出口退税率为 0；也有少数企业是按税则号列“390 系列海关编码”出口，即在海关税则中为第七类（塑料及其制品），出口退税率按塑料制品税率，但是受到当地海关部门的查处。

塑料母粒的加工制造工艺是采用色粉、助剂和塑胶载体树脂经过熔融混合加工而成，无化学反应。在《国民经济行业分类注释 2011》中，归类在塑料半成品、辅料项中的塑料粒料中。塑料色母粒在《国民经济行业分类 2017》中，行业代码为 2929，其他塑料制品制造——塑料粒料：塑料色母粒粒料、功能改性塑料颗粒。中国石油和化学工业联合会于 2014 年 6 月 25 日，以“中石化联信函（2014）107 号《关于色母料行业归属请示的回

复》”见附页。

我协会按照关于切实做好服务实体企业，促进行业健康发展的理念，希望海关领导考虑到行业和企业的实际情况。按照统计国民经济行业分类的这个归口。把塑料色母粒归到塑料其他塑料制品——塑料颗粒的项目中。

（五）专委会开展了2018年度中国轻工业塑料行业十强评选活动

积极组织企业参加由中国轻工业联合会和中国塑料加工工业协会推选的“2018年度中国轻工业塑料行业多功能母料十强”评选活动，中国塑协多功能母料专委会获选的是：鞍山七彩化学股份有限公司、广东美联新材料股份有限公司、广东彩虹德记塑胶颜料股份有限公司、江苏普莱克红梅色母粒股份有限公司、东莞市恒彩塑胶颜料有限公司、福建金彩虹生物科技有限公司、浙江金彩新材料有限公司、山东中艺橡塑有限公司、广东易聚源塑业科技有限公司、深圳市金志成塑料科技有限公司。专委会支持行业企业做大做强，荣获行业十强荣誉称号的企业认真贯彻党的“十九大”精神，不断提升企业竞争力，为推动协会内的行业企业高质量发展做出更大的贡献。

中国塑协多功能母料专委会响应中国塑协为落实行业两大规划、推动中国塑料加工业的科技创新与转型升级、助力供给侧结构性改革，促进行业高端发展专项行动的号召，其中鞍山七彩化学股份有限公司（300758）成功上市深圳A股创业板，标志中国塑协多功能母料专委会第三届理事会在服务行业、引领行业的道路上迈出了一大步。

回顾这一年我们收获许多，2019年中国塑协多功能母料专委会已进入常态化发展模式，专委会各项工作有条不紊的开展，专委会秘书处的服务水平、办事效率及组织能力得到了大幅提高，同时中国塑协多功能母料专委会的品牌效应逐渐扩大；展望未来我们敢于挑战，中国塑协多功能母料专委会定能再接再厉、再创辉煌，为中国塑料加工业做出更大的贡献。

（中国塑协多功能母料专业委员会）

工程塑料

一、行业现状

近几年，我国的工程塑料工业实现了跨越式进步，已逐步形成了具有树脂合成、塑料改性与合金、助剂生产、塑机模具制造、加工应用等相关配套能力的产业链。“十三五”期间，我国工程塑料产能增加幅度较大。

2019年，我国经济保持了稳中向好的态势，“一带一路”国际合作为中国经济增长和经济全球化注入了新的动力。“十三五”新材料规划中，计划新材料产品综合保障能力提高到70%，关键新材料保障能力目前PC终端行业也正经历着产能提升、用料体系变更等一系列变化。年内环保检查力度逐渐提升，散、乱、差企业一律关停，有利于行业运行的环境进一步提升。

根据国内工程塑料在建项目情况，到2020年末我国工程塑料生产能力将达到640万吨，增长幅度达59%。其中产能增加最多的是PC，新增加产能为165.5万吨；PPE由于规模基数小，增长幅度最大，达到了150%；POM和PBT在经过了多年的产能快速扩张后，近期及未来几年产能增长有限，主要在于消化和提升现有产能的利用水平。

聚碳酸酯作为主流大化工品种之一，2018年全球消费超500万吨，市场规模高达750亿元人民币，国内消费量达到180万吨左右。而国内产量仅63万吨，进口依存度高达110万吨以上，未来几年需求每年继续增长6%～8%。行业新增产能有限，我们统计2018年行业新增有效产能不到20万吨，2018-2019年阳煤集团青岛恒源化工、山东利华益集团、泸天化等均有计划新建10万吨级生产装置。预计到2020年，我国聚碳酸酯将增产到128.5万吨，总量能达到200万吨以上。主要下游行业分别是电子电器、建材、光学存储用品、汽车等领域行业等。2018年行业开工率达到82%的历史新高。行业高景气度望延续至2019年。

中国尼龙产能目前PA6在350.3万吨，PA66产能在32万吨；2018年新增产58.5万吨，其中新增产能企业分别为：中仓塑业11万吨、阳煤10万吨、弘盛10万吨、江苏永通8万吨、恒逸7万吨、岳阳石化5万吨、海阳化纤4万吨、鲁西化工3.5万吨。以华东地区占比最高，华南其次，华北第三。

目前全球POM年产能约100万吨，随着经济形势的发展，国内聚甲醛需求急速增加，一部分依赖进口。国内主要产能除国内投产项目外，还包括投资在国内的合资企业，统计数据显示，我国聚甲醛产量将达到28万吨左右，国内需求量在52万吨左右。

根据统计，近几年我国PBT产量增速均保持在20%以上，国内产能在50万吨左右，需求量也在45万吨左右。目前消费结构大致上是：电子电器领域占52%、汽车机械领域占24%、电光源行业占20%，其他占4%。

中国PPO产能在1万吨以上，消费量约为3万吨，主要应用领域及比例为：电子电器46%、办公自动化设备35.8%、运输8.3%、其他9.7%。主要分布及比例为：广东省35%、江苏省28%、浙江省15%、上海市5%、北京市5%、福建省7%、四川省5%等。

中国PET产量在4000万吨以上，主要分布地区及比例为：广东省33%、江苏省28%、浙江省13%、上海市12%、北京市5%、福建省3%、山东省3%、四川省3%等。

二、专委会工作

工程塑料专委会在中国塑料加工工业协会的正确领导下，在理事长单位中科院宁波材料所的大力支持下，专委会领导和秘书处同仁，齐心协力、和衷共济，根据年度工作计划，相继完成各项工作。

（中国塑协工程塑料专业委员会）

塑木制品

一、塑木行业现状

（一）国内产能和产量及市场情况

1. 国内塑木产能及产量情况

目前全球塑木市场容量约550万吨，中国产销量约330万吨，已连续8年超越美国，成为全球第一大塑木产品生产和出口大国；国内生产企业650家，其中户外PE塑木生产企业约235家，产能220万吨，年生产能力2万吨以上的企业55家；室内PVC塑木生产企业400多家；联结在塑木产业链的企业超过2000家，主要分布在华东、华南、华中地区，塑木生产企业和产销量的年均增长率超过20%。

2019年塑木产量分布如下：浙江省产量占36.2%；安徽省产量占25.6%，江苏省产量占12.5%；广东省产量占11.5%；山东省6.8%；其他省份产量占7.4%。

2019年，实际塑木产量超过5万吨的有1家——安徽森泰塑木集团股份有限公司。2019年实际塑木产量超过1万吨的有近45家，其中有惠东美新塑木型材制品有限公司、浙江诚成新材料科技有限公司、宁波禾隆新材料有限公司、浙江科杰新材料有限公司、宜兴市华龙塑木新材料有限公司、浙江元森态家具有限公司、广东康特环保科技有限公司、滨州世旭塑木有限公司、黄山华塑新材料科技有限公司、安吉正源塑木装饰材料有限公司、江苏福瑞森塑木科技股份有限公司、吉林华邦新材料科技有限公司、山东绿森塑木复合材料有限公司、安徽国风塑木科技有限公司、浙江新远见材料科技股份有限公司、黄山美森新材料科技有限公司、江苏星和瑞塑木科技有限公司、宣城福美达新材料有限公司、安徽爱瑞德新材料有限公司、安徽红树林新材料科技有限公司、山东霞光集团有限公司等。塑木生产企业主要分布在东部省份，其中珠三角、长三角地区和山东省最为集中。新增加的生产企业以内陆及西部省份为主，而北方地区的塑木生产企业仍然偏少。

2. 国内塑木市场情况

国内市场快速增长，随着各公司产品推广力度加大和研发新产品的进度加快，不断推出新产品，2019年的整体销售量出现30%以上的增长，特别是在家庭庭院装饰里应用，拓宽了产品应用范围，增加了新的增长点，促进了塑木国内市场的容量；从产品结构上来看，普通一代塑木产品的销售稳步增加，二代共挤塑木产品快速增长，根据相关统计数据，2019年共挤产品的销售量比2018年增加了70%。

因此，随着塑木产品在国内由市政工程逐渐转向庭院装饰，市场需求会快速增加。

3. 国外塑木市场情况

欧洲市场增加较快，特别是在欧洲很多国家，电商的兴起，销售量增加更快；产品仍以一代普通产品为主，共挤塑木产品增长较快。一些新兴市场增长较快，比如英国、德国、波兰、东欧、东南亚、北欧、南美及大洋洲、非洲，国内很多塑木企业通过展会等方式积极开发这些新兴市场，并取得不错的效果。

塑木复合材料最大和最熟悉的市场在北美，但由于美国及加拿大的市场准入门槛较高，本土的生产企业无论是规模、品牌都高于国内生产企业。国内的塑木产品运到这些市场，在成本及交期等方面并无优势，开发这些市场困难较大，但国内仍有少数有实力的龙头企业在努力开发，并取得一定的成效。中美贸易摩擦，对出口美国的企业有很大的影响。

（二）新产品及技术发展状况

1. 二代共挤类产品

国内的共挤产品主要有四种风格：第一种是以美新为典型代表的共挤产品，通过多年的努力开发，在线压花以后表面进行处理，在大幅度提高耐候性的同时，表面木质感好、纹理自然，形成了独特的风格，在国际、国内塑木行业得到广泛认可。国内多数生产企业以美新风格为基础，加上各种后期处理方式，形成了各自的风格，这类产品成为共挤产品的主流。第二种是以森泰为代表的表面共挤后在线压花，基本上不再进行表面后加工的共挤产品，生产工艺简单，表面硬度高，耐磨性好，粘结度强，风格与美国同类型产品类似，也广泛被市场接受。第三种是聚锋的三层套色的共挤产品，两层不同颜色共挤经深压纹打磨后形成的色彩鲜明的木纹产品效果。第四种是以吉林华邦、江苏福瑞森为代表的一些厂家，共挤产品表面处理后，外观纹理粗狂，形成独特的风格，取得不错的市场份额。

2、一代塑木混色产品

欧洲市场普通接受外观仿木、仿古效果，在普通一代产品中通过添加色母粒混色形成较为自然的条纹。该类技术首先以赫尔普、康特为代表，后面又有一些企业如新远见、坤鸿、永昇、福瑞森在此基础上进一步改善，技术更为成熟，产品表面效果更自然，市场增长也很快。

3. 第三代塑木新技术及其新产品开发

2018 年，结构用工程塑木复合材料及其制品开发进度加快，如 SMA 塑木、ABS 塑木、PMMA 塑木、PA 塑木、PET 塑木等工程塑料塑木技术以及塑木与金属或结构材复合的“芯层共挤技术”是第三代塑木产品的重点，如芯层采用金属、刚性增强塑料、外层共挤塑木的新技术以嘉景、金发为代表，开发铝合金增强共挤塑木和芯层为刚性塑料骨架增强共挤塑木，达到结构材料性能要求，已开发成功的有 AEE、金刚木、钢芯木、增强共挤塑木，汽车、门窗、家具、集成房屋是其潜在的应用领域。

4. 发展 PVC 塑木是中国市场一大特色

PVC 塑木产品丰富，拓宽了塑木材料及其应用领域，市场潜力和规模远大于聚烯烃塑木产品。发泡和共挤 PVC 塑木产品及其生产技术和应用开发，因有别于聚烯烃塑木产品特性（阻燃、轻量、高强、美观）而值得重视，室内绿色家装 PVC 塑木产品异军突起，引领潮流。国内代表企业：广州金发、广州恒德、山东霞光、东莞百妥木等，在新技术方面、新产品方面各有突出亮点，为塑木企业跨入 10 万吨级别规模化生产，打通室内室外塑木产品线及实现塑木整装集成房屋，提供了技术和产品支撑。

5. 在线压花、混色在线压花再表面处理产品

此类产品通过在线压花，花纹深、工艺简单实用、纹理清晰、耐磨性好、表面效果自然，市场前景好，代表塑木发展新产品的方向之一。以科艺为代表的花辊设计、制造厂家不断推出新的花纹，对此类产品的市场推广起到积极的作用。简单来讲，现在的新产品开发，主要以一代或者二代共挤产品为平台，通过不同的表面处理方式，开发不同风格的表面效果，满足不同地区、不同文化和审美的客户要求。另外，一些特殊用途，特别是对力学性能要求高的产品开发也取得较大进展，比如里层采用金属材料增强、外层共挤塑木复合材料的一些型材。以金发为代表开发的芯层衬骨架的型材力学性能好，弯曲模量成倍增加，对塑木复合材料由装饰性材料向结构性材料发展有重大意义。

6. 塑木生产设备和设施的进步与创新

（1）高产量造粒机

塑木生产厂普遍采用 75 平双造粒机，每小时产量 300~500kg，生产效率低；采用 95 平双造粒机每小时产量 1000~1500kg，是发展方向。

（2）塑木生产自动化系统

原料配混系统和造粒挤出系统自动化——木粉、塑料、填料引入大型贮料罐，通过管道采用自

动计量真空输送到各混料造粒系统，造粒料通过管道真空输送到掺混料仓均化冷却，再通过管道真空输送到各挤出生产线，减少粉尘，降低劳动强度。

塑木型材表面加工系统自动化——采用自动化双面（或四面）拉毛拉丝打磨机及其与自动切割机一体化自动控制系统，提高生产效率。

（3）环保处理设备

塑木产品在加工中的水汽和粉尘是行业中亟待解决的问题，2019 年最新环保设备分为：PVC/PE/PPR 等塑料加工车间粉尘收集达标排放系统，波纹管碳酸钙加工车间粉尘收集达标排放系统，木工行业粉尘收集达标排放系统，金属抛光行业粉尘收集达标排放系统，塑木、墙板、地板等塑料加工中废气 VOCS 处理达标排放系统，油漆行业 VOCS 处理达标排放系统等处理污染空气环境的设备制造。国内成熟的专业设备厂家比较少，如苏州吉玛环保科技有限公司。

（三）塑木行业存在的不足

1. 塑木企业生产效率低、经济效益差：一次成品合格率低（<90%），劳动生产率低（全员人均月产销量<10 吨），综合废品率高（>15%），损耗大（>8%），行业平均毛利率低（<20%）。环保治理落后，采用两步法的塑木生产企业，造粒废气环保处理投入少、技术简单，恶臭气味难以达到国家排放标准，成为困扰行业发展的一大问题。企业信息化和生产自动化建设滞后，数字化和智能化与整个行业无关。

2. 塑木主要原料（回收塑料和植物纤维）标准化工作没有引起足够重视，原料质量及其适用性过度依赖企业自身经验与教训积累，是整个塑木行业生产成本和产品质量的“黑洞”；没有建立强制性的塑木产品认证标准与制度，仅有的《环境标志产品技术要求塑木制品》（HJ2540-2015）和《绿色产品评价塑木制品》（GB/T 35612—2017）为推荐性标准，且与消费市场、政府项目招投标制度衔接不紧。

3. 塑木企业创新投入、能力与人才不足，产品同质化严重，持续价格战；25 家骨干生产企业占 620 家塑木企业 4%，但是专利申请量占全部企业申请量 45%，其余 96%的塑木企业专利申请量仅占 55%；户外塑木以中低端铺板 Decking 为主，占 65%以上，产品毛利率低，没有资本市场的支持，消费过度依赖区域市场；室内塑木以轻质发泡 PVC 塑木为主；第二代共挤塑木产品经过近五年的技术开发与市场推广，开始出现产品同质化现象，并暴露出质量问题：中空共挤吸水板面开裂、表面起泡剥离、共挤混色板面阴阳色差等。

二、专委会工作

（一）法规及政策宣传、加强网络宣传及微信推广活动

专委会非常重视网络宣传工作，通过官方网站及微信积极宣传党和国家的方针政策、行业发展以及会员企业的动态等。组织评选最美项目工程图集，在国内工程使用、设计单位等进行宣传推广。

（二）塑木标准工作

梳理塑木行业现有标准、积极组织申报《塑木制品安全生产技术规范》团体标准。

（三）发挥协会作用，做好服务工作

一年来，我专委会以服务为宗旨，充分发挥行业协会作用，力所能及地为企业服务，在为企业排忧解难方面，作了一些实事，很受企业的欢迎。

2019 年 1 月，塑木专委会林会长带领秘书处工作人员一起到江西广源化工有限公司考察 2019 年中国第十三届国际塑木高峰论坛举办地——南昌瑞颐大酒店，并对筹备工作做初步部署。

走访企业。中塑协塑木专委会拜访了汕头市华龙塑木科技有限公司、江西瑞京鸿兴实业有限公司、杭州金琪高分子材料有限公司与浙江科杰新材料有限公司，加强了企业与专委会的交流与沟通。

3 月 26—28 日，中国塑协塑木制品专委会林东亮理事长带队拜访参加上海地板展的塑木企业。第二十一届中国国际地面材料及铺装技术展览会于 2019 年 3 月 26—28 日在上海新国际展览中心举行。

5 月 21—24 日中塑协塑木专委会参加第三十三届中国国际塑料橡胶工业展览会。

（四）组织会议

3 月 25 日，在上海维也纳国际酒店召开第三届六次理事会会议。会议讨论了第十三届国际塑木高峰论坛的筹备及工作落实、审议了关于第三届理事会增补理事单位名单，宣导了 2020 年中国国际塑料展暨塑料新材料、新技术、新装备、新产品展览会的招展工作等。

5 月 7—9 日，在江苏宜兴由宜兴市华龙塑木新材料有限公司、南京聚锋新材料有限公司、安徽国风木塑科技有限公司与浙江坤鸿新材料有限公司共同承办“第八届塑木新产品推荐暨工程应用研讨会”。本次会议以“塑木新品介绍与工程设计”为主题，邀请了国内外大专院校专家学者、各企业嘉

宾共计超过300人。

9月8日下午，塑木专委会在江西南昌瑞颐大酒店召开了三届七次理事会议，听取并审议通过了本专委会第三届七次理事会工作报告和财务收支情况报告。听取了换届工作情况报告及第四届《中国塑协塑木制品专业委员会工作条例》修订的说明，审议并举手表决通过了本专委会新的《中国塑协塑木制品专业委员会工作条例》和本会第四届理事会副主任、理事的任职单位。

9月8—10日，在江西南昌召开“中国第十三届国际塑木高峰论坛”。本届论坛以“绿色环保合作共赢”为主题，由本专委会和江西广源化工有限责任公司承办，邀请了国内外大专院校专家学者、各企业嘉宾共计超过350人。

10月15日，在广州微生物研究所会议室召开了《塑木生产企业环保技术规范》《塑木制品安全生产技术规范》团标筹备会议，与会代表通过举手表决及确定参与起草的单位。

2019年12月18日，塑木专委会在执行理事长余继春带领秘书处工作人员一起到浙江绍兴市上虞区绍兴永昇新材料有限公司考察2020年中国第十四届国际塑木高峰论坛举办地，并对筹备工作做初步部署。

（五）加强对会员的管理工作

专委会在加强会员服务的同时，加强了对会员的管理，三届六次理事会审议了连续二年未交会费的理事单位的降级处理和连续二年未交会费的会员单位的退会处理。

（六）注重自身建设、做好服务工作

加强自身学习，提高服务水平。做好塑木制品专委会的日常工作，认真落实协会在各个时期的任务、意见及精神。强化为会员服务、为行业企业服务、为国家整体利益服务的责任意识。做好日常咨询，走访企业，了解行业的发展机会和存在的问题，推动解决行业企业共同面临的共性问题，找准解决问题的方法，少走弯路，增加专委会的凝聚力和纽带作用。塑木专委会要结合行业发展的内在需求，谋求发展创新，主动服务经济结构调整、国家节能减排战略，提高专业服务水平，为企业服好务。同时积极发展会员，服从协会的管理和工作指导，完成协会布置的各项工作。

继续关注中美贸易摩擦对行业内企业影响，安全、环保政策对行业的新要求。

完成两项团体标准：《塑木生产企业环保技术规范》《塑木制品安全生产技术规范》。

组织参加8月份上海铺地材料展览会、9月份第十四届中国国际塑木高峰论坛、11月份的南京四新展会。

组织召开理事会及走访调研行业发展情况。

（中国塑协塑木制品专业委员会）

塑料助剂

一、2019年行业状况

2019年，面对国内外风险挑战明显上升的复杂局面，在以习近平同志为核心的党中央坚强领导下，全党全国贯彻党中央决策部署，坚持稳中求进工作总基调，坚持以供给侧结构性改革为主线，推动高质量发展，保持经济社会持续健康发展，生态环境质量总体改善，改革开放迈出重要步伐，供给侧结构性改革继续深化，科技创新取得新突破。当前世界经济增长持续放缓，我国正处在转变发展方式、优化经济结构、转换增长动力的攻关期，结构性、体制性、周期性问题相互交织，“三期叠加”影响持续深化，经济下行压力加大。

2019年，随着环保政策和环保标准的推进，塑料助剂行业很多企业都进行了产品结构的调整，传统的产品很多都受到了限制。但是由于大家技术储备充分，替代品和环保品种也层出不穷。随着大家科研力量的投入，越来越多的企业成为高科技新型企业，很多企业在省、市都属于明星企业。总体来说，塑料助剂行业在各种挑战面前，2019年取得了平稳健康的发展。

2019年国内塑料助剂的消费量为729.9万吨。2019年塑料助剂各主要品种在塑料中的消费量见表1。

二、专委会活动

1. 认真完成中塑协交办的各项工作

助剂专委会根据中塑协的要求，开展了一系列的工作。积极参加中国塑协举办的各项活动。“第四届中国国际塑料展”将于2020年11月在南京举办，我们第一时间就开始宣传展会，利用所有的机会和资源动员会员单位参展，目前已经有多家单位有意向参展，有一家申请特装展位的企业已经签订合同。

表 1　2019 年塑料助剂消费量统计

品种	消费量/万吨
增塑剂	439
热稳定剂	60
阻燃剂	48
冲击改性剂与加工改良剂	79
着色剂	45
润滑剂	16
发泡剂	13
抗氧剂	17.3
抗静电剂	1.1
光稳定剂	6.3
偶联剂	3.2
其他	2
合计	729.9

专委会在一年中积极与上级协会沟通，按时完成上级协会交办的任务，较好地完成了上传下达的工作。

2. 举办相关专题会议和论坛

中国塑协塑料助剂专委会第二届理事会已经届满，按照分支机构管理办法成立了换届领导小组，并在充分调研的基础上形成了第三届理事会成员名单，2019 年 11 月 21 日的塑料助剂年会上选举山东朗晖石油化学股份有限公司李振平董事长为主任的第三届理事会，《塑料助剂》编辑部的王玮主编任秘书长。

3. 举办相关专题会议和论坛

2019 年，塑料助剂生产与应用技术信息交流会于 11 月 20—23 日在西安市召开，来自全国各地的塑料助剂生产企业、塑料加工企业、大专院校、科研院所的 354 位代表参加了会议。会议期间共发表了 32 篇论文，来自清华大学、西北工业大学、宿迁联盛、济宁键邦等大专院校、科研院所和企业的专家、代表宣讲了论文 27 篇。会议发布了增塑剂、阻燃剂、热稳定剂、抗氧剂、光稳定剂、成核剂、润滑剂等塑料助剂产品的最新科研成果及发展方向，重点关注了聚氯乙烯热稳定剂环保化进程的研究，包括各种性能润滑剂、水滑石的性能和其他辅助热稳定剂，环保热稳定剂在 PVC 制品中的应用，以及工程塑料、聚乳酸等改性及所用助剂等行业关注的热点问题，同时有相关单位做了有关增塑剂的行业形式及发展方向的精彩报告，与会代表在场外也进行了热烈而充分的交流。通过会议交流，帮助企业理清节能减排、绿色发展的思路，引导行业今后的发展方向。

4. 积极沟通，反映会员单位的诉求

国家对环保工作的力度加大，正在制定一些相关的规范和要求。《优先控制化学品名录》就是一个和助剂行业相关度很高的文件，2017 年专委会通过努力在第一批目录里面去除了塑料助剂的品种。生态环保部目前正在进行第二批目录的确定工作，我们 2019 年 9 月 30 日参加了生态环保部的会议，积极向他们反映行业和会员单位的诉求，会后也积极组织行业企业提供数据，争取更多的发展时间和空间。

另外，我们还密切关注塑料助剂行业的相关政策，积极沟通、主动联系上级部门，做好上传下达的工作。

5. 组织企业走出去，参加德国 K 展

德国 K 展是塑料行业中规模和技术水平最高的展会，2019 年 10 月我们组织了会员单位参观交流了该展会。参观期间，我们对接了国外的一些行业组织和相关的出版机构，为今后的进一步交流打下基础。通过国际交流，大家开阔了眼界，对今后的发展方向有了更深刻的认识。

6. 做好行业数据调查整理工作

为了更真实地了解行业情况，促进行业的进步，塑料助剂专委会继续开展行业数据的统计工作。秘书处通过各种渠道（行业调查表、走访、电话采访、网站信息披露、广告、环评报告、海关等）搜集、汇总、整理统计数据，以期建立一个行业评价体系来对企业进行评估，和预测行业的发展方向。目前，此项工作初见成效，一些品种已经取得了较为客观的数据，接下来，专委会将加强行业数据的调查验证工作。

7. 加强与会员的联系，发展会员并为会员服务

2019 年初，秘书处专门设计印刷了专委会的宣传册，介绍专委会的成员、开展的工作以及发展思

路，让专委会的会员有更强的归属感，增强专委会的凝聚力。

为更好地为会员服务，秘书处建立了招聘微信群，会员单位在其中发布招聘信息，高校老师也发布相关的毕业生信息，刚建立就促成了一个研究生找到了更满意的单位。这个平台得到了高校老师和会员单位的好评。

专委会还积极参加相关的行业会议，联系拉近上、下游及相关行业协会间的关系，为企业展示形象和推广产品提供帮助。秘书处对有利于会员单位的政策、评比等，积极与会员单位沟通，使会员单位能及时根据自己的实际情况开展工作。

8. 办好《塑料助剂》杂志，搭建行业交流的平台

2019 年度，《塑料助剂》杂志继续做好行业科研的发布平台，在深度和广度上做文章，杂志稿件的质量继续提升。另外，《塑料助剂》编辑部加强自身建设，严格要求自己，在各级领导的关心指导下，在每一位编委、专家、会员、读者的帮助和支持下，获得南京市“五一巾帼标兵岗”的荣誉称号。

9. 做好行业技术经济信息交流平台建设

（1）通过 QQ 群、微信群，加强与会员单位的互动与交流，尽力做好行业内信息收集和汇总工作；

（2）通过微信公众号及时发布专委会的活动及会员单位的重大事件；

（3）继续做好《塑料助剂》杂志的编辑出版和发行工作，在努力建设好技术交流平台的同时加强行业宣传的媒体平台功能；

（4）及时向会员单位通报各项与塑料相关的标准及法律法规；

（5）组织相关人员编写《中国塑料工业年鉴》塑料助剂章节；

（6）认真做好中国塑协布置的各项工作，协助中国塑协各职能部门开展工作，发挥行业优势，提高专委会的公信力；

（7）根据会员单位的要求为他们发表符合要求的技术文章，为申报职称等提供保障；为会员单位提供了相关资料，包括文献、国内外专利以及有关证明材料等。

三、产品结构调整与技术进步

1. 增塑剂

增塑剂主要品种仍为 DOP、DOTP、DBP、DINP 等石化路线产品，生物基增塑剂如环氧类、柠檬酸酯类占比并无明显变化。产品结构方面，环保类增塑剂占比有所提升，主要体现为 DOTP 产销量的提升。作为传统和环保增塑剂的典型代表，DOTP 与 DOP 的产销量差距越来越小，相差不到 10%。

目前我国增塑剂各类生产企业上百家，10 万吨以上规模企业占总生产能力的 80%，2019 年各类增塑剂生产能力 772 余万吨，以山东、华东为主，实际产量约 485 万吨，其中邻苯类 DOP149 万吨、DINP 约 52 万吨，DBP/DIBP60 万吨，DPHP 约 26 万吨，对苯类 DOTP132 万吨，偏苯类 TOTM 约 11 万吨，DOA6 万吨、DOS1. 5 万吨，环氧类 40 万吨，柠檬酸酯类约 7. 5 万吨，其他约 10 万吨。

2. 热稳定剂

2019 年稳定剂年产销量达到 70 万吨以上，出口量约为 10 万吨，有更多企业走出国门参与到“一带一路”的建设中。2019 年，环保稳定剂取得了较快的发展，新增了很多环保稳定剂的生产企业，全年国内产销量突破 40 万吨，主要应用在硬制品和电缆料及软制品中和食品、药品接触的包装、儿童玩具等有环保要求的塑料制品上，但是在西部和非标制品上使用的热稳定剂仍然以铅盐居多。

目前，我国环保稳定剂开发、应用总体水平达到世界先进水平，特殊品种达到世界领先水平，现有品种可以满足 PVC 塑料制品加工要求和全球已有环保法今法规及安全标准。从 2019 年环保稳定剂原辅材料产销数据来看，不仅完全可以满足国内需求而且大量出口，全球约 80% 材料由中国提供。

环保稳定剂代表企业中的山东金昌树新材料科技有限公司、广东河源鑫达新材料科技有限公司的产能已分别扩产至年产 10 万吨规模，两家公司 2019 年总产销量超过 10 万吨。环保稳定剂产品年产销超过 1 万吨企业有 20 家以上。

3. 抗氧剂和光稳定剂

2018 年，受石化行业、塑料行业产能、产量增加的带动，抗氧剂、光稳定剂产能、产量、表观消费量比 2018 年同比增加。受环保、安全等限制性政策和原材料供应的影响，产量的增加幅度低于产能增加幅度，抗氧剂、光稳定剂产品价格基本稳定。

通过数年的工艺技术进步或改进，通用抗氧剂、光稳定剂产品质量和应用效果可以达到国际一

般水平，专用或特殊抗氧剂的产品质量和应用效果可以达到国际一流水平。抗氧剂、光稳定剂行业，企业在扩大品种和系列方面、解决原材料等方面在做扎扎实实的技术工作，为全面、高效发展打基础。

4. 其他

2019年，其他塑料助剂，如冲击改性剂与加工改良剂、发泡剂、润滑剂、偶联剂、抗静电剂、抗菌剂、成核剂、扩链剂、防雾剂等在开发新产品和技术进步方面也都取得了不同程度的进展。

四、存在问题

（一）增塑剂

1. 产能过剩，开工率低

近年来，由于各企业盲目扩张，导致了严重的产能过剩，至今仍然未能得到有效消化。产品同质化严重，装置开工率不高，DOP开工率仅有50%，DOTP虽然开工率尚可，但是相较去年，需求量已经大幅放缓，未来两年还有近50万吨产能投放，届时可能会重蹈DOP覆辙。目前，整个行业利润低下，竞争力不强，许多中小型装置面临被淘汰的困境。

2. 产品结构不合理，品种仍然相对稀少

与国外相比，产品结构不合理的矛盾仍然非常突出，目前我国增塑剂产品中54%为邻苯类产品，近年来环保增塑剂产量不断增加，环保类高效品种所占比重在逐步增长，许多专用和高性能品种还不能满足下游制品需要，高端产品仍然依赖进口。比如PVB专用增塑剂三甘醇二异辛酸酯、聚酯增塑剂等。

3. 科研开发能力仍需加强

新产品开发进度较慢，新产品的推广应用受制于下游塑料加工成本。另外，下游中小型塑料加工企业研发实力更弱，按照原工艺配方使用可能不适应，推广难度大。

4. 国内增塑剂行业及上游竞争力有待加强

国内的增塑剂仍然以丁辛醇类增塑剂为主，目前我国已经已有许多套丁辛醇装置并已过剩，但并未掌握异壬醇的生产技术，国外的毒理研究认为，DINP较DOP毒性低，这成为某些国外厂商提出用DINP替代DOP的理由。因此，国内应该加快异壬醇等高碳醇的技术研发，以免将来受制于人，民族产业被打压。

5. 毒理性研究工作需要加强

近年来，随着人类对食品安全的不断重视，增塑剂的生物毒性多次被提及，DOP、DBP、BBP等产品也早已被限制，无法在与人体接触产品中应用。2019年9月，DOP、DBP、BBP、DIBP再次被生态环保部提出列入《优先控制化学品名录（第二批）》，启动增塑剂的环境和毒理研究工作十分必要。

（二）热稳定剂

尽管我国热稳定剂生产与开发取得了相当的成绩，但仍存在许多不足。

1. 品种少，环保产品的消费量仍需加大

铅盐类稳定剂的使用量虽然逐步被钙锌类热稳定剂替代，但是用量仍然将近50%，非铅盐热稳定剂很大一部分用在出口产品中，在西部和非标制品上使用的热稳定剂环保化进程缓慢。同时，产品技术标准相对落后，产品质量波动较大。

2. 生产规模小，产品质量差

我国热稳定剂质量参差不齐，较多小微企业产品环保化进程缓慢，动力不足，出现了重视硬制品，忽视软制品的现象，目前国内软制品用环保稳定剂的研发和推广应用滞后，市场不规范。

3. 开发力度不够

随着世界PVC工业的发展，国外新型热稳定剂开发层出不穷，但由于种种原因，我国热稳定剂企业的原始创新不足，主要体现在研发经费投入少、高瑞人才严重缺乏，尤其是推广应用工程技术人才严重短缺。

（三）抗氧剂和光稳定剂

有自主知识产权、同时有一点规模产量和销量的抗氧剂、光稳定剂品种数量，与国外原发的抗氧剂、光稳定剂品种数量比较，比例极低。产量大，但自主研发能力过低，抗氧剂、光稳定剂行业和企业要在原发技术方面做工作，开发出有自主知识产权、同时有一点规模产量和销量的抗氧剂、光稳定剂新品种和工艺。

五、发展趋势

（1）我国塑料助剂行业在2019年整体发展平稳，企业应深挖自身潜力，提升产品质量、降低产品消耗，加强环境治理，从而进一步提升产品竞争力。同时加强同行业交流与合作，以求得取长补短，共同提高，促进塑料助剂企业和产品规模化经营，加快提高行业的整体技术和生产水平。

（2）骨干龙头企业通过不断强化技术服务能力，完善技术服务体系，向高质量发展转移，不但在产量上，也应在技术上协调上下游共同进步。

（3）相关的助剂企业应继续大力拓展海外市场，使海外市场中的份额保持稳步增长。

（4）塑料助剂行业今后将以“绿色、环保、无毒、高效”作为永恒的主题，逐步用新品替代对人类健康和环境有害的品种。

（5）要适应不同的市场，让产品满足不同层次用户的需求，特别是扩大专用产品和高端产品和高附加值产品的比重。

（6）要加大生物可降解塑料用的各种助剂产品的研发力度，这将是以后发展的长期趋势。

（7）加大科技投入，根据产品特点，淘汰落后工艺和落后设备，增大智能化生产的比例。

（中国塑协塑料助剂专业委员会秘书处）

流延薄膜

一、行业现状

（一）流延薄膜行业2019年经济运行情况

2019年，流延薄膜行业总产能约560万吨，产量在450万吨左右，虽然相对产能仍过大，但整体运行质量依然可圈可点。流延薄膜行业在产品的品种、使用原料的品种以及应用领域的发展都很广泛。

2019年，受中美贸易战的影响，流延膜行业整体市场需求有所放缓。但流延薄膜中CPE功能薄膜在低温、冷冻、高透明水煮、贴体低温热封、抗污染抗静电、抗菌、防雾等领域，复合基材包装膜、纸巾膜、重型强力膜、保护膜、镀铝膜、中/高阻隔等工业类领域的应用还在扩大，CPP薄膜、流延缠绕膜、玻璃夹层膜、TPU薄膜等产品发展有所好转。

根据对流延薄膜主产品流延聚丙烯CPP经济指标调查得知，2018年3月统计，2017年全国CPP有效总产能158万吨，实际约100万吨，开机率约65%。2019年4月统计，2018年CPP总产能约150万吨，去除停产产能21.22万吨，实际总产能约为129万吨，实际产量约为100万吨，开机率77.52%。2020年5月不完全统计，2019年CPP总产能约145万吨（统计到112家大规模企业），去掉停产产能21万吨实际产能，实际产量约为124万吨，实际产量约为90万吨，开机率72.58%。

（二）2019流延薄膜行业市场现状

终端加工厂订单没有增量，流延薄膜市场需求不佳。即使金九银十的传统旺季也未能带动CPP市场活跃起来。据统计，冬季环保制约下游需求，终端需求持续疲软，供需矛盾凸显。

1. 需求不温不火

需求不温不火，其原因一方面是大的经济环境的影响；另一方面环保风暴迫使下游关闭了一批企业

2. 企业开工不足

根据经济指标调查（相对大规模企业）提供的数据来看：2019年年平均开工率可能不足70%。这个数字我们认为比较实在。

3. 原料成本下降

截至10月，均价以华东市场为例，2019年拉丝均价在8728.87元/吨，较2018年下跌764.73元/吨，跌幅在8.06%；共聚均价在9174.56元/吨，较2018年跌1118.89元/吨，跌幅10.87%。

4. 产品价格下调

随着原料价格的下降，CPP薄膜市场报盘维持区间整理，截至12月，复合膜华北地区11200~11500元/吨，华东地区11500~12400元/吨。

（三）流延薄膜新产品应用领域介绍

1. 流延聚丙烯（CPP）薄膜

CPP薄膜产品创新开发出许多功能性产品包括：保护膜、透气保鲜膜、非透明微孔透气膜、防静电膜、防雾膜、包花膜、医疗膜、农药包装膜、高阻隔共挤膜、高透明柔韧膜、直线易撕裂膜、易剥离膜、亚光膜、生物降解膜等。

2. 铝塑封装膜

据行业研报估算，到2020年国内锂电池软包装用铝塑复合膜市场的总需求量逾3亿平方米，市场总规模达到60亿元~90亿元。其中，用于薄型化数码电池、3C移动电池的88、113μm厚度规格的铝塑复合膜需求量将达到2.5亿平方米以上，动力电池用152μm厚度规格的铝塑复合膜需求量有可能超过1亿平方米。

铝塑封装膜的发展将对BOPA和CPP、铝箔三种复合基材的发展带来高端的市场需求。

（1）流延聚乙烯缠绕膜新产品应用领域

1）水溶性拉伸缠绕膜

主要特点：①力学性：力学性能好，且可热封，热封强度较高；②安全性：避免使用者直接接触被包装物，可用于对人体有害物品的包装；③环保性：降解彻底，降解的最终产物是 CO_2 和 H_2O，可彻底解决包装废弃物的处理问题；④防伪性：具有防伪功能，可作为优质产品防伪的武器，延长优质产品的寿命周期。

2）黑白膜

主要特点：①热封性：的热封性能；②阻氧性：具有独特的避光阻氧功能；③性价比高。

我国市场出现鲜奶黑白膜将是未来几年内鲜奶包装的发展方向。目前中国乳品公司使用的鲜奶包装黑白膜依赖进口。保鲜包装黑白膜一般由三四层不同的聚乙烯加黑白母料共挤复合而成。其热封层一般使用支化程度高而且均匀，且相对分子质量分布较窄的茂金属线型低密度聚乙烯（MLLDPE）以提高黑白膜包装的热封性能。

3）活性塑料包装拉伸缠绕膜

主要特点：①透气性：让产生的二氧化碳和氧气透过，使易腐烂的产品保持睡眠状态；②杀霉菌性：拉伸膜中含有微量缓慢释放的杀霉菌剂，还能阻止霉菌的生长，包装果蔬的保鲜期可延长1倍以上；③保鲜性：能吸收对果蔬成熟起促进作用的乙烯，并使易腐烂产品的周围保持潮湿。能使被包装的新鲜水果、蔬菜和花朵等易腐烂的产品，维持其新鲜度达数个星期之久，较好地解决了这些产品的长途运输问题。

4）抗微生物的塑料拉伸缠绕膜

主要特点：①使用安全性：在拉伸膜中减少一次性防腐剂，使消费者减少防腐剂的摄入量；②保质性：能延长食品保质期。含有抗微生物的塑料拉伸膜，可以在一定期限内逐渐向食品释放防腐剂，有效地保证了食品质量。

（2）流延聚乙烯透气膜

PE透气膜是一种新型高分子防水材料，是国内迅速发展起来的一种新材料，被称作会呼吸的薄膜。因其具有透气而不透水的特性广泛应用于个人护理、服装纺织、医疗卫生、农业、食品包装等各个领域。应用广泛，前景十分可观

2018年产量30万吨，比2017年产量28万吨增长7.14%。产能2018年40万吨，比2017年37万吨增长8.10%。

1）PE透气膜在个人卫生护理用品领域的应用。

随着生活水平的提高，大家对个人护理产品的安全、舒适性要求越来越高，需求量也是逐年增多，透气膜因具有抗拉强度高、透气不透水的特点，因此被广泛应用于妇女卫生巾、婴儿纸尿裤、护垫、纸尿片等护理用品，相对于不透气膜制成的此类用品，能更有效地隔离水分，充分排除热气和湿气，让肌肤保持干爽，从而使人感觉更加舒适，避免因不透气而造成的皮炎、瘙痒等一系列问题，2016年国内一次性卫生用品市场规模达700多亿元，并且随着我国城镇化的深入，一次性卫生用品市场规模，必将进一步扩大。

2）PE透气膜在医疗领域的应用

PE透气膜与纺粘、水刺非织造布通过热熔胶粘合方式层压在一起，作为医疗、手术一次性用品的原材料，得到广泛使用，PE透气膜在手术服中作为隔离层，在抵御液体的喷溅和渗透的同时，能够使气体分子通过，从而起到防水透气的作用，作为医疗手术服、隔离衣和防护服，能有效排汗，而病人溅在医护人员身上的血液、体液不会渗透到内部衣物和人体上去，有效隔绝了传染病毒，从而保护医护人员健康。

3）透气膜在建筑防水领域的应用

建筑用防水透气材料，是将PP纺粘无纺布/透气膜/PP纺粘无纺布，通过热压复合在一起得到的制品，具有高透气、耐高温、抗老化等特点，静水压达到2米以上，纺粘无纺布的作用主要是增强拉力和静水压及保护中间层（透气膜），真正透气主要是靠中间层PE高分子透气膜，并在欧美、日本等发达国家得到广泛应用，主要应用在建筑墙体、钢结构、木结构建筑的保温层上，防止保温材料被水汽侵蚀，延长保温棉的使用寿命。

（3）流延聚乙烯复合印刷膜

近年来，随着包装业（PE）薄膜印刷速度的大幅提高（线速度越来越高已≥400米/分），对薄膜质量提出了更高的要求。一直采用吹膜法制作的薄膜的平整度、透明度已经很难满足要求。而共挤出复合流涎薄膜装备制作的薄膜（CPE），其优异的平整度（薄膜平均偏差在±2%以内）、透明度好、产量高、单位能耗少的特点正越来越受到我国包装印刷生产企业的欢迎。

CPE功能薄膜在客户处广泛应用在低温冷冻、高透明水煮、贴体低温热封、抗污染抗静电、抗菌

防雾等领域，在复合基材包装膜、纸巾膜、重型强力膜、保护膜、镀铝、中/高阻隔等工业类 CPE 膜等领域也取得广泛的应用。

中国大陆流延聚乙烯复合基材膜、印刷膜 2018 年产量 17 万吨，预计到 2020 年，流延聚乙烯复合基材膜、印刷产量将超过 20 万吨。预计到 2030 年，流延聚乙烯复合基材膜产量将超过 50 万吨。

可以说这是流延薄膜行业发展最为迅速的产品领域。

（4）流延聚乙烯保护膜

保护膜的应用范围很广，主要分为光电保护用途和建材保护等用途，每年用量超过 150 万吨，工艺分为涂胶保护膜和自粘保护膜，涂胶保护膜用 BOPP、BOPET 作为基材。自粘保护膜以 PE、PP 为原料，大多为 PE 材质。

保护膜目前主要是吹膜工艺，流延保护膜的比重还很低，未来发展的空间还很大，需要流延机厂家加强研发，薄膜生产企业进行工艺和配方技术试验，原材料厂家开发流延聚乙烯保护膜专用料。

（三）面向 5G 通信的流延薄膜等塑料新材料

1. 与 5G 通信相关的流延薄膜等塑料新材料介绍

（1）光学与电子薄膜新材料

例如美国杜邦公司的聚酰亚胺薄膜，日本东京大学的透明聚乙烯高阻隔膜，日本东洋纺可折叠 10000 次的聚酯薄膜，东丽公司的超耐热、耐寒聚酰亚胺薄膜，韩国 SK 的高透明、高强度、低膨胀聚酰亚胺薄膜，太阳能公司的高透明聚酰亚胺液体及膜，透明柔性显示器用的 PEN、PES、COP 基板，透明、耐热 PEEK 膜，六方晶系氮化硼纳米管及绝缘、导热聚合物基复合膜，液晶塑料（LCP）/氧化锌导热膜，LPC/hBN 杂化导热、绝缘材料，聚合物反射镜膜、高清晰度手机相机 PC 镜头。

从材料性能角度看，聚酰亚胺薄膜是未来市场潜力最为广阔的薄膜产品，尤其在光学和电子领域的应用前景不可限量。2018 年，我国聚酰亚胺薄膜（简称 PIF）的产量已超过 5000 吨，比 2017 年 4500 吨增长 11.11%，在品种、产量、功能和应用范围等领域得到快速的增长，预计未来 10 年平均年增幅将在 15%以上。

聚酰亚胺薄膜目前主要是流延生产工艺，限制聚酰亚胺薄膜发展的阻力是价格和加工效率，流延设备厂家要在如何提高生产线效率、降低加工成本上努力，促进聚酰亚胺薄膜的推广应用。

（2）5G 基站、微基站系统建设用塑料材料

5G 基站的建设是一个巨大的工程和市场，4G 时期天线就用到了全新料聚四氟乙烯 PTFE，而国内能够生产这种材料的塑料企业并不多。5G 基站使用的天线对材料的要求更高。相关专家更是表示，5G 基站建设的数量会是 4G 基站的两倍以上，仅仅基站建设一项就会给塑料行业带来巨大的收益。

（3）5G 智慧生态物联网、车联网用电子电器用塑料新材料

5G 智能化、车联网需要投入大量的电子电器产品，会通过间接的方式推动塑料的使用，由于需电量增加，使得部件需要能适应大功率的输出，为了防止功率过大而导致塑料起火，就会在一些部件用上加入阻燃剂的阻燃材料，比如新能源动力电池结构中，支架、框架和端板通常会选择有加入阻燃剂的 PPE、PC/ABS 合金及阻燃增强 PA 材料，而为了避免燃烧时产生有害气体，许多的部件都改为添加无卤阻燃剂。而作为下游的无卤阻燃剂厂家——金戈新材，也制备出了符合塑料用的无卤阻燃剂 FA 系列等的无卤阻燃剂。

（4）5G 其他市场对塑料需求领域

天线与射频模块包覆、防护材料；VR、AR 等可穿戴设备的外壳、中框等防护、包覆材料；数据通信终端、多媒体终端等智能终端的壳体、中框等支撑、包覆、防护材料；工业自动化、远程医疗、自动驾驶的仪器与设备的壳体与框架材料。

2. 中国已经成为全球 5G 通讯的领导者，市场前景超过万亿元

中国已经走在了全球 5G 通信时代的最前列，2019 年 10 月 31 日，伴随着 2019 年中国国际信息通信展览会的正式开幕，工信部副部长陈肇雄在会上宣布：5G 商用正式启动！5G 商用将颠覆 4G 时代的数据应用范式，也将为更多颠覆性技术的出现奠定数据通信基础。

5G 技术实现商业化应用，是人类社会进入数据驱动纪元的重要里程碑。一方面，5G 商用将大幅度提升已有各类海量数据资源的整合及利用的效率，有助于实现来自不同应用维度和主体的数据价值聚合；另一方面，5G 商用将创造更多以数据资源为驱动力的应用场景，有助于加快新一代人工智能、云计算和区块链等相关技术的整合及发展。

2025年前，仅中国5G通信系统的市场规模就将超过1万亿元人民币，全球市场的前景将超过3万亿元人民币，这将是今后10年全球最有发展前景和市场前景的行业，围绕5G通信用的薄膜和塑料前景一片光明，塑料行业企业和地方政府、科技园区应该高度关注5G通信产业的发展机会。

（四）TPU薄膜新产品应用情况

TPU薄膜行业已经开发出鞋面膜、运动器材膜、防水透湿膜、TPU手袋膜、TPU皮具膜、TPU医用膜、TPU薄膜汽车保护膜和车窗玻璃贴膜等新产品。

低碳生活是未来世界的生活环境，开发环保型功能材料是各企业不可避免的课题。TPU薄膜因其优异的性能和环保概念，已经得到了广大消费者的认同。虽然目前TPU薄膜行业仍存在技术和成本的问题，但只要各企业加强技术开发，TPU薄膜的性能和附加值必将得到更大的提高。

未来，TPU薄膜产品将沿着个性化与多功能化和低成本与高性能化方向发展，不断研制生物基TPU薄膜，开拓新的应用领域，实现无废弃废料。

（五）流延工程塑料薄膜

流延工程塑料薄膜包括流延PA66薄膜、流延PET薄膜、流延PEN薄膜、流延聚苯硫醚（PPS）薄膜流延PFA薄膜和流延聚醚醚酮PEEK薄膜等新产品。

二、今后流延薄膜发展方向

随着CPP薄膜市场竞争的加剧，满足客户特殊需求的差异化产品因具有较高的附加值，越来越受到生产厂家的重视。

塑料薄膜按生产方法可分为流延薄膜、吹胀薄膜和拉伸薄膜三种。流延薄膜占世界薄膜总消费量的35%，主要有CPP薄膜、CPE薄膜、PVB夹层薄膜、PET薄膜等。其中，CPP薄膜是由流延方法制得的未拉伸聚丙烯薄膜。目前，我国CPP薄膜经过几十年来的积累，已经有了长足的发展，与发达国家相比，国内CPP薄膜不管在生产工艺及其生产设备上均达到了国际先进水平。

三、对流延薄膜行业发展的几点建议

流延膜行业的发展与其他行业一样，仍然存在一些问题，需要在日后的发展中逐步加以解决。比如行业相对产能依然大，有些产品同质化现象严重，技术水平差异化程度相对较低等，这些问题不但加剧了行业的竞争，还影响了行业产品价格及利润的提升；行业创新研发动力不足，市场创新接受能力相对较弱，企业自我创新能力较差，导致行业中高档、高功能化产品比例较低等。这些问题困扰着行业的发展，应该引起行业的重视。在今后的发展中，行业应该加大力度逐步解决相关问题，才能促进行业更好的发展。

（一）积极加强技术研发，加强产品提升

1. 注重市场调研，以市场需求导向创新定位

企业在技术创新中要注重市场调研，贴近客户需求，把客户的愿望和要求作为技术创新的出发点。从市场出发，进行技术的可行性研究和技术、经济分析，从客户中捕捉新的创新点，从而确定技术方面要达到的要求和指标，准确预测技术创新成本及投资回报率。因为大量的企业技术创新实践证明，如果企业在技术创新中对市场比较了解，对创新项目产生的效益有一定的评估，则比较容易成功。所以，企业要善于利用好市场带来的新商机。在流延薄膜产业，随着生产技术水平的不断提高，其下游产品市场不断细分，产品应用领域不断拓宽。作为流延薄膜企业，应提前对下游薄膜市场作充分的调研和深入的分析，清醒认识自己的外部环境和内部条件，根据企业实际，准确定位目标市场，确定创新战略和思路，谋得适合本企业的生存发展空间。

2. 产品差异化

我国虽然普通型薄膜供过于求，但高端膜、特种膜依然很大部分依赖进口，且进口量维持较高增速，主要原因在于国内高端膜、特种膜需求量大，供应量少。因此，实施差异化发展战略，细分市场，针对不同客户的需求，做精品，做特种膜、特膜产品，以满足不同顾客群多样化需求，并通过差异化的竞争策略来构建自身的竞争优势，成为很多企业的有利选择。当然，企业在实施差异化过程中也要努力培育出自己的核心竞争力，使自己的差异化不会因为竞争对手的模仿或替代而变得“不差异”。

3. 产品功能化

功能化是指在现有薄膜的基础上赋予其新的特殊功能，包括电、磁、光学、耐高温、阻渗透、气调、光或生物降解、抗菌等功能。这个发展趋势和整个高分子材料发展的大趋势是一致的，且符合国家《塑料加工行业技术进步“十二五”发展指导意见》中明确的未来塑料加工“功能化”“轻量化”“微成型”的发展方向。因此，流延薄膜企业应该紧跟最新科技动态，瞄准“功能化”方向，把

握好行业发展机遇，集中力量加快功能膜的开发，实现新的跨越。

（二）促进生产规模化、集约化

随着国内流延薄膜企业的增加及扩产，整个流延薄膜产业集中度逐步提高，有些形成了规模经济优势，不断往规模化、集约化方向发展，生产成本和技术创新成本降低。

（三）加强人才培养，为创新提供有力支撑

我国流延薄膜产业常规产品产能过剩的一个重要原因就是创新能力不足，盲目跟风与模仿，导致行业低水平重复建设严重，而技术人才的稀缺又是制约企业创新能力的重要因素。所以，要化解人才短缺的矛盾，就必须加大对人才的培养。第一，多种方式从学校、行业中引进创新人才，增强企业技术开发力量；第二，开展多方位培训，增加员工知识，提高员工素质；第三，注重产学研结合，充分利用学校优势资源，减轻企业技术创新成本，加快创新成果转化进程，提高成果转化能力。第四，完善企业内部制度规范，为创新型人才的发展搭建舞台。

（四）完善工艺流程，提高效率和质量，降低生产成本

原料成本方面，在目前这种竞争激烈的市场环境下，大多数企业都已无多余资金去存储更多的低价原料，企业对原料的存储时间也越来越短，因此，原材料价格只能随行就市。企业能做的就是在生产、设备及管理方面不断进行技术改进，提高设备利用率，提升产线生产能力和产品品质，从而达到节能降耗，降低生产成本的目的。

1. 依靠技术创新，开发新产品，提高产品档次

新产品总是走在市场前沿，具有较高的经济效益。持续的技术创新才能使企业保持长久的生命力。各种新材料、新设备和新工艺不断地涌现，将促使中国的塑料薄膜朝着品种多样化、专用化以及具备多功能的复合膜方向发展。企业在技术创新中要注重市场调研，贴近客户需求，把客户的愿望和要求作为技术创新的出发点。从市场出发，进行技术的可行性研究和技术、经济分析，从客户中捕捉新的创新点，从而确定技术方面要达到的要求和指标，准确预测技术创新成本及投资回报率。

2. 积极开拓新市场

塑料薄膜积极走出去，参与“一带一路”建设，根据“一带一路”沿线国家需求，规划相关路线，利用两个市场、两种资源、谋求共同发展，开辟更大的塑料薄膜海外市场。

3. 开发新的应用领域

目前 CPP 的主要用途是在食品和医药包装方面，而工业、农业方面还很少。高速发展的现代轻重工业、电子信息产业需要大量的包装材料，农产品包装也是一个巨大的潜在市场。我国虽然普通型薄膜供过于求，但高端膜、特种膜依然很大部分依赖进口，且进口量维持较高增速，主要原因在于国内高端膜、特种膜需求量大，供应量少。因此，实施差异化发展战略，细分市场，针对不同客户的需求，做精品，做特种膜、特膜产品，以满足不同顾客群多样化需求。

4. 打造更多核心品牌

贯彻实施国家“三品”行动计划，通过提品质、增品种、创品牌，以消费需求为导向提高产品质量水平，做好品牌创建和产品质量提升工作，提高民族品牌的竞争力。行业要寻找新的增长方式和新的增长点，弘扬工匠精神，树立精细制造理念，推动产品品质提升，培育品牌，特别是发展自主品牌，维护品牌形象，提升品牌附加值。

5. 完善工艺流程，提高效率和质量，降低生产成本

原料成本方面，在目前这种竞争激烈的市场环境下，大多数企业都已无多余资金去存储更多的低价原料，企业对原料的存储时间也越来越短，因此，原材料价格只能随行就市。企业能做的就是在生产、设备及管理方面不断进行技术改进，提高设备利用率，提升产线生产能力和产品品质，从而达到节能降耗，降低生产成本的目的。

四、2019 年专委会重点工作

1. 2019 年 5 月 18 日，在广州与双向拉伸聚丙烯薄膜专委会、电池薄膜专委会、镀铝膜专委会、降解塑料专委会共同组织，成功举办“2019 高功能性薄膜行业市场与技术发展研讨会”。

2. 2019 年 5 月 19 日，组织企业代表参加 2019 中国国际橡塑展。

3. 2019 年 5 月 24 至 25 日，在福建泉州召开“关于召开 2019 第五届特种流延薄膜技术交流与现场演示会”。

4. 2019 年 12 月 26 至 27 日，在广东东莞召开“2019 流延薄膜行业市场与技术发展高峰论坛暨流延薄膜专委会换届大会”。

5. 做好 2019 年《流延薄膜》全年六期的发行工作。提高杂志的办刊水平和质量，要使内容丰富

多彩、发行范围和广度继续扩大。要成为流延薄膜生产以及与之配套的原辅材料、设备、备件、下游用户企业管理者和技术人员十分喜欢的读物。

6. 管理维护“中国塑协流延薄膜专委会”微信群和微信公众号，探索更规范的管理方式。充分发挥网络交流工具的灵活、智能、快捷、互动性强等优势，搭建企业和专委会，企业和企业之间的交流平台，便于信息传递和交流。

7. 标准工作的开展。按协会对团标工作的要求和部署，对行业的标准进行了梳理，准备成立《流延聚乙烯缠绕膜》团体标准小组，推荐中国塑协流延薄膜专委会团体标准工作小组成员作为中国塑料加工工业协会团体标准技术分会委员。

8. 收取2019年会员会费工作，积极发展新会员。

9. 配合国家有关部门和协会做了以下工作：

（1）组织重点企业参加协会于2019年1月18日至19日在北京召开的分支机构会议、“一带一路”建设座谈会、团体标准培训、贯彻落实国家加强协会管理有关政策规定培训、展会专题培训活动。

（2）2019年2月配合中国轻工业企业管理协会开展“轻工行业企业文化优秀成果”推荐工作。

（3）组织相关企业参加协会于2019年2月27日在北京召开的“中日海洋塑料污染应对”座谈会。中日双方代表就两国海洋垃圾相关政策动向，行业协会采取的相应措施，以及塑料回收、降解技术等相关话题展开交流。

（4）2019年3月配合中国中小企业协会组织“中国中小企业供应链高峰论坛”。

（5）2019年3月配合协会综合业务部开展“2018年度轻工塑料行业十强企业、轻工百强企业及轻工装备制造行业三十强企业”评价工作。

（6）2019年3月配合协会综合业务部征求“《中华人民共和国进出口税则（2019）》”调整意见。

（7）2019年4月配合协会综合业务部开展“2019年度中国轻工业工业设计中心”认定工作。

（8）2019年4月配合协会综合业务部开展“2018年度中国轻工塑料行业科技百强企业”评价工作。

（9）2019年4月配合协会综合业务部开展“《废塑料综合利用行业规范条件》《农用薄膜行业规范条件（2017）》”两项产业政策评价工作。

（10）2019年4月配合协会综合业务部开展征集“‘十四五’期间塑料加工行业科技发展方向及课题”的工作。

（11）2019年5月配合协会会员部开展塑料加工行业的第二十一届中国专利奖的推荐工作。

（12）2019年6月配合协会综合业务部开展塑料加工行业“中国轻工业重点实验室（第二批）认定工作”申报。

（13）2019年6月配合协会综合业务部开展塑料加工行业申报“升级和创新消费品（轻工第六批）”推荐工作。

（14）2019年6月配合协会会员部继续做好中国塑料行业企业信用等级评价工作。

（15）2019年6月配合协会综合业务部开展“‘一带一路’考察团赴东盟国家考察交流”的组织宣传工作。

（16）2019年6月配合协会综合业务部开展“2019年度中国轻工业联合会科学技术奖”申报工作。

（17）2019年6月配合中国标准化研究院开展“2019年绿色产品评价国家标准制修订”工作。

（18）2019年6月配合中国轻工业联合会开展“减税降费政策落实情况”调研工作。

（19）组织相关企业参加协会于2019年7月3—4日在北京召开的“中国塑料加工业第一期标准化技术人才培训班”，帮助各会员企业及相关单位了解团体标准相关政策，掌握团体标准的编写和制定程序等方面的知识和技能。

（20）2019年8月生态环境部决定开展2020年度重点行业排污许可技术规范制订工作，配合协会征集塑料行业企业的相关数据。

（21）2019年9月配合协会综合业务部填报《排污许可证申请与核发技术规范橡胶和塑料制品工业》。

（22）2019年8月配合协会综合业务部征集“对美贸易摩擦、废塑料及再生塑料管理政策以及目前制品关税”意见建议。

（23）2019年8月配合协会综合业务部组织相关企业填报招录职业院校毕业生情况工作。

（24）2019年9月配合协会综合业务部开展“制造业高质量发展2020年塑料加工业投资方向研究课题”调研工作。

（25）2019年10月配合协会综合业务部开展“第六届中国工业大奖”申报工作。

（中国塑协流延薄膜专委会　郭书丽）

塑料配线器材

一、行业现状

2019年全国塑料制品行业，汇总统计企业累计完成产量8184.17万吨，同比增长3.91%；15835家规模以上企业营业收入19077.48亿元，同比增长2.77，实现利润1054.52亿元，同比增长12.68%，营业收入利润率为5.53%。配线器材行业一直受国内塑料制品大环境影响发展势头稳中有升，2019年完成工业总产值242亿，同比增长3.0%。

二、行业热点

加快行业机器换人，推动行业工业4.0的发展。配线器材行业积极引导会员单位推行机器换人，逐步实现生产、粉料、供料等设备的机器自动化。除了之前的注塑机全自动取件机械手、全自动智慧加料系统、自动线卡机、自动接线端子机等智能化机械设备，配线器材还积极引导有条件的企业进行物联网、云计算等方面的建设，有效推动行业工业4.0的发展。特别是配线器材专委会理事长企业，长虹塑料集团英派瑞塑料股份有限公司历时三年、耗资近千万，投入研发的全自动尼龙扎带包装机，2019年初已经研发成功，全力投入生产。该设备可有效降低生产车间工人达到80%以上，对行业发展将起到革命性的推动作用。到2019年，我专委会企业90%以上的企业全部采用机械手，70%以上采用热流道模具，50%以上采用全自动供料系统，在减少了用工成本、提升了产品品质、保护了环境的同时，为企业营造了更大的利润空间，不断将企业由劳动密集型向着技术创新型方向转变。

三、行业存在的问题

主要表现在三点：第一，会员整体素质在提高，但仍参差不齐；第二，低端塑料产业新装置的大规模投产造成产能严重过剩，企业盈利空间大大压缩；第三，原材料价格波动风险和劳动力紧张，给行业企业的市场策略制定和实施带来了很大的不确定性，生产成本控制也带来了一定的影响。

四、专委会活动

1. 当好中国塑协的得力助手，积极配合中国塑协工作

专委会秘书处积极传达和完成中国塑协下发的各项通知及任务。积极完成中国塑协要求的各分支机构的活动明细申报工作；分支机构年终总结，及各分支机构下一年度的工作安排明细等工作；参评中国塑协开展的各种科技项目，推荐塑料配线器材行业的重点企业等工作；中国塑协的每次会议，我会均积极派代表参加；积极配合中国塑协的2020年南京展会工作等。

2. 搭建政府与行业交流平台，促进行业不断发展

发动会员企业申报当地政府组织的工业转型升级项目、节能降耗项目、机器换人等项目以及参加当地政府组织的各种荣誉评选活动，为会员企业提供信息及服务。2019年又有浙江亚泰塑料有限公司、新光塑料有限公司等多家企业获得了政府的专项资金补贴；荣誉方面更可以说是载誉而归：共获得明星企业3家，出口30强2家，温州名牌企业1家，省高新技术企业1家，平安创建示范企业2家。

3. 组织考察、培训学习，开拓会员视野，提高行业管理水平

加强交流，不断学习，是提升行业发展水平、提高行业综合竞争能力的重要手段。2019年专委会组织会员单位40多人赴新疆考察，不但开阔了大家的视野，激发会员单位的灵感和智慧，而且更有利于会员单位创新发展、积累开拓市场的人脉，借鉴外地好的经验与做法，取长补短，助推协会健康发展。

另外，围绕着行业的发展，提供技术交流和人才培养服务。应会员单位的要求，积极开展信息交流、管理和技术咨询、人才培训、新技术推广应用等方面的服务。为提高企业的质量、环境、职业健康安全管理水平，专委会为会员单位提供ISO9001（质量）、ISO14001（环境）、OHSAS18001（职业健康安全）、IATF16949（汽车行业质量管理）等标准的贯标认证、咨询服务；2019年注塑工程师培训工作取得了不错的成绩，有5人获得了塑料工程师职称，另外还开展了一期环保知识讲座，促进企业技术进步，帮助企业规避了贸易壁垒。

4. 关心会员企业健康成长，为其排忧解难

专委会多次开展以“访企业、明需求、谋发展”为主题的走访活动，联络会员企业，收集企业运营中出现的重点和难点问题。2019年走访企业7家，倾听企业领导对公司生产经营、发展前景、遇

到困难和面临难点问题的汇报，共同为企业出谋划策、排忧解难，取得了显著成绩。

比如2019年9月份，我专委会有部分会员单位接到当地税务部门的通知，要求自查电耗与产能的比例。接到通知后，我专委会相关领导高度重视，迅速响应政府部门的号召，要求相关会员单位做好自咎自查的工作。并且积极向相关政府部门了解我行业部分企业实际情况与税务部门的要求之间的差距，积极引导行业内企业走向规范化、标准化、智能化、节能化的现代化企业，积极按照国家相关产业政策和标准来推动行业内相关企业的健康、有序发展。

5. 高瞻远瞩，调整思路，引领行业健康发展

专委会不仅带领着行业按部就班地开展协会工作，而且一直专注于行业中的模具、工艺设备、节能技术、自动化技术等方面的研究、创新和更新换代，促进行业紧跟时代步伐，健康发展。主要表现在以下几个方面：

（1）推广行业领先技术——热流道模具及多穴腔模具

模具即是制造业的一个重要组成部分，在很大程度上代表着产品质量、效益和新产品的开发能力，模具的发展和其技术水平已成为衡量一个行业制造水平高低的一个重要标志。

经了解，热流道模具在80年代中末期，美国只有占注射模具总数的15%～17%，欧洲为12%～15%，日本约为10%，而中国的热流道模具尚处于起步阶段。

20世纪90年代末到2000年初，配线器材行业也陆续引进了热流道模具，之前配线器材行业一直采用冷浇道模具进行生产，很大程度上阻碍着产品质量的进一步提升。随着热流道技术的日渐推广应用，行业内的产品质量有了显著提高。热流道不仅具有注塑效率高、产品质量好和节约原料等优点，并且热流道模具解决了传统模具在模具加工过程中由于加工水平的限制，导致出模腔数的限制。进一步提高了生产效率，降低了生产成本。2019年专委会企业，新开发热流道模具达80多套。

（2）推进专业化、定制化的设备平台

为了切实贯彻落实国家“节能降耗”工作任务，塑料配线器材专委会通过不断探索和研究，专委会先后采用了对注塑机进行安装节能保护罩、更换变量泵、安装节能风抽、电磁加热技术以及应用纳米加热技术等方面的改造，在设备的改造上，我专委会一直没有停歇。多次与中国科学技术研究院、北化机械学院、相关注塑机设备厂商等进行联动，以期能够更好地通过技术革新，结合产业特点，打造出更加节能、高效的机械。2019年，我专委会会员单位广东威亚精密机械股份有限公司和至上重工有限公司专门针对我行业特点，进行全新定制的专业化注塑设备，在行业内得到了广泛的应用。有效地推动了行业向更加高效、节能的方向发展。下一步，我会将积极联系相关上下游企业、高等院校，进一步将生产设备进行改良，在降耗、提产方面狠下功夫，尽快实现与欧美生产工艺相媲美的专业化设备。

（3）实施产品高端化战略，采用合金原料及PA56原料

根据中国塑料产业“十三五”绿色可持续发展规划构想，“十三五”期间，专委会加快五大通用塑料高端专用料的开发利用，努力提升产品质量，对改性等复合塑料、特种工程塑料以及合金材料加快推进产业化，以加快塑料制品转型升级为重点，以提高塑料制品自主创新能力为核心，大力实施产品高端化战略，研发出多种新材料产品，例如：智能电表箱、干湿分离环保垃圾桶等。

另外，配线器材专委会副主任企业——上海凯赛生物技术研发中心有限公司研发的新材料生物基聚酰胺56（即PA56），被列为国家工信部列入重点新材料首批次应用示范指导目录（2018版），协会在2018年的年会上特邀请上海凯赛生物技术研发中心技术专家进行了详细的讲解和推广，2019年在多家公司采用该原料进行了实验，现已取得初步成功。充分落实了上下游企业间的“无缝对接”，以需求为导向，推动上游企业新材料的研发，完善塑料行业新材料推广与应用，做到“产—学—研”一体化，整体提升行业技术和科技水平，有效实现了行业产品真正的高端化和技术化。

6. 不断开发新产品，增强市场竞争力

配线器材产品不断更新换代，尼龙扎带从最普通的自锁式扎带到可松式扎带、固定头扎带、标牌扎带。近年来，又开发了双齿式、反扣式、防滑式、粘扣式、不锈钢式、嵌片式等，紧跟时代步伐，牢牢抓住顾客购买欲，据不完全统计仅尼龙扎带一项全球销量2019年达到了90亿元，年增长率达到了8%。2019年配线器材行业的新产品也层出不穷：如配线器材专委会理事长企业——长虹塑料集团英派瑞股份有限公司开发的多功能智能电表

箱、干湿分离环保垃圾桶等；浙江亚泰塑料有限公司研的新型扎带座、珠孔式扎带等；新光塑料有限公司研发的新型抗老化扎带等，共获得国家专利20多项。

7. 制定标准，促进配线器材行业健康发展

为了规范行业发展秩序，防止不正当竞争，提升行业整体形象，配线器材积极制定行业标准。配线器材专委会时刻关注这一重点工作，组织行业内企业编写的标准已有：QB/T 4494—2013《聚酰胺（尼龙）扎带》行业标准、HDB/QB 098—2015《聚酰胺扎带海关单耗标准》、QB/T 5258—2018《塑料压线帽》行业标准。继此之后，2019又有一新的行业标准，被国家工程建设标准化协会批准发布：T/CECS 585—2019《高分子合金电缆桥架技术规程》，该标准于2019年10月1日实施。这些标准的实施，进一步提高了行业产品的整体水平，增强国际竞争力，有效促进塑料配线器材行业的技术进步。另外高分子合金电缆桥架行业标准已于2019年底通过了国家工信部立项答辩并成功立项，还被列入了2019年第四批质量提升标准项目计划中，计划号为：2019-1609T-QB。

8. 加强国际交流合作，扩大配线器材行业影响力

作为全球最大的尼龙扎带生产国与消费国，中国尼龙扎带产业的高速发展引起了全球众多同行业的关注。专委会积极开展形式多样的工作，提升配线器材行业在全球的影响力。专委会还组织会员企业参加各种国际展会，如：科隆国际展，雅式展，中东电力展，汉诺威工业博览会，2019年全球资源电子与元器件博览会，巴西国际电力、能源和电子产品博览会以及历届广交会等，充分展示中国配线器材行业企业的风采，促进中国配线器材行业参与国际交流与合作，扩大行业的影响力。

（中国塑协塑料配线器材专业委员会　毛维琴）

镀铝膜

一、行业现状

1. 行业概况

镀膜行业从20世纪90年代起步发展到今天，不断引进世界最先进设备及技术，产品已经从最初传统的食品包装的应用逐步扩大到应用于电子、汽车、医药、建筑、能源、航天等各个领域，中国真空镀膜在“十一五”期间高速发展，“十二五”期间完成部分产品结构调整，“十三五”期间基本完成产品转型升级。进入成熟期后，企业对技术依赖程度大幅提高，创新驱动成为产业谋求竞争优势的关键首选。

镀铝膜是塑料薄膜的二次加工品，目前市场上包装用镀铝膜主要是镀铝PET、镀铝CPP，镀铝OPP的用量也呈上升趋势，除此之外，还有少量的镀铝PE、镀铝PA等。近年来越来越多的包装追求高阻隔性能，镀铝PET的用量一直处于明显上升的趋势，镀铝CPP的使用量持续下滑，目前整个市场容量大约只有7万吨。

2019年，受中美贸易战影响，上游商品现货市场波动较大，订单价格及原料储备不确定因素大增，利润空间难以保证，使真空镀铝膜行业的正常生产及备货大受影响，价格波动剧烈，对镀铝膜企业也造成了很大困扰。所以，2019年对全行业是自2008年次贷危机以来的严峻考验年。各企业开始重视自身市场地位和竞争优势，部分企业开始加大向利润空间较大的汽车车窗膜、电子光学膜等功能化镀膜产品方面的投入。

2. 行业产能及开工率

2019年镀铝膜行业总产能约150万吨，平均开工率约为76.47%；其中用于包装领域的镀铝膜产能约占总产能的57%，烟包领域镀铝膜产能约占30%，隔热膜领域产能约占3%，金银线领域产能约占5%，其他产品产能约占总产能5%。

3. 产品价格

目前镀铝膜市场的价格差异也比较大，镀铝膜价格主要由原料价格加加工费组成，原材料因质量高低不同，采购渠道不同而有一定的价格差异；每个镀铝厂家的生产成本也不尽相同，所以造成市场上镀铝膜价格存在明显的差异。另一方面，终端客户对于镀铝膜质量、性能要求不同，也会影响厂家生产成本，从而影响最终销售价格。

总体来说，2019年镀铝膜市场加工费相对平稳，但加工费基本处于极低的状态。目前市场主流加工费约1800元/吨，淡季甚至降到1500元/吨，

旺季则大约能达到2000元/吨以上。很多非主流、差异化产品的加工费可以到达5000元/吨甚至更高。近年来镀铝OPP的使用量呈上升趋势，下游企业的很多出口订单都会涉及，一些用于表印，也有一部分用于中间层。镀铝OPP的加工费用较高，目前主流加工费约在3000元/吨，根据需求不同有的甚至更高。

镀铝膜的价格虽然会受加工费的影响，但总体是随原材料价格波动而波动。受中美贸易战影响，国际市场原油价格波动、PP价格波动、PTA价格波动，一年来，镀铝膜原材料价格波动较大。例如2019年6月PP拉丝由之前的谷底7700元/吨，一路飙升到9300元/吨，涨幅达到1600元/吨，PET薄膜也由之前的10300元/吨，上涨到11900元/吨，之后的8月初，PP、PTA期货大跌，现货持续下跌；8月13日WTI原油由8月11日的50美元/桶，直接蹿升到56美元/桶，PP期货也由7900元/吨上升到8180元/吨，PTA期货由之前的5080元/吨上升到5280元/吨，而现货价格，PP两天内上涨200元/吨，PET两天内上涨300元/吨。

4. 标准法规体系建设

随着行业不断发展，当前软包装、建筑、汽车、电子等下游用户对于真空镀铝膜产品提出了最新质量要求，早期标准出现了部分的不适用性，2019年《包装用镀铝薄膜》（BB/T 0030—2019）对原标准进行了修订；此外，行业企业迫切需要制定出适合行业发展，具有前瞻性且与国际接轨的标准，2019年《真空镀铝膜》团体标准立项。此外，镀膜设备方面标准暂有SJ/T 31082—1994真空镀膜设备完好要求和检查评定方法，镀层厚度检测方面暂有GB/T 15717—1995真空金属镀层厚度测试方法电阻法。

5. 发展趋势

镀膜行业的快速发展，在满足人们的多种需求的同时，清洁生产、污染防治及产品回收再利用越来越受到政府及社会的广泛关注，受国内环保压力的影响，下游订单逐渐向规模化大型终端转移，这些企业对于供应商的要求也相对规范。镀膜企业在今后发发展中应树立绿色节能环保理念，加大环保清洁生产的研发力度，实现产品回收再利用。

镀膜行业应科学合理布局，优化产业空间结构，建立加强上下游合作沟通机制，实现上下游联动，控制库存，增强产业聚合力。面对美国对中国发展的打压堵截，随着国家“一带一路”建设的深入推进，企业可利用技术能力以及各种原材料的优势资源以充分发挥我们绝对的竞争力，向“一带一路”沿线国家进行布局，避开国内同行之间的竞争，优化行业空间。

当前，面临复杂严峻的国内外形势，企业应自主创新，逐步向绿色化、标准化和规模化方向发展。

二、专委会活动

2019年，国内外经济形势复杂多变，中美贸易冲突不断，行业产业集中度低，企业个体创新能力不足，镀铝膜专委会在中国塑协的领导和支持下，积极开展各项工作，努力为企业和行业服务，帮助企业走出困境，主要工作情况如下：

1. 政策宣传及奖项申报工作

2019年度，专委会在中国塑协的领导下，组织企业参加“轻工行业企业文化优秀成果”等推荐和申报工作9项；“对美贸易摩擦、废塑料及再生塑料管理政策以及目前制品关税”等征集工作8项；深入调查企业，继续做好中国塑料行业企业信用等级等评价和宣传工作2项。

2. 组织研讨工作

（1）2019年5月19日，在广州成功召开了“2019高功能性薄膜行业市场与技术发展研讨会”，来自全国薄膜产业链的400多名企业代表参加了本次会议。

（2）2019年6月11日至21日，邀请企业代表参加对越南、马来西亚、泰国为期11天的“一带一路”考察交流活动。

（3）2019年9月20日，在淄博召开了“2019镀膜行业技术与市场发展论坛暨镀铝膜专委会第三届会员大会”，本次大会报告涵盖国内外环境分析介绍、基膜及镀铝膜行业数据报告、创新性技术研讨、先进设备及零部件介绍等丰富内容。同期召开了“镀铝膜行业企业负责人经济工作会议”，并完成镀铝膜专委会的理事会换届工作，对在科技创新、品牌与市场和社会责任具有引领作用的镀铝膜企业进行“镀铝膜行业十强”表彰；组织参会代表进行了工业参观，会议期间重点制品企业与淄博市委书记江敦涛等一行进行了会晤交流。

（4）10月16日至18日，组织企业与协会领导及分支机构代表参加2019德国K展。学习世界领先技术，带领企业开拓海外市场。

3. 标准化及培训相关工作

（1）《真空镀铝膜》团体标准

2019年5月19日召开《真空镀铝膜》团体标准筹备拟立项讨论会，会议确定《真空镀铝膜》团体标准制定小组成员，并形成了团标讨论稿。

2019年9月20日，组织制标组召开《真空镀铝膜》团体标准讨论会，对团标的讨论稿中涉及的产品测试项目进行了详细讨论，确定了后期工作计划。

（2）团体标准培训

组织相关企业参加协会于2019年7月3—4日在北京召开的“中国塑料加工业第一期标准化技术人才培训班”，帮助各会员企业及相关单位了解团体标准相关政策，掌握团体标准的编写和制定程序等方面的知识和技能。

（3）绿色制造标准培训

召集企业参加中轻联2019年11月17日在北京召开的“轻工行业节能与绿色标准化项目培训研讨会”，帮助企业了解绿色产品申报、绿色供应链构建、绿色工厂评价等要求和流程，更好地推进轻工行业节能与绿色标准化研究项目。

三、行业发展建议

1. 坚持创新引领

实施创新驱动发展战略、提高行业自主创新能力和核心竞争力，镀膜行业企业要加强同科研院所合作深化产学研用融合，充分利用高校研究院所的创新资源，推进创新的供给侧和需求侧精准对接。

2. 坚持实施“三品”战略

积极开展“增品种、提品质、创品牌”提升活动，依靠产品创新研发和技术进步，实施产品差异化战略，实现高效创新。增加有市场、有效益的产品，创造市场需求，引领消费，培育新的增长点；努力提高产品质量和品质，倡导精品制造和弘扬工匠精神，以质量为先、信誉至上的经营理念赢得消费者、赢得市场；加强标准化工作和诚信建设，营造好的营商环境，引导企业增强品牌意识，夯实品牌建设基础，提升产品附加值和软实力，积极打造品牌产品和口碑企业，推动强化品牌建设与发展。

（中国塑协镀铝膜专业委员会）

塑料家居用品

一、行业概述

日用塑料制品作为塑料制品行业的一个重要分支，与人们日常生活关系最为紧密。日用塑料制品因其花色种类繁多、轻捷方便、卫生舒适等优点，在家居用品领域越来越多地代替了陶瓷、不锈钢、木、竹等材料。

塑料与陶瓷、不锈钢、木、竹等材料的家居用品对比如下：随着国内经济的快速发展，我国居民生活水平不断提高，对家居日用品的需求量日益增加，品质要求也日益提升，在原有满足基本使用功能的基础上更加追求家居用品的美观、舒适度，日用塑料制品凭借其良好的产品性能和性价比成为家居用品中使用最普遍的产品。尤其是近10年来我国城镇化进程的加速，极大地拉动了我国家居塑料用品的需求，从而进一步推动我国日用塑料制品的产业化进程。我国日用塑料制品年产量从2006年的195.53万吨增长到2015年的592.66万吨，年复合增长率达到13.11%。

2019年日用塑料产量648.64万吨，同比增长率-3.9%；主营业务收入1751.83亿元，同比增长率2.99%；利润总额98.86亿元，同比增长15.29%；营业收入利润率5.64%，营收利润率5.0%；出口额182.29亿美元，同比增长7.27%（表1）。

表1　2019年日用塑料十大生产省区市产量

地区	2019年产量/吨	同比/%	占比/%	2018年占比/%
全国	6486368.07	-3.9	100.00	100
广东	278180.26	2.48	33.58	30.96
浙江	1037706.85	1.30	16.00	15.34
湖北	672803.93	-4.12	10.37	12.65
福建	424590.4	18.41	6.55	5.40
江苏	408438.22	9.82	6.30	4.84
四川	331337.48	9.35	5.11	8.81
山东	236962.82	-25.63	3.65	4.68
河南	161936.25	-16.08	2.50	1.66
安徽	155284.58	-44.06	2.39	4.13
上海	138074.77	-21.87	2.13	1.4

二、生产现状

日用塑料制品的生产通常采用注塑、吹塑和吹膜工艺，其技术基本已相对成熟稳定，不同厂商之间工艺流程也基本相同，技术特点和先进程度主要取决于生产设备的先进程度、模具的精密度和生产线的自动化水平。在生产技术和工艺流程基本相同的情况下，生产设备、模具的先进程度以及原材料的选择和配方技术决定了日用塑料制品的品质和功能，一定程度上体现了不同厂商之间生产技术水平的差异。

以注塑工艺为例，目前多数厂商使用的注塑机为传统的液压式注塑机，而代表注塑机发展方向的全电动注塑机价格虽数倍于传统的液压注塑机，但全电动注塑机具有注射速度快、注射性能稳定、绿色节能、噪音低等优点，配合精密度高的模具能生产出高精密度的产品，产品外观更加美观、质感更好，能有效提升产品品质。就模具而言，目前行业内普遍采用的冷流道技术，其模具结构相对简单，模具维护成本较低，但其注塑成型周期较长，且会产生浇口，难以适用于自动化生产系统，而目前更为先进的热流道技术，其模具结构较为复杂，但通过巧妙的设计使得流道和浇口的塑料处于熔融状态，大幅缩短了成型周期，提高了生产效率，且不会产生浇口，适合于自动化生产系统，也有助于改善产品质量。

三、市场概况

家居塑料用品类别多而细，且主要面向大众家庭，产品定位直接受居民消费水平的影响，而我国国民目前整体消费水平刚越过中等发达国家水平线，二元经济结构明显，大部分仍远未达到平均线，这导致家居塑料用品消费呈现一定的层次结构差异性，家居塑料用品行业竞争大体可分为高端、中端和低端产品三个层次。

高端产品主要面向国内高收入的消费群体，高收入消费群体品牌意识强、对生活品位要求高，对价格敏感性低，因此高端产品价格较高，消费群体比较狭窄，消费量相对较小，目前国内高端产品市场大部分被国外品牌所占据。受国外市场消费习惯的影响，同时受制于较高的生产成本和营销费用，国外品牌的产品线一般集中于单价和附加值较高的食品容器类品种（代表性产品如水杯、保鲜盒等）。上述因素使得国外品牌较难延伸其产品线从而与国内品牌企业形成全面竞争关系，也不易在除食品容器类等少数产品以外树立涵盖广泛产品的强势家居塑料用品品牌。

中端产品性价比较高，主要面向庞大的中等收入消费群体，这类消费群体品牌意识较强、对产品的品质要求较高，但与高收入消费群体相比，其对价格相对敏感，品牌黏性还有待提高。目前中端产品市场主要为国内品牌企业所占有。

四、行业面临的挑战和应对措施

1. 中小企业众多，行业整体装备水平较为落后

目前，日用塑料制品行业中小企业众多，家庭作坊式的企业仍普遍存在，由于缺乏资金投入，生产设备普遍较为落后陈旧，装备自动化水平低，生产出的产品粗糙、美观度不高，导致低端产品充斥市场。

2. 技术研发投入不足、产品设计水平与国际品牌存在较大差距

由于日用塑料制品行业分散，行业内企业普遍在技术研发方面投入不足，新品研发能力弱，少数企业的产品开发仍停留在模仿的阶段，产品设计水平与国际品牌存在较大的差距，但随着部分行业龙头企业品牌意识和自主创新水平的提高，也逐步形成标杆示范作用，为行业的健康有序发展起到关键领头羊作用。

3. 产品同质化严重，结构性问题较为突出

即使不少的家居塑料用品企业不断提出新品应对消费市场的变化，但由于产品同质化现象明显，难以在消费者群体中留下深刻印象。另外，大部分快消企业不但缺乏品牌影响力，而且也缺失高端产品线的支撑，企业盈利能力开始下降，经营管理问题也越来越突出，所以也促使企业在新材料、新技术、新装备、新产品等领域加大投入创新。

4. 产品质量不高

我国质量总体水平不够高。首先是产品质量总体水平还有一定的差距，一部分产品档次还比较低。特别是中高端的产品难以满足消费者的需求，我们有一些商品走到国际先进行列，但总体上处于产业链的中低端，国际竞争力有待增强。重要的一个问题就是品牌，品牌建设的差距还是比较大的，现在许多产品是贴牌生产，全世界驰名的大品牌我们国家还比较少。这是从产品的质量状况来分析的。

近几年部分规上企业也意识到品牌建设是企业长久生存之道，也是中国制造迈向国际的基石，所以在品牌建设上也加大投入，逐步形成行业品牌标杆效应。

5. 家居塑料用品业经营管理信息化及智能化不足

技术的创新应用是零售企业增强核心竞争力，实现可持续发展的动力。但长期以来，零售业信息化、智能化效率普遍相对较低，很多零售企业信息化、智能化水平较低，缺乏先进的信息设备，仍使用人工方式，进行较低效率的管理、销售、售后服务等。同时，受资金不足、人才缺乏、体制不活、政策不力等诸多因素的制约，使零售企业的生存受影响，对其发展与壮大非常不利。虽然受制于多方面的因素，但是行业部分品牌企业也已经改变思路，重新对企业现有资源进行优化升级，加大在设备和软件上的投入，在智能制作和信息化道路上走出了行业新模式，其中部分企业还荣获工信部评比的“两化融合管理体系贯标试点企业”，以信息化带动工业化、以工业化促进信息化，走新型工业化道路；两化融合的核心就是信息化支撑，追求可持续发展模式。

6. 国际贸易博弈对行业发展构成现实挑战

当前国际贸易中出现的保护主义、单边主义，实质上是围绕制造业展开的一场博弈。发达国家试图通过实施贸易保护主义政策，长期保持制造业高端领域的竞争力，遏制后发国家跻身高端制造领域。2019 年 5 月 10 日美国政府对中国 2000 亿美元产品征税税率提高至 25%，对塑料家居用品制造企业经营发展带来不同程度的影响。有企业反馈今年度订单较上年同期总体下降 40%（其中北美洲下降了 79%，其中最大的客户下降了 40%。第二大客户下降了 50%）。但是部分外贸企业订单却相对稳定，甚至略有上升，这也是源于其企业长期坚持诚信和产品质量，在品牌上也收到客户的认可，所以在面对困难的时候，诚信经营、产品质量和品牌光环成了企业立于不败之地的力量。

五、行业发展建议

1. 坚持创新驱动发展

近年来，针对塑料家居用品存在的产品同质化、低端化的问题，塑料家居用品行业在时尚创意、款式和质量等方面狠下功夫，使产品结构得到优化，受到越来越多国内外消费者的喜爱。下一步，要紧紧围绕供给侧结构性改革，落实《塑料加工业技术进步“十三五”发展指导意见》，以自主创新为核心，以新材料、新技术、新装备和新产品为重点，牢牢把握“功能化、轻量化、生态化、微成型”技术发展方向，全面推进产业转型升级。

2. 坚持产业链上下游联动发展

“2017 年中国塑料加工业专家院士行”在揭阳拉开了序幕，塑料家居用品行业很多企业都参与其中。中国塑协塑料家居用品专委会与专家合作，以标杆企业为引领，协助更多企业明晰转型路径，把握机遇，突破瓶颈，实现跨越式发展，培育行业自动化标杆企业，加快塑料家居用品行业的转型升级，接下来专委会将在行业打造智能智造样板企业，推动行业高效率的生产，让一批智能制造企业作为试点示范、标杆企业凭借自动化车间、智能工厂、网络平台等优势，克服企业用工的困难等问题，率先实现，为行业提供了样板，为行业智能化升级改造坚定了方向，人力成本的提高加快了塑料家居制造业向无人化、智能化方向转型升级的速度。如何帮助企业立足自身实际情况，规划自动化升级方向，逐步完成升级改造，实现智能智造是我们的一项重要工作。

3. 坚持实施“三品”战略

实施消费品工业“三品”战略，是推进供给侧结构性改革、促进工业稳增长和建设制造强国的重要举措。塑料家居用品行业品种丰富度、品质满意度、品牌认可度还有极大的提升空间。在增品种方面，要支持企业深度挖掘用户需求，适应和引领消费升级趋势，在产品开发、外观设计、产品包装、市场营销等方面加强创新，积极开展个性化定制、柔性化生产，丰富和细化消费品种类，推动“制造”向“创造”转变。在提品质方面，要培育和弘扬精益求精的工匠精神，引导企业树立质量为先、信誉至上的经营理念，立足大众消费品生产推进“品质革命”，走以质取胜的发展道路。在创品牌方面，要引导企业增强品牌意识，夯实品牌发展基础，提升产品附加值和软实力，推动产品向品牌转变。

六、专委会工作

中国塑协塑料家居用品专委会在中国塑料加工工业协会的领导下，充分做好塑料家居行业服务、协调、组织工作，发挥企业、政府及用户之间沟通的桥梁、纽带作用，及时传达政府方针政策和法律法规，引导、推动塑料家居行业协调、科学、健康发展，在服务会员、服务行业、推动行业稳步发展。

（一）会员发展工作

随着专委会的发展，会员队伍的不断壮大，会员部对符合相应入会条件的申报企业进行了严格筛选，并做出了调整优化，2019年比以往在筛选会员上更严格，更规范。为了确保专委会的会员质量，对申报入会企业进行择优录取。

（二）会员服务工作

1. 企业走访

企业走访工作一直是秘书处的重要工作之一，通过主动深入企业一线，了解企业需求，服务企业所需，同时在与企业家交流过程中，了解当前行业现状及企业所面临的问题，进而针对性地制定和调整新的工作规划，更好地服务会员。

2. 企业间合作

作为塑料家居用品行业全国性的资源平台，专委会所属会员单位涵盖了原材料、机械设备、技术加工各大类别塑料家居用品等行业上下游的诸多领域内“高精尖”的龙头企业。

3. 企业宣传

中国塑协塑料家居用品专委会微信公众平台在大家的努力推广和不断完善下，微信公众平台关注人数持续增长，过去一年，公众平台继续做细做精《中国塑协塑料家居用品专委会工作简报》《招贤纳士》《供求信息》等栏目，进一步加强与会员企业的互动，提高服务企业水平，扩大平台宣传效应，全心全意为会员企业服务。专委会微信公众平台日益完善，逐渐成为塑料家居用品行业发布信息、传递行业正能量的主要平台；成为会员企业掌握行业动态，宣传公司文化，展示企业风采的重要窗口；成为广大企业、社会各界及消费者认识塑料家居用品行业、了解协会动态的有效窗口。

微信公众号不断丰富提高文章内容质量的同时，文章排版、自定义菜单栏设计等方面也不断提升，从整体上提升公众号的专业度及使用者浏览的舒适度。与此同时，微信公众平台全面配合专委会工作开展，宣传国家环保和垃圾分类工作指示精神，提升社会对塑料行业的正面认识，为生产垃圾桶的会员企业做宣传推广，突出展现企业积极参与国家环保事业、为国家环保建设贡献力量的热情与决心。专委会微信公众号向塑料业界及时传递前沿的行业发展趋势，传递行业正能量；展现了中国塑协塑料家居用品专委会致力行业资源整合，全力护航塑料家居用品行业发展的坚定决心。

（三）年度重点工作

12月18日，塑料家居收纳用品龙头企业禧天龙在北京人民大会堂重磅发布抗菌系列新品。这一被业界誉为“抗菌黑科技”的战略首发，不仅是禧天龙自身品牌升级的重要标志，也是在健康中国战略背景下，整个家居行业的重大事件。根据新时期所带来的市场需求，以及本着为会员企业出谋献策助力发展的本心，中国塑协塑料家居用品专委会将以此为契机组织关于抗菌类塑料制品会员企业的行业联合行动，将现有已投产并上架的抗菌类塑料制品企业，如禧天龙、龙士达、茶花等创新领先企业集结联盟，组建“家居抗菌产业联盟”在行业中起引领作用，接下来中国塑料家居用品专委会将以“抗菌产业创新”为主题，邀请抗菌类专家、企业家进行市场分析及生产投产各类问题进行交流探讨，分析抗菌类塑料家居用品的前景及市场需求。对抗菌类塑料家居用品进行推广和宣传，对市场前景和发展趋势进行预判，从而带动整个塑料家居制品行业在新时期抓住商机发展升级。

由于中美贸易摩擦对塑料家居用品制造企业经营发展带来不同程度的影响，宋旭彬主任多次代表塑料家居用品行业在国家商务部会议、中国轻工工艺品进出口商会会议、中国塑料加工工业协会会议上发言，建议国家应提高塑料家居制品出口退税率，保持外汇汇率稳定，提升塑料行业外贸竞争新优势，培育外贸增长新动能等措施，得到上级单位重视。与此同时，专委会根据企业生产经营实际情况及企业反馈诉求，向海关总署提交申请新增海关编码，为企业争取合法权益。目前申请新增海关编码初审已通过。

（中国塑协塑料家居用品专业委员会）

聚苯乙烯挤出发泡板材（XPS）

一、行业现状

（一）行业概况

挤塑聚苯乙烯泡沫塑料（XPS）主要用于建筑物保温，此外，在冷库保温、土木工程、空调通风管道、地暖等方面也有应用。

2019年，中国XPS泡沫塑料行业依然面临众多问题和挑战，比较突出的问题是基于环保压力而造成的企业停工停产，导致部分原料、助剂价格大幅上涨；随着全球能源的紧张，石油价格飞涨，导致 PS 原料价格波动；随着苯乙烯聚合物废塑料被调入《禁止进口固体废物目录》导致的再生 PS 原料价格大幅上涨等。XPS 行业中众多劣质低廉的小厂家纷纷进入关停倒闭状态，部分 XPS 企业面临迁徙或转型。与此同时，也有一些规模较大、管理规范的企业实现了持续性增长，并在工艺技术及产品应用方面进行拓展升级。

由于人们生活水平提高，采暖需求线不断南移，巨大的建筑节能需求给建筑保温材料带来了巨大的发展空间。建筑业发展“十三五”规划指出，到 2020 年，城镇绿色建筑占新建建筑比重达到 50%，新开工全装修成品住宅面积达到 30%，绿色建材应用比例达到 40%，装配式建筑面积占新建建筑面积比例达到 15%。我国既有建筑面积超过 430 亿平方米，其中 95% 以上为高能耗建筑，以每年 4%的产品更新换代约 16 亿平方米建筑需要建筑保温，则年需要保温材料约 500 万吨，已有建筑市场的改造需求，超过每年的新增需求。广大 XPS 制品企业不断在既有建筑节能市场发力，并在工艺技术及产品应用方面进行拓展升级，适应已有建筑市场的需求，向存量市场发展。

随着物流技术的快速发展，国内冷库建造技术有了很大的发展，建设节能型冷库已成为冷库行业的发展方向。XPS 由于其具有致密的表层及闭孔结构内层，抗水蒸气渗透性能强、抗压强度高、导热性能好、易安装、使用年限持久、价格适中等优点，成为我国冷库地平保温材料的首选。

随着 XPS 企业的深入开发，XPS 产品应用领域向多元化发展，如石墨挤塑板、复合保温免拆模板、保温装饰一体化、楼面隔音垫板等。

据不完全统计，国内 XPS 板材生产企业 700～1000 家，生产线约 1500 条左右，年产量在 80 万吨左右。

二、技术现状

1. 氟利昂（HCFCs）发泡剂淘汰带动生产技术替代

中国 XPS 泡沫行业广泛使用 HCFC－22 和 HCFC-142b 作为发泡剂，但从 2013 年开始，中国开始冻结 HDFCs 的生产和消费，2015 年削减基准消费量的 10%，2020 年削减基准消费量的 35%，2025 年削减基准消费量的 67.5%，2030 年全面停止使用 HCFCs。在过去 5 年中，我国虽然已经分别实现 HCFC 冻结和削减基线水平 10%的履约目标，但接下来的 HCFC 淘汰任务依然任重道远。

随着发泡剂 HCFCs 淘汰进程的加速，2019 年主流 XPS 生产企业纷纷更新换代采用 CO_2 组合发泡技术替代 HCFCs 发泡剂生产 XPS 板材。南京越升挤出装备有限公司、河北格瑞尔斯机械有限公司等设备生产企业纷纷自主开发 CO_2 组合发泡技术生产设备，并迅速占领华东、华北等市场。2018—2019 年，组合发泡技术生产设备需求增长加速，行业内购买和置换相关设备约 270 条。

2. 阻燃剂替代迫在眉睫

随着 2016 年 7 月 2 日，第十二届全国人大常委会第二十一次会议审议批准《〈关于持久性有机污染物的斯德哥尔摩公约〉新增列六溴环十二烷修正案》（《关于持久性有机污染物的斯德哥尔摩公约》后文简称“《斯德哥尔摩公约》”）。该修正案将六溴环十二烷（HBCD）增列入《斯德哥尔摩公约》附件 A，禁止其生产、使用和进出口，但保留其用于建筑物中发泡聚苯乙烯（EPS）和挤塑聚苯乙烯（XPS）的生产和使用的特定豁免。按照《斯德哥尔摩公约》规定的程序和要求，我国将于 2021 年 12 月 31 日前全面停止使用 HBCD。

我国于 20 世纪 90 年代开始生产 HBCD，主要用于防火性建筑外墙保温材料 EPS 和 XPS 中的阻燃剂。

近年来随着建筑保温材料防火阻燃要求以及建筑行业节能要求的提高，XPS 和 EPS 板材使用量大幅上涨，HBCD 的消费量也逐年增加。2019 年，我国 XPS 产量约 80 万吨，其中阻燃 XPS 板材的比例占 20%左右，约为 16 万吨，阻燃 XPS 中 HBCD 添加量为 2.5%～4%，年消费 HBCD6000～8000 吨。

在 HBCD 替代方面，目前国外已经有成熟的替代产品。如美国、以色列等多家公司开发生产的苯乙烯和溴化共聚体，已经在国际市场上商业化社会功能产和供应。该替代品不具有生物蓄积性、毒性较小、性能与 HBCD 相近，热稳定性较高，对原加工工艺影响很小。据测算，其成本可能比 HBCD 高出 15%～25%，直接替换可使 XPS 生产成本增加约 9%。国内有关机构和企业也在积极研发类似替代品，但目前尚无商业化生产和供应。距离全面停止使用 HBCD 只有两年的时间，HBCD 替代阻燃剂的国产化迫在眉睫。

（三）行业热点

1. 建筑保温结构一体化及免衬模板技术

建筑保温结构一体化及免衬模板目前已经成为XPS产品的一个重要应用领域。相比传统的无机、有机类保温材料，建筑保温与结构一体化技术体系的优势在于：一是墙体保温与结构同步施工，同时保温层外侧有足够厚度的混凝土或其他无机材料防护层；二是施工后，结构保温墙体无须再做保温即能满足现行节能标准尤其是防火标准要求；三是能够实现建筑保温与墙体同寿命。该技术的推广及应用，也成为XPS行业备受关注的增量点，对XPS行业发展有利。为加大XPS行业在建筑保温结构一体化及免衬模板领域的应用，应加快与建筑领域相关单位等开展技术合作等，尽快在各省市推行相关指导政策，保证市场的良性发展。

2. 楼面隔音材料应用

随着城市现代化建设的加快和人口居住密度的递增，噪声污染越来越严重，人们对居住、办公场所的隔音效果要求越来越高。

目前部分XPS企业正在推广挤塑板在楼面隔音领域的应用，主要通过在现浇楼面上铺设一道具有独特弹性闭孔结构的隔音垫层，并设置相应的高抗压强度挤塑板保护层、现浇混凝土面层及装修层，与钢筋混凝土结构层共同形成复合隔声楼面，以降低楼板撞击声传播。

3. XPS地暖板材

XPS板材在地暖行业的应用也是XPS产品的增量市场。地暖板不同于屋面及外墙XPS板材，其在施工过程中需要提高抗压强度，仅仅参考目前国标中的抗压强度是远远不够的。另外，板材的尺寸稳定性要求相对更高。另外，由于地暖板使用环境是居室内，要有对于VOCs排放的限制要求。优质的地暖板材，必须是从原料、发泡剂到阻燃剂都应该使用环保安全产品。目前，由于XPS地暖板行业尚无相关标准依据，市场上地暖产品质量良莠不齐，严重限制了XPS地暖板材的市场开拓。XPS地暖板标准的制定工作迫在眉睫。

4. 石墨挤塑板

石墨挤塑板是在挤塑原料中加入石墨料，在产品配方中添加通过活性剂进行表面改性的石墨粉，利用其特有无机材料性能，制造出有机保温材料，保持传统挤塑板良好的燃烧性能基础上，在板材泡孔结构的互联壁表面形成高弹性、高强度的轻质保护层，降低产品导热系数，同时增强板材强度和尺寸稳定性。石墨挤塑板比常规挤塑板更低应力，韧性更好，也比常规挤塑板更环保更具市场潜力。目前石墨挤塑板正在进一步扩大市场占有率。

二、存在问题

1. XPS产品质量与国外还有较大差距

在现有生产工艺的基础之上，国产XPS与进口产品比起来，无论是质量稳定性还是用户好评率均存在一定差距。

石墨XPS也存在同样问题，无论从工艺的成熟度还是市场的认可度来看，目前还存在很多亟待改进的地方。

2. 企业普遍创新能力不强

国内XPS产业技术进步发展速度缓慢，随着现有技术门槛的不断降低，越来越多的企业开始进入这一行业。由于产品同质化严重，引发长期价格竞争，不利于行业健康发展。特别是在XPS机械设备领域，国产设备同传统国外品牌设备相比在精细度，质量稳定性，售后服务方面仍存在较大差距，更多的是以低价位谋求市场竞争力，新技术研发方面缺少投入，与国外先进设备还存在一定差距。

3. 阻燃剂替代迫在眉睫

HBCD自20世纪60年代投放全球市场以来，约80%作为阻燃剂用于了EPS和XPS建筑保温板材生产。根据《斯德哥尔摩公约》要求，国外已经开始全面禁止HBCD的生产与使用。日本已于2014年淘汰HBCD生产和使用，美国目前已完成主要用途的替代，加拿大、欧盟分别于2016年12月和2017年8月完成淘汰工作。我国已经制定了五年淘汰计划，2016年7月，第十二届全国人大常委会第二十一次会议审议批准《〈关于持久性有机污染物的斯德哥尔摩公约〉新增列六溴环十二烷修正案》（以下简称《修正案》）。《修正案》要求，用于建筑物中发泡聚苯乙烯（EPS）和挤塑聚苯乙烯（XPS）的（主要作为阻燃剂）特定豁免登记的有效期于2021年12月25日终止。HBCD阻燃剂替代迫在眉睫。

4. 环境保护刻不容缓

去年以来，从国家到各级地方，对于环境保护愈发关注，环保督察的力度越来越强，特别中小XPS企业受冲击严重。从当前的政策发展趋势看，今后很长一段时间内，环保将成为中国社会关注的主旋律。

三、政策建议

1. 积极开拓XPS挤塑板在不同领域的应用

XPS挤塑板在农业、冷藏车、军工等领域均可开拓应用渠道，XPS 企业应更多地走出去，学习借鉴不同的市场反馈。

2. 积极推动发泡剂和阻燃剂的淘汰和替代

根据国家政策导向，无论是 XPS 设备生产企业还是 XPS 制品生产企业，都应将环保和技术创新放在首位，与行业内技术专家加强交流，使产品既满足性能要求，又满足环保要求。

3. 加强自身宣传和推广

XPS 企业普遍规模偏小，分布不均，推广意识和品牌意识较弱，目前中国塑料加工工业协会每两年举办的四新展会，为 XPS 企业提供了展示的平台，有助于提升企业综合实力和品牌价值，对行业健康发展有积极意义。希望 XPS 行业加快培育行业龙头企业，做大做强行业，为国家节能事业服务。

4. 推动行业标准的贯彻实施，加强政府层面市场监管

一个行业的有序稳定发展，离不开政策和标准的支持。XPS 企业应加强质量管理，符合标准要求。以国家标准和行业标准为基准，围绕各省市情况因地制宜，提升产品质量是企业求发展的重要思路。另外，也要加强政府层面的市场监管，形成政府监管与行业自律、社会监管的合力，以保障 XPS 行业健康发展。

四、专委会活动

2019 年专委会主要在行业调研、推进行业标准化、宣传发泡剂和阻燃剂替代、组织申报行业内奖项、宣传和组织会员单位参与“四新展会”、加强扩大专委会队伍等方面开展工作。

1. 积极调研走访企业，做好阻燃剂替代工作

专委会与生态环境部对外合作与交流中心实地走访了山东旭锐新材有限公司、潍坊裕凯化工有限公司、寿光阳波化工有限公司、东营市东海聚苯乙烯有限公司、胶州暖万家保温材料厂、青岛美立华塑业有限公司、青岛永冠保温建材有限公司、青岛中天豪建材有限公司等单位，了解 HBCD 及应用企业的生产经营情况，解答了企业对淘汰 HBCD 及替代品研发、生产使用等方面的问题，对《斯德哥尔摩公约》背景、HBCD 履约要求、国家环保等相关政策进行了宣讲。

2. 积极推进行业标准化工作

2018 年 12 月 28 日，国家市场监督管理总局国家标准化管理委员会批准发布了 GB/T 10801. 2—2018 绝热用挤塑聚苯乙烯泡沫塑料（XPS）国家标准。为帮助生产企业、检测单位加强对新标准的统一理解、贯彻和实施，提升我国 XPS 制造水平和产品质量，全国塑料制品标准化技术委员会泡沫塑料分技术委员会、中国塑协 XPS 专委会于 2019 年 7 月 15—16 日举办了《绝热用挤塑聚苯乙烯泡沫塑料（XPS）》（GB/T 10801. 2—2018）国家标准宣讲会。中国塑料加工工业协会副理事长兼秘书长王占杰，全国塑料制品标准化技术委员会副主任兼秘书长王向东、全国塑料标准化技术委员会泡沫分技术委员会秘书长陈倩等领导，来自全国各地 XPS 制品及上下游企业代表共 260 余人参会。

会议对《绝热用挤塑聚苯乙烯泡沫塑料（XPS）》（GB/T 10801. 2—2018）国家标准的任务来源、制定过程、标准结构、标准内容、问题分析等几个方面对新国标进行了详细的讲解，并强调了标准是行业高质量发展的保障，是企业健康发展的基石，是行业技术研发和革新的桥梁；XPS 行业要在设备改造、工艺调节、施工规范等方面开拓创新，减小产品的应力，提高尺寸稳定性能和阻燃性能，实现 XPS 板材在强度、导热系数、尺寸稳定性、阻燃性、绿色安全环保等方面的本质突破。

3. 积极宣传发泡剂和阻燃剂替代等工作

（1）氟利昂（HCFCs）淘汰项目工作

我国作为《关于消耗臭氧层物质的蒙特利尔议定书》（以下简称“议定书”）缔约方，按照议定书要求，自 2011 年开始分阶段逐步开展含氢氯氟烃（HCFCs）淘汰工作。XPS 泡沫行业作为我国 HCFCs 使用的主要行业之一，按照国家总体淘汰战略和行业计划要求，将在第一阶段淘汰工作的基础上，加速淘汰 HCFCs，拟在 2018 年削减基线水平的 20%，2020 年削减 45%，2023 年削减 70%，2025 年实现全行业完全淘汰。

（2）六溴环十二烷（HBCD）淘汰相关工作

2013 年，联合国《关于持久性有机污染物的斯德哥尔摩公约》与会者一致投票表决，禁止在全世界使用六溴环十二烷。2016 年，第十二届全国人大常委会的一项修正案规定，自 2021 年 12 月 25 日起，禁止在建筑物内生产、使用、进出口用于聚苯板和挤塑板的 HBCD。

专委会积极宣传、引导、推动行业进行 HBCD 替代技术的研发和应用试验工作。2018 年 9 月，由中国塑料加工工业协会牵头，中国科学院生态环境研究中心作为联合机构，与生态环境部环境保护对外合作中心签订了《六溴环十二烷（HBCD）在生产及发泡聚苯乙烯和挤塑聚苯乙烯应用中现况调查

与评估咨询服务》的调研项目合同。2019 年 5 月，合同规定的调查 HBCD 及其替代品/替代技术生产、使用现况的 8 个调研报告全部完成。

2019 年 10 月，中国塑料加工工业协会与住建部科技发展中心联合承接了生态环境部对外合作与交流中心的“六溴环十二烷（HBCD）建筑行业政策法规现况调查与评估咨询服务”项目工作。按照项目大纲要求，完成《国际国内建筑行业 EPS 和 XPS 中使用 HBCD 及其替代阻燃剂相关政策法规报告》《国际国内建筑行业使用非 EPS/XPS 阻燃板材相关政策法规报告》和《中国建筑行业 HBCD 淘汰管控政策法规制定修订建议及规划》3 个工作报告。2019 年已完成工作报告初稿。

4. 组织申报行业内奖项

2019 年 3 月，中国轻工业联合会下发了《关于开展 2018 年度轻工行业十强、轻工业百强企业评价工作的通知》，我专委会积极进行通知和宣传，并组织企业参与评选。通过企业申报和专家评审，XPS 行业广州孚达保温隔热材料有限公司、南京法宁格节能科技股份有限公司、北京北鹏首豪建材集团有限公司、唐山万兴建材有限公司、上海圣奎塑业有限公司、廊坊美佳塑胶制品有限公司、青岛欧克斯新型建材有限公司、天津市天龙双盛保温材料制造有限公司、河北五洲开元环保新材料有限公司、天津科美斯建筑材料有限公司等十家单位获得“中国轻工业塑料行业（聚苯乙烯挤出发泡板材）十强企业”荣誉。

5. 积极宣传和组织会员单位参与“四新展会”

中国塑协组织的“中国国际塑料展暨塑料新材料、新技术、新装备、新产品展览会”已成功举办三届，我专委会代表均积极参展和布展，2018 南京“四新展”XPS 专委会圆满完成领导交给我们任务。2020“四新展”我们会更加努力地去面对更高的挑战。

6. 专委会建设

2019 年专委会新增理事 6 家，新增会员单位 14 家，专委会会员队伍持续壮大。

（中国塑协聚苯乙烯挤出发泡板材专业委员会）

热塑性弹性体

一、热塑性弹性体行业经济运行情况

1. 行业形势

热塑性弹性体是橡胶与塑料产业链中新兴材料，是汽车、电子、通讯、制鞋等诸多下游行业的前端产业。2019 年塑料行业中各类热塑弹性体树脂及弹性体改性料产量仍然稳定在 200 多万吨，其中 TPE/TPR 在汽车、线性器材、电子器材实现增长；在传统的民生产品，如制鞋、玩具类仍然保持具有提供环保安全材料的优势。通过分布在宁波、东莞、南京、晋江等地区的会员单位以及综合调查，2019 年全国热塑性弹性体的七大类产品在合成橡胶行业和塑料加工行业中的热塑性弹性体总体保持了稳定增长，其中 TPE-S 产量达到 80 多万吨；以热塑性弹性体为主体的合成橡胶（高弹性聚合物，合成弹性体）产量为 733.8 万吨，同比增长 11%。

2019 年我国热塑性弹性体行业继续呈现稳定增长，在苯乙烯等不同材质的七类热塑性弹性体产品中，呈现适应新兴产业高端市场需求的热塑性弹性体新技术正在成为行业主流，有一部分高端热塑性弹性体材料成为民生产品的核心材料，另外 50%常规性品种的环保属性与低成本优势，总体保持稳定向上。以产品科技含量，为高端产业提供高端热塑性弹性体材料，同时以生产成本优势，巩固了供给基本面的市场需求。我国热塑性弹性体行业逐步进入创新发展和提升时期，为高端产业提供高物性、高品质，是可持续的发展的基本方向。随着国家战略新兴产业的发展，民生产业绿色消费升级，个性化、功能型、智能 TPE 将进入更高的发展阶段。

热塑性弹性体是一种新型高分子材料，不仅可以取代部分天然橡胶和部分塑料原料，还能使其高分子材料得到充分的改性，拓宽了适应领域范围。热塑性弹性体的产业细分，存在于橡胶行业热塑性弹性体和塑料行业热塑性弹性体。按照 ISO 和 GB《热塑性弹性体 TPE/TPR 术语》标准定义，将 TPE/TPR 分为七个类别，包含：TPO、TPS、TPV、TPEE、TPA、TPZ 等。当前我国热塑性弹性体行业为汽车、电子、通讯、航天以及民生产业提供高端产业提供高物性、高品质、功能型的热塑性弹性体，是典型的先进材料产业科，代表了热塑性弹性体可持续的发展科技方向。同时，随着生产聚集区与市场贸易聚集体系以及市场消费结构的变化，为适应性绿色消费、绿色制造、环境友好、工业文明的时代要求，充分发挥热塑性弹性体价值工程其价格优势，将会与高物性产品持续并行发展。

2、热塑性弹性体产业集群与大型企业

宁波是最先发展热塑性弹性体的生产制造基地，也是国内热塑性弹性体行业最发达的地区，在全国市场份额占有第一，并逐步形成了集聚合、改性、应用为一体的规模较大的产业集群。涌现出了以慈溪市山今高分子塑料有限公司、宁波科元石化有限公司、宁波市鄞州搏特聚合物新材料有限公司等为代表的上百家热塑性弹性体原胶及改性工厂，以及几百家以宁波纽特聚合物有限公司、余姚鲲鹏塑业有限公司等为代表的热塑性弹性体制品企业，年生产规模超 20 万吨，产值超百亿，已成为国内最重要的产业聚集地之一。

热塑性弹性体既有橡胶的弹性，又有塑料的加工性能，其生产的过程与改性塑料工艺相近，由此交叉于橡胶行业的合成橡胶工业中、塑料行业改性塑料工业之中。目前国内大型热塑性弹性体生产厂商，集中宁波、烟台、温州、深圳、南京、安徽。道恩是国内唯一拥有高分子新材料弹性体产品技术的上市公司，其他三家数百亿市值的上市公司中也有以热塑性弹性体主营业务进入上市的。国家公布的首批 8 个国家级战略性新兴产业集群，其中新型功能材料产业集群、先进结构材料产业集群，都有热塑性弹性体支撑，产量都是在数万吨级的热塑性弹性体生产企业，还有拥有热塑性树脂、热塑性聚氨酯弹性体“国家认可分析实验室”，企业研究院机构。在广东东莞、茂名地区聚集一批弹性体材料生产企业，既有年产万吨企业，也有数百家热塑性弹性体产品商贸企业。其他地区大型企业分布在、南通、深圳、晋江、合肥等地区。

二、行业组织以及行业科技交流活动

1. 产业基地的商会活动

宁波热塑性弹性体商会，是国内第一家也是唯一一家，跨地区的热塑性弹性体生产企业的行业性商会。商会成立于 2013 年 12 月，已有会员企业近 60 家，主要由从事热塑性弹性体产业的上游、改性工厂以及制品企业组成。第一任会长周赞斌主持了五年工作，2018 年 12 月会员大会换届选举，由宁波长鸿高分子科技股份有限公司陶春风担任。2019 年在会长陶春风、秘书长于卫星、副秘书长黄海芬带领下，先后走访了全部会员企业，指导 20 余家企业完成项目申报、技术改造、人才引进、企业管理等方面的具体工作。一年来开展了各类行业展会、论坛、培训会、招聘会、考察交流等活动，促进行业间的交流与合作；商会先后组织了《行业企业项目申报培训会》《宁波橡塑行业绿色环保与安全生产研讨会》《宁波市橡塑行业先进质量管理方法推广应用培训班》等 10 余场研讨会、招聘会和培训等活动，累计有 300 余人次参加。组织会员企业赴浙江定阳新材料有限公司、浙江普利特新材料有限公司等考察交流活动，促进了行业间的交流与合作。商会以技术服务为抓手，积极搭建公共检测平台，切实有效帮助企业解决技术难题。一年来，在商会高级顾问周赞斌的热心帮助下，先后引导并帮助 20 余家会员企业在产品配方、技术研发、工艺改进等技术上遇到的难题和问题。商会还与 SGS 及宁波质量院签订战略合作协议，目前已有 40 余家会员单位享受了优惠的检测费用，受到了会员企业的普遍欢迎和认可。商会建立并完善各项规章制度，规范内部管理，使商会工作有序开展。通过精心设计会徽、会旗以及开展行业知识、礼仪培训等举措，进一步加强商会文化和团队建设，提升商会凝聚力和向心力。商会网站、微信公众平台，及时有效地为企业传递行业资讯。

2. 热塑性弹性体专委会组织的交流活动

2019 年，中国塑协热塑性弹性体专委会主要工作集中于行业调研、为政府和企业提供产业服务。2019 年，以热塑性弹性体专委会为组织单位、支持单位、参与单位、主办主持的业内科技交流活动，与宁波弹性体商会共同发出和邀请组织“2019 第五届全球弹性体峰会”，通过专委会渠道通知会员单位参加《中国（宁波）塑料科技峰会》，与塑料鞋、塑料合成革行业开展技术交流。此外还与地方商会共同组织企业参观浙江普利特新材料有限公司、浙江定阳新材料有限公司，考察交流。专委会与宁波热塑性弹性体商会组织会员企业先后组团参加了第 33 届的中国国际塑料橡胶工业展览会、第 21 届的中国塑料博览会、第 19 届的中国塑料交易会、第 5 届中国（宁波）国际新材料科技与产业博览会，组织企业赴欧洲考察与参观德国橡塑展会。并与宁波弹性体商会先后组织 40 多家企业，对热塑性弹性体产品开展物理性能和化学性能质量指标进行检测，特别是专委会积极创造条件，与 SGS 洽谈，降低检测费用，为企业提供优质的可靠性检测。今年通过专委会渠道联合浙江省塑协，7 月在宁波举办“宁波市橡塑行业先进质量管理方法推广应用培训班”。做好行业、产业的日常宣传工作，宣传中国塑协2020年在南京举办的第四届“中国塑协四新展会”。秘书处充分利用自身创办的“中塑协TPE专委会”工作微信系统，开展热塑性弹性体技术信息、经济、市场信息服务交流工作，及时发布国家政策新闻、行业知识、会员介绍以及正能量和规范的工作信息。

三、加强合作，进一步拓宽行业交流途径

目前，我国热塑性弹性体行业是一个新兴的细分产业，在“十三五”期间刚刚建立了自己的全国性组织，为了进一步推广行业的先进生产力，要重点加强与橡胶行业、下游市场组织、集中产区企业开展热塑性弹性体业务技术交流活动，积极创造条件，培育产业组织以及开展更多的区域性活动。要积极推进拓宽市场应用领域，围绕进入新能源汽车、智能家电、智能电子、通讯产业等高端领域，开拓新市场；开展宣传热塑性弹性体的环境友好、绿色产业系列活动；坚持产品检测运行模式，扩大检测企业覆盖面增加新范围；探索和实践热塑性弹性体智慧TPE功能性、安全卫生性的认证实践。将适时建立行业风险、企业风险、产品市场风险评估体系，为企业提高发展质量，惠及会员企业，提供更多的更高级别的更深入的服务项目，作为热塑性弹性体专委会服务转型升级行动，纳入工作重点。要以创新驱动和提升工作质量为基本，以助力巩固提升热塑性弹性体产业可持续发展为工作核心，为企业技术进步做好服务；做好热塑性弹性体标准与功能型、安全卫生热塑性弹性体产品标识认证工作，开辟热塑性弹性体与高端市场的交流活动，组织企业发展战略与管理经验分享现场交流活动，组织好热塑性弹性体于时尚产业应用对接交流。

（中国塑协热塑性弹性体专业委员会）

线缆材料

一、行业现状

在经历了多年的快速发展后，线缆材料行业产业结构日趋合理。随着整个行业由“高速发展期”到“平稳发展期”的过渡，行业转型将成为发展焦点。当前，线缆材料行业存在产品同质化严重，质量参差不齐，行业集中度相对不高，中小企业较多，科技创新能力不足，总体竞争力不高等问题，对行业高质量、高效率发展产生了一定的影响。行业要适应新形势发展，加大力度提高集中度，提高行业生产率。

二、专委会工作

线缆材料专委会成立于2017年4月12—14日。在中国塑协的领导下，专委会聚焦行业重点，为了促进线缆行业创新驱动，加快技术进步和产品升级，增强市场竞争力，开展了各种活动。

2019年4月17—19日，在河南省巩义市召开“中国塑协线缆材料专委会第一届三次会员大会暨2019年线缆材料行业技术交流会”会议安排了线缆原料、助剂、设备、新技术、检测、应用、标准化、质量管理、行业发展等方面11个专题报告。通过此次会议交流，大家进一步了解了我国线缆行业面临的发展机遇和挑战，明确了行业未来标准化、品质化、多元化的发展趋势。会议内容对推广线缆材料新技术、促进上下游行业交流与合作、拓宽线缆材料行业产品的应用范围等方面起到了积极的推动作用，对提高专委会服务行业水平意义重大。

2019年4月24—26日，在江苏茅山紫翠闲居山庄召开团体标准编制组成暨第一次工作会议，来自申报参编单位的18位负责人出席了会议。团体标准的编制促进了线缆材料行业技术水平的提升。

6月19—21日，在苏州举办第四届电缆料标准及检测技术培训班。加强电缆料加工企业质量管理人员对产品执行标准的理解，提高企业质检人员的检测技术和操作水平。为了突出理论联系实践，此次培训过程还安排了参观浙江京峰塑业有限公司实验室的流程。通过让学员现场认知测试仪器设备、观摩规范化测试过程演练，并安排专家现场解惑答疑，有效提高了学员对检测技术的全面理解。

2019年6月22—23日，在江苏苏州召开《ADSS光缆用耐电痕聚烯烃护套料》团体标准制定第一次工作会议，进一步推动《ADSS光缆用耐电痕聚烯烃护套料》团体标准的制定工作顺利开展。

2019年10月11—12日，在江苏苏州召开《软聚氯乙烯电缆料》团体标准制定第一次工作会议，进一步推动了《软聚氯乙烯电缆料》团体标准的制定工作顺利开展。

2019年11月7—9日在江苏省太仓市举办了中国塑料加工工业协会线缆材料专业委员会理事沙龙第一期（2019年）活动，各理事成员围绕“同心群策，合力共赢”主题，纷纷分享自身经历，提出观点和看法，促进了企业间交流。

（中国塑协线缆材料专业委员）

塑料鞋

塑料鞋是以合成树脂为主要原料加工成型的鞋。主要有塑料凉鞋、塑料拖鞋、雨靴等三大类，产业发展已经有三四十年的历史，曾因其便宜、耐穿、经脏、透气，方便、易修的特点，受到了广大消费者的青睐，在物质匮乏生活水平低下的年代里，它与皮鞋、布鞋、胶鞋一起被列为“四鞋”之一。如今，在鞋类产品极其丰富的市场经济条件下，塑料鞋以其时尚的款式、夸张的造型、鲜艳的色彩、诱人的气息，在鞋履市场仍是一道亮丽的风景线。

一、行业发展情况

我国现有塑料鞋制造企业及配套企业数万家，主要生产基地分布在广东揭阳、广东吴川、福建晋江等地，从业人员超40万人，人均年收入3.5万元。据统计，2019年，揭阳市制鞋企业2510家，其中：规模以上企业201家，从业人员19万人。规模以上工业增加值567.31亿元，下降0.5%。其中制鞋业51.83亿元，下降8.6%。出口总值308.4亿元，同比下降3.7%，鞋类出口99亿元，同比增长14.6%；吴川市制鞋企业1098家，产品销售收入112亿元，从业人数7.9万人，现有规模以上企70家，各类鞋机6120台，EVA自动注塑成型生产线330条，PVC系列一次注塑成型生产线3490条，设计、模具、原料三位一体的配套企业162家。建立国内外专业批发市场9个、建立检测中心1个、检测站点12个、建设各类公共服务平台10个、建设鞋业基地1个；福建晋江现有注册拖鞋企业500多家，年产量7亿双，产值超100亿元。其中，晋江内坑镇规上制鞋企业实现产值53.68亿元，占全镇规上企业产值的22.91%。2015年11月，广东省揭阳市被中国轻工业联合会和中国塑料加工工业协会授予“中国塑料时尚鞋之都”；2019年6月12日，广东省吴川市被中国轻工业联合会，中国塑料加工工业协会授予“中国塑料鞋之都”；2018年，福建晋江内坑镇被中国轻工业联合会和中国皮革协会授予“中国鞋都·拖鞋名镇”荣誉称号。在塑料行业中，塑料鞋行业经过十几年的发展已形成了一定的规模与优势，不过在新的历史条件下仍面临着很多的难题。

二、专委会主要工作成绩

1. 明确塑料鞋的发展方向，不断创新探索发展路径，提高服务质量，引导行业沿着正确轨道前进

2018年3月31日，塑料鞋专委会成立标准化工作小组，主要针对塑料鞋行业近年来由于各种原因，造成的标准滞后现象、开展国标、行标的申报制定，提高认识和意识，推动行业、企业积极参与标准的修订工作。当前塑料鞋处在从原料到制品，从技术到装备，全面进入创新和变革的新阶段，形势要求我们要明确塑料鞋的发展方向，依靠创新适应市场需求，用创新来引领市场、积极探索创新路径。为此，2019年以来，专委会多次组织会议，座谈研究塑料鞋行业发展中的特点、趋势及存在的问题，并进行有效的总结和指导；不定期组织会员互相走访学习、交流，大家集思广益、同心协力，为专委会的发展提出好的意见和建议。

2. 做好会员服务工作，积极开展对外交流活动，走访调研、协调发展

由于整个行业发展过快，为更有效地使会员企业认识到自身的发展方向，专委会通过组织会员调研考察，学习其他地区的成功经验，有效地了解到国内外的制鞋产业集群的现状，清楚地认识到自身企业的内部结构、市场的竞争能力、分布和发展对策，为会员提供优质服务，专委会自成立以来，每年不定期召开理事会、年会，走访会员，加强会员之间的联系，帮助会员拓宽视野。2018年8月14—15日，专委会分别组织部分会员走访了福建晋江、福清鞋业商会以及福建师范大学，并与当地制鞋企业展开交流座谈会，学习先进企业的成功经

验；参观了福建师范大学的科研平台，了解了学院的科研成果，并在学校举行“鞋业产业政产学研暨广东、福建鞋业企业家交流联谊会”，专委会通过与高校院所合作，加强与同行业兄弟协商会和企业的沟通联系，共同促进塑料鞋行业的发展；2018年10月28日，专委会共组织福建、广东、江苏等地43家企业参加中国塑协在南京举办的“2018中国国际塑料展”。并在南京召开塑料鞋专委会“2018年会暨技术与市场交流会”，邀请专家现场为会员讲解科学合理地使用添加剂、鞋用PVC材料该型的方法与应用、抗菌材料在塑料鞋生产中应用的重要性及塑料鞋设计与品牌、标准化建设的重要性与制定等内容，积极地推进行业技术交流，加强行业技术及优秀成果交流，有效地为国际塑料展增加人气，为塑料鞋行业发展搭建平台，为会员发展提供广阔的空间；2019年3月25—26日，专委会组织会员走访了吴川鞋业商会并进行交流，随后考察了吴川制鞋园区建设、制鞋企业、新旧交易市场，充分地了解了吴川鞋业行业的生产规模及发展情况；2019年10月份，塑料鞋专委会联合合成革专委会在温州召开塑料鞋与合成革绿色供应链技术与市场论坛。本届论坛作为鞋与革产业链行业技术与市场交流的重要活动，分为行业年会、政策交流、技术交流与市场交流四部分，论坛以绿色设计、绿色供给、绿色制造、绿色认证为主题，突出绿色产业链技术开发与市场融合，会议期间，专委会还组织会员参观温州鞋机鞋材展会、参观温州顶级制鞋企业，开展市场对接交流活动，会议取得圆满成功。

3. 以科技创新为依托，积极推荐企业参与评价、评优工作

为提升塑料鞋企业竞争力，鼓励先进骨干企业做大做强，在中国塑协领导下，积极推荐企业参与中国轻工业联合会、中国塑料加工工业协会开展的2018年度的中国塑料鞋行业十强企业评价工作、2019年度的中国塑料鞋行业十强企业评价工作。

（中国塑协塑料鞋专委会　林佳丽）

电池薄膜

2019年全年，新能源汽车销量为120.6万辆，同比下降4%，为近10年来首次同比下降。2019年经历了新能源汽车退补，下游电池厂家部分倒闭，隔膜价格大幅下滑。虽然随着国家双积分政策的实施可以一定程度的刺激电池消费，但对于上游隔膜市场而言，产能的扩大，龙头的合并，定价权的聚拢，致使隔膜价格在一定程度上还是无法回涨，后期不排除隔膜企业降价促销的举措。面对巨大的市场需求，国内众多锂电隔膜企业纷纷扩大产能，随着新增产能逐步投产，我国锂电池隔膜市场出现更严重的供大于求的局面。锂电池隔膜的市场竞争将进一步加剧，惨烈价格战或不可避免。

一、2019年动力电池产能、装机量情况

根据中国汽车动力电池产业创新联盟公布的数据显示，2019年，我国动力电池累计产量达70.6兆瓦·时，其中三元电池累计生产39.2兆瓦·时，占总产量比55.5%；磷酸铁锂电池累计生产28.0兆瓦·时，占总产量比39.7%；其他材料电池占比4.8%。

其中，我国动力电池产业产量排名前三名企业共计生产44.5兆瓦·时，占比63.0%；前五名企业共计生产52.1兆瓦·时，占比73.8%；前十名企业共计生产61.7兆瓦·时，占比87.5%。

回顾2015至2019年，锂电行业像高烧般地发展，电池厂商大肆扩张，新进企业不断冒出，资本大鳄拿着大把资金疯狂收购热情高温不退，而在补贴退坡以来，行业洗牌逐渐加剧，目前处于洗牌出清阶段。

二、锂电池隔膜行业市场分析

（一）2019年我国锂电池隔膜需求情况

由于产能严重过剩，隔膜价格明显下降，2019年1月锂电隔膜市场价格方面湿法均价在3.7元/米^{2}左右，涂覆后的价格在6元/米^{2}左右，干法隔膜均价在2.4元/米^2。2019年8月份湿法均价1.8元/米^{2}左右，涂覆后的价格在3.8元/米^{2}左右，干法隔膜均价在1.2元/米^2。

2019年全球锂电池隔膜总产能约90亿平方米，市场需求约40亿平方米。中国有近40家正常生产隔膜的企业，2019年总产能突破65亿平方米，中国市场需求约29亿平方米，占全球市场近72.50%。中国市场需求中国产隔膜的产量约24亿平方米，同比增长41.17%，与2018年增速41%相比，增速接近，但与2017年70%相比仍然放缓严重。

（二）2019年我国锂电池隔膜进出口情况

商品编号	商品名称	出口量/kg	出口量（按照厚度20微米折合亿平方米）	进口量/kg	进口量（按照厚度12微米折合亿平方米）
39202010	丙烯聚合物制电池隔膜	2415687	2.4157	2159827	2.1598
39201010	乙烯聚合物制电池隔膜	22864090	1.5547	10069706	0.6849

（三）隔膜行业发展动向

1. 市场需求

①受国内主流锂电池龙头企业继续扩产的驱动，适用于高端3C电池的7u涂覆陶瓷+PVDF隔膜以及动力电池的9u基材+涂覆陶瓷需求呈上升趋势。

②下游电池厂家在对磷酸铁锂电池进行相关的技术改进，提高能量密度比等指标以达到相应的要求，出于安全、价格和循环寿命的优势，磷酸铁锂电池在乘用车的需求量回升。

③从能量密度比来看三元是未来的大趋势，产品附加值更高的湿法+涂覆工艺隔膜市场占比将加大，但是受成本压力，湿法+涂覆价格下降。

④储能项目方面的锂电池需求增加，对成本更低的干法隔膜或者达到干法隔膜成本相当的湿法隔膜需求增加。

2. 价格走势

①由于目前隔膜市场供大于求，导致产品定价随行就市，为了换取订单，隔膜产品价格仍有进一步下降的可能。

②毛利下降也是必然趋势，企业要不断完善、提高产品的生产工艺，降低产品成本、提高产品收得率，凸显规模效应才能争取更大的生存空间。

3. 同行竞争

今年行业洗牌正式开始，在激烈的价格战下，行业龙头企业降成本能力强，并且具有很好的客户竞争优势，供应关系稳定，龙头企业将不断挤压规模小、资金、技术实力不足的企业的市场份额。行业将走向集中化，预计将有一批隔膜企业面临被淘汰出局。

4. 账期长，收款难

受下游客户回款期延长影响，整个锂电行业货款周期长，资金压力大，下游企业因订单不足或停产状态而拖欠货款现象会继续发生。

三、隔膜行业存在的风险

1. 盲目扩产，同质化严重

中低端产能盲目扩张，产品质量没有优势，且同质化严重，只能在低端市场通过价格战争取生存空间。目前市场上公布的隔膜企业约70多家，但真正能够稳定量产的只有40家左右，市场竞争力低的隔膜厂将会被淘汰或整合。

2. 客户资源两极分化

大订单和优质资源高度集中在实力雄厚的电池厂家手上，其他中小规模或新扩产厂家面临订单不足或停产状态，使客户资源进一步分化，给上游供应商带来风险隐患。

3. 资金风险高

动力电池企业开工率不高，需求不振，同时，价格毛利齐跳水，在这样的过渡期，企业流动资金受大客户资金链影响，回款、尾款难收。个别大客户支付方式变差，甚至发生票据无法兑现现象。

四、应对锂电池隔膜行业存在风险几点建议

（1）通过技术提升、优化工艺、改进配方、持续研发新产品等措施，提高隔膜良品率和附加值，有效降低单位成本，提高企业竞争力。

（2）合理布局，理性发展，防范过度扩张引起的同行恶性竞争。

（3）扩大高端产品产能，如超薄湿法隔膜，可以满足更高能量密度的市场需求，也是目前湿法隔膜的发展趋势。

（4）为保障使用的安全性，提高隔膜的耐高温性能，“湿法+涂覆”是动力电池隔膜应用的方向。因此，提高超薄隔膜基材的穿刺强度，掌握涂覆陶瓷氧化铝、PVDF或者PVDF+陶瓷的混合涂层技术的成熟与产业化，可以大大提高企业的盈利能力。

（5）优化生产管控，完善体系管理，提高产品质量水平，有助于隔膜行业走向成熟，加快进口替代的步伐。

（6）国外市场仍有较大的出口空间，可以容纳国内新增产能，有能力的隔膜厂家应该更多关注国外市场的需求，打入国际高端市场，引领国内隔膜生产水平不断提高。

（7）想办法控制下游欠款额度，加大开拓优质企业客户，保证企业资金流转。

（8）关注新能源汽车和动力电池产业链的其他发展方向，如燃料电池汽车。

（9）加强专利登记和知识产权保护，中美较量的焦点是知识产权保护，电池薄膜企业务必重视这个问题，做好本企业的专利注册与登记工作，避免以后遭受不必要的损失。

电池薄膜专委会将充分发挥引领、推动和凝聚力的作用，要组织高质量的行业活动，并为会员企业提供优质的会员服务，根据行业实际，倡导企业从自身管理等角度出发，进行自我调整，推动产业结构升级，提高行业生产率。同时，专委会要在行业资源共享、政策服务、人才开发、交流合作等方面搭建合作共赢的平台，为行业企业共创共谋发展的机会，通过有效的政、金、产、学、研、用协同创新，推进中国电池薄膜行业可持续发展。

五、专委会活动

2019 年 12 月 10—12 日，在山东淄博成功召开“2019 新能源汽车动力电池和相薄膜产业链市场与技术发展高峰论坛”。来自国内外的世界五百强、跨国公司、上市公司等 210 家企业 350 多人参加了此次高峰论坛，本次会议是一次成功的大会，在动力电池薄膜尤其是电池隔膜行业尚处于寒冬的今天，更是像一只强心剂一样，给予企业力量与希望。本次高峰论坛的召开对我国新能源汽车、动力电池、相关薄膜产业链的快速健康发展产生了积极的推动作用。

（中国塑协电池薄膜专委会）

阻燃材料及应用

2019 年，是阻燃材料与应用专委会的成立之年，也是专委会各项工作的开局之年。

1. 筹备成立阻燃材料及应用专业委员会

2019 年 5 月 20 日，经中国塑料加工工业协会七届四次理事会审议，决定成立“中国塑料加工工业协会阻燃材料及塑料制品应用专委会”。7 月 11 日中国塑协印发了《关于成立中国塑料加工工业协会阻燃材料及塑料制品应用专委会的通知》，成立了以于晓宁董事长为组长，刘姝、张胜为副组长，阳明书、晏伟、林俊义、江平开为成员的筹备工作领导小组。8 月 16 日筹备工作领导小组在北京化工大学召开了第一次会议，研究讨论了阻燃材料及塑料制品应用专委会筹备成立方案、工作条例和专委会第一届理事会成员推荐，以及下一步工作安排。

2019 年 9 月 16 日晚，中国塑协七届六次常务理事扩大会议在河北沧州召开，会议审议了推荐拟任塑料阻燃材料及应用专业委员会主任于晓宁的议案，并审议了分支机构、办事机构拟更名的议案，一致同意将“中国塑料加工工业协会塑料阻燃材料及制品专业委员会”更名为“中国塑料加工工业协会阻燃材料及应用专委会”。

9 月下旬，筹备工作领导小组研究决定于 2019 年 11 月 21—23 日在山东龙口召开“中国塑料加工工业协会阻燃材料及应用专委会成立大会暨 2019 中国阻燃塑料技术创新与市场应用研讨会”。之后，筹备工作领导小组和会议筹备组多次进行了研究、讨论，确定了成立大会的相关文件和会议准备工作。

2. 成功举办“中国塑协阻燃材料及应用专委会成立大会暨 2019 中国阻燃塑料技术创新与市场应用研讨会”

2019 年 11 月 21—23 日，中国塑料加工工业协会阻燃材料及应用专委会成立大会暨 2019 中国阻燃塑料技术创新与市场应用研讨会在烟台龙口召开，中国塑料加工工业协会理事长朱文玮，中国工程院院士、四川大学王琪教授，东北林业大学校长李斌教授，中国塑料加工工业协会副理事长曹俭，龙口市人民政府副市长赵树杰等出席了会议，会议代表共计 320 人。

会议选举产生了阻燃材料及应用专委会第一届理事会成员 21 名，选举道恩集团有限公司于晓宁董事长为主任、北京化工大学材料科学与工程学院张胜教授为秘书长。大会审议通过了《中国塑协阻燃材料及应用专委会工作条例》（草案）、专委会副秘书长聘任议案和成立中国塑协阻燃材料及应用专委会专家组议案及首批专家名单。

会议同期召开了 2019 中国阻燃塑料技术创新与市场应用研讨会，四川大学王琪教授、中科院长春应化所唐涛教授、青岛大学夏延致教授、中国科技大学胡源教授、东北林业大学李斌教授、北京理工大学郝建薇教授等14位专家学者分别从无卤阻燃聚合物材料新技术、聚合物碳化策略与阻燃的研究进展、多功能/差异化生物基阻燃纤维的研发及产业化、聚合物材料火灾危险与减毒、阻燃聚合物发展前沿等方向为大家进行了分享与交流。

（中国塑协阻燃材料及应用专委会）

塑料标准化

2019 年发布的塑料相关国家标准

序号	原序号	国家标准编号	国家标准名称	代替标准号	实施日期	公告号
1	1	GB 18265—2019	危险化学品经营企业安全技术基本要求	GB 18265—2000	2019/11/1	2019 年第 2 号国家标准公告
2	2	GB/T 37243—2019	危险化学品生产装置和储存设施外部安全防护距离确定方法		2019/6/1	2019 年第 2 号国家标准公告
3	4	GB/T 1047—2019	管道元件 公称尺寸的定义和选用	GB/T 1047-2005	2019/10/1	2019 年第 3 号国家标准公告
4	14	GB/T 8655—2019	苯乙烯-丁二烯橡胶（SBR）1500、1502	GB/T 8655—2006，GB/T 12824—2002	2020/2/1	2019 年第 3 号国家标准公告
5	161	GB/T 37382—2019	光学功能薄膜 液晶显示背光模组用薄膜 高温高湿老化性能测定方法		2020/2/1	2019 年第 3 号国家标准公告
6	163	GB/T 37384—2019	光学功能薄膜用三醋酸纤维素		2020/2/1	2019 年第 3 号国家标准公告
7	167	GB/T 37388—2019	溶液聚合型苯乙烯-丁二烯橡胶（SSBR）		2020/2/1	2019 年第 3 号国家标准公告
8	1	GB/T 4754—2017	国民经济行业分类《第 1 号修改单》	GB/T 4754-2011	2019/3/29	2019 年第 3 号国家标准公告
9	3	GB/T 1634. 1—2019	塑料 负荷变形温度的测定 第 1 部分：通用试验方法	GB/T 1634. 1—2004	2020/4/1	2019 年第 6 号国家标准公告
10	4	GB/T 1634. 2—2019	塑料 负荷变形温度的测定 第 2 部分：塑料和硬橡胶	GB/T 1634. 2-2004	2020/4/1	2019 年第 6 号国家标准公告
11	23	GB/T 17030—2019	食品包装用聚偏二氯乙烯（PVDC）片状肠衣膜	GB/T 17030-2008	2019/12/1	2019 年第 6 号国家标准公告
12	24	GB/T 17037. 1—2019	塑料 热塑性塑料材料注塑试样的制备 第 1 部分：一般原理及多用途试样和长条形试样的制备	GB/T 17037. 1-1997	2020/4/1	2019 年第 6 号国家标准公告
13	29	GB/T 19314. 2—2019	小艇 艇体结构和构件尺寸 第 2 部分：材料：夹层结构用芯材、埋置材料		2019/12/1	2019 年第 6 号国家标准公告

续表

序号	原序号	国家标准编号	国家标准名称	代替标准号	实施日期	公告号
14	82	GB/T 37403—2019	薄膜晶体管液晶显示器（TFT-LCD）用四甲基氢氧化铵显影液		2019/9/1	2019 年第 6 号国家标准公告
15	99	GB/T 37421—2019	热喷涂 热喷涂涂层的表征和试验		2019/12/1	2019 年第 6 号国家标准公告
16	100	GB/T 37422—2019	绿色包装评价方法与准则		2019/5/10	2019 年第 6 号国家标准公告
17	103	GB/T 37425—2019	包装 非危险货物用柔性中型散装容器		2019/12/1	2019 年第 6 号国家标准公告
18	104	GB/T 37426—2019	塑料 试样		2020/4/1	2019 年第 6 号国家标准公告
19	105	GB/T 37427—2019	塑料 汽车用丙烯腈-丁二烯-苯乙烯（ABS）专用料		2020/4/1	2019 年第 6 号国家标准公告
20	141	GB/T 37463—2019	增材制造 塑料材料粉末床熔融工艺规范		2019/12/1	2019 年第 6 号国家标准公告
21	169	GB/T 37515—2019	再生资源回收体系建设规范		2019/5/10	2019 年第 6 号国家标准公告
22	46	GB/T 11026. 10—2019	电气绝缘材料 耐热性 第 10 部分：利用分析试验方法加速确定相对耐热指数（RTEA）基于活化能计算的导则		2020/1/1	2019 年第 7 号国家标准公告
23	50	GB/T 12688. 1—2019	工业用苯乙烯试验方法 第 1 部分：纯度及烃类杂质的测定 气相色谱法	GB/T 12688. 1-2011	2020/5/1	2019 年第 7 号国家标准公告
24	51	GB/T 12688. 5—2019	工业用苯乙烯试验方法 第 5 部分：总醛含量的测定滴定法	GB/T 12688. 5-2011	2020/5/1	2019 年第 7 号国家标准公告
25	53	GB/T 13477. 13—2019	建筑密封材料试验方法 第 13 部分：冷拉-热压后粘结性的测定	GB/T 13477. 13-2002	2020/5/1	2019 年第 7 号国家标准公告
26	116	GB/T 24113. 2—2019	机械电气设备 塑料机械计算机控制系统 第 2 部分：试验与评价方法		2020/1/1	2019 年第 7 号国家标准公告

续表

序号	原序号	国家标准编号	国家标准名称	代替标准号	实施日期	公告号
27	156	GB/T 37498—2019	天然生胶 技术分级橡胶（TSR）凝胶含量的测定		2020/5/1	2019年第7号国家标准公告
28	206	GB/T 37560—2019	阻燃化学品 氰尿酸三聚氰胺盐中三聚氰胺和氰尿酸的测定		2020/5/1	2019年第7号国家标准公告
29	226	GB/T 37580—2019	聚乙烯（PE）埋地燃气管道腐蚀控制工程全生命周期要求		2020/5/1	2019年第7号国家标准公告
30	232	GB/T 37587—2019	埋地钢质弯管聚乙烯防腐带耐蚀作业技术规范		2020/5/1	2019年第7号国家标准公告
31	234	GB/T 37589—2019	钢制管道及管件内衬氟塑料耐蚀作业技术规范		2020/5/1	2019年第7号国家标准公告
32	281	GB/T 37638—2019	塑料制品中多溴联苯和多溴二苯醚的测定 高效液相色谱法		2020/1/1	2019年第7号国家标准公告
33	282	GB/T 37639—2019	塑料制品中多溴联苯和多溴二苯醚的测定 气相色谱-质谱法		2020/1/1	2019年第7号国家标准公告
34	285	GB/T 37642—2019	聚己内酯（PCL）		2020/1/1	2019年第7号国家标准公告
35	286	GB/T 37643—2019	熔融沉积成型用聚乳酸（PLA）线材		2020/1/1	2019年第7号国家标准公告
36	305	GB/T 37662. 2—2019	工业机械电气设备及系统 术语 第2部分：塑料机械		2020/1/1	2019年第7号国家标准公告
37	331	GB/T 37701—2019	石油天然气工业用内覆或衬里耐腐蚀合金复合钢管		2020/1/1	2019年第7号国家标准公告
38	3	GB 37822—2019	挥发性有机物无组织排放控制标准		2019/7/1	2019年第9号国家标准公告
39	5	GB 37824—2019	涂料、油墨及胶粘剂工业大气污染物排放标准		2019/7/1	2019年第9号国家标准公告
40	5	GB 37824—2019	涂料、油墨及胶粘剂工业大气污染物排放标准		2019/7/1	2019年第10号国家标准公告

续表

序号	原序号	国家标准编号	国家标准名称	代替标准号	实施日期	公告号
41	17	GB/T 3903. 7—2019	鞋类 整鞋试验方法 老化处理	GB/T 3903. 7-2005	2020/3/1	2019 年第 10 号国家标准公告
42	18	GB/T 3903. 33—2019	鞋类 内底和内垫试验方法 吸水率和解吸率	GB/T 3903. 33-2008	2020/3/1	2019 年第 10 号国家标准公告
43	19	GB/T 3903. 34—2019	鞋类 勾心试验方法 纵向刚度	GB/T 3903. 34-2008	2020/3/1	2019 年第 10 号国家标准公告
44	20	GB/T 3903. 39—2019	鞋类 帮面试验方法 层间剥离强度	GB/T 3903. 39-2008	2020/3/1	2019 年第 10 号国家标准公告
45	21	GB/T 3903. 41—2019	鞋类 帮面和衬里试验方法 耐折性能	GB/T 3903. 41-2008	2020/3/1	2019 年第 10 号国家标准公告
46	22	GB/T 3903. 42—2019	鞋类 帮面、衬里和内垫试验方法 颜色迁移性	GB/T 3903. 42-2008	2020/3/1	2019 年第 10 号国家标准公告
47	23	GB/T 3903. 43—2019	鞋类 帮面、衬里和内垫试验方法 缝合强度	GB/T 3903. 43-2008	2020/3/1	2019 年第 10 号国家标准公告
48	26	GB/T 4798. 1—2019	环境条件分类 环境参数组分类及其严酷程度分级 第 1 部分：贮存	GB/T 4798. 1-2005	2020/3/1	2019 年第 10 号国家标准公告
49	48	GB/T 9576—2019	橡胶和塑料软管及软管组合件 选择、贮存、使用和维护指南	GB/T 9576-2013	2020/7/1	2019 年第 10 号国家标准公告
50	67	GB/T 15329—2019	橡胶软管及软管组合件 油基或水基流体适用的织物增强液压型 规范	GB/T 15329. 1-2003	2020/7/1	2019 年第 10 号国家标准公告
51	73	GB/T 16641—2019	鞋类 整鞋试验方法 动态防水性能	GB/T 16641-1996	2020/3/1	2019 年第 10 号国家标准公告
52	76	GB/T 17633—2019	土工布及其有关产品 平面内水流量的测定	GB/T 17633-1998	2020/3/1	2019 年第 10 号国家标准公告
53	80	GB/T 18251—2019	聚烯烃管材、管件和混配料中颜料或炭黑分散度的测定	GB/T 18251—2000	2020/3/1	2019 年第 10 号国家标准公告
54	81	GB/T 18476—2019	流体输送用聚烯烃管材 耐裂纹扩展的测定 慢速裂纹增长的试验方法（切口试验）	GB/T 18476-2001	2020/3/1	2019 年第 10 号国家标准公告

续表

序号	原序号	国家标准编号	国家标准名称	代替标准号	实施日期	公告号
55	82	GB/T 18477.3—2019	埋地排水用硬聚氯乙烯（PVC-U）结构壁管道系统 第3部分：轴向中空壁管材	GB/T 18477.3-2009	2020/3/1	2019年第10号国家标准公告
56	91	GB/T 19472.1—2019	埋地用聚乙烯（PE）结构壁管道系统 第1部分：聚乙烯双壁波纹管材	GB/T 19472.1-2004	2020/3/1	2019年第10号国家标准公告
57	95	GB/T 19812.5—2019	塑料节水灌溉器材 第5部分：地埋式滴灌管		2020/3/1	2019年第10号国家标准公告
58	103	GB/T 20202—2019	农业用乙烯-乙酸乙烯酯共聚物（EVA）吹塑棚膜	GB/T 20202-2006	2020/3/1	2019年第10号国家标准公告
59	106	GB/T 20394—2019	体育用人造草	GB/T 20394-2013	2019/8/30	2019年第10号国家标准公告
60	113	GB/T 21492—2019	玻璃纤维增强塑料顶管	GB/T 21492-2008	2020/7/1	2019年第10号国家标准公告
61	188	GB/T 37547—2019	废塑料分类及代码		2019/12/1	2019年第10号国家标准公告
62	257	GB/T 37794—2019	碳纤维 结节拉伸强度的测定		2020/7/1	2019年第10号国家标准公告
63	286	GB/T 37821—2019	废塑料再生利用技术规范		2019/12/1	2019年第10号国家标准公告
64	298	GB/T 37836—2019	聚乳酸/聚丁二酸丁二酯复合材料空气过滤板		2020/3/1	2019年第10号国家标准公告
65	303	GB/T 37841—2019	塑料薄膜和薄片耐穿刺性测试方法		2020/3/1	2019年第10号国家标准公告
66	304	GB/T 37842—2019	热塑性塑料球阀		2020/3/1	2019年第10号国家标准公告
67	319	GB/T 37857—2019	聚乳酸热成型一次性验尿杯		2020/3/1	2019年第10号国家标准公告
68	344	GB/T 37881—2019	塑料 汽车用长玻璃纤维增强聚丙烯（PP）专用料		2020/7/1	2019年第10号国家标准公告
69	345	GB/T 37882—2019	地面光伏组件背轨粘接用有机硅胶粘剂		2020/7/1	2019年第10号国家标准公告

续表

序号	原序号	国家标准编号	国家标准名称	代替标准号	实施日期	公告号
70	351	GB/T 37888—2019	地面光伏组件用密封材料 压敏胶粘带		2020/7/1	2019 年第 10 号国家标准公告
71	352	GB/T 37889—2019	橡胶或塑料涂覆织物 致液体污染性测试方法		2020/7/1	2019 年第 10 号国家标准公告
72	353	GB/T 37890—2019	橡胶或塑料涂覆织物 芯吸性能测试方法		2020/7/1	2019 年第 10 号国家标准公告
73	365	GB/T 37897—2019	纤维增强塑料复合材料 平板扭曲法测定面内剪切模量		2020/7/1	2019 年第 10 号国家标准公告
74	466	GB/T 37996—2019	动力锂电池用橡胶密封件		2020/7/1	2019 年第 10 号国家标准公告
75	467	GB/T 37997—2019	输送烃类、溶剂和化学品用多层热塑性塑料（非硫化）软管及软管组合件 规范		2020/7/1	2019 年第 10 号国家标准公告
76	479	GB/T 38008—2019	热塑性塑料闸阀		2020/3/1	2019 年第 10 号国家标准公告
77	488	GB/T 38017—2019	鞋类和鞋类部件 抗细菌性能评估试验方法		2020/3/1	2019 年第 10 号国家标准公告
78	489	GB/T 38018—2019	鞋类 鞋底试验方法 抗疲劳性能		2020/3/1	2019 年第 10 号国家标准公告
79	490	GB/T 38019—2019	工业用过滤布 粉尘过滤性能测试方法		2020/3/1	2019 年第 10 号国家标准公告
80	10	GB 15810—2019	一次性使用无菌注射器	GB 15810-2001	2020/11/1	2019 年第 12 号国家标准公告
81	16	GB/T 7528—2019	橡胶和塑料软管及软管组合件 术语	GB/T 7528-2011	2020/9/1	2019 年第 13 号国家标准公告
82	49	GB/T 16266—2019	包装材料试验方法 接触腐蚀	GB/T 16266-2008	2020/5/1	2019 年第 13 号国家标准公告
83	54	GB/T 19095—2019	生活垃圾分类标志	GB/T 19095-2008	2019/12/1	2019 年第 13 号国家标准公告
84	123	GB/T 38034—2019	鞋类 拉链试验方法 横向强度		2020/5/1	2019 年第 13 号国家标准公告
85	124	GB/T 38035—2019	鞋类 拉链试验方法 止端结合强力		2020/5/1	2019 年第 13 号国家标准公告

续表

序号	原序号	国家标准编号	国家标准名称	代替标准号	实施日期	公告号
86	125	GB/T 38036—2019	航天产品结构应力分析要求		2020/5/1	2019 年第 13 号国家标准公告
87	126	GB/T 38037—2019	鞋类 拉链试验方法 拉片强度		2020/5/1	2019 年第 13 号国家标准公告
88	127	GB/T 38038—2019	鞋类 拉链试验方法 耐重复开合性		2020/5/1	2019 年第 13 号国家标准公告
89	128	GB/T 38039—2019	鞋类 拉链试验方法 闭合时抗横向力损坏性		2020/5/1	2019 年第 13 号国家标准公告
90	147	GB/T 38054—2019	海洋铺管船用聚氨酯张紧器垫块		2020/9/1	2019 年第 13 号国家标准公告
91	172	GB/T 38079—2019	淀粉基塑料购物袋		2020/5/1	2019 年第 13 号国家标准公告
92	175	GB/T 38082—2019	生物降解塑料购物袋		2020/5/1	2019 年第 13 号国家标准公告
93	176	GB/T 38083—2019	生物产品降解酚类污染物功效评价技术规范		2019/10/18	2019 年第 13 号国家标准公告
94	177	GB/T 38084—2019	生物产品降解植物纤维素功效评价技术规范		2019/10/18	2019 年第 13 号国家标准公告
95	178	GB/T 38085—2019	生物产品降解芳香胺类污染物功效评价技术规范		2019/10/18	2019 年第 13 号国家标准公告
96	186	GB/T 38093—2019	β-内酰胺类抗生素高分子聚合物测定 凝胶色谱法		2019/10/18	2019 年第 13 号国家标准公告
97	190	GB/T 38097—2019	城镇供热 玻璃纤维增强塑料外护层聚氨酯泡沫塑料预制直埋保温管及管件		2020/9/1	2019 年第 13 号国家标准公告
98	199	GB/T 38105—2019	城镇供热 钢外护管真空复合保温预制直埋管及管件		2020/9/1	2019 年第 13 号国家标准公告
99	267	GB/T 38173—2019	聚四氟乙烯短纤维		2020/5/1	2019 年第 13 号国家标准公告
100	284	GB/T 38192—2019	注射成型塑料圆柱齿轮精度制 轮齿同侧齿面偏差和径向综合偏差的定义和允许值		2020/5/1	2019 年第 13 号国家标准公告
101	334	GB/T 38243—2019	橡胶 硬度计的检验与校准		2020/5/1	2019 年第 13 号国家标准公告

续表

序号	原序号	国家标准编号	国家标准名称	代替标准号	实施日期	公告号
102	7	GB/T 4455—2019	农业用聚乙烯吹塑棚膜	GB 4455-2006	2020/7/1	2019 年第 14 号国家标准公告
103	15	GB/T 7755. 2—2019	硫化橡胶或热塑性橡胶 透气性的测定 第 2 部分：等压法		2020/11/1	2019 年第 14 号国家标准公告
104	27	GB/T 16422. 1—2019	塑料 实验室光源暴露试验方法 第 1 部分：总则	GB/T 16422. 1-2006	2020/11/1	2019 年第 14 号国家标准公告
105	37	GB/T 17783—2019	硫化橡胶或热塑性橡胶 化学试验 样品和试样的制备	GB/T 17783-1999	2020/11/1	2019 年第 14 号国家标准公告
106	51	GB/T 22079—2019	户内和户外用高压聚合物绝缘子 一般定义、试验方法和接收准则	GB/T 22079-2008	2020/7/1	2019 年第 14 号国家标准公告
107	54	GB/T 23711. 1—2019	塑料衬里压力容器试验方法 第 1 部分：电火花试验	GB/T 23711. 1-2009	2020/11/1	2019 年第 14 号国家标准公告
108	55	GB/T 23711. 2—2019	塑料衬里压力容器试验方法 第 2 部分：耐低温试验	GB/T 23711. 2-2009	2020/11/1	2019 年第 14 号国家标准公告
109	56	GB/T 23711. 3—2019	塑料衬里压力容器试验方法 第 3 部分：耐高温检验	GB/T 23711. 3-2009	2020/11/1	2019 年第 14 号国家标准公告
110	57	GB/T 23711. 4—2019	塑料衬里压力容器试验方法 第 4 部分：耐负压检验	GB/T 23711. 4-2009	2020/11/1	2019 年第 14 号国家标准公告
111	58	GB/T 23711. 5—2019	塑料衬里压力容器试验方法 第 5 部分：冷热循环检验	GB/T 23711. 5-2009	2020/11/1	2019 年第 14 号国家标准公告
112	59	GB/T 23711. 6—2019	塑料衬里压力容器试验方法 第 6 部分：耐压试验	GB/T 23711. 6-2009	2020/11/1	2019 年第 14 号国家标准公告
113	60	GB/T 23711. 7—2019	塑料衬里压力容器试验方法 第 7 部分：泄漏试验		2020/11/1	2019 年第 14 号国家标准公告
114	61	GB/T 23711. 8—2019	塑料衬里压力容器试验方法 第 8 部分：耐高电阻试验		2020/11/1	2019 年第 14 号国家标准公告
115	77	GB/T 37188. 1—2019	塑料 可比多点数据的获得和表示 第 1 部分：机械性能		2020/11/1	2019 年第 14 号国家标准公告

续表

序号	原序号	国家标准编号	国家标准名称	代替标准号	实施日期	公告号
116	78	GB/T 37188.3—2019	塑料 可比多点数据的获得和表示 第3部分：环境对性能的影响		2020/11/1	2019年第14号国家标准公告
117	79	GB/T 38120—2019	蓝光防护膜的光健康与光安全应用技术要求		2020/7/1	2019年第14号国家标准公告
118	104	GB/T 38271—2019	塑料 聚苯乙烯（PS）和抗冲击聚苯乙烯（PS-I）中残留苯乙烯单体含量的测定 气相色谱法		2020/11/1	2019年第14号国家标准公告
119	106	GB/T 38273.1—2019	塑料 热塑性聚酯/酯和聚醚/酯模塑和挤塑弹性体 第1部分：命名系统和分类基础		2020/11/1	2019年第14号国家标准公告
120	107	GB/T 38273.2—2019	塑料 热塑性聚酯/酯和聚醚/酯模塑和挤塑弹性体 第2部分：试样制备和性能测定		2020/11/1	2019年第14号国家标准公告
121	114	GB/T 38280—2019	电缆管理系统 超重荷型刚性电气导管电缆装置用导管配件和附件的规范		2020/7/1	2019年第14号国家标准公告
122	120	GB/T 38286—2019	聚乙烯、聚丙烯、聚苯乙烯树脂 过氧化值的测定		2020/11/1	2019年第14号国家标准公告
123	121	GB/T 38287—2019	塑料材料中六价铬含量的测定		2020/11/1	2019年第14号国家标准公告
124	122	GB/T 38288—2019	塑料 聚丙烯再生改性专用料		2020/11/1	2019年第14号国家标准公告
125	124	GB/T 38290—2019	塑料材料中镉含量的测定		2020/11/1	2019年第14号国家标准公告
126	125	GB/T 38291—2019	塑料材料中铅含量的测定		2020/11/1	2019年第14号国家标准公告
127	126	GB/T 38292—2019	塑料材料中汞含量的测定		2020/11/1	2019年第14号国家标准公告

续表

序号	原序号	国家标准编号	国家标准名称	代替标准号	实施日期	公告号
128	129	GB/T 38295—2019	塑料材料中铅、镉、六价铬、汞限量		2020/11/1	2019 年第 14 号国家标准公告
129	1	GB/T 12009. 4-2016	塑料 聚氨酯生产用芳香族异氰酸酯 第 4 部分：异氰酸根含量的测定《第 1 号修改单》	GB/T 12009. 4-1989	2020/11/1	2019 年第 14 号国家标准公告
130	2	GB/T 12009. 5-2016	塑料 聚氨酯生产用芳香族异氰酸酯 第 5 部分：酸度的测定《第 1 号修改单》	GB/T 12009. 5-1992	2020/11/1	2019 年第 14 号国家标准公告
131	24	GB/T 17634—2019	土工布及其有关产品 有效孔径的测定 湿筛法	GB/T 17634-1998	2020/7/1	2019 年第 19 号国家标准公告
132	73	GB/T 38352—2019	热塑性弹性体 预混料牌号规范		2020/11/1	2019 年第 19 号国家标准公告

（王春芳　田辉　田岩）

2019 年公布的相关国家标准

序号	原序号	国家标准编号	国家标准名称	代替标准号	实施日期	公告号
1	84	GB/T 19012—2019	质量管理 顾客满意 组织投诉处理指南	GB/T 19012—2008	2020/1/1	2019 年第 7 号国家标准公告
2	32	GB/T 19014—2019	质量管理 顾客满意 监视和测量指南		2020/7/1	2019 年第 19 号国家标准公告
3	51	GB/T 27026—2019	合格评定 有形产品认证方案示例		2020/7/1	2019 年第 19 号国家标准公告
4	77	GB/T 38356—2019	质量管理 基于顾客需求引领的创新循环指南		2020/7/1	2019 年第 20 号国家标准公告
5	79	GB/T 38358—2019	电子商务产品质量监测抽样方法		2020/7/1	2019 年第 21 号国家标准公告

（王春芳　田辉　田岩）

2019 年发布的塑料相关行业标准

序号	原序号	标准编号	标准名称	代替标准号	实施日期	公告号	备注
1	127	HB 8552—2019	航空用镀镍铜合金芯辐照交联乙烯-四氟乙烯共聚物单层挤制绝缘电线		2019/11/1	2019 年第 16 号行业标准公告	航空行业
2	128	HB 8553—2019	航空用镀镍铜合金芯辐照交联乙烯-四氟乙烯共聚物双层挤制绝缘电线		2019/11/1	2019 年第 16 号行业标准公告	
3	129	HB 8554—2019	航空用镀镍铜芯辐照交联乙烯-四氟乙烯共聚物单层挤制绝缘电线		2019/11/1	2019 年第 16 号行业标准公告	
4	130	HB 8555—2019	航空用镀镍铜芯辐照交联乙烯-四氟乙烯共聚物双层挤制绝缘电线		2019/11/1	2019 年第 16 号行业标准公告	
5	131	HB 8556—2019	航空用镀锡铜芯辐照交联乙烯-四氟乙烯共聚物单层挤制绝缘电线		2019/11/1	2019 年第 16 号行业标准公告	
6	132	HB 8557—2019	航空用镀锡铜芯辐照交联乙烯-四氟乙烯共聚物双层挤制绝缘电线		2019/11/1	2019 年第 16 号行业标准公告	
7	133	HB 8558—2019	航空用镀银铜合金芯辐照交联乙烯-四氟乙烯共聚物单层挤制绝缘电线		2019/11/1	2019 年第 16 号行业标准公告	
8	134	HB 8559—2019	航空用镀银铜合金芯辐照交联乙烯-四氟乙烯共聚物双层挤制绝缘电线		2019/11/1	2019 年第 16 号行业标准公告	
9	135	HB 8560—2019	航空用镀银铜芯辐照交联乙烯-四氟乙烯共聚物单层挤制绝缘电线		2019/11/1	2019 年第 16 号行业标准公告	
10	136	HB 8561—2019	航空用镀银铜芯辐照交联乙烯-四氟乙烯共聚物双层挤制绝缘电线		2019/11/1	2019 年第 16 号行业标准公告	

续表

序号	原序号	标准编号	标准名称	代替标准号	实施日期	公告号	备注
11	137	HB 8562—2019	航空用辐照交联乙烯-四氟乙烯共聚物绝缘挤制电线电缆通用规范		2019/11/1	2019 年第 16 号行业标准公告	
12	160	HG/T 5500—2019	热塑性聚氨酯（TPU）颗粒料		2019/11/1	2019 年第 16 号行业标准公告	化工行业
13	161	HG/T 5510—2019	塑料 聚对苯二甲酸丁二酯（PBT）树脂		2019/11/1	2019 年第 16 号行业标准公告	
14	162	HG/T 5511—2019	塑料 家用和类似用途电气装置用阻燃聚碳酸酯专用料		2019/11/1	2019 年第 16 号行业标准公告	
15	165	SH/T 1541. 1—2019	塑料 颗粒外观试验方法 第 1 部分：目测法		2019/11/1	2019 年第 16 号行业标准公告	石化行业
16	166	SH/T 1761. 1—2019	聚丙烯树脂粉料 第 1 部分：间歇法		2019/11/1	2019 年第 16 号行业标准公告	
17	167	SH/T 1823—2019	冷热水输送管道系统用耐热聚乙烯（PE-RT）专用料		2019/11/1	2019 年第 16 号行业标准公告	
18	168	SH/T 1824—2019	塑料 热塑性聚酯中锑含量的测定		2019/11/1	2019 年第 16 号行业标准公告	
19	199	JC/T 438—2019	水溶性聚乙烯醇建筑胶粘剂		2019/11/1	2019 年第 16 号行业标准公告	建材行业
20	265	BB/T 0081—2019	折叠式聚对苯二甲酸乙二醇酯（PET）包装盒		2019/11/1	2019 年第 16 号行业标准公告	包装行业
21	266	BB/T 0082—2019	包装材料 涂布型防静电聚对苯二甲酸乙二醇酯（PET）片材（卷材）		2019/11/1	2019 年第 16 号行业标准公告	
22	120	HG/T 5517—2019	聚合物包膜尿素		2020/1/1	2019 年第 29 号行业标准公告	化工行业
23	121	HG/T 5518—2019	聚合物硫包衣尿素		2020/1/1	2019 年第 29 号行业标准公告	
24	126	HG/T 5522—2019	护士橡塑鞋		2020/1/1	2019 年第 29 号行业标准公告	
25	127	HG/T 5523—2019	胶鞋、运动鞋抓地性能试验方法		2020/1/1	2019 年第 29 号行业标准公告	

续表

序号	原序号	标准编号	标准名称	代替标准号	实施日期	公告号	备注
26	210	JC/T 2538—2019	玻璃纤维增强塑料连续缠绕夹砂管		2020/1/1	2019 年第 29 号行业标准公告	建材行业
27	211	JC/T 550—2019	聚氯乙烯塑料地板胶粘剂		2020/1/1	2019 年第 29 号行业标准公告	
28	245	JB/T 13632—2019	无油往复活塞压缩机用填充聚四氟乙烯活塞环		2020/1/1	2019 年第 29 号行业标准公告	机械行业
29	294	JB/T 13733—2019	工业有机废气蓄热催化燃烧装置		2020/1/1	2019 年第 29 号行业标准公告	
30	295	JB/T 13734—2019	工业有机废气蓄热热力燃烧装置		2020/1/1	2019 年第 29 号行业标准公告	
31	300	JB/T 13739—2019	堆肥用功能性覆盖膜		2020/4/1	2019 年第 29 号行业标准公告	
32	343	QB/T 5370—2019	家用和类似用途制冷器具用热塑性弹性体门密封条		2020/1/1	2019 年第 29 号行业标准公告	轻工行业
33	382	BB/T 0030—2019	包装用镀铝薄膜		2020/1/1	2019 年第 29 号行业标准公告	包装行业
34	52	QC/T 1121—2019	汽车用塑料燃油箱		2020/4/1	2019 年第 48-1 号行业标准公告	汽车行业
35	62	QC/T 236—2019	汽车内饰材料性能的试验方法	QC/T 236-1997	2020/4/1	2019 年第 48-1 号行业标准公告	
36	82	QB/T 5401—2019	多重增强钢塑复合管及管件		2020/4/1	2019 年第 48-1 号行业标准公告	轻工行业
37	83	QB/T 5402—2019	冷热水用纤维复合聚丙烯管材		2020/4/1	2019 年第 48-1 号行业标准公告	
38	106	FZ/T 50047—2019	聚酰亚胺纤维耐热、耐紫外光辐射及耐酸性能试验方法		2020/4/1	2019 年第 48-1 号行业标准公告	纺织行业
39	126	SJ/T 11740—2019	集成电路自动塑封系统		2020/4/1	2019 年第 48-1 号行业标准公告	电子行业
40	203	YD/T 1118. 1—2019	光纤用二次被覆材料 第 1 部分：聚对苯二甲酸丁二醇酯		2020/1/1	2019 年第 48-1 号行业标准公告	通信行业
41	204	YD/T 1118. 2—2019	光纤用二次被覆材料 第 2 部分：改性聚丙烯		2020/1/1	2019 年第 48-1 号行业标准公告	

续表

序号	原序号	标准编号	标准名称	代替标准号	实施日期	公告号	备注
42	3	JJF 018—2019	橡胶拉伸耐寒系数测定仪校准规范		2019/12/1	2019 年第 48-3 号行业标准公告	石化行业
43	48	HG/T 5521—2019	阻燃化学品 聚磷酸三聚氰胺		2020/7/1	2019 年第 61 号行业标准公告	化工行业
44	60	HG/T 3793—2019	热熔型氟树脂（PVDF）涂料		2020/7/1	2019 年第 61 号行业标准公告	
45	61	HG/T 4104—2019	水性氟树脂涂料		2020/7/1	2019 年第 61 号行业标准公告	
46	64	HG/T 5601—2019	两片罐聚氨酯上光胶辊		2020/7/1	2019 年第 61 号行业标准公告	
47	65	HG/T 5646—2019	苯基硅烷偶联剂		2020/7/1	2019 年第 61 号行业标准公告	
48	66	HG/T 5605—2019	二聚酸型聚酰胺胶粘剂		2020/7/1	2019 年第 61 号行业标准公告	
49	68	HG/T 5607—2019	聚乙烯与金属粘接用热熔胶		2020/7/1	2019 年第 61 号行业标准公告	
50	71	HG/T 5618—2019	工业用 ε－己内酯		2020/7/1	2019 年第 61 号行业标准公告	
51	73	HG/T 5670—2019	偏二氯乙烯共聚树脂		2020/7/1	2019 年第 61 号行业标准公告	
52	74	HG/T 5671—2019	塑料 LED 支架用半芳香族聚酰胺专用料		2020/7/1	2019 年第 61 号行业标准公告	
53	79	HG/T 5656—2019	光学级聚酯薄膜 增亮膜用预涂底层聚对苯二甲酸乙二醇酯（PET）薄膜		2020/7/1	2019 年第 61 号行业标准公告	
54	80	HG/T 5657—2019	光学功能薄膜 覆保护膜棱镜增亮膜		2020/7/1	2019 年第 61 号行业标准公告	
55	81	HG/T 5658—2019	量子点膜用高阻隔封装膜		2020/7/1	2019 年第 61 号行业标准公告	
56	82	HG/T 5659—2019	光学功能薄膜 黄变的测量方法		2020/7/1	2019 年第 61 号行业标准公告	
57	83	HG/T 4150—2019	偏光片用三醋酸纤维素酯（TAC）薄膜		2020/7/1	2019 年第 61 号行业标准公告	
58	84	HG/T 5660—2019	光学级聚酯薄膜 涂布型防静电聚对苯二甲酸乙二醇酯（PET）薄膜		2020/7/1	2019 年第 61 号行业标准公告	

续表

序号	原序号	标准编号	标准名称	代替标准号	实施日期	公告号	备注
59	111	HG/T 3037—2019	计量分配燃油用橡胶和塑料软管及软管组合件		2020/7/1	2019 年第 61 号行业标准公告	
60	161	HG/T 5644—2019	乳胶枕头		2020/7/1	2019 年第 61 号行业标准公告	
61	165	HG/T 3974—2019	抗氧剂 双（2，4-二叔丁基苯基）季戊四醇二亚磷酸酯（626）		2020/7/1	2019 年第 61 号行业标准公告	
62	166	HG/T 3713—2019	抗氧剂四［β-（3，5-二叔丁基-4-羟基苯基）丙酸］季戊四醇酯（1010）		2020/7/1	2019 年第 61 号行业标准公告	
63	167	HG/T 5647—2019	增塑剂 苯甲酸-2-乙基己酯		2020/7/1	2019 年第 61 号行业标准公告	
64	168	HG/T 5648—2019	增塑剂 己二酸二（2-丙基庚）酯		2020/7/1	2019 年第 61 号行业标准公告	
65	172	HG/T 4394—2019	橡胶软管用浸胶聚酯线		2020/7/1	2019 年第 61 号行业标准公告	
66	173	HG/T 5629—2019	化工用超高分子量聚乙烯衬里板		2020/7/1	2019 年第 61 号行业标准公告	
67	200	SH/T 1761. 2—2019	聚丙烯树脂粉料 第 2 部分：连续法		2020/7/1	2019 年第 61 号行业标准公告	石化行业
68	201	SH/T 1826—2019	塑料 超高分子量聚乙烯（PE-UHMW）材料和制品熔融焓和结晶度及熔融温度的测定 差示扫描量热法（DSC）		2020/7/1	2019 年第 61 号行业标准公告	
69	202	SH/T 1827—2019	塑料 结晶度的测定 X 射线衍射法		2020/7/1	2019 年第 61 号行业标准公告	
70	232	JC/T 2555—2019	用于 3D 打印的木塑复合材料		2020/7/1	2019 年第 61 号行业标准公告	建材行业
71	234	JC/T 171. 2—2019	涂覆玻璃纤维布 第 2 部分 聚四氟乙烯乳液涂覆玻璃纤维布		2020/7/1	2019 年第 61 号行业标准公告	
72	334	QB/T 5413—2019	聚乳酸热成型杯		2020/7/1	2019 年第 61 号行业标准公告	轻工行业

续表

序号	原序号	标准编号	标准名称	代替标准号	实施日期	公告号	备注
73	335	QB/T 5414—2019	聚乳酸热成型杯盖		2020/7/1	2019 年第 61 号行业标准公告	
74	336	QB/T 5415—2019	聚乳酸注塑餐具		2020/7/1	2019 年第 61 号行业标准公告	
75	362	QB/T 5445—2019	乙烯-醋酸乙烯酯共聚物发泡片材		2020/7/1	2019 年第 61 号行业标准公告	
76	363	QB/T 5446—2019	儿童雨衣用聚氯乙烯人造革		2020/7/1	2019 年第 61 号行业标准公告	
77	364	QB/T 5447—2019	人造革合成革试验方法 气味的测定		2020/7/1	2019 年第 61 号行业标准公告	
78	386	QB/T 5468—2019	饮料机械 聚酯（PET）瓶风力输送机		2020/7/1	2019 年第 61 号行业标准公告	
79	444	FZ/T 93120—2019	非织造布分切复卷机		2020/7/1	2019 年第 61 号行业标准公告	纺织行业

（王春芳　田辉　田岩）

2019 年发布的塑料相关国家标准样品

序号	原序号	国家标准样品编号	国家标准样品名称	有效期	公告号
1	26	GSB 08-3562—2019	塑料（PMMA）氧指数标准样品	2 年	2019 年第 1 号国家标准公告
10	3	GSB02-3608—2019	塑料简支梁冲击性能测定用标准样品 C40	3 年	2019 年第 5 号国家标准公告
11	4	GSB02-3609—2019	塑料拉伸性能测定用标准样品 E13	3 年	2019 年第 5 号国家标准公告
12	24	GSB05-3629—2019	纺织品 PVC 涂层中 6 种邻苯二甲酸酯标准样品	2 年	2019 年第 5 号国家标准公告

（王春芳　田辉　田岩）

2019 年发布的塑料相关国家标准制修订计划

总序号	原序号	计划编号	项目名称	标准性质	制/修订	代替标准号	采用国际标准	项目周期	主管部门	归口单位	起草单位	公布号
1	24	20190979-T-607	塑料－液态食品包装用吹塑聚丙烯容器	推荐	制定		ISO 13106	12	中国轻工业联合会	全国食品直接接触材料及制品标准化技术委员会	轻工业塑料加工应用研究所、深圳万达杰环保新材料股份有限公司	2019 年第一批推荐性国家标准计划
2	114	20190952-T-469	废复合包装分选质量要求	推荐	制定			24	国家标准化委员会	全国产品回收利用基础与管理标准化技术委员会	中国标准化研究院、中国物资再生协会等	2019 年第一批推荐性国家标准计划
3	219	20190988-T-607	家居产品及其材料中邻苯二甲酸酯增塑剂的测定方法	推荐	制定			24	中国轻工业联合会	全国家具标准化技术委员会	国家家具产品质量监督检验中心（广东）	2019 年第一批推荐性国家标准计划
4	352	20190742-T-609	纤维增强塑料蠕变性能试验方法	推荐	制定			24	中国建筑材料联合会	全国纤维增强塑料标准化技术委员会	北京玻璃钢研究设计院有限公司	2019 年第一批推荐性国家标准计划
5	394	20190975-T-607	发泡聚丙烯（PP-E）珠粒	推荐	制定			12	中国轻工业联合会	全国塑料制品标准化技术委员会	无锡会通轻质材料股份有限公司、北京工商大学等	2019 年第一批推荐性国家标准计划

续表

总序号	原序号	计划编号	项目名称	标准性质	制/修订	代替标准号	采用国际标准	项目周期	主管部门	归口单位	起草单位	公布号
6	395	20190973-T-607	土工用聚烯烃合金蓄排水刚性网状管	推荐	制定			24	中国轻工业联合会	全国塑料制品标准化技术委员会	大连海川科技有限公司、大连真爱哲儿科技有限公司、安徽源通渗排水材料科技有限公司	2019年第一批推荐性国家标准计划
7	431	20190945-T-469	化妆品中塑料微珠的测定	推荐	制定			24	国家标准化委员会	全国质量监管重点产品检验方法标准化技术委员会	深圳市计量质量检测研究院、中检华纳质量技术中心	2019年第一批推荐性国家标准计划
8	477	20190974-T-607	塑料薄膜与薄片水蒸气透过性能的测定杯式增重与减重法	推荐	修订	GB/T 1037-1988		18	中国轻工业联合会	全国塑料制品标准化技术委员会	济南兰光机电技术有限公司、北京市塑料制品质量监督检验站、大连塑料研究所有限公司	2019年第一批推荐性国家标准计划
9	4	20190933-T-604	残地膜回收机	推荐	修订	GB/T 25412-2010		12	中国机械工业联合会	全国农业机械标准化技术委员会	新疆维吾尔族自治区农牧业机械产品质量监督管理站、中国农业机械化科学研究院	2019年第二批推荐性国家标准计划
10	106	20192017-T-609	夹层结构滚筒剥离强度试验方法	推荐	修订	GB/T 1457-2005		24	中国建筑材料联合会	全国纤维增强塑料标准化技术委员会	上海玻璃钢研究院有限公司	2019年第二批推荐性国家标准计划
11	107	20192251-T-606	消光聚氯乙烯树脂	推荐	制定			24	中国石油和化工联合会	全国塑料标准化技术委员会	锦西化工研究院有限公司、山东阳煤恒通化工股份有限公司、航锦科技有限公司	2019年第二批推荐性国家标准计划

续表

总序号	原序号	计划编号	项目名称	标准性质	制/修订	代替标准号	采用国际标准	项目周期	主管部门	归口单位	起草单位	公布号
12	176	20191987-T-604	电气绝缘用薄膜 第2部分：试验方法	推荐	修订	GB/T 13542.2-2009	IEC 60674-2：2016	18	中国电器工业协会	全国绝缘材料标准化技术委员	桂林电器科学研究院有限公司、四川东材科技集团股份有限公司、安徽铜峰电子股份有限公司、江门市润田实业有限公司、桂林电力电容器有限责任公司、厦门法拉电子股份有限公司、泉州嘉德利电子材料有限公司等	2019年第二批推荐性国家标准计划
13	186	20192013-T-609	建材产品中半挥发性有机化合物（SVOC）释放量的测试 微舱法	推荐	制定		ISO 16000-25	24	中国建筑材料联合会	中国建筑材料联合会	中国建材检验认证集团股份有限公司	2019年第二批推荐性国家标准计划
14	190	20192013-T-609	建材产品的气味排放测试 试验舱法	推荐	制定		ISO 16000-28	24	中国建筑材料联合会	中国建筑材料联合会	中国建材检验认证集团股份有限公司	2019年第二批推荐性国家标准计划
15	256	20192260-T-606	胶黏剂粘度的测定	推荐	修订	GB/T 2794-2013		24	中国石油和化工联合会	全国胶黏剂标准化技术委员会	上海橡胶制品研究所有限公司	2019年第二批推荐性国家标准计划

续表

总序号	原序号	计划编号	项目名称	标准性质	制/修订	代替标准号	采用国际标准	项目周期	主管部门	归口单位	起草单位	公布号
16	258	20192101-T-469	复合材料与金属结合件—碳纤维增强塑料粘结结构件人工气候下的电偶腐蚀试验—盐雾试验	推荐	制定		ISO 21746	18	国家标准化管理委员会	全国碳纤维标准化技术委员会	南京玻璃纤维研究设计院有限公司等	2019 年第二批推荐性国家标准计划
17	314	20192257-T-606	软质泡沫聚合材料 海绵状多孔泡沫橡胶制品 规范 第 2 部分：模制品和挤出制品	推荐	制定		ISO 6916-2：2001	24	中国石油和化工联合会	全国橡胶与橡胶制品标准化技术委员会	三橡股份有限公司、四川宏亿复合材料工程技术有限公司、浙江天铁实业股份有限公司、海宁海橡集团有限公司	2019 年第二批推荐性国家标准计划
18	382	20192250-T-606	聚乙烯泡沫塑料试验方法	推荐	制定		ISO 7214	18	中国石油和化工联合会	全国塑料标准化技术委员会	湖北祥源新材料科技股份有限公司、湖北省标准化与质量研究院、中蓝晨光成都检测技术有限公司等	2019 年第二批推荐性国家标准计划
19	396	20192250-T-432	木塑地板	推荐	修订	GB/T 24508-2009		24	国家林业和草原局	全国林业生物质材料标准化技术委员会	中国林业科学研究院木材工业研究所、江苏省产品质量监督研究院等	2019 年第二批推荐性国家标准计划
20	414	20192016-T-609	碳/碳复合材料剪切性能试验方法	推荐	制定			12	中国建筑材料联合会	全国纤维增强塑料标准化技术委员会	湖南博云新材料股份有限公司	2019 年第二批推荐性国家标准计划

续表

总序号	原序号	计划编号	项目名称	标准性质	制/修订	代替标准号	采用国际标准	项目周期	主管部门	归口单位	起草单位	公布号
21	454	20192206-T-469	全生物降解饮用吸管	推荐	制定			12	全国标准化管理委员会	全国生物基材料及降解制品标准化技术委员会	宁波家联科技股份有限公司、义乌市双童日用品有限公司、北京工商大学、漳州绿塑新材料有限公司	2019 年第二批推荐性国家标准计划
22	488	20191885-T-463	创新管理体系第 1 部分：指南	推荐	制定			24	国家知识产权局	全国知识管理标准化技术委员会	中国标准化研究院、国家知识产权局、清华大学	2019 年第二批推荐性国家标准计划
23	494	20191887-T-463	知识管理实施指南 第 X 部分：装备制造业	推荐	制定			24	国家知识产权局	全国知识管理标准化技术委员会	中国运载火箭技术研究院、中国标准化研究院	2019 年第二批推荐性国家标准计划
24	71	20193103-T-608	土工合成材料 非织造布复合土工膜	推荐	修订	GB/T 17642-2008		24	中国纺织工业联合会	全国纺织品标准化技术委员会	全国纺织制品质量监督检验中心、山东路德新材料股份有限公司	2019 年第三批推荐性国家标准计划
25	73	20193297-T-607	塑料制品 薄膜和薄片无取向聚对苯二甲酸乙二醇酯（PET）片材	推荐	制定		ISO 13636：2012	18	中国轻工业联合会	全国塑料制品标准化技术委员会	北京工商大学等	2019 年第三批推荐性国家标准计划
26	74	20193295-T-607	地下无压排水道及污水网的翻修用塑料管道系统 第 3 部分：紧密贴合管道衬管	推荐	制定		ISO 11296-2：2011 ISO11296-2：2011 ISO11296-3：2011	18	中国轻工业联合会	全国塑料制品标准化技术委员会	北京北排建设有限公司等	2019 年第三批推荐性国家标准计划

续表

总序号	原序号	计划编号	项目名称	标准性质	制/修订	代替标准号	采用国际标准	项目周期	主管部门	归口单位	起草单位	公布号
27	92	20193206-T-469	包装材料 塑料薄膜和薄片氧气透过性试验 库仑计检测法	推荐	修订	GB/T 19789-2005	ISO 15105-2：2003	18	国家标准化管理委员会	全国包装标准化技术委员会	国家包装产品质量监督检验中心、济南兰光机电技术有限公司、中国出口商品包装研究所	2019 年第三批推荐性国家标准计划
28	186	20193324-T-606	塑料 再加工塑料技术规范 第5部分：丙烯腈（A）-丁二烯（B）-苯乙烯（S）的三元共聚物（ABS）材料	推荐	制定			12	中国石油和化工联合会	全国塑料标准化技术委员会	上海睿聚环保科技有限公司等	2019 年第三批推荐性国家标准计划
29	193	20193299-T-607	塑料制品 薄膜和薄片冻裂温度的测定	推荐	制定		ISO 8570：1991	18	中国轻工业联合会	全国塑料制品标准化技术委员会	昆山阿里斯基人造皮有限公司、苏州艾驰博特检测科技有限公司、北京工商大学、昆山协孚新材料股份有限公司、重庆长安汽车股份有限公司、南京理工大学、苏州信测标准技术服务有限公司、浙江吉利汽车研究院有限公司	2019 年第三批推荐性国家标准计划
30	204	20193349-T-424	社会责任管理体系 要求及使用指南	推荐	制定			24	国家市场监督管理总局（质检）	中国标准化研究院	中国标准化研究院等	2019 年第三批推荐性国家标准计划

续表

总序号	原序号	计划编号	项目名称	标准性质	制/修订	代替标准号	采用国际标准	项目周期	主管部门	归口单位	起草单位	公布号
31	225	20193294-T-607	塑料管道系统-灌溉用聚乙烯（PE）	推荐	制定		ISO 8779	12	中国轻工业联合会	全国塑料制品标准化技术委员会	永高股份有限公司	2019年第三批推荐性国家标准计划
32	233	20193298-T-607	塑料制品 薄膜和薄片气体传输率的测定 等压法	推荐	制定		ISO 150105-2：2003	18	中国轻工业联合会	全国塑料制品标准化技术委员会	北京工商大学、国家塑料制品质量监督检验中心（北京）、济南兰光机电技术有限公司	2019年第三批推荐性国家标准计划
33	256	20192937-T-463	知识产权文献与信息 分类及代码	推荐	制定	GB/T 21373-2008		24	国家知识产权局	全国知识管理标准化技术委员会	国家知识产权局	2019年第三批推荐性国家标准计划
34	265	20193035-T-604	食品包装PET瓶坯注塑成型装置通用技术要求	推荐	制定			24	中国机械工业联合会	全国食品包装机械标准化技术委员会	广东星联精密机械有限公司、合肥通用机电产品检测院有限公司	2019年第三批推荐性国家标准计划
35	268	20193036-T-604	食品包装塑料盖压塑成型装置通用技术要求	推荐	制定			24	中国机械工业联合会	全国食品包装机械标准化技术委员会	广东星联精密机械有限公司、合肥通用机电产品检测院有限公司	2019年第三批推荐性国家标准计划
36	272	20193036-T-604	电缆或光缆在规定条件下燃烧的烟密度测定 第1部分：试验装置	推荐	修订	GB/T 17651.1-1998	IEC 61034-1：2013	12	中国电器工业协会	全国电线电缆标准化技术委员会	上海国缆检测中心有限公司	2019年第三批推荐性国家标准计划

续表

总序号	原序号	计划编号	项目名称	标准性质	制/修订	代替标准号	采用国际标准	项目周期	主管部门	归口单位	起草单位	公布号
37	273	20193036-T-604	电缆或光缆在规定条件下燃烧的烟密度测定 第2部分：试验程序和要求	推荐	修订	GB/T 17651.2-1998	IEC 61034-2：2013	12	中国电器工业协会	全国电线电缆标准化技术委员会	上海国缆检测中心有限公司	2019年第三批推荐性国家标准计划
38	302	20193164-T-469	碳纤维及其复合材料术语	推荐	制定			24	国家标准化管理委员会	全国碳纤维标准化技术委员会	南京玻璃纤维研究设计院有限公司等	2019年第三批推荐性国家标准计划
39	306	20193320-T-606	塑料 再加工塑料技术规范 第1部分：通用规范	推荐	制定			12	中国石油和化学工业联合会	全国塑料标准化技术委员会	中蓝晨光成都检测技术有限公司、中国石油和化学工业联合会、中国环境科学研究院等	2019年第三批推荐性国家标准计划
40	338	20193314-T-606	塑料 聚酰胺 气相色谱法测定ε-己内酰胺和ω-十二内酰胺	推荐	制定		ISO 11337：2010	24	中国石油和化学工业联合会	全国塑料标准化技术委员会	中国平煤神马集团尼龙科技有限公司、中蓝晨光成都检测技术有限公司等	2019年第三批推荐性国家标准计划
41	339	20193315-T-66	塑料 有机溶剂可萃取物的测定（常规方法）	推荐	制定		ISO 6427：2013	24	中国石油和化学工业联合会	全国塑料标准化技术委员会	中蓝晨光成都检测技术有限公司、中蓝晨光化工研究设计院有限公司等	2019年第三批推荐性国家标准计划
42	345	20193321-T-606	塑料 再加工塑料技术规范 第2部分：聚乙烯（PE）材料	推荐	制定			12	中国石油和化学工业联合会	全国塑料标准化技术委员会	康命源（安徽）塑料科技发展股份有限公司	2019年第三批推荐性国家标准计划

续表

总序号	原序号	计划编号	项目名称	标准性质	制/修订	代替标准号	采用国际标准	项目周期	主管部门	归口单位	起草单位	公布号
43	346	20193323-T-606	塑料 再加工塑料技术规范 第6部分：聚苯二烯（PS）材料	推荐	制定			12	中国石油和化学工业联合会	全国塑料标准化技术委员会	上海英科实业有限公司等	2019年第三批推荐性国家标准计划
44	357	20193322-T-606	塑料 再加工塑料技术规范 第3部分：聚丙烯（PP）材料	推荐	制定			12	中国石油和化学工业联合会	全国塑料标准化技术委员会	广东天保新材料有限责任公司等	2019年第三批推荐性国家标准计划
45	372	20193317-T-606	用于油燃烧器的橡胶软管和软管组合件 规范	推荐	修订			24	中国石油和化学工业联合会	全国橡胶与橡胶制品标准化技术委员会	山东悦龙橡塑科技有限公司、沈阳橡胶研究设计院有限公司	2019年第三批推荐性国家标准计划
46	396	20193296-T-607	塑料制品 薄膜和薄片气体透过性试验方法 压差法	推荐	修订	GB/T 1038-2000	ISO 150105-1：2007	18	中国轻工业联合会	全国塑料制品标准化技术委员会	北京工商大学、国家塑料制品质量监督检验中心（北京）、济南兰光机电技术有限公司	2019年第三批推荐性国家标准计划
47	405	20193108-T-609	聚合物基复合材料玻璃化转变温度试验方法 动态力学分析法（DMA）	推荐	制定			12	中国建筑材料联合会	全国纤维增强塑料标准化技术委员会	中国兵器工业集团有限公司第五三研究所、北京玻璃钢研究设计院有限公司	2019年第三批推荐性国家标准计划

续表

总序号	原序号	计划编号	项目名称	标准性质	制/修订	代替标准号	采用国际标准	项目周期	主管部门	归口单位	起草单位	公布号
48	127	20194347-T-606	聚氯乙烯糊用树脂	推荐	修订	GB/T 15592-2008		18	中国石油和化学工业联合会	全国塑料标准化技术委员会	安徽天辰化工股份有限公司、山东朗晖石油化学有限公司、上海氯碱化工股份有限公司、锦西化工研究院有限公司	2019 年第四批推荐性国家标准计划
49	149	20194348-T-606	聚醚醚酮（PEEK）	推荐	制定			24	中国石油和化学工业联合会	全国塑料标准化技术委员会	吉林省中研高分子材料股份有限公司、中蓝晨光成都检测技术有限公司等	2019 年第四批推荐性国家标准计划
50	150	20194338-T-606	六氟环氧丙烷	推荐	制定			24	中国石油和化学工业联合会	全国气体标准化技术委员会	浙江省化工研究院有限公司、中化蓝天氟材料有限公司、浙江环新氟材料股份有限公司等	2019 年第四批推荐性国家标准计划
51	151	20194349-T-606	聚苯醚（PPE）	推荐	制定			24	中国石油和化学工业联合会	全国塑料制品标准化技术委员会	南通星辰合成材料有限公司、中国蓝星（集团）股份有限公司、中蓝晨光化工研究设计院有限公司	2019 年第四批推荐性国家标准计划
52	164	20194336-T-607	聚丙烯包装容器掺杂回收塑料的分析方法	推荐	制定			24	中国轻工业联合会	全国食品直接接触材料及制品标准化技术委员会	河北省产品质量监督检验研究院等	2019 年第四批推荐性国家标准计划

续表

总序号	原序号	计划编号	项目名称	标准性质	制/修订	代替标准号	采用国际标准	项目周期	主管部门	归口单位	起草单位	公布号
53	167	20193981-T-463	知识管理方法和工具 第X部分：工艺知识管理	推荐	制定			24	国家知识产权局	全国知识管理标准化技术委员会	中国标准化研究院	2019年第四批推荐性国家标准计划
54	168	20193980-T-463	知识管理方法和工具 第X部分：设计理性知识建模	推荐	制定			24	国家知识产权局	全国知识管理标准化技术委员会	中国标准化研究院	2019年第四批推荐性国家标准计划
55	169	20194276-T-469	标准化工作指南 第X部分：考虑到中小微型企业需求的标准编写	推荐	制定		ISO/IEC Guide 17：2016	24	国家标准化管理委员会	全国标准化原理与方法标准化技术委员会	中国标准化研究院等	2019年第四批推荐性国家标准计划
56	174	20194364-T-606	塑料 再加工塑料技术规范 第7部分：聚碳酸酯（PC）材料	推荐	制定			12	中国石油和化学工业联合会	全国塑料标准化技术委员会	上海奥赛尔材料科技有限公司等	2019年第四批推荐性国家标准计划
57	175	20194363-T-606	塑料 再加工塑料技术规范 第8部分：聚酰胺（PA）材料	推荐	制定			12	中国石油和化学工业联合会	全国塑料标准化技术委员会	金发科技股份有限公司等	2019年第四批推荐性国家标准计划

续表

总序号	原序号	计划编号	项目名称	标准性质	制/修订	代替标准号	采用国际标准	项目周期	主管部门	归口单位	起草单位	公布号
58	176	20194365-T-606	塑料 再加工塑料技术规范 第9部分：聚对苯甲二酸乙二醇酯（PET）材料	推荐	制定			12	中国石油和化学工业联合会	全国塑料标准化技术委员会	浙江华菲再生资源有限公司等	2019年第四批推荐性国家标准计划
59	186	20194320-T-607	聚四氟乙烯（PTFE）半成品规范 第1部分：技术要求	推荐	制定		ISO 13000-1：2005	24	中国轻工业联合会	全国塑料制品标准化技术委员会	北京市塑料研究所、深圳市工程塑料有限公司、浙江松华新材股份有限公司	2019年第四批推荐性国家标准计划
60	189	20194321-T-607	聚四氟乙烯（PTFE）半成品规范 第2部分：试样制备与性能测定	推荐	制定		ISO 13000-2：2005	24	中国轻工业联合会	全国塑料制品标准化技术委员会	上海市塑料研究所有限公司、浙江嘉日氟塑料有限公司、浙江德清科赛塑料制品有限公司	2019年第四批推荐性国家标准计划
61	191	20194084-T-609	树脂浇铸体性能试验方法	推荐	修订	GB/T 2567-2008		12	中国建筑材料联合会	全国纤维增强塑料标准化技术委员会	常州天马集团有限公司（原建材二五三厂）、北京玻璃钢研究设计院有限公司	2019年第四批推荐性国家标准计划
62	233	20194358-T-606	橡胶包装用薄膜 第2部分：天然橡胶	推荐	修订	GB/T 24797.2-2014	ISO 20229-2：2007	24	中国石油和化学工业联合会	全国橡胶与橡胶制品标准化技术委员会	中国热带农业科学院农产品加工研究所	2019年第四批推荐性国家标准计划
63	241	20193965-T-432	人造板及其制品中甲醛释放量测定-气体分析法	推荐	修订	GB/T 23825-2009		24	国家林业和草原局	全国人造板标准化技术委员会	南京海关工业产品检测中心、中国林业科学研究院木材工业研究所等	2019年第四批推荐性国家标准计划

续表

总序号	原序号	计划编号	项目名称	标准性质	制/修订	代替标准号	采用国际标准	项目周期	主管部门	归口单位	起草单位	公布号
64	328	20194340-T-606	工业用丙烯腈 第1部分 规格	推荐	修订	GB/T 7717.1-2008		24	中国石油和化学工业联合会	全国化学标准化技术委员会	上海赛科石油化工有限责任公司、中国石油化工股份有限公司、中国石化上海石油化工股份有限公司	2019年第四批推荐性国家标准计划
65	332	20194346-T-606	硬质泡沫塑料燃烧性能试验方法 垂直燃烧法	推荐	修订	GB/T 8333-2008		24	中国石油和化学工业联合会	全国塑料标准化技术委员会	福建省质量检验研究院、中蓝晨光成都检测技术有限公司等	2019年第四批推荐性国家标准计划
66	335	20194357-T-606	天然生胶和天然胶乳氮含量的测定 微杜马斯燃烧法	推荐	制定		ISO 19051：2015	24	中国石油和化学工业联合会	全国橡胶与橡胶制品标准化技术委员会	中国热带农业科学院农产品加工研究所	2019年第四批推荐性国家标准计划
67	336	20194359-T-606	天然生胶 塑性保持率（PRI）的测定	推荐	修订	GB/T 3517-2014	ISO 2930：2017	24	中国石油和化学工业联合会	全国橡胶与橡胶制品标准化技术委员会	中国热带农业科学院农产品加工研究所	2019年第四批推荐性国家标准计划
68	337	20194360-T-606	橡胶或塑料涂覆织物汽车内饰材料雾化性能的测定	推荐	制定		ISO 6452：2007	24	中国石油和化学工业联合会	全国橡胶与橡胶制品标准化技术委员会	福州大学、沈阳橡胶研究设计院有限公司	2019年第四批推荐性国家标准计划
69	351	20194245-T-469	质量管理 顾客满意组织外部争议解决指南	推荐	制定	GB/T 19013-2009	ISO 10003：2018	12	国家标准化管理委员会	全国质量管理和质量保证标准化技术委员会	中国标准化研究院等	2019年第四批推荐性国家标准计划

续表

总序号	原序号	计划编号	项目名称	标准性质	制/修订	代替标准号	采用国际标准	项目周期	主管部门	归口单位	起草单位	公布号
70	370	20194420-T-607	建筑用塑料门窗	推荐	修订	GB/T 28886-2012，GB/T 28887-2012		24	住房和城乡建设部	全国建筑幕墙门窗标准化委员会	中国建筑金属结构协会塑料门窗委员会、中国建筑科学研究院有限公司、大连实德科技发展有限公司、芜湖海螺型材科技股份有限公司、浙江中财型材有限责任公司、山西中德塑钢型材有限责任公司、河北胜达智通新型建材有限公司、西安高科建材科技有限公司、成都川路塑胶有限公司、辽宁雨虹门窗有限公司、西安高科幕墙门窗有限公司、南通理想装饰工程有限公司、亚萨合莱国强（山东）五金科技有限公司、广东坚朗五金制品股份有限公司、常州窗友塑胶有限公司、江阴海达橡塑股份有限公司、江苏晨华节能科技有限公司、天津通利塑胶制造有限公司、春光五金有限公司、天津金鹏塑料异型材制造有限公司、广州集泰化工股份有限公司、黄山市徽州天成工贸有限公司、江苏中诚建材集团有限公司、江苏赛迪乐节能科技有限公司、江苏赛迪乐节能科技有限公司、江苏兰天大诚装饰系统工程有限公司	2019年第四批推荐性国家标准计划

续表

总序号	原序号	计划编号	项目名称	标准性质	制/修订	代替标准号	采用国际标准	项目周期	主管部门	归口单位	起草单位	公布号
71	382	20194205-T-469	新型智慧城市评价指标	推荐	修订	GB/T 33356-2016		12	国家标准化管理委员会	全国信息技术标准化技术委员会	中国电子技术标准化研究院、北京航空航天大学、中国信息通信研究院、山东省计算中心（国家超级计算济南中心）、国家信息中心、住房和城乡建设部IC卡应用服务中心、北京市智城信服科技有限公司、山东省标准化研究院、北京启迪数字科技集团有限公司、交通运输部科学研究院、华为技术有限公司、中国电子科技有限公司、北京聚慧融智城市信息技术研究院有限公司	2019年第四批推荐性国家标准计划
72	393	20194205-T-469	节水灌溉项目后评价规范	推荐	修订	GB/T 30949-2014		18	水利部	水利部	中国灌溉排水发展中心、水利部农田灌溉研究所、北京工业大学、河北工程大学、华北水利水电学院、浙江省水利厅、河北省水利厅等	2019年第四批推荐性国家标准计划
73	425	20194392-T-306	科学技术研究项目评价通则	推荐	修订	GB/T 22900-2009		12	科学技术部	全国科技评估标准化技术委员会	中国标准化研究院等	2019年第四批推荐性国家标准计划

续表

总序号	原序号	计划编号	项目名称	标准性质	制/修订	代替标准号	采用国际标准	项目周期	主管部门	归口单位	起草单位	公布号
74	426	20194350-T-606	塑料 聚酮（PK）模塑和挤出材料 第1部分：命名系统和分类基础	推荐	制定		ISO 21970-1：2018	24	中国石油和化学工业联合会	全国塑料标准化技术委员会	金发科技股份有限公司、中蓝晨光成都检测技术有限公司等	2019年第四批推荐性国家标准计划
75	427	20194214-T-469	包装 产品包装用的一维条码和二维条码	推荐	制定		ISO 22742：2010	24	国家标准化管理委员会	全国包装标准化技术委员会	厦门市产品质量监督检验院、中国包装科研测试中心、厦门市标准化研究院	2019年第四批推荐性国家标准计划
76	428	20194216-T-469	包装 用于发货、运输和收货标签的一维条码和二维条码	推荐	修订	GB/T 19946-2005	ISO 15394：2017	24	国家标准化管理委员会	全国包装标准化技术委员会	厦门市产品质量监督检验院、中国包装科研测试中心、厦门市标准化研究院	2019年第四批推荐性国家标准计划
77	429	20194217-T-469	包装 一维条码和二维条码的标签和直接产品标记	推荐	制定		ISO 28219：2017	24	国家标准化管理委员会	全国包装标准化技术委员会	厦门市产品质量监督检验院、中国包装科研测试中心、厦门市标准化研究院	2019年第四批推荐性国家标准计划
78	447	20194361-T-606	橡胶或塑料涂覆织物低温弯曲试验	推荐	修订	GB/T 18426-2001	ISO 4675：2017	18	中国石油和化学工业联合会	全国橡胶与橡胶制品标准化技术委员会	福州大学、沈阳橡胶研究设计院有限公司	2019年第四批推荐性国家标准计划
79	479	20194213-T-469	柔性包装材料耐揉搓性能的测试方法	推荐	制定			24	全国标准化管理委员会	全国包装标准化技术委员会	济南兰光机电技术有限公司、国家包装产品质量监督检验中心（济南）、中国出口商品包装研究所	2019年第四批推荐性国家标准计划

续表

总序号	原序号	计划编号	项目名称	标准性质	制/修订	代替标准号	采用国际标准	项目周期	主管部门	归口单位	起草单位	公布号
80	480	20194170-T-469	碳纤维 分类及代码	推荐	制定		ISO13002：1998	24	全国标准化管理委员会	全国碳纤维标准化技术委员会	南京玻璃纤维研究设计院有限公司等	2019年第四批推荐性国家标准计划
81	11	20192431-T-339	清洗剂挥发性有机化合物含量限值	推荐	制定			12	工业和信息化部	全国化学标准化技术委员会	中国工业清洗协会、华阳新兴科技（天津）集团有限公司、广东新球清洗科技有限公司、国合通用测试评价认证股份公司、北京蓝星清洗有限公司、内蒙古科绿源精细化工有限责任公司	2019年第四批推荐性国家标准计划
82	12	20190065-Q-339	建筑防水卷材安全和通用技术规范	强制	修订	GB 18242-2008，GB 18243-2008，GB 12952-2011，GB 12953-2003，GB 18967-2009，GB 23441-2009，GB 27789-2011		24	工业和信息化部		中国建材检验认证集团苏州有限公司、中国建筑材料科学研究总院苏州防水研究院等	《轿车轮胎》等44项强制性国家标准制修订计划

续表

总序号	原序号	计划编号	项目名称	标准性质	制/修订	代替标准号	采用国际标准	项目周期	主管部门	归口单位	起草单位	公布号
83	10	20193425 - Q-467	危险废物贮存污染控制标准	强制	修订	GB 18579-2001	无	12	生态环境部		沈阳环境科学研究院、中国科学院北京综合研究中心、生态环境部环境标准研究所、国家环境保护危险废物处置工程技术（沈阳）中心	《客车座椅及其车辆固定件的强度》等14项强制性国家标准制修订计划
84	11	20193426 - Q-467	危险废物鉴别标准通则	强制	修订	GB 5085. 7-2007	无	12	生态环境部		中国环境科学研究院	《客车座椅及其车辆固定件的强度》等14项强制性国家标准制修订计划

（王春芳　田辉　田岩）

2019 年发布的塑料相关行业标准制修订计划

序号	原序号	计划号	领域	项目名称	性质	制/修订	代替标准	采标情况	完成年限	主管部门	技术委员会或技术归口单位	主要起草单位	公布号	备注
1	2	2019-0033T-HG	化工行业	聚四氟乙烯单位产品能源消耗限额	推荐	制定			2020	节能与综合利用司	全国塑料标准化技术委员会	中蓝晨光化工研究设计院有限公司、山东东岳高分子材料有限公司	2019 年第一批绿色制造标准项目计划表	化工行业
2	13	2019-0044T-HG	化工行业	聚氨酯 PU 行业绿色工厂评价要求	推荐	制定			2020	节能与综合利用司	中国石油和化学工业联合会	华峰集团有限公司、中国化工环保协会	2019 年第一批绿色制造标准项目计划表	
3	18	2019-0049T-HG	化工行业	聚碳酸酯行业绿色工厂评价要求	推荐	制定			2020	节能与综合利用司	中国石油和化学工业联合会	鲁西集团有限公司、中国化工环保协会	2019 年第一批绿色制造标准项目计划表	
4	19	2019-0050T-HG	化工行业	聚酰胺行业绿色工厂评价要求	推荐	制定			2020	节能与综合利用司	中国石油和化学工业联合会	鲁西集团有限公司、中国化工环保协会	2019 年第一批绿色制造标准项目计划表	
5	21	2019-0052T-HG	化工行业	钛白粉行业绿色工厂评价要求	推荐	制定			2020	节能与综合利用司	中国石油和化学工业联合会	中国涂料工业协会、中国化工环保协会、山东道恩钛业有限公司、龙蟒佰利联集团股份有限公司	2019 年第一批绿色制造标准项目计划表	

续表

序号	原序号	计划号	领域	项目名称	性质	制/修订	代替标准	采标情况	完成年限	主管部门	技术委员会或技术归口单位	主要起草单位	公布号	备注
6	25	2019-0056T-HG	化工行业	绿色设计产品评价技术规范聚氯乙烯树脂	推荐	制定			2020	节能与综合利用司	中国石油和化学工业联合会	新疆中泰化学阜康能源有限公司、中国氯碱工业协会、中国化工环保协会	2019 年第一批绿色制造标准项目计划表	
7	26	2019-0057T-HG	化工行业	绿色设计产品评价技术规范气固相法氯化聚氯乙烯树脂	推荐	制定			2020	节能与综合利用司	中国石油和化学工业联合会	新疆天业（集团）有限公司、中国氯碱工业协会、中国化工环保协会	2019 年第一批绿色制造标准项目计划表	
8	34	2019-0065T-HG	化工行业	绿色设计产品评价技术规范聚苯乙烯树脂	推荐	制定			2020	节能与综合利用司	中国石油和化学工业联合会	中国化工环保协会、新疆蓝山屯河能源有限公司	2019 年第一批绿色制造标准项目计划表	
9	35	2019-0066T-HG	化工行业	绿色设计产品评价技术规范聚对苯二甲酸丁二醇酯（PBT）	推荐	制定			2020	节能与综合利用司	中国石油和化学工业联合会	中国化工环保协会、新疆蓝山屯河能源有限公司	2019 年第一批绿色制造标准项目计划表	
10	36	2019-0067T-HG	化工行业	绿色设计产品评价技术规范节能耐压型瓶用PET树脂	推荐	制定			2020	节能与综合利用司	中国石油和化学工业联合会	新疆蓝山屯河能源有限公司、中国化工环保协会	2019 年第一批绿色制造标准项目计划表	

续表

序号	原序号	计划号	领域	项目名称	性质	制/修订	代替标准	采标情况	完成年限	主管部门	技术委员会或技术归口单位	主要起草单位	公布号	备注
11	42	2019-0073T-JC	建材行业	废有机树脂再生园林景观用复合型材	推荐	制定			2020	节能与综合利用司	建材工业综合标准化技术委员会	常州厚德再生资源科技有限公司、中国电子装备技术开发协会等	2019年第一批绿色制造标准项目计划表	
12	45	2019-0076T-JC	建材行业	建筑防水材料行业绿色工厂评价要求	推荐	制定			2020	节能与综合利用司	建材工业综合标准化技术委员会	中国建筑防水协会、北京国建联信认证中心有限公司等	2019年第一批绿色制造标准项目计划表	
13	89	2019-0120T-QB	轻工行业	聚氨酯超细纤维合成革单位产品能耗限额	推荐	制定			2019	节能与综合利用司	全国塑料制品标准化技术委员会	上海华峰超纤材料股份有限公司、北京工商大学、山东同大海岛新材料股份有限公司	2019年第一批绿色制造标准项目计划表	轻工行业
14	97	2019-0128T-QB	轻工行业	人造革合成革工业节水技术要求	推荐	制定			2019	节能与综合利用司	中国轻工业联合会	浙江禾欣新材料有限公司、中国轻工业发展研究中心、昆山阿基里斯人造皮有限公司等	2019年第一批绿色制造标准项目计划表	
15	98	2019-0129T-QB	轻工行业	人造革合成革工业废水回收利用技术要求	推荐	制定			2019	节能与综合利用司	中国轻工业联合会	昆山阿基里斯人造皮有限公司、中国轻工业发展研究中心、中国清洁生产中心、昆山协孚新材料有限公司等	2019年第一批绿色制造标准项目计划表	

续表

序号	原序号	计划号	领域	项目名称	性质	制/修订	代替标准	采标情况	完成年限	主管部门	技术委员会或技术归口单位	主要起草单位	公布号	备注
16	119	2019-0150T-HG	化工行业	异佛尔酮二异氰酸酯	推荐	制定			2021	原材料工业司	全国塑料标准化技术委员会聚氨酯塑料分技术委员会	万华化学集团股份有限公司、黎明化工研究设计院有限责任公司等	2019年第一批新材料标准项目计划表	化工行业
17	120	2019-0151T-HG	化工行业	4，4′-二环己基甲烷二异氰酸酯	推荐	制定			2021	原材料工业司	全国塑料标准化技术委员会聚氨酯塑料分技术委员会	万华化学集团股份有限公司、黎明化工研究设计院有限责任公司等	2019年第一批新材料标准项目计划表	
18	323	2019-0313T-HG	节能与综合利用	水性油墨废水的处理处置方法	推荐	制定			2020	节能与综合利用司	全国废弃化学品处置标准化技术委员会	深圳市深投环保科技有限公司、中海油天津化工研究设计院有限公司、广东益诺欧环保股份有限公司、中广核达胜加速器技术有限公司、北京赛科康仑环保科技有限公司、天津理工大学、河北丰源环保科技股份有限公司、深圳市高斯宝环境技术有限公司	2019年第一批新材料标准项目计划表	

续表

序号	原序号	计划号	领域	项目名称	性质	制/修订	代替标准	采标情况	完成年限	主管部门	技术委员会或技术归口单位	主要起草单位	公布号	备注
19	330	2019-0305T-HG	塑料-聚氨酯塑料	塑料用于生产聚氨酯的聚酯多元醇羟值的测定	推荐	修订	HG/T 2709-1995		2021	原材料工业司	全国塑料标准化技术委员会聚氨酯塑料分技术委员会	浙江华峰新材料股份有限公司、黎明化工研究设计院有限责任公司等	2019年第一批行业标准项目计划表	化工行业
20	333	2019-0320T-HG	非金属化工设备	工业用钢骨架聚乙烯塑料复合管	推荐	修订	HG/T 3690-2012		2021	原材料工业司	全国非金属化工设备标准化技术委员会	华创天元实业发展有限责任公司、哈尔滨斯达维管道科技有限公司、长春海鹰城开实业发展有限公司	2019年第一批行业标准项目计划表	化工行业-一般项目
21	334	2019-0321T-HG	非金属化工设备	工业用钢骨架聚乙烯塑料复合管件	推荐	修订	HG/T 3691-2012		2021	原材料工业司	全国非金属化工设备标准化技术委员会	华创天元实业发展有限责任公司、哈尔滨斯达维管道科技有限公司、长春海鹰城开实业发展有限公司	2019年第一批行业标准项目计划表	
22	342	2019-0329T-HG	塑料	塑料水上浮体用改性高密度聚乙烯（PE－HD）材料	推荐	制定			2020	原材料工业司	全国塑料标准化技术委员会	合肥杰事杰新材料股份有限公司、阳光电源股份有限公司、中科院化学所、合肥工业大学、宁波帕斯卡新材料有限公司	2019年第一批行业标准项目计划表	

续表

序号	原序号	计划号	领域	项目名称	性质	制/修订	代替标准	采标情况	完成年限	主管部门	技术委员会或技术归口单位	主要起草单位	公布号	备注
23	343	2019-0330T-HG	塑料-通用方法和产品	氢化石油树脂	推荐	制定			2021	原材料工业司	全国塑料标准化技术委员会通用方法和产品分技术委员会	淄博鲁华泓锦新材料股份有限公司、中蓝晨光成都检测技术有限公司等	2019年第一批行业标准项目计划表	
24	344	2019-0331T-HG	塑料-通用方法和产品	胶片级聚乙烯醇缩丁醛树脂	推荐	制定			2020	原材料工业司	全国塑料标准化技术委员会通用方法和产品分技术委员会	安徽皖维高新材料股份有限公司、中蓝晨光成都检测技术有限公司等	2019年第一批行业标准项目计划表	
25	345	2019-0332T-HG	塑料-通用方法和产品	聚乙烯蜡微粉	推荐	制定			2020	原材料工业司	全国塑料标准化技术委员会通用方法和产品分技术委员会	南京天诗新材料科技有限公司、中蓝晨光成都检测技术有限公司	2019年第一批行业标准项目计划表	
26	558	2019-0543T-QB	塑料制品	聚氯乙烯塑料电线波纹管	推荐	修订	QB/T 3631-1999		2021	消费品工业司	全国塑料制品标准化技术委员会	广东联塑科技实业有限公司、联塑市政管道（河北）有限公司、轻工业塑料加工应用研究所	2019年第一批行业标准项目计划表	轻工行业——一般项目

续表

序号	原序号	计划号	领域	项目名称	性质	制/修订	代替标准	采标情况	完成年限	主管部门	技术委员会或技术归口单位	主要起草单位	公布号	备注
27	559	2019-0544T-QB	塑料制品	管道用塑料快速接头	推荐	制定			2021	消费品工业司	全国塑料制品标准化技术委员会	广东埠基管道系统有限公司、山东祥生新材料科技股份有限公司、浙江伟星新型建材股份有限公司	2019年第一批行业标准项目计划表	
28	560	2019-0545T-QB	塑料制品	汽车内装饰用聚氨酯束状超细纤维合成革	推荐	修订	QB/T 4674-2014		2021	消费品工业司	全国塑料制品标准化技术委员会	浙江繁盛超纤制品有限公司、前途汽车（苏州）有限公司、北京长城华冠汽车股份有限公司、绿驰汽车科技（上海）有限公司、观致汽车有限公司	2019年第一批行业标准项目计划表	
29	561	2019-0546T-QB	塑料制品	服装用聚氨酯合成革	推荐	修订	QB/T 2958-2008		2021	消费品工业司	全国塑料制品标准化技术委员会	福建华夏合成革有限公司、昆山协孚新材料股份有限公司、浙江嘉科新材料有限公司、江西铭川科技有限公司、浙江繁盛超纤制品有限公司	2019年第一批行业标准项目计划表	

续表

序号	原序号	计划号	领域	项目名称	性质	制/修订	代替标准	采标情况	完成年限	主管部门	技术委员会或技术归口单位	主要起草单位	公布号	备注
30	640	2019-0640T-AH	塑料制品	污水处理净化槽槽体	推荐	制定			2022	消费品工业司、安徽经信厅	全国塑料制品标准化技术委员会	安徽星元环保科技有限公司	2019 年第一批行业标准项目计划表	安徽经信厅——般项目
31	26	2019-0687T-FZ		生物降解纺粘法非织造布	推荐	制定			2021	消费品工业司	全国纺织品标准化技术委员会产业用纺织品分技术委员会	中国产业用纺织品行业协会、上海精发实业股份有限公司、温州永宏化纤有限公司	2019 年第二批行业标准项目计划表	纺织行业
32	57	2019-0718T-FZ		卫生巾用非织造布	推荐	制定			2021	消费品工业司	全国纺织品标准化技术委员会产业用纺织品分技术委员会	南海南新无纺布有限公司、纺织工业标准化研究所、国家纺织制品质量监督检验中心	2019 年第二批行业标准项目计划表	纺织行业
33	63	2019-0724T-FZ		混合聚烯烃纤维绳索	推荐	修订	FZ/T 63020-2013	ISO 10572：2009，MOD	2021	消费品工业司	全国家用纺织品标准化技术委员会线带分技术委员会、全国纺织品标准化技术委员会产业用纺织品分会	鲁普耐特集团有限公司、上海市纺织工业技术监督所、山东鲁普科技有限公司、中国产业用纺织品行业协会	2019 年第二批行业标准项目计划表	纺织行业

续表

序号	原序号	计划号	领域	项目名称	性质	制/修订	代替标准	采标情况	完成年限	主管部门	技术委员会或技术归口单位	主要起草单位	公布号	备注
34	68	2019-0729T-FZ		水刺法非织造布生产联合机	推荐	制定			2021	消费品工业司	全国纺织机械与附件标准化技术委员会非织造布机械分技术委员会	恒天重工股份有限公司、常熟市飞龙无纺机械有限公司、中国纺织机械协会、青岛纺织机械股份有限公司、宜兴市鸿锦水处理设备有限公司、山东永信非织造材料有限公司、河南工程学院、无锡海升高压泵有限公司	2019年第二批行业标准项目计划表	纺织行业
35	124	2019-0785T-QC	汽车	道路车辆-气制动系统用尼龙（聚酰胺）管	推荐	修订	QC/T 80-2011		2020	装备工业司	全国汽车标准化技术委员会	河北亚大汽车塑料制品有限公司	2019年第二批行业标准项目计划表	汽车行业-一般项目
36	160	2019-0821T-QB	轻工机械	PVC运动地板生产线	推荐	制定			2021	消费品工业司	全国轻工机械标准化技术委员会	新乡市鼎鑫机械有限公司、河北东兴塑胶有限公司	2019年第二批行业标准项目计划表	轻工行业-一般项目

续表

序号	原序号	计划号	领域	项目名称	性质	制/修订	代替标准	采标情况	完成年限	主管部门	技术委员会或技术归口单位	主要起草单位	公布号	备注
37	166	2019-0827T-QB	塑料制品	挤出聚丙烯发泡片材	推荐	修订	QB/T 4879-2015		2021	消费品工业司	全国塑料制品标准化技术委员会	北京工商大学、东莞市峰董塑胶科技有限公司、合肥会通新材料有限公司、无锡会通轻质材料股份有限公司	2019 年第二批行业标准项目计划表	
38	167	2019-0828T-QB	塑料制品	自闭合塑料门帘	推荐	制定			2021	消费品工业司	全国塑料制品标准化技术委员会	安徽骄阳软门有限责任公司、安徽工匠质量标准研究院有限公司、北京工商大学、国家塑料制品质量监督检验中心（北京）	2019 年第二批行业标准项目计划表	
39	168	2019-0829T-QB	塑料制品	模塑聚丙烯泡沫塑料（PP-E）	推荐	修订	QB/T 4878-2015		2021	消费品工业司	全国塑料制品标准化技术委员会	北京工商大学、浙江爱华新材料科技有限公司、合肥会通中科材料有限公司、重庆鸿岱科技有限公司、上海众通汽车配件有限公司	2019 年第二批行业标准项目计划表	

续表

序号	原序号	计划号	领域	项目名称	性质	制/修订	代替标准	采标情况	完成年限	主管部门	技术委员会或技术归口单位	主要起草单位	公布号	备注
40	57	2019-1065T-JC		绿色设计产品评价技术规范薄膜太阳能发电瓦	推荐	制定			2020	节能与综合利用司	建材工业综合标准化技术委员会	汉能移动能源控股集团有限公司、中国建筑科学研究院有限公司、北京国建联信认证中心有限公司、中国建筑材料工业规划研究院	2019 年第三批绿色制造标准项目计划表	建材行业
41	63	2019-1071T-JB		绿色设计产品评价技术规范塑料外壳式断路器	推荐	制定			2021	节能与综合利用司	全国低压电器标准化技术委员会	上海电器科学研究院	2019 年第三批绿色制造标准项目计划表	机械行业
42	164	2019-1172T-JB		青贮饲料捆捡拾裹膜机	推荐	制定			2021	装备工业司	全国农业机械标准化技术委员会	甘肃省机械科学研究院、甘肃省金科峰农业装备工程有限责任公司	2019 年第三批绿色制造标准项目计划表	机械行业
43	176	2019-1184T-JB		铺膜播种机	推荐	修订	JB/T 7732-2006		2021	装备工业司	全国农业机械标准化技术委员会	甘肃省农业机械化技术推广总站、新疆农牧业机械产品质量监督管理站、甘肃省定西市农业机械化技术推广站、酒泉市铸陇机械制造有限责任公司、定西市三牛农机制造有限公司、甘肃洮河拖拉机制造有限公司	2019 年第三批绿色制造标准项目计划表	

续表

序号	原序号	计划号	领域	项目名称	性质	制/修订	代替标准	采标情况	完成年限	主管部门	技术委员会或技术归口单位	主要起草单位	公布号	备注
44	223	2019-1231T-YD		光缆用非金属加强件的特性第8部分：纤维增强塑料柔性杆	推荐	制定			2021	信息通信发展司	中国通信标准化协会	中国信息通信科技集团有限公司、上海晓宝增强塑料有限公司、长飞光纤光缆股份有限公司、中国信息通信研究院、通鼎互联信息股份有限公司	2019年第三批IPv6及新一代互联网标准项目计划表	通信行业
45	225	2019-1233T-YD		光纤用二次被覆材料第4部分：热塑性聚酯弹性体	推荐	制定			2021	信息通信发展司	中国通信标准化协会	中国信息通信研究院、长飞光纤光缆股份有限公司、中国信息通信科技集团有限公司、常州太平通讯科技有限公司、江苏亨通光电股份有限公司、成都大唐线缆有限公司、南京华信藤仓光通信有限公司、成都康宁光缆有限公司、江苏通鼎宽带有限公司、北京邮电大学	2019年第三批宽带提速标准项目计划表	通信行业

续表

序号	原序号	计划号	领域	项目名称	性质	制/修订	代替标准	采标情况	完成年限	主管部门	技术委员会或技术归口单位	主要起草单位	公布号	备注
46	404	2019-1412T-JB		机械密封用填充聚四氟乙烯和聚四氟乙烯毛坯技术条件	推荐	修订	JB/T 8873-2011		2021	装备工业司	全国机械密封标准化技术委员会	大连四方佳特流体设备有限公司、本溪华日氟高分子材料制造有限公司、宁波亚东化工有限公司、合肥通用机械研究院有限公司、北京化工大学	2019年第三批其他标准项目计划表	机械行业
47	444	2019-1452T-JB		塑料注射模试模技术规范	推荐	制定			2021	装备工业司	全国模具标准化技术委员会	华中科技大学、桂林电器科学研究院有限公司	2019年第三批其他标准项目计划表	机械行业
48	48	2019-1582T-QB		农用薄膜单位产品能耗限额	推荐	制定			2021	节能与综合利用司	全国塑料制品标准化技术委员会	中国塑料加工工业协会、白山市喜丰塑料（集团）股份有限公司、天津市天塑科技集团有限公司等	2019年第四批绿色制造标准项目计划表	轻工行业
49	58	2019-1592T-QB		人造革与合成革工业绿色园区评价要求	推荐	制定			2021	节能与综合利用司	中国轻工业联合会	福建华夏合成革有限公司、福鼎市永大合成革有限公司、福建隆祥皮革有限公司等	2019年第四批绿色制造标准项目计划表	

续表

序号	原序号	计划号	领域	项目名称	性质	制/修订	代替标准	采标情况	完成年限	主管部门	技术委员会或技术归口单位	主要起草单位	公布号	备注
50	75	2019-1609T-QB		高分子合金电缆桥架	推荐	制定			2021	消费品工业司	全国塑料制品标准化技术委员会	长虹塑料集团英派瑞塑料股份有限公司、浙江瑶泰电气有限公司、德力西集团有限公司等	2019年第四批质量提升标准项目计划表	
51	93	2019-1627T-HG		橡胶或塑料涂覆织物耐撕裂性能的测定第1部分：恒速撕裂法	推荐	修订	HG/T 2581.1-2009	ISO 4674-1：2016，MOD	2021	原材料工业司	全国橡胶与橡胶制品标准化技术委员会涂覆制品分技术委员会	新兴职业装备生产技术研究所、沈阳橡胶研究设计院有限公司	2019年第四批其他标准项目计划表	化工行业-基础公益类项目
52	94	2019-1628T-HG		橡胶或塑料涂覆织物涂覆层粘合强度的测定	推荐	修订	HG/T 3052-2008	ISO 2411-2017，IDT	2021	原材料工业司	全国橡胶与橡胶制品标准化技术委员会涂覆制品分技术委员会	新兴职业装备生产技术研究所、沈阳橡胶研究设计院有限公司	2019年第四批其他标准项目计划表	
53	119	2019-1653T-HG		聚全氟乙丙烯树脂	推荐	修订	HG/T 2904-1997		2021	原材料工业司	全国塑料标准化技术委员会工程塑料分技术委员会	山东华夏神舟新材料有限公司、中蓝晨光成都检测技术有限公司等	2019年第四批其他标准项目计划表	化工行业-一般项目

续表

序号	原序号	计划号	领域	项目名称	性质	制/修订	代替标准	采标情况	完成年限	主管部门	技术委员会或技术归口单位	主要起草单位	公布号	备注
54	135	2019-1669T-SH		塑料超高分子量聚乙烯（PE-UHMW）熔体体积流动速率（MVR）试验方法	推荐	制定			2021	原材料工业司	全国塑料标准化技术委员会石化塑料树脂产品分技术委员会	上海化工研究院有限公司	2019年第四批其他标准项目计划表	石化行业-基础公益类项目
55	136	2019-1670T-SH		塑料聚丙烯树脂粉料中氯含量的测定电位滴定法	推荐	制定			2021	原材料工业司	全国塑料标准化技术委员会石化塑料树脂产品分技术委员会	中国石油化工股份有限公司镇海炼化分公司	2019年第四批其他标准项目计划表	
56	156	2019-1690T-JC		防水卷材生产企业质量管理规程	推荐	修订	JC/T 1072-2016		2021	原材料工业司	建材工业综合标准化技术委员会	中国建筑防水协会、中国建材检验认证集团苏州有限公司、北京东方雨虹防水技术股份有限公司等	2019年第四批其他标准项目计划表	建材行业
57	321	2019-1855T-QB		聚氯乙烯塑料凉鞋、拖鞋	推荐	修订	QB/T 1653-1992		2021	消费品工业司	全国塑料制品标准化技术委员会	广东思迪嘉鞋业有限公司、福建嘉怡塑胶有限公司、福建德润鞋业有限等	2019年第四批其他标准项目计划表	轻工行业-一般项目

续表

序号	原序号	计划号	领域	项目名称	性质	制/修订	代替标准	采标情况	完成年限	主管部门	技术委员会或技术归口单位	主要起草单位	公布号	备注
58	322	2019-1856T-QB		保温一体耐热聚乙烯（PE-RT）管材	推荐	制定			2021	消费品工业司	全国塑料制品标准化技术委员会	浙江中财管道科技股份有限公司、湖南湘光机械模具有限公司、河南河财管道有限公司等	2019年第四批其他标准项目计划表	
59	386	2019-1921T-AH		PVC复合织材支架水池	推荐	制定			2022	消费品工业司、安徽经信厅	全国塑料制品标准化技术委员会	安徽扬帆充气游乐设备制造有限公司	2019年第四批其他标准项目计划表	安徽经信厅——般项目

（王春芳　田辉　田岩）

2019年发布的外文版塑料制品相关行业标准修订计划

序号	原序号	外文版计划号	行业领域	标准名称（中文）	项目类别	翻译语种	标准号/计划号		完成年限	主管司局	标准化技术组织/归口单位	项目承担单位	公布号	
1	27	2018-W027-YD	通信	地下通信管道用塑料管第4部分：硅芯管	标准翻译	英语	YD/T 841.4-2016（2017）		2019	信息通信发展司	中国通信标准化协会	中国信息通信研究院	2019年第一批行业标准外文版项目计划表	

续表

序号	原序号	外文版计划号	行业领域	标准名称（中文）	项目类别	翻译语种	标准号/计划号		完成年限	主管司局	标准化技术组织/归口单位	项目承担单位	公布号	
2	28	2018-W028-YD	通信	地下通信管道用塑料管 第5部分：梅花管	标准翻译	英语	YD/T 841.5-2016		2019	信息通信发展司	中国通信标准化协会	中国信息通信研究院	2019年第一批行业标准外文版项目计划表	
3	29	2018-W029-YD	通信	地下通信管道用塑料管 第6部分：栅格管	标准翻译	英语	YD/T 841.6-2017		2019	信息通信发展司	中国通信标准化协会	中国信息通信研究院	2019年第一批行业标准外文版项目计划表	
4	30	2018-W030-YD	通信	地下通信管道用塑料管 第7部分：蜂窝管	标准翻译	英语	YD/T 841.7-2017		2019	信息通信发展司	中国通信标准化协会	中国信息通信研究院	2019年第一批行业标准外文版项目计划表	
5	31	2018-W031-YD	通信	地下通信管道用塑料管 第8部分：塑料合金复合型管	标准翻译	英语	YD/T 841.8-2014（2017）		2019	信息通信发展司	中国通信标准化协会	中国信息通信研究院	2019年第一批行业标准外文版项目计划表	
6	36	2019-W075-JB	机械	连续嵌件塑料注射模 技术条件	翻译已有标准	英文	JB/T 12646-2016		2021	装备工业司	全国模具标准化技术委员会	桂林电器科学研究院有限公司	2019年第四批行业标准外文版项目计划表	
7	37	2019-W076-JB	机械	叠层塑料注射模 结构型式和尺寸	翻译已有标准	英文	JB/T 12643-2016		2021	装备工业司	全国模具标准化技术委员会	桂林电器科学研究院有限公司	2019年第四批行业标准外文版项目计划表	

续表

序号	原序号	外文版计划号	行业领域	标准名称（中文）	项目类别	翻译语种	标准号/计划号		完成年限	主管司局	标准化技术组织/归口单位	项目承担单位	公布号	
8	38	2019-W077-JB	机械	双物料塑料注射模 结构型式和尺寸	翻译已有标准	英文	JB/T 12648-2016		2021	装备工业司	全国模具标准化技术委员会	桂林电器科学研究院有限公司	2019年第四批行业标准外文版项目计划表	
9	32	W20190352		纳滤膜测试方法		英文	GB/T 34242-2017		一年	国家标准化管理委员会	全国分离膜标准化技术委员会	天津膜天膜工程技术有限公司、全国分离膜标准化技术委员会、贵阳时代沃顿科技有限公司	《多旋翼无人机用无刷伺服电动机系统通用规范》等93项国家标准外文版计划项目汇总表	
10	42	W20190362		棉花包装 聚酯捆扎带		英文	GB/T 32340-2015		一年	中华全国供销合作总社	全国棉花加工标准化技术委员会	南通御丰塑钢包装有限公司、中华棉花集团有限公司、中华全国供销合作总社郑州棉麻工程技术设计研究所	《多旋翼无人机用无刷伺服电动机系统通用规范》等94项国家标准外文版计划项目汇总表	
11	48	W20190368		全生物降解农用地面覆盖薄膜		英文	GB/T 35795-2017		一年	全国标准化技术委员会	全国生物基材料及降解制品标准化技术委员会	北京工商大学	《多旋翼无人机用无刷伺服电动机系统通用规范》等95项国家标准外文版计划项目汇总表	

续表

序号	原序号	外文版计划号	行业领域	标准名称（中文）	项目类别	翻译语种	标准号/计划号		完成年限	主管司局	标准化技术组织/归口单位	项目承担单位	公布号	
12	20	W20190740		光伏组件封装用乙烯-醋酸乙烯酯共聚物（EVA）胶膜		英文	GB/T 29848-2018		一年	国家标准化管理委员会	全国半导体设备和材料标准化技术委员会	杭州福斯特应用材料股份有限公司	《防盗保险柜（箱）》等513项国家标准外文版计划汇总表	
13	107	W20190827		塑料-青铜-钢背三层复合自润滑板材技术条件 第1部分：带改性聚四氟乙烯（PTFE）减摩层的板材		英文	GB/T 27753.1-2011		一年	中国机械工业联合会	全国滑动轴承标准化技术委员会	中机生产力促进中心、浙江长盛滑动轴承股份有限公司	《防盗保险柜（箱）》等514项国家标准外文版计划汇总表	
14	108	W20190828		塑料-青铜-钢背三层复合自润滑板材技术条件 第2部分：带改性聚甲醛（POM）减摩层的板材		英文	GB/T 27753.2-2011		一年	中国机械工业联合会	全国滑动轴承标准化技术委员会	中机生产力促进中心、浙江长盛滑动轴承股份有限公司	《防盗保险柜（箱）》等515项国家标准外文版计划汇总表	

（王春芳　田辉　田岩）

国际交流

中国塑协代表团赴韩交流考察报告

2019年3月11日—15日，中国塑料加工工业协会组织中国代表团赴韩国进行考察交流活动。成员包括理事长朱文玮、副理事长兼秘书长王占杰、副秘书长兼会展部主任孙冬泉、会展部主任助理贾宁、中国塑协助剂专业委员会秘书长王玮、山东海鹰塑胶科技股份有限公司总经理张绍铎，代表团与韩国合成脂加工机器合作社、韩国LG化学、赛隆科技有限公司（SAEROMTECH. CO.，LTD）和科思茂艾恩迪有限公司（COSMO I & D CO.，LTD）等单位进行了交流，并参观了2019韩国国际塑料及橡胶展览会。本次访韩交流考察活动受到了韩国有关方面的高度重视和热情接待，通过五天的考察了解了韩国塑料行业发展情况，与韩国相关机构、企业进行了很好的交流，为中韩塑料加工行业更好搭建交流合作平台创造了条件。

拜访行业组织，搭建中韩交流合作平台

3月12日下午，中国塑协赴韩代表团部分成员，包括理事长朱文玮、副理事长兼秘书长王占杰，副秘书长兼会展部主任孙冬泉，会展部主任助理贾宁，中国塑协助剂专业委员会秘书长王玮等，与韩国国际塑料及橡胶展览会（KOPLAS）的主办方之一——韩国合成脂加工机器合作社理事长韩英秀、专务韩基允等7人进行了会谈。双方在友好、坦诚的气氛中，分别介绍了各自的工作内容、会员企业情况、塑料行业相关情况、各自组织行业展会等工作，就如何促进两国塑料加工行业的合作进行交流，并达成合作共识，签订了合作交流协议。双方约定将交换两国塑料产业有关工业统计资料，交换有关刊物及行业信息，并增强双方会员企业的交流与访问等相关工作。

此次交流为推动两国塑料行业发展起到了积极的作用，并为2020中国国际塑料展搭建了有效的在韩交流与宣传平台。

参观学习展会，积极推动中国国际塑料展海外宣传工作

3月12日—3月13日，中国塑协赴韩代表团前往韩国京畿道的KINTEX展馆，对2019韩国国际塑料及橡胶展（KOPLAS）进行参观考察。

韩国国际塑料及橡胶展由韩国E&EX展览公司与韩国合成脂加工机器合作社共同主办，是韩国重要的塑料橡胶展，也是亚洲具有重要影响力的塑料橡胶展之一。本届展会面积超过2万平方米，来自全球近30个国家的参展企业汇聚在此展示着一系列从产品设计到尖端技术的应用过程。本届展会中LS、Woojin等一些韩国本地及国际知名大型企业在此精彩亮相。

本次展会期间，来自中国的海天、博创、伊之密、上海金纬、青岛三益等100余家行业领先的知名企业也汇聚于此，展示着各自的新产品及新技术。

代表团考察了橡塑机械、辅机、原材料、包装印刷设备、模具等产品和技术展示，与相关展商就产品技术及市场等情况进行交流，并向参展企业介绍了中国塑料加工工业协会以及2020年中国国际塑料展的相关情况，为吸引更多国际展商参加2020中国国际塑料展起到了积极的推动作用。

与国内参展企业交流，引导提升中国行业竞争力

展会期间，朱文玮理事长带领考察团部分成员，看望了在此参展的中国塑协会员骨干企业，与企业代表就参展情况及收获进行了交流。此外，还与包括金纬集团常州大云环保科技有限公司总经理蔡春，佛山巴斯特科技有限公司总经理刘胜伟，江苏美芝隆机械有限公司总经理王学昊，营口大正塑料科技有限公司总经理张保朝，舟山市五星机械制造有限公司总经理蔡善军，合肥东昇机械科技有限公司总经理张圣安，康润机械科技（江苏）有限公司总经理徐新，莱芜华亚超高分子材料科技有限公司总经理曹海在内的部分中国参展企业负责人进行座谈，介绍中国塑料加工行业的运行、科技创新等情况，建议行业企业要发扬工匠精神，坚持精品战略，为促进我国塑料加工业高质量发展共同努力，企业纷纷表示要积极参加中国塑协举办的各项活动和2020年中国国际塑料展。

通过参展和观展，企业和老总们感受和收获很多。

金纬集团常州大云环保科技有限公司蔡春总经理介绍，金纬机械深耕韩国市场多年，今年是第三次带设备赴韩国参展。针对未来韩国市场将向高品质高科技型方向推广，以满足高端客户的定制化要求和高品质需求。

舟山市五星机械制造有限公司蔡善军总经理介绍，在展会现场感触到了国外设备的高端品质，也感受到了韩国文化与文明。

苏州金韦尔机械有限公司辛文胜总经理介绍，韩国国际塑料橡胶展是中国企业开拓韩国市场、参与国际技术交流的重要平台。我们意在增加韩国挤出生产设备的市场份额，提升中国设备的竞争力。

佛山巴斯特科技股份有限公司刘胜伟总经理介绍，展会两年一届我们都连续参加，本届展会规模扩大，观众人流量也较上届有了提升，不仅能看到很多新型设备，学习别国以及其他优秀参展企业的参展经验，还能与新老客户共聚一堂进行沟通交流，我们非常期待加强合作，为中国装备走出国门争光。

营口大正新材料科技有限公司张保朝董事长介绍，通过这次参加韩国国际塑料展，对韩国市场环境有了进一步的了解，和参展企业有面对面交流的机会，拉进了距离，为成为客户打下了坚实的基础，对以后的发展也起到了推动作用，尤其是朱理事长等塑协的领导光临指导，使我们前进的方向更加清晰明朗，前进的动力和干劲更足。

莱芜华亚超高分子材料科技有限公司曹海总经理介绍，展会期间我们向客户展示了公司的主打产品。我们要携手各界同仁，致力于把我们的产品和服务推向市场化、高端化、国际化。

江苏美芝隆机械有限公司王学昊总经理介绍，此次参加韩国国际塑料及橡胶展览会，拓展了海外市场，宣传了公司的品牌，并获得了更多优质客户。我们期待与更多客户沟通、合作与共赢。

参观考察企业，探索韩国塑料行业新技术及发展趋势

3月11日下午，应韩国LG化学的邀请，中国塑料加工工业协会朱文玮理事长率中国塑协赴韩代表团部分成员与LG化学基础材料事业本部PO事业部部长崔仁洙、副部长金黄东、副部长李和星、区域销售主任黄晙夏等进行了友好交流。

通过交流，代表团了解了韩国LG集团发展历程，韩国LG集团的经营理念，韩国LG化学基础材料、电池、信息电子材料、材料、生命科学五大业务板块的基本情况和相关数据，以及该公司LDPE、双峰POE、HDPE等原料的生产和应用情况。此外，LG化学还介绍了公司今后的发展设想，和对中国市场塑料管道等应用领域进一步推广充满期待。

朱文玮理事长介绍了中国塑料加工业的行业发展状况以及中国塑料加工业科技创新工作，包括专家院士行、中国塑料加工业科技大会等情况，并介绍了中国塑协为坚持科技创新，引领产业链协调发展组织的2020中国国际塑料展、产业链高峰论坛等相关活动。

通过本次交流，促进了中国塑协与韩国LG化学相互了解与友谊，加深了今后的合作基础。

3月14日下午，朱文玮理事长等代表团成员，前往位于世宗特别自治市的赛隆科技有限公司（SAEROMTECH. CO.，LTD）和科思茂艾恩迪有限公司（COSMO I & D CO.，LTD）进行考察交流。代表团分别听取了两家企业情况和产品生产的介绍，参观了生产车间、检测室以及样品陈列。在交流时，朱文玮理事长介绍了中国塑协、中国塑料加工业、塑料管道产业以及2020中国国际塑料展等有关情况，代表团还认真了解了韩国塑料管道市场的应用等具体情况。

赛隆科技有限公司（SAEROMTECH. CO.，LTD）成立于2003年，主要生产PB以及PE-RT塑料管材及管件，是韩国最大的PB管材生产企业，开发了自主知识产权的PB管材不锈钢抗卡圈，企业有较强的竞争力，并且与中国国内的几家企业开展合作。

科思茂艾恩迪有限公司（COSMO I & D CO.，LTD）成立于1996年，工厂面积20000平方米，建筑面积7300平方米，1.5万吨的管材管件生产能力，目前只有60名员工。主要生产PE燃气和给水管材、管件，并且有自己的模具研发与制造，是世界首个开发生产并上市630mm球阀的厂家，该公司目前在韩国的市场占有较大份额，并在中国江苏建有独资工厂，海外事业以中国市场为中心发展。

通过参观和交流，两家企业注重科技创新、集中精力做好专业品种、做好管道系统连接技术研发等特点，给大家留下了深刻印象。两家企业都高度关注中国市场的开发与参与，今后将继续开展更多的合作。

交流考察活动取得预期成果，成功搭建海外沟通桥梁

本次访韩交流考察活动历时五天，与各方交流收到预期效果，取得圆满成功，为中国塑料加工行业拓展了有效的海外交流平台，并为中国与韩国在塑料加工行业的深入合作发挥了积极的作用。

通过学习考察，代表团了解了韩国塑料行业发展现状。韩国塑料机械行业的企业数从2010年的517家增加到2015年的660家，增长27.6%，2016年销售额在100亿韩元以上的企业占17.8%，不足50亿韩元的企业最多，占63.8%，50亿韩元至100亿韩元的企业占13.5%，300亿韩元以上的企业占4%，塑料机械产业在制造业中的地位仍低于其他产业。塑料加工机械产业产值在2015年以16625亿韩元达到顶点后再次减少，2016年产值为14429亿韩元。在进出口情况方面，韩国塑料机械产业的出口业绩在2017年达到了7.0938亿美元，增长率为9.7%。

此外，代表团也在展会参观中感受到，为了符合全球环保、节能减排的要求，顺应工业智能自动化及高科技创新发展趋势，各国企业都推陈出新，积极研究和开发更符合市场发展趋势的新型设备。

在参观展会期间，代表团向几乎全部参展商介绍了2020中国国际塑料展的情况，并发放了大量的展会宣传品，取得较好的宣传效果。预期会有较好的收获。

通过参观，我们也发现了该展会组织现场信息发布会、上下游产品展会同时举办、展会信息资料比较齐备等亮点，值得我们办展学习。我们要借鉴好的经验，进一步做好2020中国国际塑料展的各项准备工作。

从此次交流考察中我们体会到，创新的产品在引领需求、引领消费。他山之石可以攻玉，我们要学习他人长处和经验，以科技创新为动力，优化产品结构调整升级，不断推动塑料加工业高质量发展。

（中国塑协赴韩考察代表团）

中国塑协代表团赴“一带一路”东盟部分国家交流考察报告

为响应国家“一带一路”倡议，引导会员企业更好、更快地实现“走出去，引进来”，加强国际交流与合作，促进与相关国家实现产业界的共商、共建、共享。2019年6月11日—21日，中国塑料加工工业协会组织赴“一带一路”东盟部分国家考察团，包括理事长朱文玮、副理事长兼秘书长王占杰、副秘书长兼会展部主任孙冬泉、会展部主任助理贾宁，中国轻工业联合会办公室副主任吴雨，中国塑料加工工业协会特邀副理事长单位/湖南省塑料行业协会会长、湖南科天新材料有限公司董事长王小红，中国塑协XPS专委会主任、南京法宁格节能科技股份有限公司董事长郭鑫齐，包头稀土研究院中试基地副主任曹鸿章，湖南科天新材料有限公司副总经理廖剑波，沈阳市东海包装材料有限公司董事长高忠东、销售副总经理王博，浙江坤诚塑业有限公司董事长林月城，滕州市昌盛旋转接头有限公司总经理商昌，成都迈科高分子材料股份有限公司董事长袁念眉、经理助理郭一苇，杭州电化新材料有限公司总经理助理杨彬，江阴市恒汇塑业有限公司销售副总经理黄小平共17人，分别对越南、马来西亚、泰国进行了为期11天的考察交流活动。考察团成员先后拜访了三个国家的四家行业组织，参观了两个展会并与展会主办公司进行了交流，考察了五家企业工厂及一个工业园区，受到了越南、马来西亚、泰国有关方面的高度重视和热情接待。本次赴“一带一路”东盟部分国家考察活动内容丰富，收获满满，得到了考察团成员的一致肯定。通过本次出访，考察团成员了解了三个国家塑料行业发展情况，与越南、马来西亚、泰国相关机构及企业进行了很好的交流，增强了双方之间的相互了解，企业寻找到商机，并为中国和越南、马来西亚、泰国三国塑料加工行业更好搭建交流合作平台创造了条件。

拜访行业组织，搭建与东盟部分国家行业交流平台

考察团分别于6月13日拜访越南塑料协会、6月14日拜访马来西亚塑胶制造商协会、6月18日拜访泰国塑料学会、6月21日拜访泰国塑胶厂商公会，并开展了深入交流。

考察团分别与四家行业组织在亲切友好的气氛中进行了会谈，双方的塑料企业代表也分别就各自的主营业务、产品情况、应用领域等展开了热烈的交流。朱文玮理事长向对方介绍了中国塑料加工业参加“一带一路”建设整体情况、中国塑协基本情况、开展的活动以及2018年行业运行情况，并听取了对方就各自机构的基本情况、开展的活动行业发展情况等进行的介绍。王占杰副理事长兼秘书长也重点介绍了中国国际塑料展的相关情况，得到了四家行业组织的广泛关注，纷纷表达与中国塑协开展合作交流的愿望，并将积极支持中国国际塑料展，希望明年能够组团赴南京参观及参展。

中国塑协考察团与越南塑料协会及越南塑料企业代表合影

在与马来西亚塑胶制造商协会及泰国塑料学会会谈时，王占杰副理事长兼秘书长向对方介绍了中国塑料加工行业以及再生塑料领域整体发展情况，双方还就关心的塑料垃圾治理问题展开了深入讨论与交流。朱文玮理事长回答了对方关于洋垃圾及再生塑料颗粒的进口情况的问题，并专门介绍了中国政府和中国塑料加工工业协会在环境治理和塑料生态化建设方面所做的大量工作。为规范再生塑料粒子的进口行为，中国塑协组织相关专家、企业以及相关机构，制定颁布“再生塑料粒子通则”团体标准，得到了业界和政府相关部门的广泛认同。交流中双方表示希望通过加强联系，在环保治理等方面积极行动起来，共同做好相关工作。

中国塑协考察团与马来西亚塑胶制造商协会及马来西亚塑料企业代表合影

中国塑协朱文玮理事长、王占杰副理事长兼秘书长与泰国塑料学会会长 Kriengsak Wongpromrat 先生、副会长 Kongsak Dokbua 先生合影

在与泰国塑胶厂商公会举行合作会谈时，朱文玮理事长表示，中国政府倡导开展与“一带一路”沿线国家共商、共建、共享情况，泰国也在积极响应这一倡议，两国共同分享发展成果。在双方政府已确定的合作框架下，中国塑协与泰国塑胶厂商公会应积极参与，在双方政府支持的背景下，通过交流，采取共同投资等方式，共同组织创办泰中塑料工业园区，把中泰两国优秀的塑料企业吸引到园区内，发展两国塑料产业。这一倡议得到了泰国塑胶厂商公会 Somchai Techapanichgul 会长的赞同。

中国塑协考察团与泰国塑胶厂商公会举行合作会谈

中国塑协考察团分别与四家行业组织在交流中达成合作共识，并约定会后将签署合作备忘录，进一步推动双方国家塑料行业及企业的合作。通过与三个国家塑料行业组织的交流，中国塑协考察团进一步了解了三个国家的塑料行业情况，与三国的行业组织建立了很好的联系，为企业寻找到了商机，并将为今后参与“一带一路”建设，谋求共同发展奠定良好基础。

参观学习展会，积极推动中国国际塑料展海外宣传工作

期间，中国塑协考察团分别在越南和泰国参观了越南国际环保技术展览会和泰国国际塑料及橡胶机械展览会，并与两个展会的主办单位进行了交流。

越南国际环保技术展览会是由越南科技部、资源环境部指导，越南环境保护总局主办，越南环境技术咨询中心、越南 JSC 全球展览及会议公司承办的重要的越南生态可持续发展战略的龙头展会。应展会主办单位邀请，考察团参加了本届展会开幕式，参观了展会中新能源与再生能源、节能环保技术设备、环境清洁技术设备等多项先进技术展示，

中国塑协考察团参观考察越南国际环保技术展览会

并与展会承办单位越南 JSC 全球展览及会议公司总监 Nguyen Phi Hung、副总监 Tran Quang Vinh 会面，就中国塑协基本情况、中国塑料行业发展情况、越南 JSC 全球展览及会议公司基本情况以及各自展会的情况进行了介绍。Nguyen Phi Hung 先生衷心希望加强与中国塑协的联系，为中国倡议的“一带一路”建设多做工作，并将向越南的相关企业介绍 2020 中国国际塑料展的情况，计划组团去南京参展、参观。

中国塑协考察团参观考察泰国国际塑料及橡胶机械展览会

泰国国际塑料及橡胶机械展览会（INTERPLAS）是东南亚地区针对塑料橡胶行业规模最大的展会，展会吸引了来自 11 个国家的 1081 家参展商，其中包括海天、震雄、伊之密、泰瑞、海星、富强鑫、沙迪克、悍威、金纬、巴斯特、同大、维达等众多中国知名企业共 210 家。展会期间，朱文玮理事长及考察团成员与励展泰国公司商业对接及考察团接

待高级经理 Boonchira Putthisri、专务 Krisorn Nonytavarakornkun 以及励展泰国公司项目经理 Touchapol Wongraksa 进行了交流，参观了展会中的各类塑料机械，塑料包装机械、辅助设备、塑料原料等展示。朱文玮理事长还带领考察团部分成员，看望了在此参展的中国塑协会员骨干企业，与金纬、伊之密、海星、道恩集团、康润、佛山巴斯特等中国塑协会员骨干企业就此次参展情况及收获进行了交流。

通过参观考察两个展览会，中国塑协考察团参观了海外企业先进的技术及展品，进一步了解了“一带一路”国家塑料及橡胶市场的需求，学习到了海外展会的办展经验，收集了相关信息，并发放了大量 2020 中国国际塑料展的宣传资料，对 2020 中国国际塑料展进行了广泛宣传，为中国塑料行业搭建国际交流平台、引导行业参与“一带一路”建设拓宽了渠道。

参观工业园区及企业工厂，助力国内企业拓展海外市场

中国塑协考察团在 6 月 17 日参观考察了泰国泰中罗勇工业园，6 月 12 日参观了越南达和塑料有限公司，6 月 14 日参观考察了英科环保马来西亚工厂，6 月 15 日参观考察了百尔罗赫集团马来西亚公司，6 月 20 日参观考察了泰国是德实业有限公司，6 月 21 日参观考察了金纬机械集团 Bkwell Dwell Jwell 公司泰国办事处。

中国塑协考察团与泰中罗勇工业园区执行董事徐根罗等进行交流

在泰中罗勇工业园，考察团考察了园区的投资、建设和入园企业发展，并与园区执行董事徐根罗及招商部经理袁诗慧等相关工作人员进行了交流。园区执行董事徐根罗就园区的成立背景、园区规划、企业投资规模、省份来源、企业投资优惠政策等做了介绍，并与考察团就园区的优惠政策、税收、原产地要求、投融资环境、房租、水电、人工运营成本等相关话题进行了深入的交流。朱文玮理事长对泰中罗勇工业园 10 余年来发展的成绩给予肯定，并欢迎工业园组织相关企业及泰国当地企业明年到 2020 中国国际塑料展参展、观展及招商。徐总表示泰中罗勇工业园将积极参与“一带一路”建设，不遗余力地支持、配合中国企业对先进产能的转移，并将与中国塑协加强联系，积极组织相关单位和企业参加中国国际塑料展以及中国塑协组织的活动。

中国塑协考察团参观考察越南达和塑料有限公司

在越南达和塑料有限公司，陈威成总经理陪同朱文玮理事长及考察团参观了达和公司的生产车间及产品展示。该公司是越南塑料管道行业知名供应商，引进科贝隆公司等中国加工设备，主要生产 PVC-U 管道、PPR 管道，滴灌软管、农用薄膜等产品。年产塑料制品超过 6 万吨，年销售额 1 亿美元，占有越南塑料管道超过 20%的市场份额。企业间就改性材料、助剂产品配套及包装薄膜领域的合作等进行了深入交流探讨。考察团成员对该公司投资新技术及新装备，不断提高产品质量和拓展新产品的经验，留下了深刻印象，为今后企业之间的合作奠定了基础。

在参观英科环保马来西亚工厂，考察团参观了生产车间以及样品陈列，并听取了张艳红厂长就英科产品生产、公司及马来西亚工厂情况的介绍。大家了解到英科环保公司通过 EPS（聚苯乙烯泡沫）回收利用技术，将挤出泡沫制成终端产品，如相框、画框、镜框、集成吊顶等，从废旧品到艺术

中国塑协考察团在英科马来西亚公司
听取张艳红厂长介绍

品，实现了变废为宝。朱文玮理事长指出，英科公司积极参与“一带一路”建设，利用国际国内两个市场，两种资源，在马来西亚建厂，拓展了企业发展空间。企业坚持创新，创造需求，引领消费；坚持塑料的再生循环利用，为塑料的生态化建设提供了经验，树立了典范。

中国塑协考察团在百尔罗赫集团马来西亚公司参观

在考察团参观考察百尔罗赫集团马来西亚公司时，总经理 S. Palanlappan 介绍了百尔罗赫集团马来西亚公司的发展历程、生产产能、业务范围以及应用技术中心等相关情况，并与百尔罗赫集团中国区董事总经理王卫星，百尔罗赫集团亚太区技术总监余俊威一起，陪同考察团成员共同参观了智能化的仓储设施、生产车间、先进的检测室、试验线以及样品陈列。百尔罗赫集团马来西亚公司为代表团成员所做的入厂安全教育培训，给考察团成员留下很深刻的印象。朱文玮理事长表示，百尔罗赫集团作为一个私营企业，一直坚持产品品质，一步一个脚印使企业不断成长发展为跨国公司。百尔罗赫集团马来西亚公司以经理人的方式，整合企业资源，取得了关键性的进步。百尔罗赫集团注重改革和重组的经验值得企业家们学习和借鉴。

中国塑协考察团在泰国是德实业公司参观

6 月 20 日，考察团还到达芭提雅邦藩通县考察了泰国是德实业有限责任公司（Sitex industry Co. Ltd.）公司，CEO Prapatsom Trichakraphop 女士介绍了是德公司的发展历程和基本情况。是德公司 1989 年开始生产塑料制品，主要生产一次性塑料餐饮具、各类塑料包装容器，以及一般塑料制品、汽车配件、PVC 软管、建筑塑料制品等。在该公司的车间内也可以看到来自中国的一些加工装备。是德公司 2018 年实现产值 1600 万美元。泰国的塑料制品生产企业尽管不是很大，但都在一些细分领域有较深入的研发和推广应用，该企业 EPS 发泡在产品总量中有较大的比例。朱文玮理事长在交流中介绍了中国塑料行业的科技创新和技术进步，也介绍了中国塑料加工工业协会搭建交流平台和举办中国国际塑料展的情况。

朱文玮理事长、泰国塑胶企业公会会长
郑志伟、金纬机械董事长何海潮共同为
Bkwell Dwell Jwell 公司泰国办事处揭牌

考察团来到金纬机械首个海外分公司——Bkwell Dwell Jwell公司泰国办事处考察时，朱文玮理事长及泰国塑胶企业公会会长郑志伟、中国塑协副理事长兼秘书长王占杰、副秘书长兼会展部主任孙冬泉、湖南省塑料行业协会会长王小红、金纬机械董事长何海潮、瑞士马格董事长 Ueli Thuering 等共同参加了该公司办事处开业揭牌仪式。朱文玮理事长对金纬机械响应国家“一带一路”倡议，拓展海外市场的成绩表示肯定，并表示金纬机械通过此次成立泰国办事处，深化完善了全球挤出装备生态链，为塑料企业海外发展提供了借鉴。

通过对五家企业的参观考察，考察团成员对中国塑料企业在海外发展取得的成果与经验表示欣慰，同时更加坚定了开拓海外市场的信心。中国塑协将继续积极为企业搭建海外交流平台，交朋友，谋合作，促发展，为加强与“一带一路”沿线国家塑料行业与企业的交流合作拓展发展空间。

（中国塑协赴“一带一路”东盟部分国家考察代表团）

中国塑协代表团赴欧洲考察报告

为了深入洞察国际市场需求、预知产业前景，学习世界领先技术，带领企业开拓海外市场，同时增强行业的凝聚力，2019 年 10 月 13 日—24 日，中国塑料加工工业协会组织赴欧洲国家考察代表团，包括理事长朱文玮，副理事长兼秘书长王占杰等共 36 人（名单附后），赴德国、比利时、西班牙三国进行了为期 12 天的考察交流活动。代表团成员分别考察了德国克劳斯玛菲、中德工业交流中心、索尔维集团三家企业，拜访了亚琛工业大学塑料研究所和西班牙加泰罗尼亚塑料研究中心，参观了 2019 德国 K 展，并同欧洲塑料协会进行了交流，受到了各方的热情接待。代表团成员一路走来，学习了世界顶尖的技术及工艺，考察了发达国家先进的科研成果，与国内同行进行了深入的交流，收获满满。大家纷纷表示，通过这次考察活动，看到了自身的差距与不足，中国企业需要不断积累，持续进取，提高认知，赶超先进，到世界大舞台与高手共舞，为中国制造由大向强努力工作。

参观塑胶行业全球盛事　学习世界先进展会经验

10 月 16 日—18 日，朱文玮理事长率领中国塑协代表团 36 人，与中国塑协塑料管道专业委员会分团 18 人，中国塑协中空制品专业委员会、中国塑协塑编专业委员会、中国塑协电池薄膜专业委员会分团 26 人，中国塑协塑料助剂专业委员会分团 8 人，中国塑协注塑制品专业委员会分团 34 人，共 122 人汇聚于杜塞尔多夫展览中心，共同参观了 2019 德国 K 展，受到了杜塞尔多夫展览（中国）有限公司董事总经理曾耀德先生、高级项目总监顾燕女士、德国杜塞尔多夫展览公司全球组和金属及流体技术部门副总监 Gerrit Nawracala 先生以及项目经理 Marek Chromik 先生的热情接待。

2019 德国杜塞尔多夫国际塑料及橡胶展（简称 K 展）作为全球最大的塑料橡胶产业展览会，已举办了二十一届。2019 年德国 K 展净面积超过 175000 平方米，共有展商 3000 余家，分别来自 60 多个国家，其中中国展商超过 360 家。全球塑料和橡胶领域的重量级企业和专家汇聚于此，共同展示其行业领先优势。本届 K 展汇聚众多先进产品、解决方案和研究机构，为推动塑料行业未来发展创造了重要契机。

展会期间，朱文玮理事长带领考察团部分成员，走访了上百家国内外知名企业，包括 Krauss Maffei、Friul Filiere、Battenfeld Cincinnati、Windmöller & Hölscher、Chemson、Baerlocher、Union、海天、博创、精诚、上海金纬、青岛三益、广东仕诚、大连塑料研究所、山东瑞丰、深圳志海、铜陵三佳、天罡助剂、上海携晟机械、金明精机、广东海兴、现代精工、华星助剂、邦尼化工、大连三垒、江苏联冠、南通德亿、东临化工、伊之密、河北雄发、衡水毅美、龙蟒佰利联、山东通佳等，并与香港雅式集团董事长朱裕伦见面交谈。中国参展企业在展会上展示了本公司的最新科技成果和产品，彰显了我国塑料加工行业先进的发展水平。

通过参观德国 K 展，代表团成员感受到了国外企业的前瞻性和创新性，通过高新的产品和技术，看到了欧洲企业扎实的工匠精神。在这里工业 4.0

不再是一个概念炒作，而是切实呈现在大家眼前，从投料、产品生产、检测、成品包装都可实现全自动完成。大家还谈到，欧洲国家塑料行业产学研紧密结合，上游企业为大专院校提供巨大支持，双方通力合作研发生产，大大缩短产品流向市场的周期。在材料方面，塑料的功能化、轻量化、生态化也成为全球趋势，特别是本次展会突出了对循环经济的重视，用于各种塑料回料状态的粉碎、分离、造粒的展示设备琳琅满目，占据了很大的展会面积。此外，代表团成员还在展会中发放了大量中国国际塑料展的宣传资料，对2020中国国际塑料展进行了广泛宣传，并学习了世界顶尖展会先进的办展经验，为中国塑料行业搭建国际交流平台提供了借鉴。

拜访欧洲百年名企　助力中国企业创新发展

在12天的考察活动中，代表团分别于10月14日和10月21日拜访了德国克劳斯玛菲公司以及比利时索尔维集团这两家拥有上百年历史的欧洲企业。

在德国克劳斯玛菲公司总部，代表团参观了克劳斯玛菲公司研发中心及螺杆生产车间、小型注塑机车间、挤出机生产车间、中型注塑机车间、输油管道专用设备制造以及聚氨酯发泡板材设备车间等等，受到了上海克劳斯玛菲有限公司。

大客户销售总监王金刚先生和德国克劳斯玛菲公司Peter Oswald先生等相关负责人的热情接待。大家对工厂内先进的管理、设备、产品表示赞叹，克劳斯玛菲公司对员工的人性化管理，严格的流程化管理与体系化质量管控，全流程的匠心制造，铸就了这家具有180年历史的企业在全球塑机行业不倒的丰碑，给大家留下了深刻的印象。

在比利时索尔维集团，代表团得到了集团执行委员会成员杜华博士，战略与创新部Alain Jeanmart执行副总裁，过氧化氢全球事业部乔治．科鲁兹（Georges Crauser）总监、Christophe Roger工业副总裁、环境健康安全Edith Lagoutte总监，可持续发展与能源事业部Dominique Debecker主管、数字化部门Florence Henriet总监等多位高管的热情接待，听取了关于索尔维公司的健康、安全与环境管理（HSE）战略、安全生产管理（SPM）和可持续发展战略、信息化技术、先进材料的相关介绍。并根据索尔维集团的HSE战略、安全生产管理等方面提出了交流问题，就汽车、航空等轻量化应用复合材料的发展方向、大数据的应用、欧洲聚氯乙烯树脂、制品、专用料的现状和发展趋势等相关内容与索尔维团队进行了探讨交流。

通过对两家企业的拜访，大家学习到了行业中标杆企业的创新模式和战略布局，思维理念当先，技术落地是本，他们的创新始终把握住时代的脉搏，紧跟市场的呼唤，引领行业的前沿，始终保持高端。中国企业不缺市场，我们应该学习国外的科技创新和工匠精神，紧密结合自己发展实际，面对国际国内市场需求，以发展为主线，不断更新核心技术，使产品不断向多元化、差异化、高端化、高质化发展。

探索工业4.0　推进中国塑料智能化转型升级

随着智能制造时代的到来和工业4.0的发展，越来越多的企业正在加快转型以便适应未来的智能化趋势。10月15日，代表团来到位于德国慕尼黑的中德工业交流中心进行考察，近距离了解工业4.0系统，受到了中心合伙人龚益民博士及相关人员的热情接待。

代表团成员在中心观看了工业4.0相关技术应用展示。龚益民博士就工业4.0概念的提出，提出的背景，工业4.0的定义，工业4.0要改进实现的目标，德国工业4.0的普及程度，以及德国在家电、汽车等行业中主要代表性企业通过实施工业4.0实现了哪些目标等内容都作了比较详细的介绍，并对fabmocap虚拟现实技术的工业应用进行了讲解。

通过龚益民博士的讲解，大家对工业4.0的概念有了更为透彻的理解，对企业自身实施工业4.0目前所处的坐标位置及今后的实施路径，实施步骤，实现目标也有了一个宏观上比较务实的考量。为我们深化供给侧结构改革，走智能化道路提供了经验和借鉴。

考察科研院所　加强塑料行业产学研紧密结合

10月18日，代表团来到德国亚琛工业大学塑料加工研究所（IKV）进行参观访问，受到了各部门负责人及学生们的热情接待。在交流会上，IKV研究所复合材料和聚氨酯技术部主管Daniel Scheider先生代表IKV研究所为代表团成员介绍了亚琛工业大学及IKV研究所的基本情况、研究方向以及重大科研成果。随后，大家分别参观了IKV复合材料和聚氨酯加工实验室、塑料分析和测试中心、增材制造实验室以及挤出与橡胶加工实验室和注射成型实验室等5个实验室及其相应的研究方向、研究成果。参观结束后，大家表示对IKV研究所的研究内容、运行模式有了较深了解，对科研成果和研究方向印象深刻。IKV 研究所努力打造行业创新产业链，自身水平能力展示及运作的模式，对研究、试验流程与实验室布局的高超设计水平值得我们借鉴与学习。

10 月 23 日，代表团对西班牙加泰罗尼亚塑料研究中心进行了访问，得到了研究中心的负责人 Miguel Sanchez Soto 米格尔．桑切斯．索托教授的热情接待。他在介绍了研究中心的情况、研究内容与项目后，带领代表团参观了研究中心的注塑、薄膜、管材、发泡、母粒等塑料成型加工、燃烧性能及力学性能检测等 3 个实验室，并和大家就相关技术问题进行了讨论交流，使代表团对中心的运行模式、开展的工作以及科研成果有了清晰的了解，对该中心的实验室设备装置及水电气管路、安全环保设施的设计等方面印象深刻。

通过参观，代表团成员们看到了欧洲的学校和研发机构新技术转化率非常高，企业也在大量资助研发项目，产学研相互联动，加速经济价值的形成。中国企业也应与科研机构加强合作，提高研究与技术应用水平，共同促进塑料产业绿色发展、生态化的发展。

拜访行业组织　搭建与欧洲国家行业交流平台

10 月 18 日，朱文玮理事长带领部分代表团成员，包括副理事长兼秘书长王占杰、副秘书长兼经济合作部主任孙冬泉、副秘书长兼综合业务部主任田岩、经济合作部主任助理贾宁、北京化工大学副教授兼中国塑协专家委员会副秘书长焦志伟，与欧洲塑料加工商协会进行交流。双方在技术进步、专业交流、塑料循环利用、可持续发展等方面进行了深入探讨，并达成合作共识，将在之后形成合作备忘录，建立稳定的合作机制，共同促进双方塑料行业可持续发展。欧洲塑料加工商协会董事总经理 Alexandre. Dangis 先生还提出希望参加 2020 年中国塑料产业科技大会以及 2020 中国国际塑料展。

通过双方的交流，进一步增进了中国塑协与欧洲塑料加工商协会的了解与友谊，中国及欧洲塑料行业协会在引领行业科技创新、业务交流等领域开启了双方合作的先河。

加强交流，共促发展　欧洲考察活动圆满成功

本次赴欧洲国家交流考察活动历时 12 天，途经德国、比利时、西班牙三个国家，代表团参观了目前世界上规模最大、水平最高、最具专业代表性的塑料橡胶行业展会——德国 K 展，考察了世界顶级名企、名校，与欧洲塑料加工商协会建立起合作，各方交流收到预期效果，取得圆满成功。

通过这次的考察，代表团成员学习了国外的先进技术，看到了世界塑料行业发展的最新趋势，领略了跨国企业对战略布局的把控和严谨的工匠精神，了解了欧洲国家产学研紧密结合所产生的经济价值和社会效益，建立了与国内同行的紧密联系和深厚友谊，找到了商机，在战略上对自己的企业、行业发展得到了启迪，受益匪浅。

同时，中国塑协还在参观 K 展期间，对 2020 中国国际塑料展进行了全面的宣传，发放了大量的展会宣传品，取得较好的宣传效果，并认真学习了国外展会先进的办展经验，展会的各项服务细节，同期举办的丰富多彩的配套活动等等，为进一步做好 2020 中国国际塑料展打下了坚实的基础。

中国塑协致力于为企业创造沟通交流的平台，通过这次的交流考察，学习欧洲同行经验，提升创新研发水平。在中国塑料行业创新发展的进程中，中国塑协将继续积极发挥作用，搭建服务平台，推动政、产、学、研、金、用集成创新和产业链上下游协同创新，加强供给侧精准对接、高效创新，坚持“三化一微+智能化”的绿色发展新方向，促进中国塑料行业科技创新引领高质量发展。

（中国塑协赴欧洲考察代表团）

配电网设备质量控制 应知应会1000问

PEIDIANWANG SHEBEI ZHILIANG KONGZHI YIN

配电网设备质

应知应会10

浙江华电器材检测

78-7-5198-4817-0

519 848170

定价：68.00元

建议：电力工程

中国电力出版社